U0820779

国家改革和发展示范学校建设项目
课程改革实践教材
全国中职汽车专业实用型规划教材

汽车构造（上）

主　编　兰国龙
副主编　王世超　张松松　张　云　黄世熊　李朝卢
编　者　徐立峰　万　赣

HITP 哈爾濱工業大學出版社
HARBIN INSTITUTE OF TECHNOLOGY PRESS

内 容 简 介

汽车构造是汽车运用与维修专业针对汽车维修、汽车制造以及汽车商贸等职业岗位能力培养的一门专业核心课程。通过此课程的学习，学生能够了解汽车的组成和作用，能够认知汽车各部分的零件，为以后的拆装、检测、维修奠定基础。

本教材（上、下册）的编写以“新型职业教育理念、创新教育教学模式、提升学生职业素养、适应职业岗位需求”为指导思想，采用职教专家、行业一线、职业学校、出版社“四结合”的编写模式。该教材将最新的教学内容、创新的教学方法与先进教学手段有效结合起来，形成理论知识与实训操作相结合的理实一体化教学模式。

图书在版编目（CIP）数据

汽车构造/兰国龙主编. —哈尔滨：哈尔滨工业大学出版社，2014.8

ISBN 978-7-5603-4869-8

Ⅰ.①汽… Ⅱ.①兰… Ⅲ.①汽车-构造-高等学校-教材 Ⅳ.①U463

中国版本图书馆 CIP 数据核字（2014）第 174392 号

责任编辑 范业婷 刘 瑶
出版发行 哈尔滨工业大学出版社
社 址 哈尔滨市南岗区复华四道街 10 号 邮编 150006
传 真 0451-86414749
网 址 http://hitpress.hit.edu.cn
印 刷 三河市越阳印务有限公司
开 本 850mm×1168mm 1/16 印张 28 字数 790 千字
版 次 2014 年 8 月第 1 版 2014 年 8 月第 1 次印刷
书 号 ISBN 978-7-5603-4869-8
定 价 58.00 元（上、下册）

（如因印装质量问题影响阅读，我社负责调换）

前 言

随着中国汽车工业的快速发展，我国已经成为全球汽车产销大国，但汽车行业的从业人员却十分匮乏，因此汽车运用与维修专业被国家列为国家技能型紧缺专业。近些年来，中等职业教育汽车运用与维修专业受到众多职业学校的追捧，报读汽车专业的学生数量也持续增长。

教材建设是汽车运用与维修专业的学生适应于职业岗位需求的关键环节，按照《中等职业学校汽车运用与维修专业领域技能型紧缺人才培养指导方案》和《中等职业学校汽车运用与维修专业教学指导方案》的要求，我们组织编写了本书。

“汽车构造”课程是汽车运用与维修专业针对汽车维修、汽车制造以及汽车商贸等职业岗位能力培养的第一门专业核心课程。通过此课程的学习，学生能够了解汽车的组成和作用，能够认知汽车各部分的零件，为以后的拆装、检测、维修奠定基础。

本书的编写以“新型职业教育理念、创新教育教学模式、提升学生职业素养、适应职业岗位需求”为指导思想，采用职教专家、行业一线、职业学校、出版社“四结合”的编写模式。本书将最新的教学内容、创新的教学方法与先进的教学手段有效结合起来，形成理论知识与实训操作相结合的理实一体化教学模式。

教材内容的特点表现为：

1. 以学生为主体，以行动为导向，以能力为本位；

2. 理论内容以“必需，够用”为原则；

3. 实训内容以实际工作任务为导向；

4. 实训任务单以学生评价为主体，采用个人、小组和教师评价相结合的方式，综合评价学生的学习情况。

本书由成都汽车职业技术学校兰国龙担任主编，张松松、王世超任副主编，周运超参编。

由于编者水平和能力有限，书中难免有疏漏或不妥之处，恳请广大读者和专家批评指正。

编　者

目录

CONTENTS

CONTENTS

模块 1

绪　论

【知识目标】

1. 了解汽车的发展历程。
2. 了解汽车的分类和主要参数。
3. 理解汽车行驶的基本原理。
4. 掌握汽车总体构造和车辆识别代码的组成。

【技能目标】

在实车上识别汽车四大部分的名称并指出其安装位置。

【课时计划】

任务	任务内容	参考课时		
		理论课时	实训课时	合计
1	汽车发展简史	1	0	1
2	汽车的分类及主要参数	1	0	1
3	汽车的总体构造和行驶原理	1	1	2
共计:4 课时				

情境导入

汽车自19世纪末诞生至今有100余年，没有哪种机械像汽车那样对人类社会产生如此广泛而深远的影响。那么汽车是如何发明的，在汽车发展过程中又发生了哪些重大的事件呢？让我们一起走进汽车的发展史，去看看那些最古老的汽车。

任务驱动

任务1.1 汽车发展简史

1.1.1 汽车的诞生

18世纪中叶，瓦特发明了蒸汽机。1769年，法国人古诺(Cugnot)用蒸汽机造出一辆三轮机动车，是世界上第一辆以机器为动力的车辆，如图1.1所示。该车的前部安装了一个直径1.3 m的锅炉，后部装有两个50 L的汽缸，锅炉发出的蒸汽推动活塞在汽缸内上下运动，再通过曲轴驱动前轮。该车总长7.3 m，十分笨重。该车可乘坐4人，时速达3.6 km。它是汽车的雏形。

1860年，法国人兰诺尔制造了二行程内燃机。1876年，德国人奥托制造了四行程内燃机，为十年后汽车的诞生奠定了基础。1885年，德国人卡尔·本茨制造了第一辆三轮汽车：排量为785 mL，单缸汽油发动机，0.6 kW，时速达15 km，如图1.2所示。该车于1886年1月29日取得德国专利，因此世人一般认为世界汽车诞生于1886年1月29日。同年，德国工程师哥特里布·戴姆勒将自制的0.9 kW、650 r/min的单缸四行程内燃机装在一辆改装的马车上，制成了第一辆四轮汽车，如图1.3所示。其后他成立了Daimler-Benz公司，该公司至今仍是世界著名的汽车公司之一。

图1.1　古诺的三轮机动车

图1.2　本茨的三轮汽车

图1.3　戴姆勒的四轮汽车

上述两种原型汽车还很不完善，表现在单缸机、功率小、时速低、性能差、没有倒挡，经改进后成为可出售的商品。此后法国、英国、奥地利相继造出汽车，汽车工业在欧洲逐渐发展起来。到了1906年，欧洲的汽车产量达到了5万辆，占世界汽车产量的58%。但这时的汽车制造仍属于手工作业，汽车产品主要是上层社会的娱乐、奢侈品。

汽车工业化制造是在美国真正发展起来的。

1.1.2 美国汽车工业的发展

美国人亨利·福特于1895年制造出第一台汽车，于1903年成立了福特汽车公司。福特很富有开拓精神，在汽车生产中注重性能，考虑到零件的互换性，创造出流水作业法，以大批量生产方式生产出T型汽车，如图1.4所示，形成了汽车的第一次大发展，使汽车成为普通社会大众的交通运输工具。

图 1.4 福特的T型汽车

自第一辆T型汽车上市以来，直至1927年夏天停产，共售出T型汽车1 500多万辆。T型汽车成为便宜、可靠交通工具的象征。福特汽车公司创造了一个巨大的永久性汽车市场，带动了全球汽车工业的发展。1913年底，美国售出的汽车近一半是由福特汽车公司制造的。

1.1.3 欧洲汽车工业的发展

20世纪30年代，世界经济大萧条，第二次世界大战爆发，汽车的生产经历了低谷期。战前西欧汽车市场的特点是：技术上保持优势，市场分割，需求多样化，难以形成大批量生产。

战后，战败国前西德、意大利由国家投资大力发展汽车工业。20世纪50年代至60年代，欧洲共同市场开放，汽车需求上升，为汽车的大生产创造了外部条件。1956年，前西德汽车产量突破了百万辆大关，1963年，意大利的汽车产量超过了百万辆，分别跃居世界第二、第三位。

1970年，整个欧洲汽车产量达到1 137万辆，超过了美国，形成了世界汽车工业的第二次大发展。

1.1.4 日本汽车工业的发展

作为第二次世界大战的战败国，战后日本政府大力扶持汽车工业。20世纪50年代至60年代，日本开始组装外国汽车，产量由11万辆增长至187万辆；20世纪70年代引进先进技术，汽车制造水平、产量不断提高，逐步进入国际市场；1980年产量达到1 104万辆，超过了美国，跃居世界第一；1989年产量达到1 302.5万辆，形成了世界汽车发展的第三个高潮。

1.1.5 其他发展中国家汽车工业的发展

在一些新兴工业国家和发展中国家，由于人民生活水平的提高，汽车需求量迅速增长。但由于工业基础薄弱和缺乏自主开发能力，这些国家往往用优惠政策吸引外资，引进先进的技术和装备，进口全拆散(CKD)或半拆散(SKD)零件装车，逐步提高零件的国产化率，进而使零部件自给，以满足国内市场的需求，并以此模式发展自己的汽车工业。韩国和西班牙的汽车工业就是采取这种模式成功地发展起来的。这两个国家的汽车年产量已超过200万辆，在逐步增强自主开发能力之后，其汽车产品开始打入国际市场参与竞争。巴西和墨西哥也采取这种模式使汽车工业飞跃发展。

据OICA统计显示，2011年亚洲各国汽车产量合计达到4 060万辆，排名全球各大洲之首；其次为欧洲(含俄罗斯)，产量为2 110万辆；美洲排名第三，产量为1 780万辆。据各国汽车工业协会关于汽车的主要数据统计表明:2011年,全球汽车产量为8 052.4万辆,销量为7 650万辆,分别增长2.83%和5.1%。产销量超过100万辆的国家有17个。表1.1为2011年世界十大汽车产销量大国排行榜。

表1.1 2011年世界十大汽车产销量大国排行榜

排名	国家	汽车产量/万辆	同比增长/%	汽车销量/万辆	同比增长/%
1	中国	1 841.8	0.84	1 850.51	2.45
2	美国	864.6	11.7	1 304.04	10.8
3	日本	839.9	−12.75	421.02	−15.06
4	德国	631.1	6.86	350.84	8.8
5	韩国	465.8	9.0	633	10
6	印度	393.6	11.3	329.3	8.8
7	巴西	340.6	−6.64	363.32	3.4
8	墨西哥	268	14.8	90.59	8.6
9	西班牙	235.4	−1.43	93.14	−16.4
10	法国	229.4	2.94	268.71	−0.68

1.1.6 我国汽车工业的发展

1.我国汽车工业的简史与现状

我国汽车的发展历程可分为修配阶段、自力更生阶段、技术引进阶段及快速发展时期四个阶段。

(1)修配阶段。

20世纪初,德国赠送给慈禧太后一辆奔驰第二代产品。这是在中国首次出现的汽车。旧中国的汽车工业始终没有发展起来,只有汽车修理业,新中国成立以前我国被称为“万国汽车博览会”,到了1949年,汽车保有量为5万辆。

(2)自力更生阶段。

新中国成立后,第一个五年计划确立发展汽车工业。

1950年1月,毛泽东主席、周恩来总理在莫斯科与苏联政府会谈,商定由苏联援助中国建设一座现代化的载货汽车制造厂。

1953年7月15日,第一汽车制造厂(简称一汽)奠基,毛泽东主席亲笔题写“第一汽车制造厂奠基纪念”。

1955年,国家批准建立长春汽车拖拉机学院,为汽车和拖拉机工业培养专业技术人才。

1956年7月13日,国产第一辆CA10型4 t解放牌载货汽车开下生产线。

1958年,生产出东风牌和红旗牌轿车,到20世纪60年代末生产车型达三种,产量达6万辆。20世纪50年代末到60年代中期,上海、南京、济南、北京相继建立汽车厂,先后生产出上海牌轿车,NJ130、JN150、BJ130等型号货车及BJ212型越野车。

1969年第二汽车制造厂(简称二汽)建立,1975年6月EQ140型货车投产;同期四川汽车制造厂生产出CQ261型六轮越野车;陕西汽车制造厂生产出SX250型越野载货汽车。

20世纪80年代初,一汽开发产品包括解放牌CA141、CA151、CA150P等型载货汽车及CA770D型轿车,1985年产量为9万辆。

二汽开发产品包括东风牌EQ155、EQ153等柴油车,1989年产量为13.5万辆。

在这个时期,汽车制造业依赖国家按计划供应原材料和包销全部产品,缺乏自主开拓的活力,只重视中型货车,而对轿车认识不足,导致我国汽车工业“缺重少轻”和“轿车基本空白”的缺陷。

(3)技术引进阶段。

1985 年中共中央在“七五”计划建议书中提出了要把汽车工业作为支柱产业的方针，1987 年国务院又确定了发展轿车工业来振兴我国汽车工业的战略。在此期间，先后引进国外 1980 年代、1990 年代汽车新技术 100 多项，上品种，上质量，上水平，共引进重型货车、轻型货车、微型货车、自卸车、越野车、轿车等 10 个品种。

1987 年和 1988 年国务院决策集中力量建设“三大”“三小”轿车生产基地。三大轿车基地为一汽奥迪、二汽雪铁龙、上海桑塔纳；三小轿车基地为北京切诺基、天津夏利、广州标致。从此我国汽车产量连年大幅度增加，从 1978 年的 14.9 万辆猛增到 1993 年的 129.7 万辆，从而跃居世界第 12 位。

(4)快速发展时期。

1994 年 2 月国家经济计划委员会颁发了《汽车工业产业政策》，明确提出 2010 年汽车工业成为我国国民经济支柱产业的目标，以及与之相适应的近期产业组织政策、产品管理政策、产业技术政策、产业布局政策以及外资和贸易政策，为汽车工业发展创造了稳定的政策条件。自从 2000 年加入世界贸易组织(WTO)以来，我国正在逐步对经济结构进行相应的调整和改革。这个时期，我国改革开放进一步深入，各个主要汽车集团都与国外大汽车公司“联姻”(表 1.2)。国内汽车企业进一步改组兼并，初步形成了“3＋6”格局，即一汽、东风、上海三大汽车集团加上广州本田、重庆长安、安徽奇瑞、沈阳华晨、南京菲亚特、浙江吉利多个独立骨干轿车企业。其中一汽、东风和上汽三大汽车集团的汽车产量就占全国汽车产量的 52%，初步形成了汽车产业的组织结构优化调整。

表 1.2　我国主要汽车集团与国外大汽车公司“联姻”

合资企业(合资时间)	合资项目(车型)
一汽大众汽车有限公司(1991.2)	捷达、奥迪、宝来、高尔夫
一汽海南汽车有限公司(1998)	马自达、普利马、福美来
天津一汽丰田汽车有限公司(2003.9)	皇冠、花冠、陆地巡洋舰、霸道、夏利、威驰、雅酷
神龙汽车有限公司(1992.5)	富康、毕加索、爱丽舍、赛纳
风神汽车有限公司(2002.3)	风神新蓝鸟、日产阳光
东风悦达起亚汽车有限公(2001.11)	普莱特、千里马
上海大众汽车公司(1985.3)	桑塔纳、帕萨特、波罗、高尔夫
上海通用汽车有限公司(1997.3)	别克、君威、赛欧、凯越
上海通用五菱汽车有限公司(2002.6)	五菱之光、五铃都市清风
广州本田汽车有限公司(1998.7)	本田雅阁、奥德赛、飞度
北京吉普汽车有限公司(1984.11)	切诺基、帕杰罗、欧蓝德吉普之星、顺途、新城市猎人、挑战者、狂潮
北京现代汽车有限公司(2002.10)	索纳塔、北京现代伊兰特
长安铃木汽车有限公司(1993.5)	奥拓、羚羊
长安福特汽车有限公司(2001.4)	嘉年华、蒙迪欧
东南(福建)汽车工业有限公司(1995.11)	得利卡、富利卡、菱帅
南京依维柯汽车有限公司(1996.3)	派力奥、西耶那
江铃汽车有限公司(1995)	全顺、陆风
华晨宝马汽车公司(2001.10)	宝马 3 系、5 系轿车
沈阳金杯通用(1992.1)	雪佛兰

近10年我国汽车产量高速增长，历年汽车产量如图1.5所示。到2011年，我国汽车产销量双超1 840万辆，再次刷新全球历史纪录。其中上汽销量达到396.60万辆，东风、一汽和长安分别达到305.86万辆、260.14万辆和200.85万辆。上述4家企业(集团)2011年共销售汽车1 163.45万辆，占汽车销售总量的62.9%，市场占有率同比提高0.8个百分点。今后10多年也是我国汽车工业飞跃发展的重要阶段，届时，我国将步入世界汽车工业强国的行列。

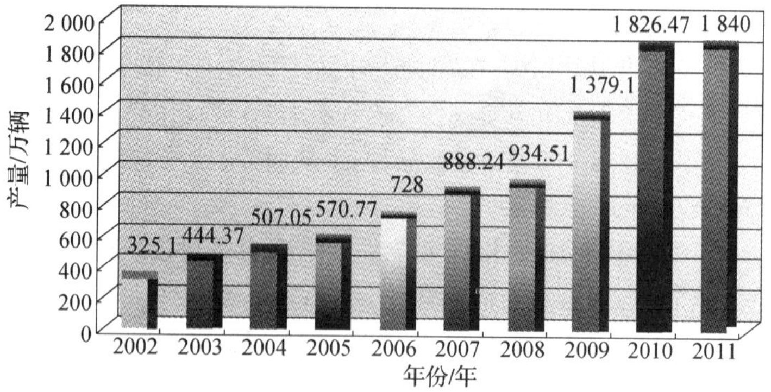

图1.5　中国汽车近10年汽车产量

1.1.7 现代汽车技术的发展

1.发展节能汽车

提高汽车的经济性，发展节能汽车。例如，货车增加吨位，减小尺寸和自重；采用流线型外形减小风阻；在货车上采用直喷增压柴油发动机代替汽油发动机；轿车采用小排量、高压缩比、高热效率发动机；采用电子点火、电子喷射等节能燃烧方式；使用低黏度机油，提高加工精度，减少摩擦损失；汽车底盘趋于采用多挡位或无级变速器，以利于按照汽车各种工况选择合适的传动比，从而提高汽车的性能，并进一步降低燃油消耗；选用宽端面无内胎子午线轮胎等。

2.推动汽车控制电子化

推动汽车控制电子化，提高性能，降低公害。例如，控制发动机空燃比，改善喷射和燃烧质量；电子控制制动、传动、悬架、转向，空调自控，净化排气。在20世纪80年代初，电子设备还只占汽车成本的2%，而目前在一些先进的汽车上，这个指标已超过20%。汽车上几乎每个系统都可采用电子控制装置来改善性能并实现自动化。例如，电子控制的发动机点火系统、供油系统、变速器的电子控制系统、电子驱动力调节系统(ETS)、电子防抱死制动系统(ABS)、电子驱动防滑系统(ASR)、智能悬架、速度感应式转向系统(SSS)、电子车厢温度调节系统、电控防撞安全系统、电子防盗系统及卫星导航系统(GPS)等。

3.提高安全性和舒适性

如通过改善视野、采用安全曲面玻璃及阻燃内饰材料、人机工程学应用、优化坐椅及操纵机构设计等可提高汽车的安全性和舒适性。

4.汽车的轻量化

现代汽车上所采用的新材料主要是工程塑料、轻质铝合金、高强度合金钢等。近20年来，工程塑料在汽车上的用量迅速增长，1969年平均每辆轿车工程塑料用量为10 kg，现在大多数轿车的用量已超过100 kg。轻质铝合金不但已广泛应用于铸造发动机和底盘各种壳体和车轮，而且越来越多地用于车身零件，全铝车身也已投入批量生产。高强度合金钢不但用于发动机和底盘的重要零件，也用于车身板件以减小其厚度，从而使车身大幅度轻量化。此外，一些新型化学材料，如防锈剂、胶黏剂(如乐泰胶等)和密封剂等，对汽车的防腐、防松、防渗漏也具有举足轻重的作用。

任务1.2 汽车的分类及主要参数

1.2.1 汽车的定义

现行国家标准 GB/T 3730.1—2001 中对汽车的定义为：由自身的动力装置驱动，具有四个或四个以上车轮的非轨道承载车辆，其主要用于载运人员和(或)货物、牵引载运人员和(或)货物。

美国汽车工程师学会(SAE)标准 SAEJ687C 中对汽车的定义是：由本身动力驱动，装有驾驶装置，能在固定轨道以外的道路或地域运送客货或牵引车辆的车辆。

日本工业标准 JISK0101 中对汽车的定义是：自身装有发动机和操纵装置，不依靠固定轨道和架线能在陆上行驶的车辆。

1.2.2 汽车的分类

汽车的类型较多，分类方法也很多，通常可按其用途、动力装置类型、行驶道路条件、行驶机构的特征、发动机位置及驱动形式、乘客座位数及汽车总质量等进行分类。

1. 按用途分类

按用途将汽车分为乘用车和商用车两大类，所谓乘用车是指主要用于载运乘客及其随身行李和临时物品的汽车，包括驾驶员座位在内最多不超过九个座位，它也可以牵引一辆挂车。所谓商用车是指用于运送人员和货物的汽车，并且也可牵引挂车。汽车按用途分类见表1.3。

表1.3 汽车按用途分类

分类			说明					图例
			车身	车顶	座位	车门	车窗	
乘用车	轿车	普通乘用车	封闭	硬顶	≥4	2 4	≥2	
		活顶乘用车	可开启	硬顶 软顶	≥4	2 4	≥4	
		高级乘用车	封闭	硬顶	≥4	4 6	≥6	
		小型乘用车	封闭	硬顶	≥2	2	≥2	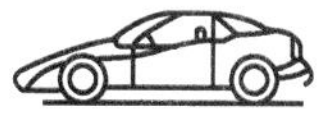
		敞篷车	可开启	硬顶 软顶	≥2	2 4	≥2	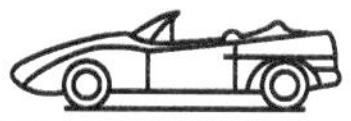
		舱背乘用车	封闭	硬顶	≥4	2 4	≥2	车身后部有一个舱门
	旅行车		封闭	硬顶	≥4	2 4	≥4	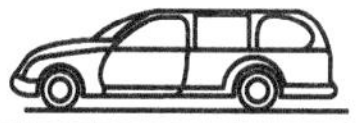
	多用途乘用车		座位数超过7个，多用途					只有单一车室用于载运乘客及其行李或物品
	短头乘用车		短头					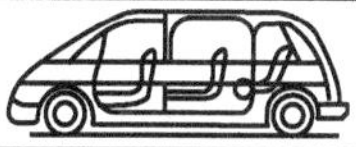
	越野乘用车		可在非道路上行驶					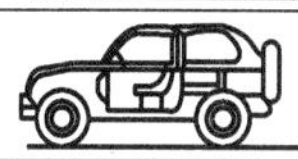
	专用乘用车		专门用途(救护车、旅居车、防弹车及殡仪车)					运载乘员或物品并完成特定功能

续表 1.3

分类			说明					图例
			车身	车顶	座位	车门	车窗	
商用车	客车	小型客车	载客,≤16 座(除驾驶员座)					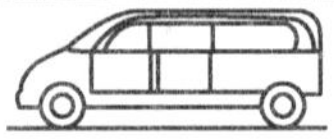
		城市客车	城市用公共汽车					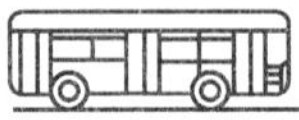
		长途客车	长途客车					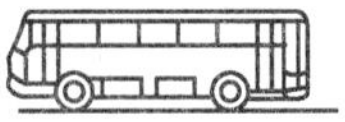
		旅游客车	旅游用车					为旅游而设计和装备
		铰接客车	有两节刚性车厢铰接组成的客车					
		无轨电车	经架线有电力驱动的客车					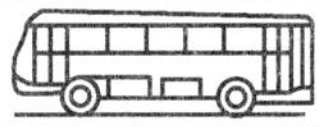
		越野客车	可在非道路上行驶的客车					所有车轮能够同时驱动
		专用客车	专门用途的客车					完成特定功能
	半挂牵引车		牵引半挂车的商用车					
	货车	普通货车	敞开或封闭的载货车					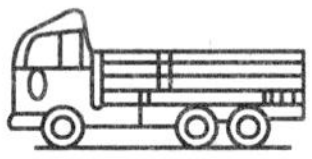
		多用途货车	驾驶座后可载三人以上的货车					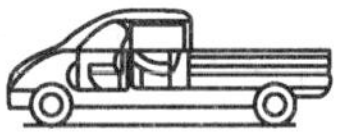
		全挂牵引车	牵引杆式挂车的货车					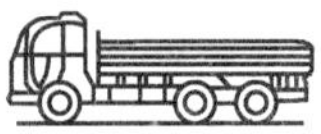
		越野货车	可在非道路上行驶					所有车轮能够同时驱动
		专用作业车	特殊工作的货车(如消防车、救险车、垃圾车、应急车、街道清扫车、扫雪车、清洁车等)					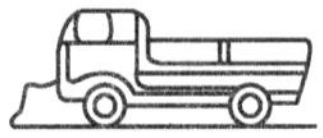
		专用货车	运输特殊物品的货车(如罐式车、乘用车运输车、集装箱运输车等)					

2. 按乘客座位数及汽车总质量分类

按乘客座位数及汽车总质量对汽车进行分类,见表 1.4。

表 1.4 机动车辆及挂车分类(GB/T 15089—2001)

汽车类型			乘客座位数	厂定汽车最大总质量/t	说明
M 类	至少有四个车轮并且用于载客的机动车辆	M_1 类	≤9	—	包括驾驶员座位在内,座位数不超过九座的载客车辆
		M_2 类	≤9	≤5.0	包括驾驶员座位在内,座位数不超过九个,且最大设计总质量不超过 5.0 t 的载客车辆
		M_3 类	>9	>5.0	包括驾驶员座位在内,座位数超过九个,且最大设计总质量超过 5.0 t 的载客车辆

续表 1.4

汽车类型			乘客座位数	厂定汽车最大总质量/t	说明
N类	至少有四个车轮并且用于载货的机动车辆	N_1 类	—	≤3.5	最大设计总质量不超过 3.5 t 的载货车辆
		N_2 类	—	>(3.5~12)	最大设计总质量超过 3.5 t,但不超过 12 t 的载货车辆
		N_3 类	—	>12	最大设计总质量超过 12 t 的载货车辆
O类	挂车(包括半挂车)	O_1 类	—	≤0.75	最大设计总质量不超过 0.75 t 的挂车
		O_2 类	—	>(0.75~3.5)	最大设计总质量超过 0.75 t,但不超过 3.5 t 的挂车
		O_3 类	—	>(3.5~10)	最大设计总质量超过 3.5 t,但不超过 10 t 的挂车
		O_4 类	—	>10	最大设计总质量超过 10 t 的挂车

3.按动力装置类型分类

(1)内燃机汽车。

①活塞式内燃机汽车。活塞式内燃机可按活塞的运动方式分为往复活塞式和旋转活塞式等类型。

②燃气轮机汽车。燃气轮机汽车是一种涡轮式内燃机汽车。和活塞式内燃机相比,燃气轮机功率大,转矩特性好,质量小,对燃油没有严格限制;但噪声较大,耗油量较大,制造成本较高。

(2)电动汽车。

电动汽车是指以电动机为驱动动力,并有自身供电能源的车辆,不包括依靠架线供电行驶的车辆。主要有蓄电池式电动汽车(ZEV)、燃料电池式电动汽车(FCEV)两种。

(3)复合式汽车(HEV)。

复合式汽车又称混合动力汽车。这种汽车通常装有内燃机一发电机组以及蓄电池两套动力装置。汽车低负荷时,发电机组除向驱动汽车的电动机供电外,多余的电能存入蓄电池;汽车高负荷时,蓄电池也参与供能。

(4)喷气式汽车。

喷气式汽车采用航空发动机或火箭发动机作为动力,是以喷气反作用力驱动的轮式汽车。该种汽车只能用于创造速度纪录。1997 年 10 月,英国的安迪·格林在美国内华达州黑岩沙漠驾驶“推力SSC”喷气式汽车,以 1 227.73 km/h(超过声速)创造了陆上车辆行驶速度的最高世界纪录。

(5)其他动力装置汽车。包括早期的蒸汽机汽车和新研制的太阳能汽车等。

4.按行驶道路条件分类

(1)非公路用汽车。

非公路用汽车分为两大类:一类是其外廓尺寸和单轴负荷等参数超过公路用汽车法规的限制,只能在矿山、机场、工地、专用道路等非公路地区使用;另一类是能在无路地面上行驶的高通过性汽车,称为越野车。

(2)公路用汽车。

公路用汽车是指适于公路和城市道路上行驶的汽车。该种汽车的外廓尺寸和单轴负荷等均受交通法规的限制。

1.2.3 汽车主要技术参数

汽车主要技术参数包括汽车的质量参数、汽车主要尺寸参数和汽车主要性能参数。

1.汽车的质量参数

(1)整备质量(kg):汽车完全装备好的质量。除了整车质量外,还包括燃料、润滑油、冷却液、随车工具、备用车轮及备品等的质量,但不包括人员和货物。

(2)最大总质量(kg):汽车满载时的总质量。

(3)最大装载质量(kg):最大总质量和整车整备质量之差。

(4)汽车的轴荷分配:指汽车空载和满载时的整车质量分配到各个车轴上的百分比(对汽车的牵引性、通过性、制动性、操纵性和稳定性等主要性能以及轮胎的寿命,都有很大的影响)。

(5)汽车整备质量利用系数:指载货汽车的装载量与其整备质量之比。它表明单位汽车整备质量所承受的汽车装载质量。

2.汽车主要尺寸参数

图 1.6 所示为汽车常用结构参数。

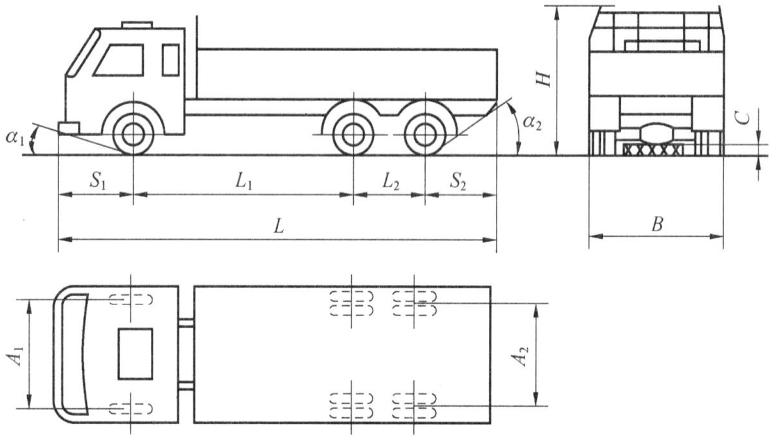

图 1.6 汽车常用结构参数

L—车长;B—车宽;H—车高;L_1,L_2—轴距;A_1,A_2—轮距;C—最小离地间隙

(1)车长 L(mm):垂直于车辆纵向对称平面并分别抵靠在汽车前、后最外端突出部位的两垂面间的距离。载货汽车及越野车不大于 12 m,牵引汽车带半挂车不大于 16 m,汽车拖带挂车不大于20 m,挂车不大于 8 m,大客车不大于 12 m,铰接式大客车不大于 18 m。

(2)车宽 B(mm):平行于车辆纵向对称平面并分别抵靠车辆两侧固定突出部位(除后视镜、侧面标志灯、方位灯、转向指示灯等)的两平面之间的距离。车宽(不包括后视镜)不大于 2.5 m,左、右后视镜等突出部分的侧向尺寸总共不大于 250 mm。

(3)车高 H(mm):车辆支承平面与车辆最高突出部位相抵靠的水平面之间的距离不大于 4 m。

(4)轴距 L_1,L_2(mm):汽车直线行驶时,同侧相邻两轴的车轮落地中心点到车辆纵向对称平面的两条垂线间的距离。

(5)轮距 A_1,A_2(mm):在支承平面上,同轴左右车轮两轨迹中心间的距离(轴两端为双轮时,为左右两条双轨迹的中线间的距离)。

3.汽车主要性能参数

汽车主要性能参数包括通过性、动力性、经济性和制动性及发动机的运转性能指标。

(1)最小离地间隙 C(mm):满载时,车辆支承平面与车辆最低点之间的距离。

(2)最小转弯半径(mm):当转向盘转到极限位置、汽车以最低稳定车速转向行驶时,外侧转向轮的中心平面在支承平面上滚过的轨迹圆半径。

(3)最高车速(km/h):指在水平良好路面(混凝土或沥青)上和规定载质量条件下汽车所能达到

的最高车速(km/h),目前普通轿车最高车速一般为 150～200 km/h。

(4)汽车的加速时间:指汽车加速到一定车速所需要的时间。轿车常用 0～100 km/h 的换挡加速时间来评价,如普通轿车为 10～15 s。

(5)最大爬坡度:指汽车满载时在良好路面等速行驶的最大爬坡度。一般要求在 30%(即 16.7°)左右。越野车要求更高,一般在 60%(即 31°)左右。

(6)平均燃料消耗量(L/100km):通常以百公里油耗衡量,即汽车在良好的水平硬路面上以 ·定载荷(轿车半载、货车满载)及最高挡等速行驶时的百公里燃料消耗量。

(7)汽车的制动距离(m):指在良好的试验跑道上在规定的车速下紧急制动(紧急制动时踏板力,对货车要求不大于 700 N,轿车要求不大于 500 N)时由踩制动踏板起到完全停车时的距离。我国通常以 30 km/h 和 50 km/h 车速下的最小制动距离来评价汽车的制动效能。如 30 km/h 车速下的最小制动距离普通轿车为 5.5～6.5 m,中型载货车为 6.5～8.0 m。

(8)发动机耐久性:是指发动机的寿命,即发动机主要磨损件磨损到大修极限时的汽车运行里程数。一般以发动机有效功率下降到原机的 75%或曲轴主轴颈和连杆轴颈、活塞和汽缸套磨损超过一定的标准来决定发动机是否大修。

1.2.4 车辆识别代号

现在世界各国汽车公司生产的汽车大部分都使用了车辆识别代号 VIN(Vehicle Identification Numbers)。它由一组字母和阿拉伯数字组成,共 17 位,又称 17 位识别代号编码。是国际上通行的标识机动车辆的代码,是制造厂给每辆车指定的一组字码,可谓一车一码,就如人的身份证一样,具有在世界范围内对一辆车的唯一识别性。当每辆新出厂的车被刻上 VIN 代号后,此代号将伴随着车辆的注册、保险、年检、维修与保养,直至回收或报废而载入每辆车的服役档案。利用 VIN 代码可方便地查找车辆的制造者、销售者及使用者。

VIN 代号位于易于看到并且能够防止磨损或替换的部位。所选择的部位一般在仪表与前风挡左下角的交界处、发动机前横梁上、左前门边或立柱上、驾驶员左腿前方或前排左坐椅下方等处。如我国规定 9 座以下的乘用车和最大总质量小于等于 3.5 t 的货车,VIN 代号应位于仪表板上靠近风窗立柱的位置,以便于观察检查。

我国颁布了国家标准 GB 16735—2004《道路车辆识别代号(VIN)》。此标准为我国汽车生产的强制性标准,在每辆出厂的汽车上必须标有 VIN 代号。

VIN 代号由三部分组成,如图 1.10 所示。

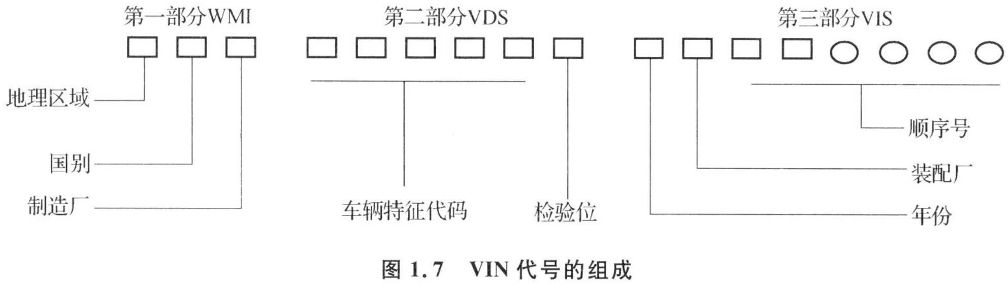

图 1.7 VIN 代号的组成

(1)第一部分:世界制造厂识别代码(WMI),它具有世界车辆制造厂的唯一性。WMI 共有 3 位字码,是由制造厂以外的组织预先指定的,用来代表生产国、厂家及车辆类别。如 LFV 为中国一汽大众、LFW 为中国第一汽车集团公司、WDB 为德国奔驰,WBA 为德国宝马、KMH 为韩国现代等。其中,第一位字码代表生产国,为国际汽车厂通用。如 1 为美国、2 为加拿大、I 为墨西哥、J 为日本、L 为中国、Z 为意大利等。国际标准化组织授权美国汽车工程师学会(SAE)作为国际代理,负责为世界各国指定地区代码和国别代码以及 WMI 的保存与核对。我国机械汽车行业管理处获得授权负责中国境内(包括中国内地和港、澳、台地区)的车辆识别代号的统一管理,负责 WMI 代号的分配。

(2)第二部分:车辆特征代码(VDS),由6位字码组成,如果制造厂所用字码不足6位,应在剩余位置填入制造厂选定的字母或数字,以表现车辆的一般特征。其代码及顺序由制造厂自行决定。

(3)第三部分:车辆指示部分(VIS),是VIN的最后部分,由8位字码组成。一般情况下,VIS部分的第一位字码指示年份,也有一部分汽车制造厂的车辆指示部分的第一位字码并不指示年份,如奔驰(欧款)、宝马(欧款)、菲亚特、雪铁龙、福特在欧洲及亚洲生产的汽车等;第二位字码指示生产厂址;后6位指示生产序号。

例如,日本丰田汽车公司某辆凌志雷克萨斯(LEXUS)牌轿车的VIN识别代号为JT8BD10UBY0015678,其含义参见表1.5。

表1.5 凌志轿车VIN代码的含义

位数	含义	位数	含义
1	生产国别代码 J为日本	7	安全防护系统代码 0为双前部和侧向气囊
2	生产厂家代码 T为丰田汽车公司	8	汽车型号代码 U为RX300
3	汽车类别代码 8为乘用车	9	检验代码 制造厂家内部编码
4	车身类型代码 B为四门乘用车	10	生产年份代码 Y为2000
5	发动机型号代码 D为2JZGE 3.OL V6	11	总装工厂代码 0为日本
6	汽车系列类型代码 1为RX300	12～17	出厂顺序代码

任务1.3 汽车的总体构造和行驶原理

1.3.1 汽车的总体结构

1.汽车的组成

汽车是由成千上万个零件所组成的结构复杂的交通运输工具。根据其使用条件、动力装置等不同,汽车的具体构造可以有很大差别,但总体结构通常由发动机、底盘、车身以及电气与电子设备四大部分组成。典型轿车的总体构造如图1.8所示。

(1)发动机。

发动机是汽车的动力装置,它使输送进来的燃料燃烧而发出动力的部件。在现代汽车上广泛应用的发动机是往复活塞式汽油和柴油内燃机,它一般是由曲柄连杆机构、配气机构、燃料供给系、冷却系、润滑系、点火系(仅用于汽油内燃机)和启动系组成的。

(2)底盘。

底盘是接受发动机的动力,使汽车运动并按驾驶员的操纵而正常行驶的部件。它是汽车的基体,发动机、车身、电气与电子设备及各种附属设备都直接或间接地安装在底盘上。汽车底盘主要由传动系、行驶系、转向系和制动系四大部分组成。

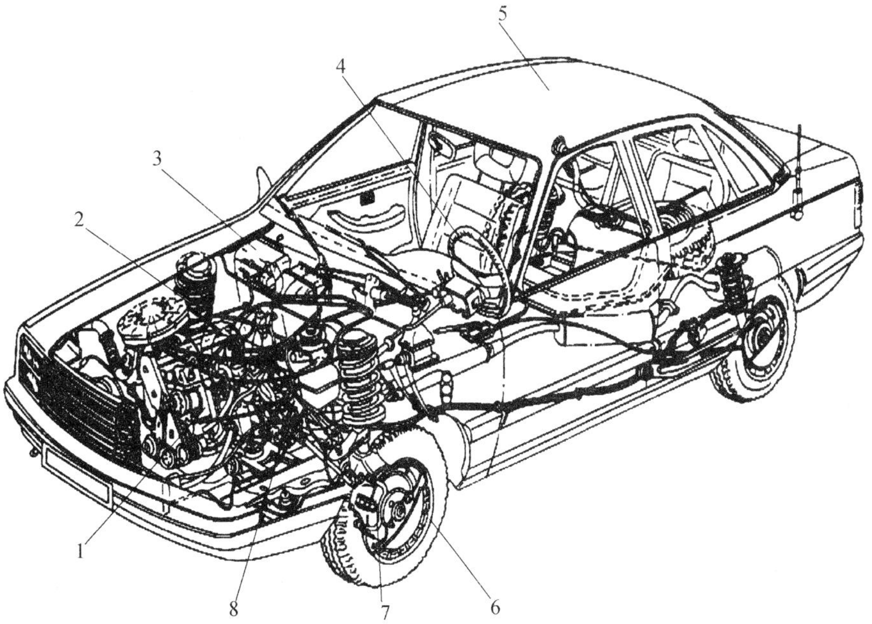

图 1.8 典型轿车的总体构造

1—发动机;2—悬架;3—空调装置;4—转向盘;5—车身;6—转向驱动轮;7—制动器;8—变速器

①传动系是将发动机的动力传给驱动轮的一套装置。传动系包括离合器、变速器、传动轴、主减速器及差速器和半轴等部分。

②行驶系支承整车的质量,并传递和承受路面作用于车轮上的各种力和力矩,缓和冲击,吸收振动,保证汽车在各种条件下正常行驶。行驶系包括支承全车的承载式车身及副车架、前悬架、前轮、后悬架和后轮等部分。

③转向系使汽车按驾驶员意愿改变汽车行驶方向。转向系通常由带转向盘的转向操纵机构、转向器和转向传动机构组成。有的汽车还装有动力转向加力装置、碰撞防护装置、转向减震器等。

④制动系使汽车减速甚至停车,并保证汽车可靠地长时间停驻。制动系包括前轮制动器、后轮制动器以及控制装置、传动装置和供能装置等。

(3)车身。

车身既是驾驶员工作的场所,也是装载乘客和货物的总成。它有承载式车身和非承载式车身之分。车身主要包括发动机罩、车身本体及副车架,还包括货车的驾驶室和货箱以及某些汽车上的特种作业设备。

(4)电气与电子设备。

电气设备包括电源组(蓄电池、发电机)、发动机启动设备、发动机点火设备、照明和信号装置、空调、仪表、刮水器、音像设备、门窗玻璃电动升降设备等。电子设备包括导航系统、电控燃油喷射及电控点火设备、电控自动变速设备、电子防抱死制动设备、电子驱动防滑设备、车门锁的遥控及自动防盗报警设备等各种人工智能装置。

2. 汽车的总体布置形式

为满足不同条件的使用要求,汽车的总体布置可以有不同的形式。现代汽车按发动机相对于各总成的位置不同,通常有下面几种布置形式。

(1)发动机前置后轮驱动(FR)。

发动机前置后轮驱动是传统的布置形式。部分轿车和部分客车、大多数货车采用这种布置形式。

(2)发动机前置前轮驱动(FF)。

发动机前置前轮驱动具有整车质量小、地板高度低、结构紧凑、高速行驶时操纵稳定性好等优点，这是在现代大多数轿车中盛行的布置形式。

(3)发动机后置后轮驱动(RR)。

发动机后置后轮驱动具有空间利用率高、车内噪声小等优点。这是在目前中、大型客车中盛行的布置形式，少数轿车也有采用这种布置形式的。

(4)发动机中置后轮驱动(MR)。

发动机中置后轮驱动将功率和尺寸很大的发动机布置在驾驶员坐椅与后轴之间，有利于获得最佳的轴荷分配，提高汽车的性能。这是方程式赛车和大多数跑车采用的布置形式。少数大、中型客车也采用这种布置形式，但是把卧式发动机安装在地板下面。

(5)全轮驱动(nWD)。

全轮驱动的发动机通常前置，通过变速器之后的分动器将动力分别输送给全部驱动轮。这是越野车常采用的布置形式。目前，部分轿车也采用四轮驱动形式，以提高整车的性能。

3. 汽车行驶原理

汽车在道路上以一定的速度行驶、加速、减速，汽车必须具有足够的驱动力，以克服各种行驶阻力，才能得以正常行驶。

(1)驱动力 F_t。

(2)行驶阻力。

①滚动阻力 $F_f=G_a \cdot f$。

②空气阻力(风阻)F_w。

影响空气阻力的因素主要有汽车形状、迎风面积和车速。空气阻力是主要阻力，占整个行驶阻力的 60%。

③坡度阻力 F_i。

④加速阻力 F_j。

(3)汽车行驶满足的条件。

当驱动力等于阻力之和时，汽车匀速行驶，当驱动力大于阻力之和时，汽车才能起步或加速行驶；当驱动力小于阻力之和时，汽车无法起步或减速行驶。所以得出汽车行驶的必要条件(即驱动条件)为

$$F_t \geqslant F_f + F_w + F_i + F_j$$

(4)汽车行驶的附着条件。

增大汽车的驱动力可以通过采用增加发动机转矩、加大传动比等措施。但这些措施只有在驱动轮与路面之间不发生滑转时才有效。所以说汽车能否充分发挥其驱动力，还受到车轮与路面之间附着作用的限制。

在平整的干硬路面上，汽车附着性能的好坏取决于轮胎与路面间摩擦力的大小。这个摩擦力阻碍车轮的滑动，使车轮能够正常地向前滚动并承受路面的驱动力。如果驱动力大于轮胎与路面间的最大静摩擦力，车轮与路面之间就会发生滑转。在松软的路面上，除了轮胎与路面间的摩擦阻碍车轮滑转外，嵌入轮胎花纹凹处的软路面凸起部还起一定的抗滑作用。通常把车轮与路面之间的相互摩擦以及轮胎花纹与路面凸起部的相互作用综合在一起，称为附着作用。由附着作用所决定的阻碍车轮滑转的最大力称为附着力，用 F_φ 表示，则

$$F_\varphi = G\varphi$$

式中,G 为车轮所承受垂直于路面的法向力,指汽车总重力分配到驱动轮上的那部分;φ 为附着系数。

由此可知,汽车行驶的充分条件(即附着条件)为

$$F_t \leqslant F_\varphi$$

则汽车行驶的充分必要条件为

$$F_\varphi \geqslant F_t \geqslant F_f + F_w + F_i + F_j$$

5. 影响附着力的因素

附着力取决于附着系数和驱动轮的附着重力。在冰雪或泥泞路面上,由于附着力很小,汽车的驱动力受附着力的限制而不能克服较大的阻力,导致汽车减速甚至不能前进。即使加大节气门开度,或变速器换入低挡,车轮也只会滑转而驱动力仍不能增大。为了增加车轮在冰雪路面的附着力,可采用特殊花纹轮胎或在普通轮胎上绕装防滑链,以提高其对冰雪路面的抓着能力。非全轮驱动汽车的附着重力只是分配到驱动轮上那部分汽车的重力;而全轮驱动汽车的附着重力则是全车的总重力,因而其附着力较前者显著。

实训项目

任务名称	汽车整体构造的认知	学时	1	班级	
学生姓名		学生学号		任务成绩	
实训设备	捷达汽车五辆	实训场地	理实一体化教室	日期	
任务内容	认识发动机、底盘、车身、电气系的组成及功用				
任务目标	能够在实车上指出汽车的四大组成部分				

一、决策与计划

请根据任务要求,确定所需要的技术资料,并对小组成员进行合理分工。

1. 需要的技术资料

2. 小组成员分工

小组选出组长,组长对组员进行角色分工。一般安排记录员两名,安全员一名,5S 员一名。记录员负责记录数据,填写任务单;安全员负责检查操作过程中的安全规范;5S 员保证工位的整洁有序。

二、实施

在实训车辆上分别找出项目单表格中的元件并选择其安装位置,在对应的“□”中打“√”。

元件名称	安装位置	元件名称	安装位置
发动机	发动机舱□　驾驶室□ 车辆尾部□　车辆前方□	蓄电池	发动机舱□　驾驶室□ 车辆尾部□　车辆前方□
发电机	发动机舱□　驾驶室□ 车辆尾部□　车辆前方□	安全带	发动机舱□　驾驶室□ 车辆尾部□　车辆前方□
转向灯	发动机舱□　驾驶室□ 车辆尾部□　车辆前方□	启动机	发动机舱□　驾驶室□ 车辆尾部□　车辆前方□
变速器	发动机舱□　驾驶室□ 车辆尾部□　车辆前方□	倒车灯	发动机舱□　驾驶室□ 车辆尾部□　车辆前方□
制动灯	发动机舱□　驾驶室□ 车辆尾部□　车辆前方□	前照灯	发动机舱□　驾驶室□ 车辆尾部□　车辆前方□
方向盘	发动机舱□　驾驶室□ 车辆尾部□　车辆前方□	收音机	发动机舱□　驾驶室 车辆尾部□　车辆前方□
喇叭	发动机舱□　驾驶室□ 车辆尾部□　车辆前方□	仪表台	发动机舱□　驾驶室□ 车辆尾部□　车辆前方□

三、检查

填写下图中的空白处，完成后小组人员互换项目单，检查填写的正确性。

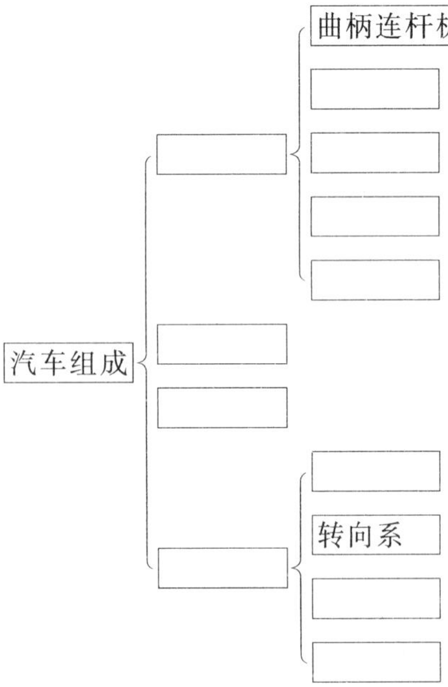

四、评价反馈

1.请根据自己任务的完成情况，对自己的工作进行自我评估，并提出改进意见。

(1)______

______

(2)______

______

2.教师对学生工作情况进行评估，并进行点评。

______

______

______

五、作业

查阅资料：列举出常见的承载式车身和非承载式车身的车辆品牌和车型。

课后练习

模块1　绪论	班级			
	姓名		学号	
	日期		评分	

一、资讯

说明：每位学生应在工作任务实施前独立完成准备工作。

1. 汽车通常由________、________、________及________四部分组成。

2. 发动机主要由两大机构五大系统组成：分别是________；________；润滑系、燃油供给系、________、________、启动系组成，但是柴油发动机比汽油发动机少一个________系。

3. 汽车底盘主要由________、________、________和________四部分组成。

4. 汽车电气系主要由________、________、仪表、________、音响装置、雨刮器等用电设备组成。

5. 汽车车身根据车身承载的方式不同，可以分为________车身和________车身。

6. 汽车等速行驶时，其阻力由________、________和________等组成。

7. 汽车的滚动阻力与________、________、________及________有关。

8. 汽车的空气阻力与________、________及________有关。

二、内容小结

1. 简述你了解的汽车发展过程。

2. 汽车的类型主要有哪几种？举例说明。

3. 汽车由哪几部分组成？各部分的作用是什么？

4. 汽车底盘的布置形式有哪几种？分别用于哪种汽车？

5. 汽车都有哪些电气设备？

6. 如果让你介绍一款汽车，你会从哪几个方面进行介绍呢？

模块 2

发动机总体构造与工作原理

【知识目标】

1.熟悉发动机的常见类型。

2.掌握发动机的总体构造、主要性能指标和特性。

3.理解四行程发动机的工作原理。

【技能目标】

认知发动机所有零部件并指出其安装位置。

【课时计划】

任务	任务内容	参考课时		
		理论课时	实训课时	合计
1	发动机的工作原理	2	0	2
2	发动机的总体构造	1	2	3
3	发动机的主要性能指标与特性	1	0	1
共计:6 课时				

情境导入

一辆捷达轿车,行驶过程中突然熄火,要求进行维修。初步诊断该故障位于发动机,为排除该故障,我们需了解发动机的总体构造,掌握发动机的工作原理。下面就来分步进行该模块的学习。

任务驱动

任务2.1 发动机的工作原理

2.1.1 发动机的定义

发动机是将某种形式的能量转换为机械能的机器。汽车的动力来自发动机。将燃料燃烧所产生的热能转化为机械能的装置被称为热力发动机(简称热机)。热机又分为内燃机和外燃机。内燃机的特点是将液体或气体燃料与空气混合后直接输入机器内部燃烧而产生热能,然后再转变成机械能。内燃机具有热效率高、体积小、质量小、便于移动以及启动性能好等优点。外燃机的特点是燃料在机器外部的锅炉内燃烧,将锅炉内的水加热而产生高温、高压的水蒸气,输送至机器内部,使所含的热能转变为机械能。

2.1.2 汽车内燃机分类

根据发动机将热能转变成为机械能的主要构件形式,汽车用发动机可分为活塞式内燃机和燃气轮机两大类。活塞式内燃机按活塞运动方式分为往复活塞式和旋转式活塞式两种。往复活塞式发动机在汽车上的应用最为广泛。

汽车发动机专指往复活塞式内燃机。按照不同的分类方法可以把发动机分成不同的类型。按所用燃料不同,可分为汽油发动机和柴油发动机;按冷却方式不同,可分为水冷式发动机和风冷式发动机;按活塞运动的行程数不同,可分为四行程发动机和二行程发动机;按进气状态不同,可分为增压发动机和非增压发动机;按汽缸数不同,可分为单缸发动机和多缸发动机;按汽缸排列方式不同,可分为直列式发动机、斜置式发动机和对置式发动机。

2.1.3 四行程发动机的工作原理

下面介绍二行程和四行程发动机的结构及工作原理。

1.发动机的基本结构

图2.1所示为单缸汽油发动机的基本结构。在内表面呈圆柱形的汽缸10内做往复运动的活塞8通过活塞销与连杆7的一端铰接,连杆的另一端则与曲轴3相连。当活塞8在汽缸10内做往复运动时,连杆7便推动曲轴3旋转。同时,汽缸与活塞顶包围的容积也在不断地由最小变到最大,再由最大变到最小,如此不断循环。汽缸的顶端用汽缸盖11封闭。在汽缸盖上装有进气门25和排气门15,进、排气门头朝下、尾朝上倒挂在汽缸盖上。通过进、排气门的开闭实现向汽缸内充气和向汽缸外排气。进、排气门的开闭由凸轮轴16控制。凸轮轴由曲轴通过同步带5或齿轮或链条驱动。

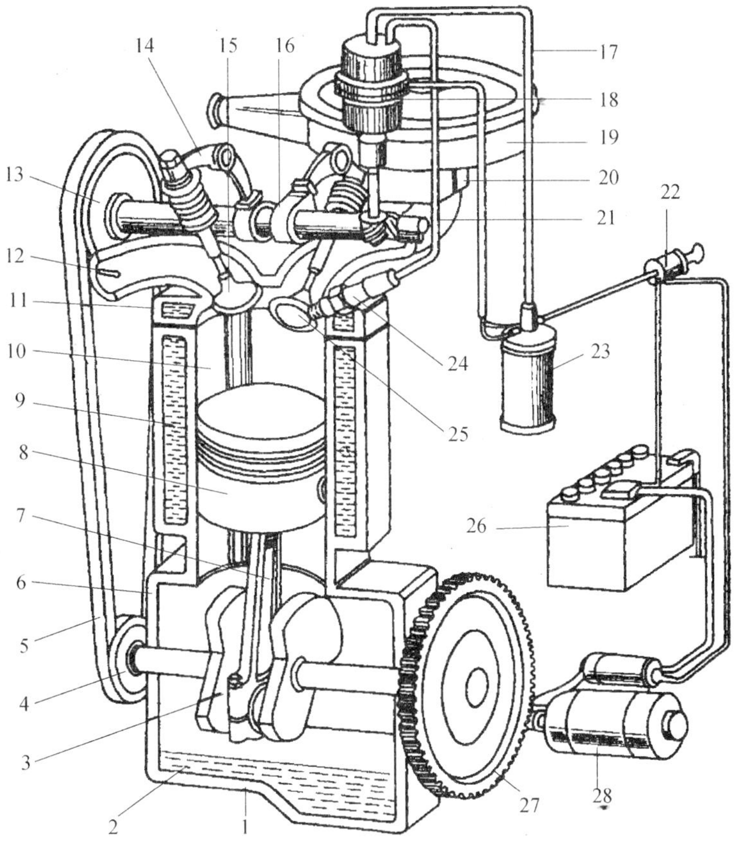

图 2.1　发动机的基本结构

1—油底壳；2—机油；3—曲轴；4—曲轴同步带轮；5—同步带；6—曲轴箱；7—连杆；8—活塞；9—水套；10—汽缸；11—汽缸盖；12—排气管；13—凸轮轴同步带轮；14—摇臂；15—排气门；16—凸轮轴；17—高压线；18—分电器；19—空气滤清器；20—化油器；21—进气管；22—点火开关；23—点火线圈；24—火花塞；25—进气门；26—蓄电池；27—飞轮；28—启动机

2. 四行程发动机的基本术语

(1)工作循环：包括进气、压缩、做功和排气等过程的周而复始的循环。即发动机完成进气、压缩、做功和排气四个过程称为一个工作循环。

(2)上止点：如图 2.2(a)所示，上止点指活塞顶面离曲轴中心线最远时的止点，通常指活塞的最高位置。

(3)下止点：如图 2.2(b)所示，下止点指活塞顶面离曲轴中心线最近时的止点，通常指活塞的最低位置。

(4)活塞行程(S)：即活塞运行的上、下两个止点之间的距离。

(5)曲柄半径(R)：即从曲轴主轴颈中心线到连杆轴颈中心线的垂直距离。

(6)汽缸工作容积(V_h)：指一个汽缸中活塞运动一个行程所扫过的容积。即活塞面积与行程的乘积。

$$V_h/\mathrm{L} = \frac{\pi D^2 S}{4} \times 10^{-6}$$

式中，D 为汽缸直径，mm；S 为活塞行程，mm。

(7)发动机排量(V_L)：指一台发动机全部汽缸工作容积的总和。

$$V_L = V_h \times i$$

式中，i 为汽缸数。

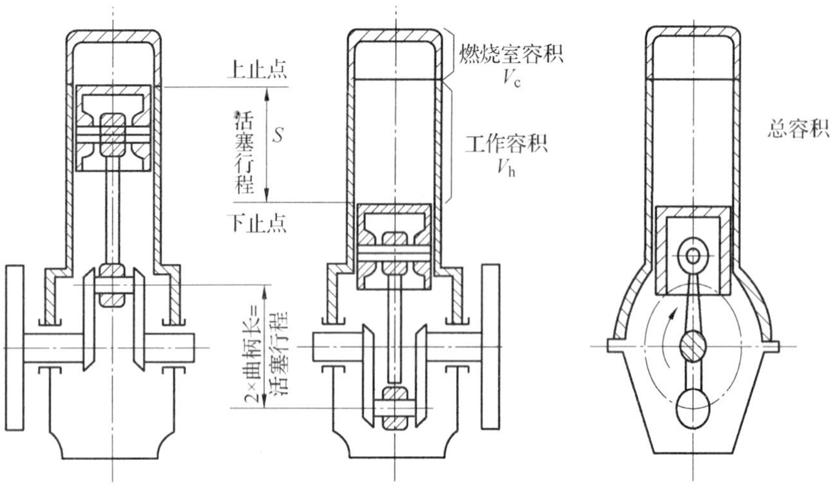

(a) 活塞位于上止点　　(b) 活塞位于下止点

图 2.2　发动机的基本术语

(8)燃烧室容积(V_c):指活塞在上止点时的汽缸和汽缸盖所包围的容积。活塞顶上面空间称为燃烧室,其容积称为燃烧室总容积。它是汽缸的最小容积。

(9)汽缸总容积(V_a):活塞在下止点时汽缸和燃烧室的容积。它是汽缸工作容积和燃烧室总容积之和。

$$V_a = V_h + V_c$$

(10)压缩比(ε):即汽缸最大容积和燃烧室总容积的比值。

$$\varepsilon = V_a / V_c = 1 + V_h / V_c$$

压缩比表示活塞由下止点移动到上止点时,汽缸内气体被压缩的程度。压缩比越大,则压缩终了时汽缸内的压力和温度就越高。

目前一般汽车用汽油发动机的压缩比为 6～10,也有高达 10 以上的。柴油发动机的压缩比为 15～22。

3. 四行程汽油发动机的工作原理

四行程汽油发动机的工作循环包括进气、压缩、做功及排气四个行程。

(1)进气行程。

活塞由曲轴带动由上止点向下止点运动,此时排气门关闭,进气门开启,如图 2.3(a)所示。由于活塞下移,汽缸内容积逐渐增大,形成一定的真空度,于是经燃料供给系形成的可燃混合气,通过进气门被吸入汽缸。活塞到达下止点时,进气门关闭,进气停止。进气行程结束时,由于进气过程中燃料供给系、进气管、进气门等处都存在进气阻力,此时汽缸内压力略低于大气压,为 75～90 kPa。由于汽缸壁、活塞等高温件及上一循环残留高温废气的加热,气体温度为 370～440 K。

(2)压缩行程。

如图 2.3(b)所示,进气行程结束时,活塞在曲轴的带动下,从下止点向上止点运动。在压缩行程中,汽缸内容积逐渐减小,由于进、排气门均关闭,可燃混合气被压缩,活塞到达上止点时,压缩结束。在压缩过程中,气体压力和温度同时升高,并进一步均匀混合,压缩终了时,汽缸内压力为 600～1 500 kPa,温度为 600～800 K,远高于汽油的点燃温度(约为 263 K),因而很易被点燃。

(3)做功行程。

如图 2.3(c)所示,在压缩行程末,进气门和排气门均关闭,火花塞产生电火花点燃混合气,并迅速燃烧,使气体温度、压力迅速升高并膨胀,从而推动活塞由上止点向下止点运动,再通过连杆驱动曲轴转动做功,活塞到达下止点时做功结束。在做功过程中,初始阶段汽缸内气体压力和温度急剧上升,瞬时压力可达 3～5 MPa,瞬时温度可达 2 200～2 800 K。随着活塞的下移,压力、温度下降,做功行程终了时压力为 300～500 kPa,温度为 1 500～1 700 K。

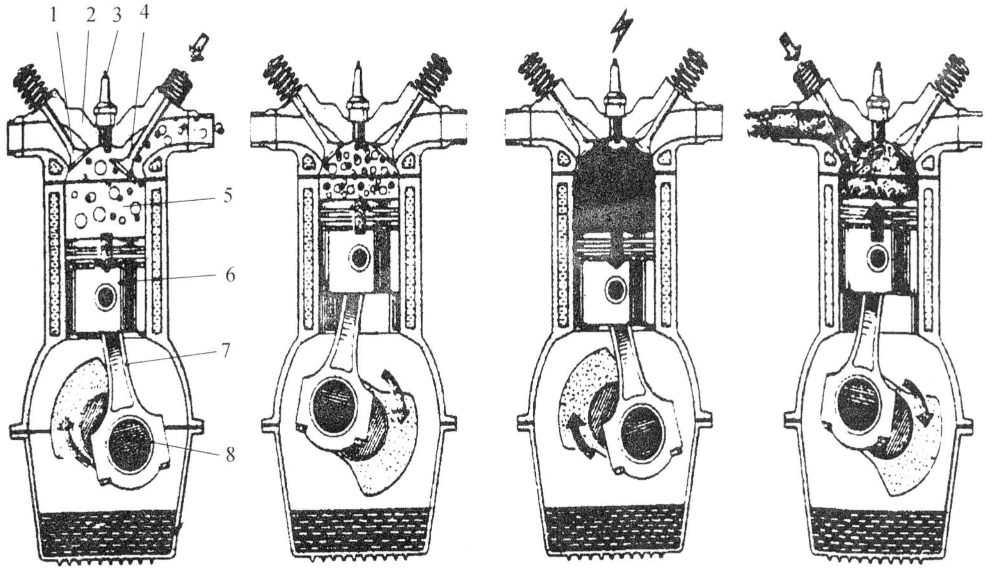

(a)进气行程　(b)压缩行程　(c)做功行程　(b)排气行程

图 2.3　四行程汽油发动机工作原理示意图

1—排气门；2—排气管；3—火花塞；4—进气门；5—汽缸；6—活塞；7—连杆；8—曲轴

(4)排气行程。

在做功行程结束后，排气门打开，进气门关闭，如图 2.3(d)所示，曲轴通过连杆推动活塞由下止点向上止点运动，废气在自身剩余压力和活塞的推力作用下，排出汽缸。活塞到达上止点时，排气门关闭，排气结束。排气终了时，由于燃烧室容积的存在，汽缸内还存有少量废气，气体压力因排气门和排气管的阻力而略高于大气压，此时压力为 105～125 kPa，温度为 900～1 200 K。排出废气是为了下一个工作循环再吸入新鲜空气。排气行程结束时，排气门关闭，同时进气门开启，又开始了下一个工作循环。排气行程和进气行程又合称为换气行程。

汽油发动机具有转速高(目前轿车用汽油发动机最高转速达 5 000～6 000 r/min，载货汽车可达 4 000 r/min左右)，质量小、工作噪声小、启动容易、制造和维修费用低等优点，故在轿车和中、小型载货汽车上及军用越野车上得到广泛的应用。汽油发动机的缺点是燃油经济性差。

4. 四行程柴油发动机的工作原理

如图 2.4 所示，四行程柴油发动机和四行程汽油发动机一样，每个工作循环也包括进气、压缩、做功、排气四个行程。但由于柴油和汽油的性质不同，可燃混合气的形成、着火方式等与汽油发动机有很大区别。

(1)进气行程。

柴油发动机进气行程不同于汽油发动机的是进入汽缸的不是可燃混合气，而是纯空气。由于进气阻力比汽油发动机小，上一行程残留的废气温度比较低等原因，进气终了时的压力和温度与汽油发动机略有不同，压力为 80～95 kPa，温度为 320～350 K。

(2)压缩行程。

柴油发动机压缩行程不同于汽油发动机的是压缩的是纯空气，且由于柴油发动机压缩比较大，压缩终了时的温度和压力都比汽油发动机高，压力可达 3～5 MPa，温度可达 800～1 000 K。

(3)做功行程。

柴油发动机做功行程与汽油发动机有很大不同，压缩行程结束前，喷油泵将高压柴油经喷油器呈雾状喷入汽缸内的高温空气中，迅速汽化并与空气形成混合气，因为此时汽缸内的温度远高于柴油的自燃温度(约 500 K)，柴油立即自行着火燃烧，且此后一段时间内边喷射边混合边燃烧，汽缸内压力、

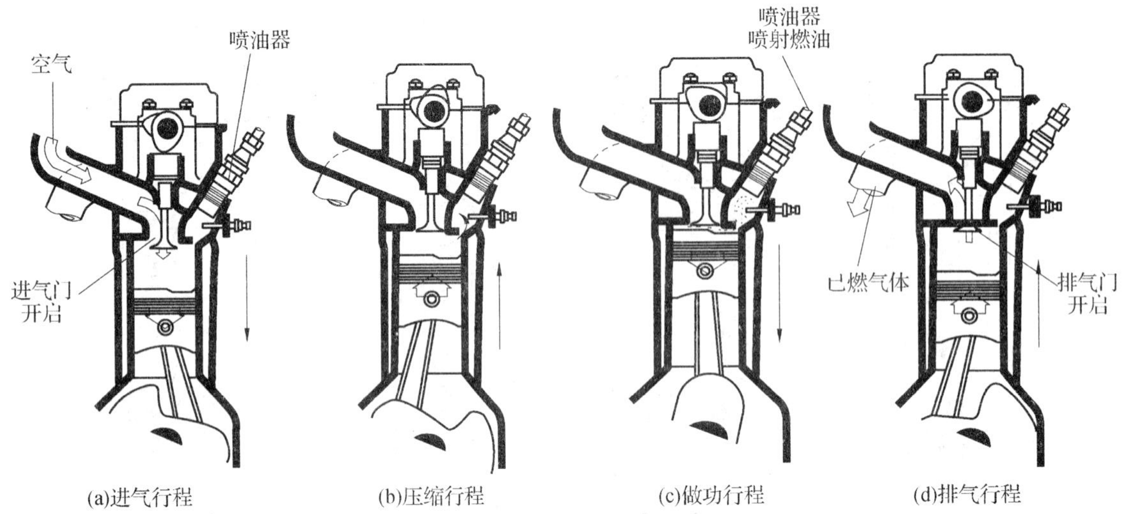

图 2.4　四行程柴油发动机工作原理示意图

温度急剧升高,推动活塞下行做功。瞬时压力可达 5~10 MPa,瞬时温度可达 1 800~2 200 K。随着活塞的下移,压力、温度下降,做功行程终了时压力为 200~400 kPa ,温度为 1 200~1 500 K。

(4)排气行程。

柴油发动机排气行程与汽油发动机排气行程基本相同,排气终了时汽缸内压力为 105~125 kPa,温度为800~1 000 K。四行程柴油发动机和汽油发动机相比,其优点是:因压缩比高,燃油消耗率平均比汽油发动机低 30% 左右,故燃油经济性较好;且柴油价格较低。其缺点是:转速较汽油发动机低、质量大、制造和维修费用高(因为喷油泵和喷油器加工精度要求较高)。一般载重量在 7 t 以上的载货汽车多用柴油发动机。目前柴油发动机的这些弱点正在逐渐得到克服,国外有的轿车也采用柴油发动机,其最高转速可达 5 000 r/min。

四行程发动机在一个工作循环的四个活塞行程中,只有一个行程是做功的,其余三个行程则是做功的辅助行程。显然,在做功行程中,曲轴的转速比其他三个行程转速要高,所以它的转速就不均匀,因而发动机运转就不平稳,振动大。这可采用多缸发动机予以改善。在多缸四行程发动机的每个汽缸内,所有的工作过程是相同的,并按上述次序进行;但各个汽缸的做功行程并不同时发生,汽缸数越多,发动机的工作就越平稳。但当发动机缸数增加时,一般将使结构复杂,尺寸及质量增加。

2.1.4 二行程发动机的工作原理

1.二行程汽油发动机的工作原理

二行程发动机的工作循环也包括进气、压缩、做功及排气四个过程,但它是在活塞往复两个行程内完成的。图 2.5 所示为一种化油器式二行程汽油发动机工作原理示意图。

发动机汽缸上设有三个孔,可分别在一定的时刻为活塞所关闭。进气孔 1 与化油器相连通,可燃混合气经孔 1 流入曲轴箱,继而经扫气孔 3 进入汽缸内,而废气则经与排气管连通的排气孔 2 排出。

第一行程:在曲轴的旋转带动下,活塞由下止点向上止点运动,当活塞上行至关闭扫气孔和排气孔时,已进入汽缸内的新鲜空气开始被压缩,直至活塞到达上止点,压缩行程结束。由于活塞上行,其下方即曲轴箱内形成一定的真空度,当进气孔开启时,燃油供给系供给的可燃混合气在真空度的作用下被吸入曲轴箱内。

第二行程:当活塞接近上止点时,火花塞产生电火花,点燃混合气,混合气燃烧后做功,推动活塞从上止点向下止点运动做功。当活塞下行到关闭进气孔后,活塞下方曲轴箱内的可燃混合气被预压。当活塞下行至排气孔开启时,部分燃烧后的废气靠自身压力经排气孔排出,紧接着扫气孔开启,曲轴箱内预压的可燃混合气经换气孔进入汽缸,并扫除汽缸内的废气,这个过程称为换气过程。它一直延

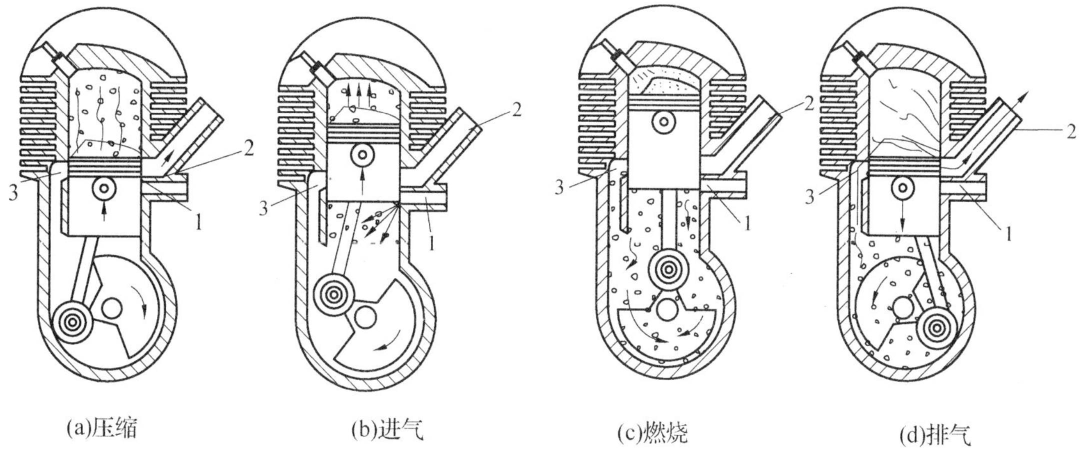

图 2.5　二行程汽油发动机工作原理示意图

1—进气孔；2—排气孔；3—扫气孔

续到下一行程活塞再上行到关闭换气孔和排气孔时为止。

由上述可知，第一行程活塞上方进行换气、压缩，活塞下方进气；第二行程活塞上方进行做功、换气，活塞下方预压缩。换气过程纵跨两个行程。

为了防止新鲜混合气大量与废气混合并随废气一起排出汽缸而造成浪费，活塞顶做成特殊的形状，使新鲜混合气的气流被引向上部。这样还可以利用新鲜混合气来扫除废气，使排气更为彻底。但是在二行程发动机中，难以完全避免可燃混合气的损失。

化油器式二行程发动机与化油器式四行程发动机相比较，主要有如下优点：曲轴每转一周就有一个做功行程，因此，当二行程发动机的工作容积和转速与四行程发动机相同时，在理论上二行程发动机功率应等于四行程发动机的两倍；由于没有专门的换气机构，所以其构造较简单，质量也比较小，使用方便。因为附属机构少，所以易受磨损和经常需要修理的运动部件数量也比较少；由于发生做功过程的频率较高，故二行程发动机的运转比较均匀平稳。

二行程发动机的最大缺点是不易将废气自汽缸内排除得较干净，并且在换气时减少了有效工作行程。因此，在同样的工作容积和曲轴转速下，二行程发动机的功率并不等于四行程发动机的两倍，只等于 1.5～1.6 倍；而且在换气时有一部分新鲜可燃混合气随同废气排出，因此二行程发动机不如四行程发动机的燃油经济。

由于上述缺点，化油器式二行程发动机在汽车上较少被采用。因这种发动机的制造费用低廉，构造简单，质量小，在摩托车上广泛应用。二行程发动机可以通过减少扫气损失来改善燃油经济性，因此电控喷射的二行程发动机在汽车上得到了发展。

2.二行程柴油发动机的工作原理

二行程柴油发动机的工作过程和化油器式二行程汽油发动机的工作过程相似。所不同的是进入柴油发动机汽缸内的不是可燃混合气，而是纯空气。

带扫气泵的二行程柴油发动机工作原理示意图如图 2.6 所示。空气由扫气泵提高压力以后，经过装在汽缸外部的空气室和汽缸壁(或汽缸套)上的许多小孔进入汽缸内，废气经由汽缸盖上的排气门排出。

第一行程：活塞自下止点向上止点移动。该行程开始前不久，进气孔和排气门均已开启，利用自扫气泵流出的空气(压力为 0.12～0.14 MPa)使汽缸换气(图 2.6(a))。当活塞继续向上移动，进气孔被遮盖，排气门也被关闭，空气受到压缩(图 2.6(b))。当活塞接近上止点时，汽缸内的压力增到 3MPa，温度升至 850～1 000 K，燃油在高压(约为 1 720 MPa)下喷入汽缸内，这时燃油自行着火燃烧，使汽缸内压力增高(图 2.6(c))。

第二行程：活塞受燃烧气体作用，自上止点向下止点移动而做功。活塞下行 2/3 行程时排气门开启，排出废气(图 2.6(d))，此后汽缸内压力降低，进气孔开启，进行换气。换气一直继续到活塞向上移动 1/3 行程的距离，直到进气孔完全被遮盖为止。

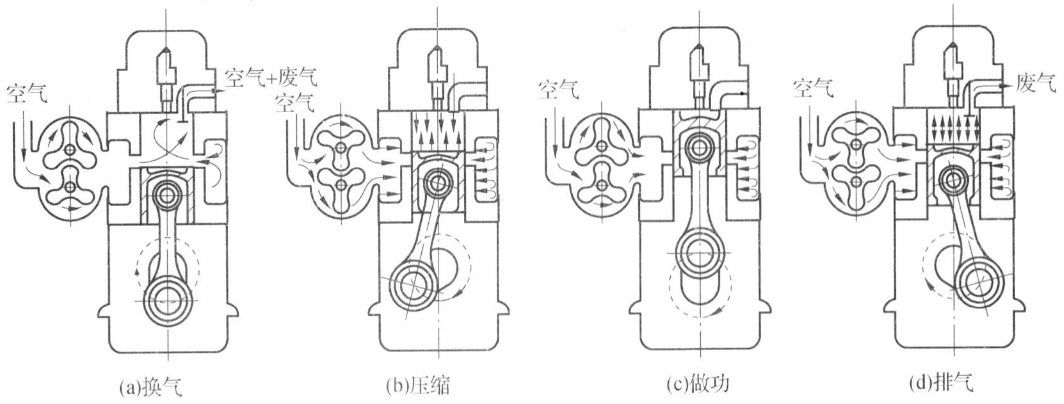

图 2.6 带扫气泵的二行程柴油发动机工作原理示意图

这种形式的发动机称为气门一窗孔直流扫气柴油发动机。二行程柴油发动机的优缺点与上面讨论二行程汽油发动机时所指出的优缺点基本相同，但由于二行程柴油发动机用纯空气扫除废气，没有燃料损失，故经济性较高。

任务 2.2 发动机的总体构造

通常，汽油发动机由两大机构五大系组成，见表 2.1。柴油发动机由两大机构四大系组成。常见轿车四缸发动机的结构如图 2.7 所示。常见重型汽车用六缸四行程柴油发动机的构造如图 2.8 所示。

表 2.1 汽油发动机的组成

机构或系	组成及功用	构造图
曲柄连杆机构	曲柄连杆机构是发动机实现工作循环，完成能量转换的主要运动零件。它由机体组、活塞连杆组和曲轴飞轮组等组成。在做功行程中，活塞承受燃气压力在汽缸内做直线运动，通过连杆转换为曲轴的旋转运动，并向外输出动力。而在进气、压缩和排气行程中，飞轮释放的能量又把曲轴的旋转运动转换成活塞的直线运动	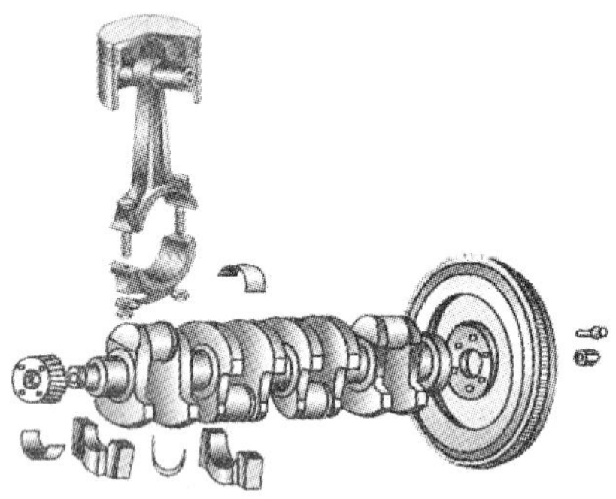
配气机构	配气机构的功能是根据发动机的工作顺序和工作过程，定时开启和关闭进气门和排气门，使可燃混合气进入汽缸，并使废气从汽缸内排出，实现换气过程。配气机构大多采用顶置气门式配气机构，由气门组和气门传动组组成	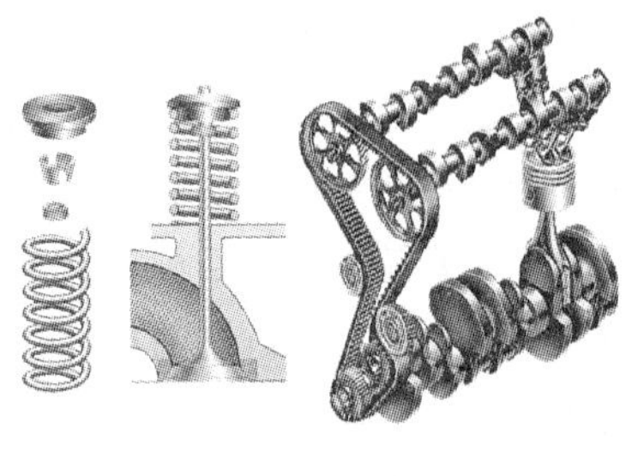

续表 2.1

机构或系	组成及功用	构造图
燃料供给系	汽油发动机燃油供给系的功能是根据发动机的要求，配置出一定数量和浓度的可燃混合气，均匀地分配到各个汽缸中，并汇集各个汽缸燃烧后的废气，从排气消声器排出。柴油发动机燃油供给系的功能是把柴油和空气分别均匀地分配到各个汽缸中，在燃烧室内形成混合气并燃烧，然后汇集各个汽缸燃烧后的废气，从排气消声器排出	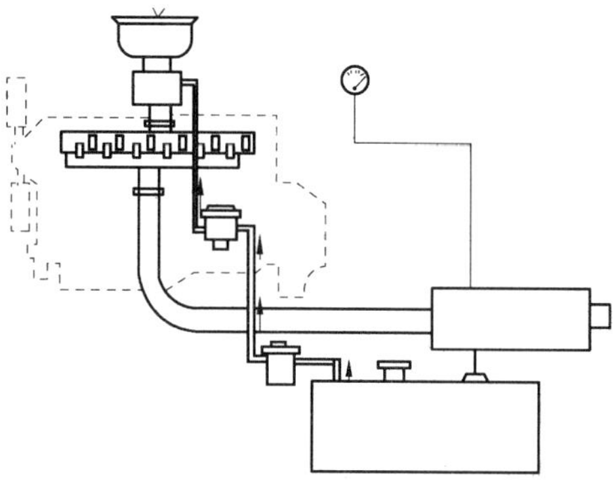
点火系	点火系的功用是将汽车电源供给的低压电转变为高压电，并按发动机的做功顺序和点火时间要求，配送至各缸的火花塞，在其间隙处产生火花，点燃可燃混合气。点火系由电源、点火开关、点火线圈、分电器及火花塞等组成	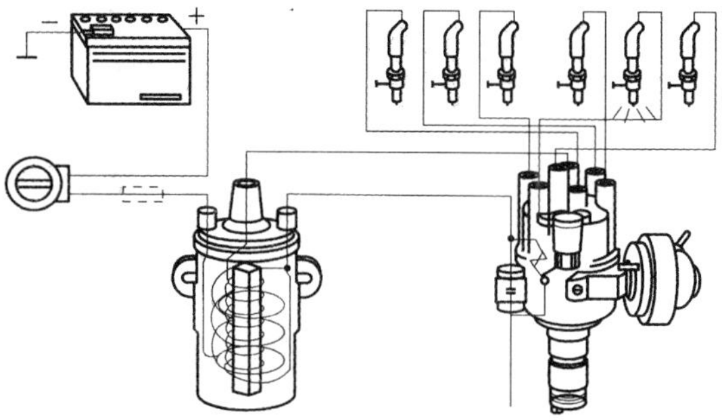
润滑系	润滑系的功能是向做相对运动的零件表面输送定量的清洁润滑油，以实现液体摩擦，减小摩擦阻力，减轻机件的磨损，并对零件表面进行清洗和冷却。润滑系由润滑油道、机油泵、机油滤清器和一些阀门等组成	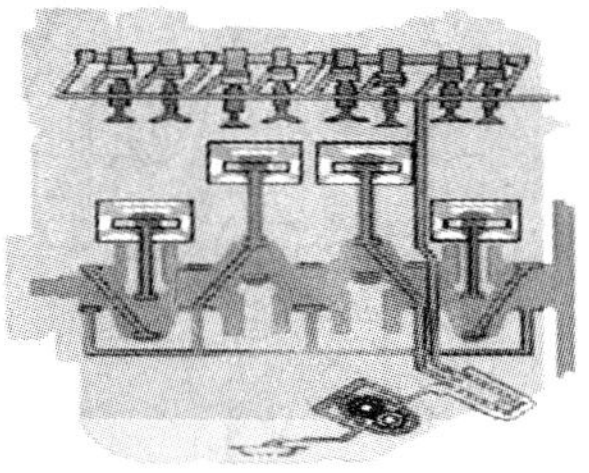
冷却系	冷却系的功能是将受热零件吸收的部分热量及时散发出去，保证发动机在适宜的温度状态下工作。水冷发动机的冷却系通常由冷却水套、水泵、风扇、水箱、节温器等组成	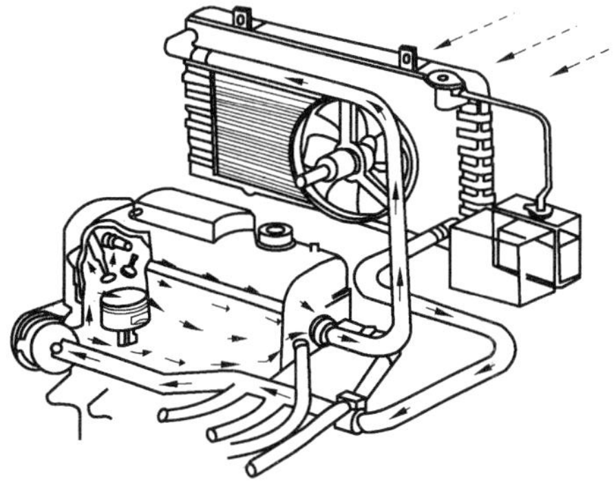

续表 2.1

机构或系	组成及功用	构造图
启动系	启动系的功能是使静止的发动机启动并转入自行运转。主要由启动机及其附属装置组成	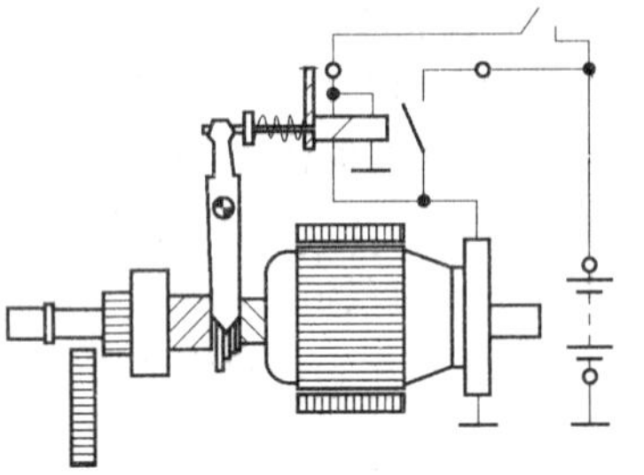

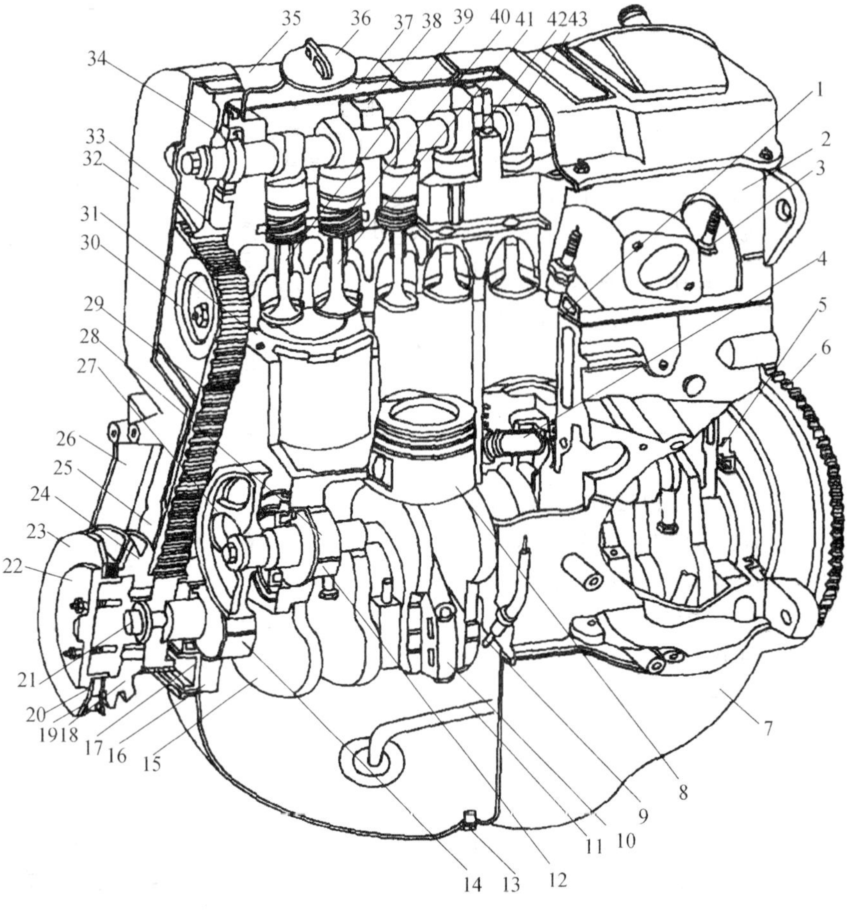

图 2.7　一汽奥迪 100 型轿车发动机

1—汽缸垫;2—汽缸盖;3—火花塞;4—活塞销;5—曲轴后端油封挡板;6—飞轮齿圈;7—油底壳;8—活塞;9—油标尺;10—连杆总成;11—机油集滤器;12—中间轴轴承;13—放油螺塞;14—曲轴主轴承;15—曲轴;16—曲轴轴承盖;17—曲轴前端油封挡板;18—曲轴正时齿轮;19—空气压缩机平带;20—调整垫片;21—正时齿轮拧紧螺栓;22—压紧盖;23—空气压缩机带轮;24—水泵、发电机曲轴带轮;25—正时齿轮下罩盖;26—空气压缩机支架;27—中间轴正时齿轮;28—中间轴;29—正时传动带;30—偏心轮张紧机构;31—汽缸体;32—正时齿轮上罩盖;33—凸轮轴正时齿轮;34—凸轮轴前端油封;35—凸轮轴罩盖;36—机油加油口盖;37—凸轮轴机油挡油板;38—凸轮轴轴承盖;39—排气门;40—气门弹簧;41—进气门;42—液力挺杆总成;43—凸轮轴

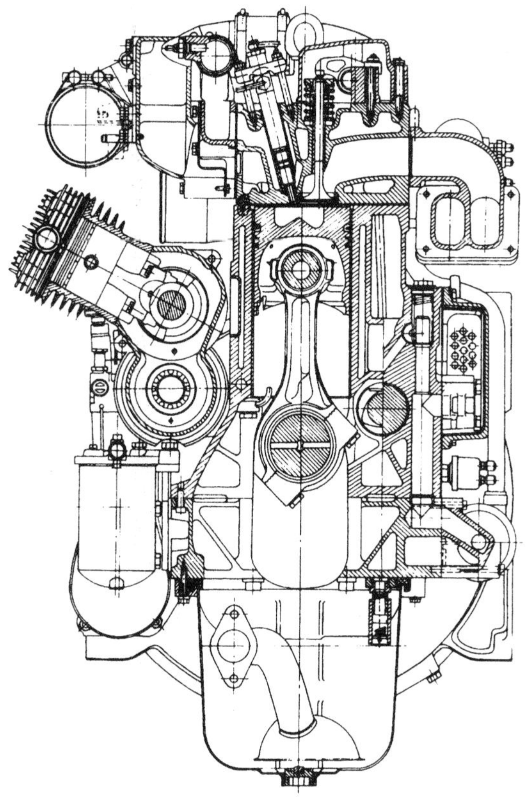

图 2.8　WD615 型柴油发动机的构造

任务 2.3　发动机的主要性能指标与特性

发动机的主要性能指标有动力性(有效转矩、有效功率、转速等)、燃油经济性(燃油消耗率)等。

2.3.1 动力性指标

1. 有效转矩

发动机通过飞轮输出的转矩称为有效转矩，以 T_e 表示，单位为 N·m。

2. 有效功率

发动机飞轮输出的功率称为有效功率，用 P_e 表示，单位为 kW。它等于有效转矩与曲轴转速的乘积。发动机的有效功率可用台架试验测定。在测功器上测定有效转矩和曲轴转速，然后利用下面的公式算出发动机的有效功率：

$$P_e = T_e \frac{2\pi n}{60} \times 10^{-3} = \frac{T_e n}{9\ 550}$$

式中，n 为曲轴转速，r/min。

发动机铭牌上标明的功率及相应的转速称为标定功率和标定转速。按内燃机台架试验国家标准规定，发动机的标定功率分为 15 min 功率、1 h 功率、12 h 功率和持续功率。汽车发动机经常在部分负荷下工作，仅在克服上坡阻力和加速等情况下才短时间地使用最大功率。为了保证发动机有较小的结构尺寸和质量，汽车发动机经常用 15 min 功率作为标定功率。

2.3.2 燃油经济性指标

发动机在 1 h 内每发出 1 kW 有效功率所消耗的燃油质量，称为燃油消耗率，用 b_e 表示。显然，燃油消耗率越低，发动机燃油经济性越好。

燃油消耗率表达式为

$$b_e = \frac{B}{P_e} \times 10^3$$

式中，B 为发动机在单位时间内的耗油量，kg/h，可由试验测定。

2.3.3 发动机的速度特性

发动机的速度特性指发动机的功率、转矩和燃油消耗率三者随曲轴转速变化的规律，可以通过发动机在试验台上进行试验求得。

如图 2.9 所示，如果改变节气门开度，则可得到不同组特性，当节气门开度到最大时，所得到的发动机的速度特性为发动机外特性。

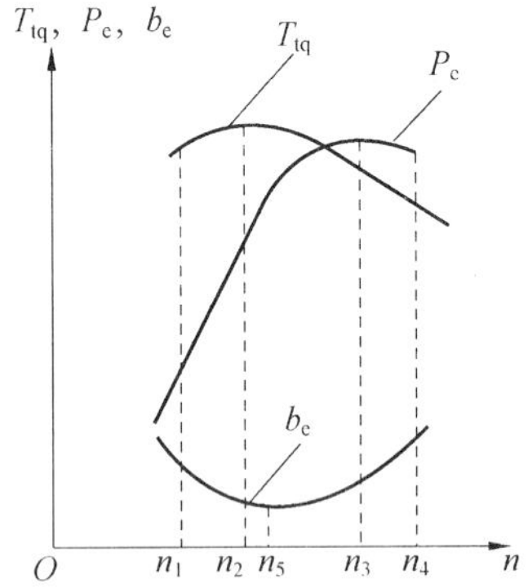

图 2.9　汽油发动机的外特性曲线

发动机外特性代表了发动机所具有的最高动力性。外特性曲线上标出的发动机最大功率和最大转矩及其相应的转速是发动机特性的重要指标。当分析发动机外特性是否符合使用要求时，要联系汽车使用条件，如最高车速、所要克服的阻力值、道路条件等。

2.3.4 发动机的工况与负荷

发动机工况一般用其功率与曲轴转速来表征，有时也用负荷与曲轴转速来表征。

发动机在某一转速下的负荷就是当发动机发出的功率与同一转速下所可能发出的最大功率之比，以百分数表示。

图 2.10 所示为发动机的一组特性曲线。Ⅰ表示相应于节气门全开时的外特性曲线，Ⅱ、Ⅲ分别表示节气门开度依次减小所得到的部分特性曲线。

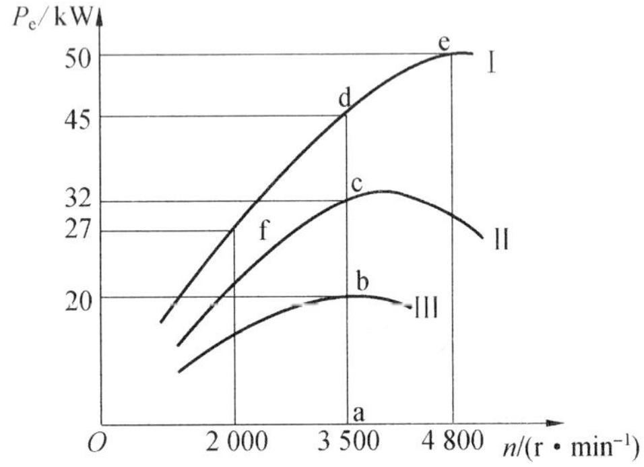

图 2.10　发动机的负荷特性

由图 2.10 可知，当 n = 3 500 r/min 时，在该转速下对应的发动机最大功率为 45 kW，取四个不同节气门开度及其对应的发动机功率。根据对负荷的定义，可求出 a、b、c、d 这四个工况的负荷值。

工况 a：负荷为零。

工况 b：负荷=20/45≈44.4%。

工况 c：负荷=32/45≈71.7%。

工况 d：负荷=100%。

因此，外特性曲线上各点都表示在各转速下的全负荷工况，但在同一条部分特性曲线上各点的负荷值却不相同。在同一转速下，节气门开度越大表示负荷越大，但二者并不成比例。

注意，负荷和功率的概念不要混淆。如某一转速时全负荷（如 d 点），并不意味着是发动机的最大功率。发动机的最大功率应当是工况 e 的功率。又如在工况 f 下，虽然功率比工况 c 小，但却是全负荷。也就是说，功率大小并不代表负荷的大小。

实训项目

任务名称	发动机零部件认知	学时	2	班级	
学生姓名		学生学号		任务成绩	
实训设备	发动机五台	实训场地	理实一体化教室	日期	
任务内容	发动机总体构造组成及功用				
任务目标	认识发动机各部分零部件并指出其安装位置				

一、决策与计划

请根据任务要求，确定所需要的技术资料，并对小组成员进行合理分工。

1.需要的技术资料

2.小组成员分工

小组选出组长，组长对组员进行角色分工。一般安排记录员两名，安全员一名，5S员一名。记录员负责记录数据，填写任务单；安全员负责检查操作过程中的安全规范；5S员保证工位的整洁有序。

二、实施

在工作台上分别找出项目单表格中的元件并结合发动机台架描述其安装位置。

元件名称	安装位置	元件名称	安装位置
汽缸盖		气门室罩	
汽缸垫		汽缸体	
油底壳		曲轴	
活塞		水泵	
水箱		飞轮	
活塞环		凸轮轴	
气门		进气歧管	
排气歧管		燃油管路	
火花塞		启动机	

三、检查

将工作台上的零部件按照要求进行分类，并按放置的顺序写出名称。

例：配气机构：气门、凸轮轴……

曲柄连杆机构：

润滑系：

点火系：

四、评价反馈

1. 请根据自己任务完成的情况，对自己的工作进行自我评估，并提出改进意见。

(1)______

______

(2)______

______

2. 教师对学生工作情况进行评估，并进行点评。

______

______

五、作业

查阅资料：列举出安装V形发动机和对置式发动机的车辆品牌和车型。

课后练习

模块 2　发动机总体构造与工作原理	班级			
	姓名		学号	
	日期		评分	

一、资讯

说明：每位学生应在工作任务实施前独立完成准备工作。

1. 汽车的动力源是________。

2. 汽车用发动机可分为________和________两大类。

3. 活塞式内燃机按活塞运动方式分为________和________两种。________发动机在汽车上的应用最为广泛。

4. 汽车发动机按汽缸排列方式可分为________、________和________发动机。

5. 四行程汽油发动机的工作循环包括________、________、________及________四个行程。

6. 四行程发动机曲轴转两周，活塞在汽缸里往复移动________次，进、排气门各开闭________次，汽缸里热能转化为机械能________次。

7. 发动机的主要性能指标有________和________。

8. 发动机的动力性指标包括________、________和________等。

9. 发动机的燃油经济性指标是指________。

二、内容小结

1. 发动机的分类方法有哪几种？

2. 什么是压缩比？其大小对发动机性能有何影响？

3. 为什么现代汽车不采用单缸机而用多缸机？

4. 柴油发动机与汽油发动机在可燃混合气形成方式和点火方式上有何不同？它们所用的压缩比为何不一样？

5. 四行程汽油发动机和柴油发动机在总体构造上有何不同？

6. 试述四行程汽油发动机的工作过程。

7. 名词解释：上止点、发动机排量、发动机外特性及发动机负荷。

模块 3

曲柄连杆机构

【知识目标】

1. 掌握曲柄连杆机构的功用及组成。
2. 了解曲轴飞轮组各零部件的功用。
3. 了解活塞连杆组组成和各零部件作用。

【技能目标】

掌握活塞连杆组的拆装检查。

【课时计划】

任务	任务内容	参考课时		
		理论课时	实训课时	合计
1	曲柄连杆机构的功用组成及其工作条件	1	0	1
2	机体组	1	0	1
3	活塞连杆组	1	2	3
4	曲轴飞轮组	1	0	1
共计:6 课时				

情境导入

一辆捷达轿车，发动机在怠速时，汽缸的上部发出清晰的敲击声，好像用一把锤子敲击水泥地面产生的声音。凭维修经验这一般是活塞连杆组异响，要修理此故障，我们必须对发动机曲柄连杆机构进行拆卸，了解其结构，掌握其拆装方法及检修方法。

任务驱动

任务 3.1 曲柄连杆机构的功用与组成及其工作条件

3.1.1 曲柄连杆机构的功用与组成

曲柄连杆机构是发动机实现能量转换的主要机构。它的功用是把燃气作用在活塞顶上的力转变为曲轴的转矩，以向工作机械输出机械能。

曲柄连杆机构主要由汽缸体与曲轴箱组、活塞连杆组及曲轴飞轮组组成。汽缸体与曲轴箱组主要包括汽缸盖、汽缸衬垫、汽缸体、汽缸套、曲轴箱、油底壳等机件。活塞连杆组主要包括活塞、活塞环、活塞销和连杆等机件。曲轴飞轮组主要包括曲轴、飞轮和扭转减震器等机件。

3.1.2 工作条件

1. 工作条件的特点

在发动机燃烧做功时，汽缸内最高温度可达 2 500 K 以上，最高压力可达 5～9 MPa，现代汽车发动机最高转速可达 3 000～4 500 r/min，则活塞每秒要行经 100～200 个行程，可见其线速度很大。此外，与可燃混合气和燃烧废气接触的部件（如汽缸、汽缸盖、活塞组等）还将受到化学腐蚀的作用。

2. 受力分析

由于曲柄连杆机构在高压下做变速运动，因此它在工作中的受力情况很复杂。曲柄连杆机构工作条件的特点是高温、高压、高速和化学腐蚀。曲柄连杆机构的受力有气体作用力、运动质量的惯性力、相对运动件接触表面的摩擦力以及外界阻力等，一般在受力分析时忽略摩擦力，主要讨论气体作用力和往复惯性力。

(1) 气体作用力。

在发动机的每个工作循环中，气体作用力始终存在并不断变化。由于进气、排气两行程中气体作用力较小，对机件影响不大。故这里主要研究做功和压缩两行程中的气体作用力。

在做功行程中，气体压力是推动活塞向下运动的力；这时，燃烧气体产生的高压直接作用在活塞顶部。如图 3.1 所示，假设活塞所受总压力为 F_P，它传到活塞销上可分解为 F_{P1} 和 F_{P2}。分力 F_{P1} 通过活塞销传给连杆，并沿连杆方向作用在曲柄销上。F_{P1} 还可分解为两个分力 F_R 和 F_S。沿曲柄方向分力 F_R 使曲轴主轴颈与主轴承间产生压紧力；与曲柄垂直的分力 F_S 除了使主轴颈和主轴承之间产生压紧力外，还对曲轴形成转矩 T，推动曲轴旋转。F_{P2} 把活塞压向汽缸壁，形成活塞与缸壁间的侧压力，有使机体翻倒的趋势，故机体下部的两侧应支承在车架上。

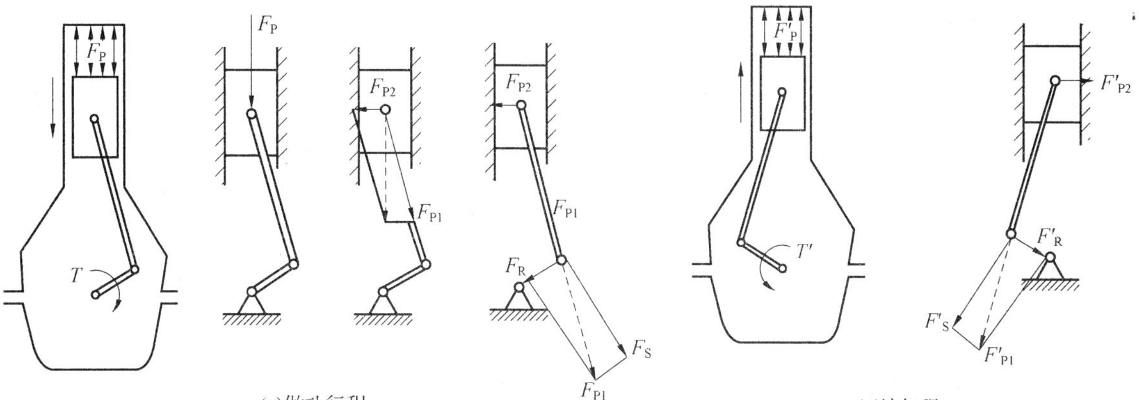

(a)做功行程　　(b)压缩行程

图 3.1　气体压力的作用情况

(2) 往复惯性力。

做往复运动的物体，当运动速度变化时，要产生往复惯性力。物体绕某一中心做旋转运动时，就会产生离心力。这两种力在曲柄连杆机构的运动中都是存在的，如图 3.2 所示。

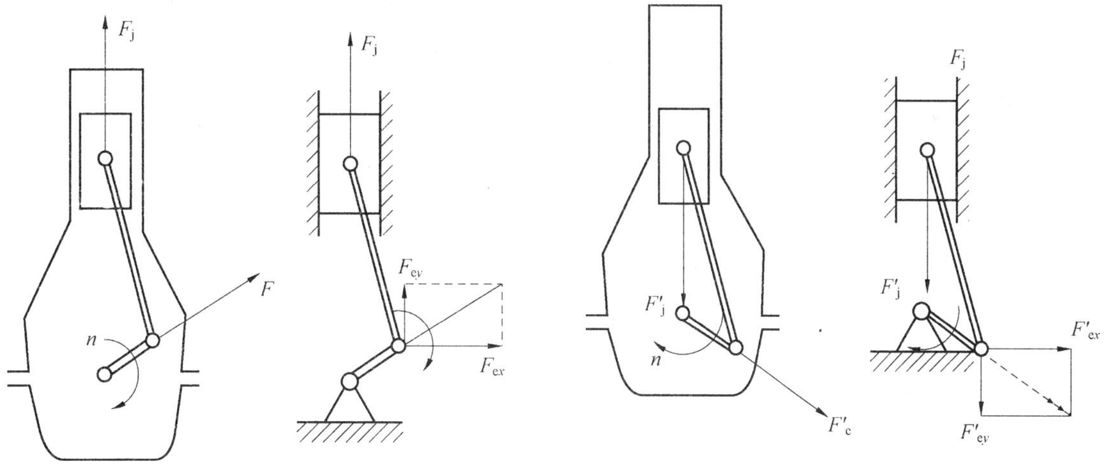

(a)活塞在上半行程时的惯性力　　(b)活塞在下半行程时的惯性力

图 3.2　往复惯性和离心力作用情况示意图

往复惯性力是指活塞组件和连杆小头在汽缸中做往复直线运动所产生的惯性力，其大小与机件的质量及加速度成正比，其方向总与加速度的方向相反。活塞在汽缸内的运动速度很高，而且数值在不断变化。当活塞从上止点向下止点运动时，其速度变化规律是：从零开始，逐渐增大，临近中间达到最大值，然后又逐渐减小至零。也就是说，当活塞向下运动时，前半行程是加速运动。惯性力向上，以 F_j 表示，如图 3.2(a)所示。后半行程是减速运动，惯性力向下，以 F_j' 表示，如图3.2(b)所示。同理，当活塞向上时，前半行程惯性力向下，后半行程惯性力向上。

活塞、活塞销和连杆小头的质量越大，曲轴转速越大，则往复惯性力也越大。它使曲柄连杆机构的各零件和所有轴颈承受周期性的附加载荷，加快轴承的磨损；未被平衡的变化着的惯性力传到汽缸体后，还会引起发动机的振动。

(3) 离心力。

离心力是指偏离曲轴轴线的曲柄、曲柄销和连杆大头绕曲轴轴线做圆周运动产生的旋转惯性力，用 F_e 表示，其方向沿曲柄半径向外，如图 3.2 所示。离心力大小与曲柄半径、曲轴转速、旋转部分质量有关。曲柄半径长、曲轴转速高、旋转部分质量大，则离心力大。离心力 F_e 在垂直方向的分力 F_{ey} 与往复惯性力 F_j 方向总是一致的，因而加剧了发动机的上下振动。而水平方向的分力 F_{ex}，则使发动机产生水平方向振动。离心力使连杆大头的轴瓦和曲柄销、曲轴主轴颈及其轴承受到又一附加载荷，增加它们的变形和磨损。

(4) 摩擦力。

在任何一对互相压紧并做相对运动的零件表面之间,都存在摩擦力,其大小与对摩擦面形成的正压力和摩擦系数成正比,其方向与相对运动的方向相反。摩擦力是造成零件配合表面磨损的根源。

上述各种力,作用在曲柄连杆机构和机体的各有关零件上,使它们受到压缩、拉伸、弯曲和扭转等不同形式的载荷。为了保证工作可靠,减少磨损,在结构上必须采取相应的结构措施。

任务3.2 机 体 组

机体组是发动机的骨架,是曲柄连杆机构、配气机构和发动机各系统主要零件的装配基体。它主要由汽缸盖、汽缸盖衬垫、汽缸体以及油底壳等组成。因此,机体组把发动机的各种机构和系统组成为一个整体,保持了它们之间必要的相互关系。

3.2.1 汽 缸 体

水冷式发动机的汽缸体和曲轴箱常铸成一体,称为缸体。汽缸体上半部有若干个为活塞在其中运动导向的圆柱形空腔,称为汽缸,图 3.3 所示为上海桑塔纳汽车发动机的汽缸体。下半部为支承曲轴的曲轴箱,其内腔为曲轴运动的空间。作为发动机各个机构和系统的装配基体,由于承受高温高压气体作用力,活塞在其中做高速往复运动,因此要求汽缸体应具有足够的刚度和强度。汽缸内壁经过精加工,其工作表面的粗糙度、形状和尺寸精度都比较高。

根据汽缸体的具体结构形式,可分为一般式汽缸体、龙门式汽缸体和隧道式汽缸体三种类型,如图 3.4 所示。发动机曲轴轴线与汽缸体下表面在同一平面上的为一般式汽缸体(图 3.4(a))。这种汽缸体的特点是便于机械加工,但刚度较差,曲轴前、后端的密封性较差,多用于中小型发动机,富康 ZX 轿车 TU3.2K 发动机的汽缸体即属于这种结构;有的发动机将汽缸体下表面移至曲轴轴线以下(图 3.4(b)),称为龙门式汽缸体。这种汽缸体的刚度和强度较好,但工艺性较差,桑塔纳、捷达、奥迪、解放 CA1091 型汽车用 CA4602 发动机属于这种结构;还有如黄河 JN1181C13 型汽车 4635Q 型发动机,为了安装用滚动主轴承支承的组合式曲轴,采用了如图 3.4(c)所示的隧道式汽缸体,其结构刚度比龙门式的更高,主轴承的同轴度易保证,但拆装比较麻烦。

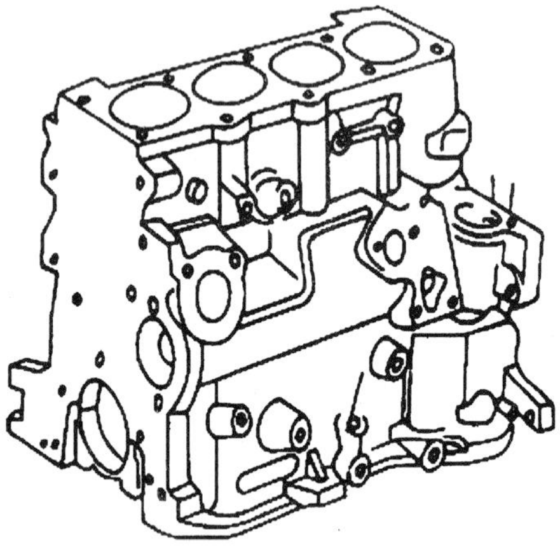

图 3.3 上海桑塔纳汽车发动机的汽缸体

为保证发动机能在高温下正常工作,应对汽缸体和汽缸盖进行冷却。按冷却介质的不同,可分为水冷与风冷两种冷却方式。汽车发动机多采用水冷方式,利用水套中的冷却水流过高温零件的周围而带走多余的热量(图 3.5(a))。风冷发动机一般将汽缸体与曲轴箱分开铸造,为增强散热效果,在汽缸体与汽缸盖的外表面铸有散热片(图 3.5(b))。

对于多缸发动机,汽缸的排列形式决定了发动机的外形结构,对于发动机汽缸体的刚度和强度也有影响,并关系到汽车的总体布置情况。汽车发动机汽缸排列基本上有单列式、双列式、对置式三种形式。

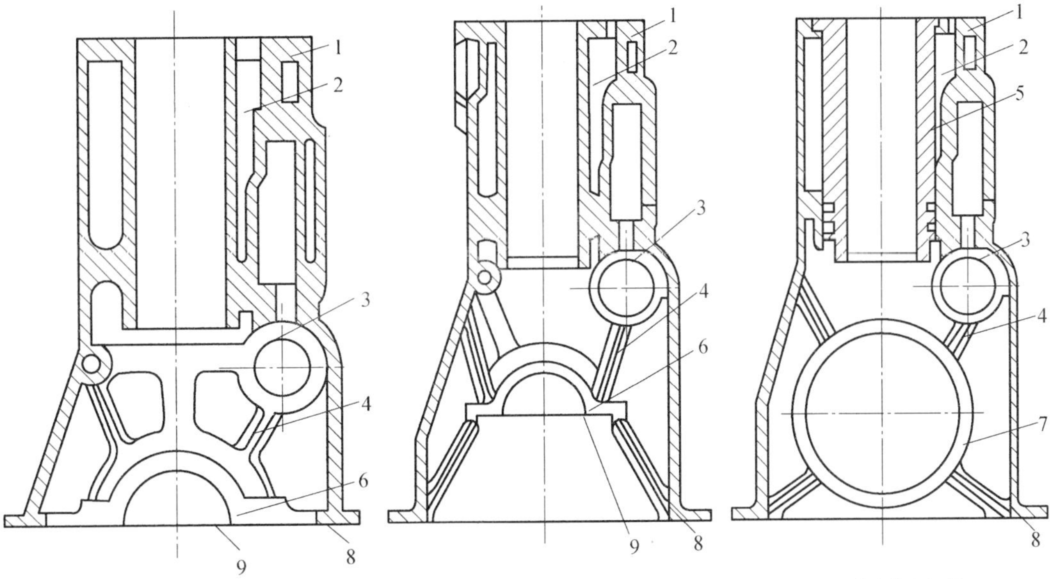

(a)一般式汽缸体 (b)龙门式汽缸体 (c)隧道式汽缸体

3.4 汽缸体的结构形式

1—汽缸体;2—水套;3—凸轮轴孔座;4—加强肋;5—湿缸套;6—主轴承座;7—主轴承座孔;8—安装油底壳的加工面;9—安装主轴承盖的加工面

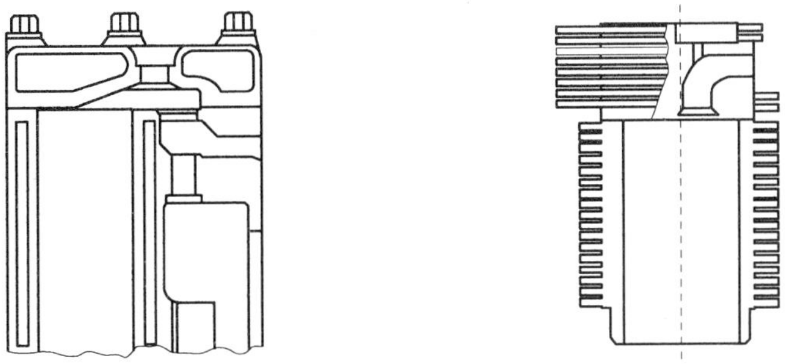
(a)水冷方式 (b)风冷方式

图 3.5 汽缸体和汽缸盖

①单列式(直列式)发动机的各个汽缸排成一列,一般是垂直布置的(图 3.6(a))。但为了降低发动机的高度,有时也把汽缸布置成倾斜的甚至水平的。这种排列形式其汽缸体结构简单,加工容易,但长度和高度较大。一般六缸以下发动机多用单列式,如桑塔纳、捷达、富康、奥迪 100 型和解放 CA1091 型等汽车的发动机。

②双列式发动机左、右两列汽缸中心线的夹角 $\gamma<180°$,称为 V 形发动机(图 3.6(b))。它的特点是缩短了发动机的长度,降低了发动机高度,增加了汽缸体的刚度,质量也有所减轻,但加大了发动机宽度,且形状复杂,加工困难,一般多用于缸数多的大功率发动机上。现在八缸以上的发动机多采用 V 形布置,如红旗 8V100 型发动机($\gamma=90°$)。但部分六缸大排量高功率高级轿车上也采用 V 形布置,如奥迪 2.6 L 发动机($\gamma=90°$)。

③$\gamma=180°$,则称为对置式发动机(图 3.6(c))。对置式发动机的高度比其他形式的小得多,在某些情况下,使得汽车(特别是轿车和大型客车)的总体布置更为方便,这种布置的发动机在轿车中应用不多。

汽缸体的材料一般采用优质灰铸铁、球墨铸铁,为提高耐磨性,有时在铸件中加入少量合金元素,有些汽缸进行了表面处理,如表面淬火、镀铬、磷化等;有的则可从材料、加工精度和结构等方面来考虑。在有些负荷比较小,缸径又不大的汽油发动机中,在汽缸体上直接加工出汽缸内壁。铝合金缸体耐磨性不好,必须在汽缸体内镶入汽缸套,形成汽缸工作表面。

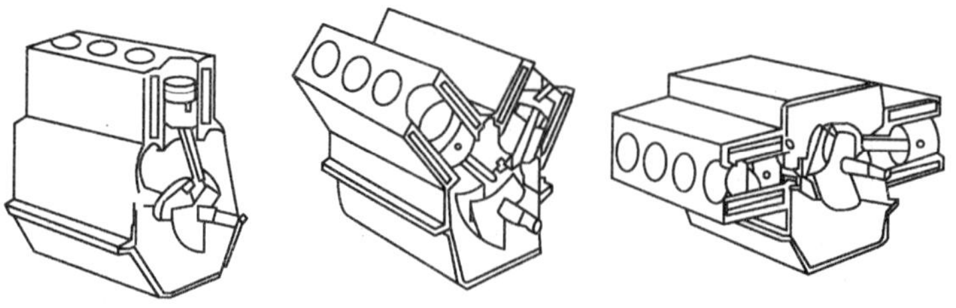

图 3.6　汽缸排列形式

汽缸套有干式和湿式两种，如图 3.7 所示。

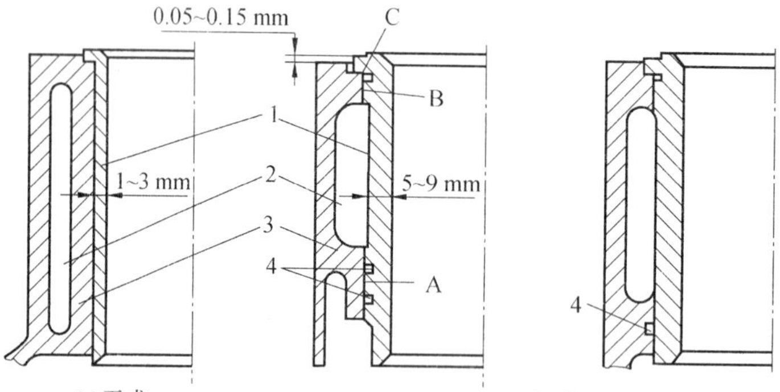

图 3.7　汽缸套

1—汽缸套；2—水套；3—汽缸体；4—橡胶密封圈；A—下支承密封带；B—上支承定位带；C—缸套凸缘平面

干式汽缸套(图 3.7(a))不直接与冷却液接触，壁厚一般为 1～3 mm。汽缸套的外圆表面和汽缸套座孔内表面均需精加工，以保证必要的形位精度和便于拆装。干式汽缸套的优点是汽缸体刚度大，汽缸中心距小；缺点是传热性较差、温度分布不均匀、容易发生局部变形，同时加工面多、加工精度要求高、拆装要求也高。

湿式汽缸套(图 3.7(b))则与冷却水直接接触，壁厚一般为 5～9 mm。汽缸套的外表面有两个保证径向定位的凸出的圆环带 A 和 B，分别称为上支承定位带和下支承密封带。汽缸套的轴向定位是利用上端的凸缘 C。为了密封气体和冷却水，有的汽缸套凸缘 C 下面还有紫铜垫片。

汽缸套的上支承定位带直径略大，与汽缸套座孔配合较紧密。下支承密封带与座孔配合较松，通常装有 1～3 道橡胶密封圈来封水。常见的密封结构形式有两种：一种形式是将密封环槽开在缸套上，将具有一定弹性的橡胶密封圈 4 装入环槽内，如图 3.7(b)所示；另一种形式是将安置密封圈的环槽开在汽缸体上，这种结构的工艺性较差，故应用较少，如图 3.7(c)所示。

缸套装入座孔后，通常缸套顶面略高出汽缸体上平面 0.05～0.15 mm。这样，当紧固汽缸盖螺栓时，可将汽缸盖衬垫压得更紧，以保证汽缸的密封性，防止冷却液和汽缸内的高压气体窜漏。

湿式汽缸套的优点是在汽缸体上没有密闭的水套，因而铸造方便，容易拆卸更换，冷却效果也较好；其缺点是汽缸体的刚度差，易于漏气、漏水。湿式汽缸套广泛应用于汽车柴油发动机上。

在某些负荷比较小、缸径又不大的柴油发动机中，为使结构紧凑，可以不另外安装汽缸套，而是直接在汽缸体上加工出汽缸内壁(图 3.8)。

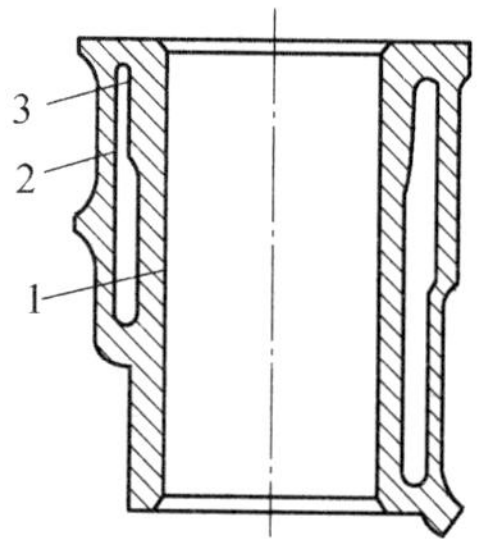

图 3.8　汽缸体

1—汽缸壁；2—汽缸体；3—水套

3.2.2 汽缸盖与汽缸垫

1.汽缸盖

汽缸盖的主要功用是密封汽缸上部，并与活塞顶部和汽缸一起形成燃烧室。同时，汽缸盖也为其他零部件提供安装位置。汽缸盖的燃烧室一侧直接受到高温、高压燃气的作用。在承受热负荷时，由于形状复杂，冷却不均匀，各部分温差大，特别是在进、排气门口之间，以及进、排气门口与汽油发动机的火花塞之间（或进、排气门口与柴油发动机的喷油器之间）的所谓“鼻梁区”，热应力很高，是容易出现裂纹损坏的部位；而汽缸盖在机械负荷和热负荷作用下产生的变形会导致进、排气门密封被破坏和汽缸盖密封（气封、水封、油封）被破坏，影响发动机的动力性、燃油经济性和工作可靠性。因此，要求汽缸盖应具有足够的强度和刚度，同时通过良好的冷却，使温度分布尽可能均匀。

汽缸盖内部有与汽缸体相通的冷却水套，有进、排气门座及气门导管孔和进、排气通道，有燃烧室、火花塞座孔（汽油发动机）或喷油器座孔（柴油发动机），上置凸轮轴式发动机的汽缸盖上还有用以安装凸轮轴的轴承座，润滑油道及其进、出口，汽缸盖螺栓孔，如图 3.9 所示。

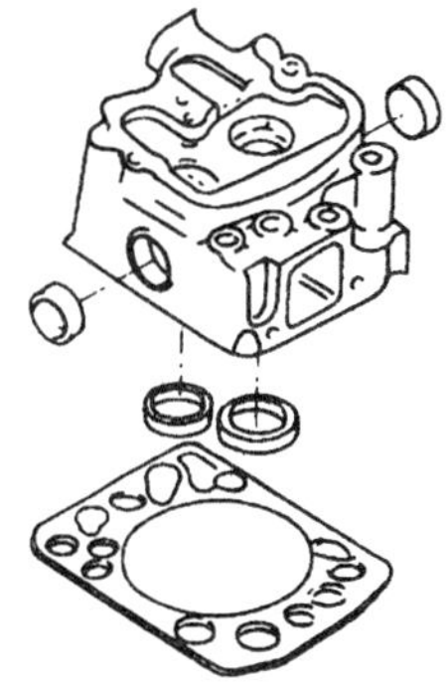

(a)单体汽缸盖

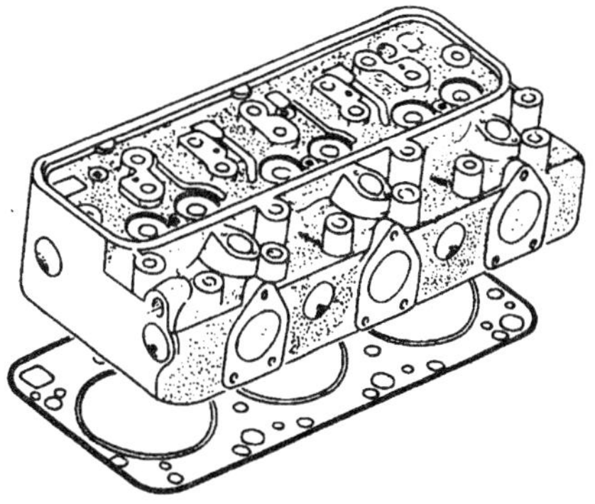

(b)块状汽缸盖

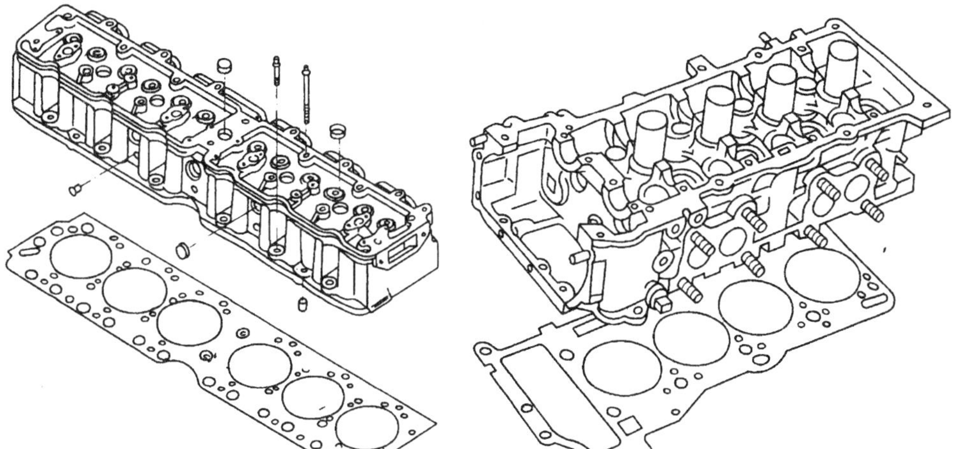

(c)整体汽缸盖

图 3.9 几种形式的汽缸盖

在多缸发动机中，只覆盖一个汽缸的汽缸盖，称为单体汽缸盖（图 3.9(a)）；能覆盖部分（两个以上）汽缸的称为块状汽缸盖（图 3.9(b)）；能覆盖全部汽缸的汽缸盖则称为整体汽缸盖（图 3.9(c)）。采用整体汽缸盖可以缩短汽缸中心距和发动机的总长度；其缺点是刚性较差，在受热和受力后容易变形而影响密封；损坏时需整个更换。整体式汽缸盖多用于缸径小于 105 mm 的汽油发动机上。缸径较大的发动机常采用单体汽缸盖或块状汽缸盖。由于汽缸盖形状复杂，一般都采用灰铸铁或合金铸铁铸成，CA4602 型发动机采用铜铝低合金铸铁铸造的整体式汽缸盖。目前，铝合金铸造的汽缸盖，有取代铸铁汽缸盖的趋势,如桑塔纳、捷达、富康等轿车发动机均采用整体式铝合金汽缸盖。因铝的导热性比铸铁好,有利于提高压缩比,以适应高速、高负荷强化汽油发动机散热及提高压缩比的需要。铝合金汽缸盖的缺点是刚度低,使用中容易变形。

2.燃烧室

汽油发动机的燃烧室由活塞顶部及缸盖上相应的凹部空间组成。燃烧室形状对发动机的工作影响很大,所以对燃烧室有两点基本要求:一是结构尽可能紧凑,表面积要小,以减少热量损失及缩短火焰行程;其次是使混合气在压缩终了时具有一定的气流运动,以提高混合气燃烧速度,保证混合气得到及时和充分的燃烧。汽油发动机常用燃烧室形状如图 3.10 所示。

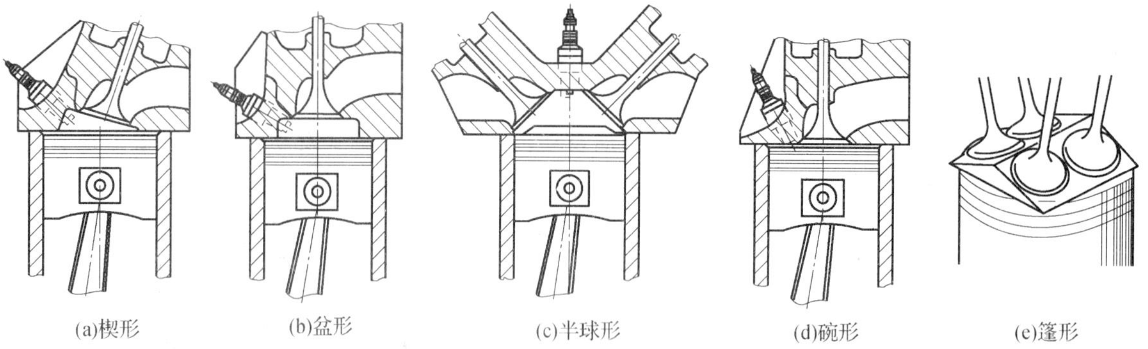

图 3.10　汽油发动机的燃烧室形状

(1) 楔形燃烧室(图 3.10(a))结构较简单、紧凑。在压缩终了时能形成挤气涡流,因而燃烧速度较快,燃油经济性和动力性较好。解放 CA4602 型发动机采用楔形燃烧室。

(2) 盆形燃烧室(图 3.10(b))结构也较简单、紧凑。红旗 CA7545 型轿车发动机、解放 CA1091 型载货汽车发动机及北京 BJ402QGZ 型汽油发动机均采用这种结构的燃烧室。

(3) 半球形燃烧室(图 3.10(c))结构较前两种更紧凑,但因进排气门分别置于缸盖两侧,故使配气机构比较复杂。但由于其散热面积小,有利于促进燃料的完全燃烧和减少排气中的有害气体,对排气净化有利。富康轿车发动机就采用了这种燃烧室。

(4) 碗形燃烧室(图 3.10(d))。布置在活塞中的一个回转体,采用平底汽缸盖,工艺性好;但燃烧室在活塞顶内使活塞的高度与质量增加,同时活塞的散热性也差。

(5) 篷形燃烧室(图 3.10(e))的性能与半球形相似,组织缸内气流进行挤气运动要比半球形容易,燃烧室也可全部加工。

3.汽缸盖衬垫

汽缸盖与汽缸体之间置有汽缸盖衬垫(简称缸垫)。其功用是填补缸体与缸盖结合面上的微观孔隙,保证结合面处有良好的密封性,进而保证燃烧室的密封,防止汽缸漏气和水套漏水。

随着内燃机的不断强化,热负荷和机械负荷均不断增加,缸垫的密封性越来越重要,其对结构和材料要求是:在高温高压和高腐蚀的燃气作用条件下具有足够的强度,耐热;在高温、高压燃气下或有压力的机油和冷却液的作用下不烧损或变质;具有一定的弹性,能补偿接合面的不平度,以保证密封;拆装方便,能重复使用,使用寿命长。

目前应用较多的有以下两种缸垫:一种是金属—石棉缸垫,如图 3.11(a)及图 3.11(b)所示。石棉中间夹有金属丝或金属屑,且外覆铜皮或钢皮。水孔和燃烧室周围另用镶边增强,以防被高温燃气烧坏,这种缸垫压紧厚度为 1.2～2 mm,有很好的弹性和耐热性,能重复使用,但强度较差,厚度和质量也不均匀。另一种缸垫采用实心金属片制成,如图 3.11(d)所示。这种缸垫多用在强化发动机上,轿车和赛车上较多采用这种缸垫。这种缸垫由单块光整冷轧低碳钢板制成,很多强化的汽车发动机采用实心的金属片作为缸垫,例如,红旗轿车发动机即采用如图 3.11(e)所示的钢板缸垫。这种缸垫在需要密封的汽缸孔和水孔、油孔周围冲压出一定高度的凸纹，利用凸纹的弹性变形实现密封。

有的发动机采用中心用编织的钢丝网(图3.11(c))或有孔钢板(冲有带毛刺小孔的钢板)(图3.11(d))为骨架，两面用石棉及橡胶黏结剂压成的缸垫。近年来，国内正在试验采用膨胀石墨作为缸垫的材料。

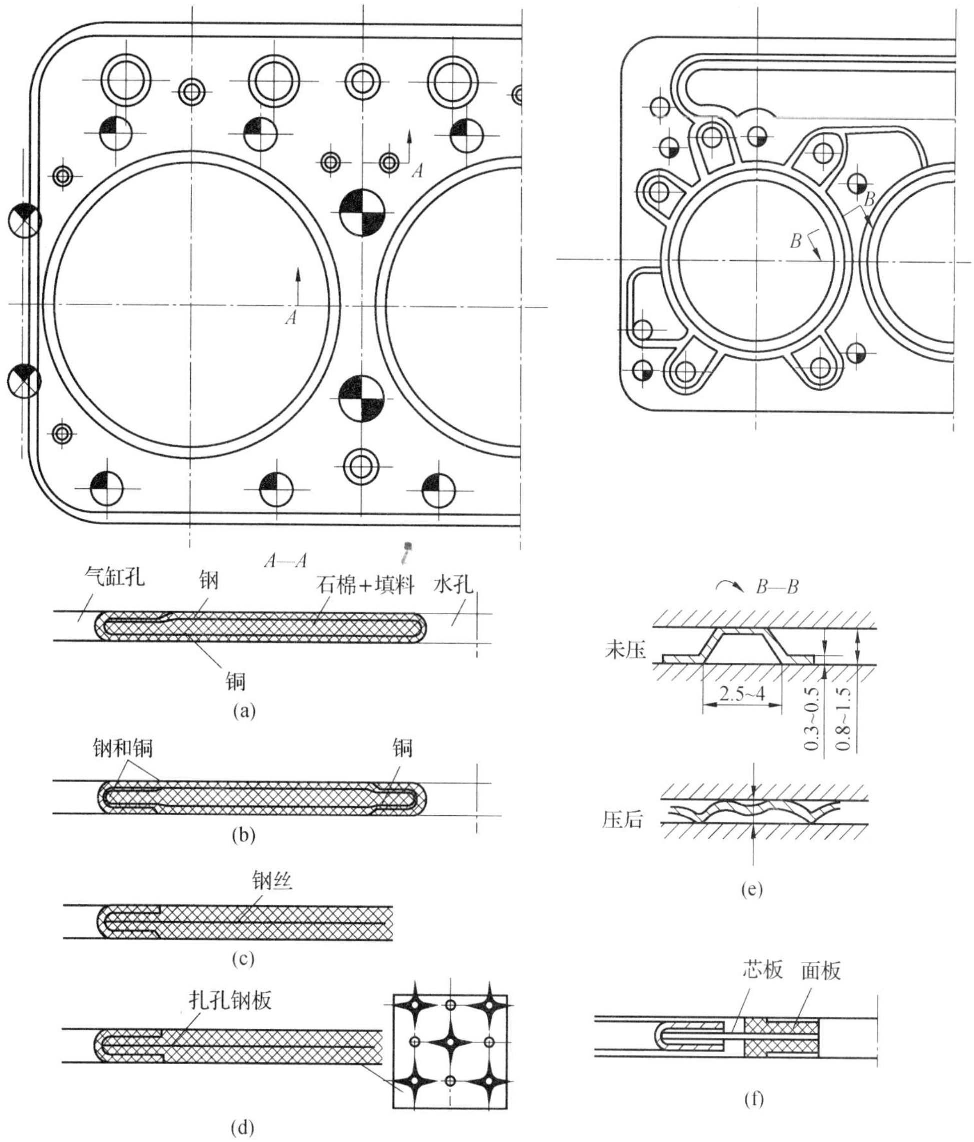

图3.11 汽缸垫的构造

有的发动机采用了较先进的加强型无石棉缸垫结构(图3.11(f))，在汽缸口密封部位采用五层薄钢板组成，并设计成正圆形，没有石棉夹层，从而消除了气囊的产生，在油孔和水孔处均包有钢护圈以提高密封性。CA4602Q发动机就采用了这种缸垫。安装缸垫时，应注意安装方向，一般是缸垫卷边的一面朝汽缸盖，光滑面朝汽缸体安装；也可根据标记或文字要求进行安装，如衬垫上的文字标记“TOP”表示朝上，“FRONT”表示朝前。

汽缸盖用螺栓或螺柱紧固在汽缸体上。为了保证汽缸垫均匀、平整地夹在汽缸体和汽缸盖之间，避免缸盖翘曲变形造成漏气，拧紧螺栓时，必须按由中央对称地向四周扩展的顺序分几次进行，最后一次要用转矩扳手按工厂规定的拧紧力矩值拧紧，以免损坏汽缸垫组发生漏水现象。如果汽缸盖由铝合金制成，则最后必须在发动机冷态下拧紧，这样当发动机热起来时会增加密封的可靠性，因为铝汽缸盖的膨胀系数比钢质螺栓大；而铸铁汽缸盖则可以在发动机热态时最后拧紧。

4.汽缸盖罩

在汽缸盖上部有起到封闭和密封作用的汽缸盖罩，如图 3.12 所示。汽缸盖罩结构比较简单，一般用薄钢板冲压而成，上设有加注机油用的加油孔。汽缸盖罩与汽缸盖之间设有密封垫。

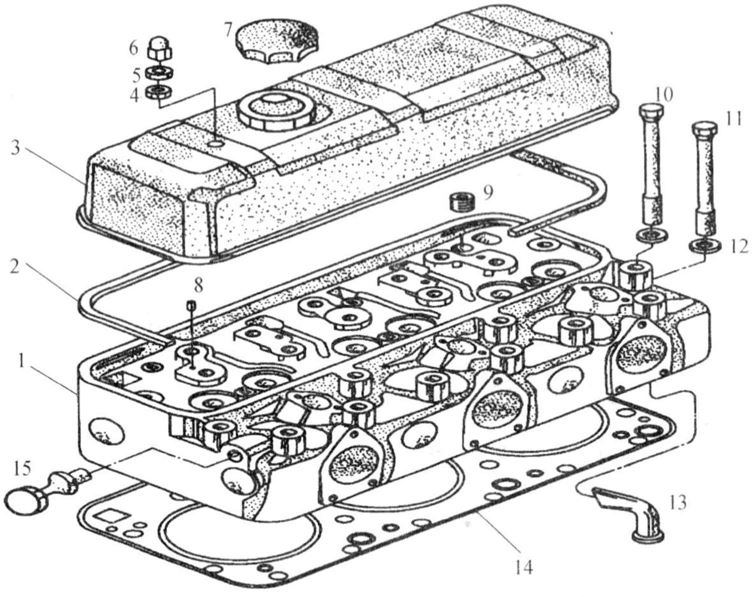

图 3.12　4620Q－1 型柴油发动机汽缸盖

1—汽缸盖；2—汽缸盖罩垫片；3—汽缸盖罩；4—垫圈；5—垫圈盘；6—盖型螺母；7—加油孔盖；8—定位销；9—方孔锥形螺塞；10，11—汽缸盖螺栓；12—垫圈；13—喷水管；14—缸垫；15—起重螺栓

3.2.3 油底壳

油底壳的作用是贮存机油并封闭曲轴箱。它一般为薄钢板冲压而成，如图 3.13 所示。也有的发动机为达到良好的散热效果，而采用带有散热片的铝合金铸造油底壳。

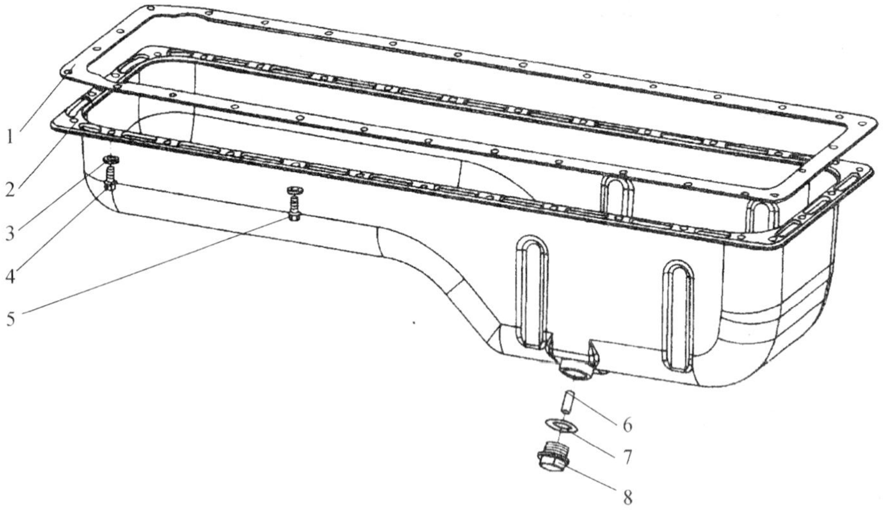

图 3.13　油底壳

1—密封垫；2—油底壳；3—垫圈；4，5—螺栓；6—放油螺塞磁铁；7—组合密封垫圈；8—螺塞

为保证发动机纵向倾斜时机油泵仍能吸到机油，油底壳中部或后部做得较深。有时在油底壳中还设有挡油板，以减轻油面波动。底部装有磁性的放油螺栓，以吸附润滑油中的铁屑，减少发动机的磨损。

3.2.4 发动机的支承

发动机一般通过汽缸体和飞轮壳或变速器壳上的支承来支承在车架上。发动机的支承方法一般有三点支承和四点支承两种。三点支承可布置成前二后一或前一后二，四点支承前后各有两个支承点，如图 3.14 所示。

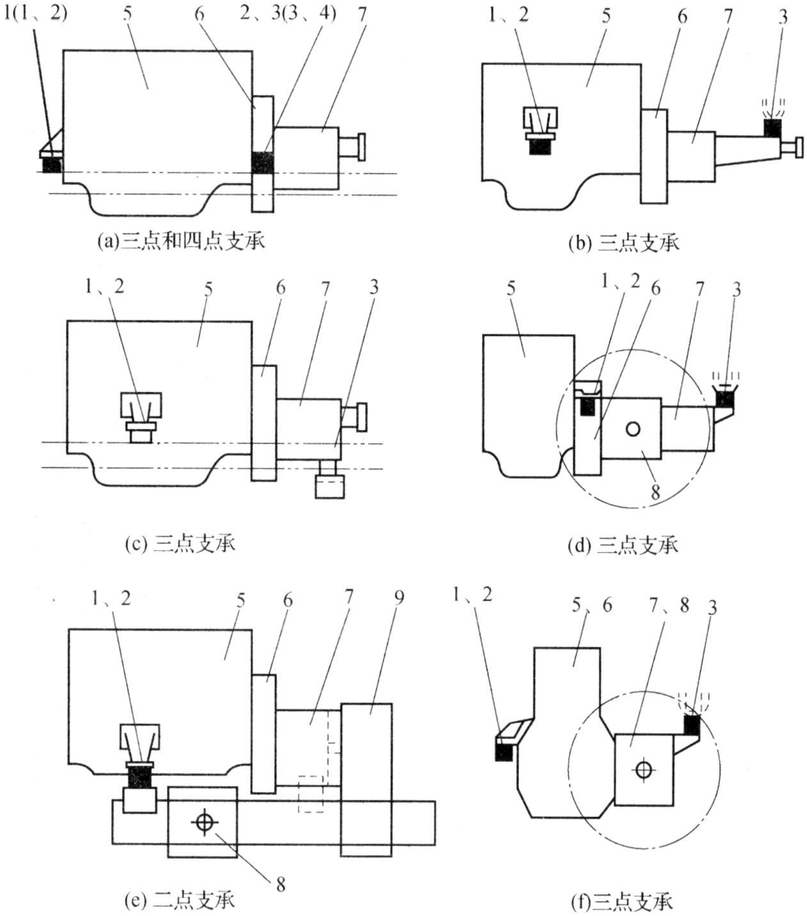

图 3.14 发动机支承示意图

1、2、3、4—支承；5—发动机；6—离合器壳；7—变速器；8—主减速器；9—分动器

为消除或减小发动机传给底盘的振动及汽车在行驶过程中车架的扭转变形对发动机的影响，发动机被弹性支承在车架上。有时为防止当汽车制动或加速时由于弹性元件的变形而产生发动机的纵向位移，而设有纵向拉杆(图 3.15 中标号 2)，发动机通过橡胶垫块和车架相连。

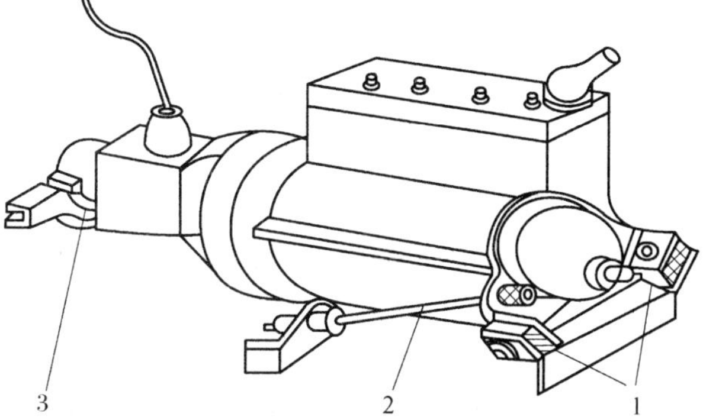

图 3.15 带有拉杆的发动机支承

1—前支承；2—拉杆；3—后支承

任务3.3 活塞连杆组

活塞连杆组由活塞5，气环1、2，油环刮片3，活塞销6，连杆10、12等部件组成，如图3.16所示。

3.3.1 活　塞

活塞的功用是其顶部与汽缸盖、汽缸壁共同组成燃烧室，承受气体压力，并将此力通过活塞销传给连杆，以推动曲轴旋转。

活塞的工作条件非常恶劣。工作时，活塞顶部直接与高温燃气接触。因此，活塞的温度也很高，其顶部的温度通常高达450～700 K。高温一方面使活塞材料的机械强度显著下降，另一方面会使活塞的热膨胀量增大，容易破坏活塞与其相关零件的配合。

活塞顶部在做功行程时，承受着燃气带有冲击性的高压力。对于汽油发动机活塞，瞬时压力最大值可达3～5 MPa。对于柴油发动机活塞，其最大值可达6～9 MPa，采用增压时则更高。高压还将导致活塞的侧压力更大，从而加速活塞外表面的磨损，增加活塞变形量。

活塞在汽缸中做变速运动，其平均速度可高达10～14 m/s。这样的高速会产生很大的惯性力，它将使曲柄连杆机构的各零件和轴承承受附加的载荷。

活塞承受的气体压力和惯性力是周期性变化的，因此活塞的不同部分会受到交变的拉伸、压缩和弯曲载荷；并且由于活塞各部分的温度极不均匀，活塞内部将产生一定的热应力。

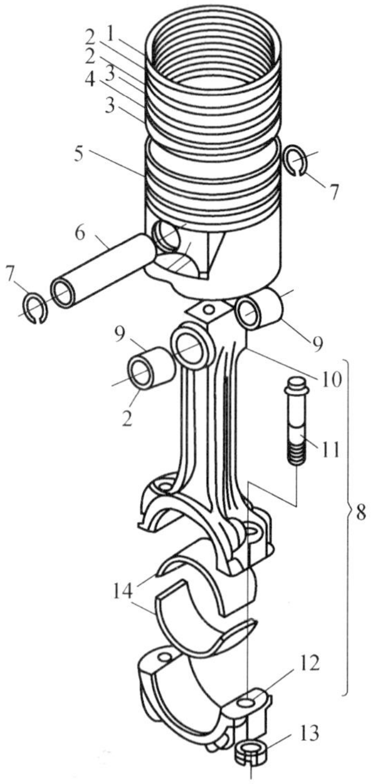

图3.16　活塞连杆组

1，2—气环；3—油环刮片；4—油环衬簧；5—活塞；6—活塞销；7—活塞销卡环；8—连杆组；9—连环衬套；10—连杆；11—连杆螺栓；12—连杆；13—紧固螺母；14—连杆轴瓦

从活塞的工作条件可以看出，为保证发动机的良好运行特性，要求活塞具有以下特征：

①足够的强度和刚度，特别是活塞环槽区域要求有较大的强度，以免活塞环被击碎；

②较小的质量，以保持较小的惯性力；

③耐热的活塞顶及弹性的活塞裙；

④良好的导热性和极小的热膨胀性，以便有较小的安装间隙；

⑤活塞与汽缸壁间有较小的摩擦因数。

活塞的基本构造可分顶部、头部和裙部三部分，如图3.17所示。

①活塞顶是燃烧室的组成部分，因而常制成不同的形状。汽油发动机活塞顶多采用平顶(图3.18(a))，以使燃烧室结构紧凑，散热面积小，制造工艺简单。有些汽油发动机为了改善混合气形成和燃烧而采用凹顶活塞(图3.18(b))，凹坑的大小还可以用来调节发动机的压缩比。二行程汽油发动机通常采用凸顶活塞(图3.18(c))。柴油发动机的活塞顶部为了与柴油发动机混合气的形成或与燃烧要求相适应，常设有各种各样的凹坑(图3.18(d))。活塞顶部应力求光洁。

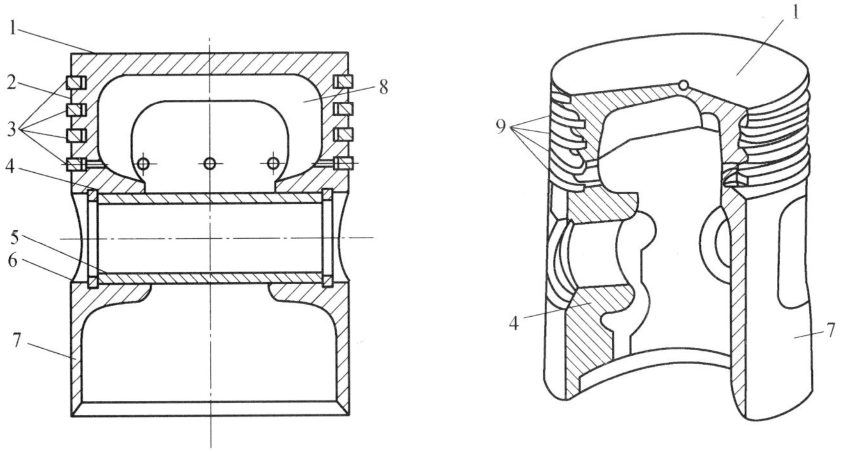

(a)全剖　　(b)部分剖

图 3.17　活塞结构剖视图

1—活塞顶；2—活塞头；3—活塞环；4—活塞销座；5—活塞销；6—活塞销卡环；7—活塞裙；8—加强肋；9—环槽

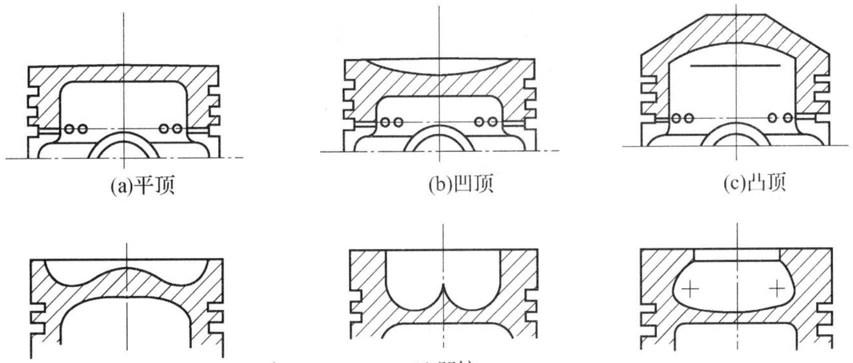

(a)平顶　　(b)凹顶　　(c)凸顶

(d)凹坑

图 3.18　活塞顶部形状

②活塞头部指的是由活塞顶至最下面一道活塞环槽之间的部分。其主要作用为：承受气体压力，并将力通过活塞销座、销传给连杆；同时与活塞环一起实现汽缸的密封；将活塞顶所吸收的热量通过活塞环传导到汽缸壁上。活塞头切有若干环槽，用以安装活塞环。上面的 2～3 道槽用来安装气环，下面的一道用来安装油环。油环槽的底部钻有若干小孔，以使油环从汽缸壁上刮下的多余润滑油经此流回油底壳。

活塞头部相对活塞其他部分做得较厚，以便于热量从活塞顶经活塞环传到汽缸的冷却壁面上（图 3.19(a)），从而防止活塞顶部的温度过高。活塞头部切有若干道用以安装活塞环的环槽。有的发动机活塞在第一道环槽上面车出较环槽窄的隔热槽，其作用是隔断从活塞顶部流下来的部分热流通路，迫使热流方向转折，把原来应由第一道活塞环散走的热量分散给第二、第三道环，以消除第一道活塞环过热后产生积炭和卡死在环槽中的可能性（图 3.19(b)）。

轿车用汽油发动机由于转速较高，大都采用两道气环和一道油环的结构，并向一道气环和一道油环方向探索。轿车用柴油发动机活塞由于转速不断提高，其配置方案也从三道气环一道油环发展到两道气环一道油环。

③活塞裙部是指自油环槽下端面起至活塞底面的部分。其作用是为活塞在汽缸内做往复运动导向和承受侧压力。

活塞在工作时会产生机械变形和热变形。所谓机械变形是指活塞在燃烧气体压力 p 和侧压力 F_N 的作用下，其裙部直径在活塞销轴线方向上增大；而热变形是指活塞销座处金属堆积，并在受热后

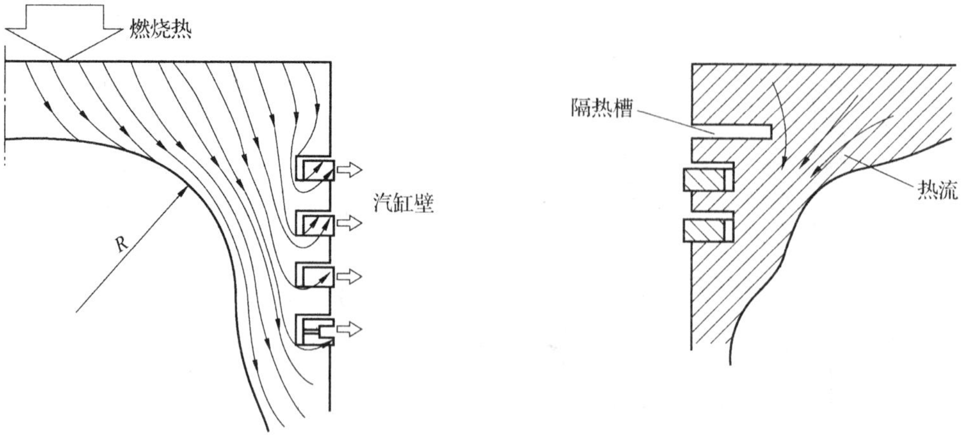

(a)由活塞顶到汽缸壁的热流　　(b)活塞隔热槽

图 3.19　减轻第一道气环热负荷的隔热槽原理

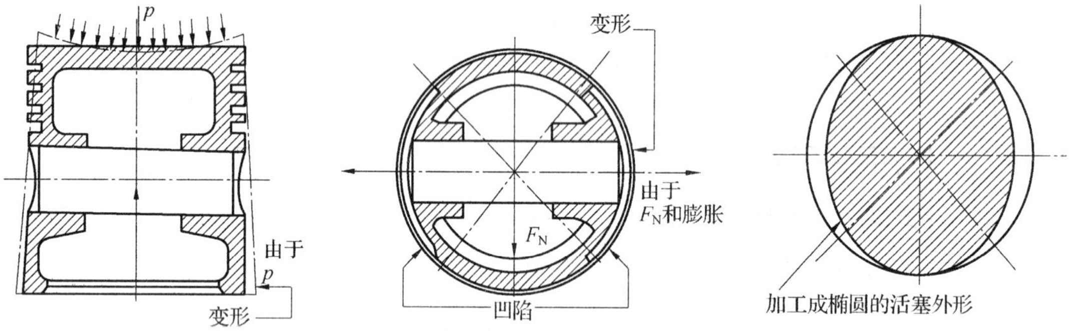

(a)由于p力的变形　　(b)由于F_N力的变形　　(c)加工形状

图 3.20　活塞裙部的椭圆变形

膨致使裙部直径在活塞销轴线方向增加。这两种变形的最后结果就是活塞工作时产生机械变形和热变形，使活塞裙部横断面变成长轴在活塞销轴线方向上的椭圆，如图 3.20(b)所示。

为了使活塞在正常温度下与汽缸壁间保持有比较均匀的间隙，以免在汽缸内卡死或引起局部磨损，需预先在冷态下把活塞加工成其裙部断面为长轴垂直于活塞销方向的椭圆形，如图 3.20(c)所示。为了减少销座附近的热变形量，有的活塞将销座附近的裙部外表面制成下陷 0.5～1.0 mm。

由于活塞沿轴线方向的温度分布和质量分布都不均匀，因此各个断面的热膨胀量是上大下小。铝合金活塞的这种差异尤其显著。为了使铝合金活塞在工作状态(热态)下接近一个圆柱形，把活塞裙部形状做成变椭圆筒形，即在裙部的不同部位其椭圆度不同，椭圆度由下而上逐渐增大，即裙部横截面越往上越扁，裙部纵向截面呈筒形，其轮廓线为一抛物线，故也称抛物线形裙部。这种裙部不仅适应活塞的温度分布，而且裙部承受侧压力的一边与缸壁之间容易形成双向“油楔”，活塞无论向上或向下运动时，都能保证裙部有良好的润滑及较高的承载能力。但这种裙部由于形状复杂，需要特殊机床加工。

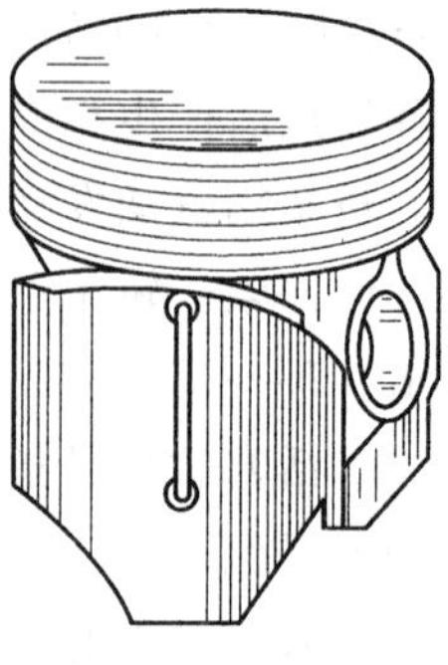

图 3.21　拖式活塞

活塞裙部要有一定的长度和足够的面积，以保证可靠导向和减轻磨损。裙部的基本形状为一薄壁圆筒，若该圆筒为完整的，称为全裙式。许多高速发动机为了减小活塞质量，在活塞不受作用力的两侧，即沿销座孔轴线方向的裙部切去一部分，形成拖式裙部。这种结构的活塞裙部弹性较好，可以减小活塞与汽缸的装配间隙。如图 3.21 所示。

为了限制活塞裙部的膨胀量，目前在汽车上广泛采用双金属活塞。根据其结构和作用原理不同，双金属活塞可分为恒范钢片式和筒形钢片式等。

有的汽油发动机活塞在活塞销座中镶铸有热膨胀系数低的恒范钢片，如

图 3.22 所示。恒范钢是含镍 33%～36%的合金钢,其线膨胀系数仅为铝合金的 1/10 左右,以恒范钢片来牵制活塞裙部的热膨胀。其膨胀控制原理为:由于钢的热膨胀系数远比铝小,而铸入的钢件与铝之间又无金属间结合,因此在铝合金从液态凝固后再冷却到室温的过程中与钢件一起发生不同程度的收缩,钢的收缩比铝小。钢件外侧的铝在收缩时由于受到内层钢件的阻碍而紧抱在钢件上,使两者产生残余应力。当活塞工作时受热,外层铝首先要消除原有残余应力才会向外膨胀,在膨胀中又受到钢件阻碍,使两者也产生内应力。

有的柴油发动机铸铝活塞的裙部镶铸筒形钢片,如图 3.23 所示。还有的采用镶复式钢片的结构,如图 3.24 所示。这种结构在裙部上方受膨胀侧压力的那一面镶入两片比较短的弓形钢片 1,在销座位置铸入相应于裙部圆周形状的筒形钢片 2。两部分钢片的联合作用,保证了整个裙部的膨胀量很小而且很均匀。采取了上述结构措施以后,活塞裙部与汽缸壁之间的冷态装配间隙便可减小,使发动机不产生冷“敲缸”现象。对于新装配的活塞裙部和汽缸表面,为了改善其磨合性,通常都对活塞裙部进行表面处理。汽油发动机铸铝活塞的裙部外表面镀锡;柴油发动机铸铝活塞的裙部外表面磷化;对于锻铝活塞,在裙部的外表面上可涂以石墨。

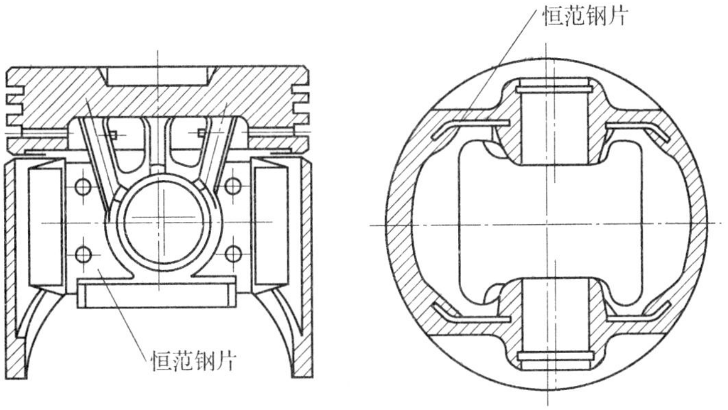

图 3.22　裙部铸有恒范钢片的活塞

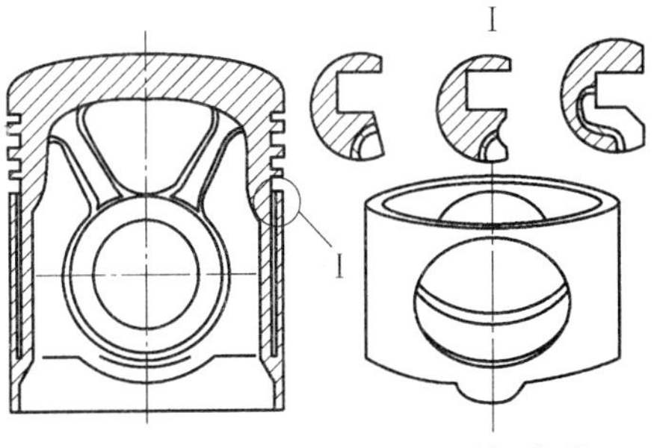

(a)裙部镶筒形钢片　　(b)筒形钢片

图 3.23　镶铸筒形钢片的活塞

④活塞销座。活塞的销孔与活塞销组成一对摩擦副。活塞顶部气体作用力通过活塞销座传给活塞销,然后再传递到连杆和曲轴。因此,销座与活塞销必须有足够的强度、承压面积和耐磨性。销座通常由肋片与活塞内壁相连,以提高其刚度。销座孔内接近外端面处车有安放弹性锁环的锁环槽,锁环用来防止活塞销在工作中发生轴向窜动。加工时,销座孔要求有很高的精度,并与活塞销进行分组选配,以达到高精度的配合。活塞销座孔的尺寸分组通常用色漆标于销座孔下方的外表面。销孔的中心线一般位于活塞中心线的平面内,但有些高速汽油发动机的销孔中心线偏离活塞中心线平面,如图 3.25 所示。图中销孔轴线向在做功行程中受侧向力的一面偏移了一段距离,约为 1～2 mm。这是为了防止活塞在越过上止点时发生“敲缸”现象,从而降低噪声。但这种活塞偏置的结构,却使裙部两端的尖角负荷增大,引起这些部位的磨损或变形增大,这就要求活塞与缸壁的间隙尽可能地减小。

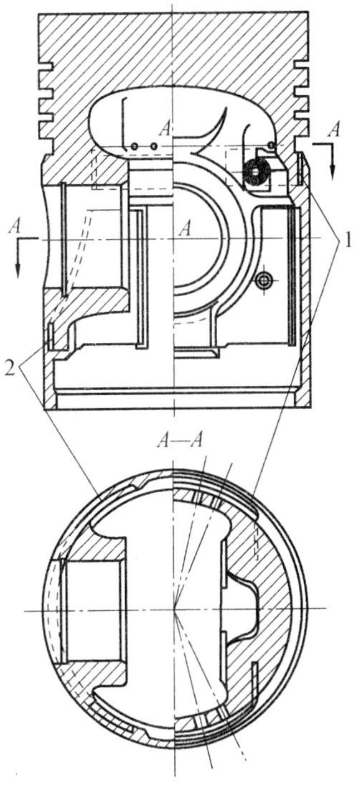

图 3.24　镶复式钢片的活塞

1—弓形钢片两个;2—筒形钢片两个

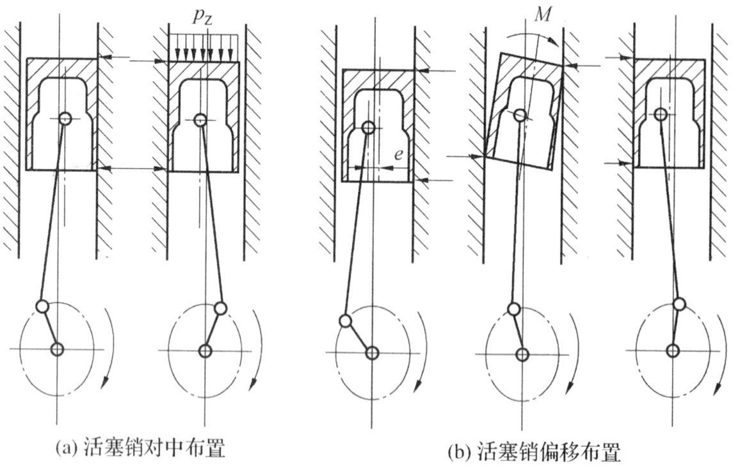

图 3.25 活塞销偏置时的工作情况

3.3.2 活塞环

按功用的不同可将活塞环分为气环和油环两种。

1. 气环

气环又称压缩环，其作用是保证活塞与汽缸壁间的密封，防止汽缸中的高温、高压燃气大量漏入曲轴箱，同时还将活塞顶部的热量传导到汽缸壁，再由冷却液或空气带走。一般发动机上每个活塞装有 2～3 道气环。

气环的主要作用是密封，因为密封是导热的前提。如果气环密封性能不好，高温燃气将直接从气环外圆表面漏入曲轴箱，此时不但由于气环和汽缸贴合不严而不能很好地散热，相反，气环外圆表面还接受附加的热量，最后必将导致活塞和气环烧坏。

活塞环是在高温、高压、高速以及润滑困难的条件下工作的。它的运动情况很复杂，一方面与缸壁间有相对高速的滑动摩擦，以及由于环的胀缩而产生的环与环槽侧面相对的摩擦；另一方面，存在着活塞环对活塞环槽侧面的上下撞击。高温使活塞环的弹力下降，润滑变坏：尤其第一道环工作条件最为恶劣。故活塞环是发动机所有零件中工作寿命最短的。当活塞环磨损、损坏或失效时，将出现发动机启动困难，功率不足，曲轴箱内压力升高，通风系统严重冒烟，机油消耗增大，排气冒蓝烟，燃烧室、活塞等表面严重积炭等不良状况。

常见活塞环材料是合金铸铁(在优质灰铸铁中加入少量铜、铬、钼等)或球墨铸铁。随着发动机的强化，活塞环特别是第一道环承受着很大的冲击负荷，因此要求材料除耐热、耐磨以外，还应有较高的强度和冲击韧性。一些发动机的第一道气环，甚至所有气环，其外圆柱表面一般都镀上多孔性铬或喷钼，以减缓活塞环和汽缸的磨损。多孔性铬层硬度高，并能贮存少量机油，以改善润滑条件，使环的使用寿命提高 2～3 倍。但这种活塞环不能用于同样镀了硬铬的汽缸内，否则反而会破坏其耐磨性。例如，桑塔纳轿车活塞装有两道气环：第一道气环采用球墨铸铁，外圆表面镀铬层厚0.1 mm，两端面经磷化处理；第二道气环采用合金铸铁。

在高速强化的柴油发动机上，还可以采用钢片环来提高弹力和冲击韧性。用粉末冶金的金属陶瓷和聚四氟乙烯制造的活塞环也在国外试用。

发动机工作时，活塞、活塞环等机件都会发生热膨胀。而活塞环在汽缸、活塞环槽内的运动相对较为复杂，既要与活塞一起在汽缸内做上下运动，径向胀缩，还要在环槽内做微量的圆周运动，保证汽缸的密封性，并防止活塞环卡死在缸内或胀死于环槽中。安装时，活塞环留有端隙、侧隙和背隙，如图 3.26 所示。

端隙又称为开口间隙，是活塞环 2 装入汽缸 1 后，该环在上止点时环的两端头的间隙或活塞环在标准环规内两端头的间隙，如图 3.26 所示，一般为 0.25～0.50 mm。

侧隙又称边隙，是指活塞环装入活塞后，其侧面与活塞环槽 3 之间的间隙，如图 3.26 所示。第一环因工作温度高，一般为 0.04～0.10 mm；其他环一般为 0.03～0.07 mm。油环的侧隙较小，一般为 0.025～0.07 mm。

背隙是活塞及活塞环装入汽缸后，活塞环内圆柱面与活塞环槽底部间的间隙，如图 3.26 所示，Δ_3 一般为 0.5～1 mm。油环的背隙较气环大，目的是增大存油间隙，以利于减压泄油。

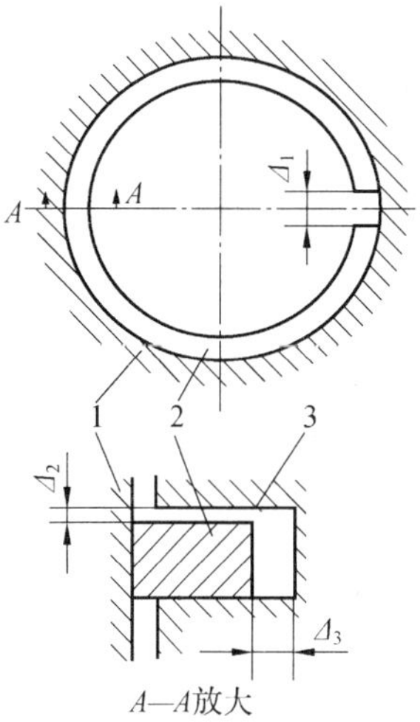

图 3.26　活塞的间隙

1—汽缸壁；2—活塞环；3—活塞环槽

2.油环

油环用来刮除汽缸壁上多余的机油，并在汽缸壁面上涂一层均匀的机油膜。这样既可以防止机油窜入汽缸燃烧，又可以减小活塞、活塞环与汽缸壁的磨损和摩擦阻力。此外，油环也起到辅助密封作用。

油环分为普通油环和组合油环两种。

(1)普通油环。

普通油环又称整体式油环。其外圆面的中间车有一道凹槽，在凹槽底部加工出很多排油小孔或狭缝，如图 3.27(a)所示。整体式油环一般是用合金铸铁制造的。

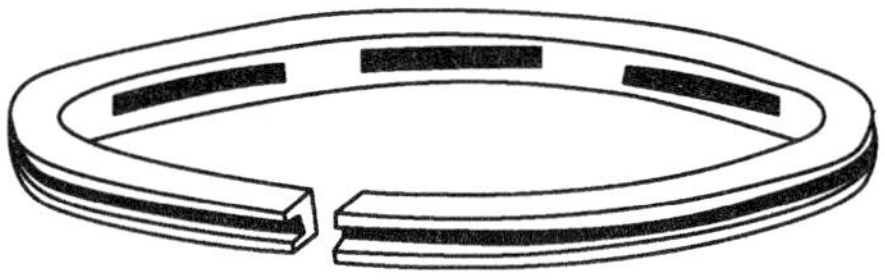

(a)普通油环

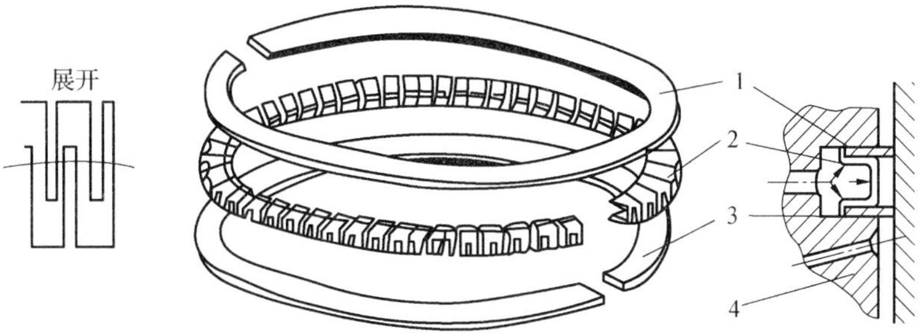

(b)组合油环

图 3.27　油环

油环的刮油作用如图 3.28 所示。通常油环都要有一道或两道刮油锐边，油环上和活塞上要有足够的泄油通道，使刮下的机油能顺畅地下泄，避免因节流使油压升高，将油环推离汽缸壁而失去控油能力。

整体式油环的结构简单，加工容易，成本低；缺点是径向压力最低，刮油能力和耐久性都较差；又由于整体油环与环槽间有侧面间隙，因此当油环由于正常的轴向移动或由于颤振而处在油环槽中间时，少量机油就可以通过侧隙上窜(图 3.28(a))。这是整体式油环的一个缺点，高速时影响较大，所以现代高速发动机多改用钢片组合式油环。

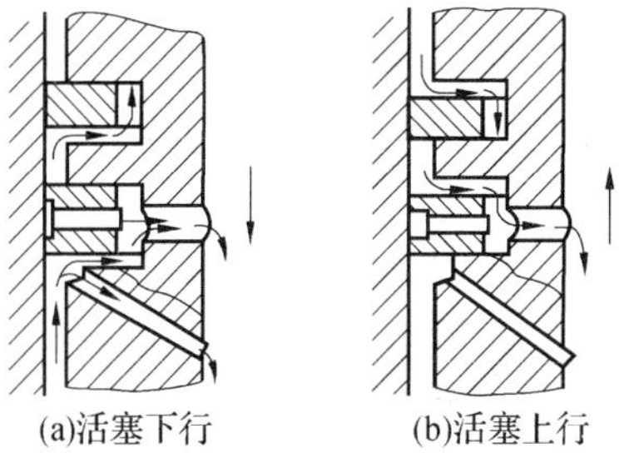

(a)活塞下行　(b)活塞上行

图 3.28　油环的刮油作用

(2)组合油环。

组合油环如图 3.27(b)所示,它由上、下刮片和产生径向、轴向弹力作用的衬簧 2 组成。这种油环刮片很薄,对汽缸壁的比压大,刮油作用强;上下刮片各自独立,对汽缸的适应性好,质量小;回油通路大。因此,组合油环在高速发动机上得到较广泛的应用。一般活塞上装有 1～2 道油环。采用两道油环时,下面一道多安置在活塞裙部的下端。

3.3.3 活塞销

活塞销的功用是连接活塞和连杆小头,将活塞承受的气体作用力传给连杆。

活塞销在高温下承受很大的周期性冲击载荷,润滑条件差,因而要求活塞销有足够的刚度和强度,表面耐磨,质量尽可能小。为此,活塞销通常做成空心圆柱体,如图 3.29 所示。

活塞销的材料一般为低合金渗碳钢(15Cr3 或 16MnCr5)。对高负荷发动机则采用渗氮钢(34CrA16 或 32AICrMo4)。先经表面渗碳或渗氮以提高其表面硬度,并使心部具有一定的冲击韧性,然后进行精磨和研磨。

活塞销根据形状分为直通圆柱形孔(图 3.29(a))和圆锥形孔的活塞销(图 3.29(b))两种。圆锥形孔活塞销量质量较小;中间或单侧封闭的活塞销(图 3.29(c)、(d))适用于二行程发动机,此种结构可以避免扫气损失;内部有塑料芯的钢套销(图 3.29(e))用于要求不高的汽油发动机;成形销(图 3.29(f))用于增压发动机。

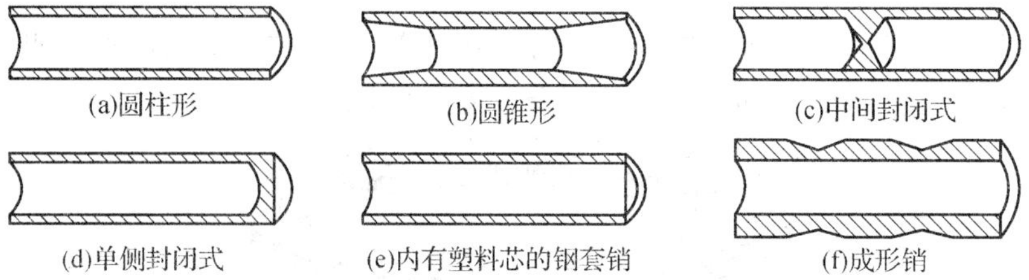

图 3.29 活塞销形状

活塞销与活塞销座孔和连杆小头衬套孔的连接配合,一般多采用“全浮式”,如图 3.30 所示,即在发动机运转过程中,活塞销不仅在连杆小头衬套孔内,还在销座孔内缓慢地转动,以使活塞销各部分的磨损比较均匀。

由于铝合金的活塞销座的热膨胀量大于钢活塞销,为了保证发动机正常工作时有合适的工作间隙(0.01～0.02 mm),在冷态装配时活塞销与活塞销座孔为过渡配合。装配时,应先将铝合金活塞放在温度为 70～90 ℃的水或油中加热,再将活塞销装入。为了防止活塞销工作时轴向窜动而刮伤汽缸壁,在活塞销座两端用卡环嵌在销座凹槽中加以轴向定位。

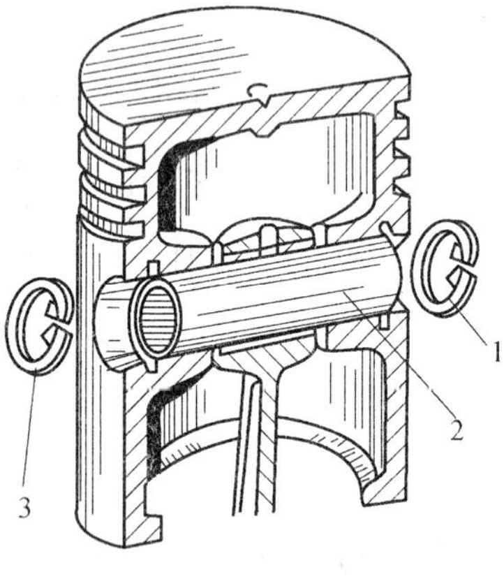

图 3.30 活塞销的连接方式

1、3—卡环;2—活塞销

3.3.4 连杆

连杆的功用是将活塞承受的气体作用力传给曲轴,从而使活塞的往复运动转变为曲轴的旋转运动。

连杆主要承受活塞销传来的气体作用力和活塞组往复运动时的惯性力。此外,由于连杆变速摆动而产生的惯性力矩,还使连杆承受一定的弯矩。这些力和力矩的大小和方向都是周期性变化的,且连杆本身又是一个较长的杆件,因此连杆受到的是压缩、拉伸和弯曲等交变载荷。因此要求连杆质量尽可能小,也要有足够的刚度和强度。

连杆一般采用 36Cr、40Cr 等中碳钢或中碳合金钢经模锻或辊锻制成,然后经机械加工和热处理。

也有少数用球墨铸铁制成。为了提高疲劳强度，连杆常进行表面喷丸处理。对于小型发动机的连杆则常用高强度铝合金。

连杆由连杆小头2、杆身3和连杆大头5(包括连杆盖7)三部分组成，如图3.31所示。连杆小头用来安装活塞销，以连接活塞。活塞销为全浮式的，工作时，活塞销和衬套之间应有相对转动，因此，连杆小头孔内装有青铜衬套或铁基粉末冶金衬套。为了保证其润滑，在小头和衬套上钻出集油孔或铣出集油槽用来收集发动机运转时被飞溅出来的机油，以便润滑。有的发动机连杆小头采用压力润滑，在连杆杆身内钻有纵向的压力油通道。

连杆杆身通常做成“工”字形断面，以求在强度和刚度足够的前提下减轻质量。

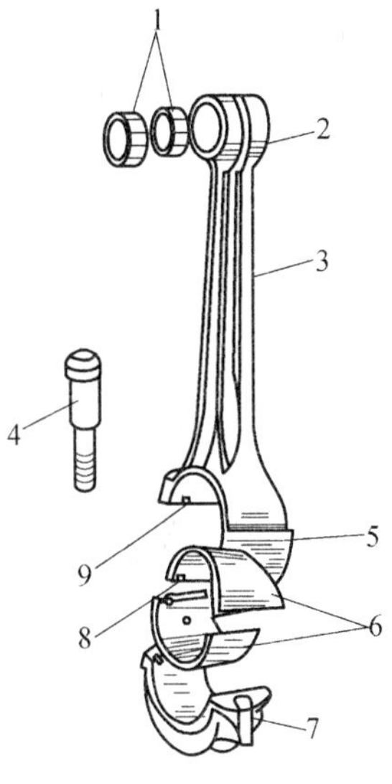

图3.31 连杆组件分解图

1—连杆衬套；2—连杆小头；3—杆身；4—连杆螺栓；5—连杆大头；6—轴瓦；7—连杆盖；8—轴瓦上的凸键；9—凹槽

连杆大头与曲轴的连杆轴颈相连，为便于安装，连杆大头一般做成剖分式的，被分开的部分称为连杆盖，用连杆螺栓紧固在连杆大头上。连杆盖与连杆大头是组合加工的，为了防止装配时配对错误，在同一侧刻有配对记号。大头孔表面有很高的光洁度，以便与连杆轴瓦(或滚动轴承)紧密贴合。连杆大头上还铣有连杆轴瓦的定位凹槽9。有的连杆大头连同轴瓦还钻有直径为1～1.5 mm的小油孔，从中喷出机油以加强配气凸轮与汽缸壁的飞溅润滑。

连杆螺栓4是一个经常承受交变载荷的重要零件，一般采用韧性较高的优质合金钢或优质碳素钢锻制或冷墩成形。连杆大头的两部分用连杆螺栓紧固在一起。连杆大头安装时，必须紧固可靠。连杆螺栓必须按原厂规定的拧紧力矩，分2～3次均匀地拧紧。为防止工作时自动松动，必须用其他锁紧装置紧固。常采用的锁止装置有开口销、双螺母、螺纹表面镀铜、自锁螺母及防松胶等。

连杆大头按剖分面的方向可分为平切口和斜切口两种。平切口连杆的剖分面垂直于连杆轴线。柴油发动机的连杆，由于受力较大，其大头的尺寸往往超过汽缸直径。斜切口式连杆的大头剖分面与连杆轴线成30°～45°(常用36°)夹角。无论从受力情况还是从制造角度看，平切口都优于斜切口，一般汽油发动机连杆大头尺寸都小于汽缸直径，可以采用平切口。对于一部分柴油发动机和少数强化程度高的汽油发动机来说，由于曲柄销直径尺寸加大，连杆大头尺寸也随之增大，而在装拆活塞连杆组件时无法使平切口连杆大头通过汽缸时，才采用斜切口。

平切口的连杆盖与连杆的定位，是利用连杆螺栓上精加工的圆柱凸台或光圆柱部分，与经过精加工的螺栓孔来保证的。由于现代技术与工艺的进步，连杆锻成整体毛坯，用冷胀的方法将杆身与连杆盖分开。这样的切口面将不再是平面，而是不规则的像山峦式的犬牙交错的表面，可提高杆身与连杆盖的定位精度。一汽捷达轿车五气门发动机便采用此种结构。斜切口连杆在工作中受到惯性力的拉伸，在切口方向也有一个较大的横向分力。因此在斜切口连杆上必须采用可靠的定位措施。斜切口连杆常用的定位方法有：

(1) 止口定位(图3.32(a))，其优点是工艺简单；缺点是定位不大可靠，只能单向定位，对连杆盖止口向外变形或连杆大头止口向内变形均无法防止。

(2) 套筒定位(图3.32(b))，是在连杆盖的每个螺栓孔中压配一个刚度大而且剪切强度高的短套筒。它与连杆大头有精度很高的配合间隙，故装拆连杆盖时也很方便。它的缺点是定位套筒的工艺要求高，若孔距不够准确，则可能因过定位(定位干涉)而造成大头孔严重失圆，此外，连杆大头的横向尺寸也必然因此而加大。

(3) 锯齿定位(图 3.32(c)),其优点是锯齿接触面大,贴合紧密,定位可靠,结构紧凑;缺点是对齿节距公差要求严格,否则连杆盖装在连杆大头上时,中间会有几个齿脱空,不仅影响连杆组件的刚度,并且连杆大头孔也会立即失圆。如果能采用拉削工艺,保证齿距公差,则这种定位方式还是较好的。

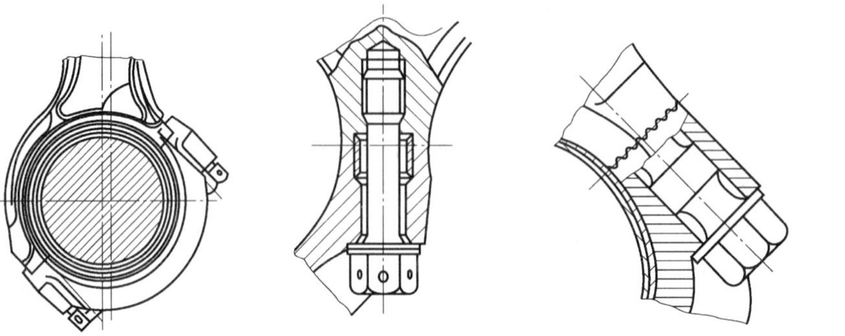

(a)止口定位　　(b)套筒定位　　(c)锯齿定位

图 3.32　斜切口连杆大头的定位方式

连杆轴承装在连杆大头孔内,用以保护连杆轴颈(曲柄销)及连杆大头孔。现代汽车发动机用的连杆轴承是由钢背和减磨层组成的分成两半的薄壁轴承,如图 3.33 所示。钢背由厚 1～3 mm 的低碳钢带制成,既有足够的强度以承受近乎冲击性的载荷,又有一定的刚度以便与轴承孔良好贴合。减磨层由厚 0.3～0.7 mm 的薄层减磨合金制成,减磨合金具有保持油膜、减少摩擦阻力和易于磨合的作用。目前汽车发动机的轴承减磨合金主要有:

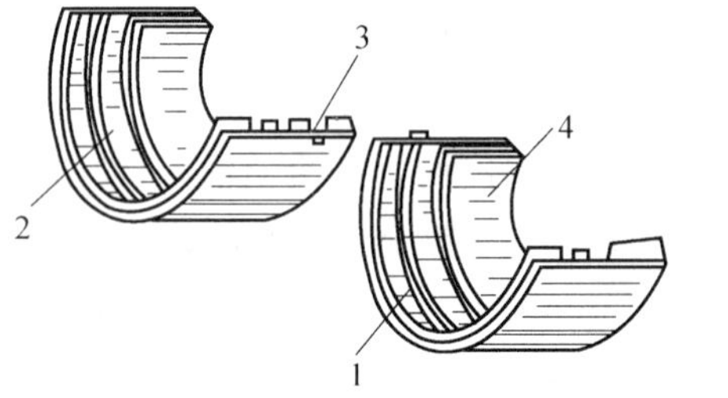

图 3—33　连杆轴承

1—钢背;2—油槽;3—定位凸键;4—减磨合金层

(1) 巴氏合金减磨性好,但机械强度较低、耐热性较差,常用于负荷不大的汽油发动机。

(2) 铜铅合金机械强度高、承载能力大、耐热性较好,但减磨性能差。为此,常在其表面镀一层厚度为 0.02～0.03 mm 的铟或锡,用于高强化的柴油发动机。

(3) 高锡铝合金具有较好的力学性能和减磨性,广泛用于各类汽油发动机和柴油发动机上。

连杆轴承的背面应有很高的粗糙度。在自由状态下,轴承的曲率半径和周长都略大于连杆大头孔的曲率半径和周长,装入后,能使其紧贴在大头孔壁上,有利于散热和防止润滑油从轴承背面流失。

为了防止连杆轴承在工作中发生转动或轴向移动,在两个轴承的剖分面上,均制有定位凸键 3,装配时,这两个凸键分别嵌入连杆大头和连杆盖上的相应凹槽中。在连杆轴瓦内表面上还加工有油槽 2 用以储油,保证可靠的润滑。

V 形发动机由于左右两缸的连杆装在同一个曲柄销上,故其结构随安装布置而不同,V 形发动机的连杆布置有如下三种形式:

(1) 并列连杆布置形式(图 3.34(a)),相对应的左右两缸的连杆一前一后地装在同一个曲柄销上,这样布置的优点是连杆可以通用,左、右汽缸的活塞连杆组的运动规律完全相同。其缺点是左、右两个汽缸中心线沿曲轴轴向要错开一段距离,因而使曲轴、机体的长度增加,刚度降低。

(2) 叉形连杆布置形式(图 3.34(b)),左右两列汽缸的对应两个连杆中,一个连杆的大头做成叉形,跨于另一个连杆的厚度较小的片形大头两端。叉形连杆式布置的优点是:两列汽缸中的活塞连杆组的运动规律相同;左右对应的两汽缸轴心线不需要在曲轴轴向上错位。其缺点是叉形连杆大头结构和制造工艺比较复杂,而且大头的刚度也较低。

(3) 主副连杆布置形式(3.34(c)),主连杆的大头直接安装在曲柄销全长上。副连杆的大头与对应的主连杆大头(或连杆盖)上的两个凸耳做铰链连接。其主要优点是左、右两个对应汽缸的中心线及主、副连杆位于同一平面内,故不致加大发动机的轴向长度。其缺点是左、右两个对应汽缸的活塞连杆组的运动规律不同，主缸活塞与连杆还受到副连杆施加的附加侧向作用力和附加弯矩；且主、副连杆不能互换。

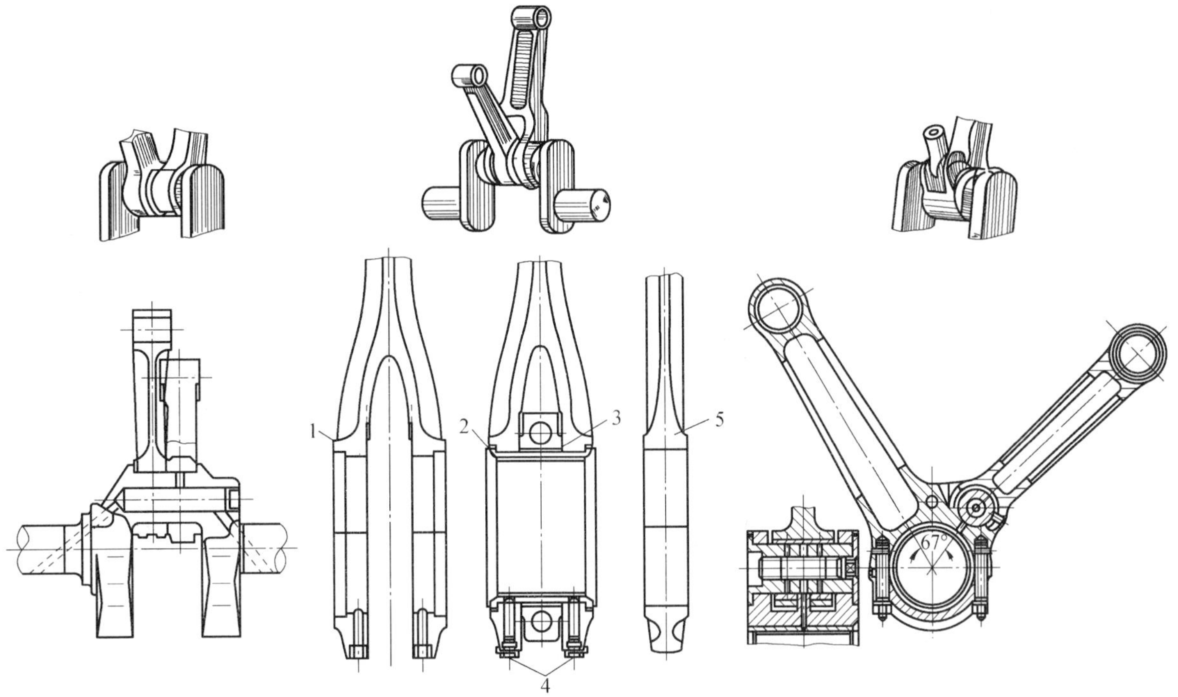

(a)并列连杆 (b)叉形连杆 (c)主副连杆

图 3.34 V 形发动机连杆结构示意图

1—叉形连杆；2—叉形连杆轴承；3—内连杆轴承；4—定位销；5—内连杆

任务 3.4 曲轴飞轮组

曲轴飞轮组主要由曲轴、飞轮、扭转减震器、带轮、正时齿轮（或链条）等组成，图 3.35 所示是曲轴飞轮组的总体结构。

3.4.1 曲轴

曲轴的功用是承受连杆传来的力，并将其转变为扭矩，然后通过飞轮输出，另外，还用来驱动发动机的配气机构及其他辅助装置（如发电机、风扇、水泵、转向油泵等）。

在发动机工作时，曲轴受到旋转质量的离心力、周期性变化的气体压力和往复惯性力的共同作用，使曲轴承受弯曲与扭转载荷。为了保证工作可靠，要求曲轴具有足够的刚度和强度，各工作表面要耐磨而且润滑良好。

1. 曲轴的组成及类型

曲轴主要由三部分组成：①曲轴的前端（或称自由端）轴；②若干个由曲柄销、它左右两端的曲柄以及前后两个主轴颈组成的曲拐；③曲轴的后端（或称功率输出端）凸缘。

曲轴的曲拐数取决于汽缸的数目及其排列方式。直列式发动机曲轴的曲拐数等于汽缸数；V 形发动机曲轴的曲拐数等于汽缸数的一半。

按照曲轴的主轴颈数可以把曲轴分为全支承曲轴和非全支承曲轴两种。在相邻的两个曲拐之间，都设置一个主轴颈的曲轴，称为全支承曲轴，如图 3.36(a)所示；否则称为非全支承曲轴，如图 3.36(b)所示。假设汽缸数为 i，则全支承的主轴颈数为 $i+1$。主轴颈数少于此数者都称为非全支承曲轴。全支承曲轴的优点是可以提高曲轴的刚度，并且可以减轻主轴承的载荷。其缺点是曲轴长度较长，使发动机机体长度增加。

直列式发动机的全支承曲轴，其主轴颈总数(包括曲轴前端和后端的主轴颈)比汽缸数多一个；V形发动机的全支承曲轴，其主轴颈总数比汽缸数的一半多一个。桑塔纳、奥迪 100 型轿车均采用全支承曲轴。柴油发动机也多采用全支承曲轴，这是其载荷较大的缘故。

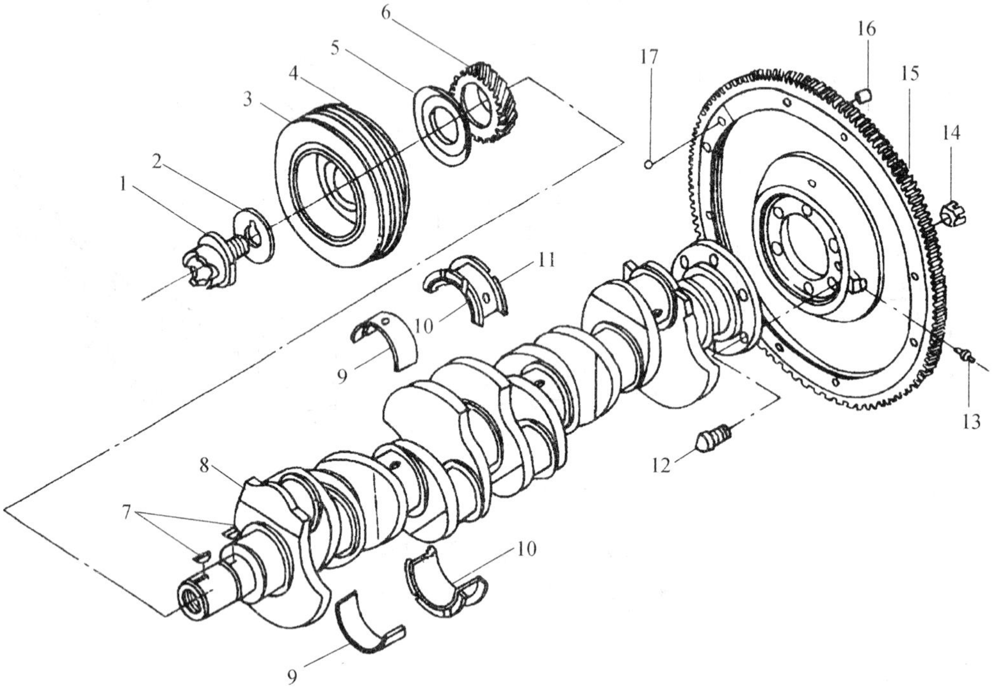

图 3.35　发动机曲轴飞轮组分解图

1—启动爪；2—启动爪锁紧垫圈；3—扭转减震器；4—带轮；5—挡油片；6—定时齿轮；7—半圆键；8—曲轴；9—主轴承上下轴瓦；10—中间主轴瓦；11—止推片；12—螺柱；13—润滑脂嘴；14—螺母；15—齿圈；16—圆柱销；17—一、六缸活塞处在上止点时的记号(钢球)

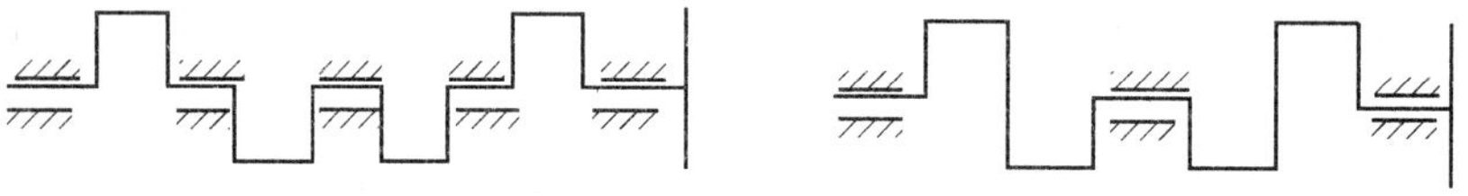

(a)全支承式　　(b)非全支承式

图 3.36　曲轴的支承形式示意图

多缸发动机的曲轴按曲拐之间连接方式不同，分为整体式和组合式两类。整体式曲轴如图 3.37 所示，其各个曲拐及前、后端都做成一个整体，一般采用滑动轴承；组合式曲轴如图 3.38 所示，其各个曲拐分段加工，然后再利用连接件将各个曲拐连成一体，一般采用滚动轴承，并且必须与隧道式汽缸体配合使用。轿车发动机多为整体式曲轴。

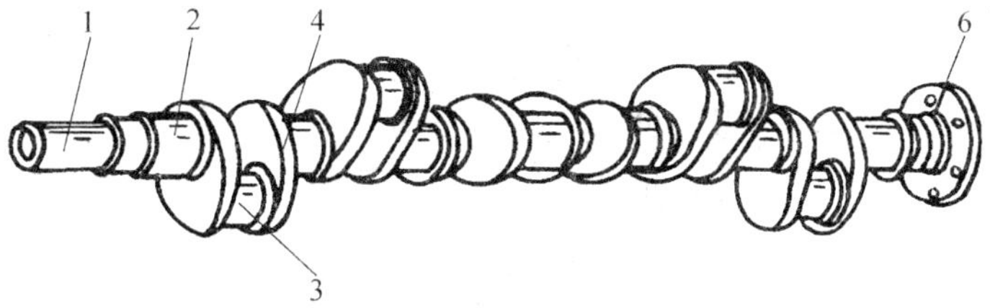

(a)解放CA4602型发动机曲轴

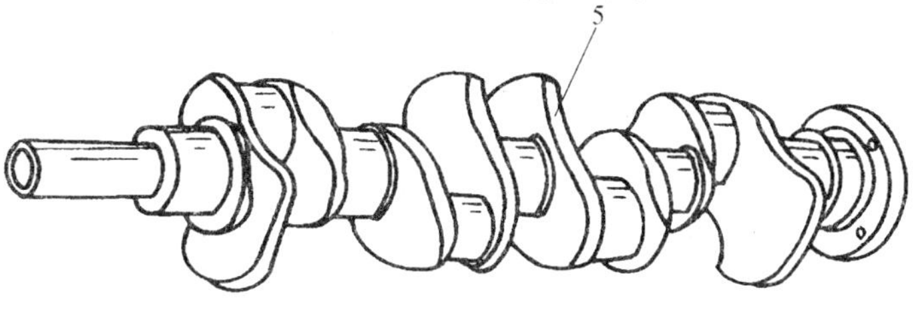

(b)北京BJ402型发动机曲轴

图 3.37　曲轴

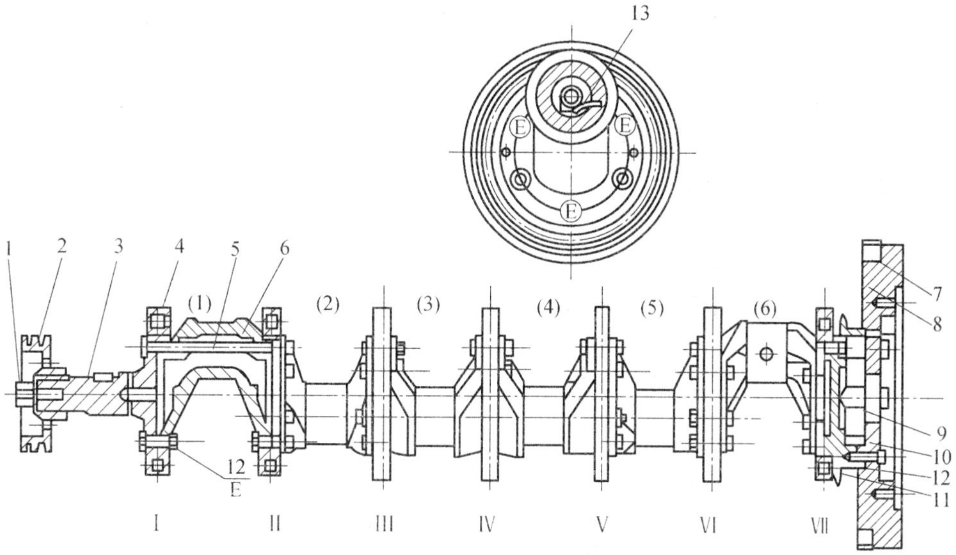

图 3.38　组合式曲轴

1—启动爪;2—带轮;3—前端轴;4—滚动轴承;5—连接螺杆;6—曲柄;7—齿圈;
8—飞轮;9—后端凸缘;10—锁片;11—挡油圈;12—定位螺钉;13—油管

2. 曲轴的材料

曲轴要求用强度、冲击韧性和耐磨性都比较好的材料制造,一般都采用优质中碳钢(如 36 号钢)或中碳合金钢(如 36Mn2,40Cr 等)模锻。为了提高曲轴的耐磨性,其主轴颈和连杆轴颈表面上均需高频淬火或氮化。例如,上海桑塔纳发动机曲轴采用优质 50 中碳钢模锻而成。有部分发动机采用了高强度的稀土球墨铸铁铸造曲轴,但这种曲轴必须采用全支承以保证刚度。

3. 曲轴的构造

为了减小曲轴的质量和离心力,曲柄销和主轴颈不少做成空心的,如图 3.39 所示。主轴颈、曲柄销和轴瓦上都钻有径向油孔,这些油孔由斜向的油道 6 相连。这样机油就可以进入主轴颈和曲柄销的工作表面进行润滑。当曲柄销上的油孔与连杆大头上的油孔对准时,机油可以从中喷出,对配气机构和汽缸壁进行飞溅润滑。

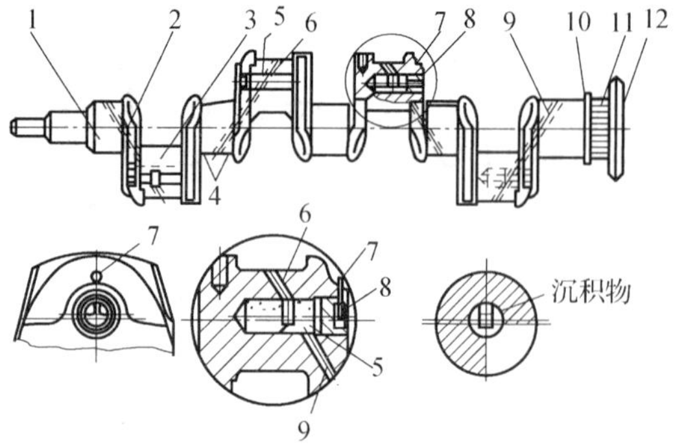

图 3.39　曲轴油道

1—主轴颈；2—曲柄；3—连杆轴颈；4—圆角；5—积污腔；6，9—油道；
7—开口销；8—螺塞；10—挡油盘；11—回油螺纹；12—凸缘盘

曲轴前端是第一道主轴颈之前的部分，其上装有驱动配气凸轮轴的正时齿轮，或正时齿形带轮，或链轮，驱动风扇和水泵的带轮 2 以及止推片 8 等，如图 3.40 所示。为了防止机油沿曲轴轴颈外漏，在曲轴前端上有一个甩油盘 6，随着曲轴旋转，当被齿轮挤出和甩出来的机油落到盘上时，由于离心力的作用，被甩到齿轮室盖的壁面上，再沿壁面流下来，回到油底壳中。即使还有少量机油落到甩油盘前面的曲轴段上，也被压配在齿轮室盖上的油封挡住，甩油盘的外斜面应向后，如果装错，效果将适得其反。曲轴前端为了减小扭振而装有减震器，在中、小型发动机的曲轴前端还装有启动爪，以便必要时用人力转动曲轴，使发动机启动。

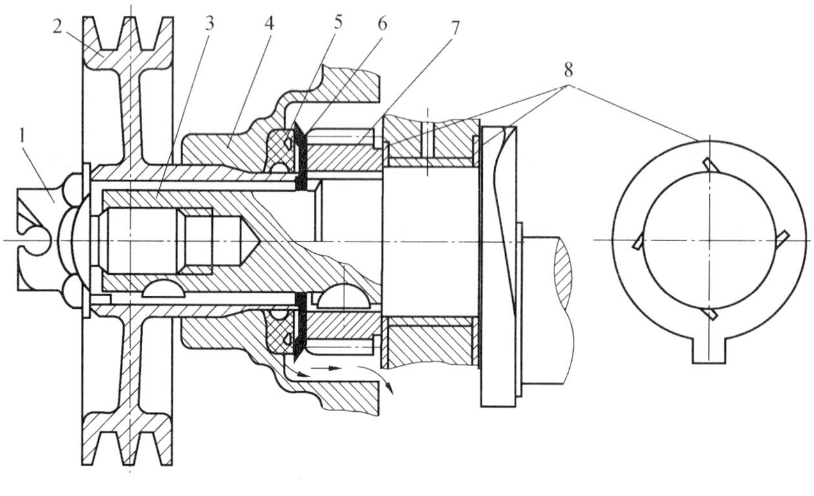

图 3.40　曲轴前端的结构

1—启动爪；2—带轮；3—曲轴；4—定时齿轮室盖；5—油封；6—甩油盘；7—定时齿轮；8—止推片

曲轴后端是最后一道主轴颈之后的部分，有安装飞轮用的凸缘，如图 3.41 所示。为防止机油向后漏出，在曲轴后端通常切出回油螺纹或其他封油装置。回油螺纹可以是梯形的或矩形的，其螺旋方向应为右旋。

4.曲轴的轴向定位

为阻止车辆行驶时离合器经常结合与分离和带斜齿轮驱动时施加于曲轴上的轴向力以及在上、下坡行驶或突然加速、减速出现的轴向力作用而使曲轴有轴向窜动的趋势，曲轴必须有轴向定位，以保证曲柄连杆机构的正常工作。但也应允许曲轴受热后能自由膨胀。曲轴作为转动件，必须与其固定件之间有一定的轴向间隙。曲轴轴向定位是通过止推装置实现的，只能有一处设置轴向定位装置。

止推装置如图 3.42 所示，有翻边轴瓦、止推片、止推环和轴向止推滚珠轴承等多种形式。翻边轴瓦（图 3.42(a)）放在曲轴的某一主轴承内，靠翻边轴瓦两外侧表面的减摩合金层（与轴瓦内表面的合金层相同)减低与轴颈端面相对运动时的摩擦阻力并可挡住曲轴的左、右窜动。翻边轴瓦工艺复杂,成本高,现已很少采用。

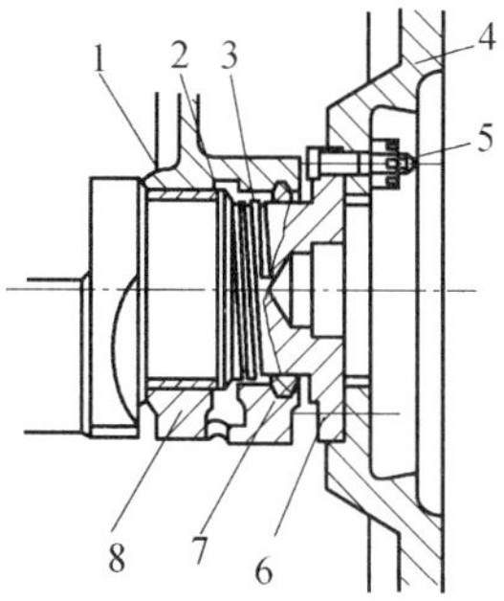

图 3.41　EQ4600－1 型汽油发动机曲轴的后端结构示意图

1—轴承座;2—甩油盘;3—回油螺纹;4—飞轮;5—飞轮螺栓;
6—曲轴凸缘盘;7—填料油封;8—轴承盖

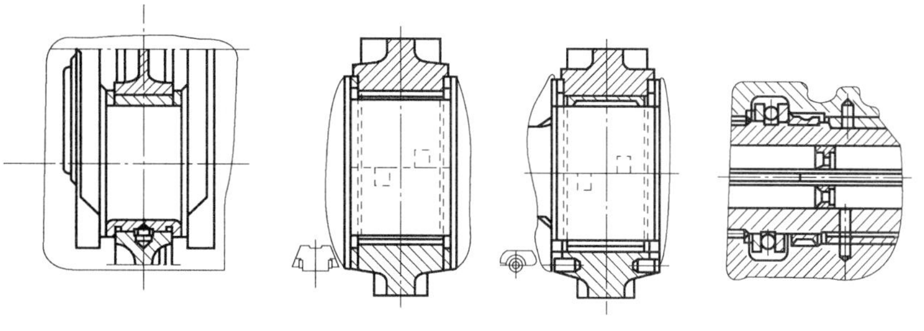

(a)翻边轴瓦　　(b)止推片　　(c)止推环　　(d)轴向止推滚珠轴承

图 3.42　曲轴的止推示意图

止推片如图 3.42(b)所示。是外侧有减摩合金层的半环状钢片,装在机体或主轴承盖的槽内。为防止止推片的转动,止推片上有凸起卡在槽内,止推片用四片,也可用两片。

当止推装置放在曲轴第一主轴颈(曲轴自由端)上时,可采用两个带有减摩合金层的止推钢环的形式(图 3.42(c))。因为它可从曲轴端部直接套入主轴颈上。为防止止推环转动,止推环上有止转销孔与主轴承盖上的止转销相配合。安装止推环时钢背应面向机体与轴承盖。止推片与止推环广泛用于内燃机曲轴止推。

5.曲轴径向密封

曲轴径向密封环安放在曲轴的自由端(前端)和飞轮端(功率输出端)。其作用是防止内燃机机体内的机油外溢和水(汽)与灰尘进入机体内。

图 3.43 所示为典型的车用内燃机曲轴径向密封环。它由金属保持架 1、拉力弹簧圈 11 和橡胶密封体 12 三部分组成。橡胶密封体的几何形状及尺寸必须精心设计与制造。它与曲轴轴颈的密封宽度相同,即密封唇厚为 0.1～0.2 mm,空气侧密封角约为 25°,机油侧密封角 α 比外侧角约大 20°。拉簧作用平面与密封面的外偏距离,即拉簧杠杆臂 5 为 0.05～1 mm。

保护唇 2 的作用是防止水(或汽)与灰尘进入机体内。平时,它处于闭合状态。当曲轴受热时,保护唇张开,使保护唇与密封唇 10 之间不会出现负压。橡胶密封体靠自身的弹力与拉簧 11 的拉力将密封唇压在曲轴轴颈上,以保证一定的径向密封力。

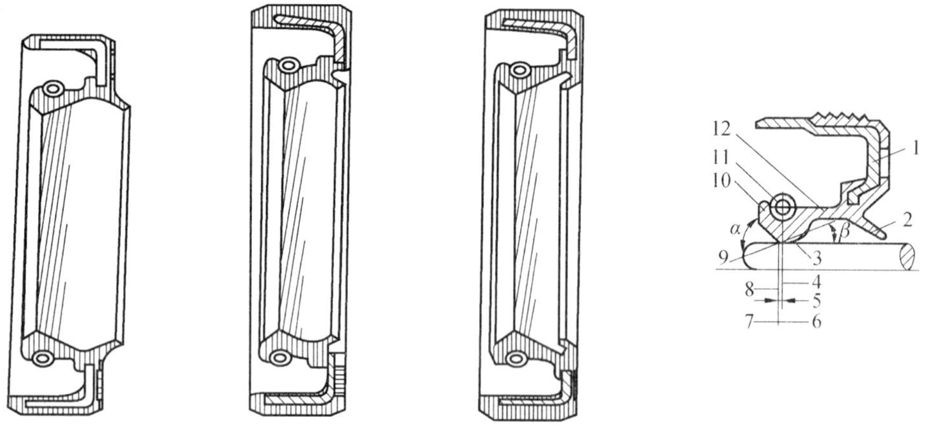

(a)保护唇在外　(b)保护唇在内(逆向)　(c)保护唇在内(顺向)　(d)局部结构

图 3.43　曲轴径向密封环及结构参数示意图

1—金属保持架;2—保护唇;3—辅助密封棱边;4—拉簧作用平面;5—拉簧杠杆臂;6—空气侧;7—机油侧;8—密封面;9—密封棱边;10—密封唇;11—拉力弹簧圈;12—密封体;α—油侧密封角;β—空气侧密封角

3.4.2 曲轴扭转减震器

在发动机工作过程中,连杆作用在曲轴上的力呈周期性变化。这样就会使质量较小的曲拐相对于质量较大的飞轮有扭转摆动(曲拐转速较飞轮转速忽快忽慢),这就是曲轴的扭转振动。而曲轴也具有一定弹性和旋转质量,即是一种扭转弹性系统,本身具有一定的固有频率。当曲轴发生扭振时,曲轴前端的角振幅最大,如果扭振的频率与曲轴系统的固有频率相等或是它的某一倍数时,就会发生共振。这种现象既损失发动机的功率,又会破坏曲轴和装在上面的驱动齿轮、链轮、链条等附件,严重时甚至将曲轴扭断。为消除这种现象,曲轴前端装有扭转减震器。

汽车发动机最常用的曲轴扭转减震器是摩擦式扭转减震器,其可分为橡胶式扭转减震器及硅油式扭转减震器两类。

橡胶摩擦式扭转减震器如图 3.44 所示,惯性盘 2 和减震器壳体 1 都与硫化橡胶层 5 硫化黏接。风扇带轮轮毂 4 固定在曲轴前端,减震器壳体的毂部用紧固螺栓 3 固定在风扇带轮轮毂上。当曲轴发生扭转振动时,曲轴前端的角振幅最大,而且通过带轮轮毂带动减震器壳体一起转动。扭转振动惯性质量则因转动惯量较大而实际上相当于一个小型的飞轮,其转动瞬时角速度也比减震器壳体均匀得多。这样,扭转振动惯性质量就同减震器壳体有了相对角振动,而使硫化橡胶层产生了反方向交替变化的扭转变形,消耗了扭转振动能量,使整个曲轴的扭转振幅减小,把曲轴共振转速移向更高的转速区域内,从而避免在常用转速范围内出现共振。

橡胶减震器的主要优点是质量小、结构简单、工作可靠,可选择获得最大减震效果的固有频率,也可系列化,所以在汽车发动机上应用广泛,天津夏利、上海桑塔纳轿车发动机的曲轴上都采用了橡胶扭转减震器。橡胶减震器的主要缺点是对曲轴扭转振动的衰减作用不够强,而且橡胶由于内摩擦发热升温而容易老化。在一些高级轿车内燃机上,还采用双重减震器,它是在带轮的外圆柱面和内侧端面分别用橡胶与一个扭振减震体和一个弯曲减震体硫化成整体,它可抑制曲轴的扭转振动和弯曲振动。

硅油式扭转减震器如图 3.45 所示。减震器壳体 2 是由钢板冲压而成的,连接在曲轴上。扭转振动惯性质量 1 滑套在侧盖 3 与减震器壳体组成的封闭腔中,惯性质量与封闭腔之间留有一定的间隙,里面充满高黏度的硅油。当发动机工作时,减震器壳体与曲轴一起旋转、一起振动,惯性质量则被硅油的黏性摩擦阻尼和衬套的摩擦力所带动,于是在惯性质量与减震器壳体之间产生相对运动。因为惯性质量相当大,所以它做匀速转动。曲轴的振动能量被硅油的内摩擦阻尼吸收,使扭振逐渐消减。

这种减震器的主要优点是质量和容积均比较小，减震性能良好；其主要缺点是硅油散热较差，因而容易升温而降低黏度，对曲轴的扭振衰减作用减弱。

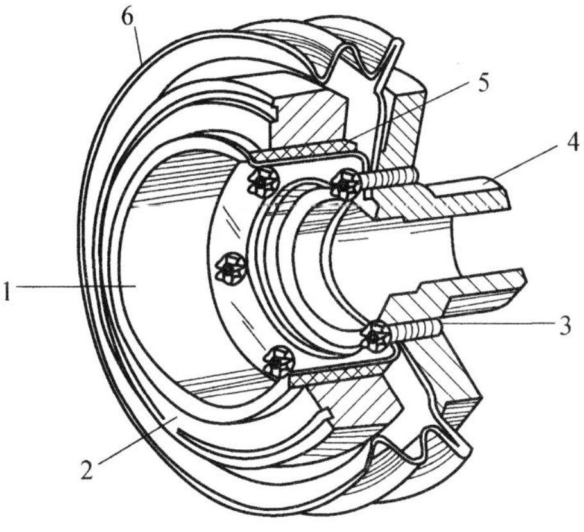

图 3.44　橡胶摩擦式扭转减震器

1—减震器壳体；2—惯性盘；3—紧固螺栓；4—带轮轮毂；5—硫化橡胶层；6—带轮

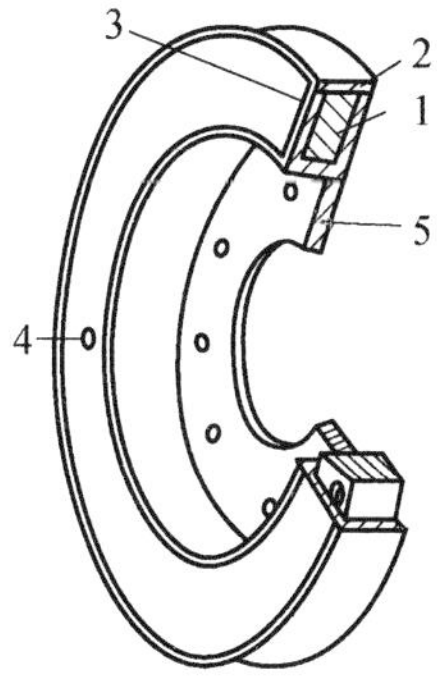

图 3.45　硅油式扭转减震器示意图

1—惯性质量；2—减震器壳体；3—侧盖；4—注油螺塞；5—衬套

3.4.3　飞　轮

飞轮是一个转动惯量很大的圆盘。其主要作用是储存做功行程的一部分能量，以克服各辅助行程的阻力，使曲轴均匀旋转，使发动机具有克服短时超载的能力。此外，飞轮又常作为汽车传动系中摩擦离合器的主动盘。

为了保证有足够的转动惯量，并尽可能减小飞轮的质量，应使飞轮的大部分质量都集中在轮缘上，因而轮缘通常做得宽而厚。

飞轮多采用灰铸铁制造，当轮缘的圆周速度超过 50 m/s 时，要采用强度较高的球铁或铸钢制造。

飞轮外缘上压有一个齿圈，可与启动机的驱动齿轮啮合，供启动发动机用。飞轮上通常刻有第一缸发火正时记号，以便校准发火时间。CA4602 型发动机的正时记号是“上止点/1－6”，当这个记号与飞轮壳上的刻线对正时，即表示 1～6 缸的活塞处在上止点位置，如图 3.46(a)所示。EQ4600－1 型发动机的飞轮上的这一记号为一个镶嵌的钢球，当钢球与飞轮壳上的刻线对准时，为 1～6 缸的活塞处于上止点位置，如图 3.46(b)所示。BJ402Q 发动机带轮边缘的缺口与正时齿轮罩上记号对准时，为 1～4缸的活塞处于上止点位置，如图 3.46(c)所示。

飞轮与曲轴装配后应进行动平衡试验，所以在某些发动机飞轮上和曲轴上能看到有钻过的孔。否则在旋转时因质量不平衡而产生离心力，将引起发动机振动并加速主轴承的磨损。为了在拆装时不破坏它们的平衡状态，飞轮与曲轴之间应有严格的相对位置，用定位销或不对称布置螺栓予以保证。

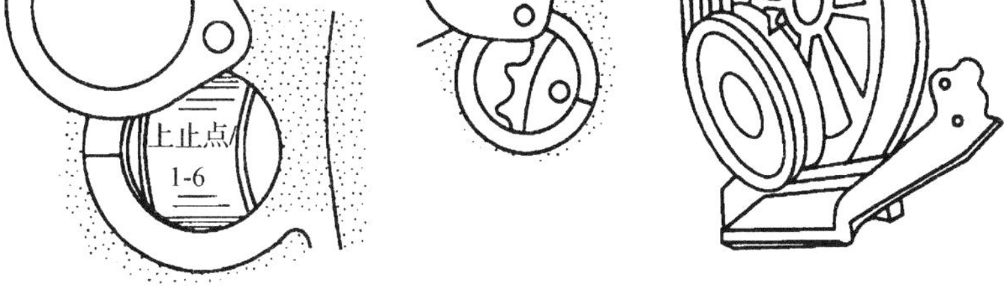

(a)CA4602　(b)EQ4600－1　(c)BJ402Q

图 3.46　汽车发动机发火正时记号

实训项目

任务名称	活塞连杆组的检查	学时	2	班级	
学生姓名		学生学号		任务成绩	
实训设备	活塞连杆组五套	实训场地	理实一体化教室	日期	
任务内容	活塞连杆组的拆装检查				
任务目标	掌握活塞连杆组的检查操作				

一、决策与计划

请根据任务要求，确定所需要的技术资料，并对小组成员进行合理分工。

1.需要的技术资料和工具

2.小组成员分工

3.小组合作制订拆装检查活塞连杆组的操作步骤。

(1)__________

(2)__________

(3)__________

(4)__________

(5)__________

(6)__________

(7)__________

(8)__________

(9)__________

(10)__________

(11)__________

(12)__________

(13)__________

(14)__________

(15)__________

(16)__________

……

各小组上台讲解本小组的操作步骤，教师针对存在的问题进行指导，各小组再次修改。

二、实施

各小组在计划获得教师签字后进行分角色练习，教师各工位巡视检查。

三、检查

每个小组抽取一名同学，进行班级技能比赛，小组长担任裁判，教师担任裁判长。检查学生课堂学习情况。

四、评价反馈

1.请根据自己任务完成的情况，对自己的工作进行自我评估，并提出改进意见。

(1)______________________________

____

(2)______________________________

____

____

2.教师对学生工作情况进行评估，并进行点评。

____

____

五、作业

查阅资料：查询活塞环的检查项目除了测量三隙外还需要检查什么内容。

课后练习

模块3　曲柄连杆机构	班级			
	姓名		学号	
	日期		评分	

一、资讯

说明：每位学生应在工作任务实施前独立完成准备工作。

1. 曲柄连杆机构由________、________及________三部分构成。

2. 发动机各个机构和系统的装配基体是________。

3. 活塞连杆组由________、________、________及________等组成。

4. 活塞环包括________和________两种。

5. 在安装气环时，各个气环的切口应该________。

6. 油环分为________和________两种，组合油环一般由________和________组成。

8. 活塞销通常做成________圆柱体。

9. 活塞销与活塞销座孔及连杆小头衬套孔的配合，一般都采用________。

10. 连杆由________、________和________三部分组成。连杆________与活塞销相连。

11. 曲轴飞轮组主要由________和________以及其他不同作用的零件和附件组成。

12. 曲轴前端装有驱动配气凸轮轴的________，驱动风扇和水泵的________及止推片等，有些中小型发动机的曲轴前端还装有________，以便必要时用人力转动曲轴。

二、内容小结

1. 曲柄连杆机构的作用是什么？

2. 汽缸体有哪几种结构形式？各有何优缺点？各应用于哪类发动机？

3. 发动机的汽缸有哪几种排列方式？各适用于什么情况？

4. 对活塞的要求是什么？它一般是由什么材料制成的？

5. 活塞是由哪几部分组成的？各个部分的作用是什么？

6. 活塞环包括哪两种？它们的作用是什么？

模块 4

配气机构

【知识目标】

1. 了解配气机构的功用及组成。
2. 认知气门组的零件。
3. 认知气门传动组的各部分零件。
4. 了解配气相位及可变配气相位的基本知识。

【技能目标】

气门间隙的检测。

【课时计划】

任务	任务内容	参考课时		
		理论课时	实训课时	合计
1	配气机构的功用和组成	1	0	1
2	气门组	1	0	1
3	气门传动组	1	2	3
4	配气相位及可变配气相位	1	0	1
共计:6课时				

情境导入

在发动机的故障维修中，我们时常会遇到配气机构的故障，如气门异响、气门漏气、凸轮轴异响等故障，要想对配气机构进行检修，首先我们应了解配气机构的组成及工作原理。下面就分步来进行该模块的学习。

任务驱动

任务4.1 配气机构的功用、组成和类型

4.1.1 功 用

四行程汽车发动机一般采用气门式配气机构。

配气机构的功用是根据发动机每一汽缸内所进行的工作循环和发火次序的要求，定时打开和关闭各汽缸的进、排气门，使新鲜可燃混合气（汽油发动机）或空气（柴油发动机）得以及时进入汽缸，废气得以及时从汽缸排出，使换气过程最佳，以保证发动机在各种工况下工作时发挥最佳的性能。

发动机吸入汽缸的新鲜空气或可燃混合气越多，发出的功率和扭矩越大。新鲜空气或可燃混合气充满汽缸的程度，常用充气效率 η_v 表示。其公式为

$$\eta_v = M/M_o$$

式中，M 为进气过程中，实际充入汽缸的新鲜空气或可燃混合气的质量；M_o 理想状态下，充满汽缸工作容积的新鲜空气或可燃混合气的质量。

对于一定工作容积的发动机而言，充气效率与进气终了时汽缸内的压力和温度有关。进气终了压力越高，温度越低，则一定容积的气体质量就越大，表明充气效率就越高。

由于充气时间短促，进气系统对气流的阻力造成进气终了时缸内气体压力降低，又由于上一循环中残留在汽缸内的高温废气以及燃烧室、活塞顶、气门等高温零件对进入汽缸的新鲜气体加热，使进气终了时气体温度升高，实际充入汽缸的新鲜气体的质量总是小于在进气状态下充满汽缸工作容积的新鲜气体的质量。也就是说，充气效率总是小于1，一般为0.80～0.90。

影响发动机充气效率的因素很多，要求配气机构的结构有利于减小进气和排气的阻力，而且进、排气门的开启时刻和持续开启的时间要适当，使进气和排气都尽可能充分。

4.1.2 组 成

如图4.1所示，配气机构由气门组、气门传动组组成。

4.1.3 类 型

1.配气机构的布置形式

（1）按气门的布置形式分类。

按气门布置形式不同，主要有气门顶置式和气门侧置式，如图4.2所示。

气门位于汽缸体侧面，称为气门侧置式配气机构（图4.2(a)）。因为它的进、排气门在汽缸的一

侧，压缩比受到限制，进排气门阻力较大，发动机的动力性和高速性均较差，现在很少采用。

气门位于汽缸盖上，称为气门顶置式配气机构(图 4.2(b))。其特点是进气阻力小，燃烧室结构紧凑，气流涡流强，能达到较高的压缩比，目前汽车发动机主要采用气门顶置式配气机构。

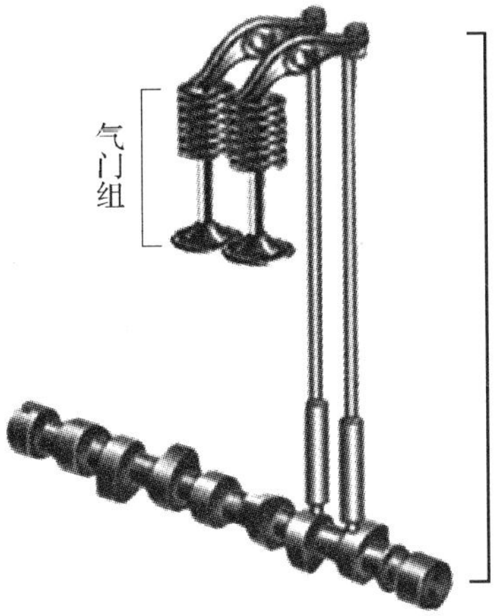

图 4.1　配气机构组成

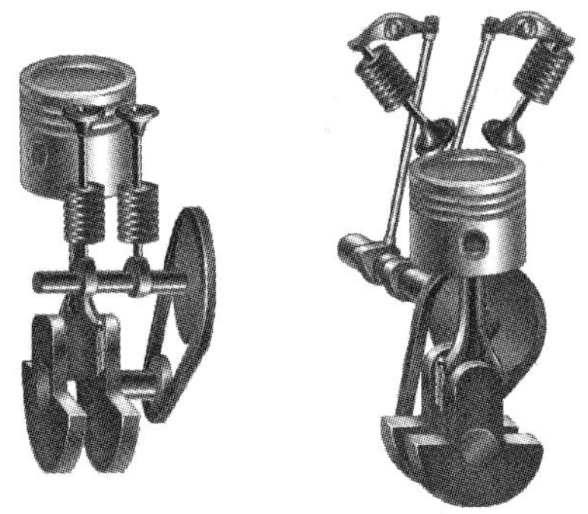

(a)气门侧置式　(b)气门顶置式

图 4.2　按气门布置形式分类

(2)按凸轮轴的布置位置分类。

按凸轮轴的布置位置不同，可分为凸轮轴下置式、凸轮轴中置式和凸轮轴上置式，如图 4.3所示。

(a)凸轮轴下置式　(b)凸轮轴中置式　(c)凸轮轴上置式

图 4.3　按凸轮轴的布置位置分类

①凸轮轴下置式，顶置气门、下置凸轮轴配气机构(图 4.3(a))，在潍柴 WP12 发动机上应用。因传动环节多、路线长，在高速运动下，整个系统容易产生弹性变形，影响气门运动规律和开启、关闭的准确性，发动机高度也有所增加，所以不适应高速汽油发动机的要求。

②凸轮轴中置式，如图 4.3(b)所示。凸轮轴位于汽缸体的中部，由凸轮轴经过挺柱直接驱动摇臂，省去推杆，这种结构称为凸轮轴中置配气机构。

③凸轮轴上置式，如图 4.3(c)所示。凸轮轴布置在汽缸盖上。

凸轮轴上置式有两种结构形式：一是凸轮轴直接通过摇臂来驱动气门，这样既无挺柱，又无推杆，往复运动质量大大减小，此结构适于高速发动机；另一种是凸轮轴直接驱动气门或带液力挺柱的气门，此种配气机构的往复运动质量更小，特别适应于高速发动机。

(3)按曲轴和凸轮轴的传动方式分类。

按曲轴和凸轮轴的传动方式不同，可分为齿轮传动式、链条传动式和齿形带传动式，如图 4.4 所示。

凸轮轴下置、中置的配气机构大多采用正时齿轮传动(图 4.4(a))。一般从曲轴到凸轮轴只需一对正时齿轮传动，若齿轮直径过大，可增加一个中间齿轮。为了啮合平稳，减小噪声，正时齿轮多用斜齿。

链条与链轮的传动适用于凸轮轴上置的配气机构(图 4.4(b))，但其工作可靠性和耐久性不如齿轮传动。近年来，高速汽车发动机上广泛采用齿形皮带(图 4.4(c))来代替传动链。齿形带传动，噪声小、工作可靠、成本低。

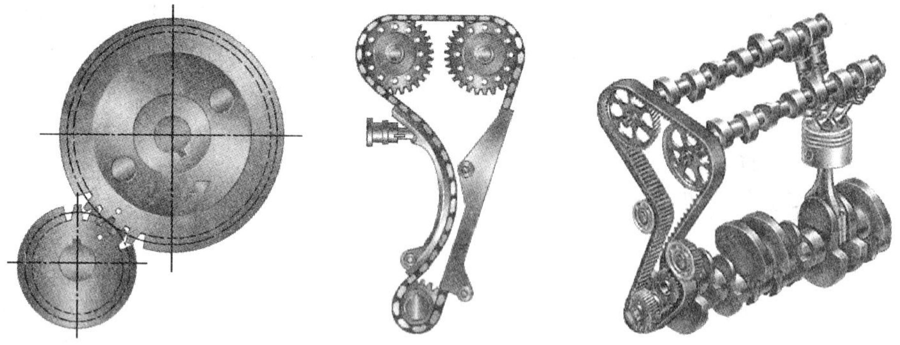

(a) 齿轮传动式　(b) 链条传动式　(c) 齿形带传动式

图 4.4　按曲轴和凸轮轴的传动方式分类

(4)按每缸气门数目分类。

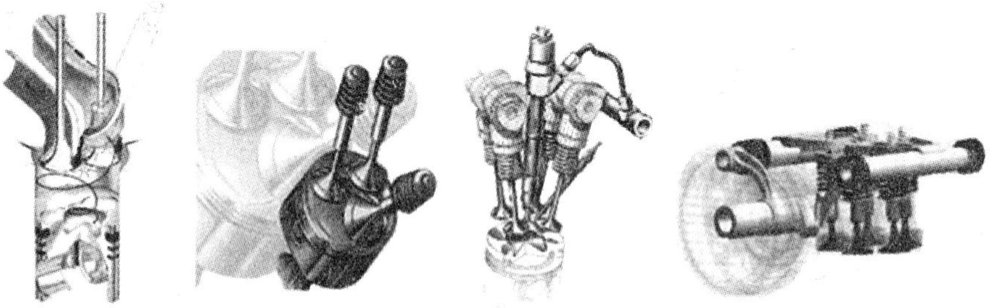

(a) 二气门　(b) 三气门　(c) 四气门　(d) 五气门

图 4.5　按每缸气门数目分类

按每缸气门数目不同，可分为二气门式、三气门式、四气门式和五气门式，如图 4.5 所示。

一般发动机都采用每缸两个气门(图 4.5(a))，即一个进气门和一个排气门的结构。为了改善换气，在可能的条件下，应尽量加大气门的直径，特别是进气门的直径。但是由于燃烧室尺寸的限制，气门直径最大一般不能超过汽缸直径的一半。当汽缸直径较大，活塞平均速度较高时，每缸一进一排的气门结构就不能保证良好的换气质量。因此，在很多新型汽车发动机上多采用每缸四个气门结构(图 4.5(c))，即两个进气门和两个排气门。

任务 4.2　气　门　组

气门组包括气门、气门导管、气门弹簧、弹簧座及锁片等零件，如图 4.6 所示。

气门组应保证气门能够实现汽缸的密封，因此要求气门头部与气门座贴合严密；气门导管与气门杆的上下运动有良好的导向；气门弹簧的两端面与气门杆的中心线相垂直，以保证气门头在气门座上不偏斜；气门弹簧的弹力足以克服气门及其传动件的运动惯性力，使气门能迅速关闭，并保证气门紧压在气门座上。

4.2.1　气　门

气门由头部和杆部两部分组成，如图 4.7 所示。头部用来封闭汽缸的进、排气通道，杆部则主要为气门的运动导向。气门头部的工作温度很高，进气门的温度可高达 600～700 K，排气门的温度更高，可达 800～1 100 K，而且气门头部还要承受气体压力、气门弹簧力以及传动组零件惯性力的作用，其冷却和润滑条件又较差。因此，要求气门必须具有足够的强度、刚度、耐热和耐磨能力。

进气门的材料通常采用中碳合金钢（如铬钢、镍铬钢、铬钼钢等）。热负荷较大的进气门也采用耐热合金钢，如硅铬钢。由于热负荷大，一般排气门采用耐热合金钢，如硅铬钢、硅铬钼钢、硅铬锰钢等。为了节省耐热合金钢，有的发动机的排气门头部由耐热合金钢制造，而杆部则用铬钢制造，然后将二者焊在一起，尾部再加装一个耐磨合金钢帽（CA6102 发动机）。

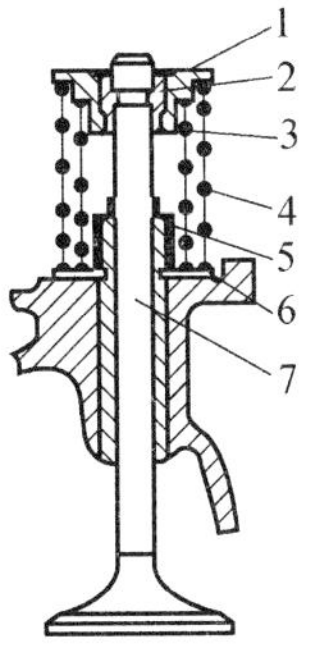

图 4.6　气门组结构示意图

1—气门锁片；2、6—弹簧座；3、4—内、外弹簧；5—气门油封；7—气门

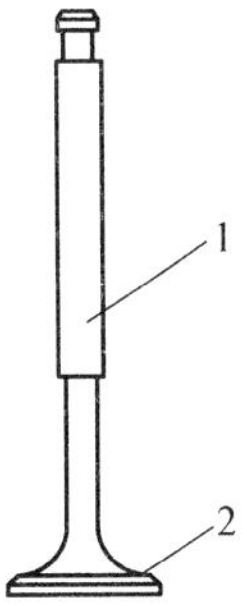

图 4.7　气门

1—气门杆；2—气门头

由于排气门热负荷特别高，为了改善其导热性能，有些发动机采用了充钠排气门（图 4.8），即在排气门封闭内腔充注钠。钠在温度为 97 ℃时变为液态，具有良好的热传导能力。通过液态钠的往复运动，热量很快从气门头部传到根部，从而可使温度降低约 100 ℃。排气门的这种内部冷却方式也同时降低了混合气自燃的危险，从而提高了气门的使用寿命。奥迪 A6、捷达 EA113 发动机采用充钠排气门。

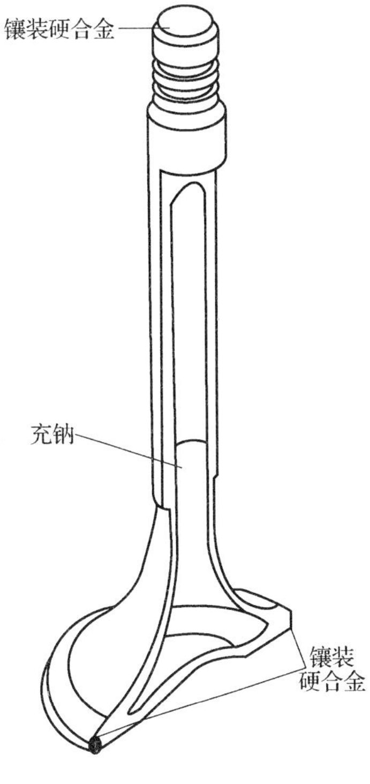

图 4.8　充钠排气门

气门头顶面的形状有平顶、球面顶和喇叭形顶等，如图 4.9 所示。平顶气门头（图 4.9(b)）结构简单，制造方便，吸热面积小，质量也较小，进、排气门均可采用，目前使用最多。喇叭形气门头（图 4.9(d)）与杆部的过渡部分具有一定的流线型，可以减少进气阻力，但其顶部受热面积大，故适用于进气门。球面顶气门头（图 4.9(a)）因其强度高，排气阻力小，废气的清除效果好，适用于排气门。但球形的受热面积大，质量和惯性力大，加工较复杂。

气门头与气门座接触的工作面，是与杆部同心的锥角。通常将这一锥面与气门顶平面的夹角称为气门锥角，一般做成 45°。有的发动机进气门的锥角做成 30°，如图 4.10 所示。这是考虑到在气门升程相同的情况下，气门锥角较小时，气流通过断面较大，进气阻力较小。锥角较小的气门头部边缘较薄，刚度较小，致使气门头部与气门座的密封性及导热性均较差。排气门因热负荷较大而用较大的锥角。气门头部的边缘应保持一定厚度，一般为 1～3 mm，以防止工

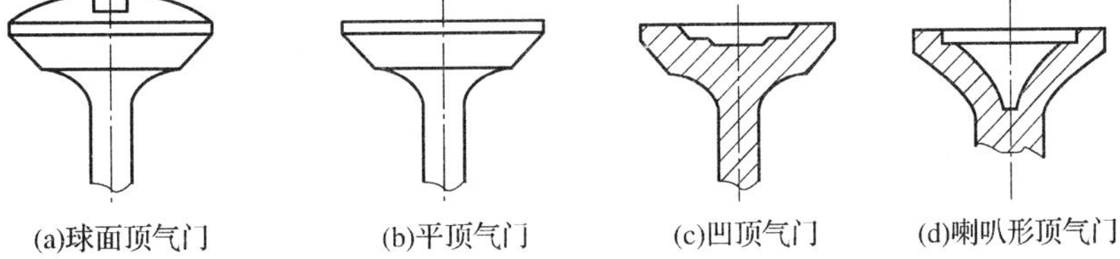

图 4.9　气门的顶部形状

作中由于气门与气门座之间的冲击而损坏或被高温气体烧蚀。为了减少进气阻力，提高充气效率，多数发动机进气门的头部直径比排气门的大。为保证良好密合，装配前应将气门头与气门座二者的密封锥面互相研磨，研磨好的零件不能互换。为了改善气门头部的耐磨性和耐腐蚀性，有的发动机在排气门密封锥面上堆焊一层含有大量的镍、铬、钴等金属元素的特种合金，以提高硬度。

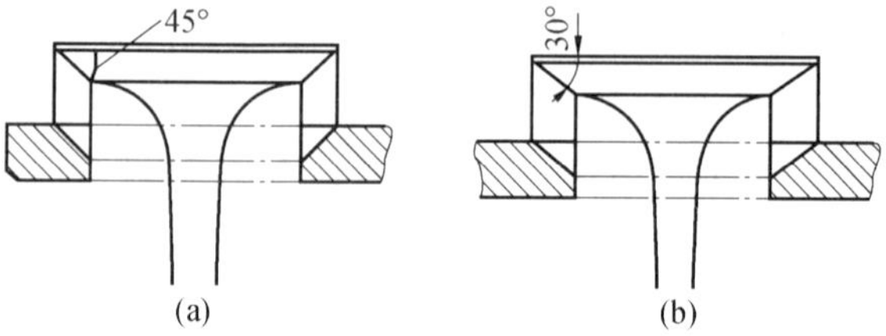

图 4.10　气门锥角

气门杆呈圆柱形，在气门导管中不断进行往复运动。其表面应具有较高的加工精度和较低的粗糙度值，并经热处理以保证同气门导管的配合精度和耐磨性，并起到良好的导向、散热作用。气门杆端的形状决定于气门弹簧座的固定方式，如图 4.11 所示。常用的结构是用剖分或两半的锥形锁片 4 来固定弹簧座 3（图 4.11(a)）。这时，气门杆 1 的端部可切出环槽来安装锁片。有的发动机的气门弹簧座用锁销 5 来固定（图 4.11(b)），气门杆端有一个用来安装锁销的径向孔。

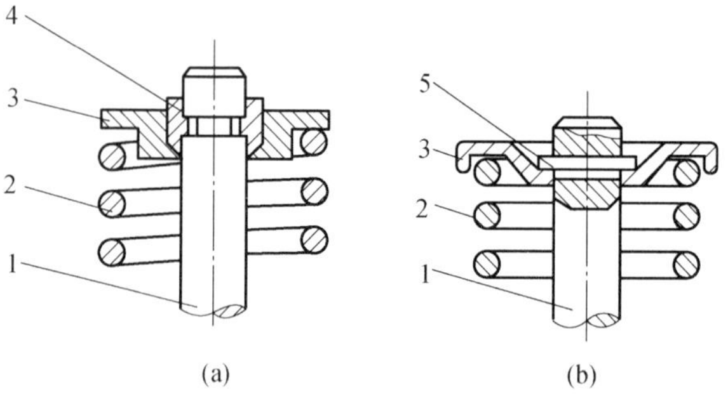

图 4.11　弹簧座的固定方式

1—气门杆；2—气门弹簧；3—弹簧座；4—锁片；5—锁销

4.2.2 气门油封

有的发动机高速化后，进气管中的真空度显著提高，气门室的机油会通过气门杆与导管之间的间隙被吸入汽缸内。为此，在发动机的气门杆上安装气门油封，以减少机油的消耗和燃烧室积炭的产生，如图 4.12 所示。

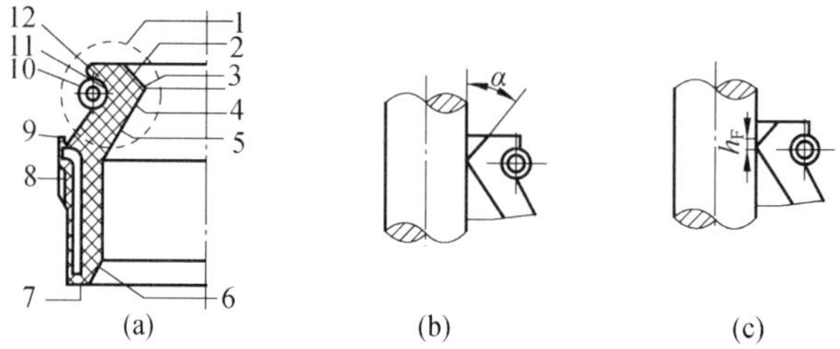

图 4.12　气门油封

1—密封唇；2—前接触面；3—密封棱边；4—后接触面；5—密封体；6—导向边；7—加强环；8—安装边；9—安装凸台；10—螺旋拉簧；11—弹簧槽；12—弹簧保持带

4.2.3 气门导管

气门导管是气门在其中做直线运动的导套，以保证气门与气门座正确贴合。此外，气门导管还在气门杆与汽缸盖之间起导热作用。气门导管一般用耐磨的合金铸铁或粉末冶金材料制造，然后以一定的过盈压入汽缸盖的导管孔内。为了防止轴向运动，保证气门导管伸入进、排气歧管的合适深度，有的发动机对气门导管用卡环定位（图 4.13）。它与卡环配合可防止工作时导套移动而落入汽缸中，如图 4.13(a)所示。为了防止排气门与气门导管因积炭而卡住，在排气门导管内孔下部将孔径加大一些，如图 4.13(b)所示。

气门导管的工作温度也较高，约为 500 K。气门杆在导管中运动时，仅靠配气机构飞溅出来的机油进行润滑，因此易磨损。气门导管大多数用灰铸铁、球墨铸铁或铁基粉末冶金制造。导管内、外圆柱面经加工后压入汽缸盖的气门导管孔中，气门杆与气门导管之间一般有 0.05～0.12 mm 间隙，使气门杆能在导管中自由运动。

4.2.4 气 门 座

气门座与气门头部共同对汽缸起密封作用，并接受气门传来的热量。气门座在高温条件下工作，磨损严重，故有不少发动机的气门座用较好的材料(合金铸铁、奥氏体钢等)单独制作，然后镶嵌到汽缸盖上(图 4.13(a))。采用铝合金汽缸盖的发动机，由于铝合金材质较软，气门座必须镶嵌。

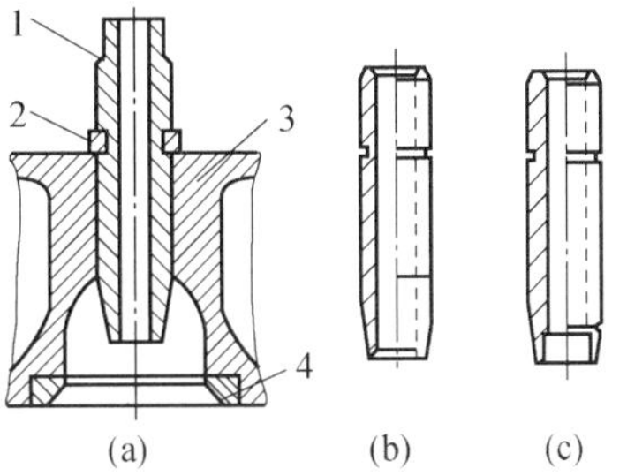

图 4.13 气门导管与气门座

1—气门导管；2—卡环；3—汽缸盖；4—气门座圈

4.2.5 气门弹簧

气门弹簧的作用是使气门自动复位，克服在气门关闭过程中气门及传动件因惯性力的作用而产生间隙，保证气门与气门座紧密贴合，防止气门在发动机振动时发生跳动，破坏其密封性。为此，气门弹簧应具有足够的刚度和安装预紧力。

气门弹簧一端支承在缸盖或缸体上，另一端压靠在气门弹簧座上。为防止弹簧折断使气门工作失效，有些发动机安装两根同心气门弹簧，如图 4.14 所示。气门弹簧在工作时，当其工作频率与自然振动频率相等或成某一倍数时，将会发生共振。为了防止这一现象的发生，两根同心弹簧以旋向相反的方式安装。当一根弹簧折断时，另一根还可维持工作，可防止折断的弹簧圈卡入另一个弹簧圈内，并能使气门弹簧的高度减小。为了提高气门弹簧的自然振动频率，可采取提高气门弹簧自身刚度，或采用不等螺距的圆柱弹簧，以避免共振现象发生。这种弹簧在工作时，螺距小的一端逐渐叠合，有效圈数逐渐减小，自然频率逐渐提高。

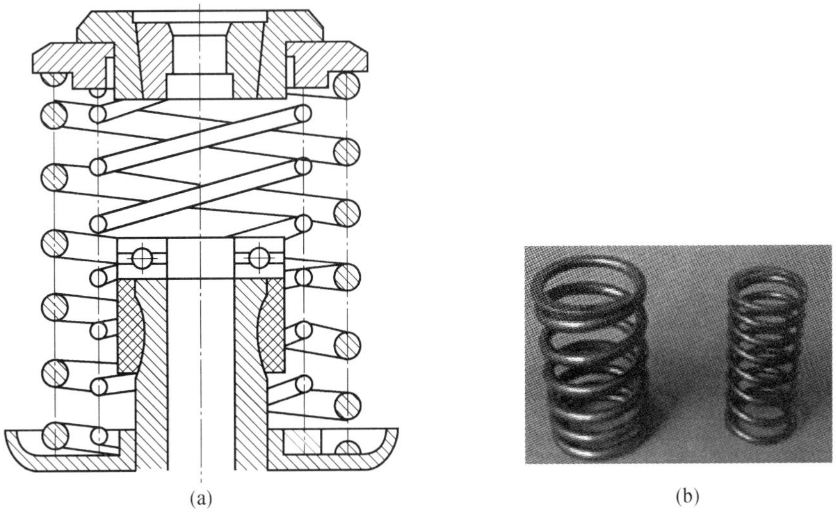

图 4.14 双气门弹簧

气门弹簧多为圆柱形螺旋弹簧，其材料为高碳锰钢、铬钒钢等冷拔钢丝，加工后要进行热处理。钢丝表面要磨光、抛光或喷丸处理，以提高疲劳强度，增强弹簧的工作可靠性。此外，为了避免弹簧的锈蚀，弹簧的表面应进行镀锌、镀铜、磷化或发蓝处理。

任务 4.3 气门传动组

气门传动组主要包括凸轮轴、正时齿轮、挺柱、导管、推杆、摇臂和摇臂轴等。气门传动组的作用是使进、排气门能按配气相位规定的时刻开闭，且保证有足够的开度。

4.3.1 凸 轮 轴

凸轮轴（图 4.15）上主要配置有各缸进、排气凸轮 1，可以使气门按一定的工作次序和配气相位及时开闭，并保证气门有足够的升程。凸轮受到气门间歇性开启的周期性冲击载荷作用，因此凸轮表面要求耐磨，而且要有足够的韧性和刚度。

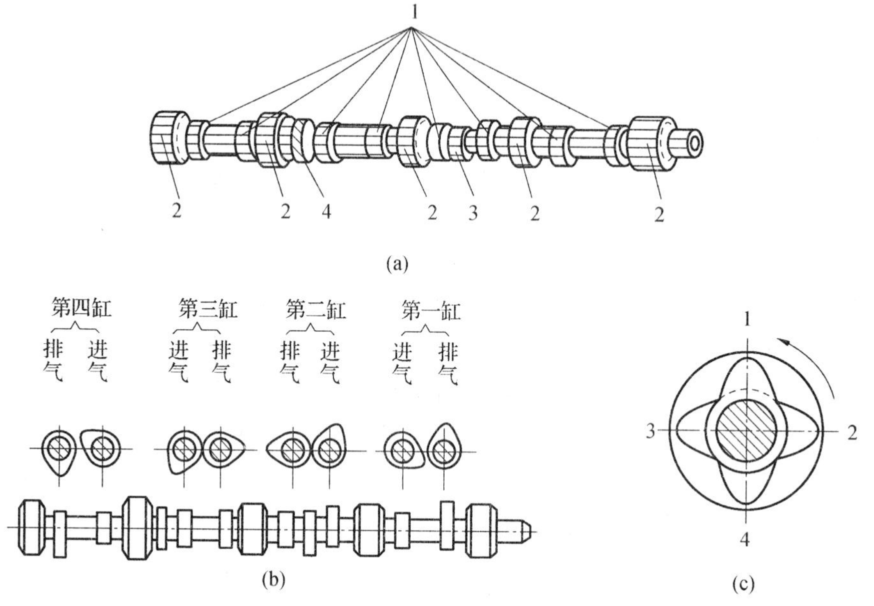

图 4.15 四缸发动机凸轮轴

1—凸轮；2—凸轮轴轴颈；3—驱动汽油泵偏心轮；4—驱动分电器等的螺旋齿轮

凸轮轴的变形会影响配气相位，因此有的发动机凸轮轴采用全支承以减小其变形。支承数越多，加工工艺越复杂。一般发动机的凸轮轴每隔两个汽缸凸轮设置一个轴颈，如图 4.15 所示的凸轮轴有四个凸轮轴轴颈 2。为了安装方便，凸轮轴各轴颈直径是做成从前向后依次减小的。

凸轮轴的材料一般用优质钢模锻而成，也可采用合金铸铁或球墨铸铁铸造。凸轮和轴颈的工作表面一般经热处理后精磨，以改善其耐磨性。

为减小系统质量，有些发动机（如捷达 EA113 型五门发动机）采用了空心凸轮轴，如图 4.16、图 4.17所示。

如图 4.15 所示，同一汽缸的进、排气凸轮的相对角位置是与既定的配气相位相适应的，发动机各个汽缸的进气（或排气）凸轮的相对角位置应符合发动机各汽缸的点火次序和点火间隔时间的要求。因此，根据凸轮轴的旋转方向以及各进气（或排气）凸轮的工作次序，就可以判定发动机的点火次序。

四缸四行程发动机每完成一个工作循环，曲轴需旋转两周而凸轮轴只旋转一周。在这一期间内，每个汽缸都要进行一次进气(或排气)，且各缸进气(或排气)的时间间隔相等，即各缸进(或排)气门的凸轮彼此间的夹角均为90°。如图4.15所示，点火次序为1—2—4—3的四缸四行程发动机的凸轮轴，从前端向后看凸轮轴旋转方向，任何两个相继点火的汽缸进(或排)气凸轮间的夹角为360°/4=90°。

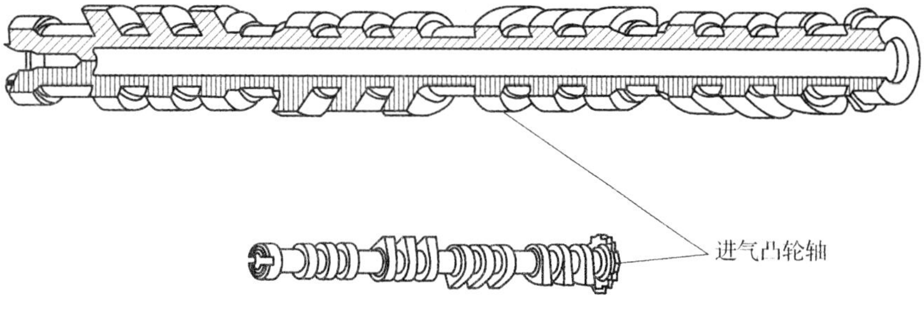

图4.16　空心进气凸轮轴

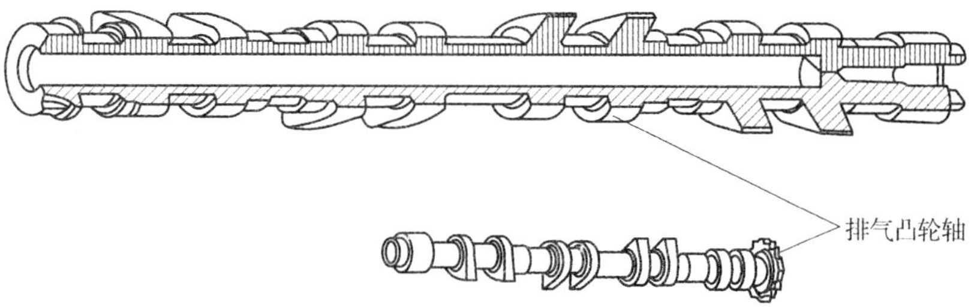

图4.17　空心排气凸轮轴

凸轮的轮廓应保证气门开启和关闭的持续时间符合配气相位的要求，且使气门升程和升降过程有合适的运动规律。凸轮轮廓形状如图4.18所示。点O为凸轮旋转中心，$\widehat{EA}$为以O为圆心的圆弧。当凸轮按图中箭头方向转过弧EA时，挺柱不动，气门关闭。凸轮转过点A后，挺柱(液力挺柱除外)开始上移。至点B，气门间隙消除，气门开始开启。凸轮转到点C，气门开度达最大。到点D，气门闭合终了。φ对应着气门开启持续角，ρ_1和ρ_2分别对应着消除和恢复气门间隙所需的转角。凸轮轮廓BCD段的形状决定气门的升程及其升降过程的运动规律。

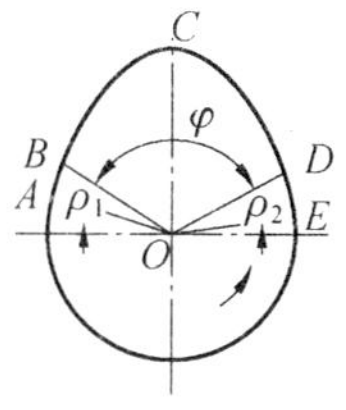

图4.18　凸轮形状

有些汽油发动机的凸轮轴上还具有用以驱动机油泵及配电盘的齿轮4和用以驱动汽油泵的偏心轮3(图4.15)。凸轮轴通常用曲轴通过一对正时齿轮驱动，图4.19所示为解放CA1091型汽车的CA6102型发动机的正时齿轮副。小齿轮和大齿轮分别用键装在曲轴与凸轮轴的前端。在装配曲轴与凸轮轴时，必须将正时记号对准，以保证正确的配气相位和点火正时。

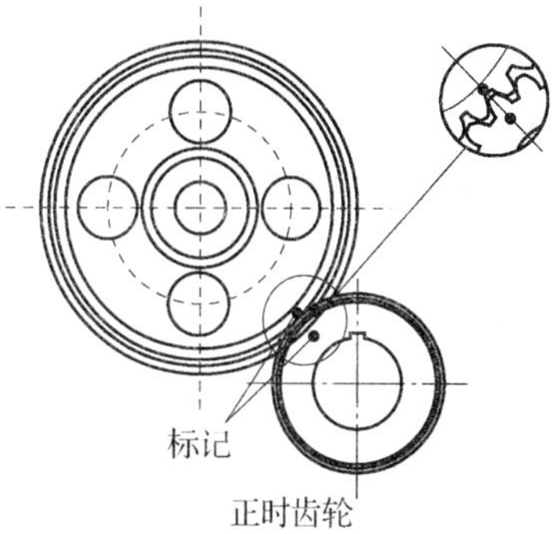

图4.19　正时齿轮副的安装

为防止凸轮轴轴向窜动，凸轮轴必须有轴向定位装置。常用的轴向定位方法有止推轴承定位、止推片轴向定位及止推螺钉轴向定位。

止推轴承定位：采用凸轮轴的第一轴承为止推轴承，如图4.20(a)所示。即控制凸轮轴的第一轴颈2两端凸肩与凸轮轴承座之间的间隙，以限制凸轮轴的轴向移动。

止推片轴向定位：止推片4(图4.20(b))安装在正时齿轮3与凸轮第一轴颈5之间，且留有一定的间隙，从而限制了凸轮轴的轴向移动量。调整止推片的厚度，可控制轴向间隙大小。

止推螺钉轴向定位：止推螺钉7(图4.20(c))拧在正时齿轮室盖6上，并用锁紧螺母锁紧，调整止推螺钉拧入的程度就可以调整凸轮轴的轴向移动量。凸轮轴的轴向间隙一般为0.10～0.20 mm。

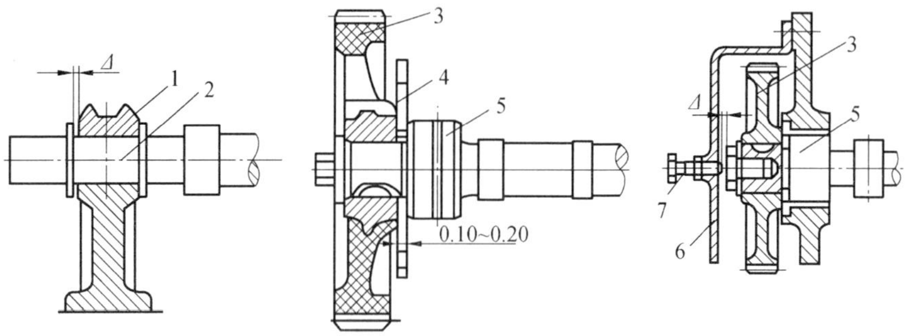

(a)止推轴承　　(b)止推片　　(c)止推螺钉

图 4.20　凸轮轴轴向定位方式

1—凸轮轴承座；2—第一轴颈；3—正时齿轮；4—止推片；5—凸轮轴颈；6—正时齿室盖；7—止推螺钉

4.3.2 挺　柱

挺柱的功用是将凸轮轴的推力传给推杆或气门，并承受凸轮轴旋转时所施加的侧向力。气门顶置式配气机构的挺柱一般制成筒式（图 4.21(a)），以减轻质量。图 4.21(b)所示为滚轮式挺柱，其优点是可以减小摩擦所造成的对挺柱的侧向力，这种挺柱结构复杂，质量较大。一般多用于大缸径柴油发动机上。挺柱常用镍镉合金铸铁或冷激合金铸铁制造，起摩擦表面经热处理后精磨。有的发动机的挺柱装在可拆式的挺柱导向体中。

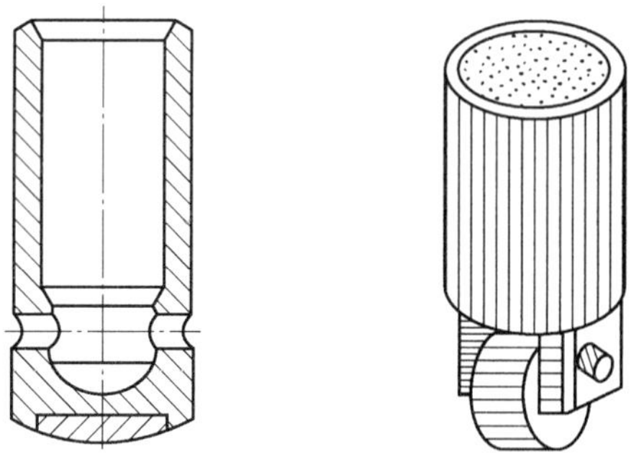

(a)筒式　　(b)滚轮式

图 4.21　挺柱形式

CA6102 型发动机装配有挺柱导向体，前、后挺柱导向体按各自的记号装于发动机的汽缸体上，每个挺柱导向体上有两个定位环 3，以保证安装精度，然后用两个螺栓 4 均匀地拧紧在汽缸体上，如图 4.22 所示，在挺柱工作时，由于受凸轮侧向推力的作用，会稍有倾斜，并且由于侧向推力方向是一致的，引起挺柱与导管之间的单面摩擦，同时挺柱与凸轮固定不变地在一处接触，也会造成磨损不均匀。为了避免这种现象，有的汽车发动机的挺柱底部工作面都制成球面（图 4.21），而且把凸轮面制成带锥度形状。由于凸轮与挺柱的接触点偏离挺柱轴线，当挺柱被凸轮顶起上升时，接触点的摩擦力使其绕本身轴线转动，以达到磨损均匀之目的。

由于有气门间隙的配气机构，因此解决了材料热膨胀对气门工作的影响，但在发动机工作时会发生撞击而产生噪声。为了解决这一矛盾，有些发动机采用了液力挺柱，如桑塔纳、捷达和奥迪轿车的发动机上采用的液力挺柱，如图 4.23 所示。其结构特点是采用倒置的液力挺柱，直接推动气门的开

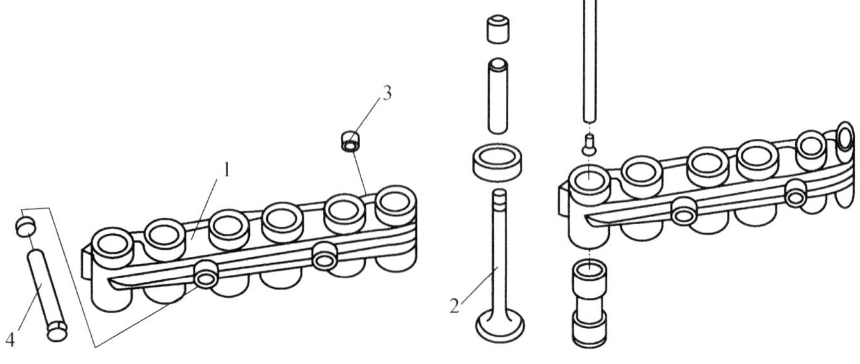

图 4.22　可拆式挺柱导向体

1—挺柱导向体；2—气门；3—定位环；4—螺栓

启；挺柱体是由上盖和圆筒经加工后再用激光焊接成一体的薄壁零件；单向阀采用钢球、弹簧式结构。

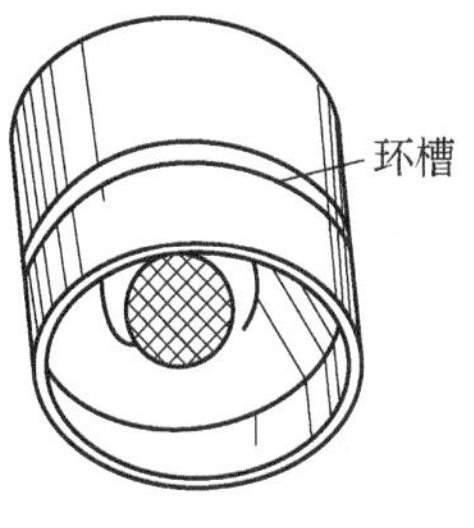

图 4.23 液力挺柱总成外形图

液力挺柱结构由挺柱体、油缸和柱塞、柱塞复位补偿弹簧等部分组成。挺柱体是液压挺柱的基础，由低碳合金钢制造而成。挺柱上加工的有环形油槽，缸盖上的上油道通过量油孔 3 和斜油孔 4 与该油槽对齐(图 4.24)，机油可沿该油路经过挺柱 9 背面的键形槽进入柱塞 11 上面的低压油腔。

液力挺柱的工作过程：气门开始开启，当凸轮转到图 4.25 所示的位置时，凸轮开始压下液力挺柱，单向阀(球阀)封闭，高压油腔内形成高压。此时，液力挺柱犹如刚性部件推动气门运动。当气门开启时，由于凸轮直接将力作用于液力挺柱上，会使高压油腔少量高压油沿配合间隙泄漏。由于这一原因，挺柱在升起时会被压缩0.1 mm。这是专门设计的，以使液力挺柱能自身调节凸轮轴与气门间的尺寸大小。这一过程一直持续到如图4.26所示的凸轮位置。

门间隙的平衡：气门关闭后(图 4.27 所示的凸轮位置)气门间隙的平衡开始，凸轮不再给液力挺柱作用力，高压油腔的油压随之下降。补偿弹簧 13(图 4.24)迫使挺柱上移，直到凸轮与挺柱间无间隙存在。单向阀开启后，液压油从储油室进入高压油腔，其流入量取决于气门间隙的大小。当发动机达到正常工作温度时，在气门开启周期内，挺柱与凸轮完全保持平衡状态。

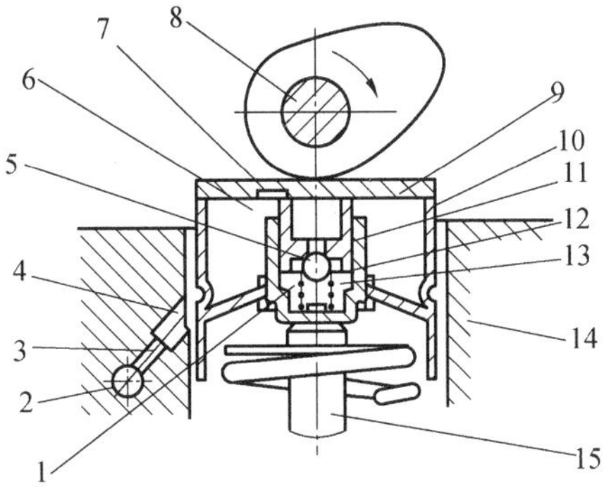

图 4.24 一汽奥迪发动机液力挺柱

1—高压油腔；2—缸盖油道；3—量油孔；4—斜油孔；5—球阀；6—低压油腔；7—键形槽；8—凸轮轴；9—挺柱体；10—柱塞焊缝；11—柱塞；12—油缸；13—补偿弹簧；14—缸盖；15—气门杆

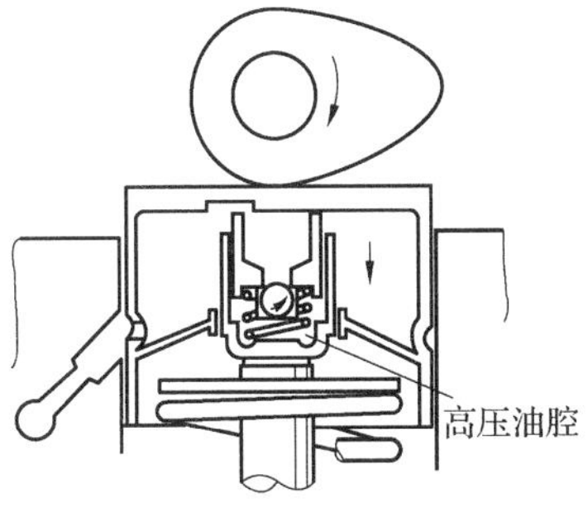

图 4.25 气门开始开启图

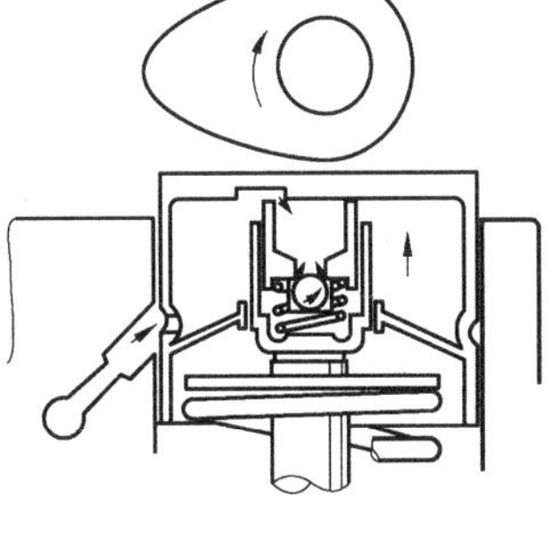

图4.26 气门开度最大位置图

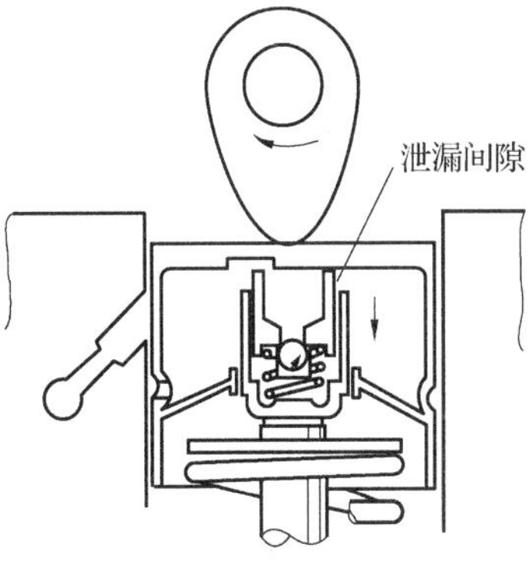

图 4.27 气门关闭位置

为防止发动机在停机状态下汽缸盖油道中出现空油的现象，在汽缸盖上设有一回油道，以确保发动机重新启动时挺柱内立即充油。

由此可知，若气门、推杆受热膨胀，挺柱回落后向挺柱体腔内的补油过程便会减少补油量(工作过程中)或使挺柱体腔内的油液从柱塞与挺柱体间隙中泄漏一部分(停车时)，从而使挺柱自动“缩短”，因此可不留气门间隙而仍能保证气门关闭。相反，若气门、推杆冷缩，则向挺柱体腔内补油，便会增加补油量(工作过程中)或在柱塞弹簧作用下将柱塞上推,吸开单向阀向挺柱体腔内补油(停车时),从而使挺柱自动"伸长",因此仍能保持配气机构无间隙传动。

采用液力挺柱,可消除配气机构中的间隙,减小各零件的冲击载荷和噪声,同时凸轮轮廓可设计得比较陡些,气门开启和关闭更快,以减小进排气阻力,改善发动机的换气,提高发动机的性能,特别是高速性能。

4.3.3 推　杆

推杆的作用是将从凸轮轴经过挺柱传来的推力传给摇臂。它是气门机构中最易弯曲的零件。要求有很高的刚度,在动载荷大的发动机中,推杆应尽量地做得短些。

对于缸体与缸盖都是铝合金制造的发动机,其推杆最好用硬铝制造。推杆的两端压配有焊接成不同形状的端头,下端头通常是圆球形,以使与挺柱的凹球形支座相适应;上端头一般制成凹球形,以便与摇臂上的气门间隙调整螺钉的球形头部相适应。推杆可以是实心或空心的。钢质实心推杆(图4.28(a)),一般与同球形支座锻成一个整体,然后进行热处理。图4.28(b)表示硬铝棒制成的推杆,推杆两端配以钢质的支承。图4.28(c)、(d)都是钢管制成的推杆。前者的球头是直接锻成,然后经过精磨加工的;后者的球支承则是压配的,并经淬火和磨光,以提高其耐磨性。

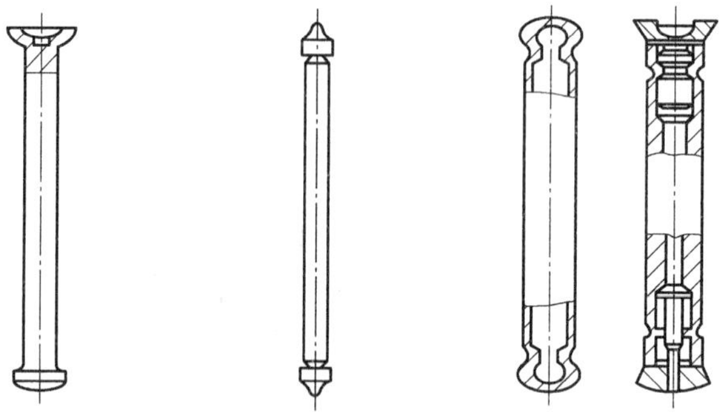

(a)钢质实心推杆　(b)铝质推杆两端压配制钢支承　(c)钢管制推杆

图4.28　推杆

4.3.4 摇　臂

摇臂的功用是将凸轮经推杆传来的力改变方向,作用到气门杆尾端以推开气门。摇臂实际上是一个双臂杠杆,如图4.29所示。摇臂6的两边臂长的比值(称为摇臂比)约为1.2~1.8,其中长臂一端是推动气门的。端头的工作表面一般制成球形,当摇臂摆动时可沿气门杆端面滚滑,这样可使两者之间的力尽可能沿气门轴线作用。摇臂内还钻有润滑油道和油孔。在摇臂的短臂一端装有用以调节气门间隙的调节螺钉14及锁紧螺母13(图4.29(b)),螺钉的球头与推杆顶端的凹球座相接触。

摇臂通过衬套空套在摇臂轴5上,而后者又支承在支座2上,摇臂上还钻有油孔。摇臂轴为空心管状结构,机油从支座的油道经摇臂轴内腔和摇臂中的油道流向摇臂两端进行润滑。为了防止摇臂的窜动,在摇臂轴上每个两摇臂之间都装有定位弹簧7。

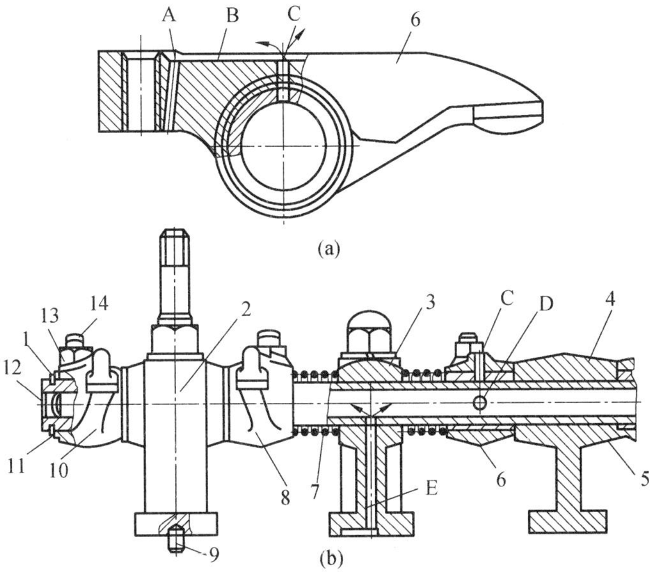

图 4.29 摇臂及摇臂组

1—垫圈；2、3、4—摇臂轴支座；5—摇臂轴；6、8、10—摇臂；7—定位弹簧；9—定位销；11—锁簧；12—堵头；13—锁紧螺母；14—调节螺钉；A、C、D、E—油孔；B—油槽

4.3.5 气门间隙

发动机在冷状态时，气门处于关闭状态，气门与传动件之间的间隙就是气门间隙，如图 4.30 所示。如果气门及其传动件之间，在冷态时无间隙或间隙过小，则在热态下气门及其传动件的受热膨胀会将气门自动顶开，引起气门关闭不严，造成发动机在压缩和做功行程中的漏气，使功率下降，严重时甚至使发动机不易启动。为消除上述现象，通常在发动机冷态装配时，在气门与其传动机构中，留有适当的间隙，以补偿气门受热后的膨胀量。

气门间隙视配气机构的总体结构形式而定，同时这一间隙也可进行调整。气门间隙的大小一般由发动机制造厂根据试验确定。通常在冷态时，进气门的间隙为 0.25～0.30 mm，排气门的间隙为 0.3～0.35 mm。如间隙过大，则使传动零件之间以及气门和气门座之间将产生撞击、响声，而加速磨损，同时也使气门开启的持续时间减短。

采用液力挺柱的发动机，挺柱的长度能自动变化，随时补偿气门的热膨胀量，故不需要预留气门间隙。

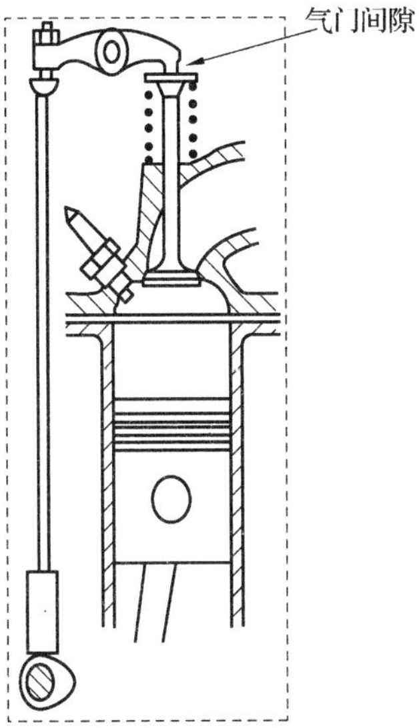

图 4.30 气门间隙

任务4.4 配气相位及可变配气相位

4.4.1 配气相位

1.配气相位定义

配气相位就是用曲轴转角表示的进、排气门的实际开闭时刻和开启的持续时间。用曲轴转角的环形图来表示配气相位，这种图称为配气相位图(图 4.31)。

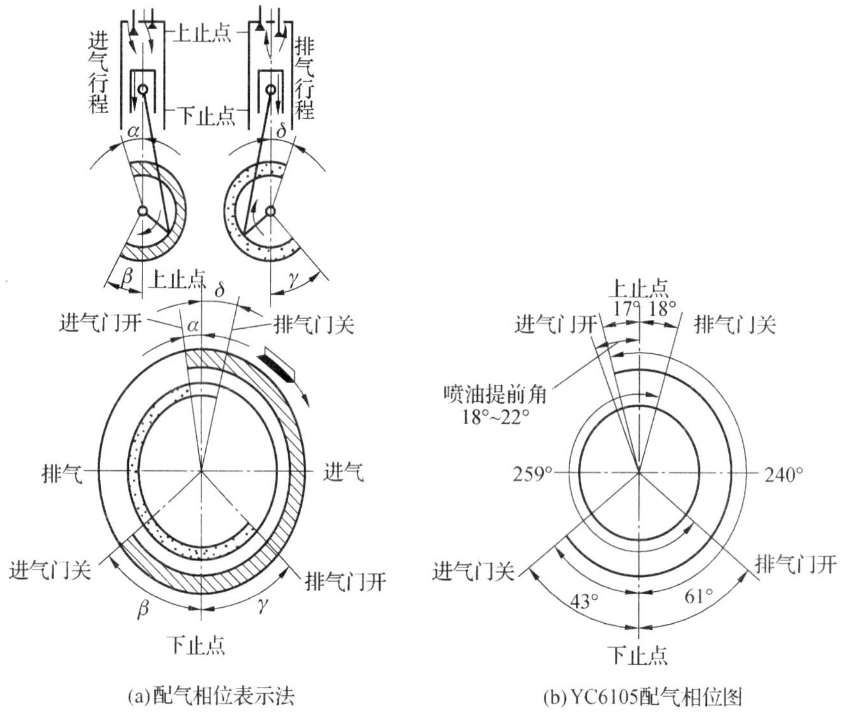

图 4.31 配气相位图

2.配气相位对发动机工作性能的影响

理论上四行程发动机的进气门应当在活塞处于上止点时开启，当活塞运动到下止点时关闭；排气门则应当在活塞处于下止点时开启，在上止点时关闭；进气时间和排气时间各占 180°曲轴转角。实际发动机的曲轴转速都很高，活塞每一行程历时都很短。例如上海桑塔纳轿车发动机，在最大功率时的转速为 5 600 r/min，一个行程历时仅为 0.005 4 s。这样短时间的进气和排气过程，往往会使发动机充气不足或排气不干净，从而使发动机功率下降。因此，现代发动机都采取延长进、排气时间的方法，即气门开启和关闭的时刻并不正好是活塞处于上止点和下止点的时刻，而是分别提前或延迟一定的曲轴转角，以改善进、排气状况，从而提高发动机的动力性。

3.进气配气相位

如图 4.31 所示，在排气行程接近终了，活塞到达上止点之前，进气门便开始开启，即曲轴转到活塞处于上止点位置还差一个角度 α(称为进气提前角)。直到活塞过了下止点又上行，即曲轴转到超过活塞下止点位置以后一个角度 β(称为进气迟后角)时，进气门才关闭。进气提前角一般为 10°～30°，进气迟后角一般为 40°～80°。这样，整个进气过程中，进气门开启持续角为 $180°+\alpha+\beta$。

进气门早开晚关的目的是为了保证进气行程开始时进气门已有一定开度。在进气行程中获得较大进气通道截面，使新鲜气体能顺利地充入汽缸。当活塞到达下止点时，汽缸内压力仍低于大气压力，在压缩行程开始阶段，活塞上移速度较慢的情况下，仍可以利用气流较大的惯性和压力差继续进气，因此进气门晚关是利于充气的。发动机转速越高，气流惯性越大，进气迟后角应越大，以充分利用进气惯性充气。

4. 排气配气相位

在做功行程接近终了，活塞到达下止点前，排气门便开始开启，提前开启的角度 γ，称为排气提前角，一般约为 40°～80°。经过整个排气行程，在活塞越过上止点后，排气门才关闭，排气门关闭的延迟角 δ 称为排气迟后角，一般约为 10°～30°。这样，在整个排气过程中，排气门开启持续时间的曲轴转角，即排气持续角为 $180°+\gamma+\delta$。

排气门早开的目的是利用做功过程后期，活塞接近下止点时，汽缸内的气体仍有 300～500 kPa 的压力，但就活塞做功而言，作用不大，这时若稍开启排气门，大部分废气在此压力作用下可高速从缸内排出以减小排气行程消耗的功。当活塞到下止点时，汽缸内压力大大下降(约为 110～120 kPa)，这时排气门的开度进一步增加，从而减少了活塞上行时的排气阻力。高温废气的迅速排出，还可以防止发动机过热。

排气门迟关的目的主要是利用排气气流惯性排出更多的废气。当活塞到达上止点时，燃烧室内的废气压力仍高于大气压力，加之排气气流有一定惯性，所以排气门迟关，可以使废气排放得较干净。

5. 气门叠开

同一汽缸的工作行程顺序是排气行程后，接着便是进气行程。因此，在实际发动机中，在进、排气行程的上止点前后，如图 4.31 所示，由于进气门在上止点前即开启，而排气门在上止点后才关闭，这就出现了在一段时间内排气门与进气门同时开启的现象，这种现象称为气门重叠，重叠的曲轴转角 $\alpha+\delta$称为气门重叠角。由于新鲜气流和废气流的流动惯性比较大，在短时间内是保持原来的流动方向，因此只要气门重叠角选择适当，就不会产生废气倒流入进气管或新鲜气体随同废气排出的可能性，这将有利于换气。但应注意，如气门重叠角过大，当汽油发动机小负荷运转，进气管内压力很低时，就可能出现废气倒流，进气量减少。对于不同发动机，由于结构形式、转速各不相同，因而配气相位也不相同。合理的配气相位应根据发动机性能要求，通过反复试验确定。

4.4.2 可变配气相位

1. 气门正时和升程可变的可变进气系统(VTEC)

随着发动机各缸多气门化，发动机的高速动力性有了很大的提高，同时却带来了中、小负荷，燃油经济性变差和低速扭矩的降低。为了解决此矛盾，近来高性能轿车发动机广泛采用了可变进气系统、可变排气系统、可变增压系统、可变喷油系统等可变技术。从而使发动机从高速到低速整个使用范围性能都得到提高。

常见的双气门机构与四气门机构的气门正时主要是考虑发动机的有效功率、扭矩尽可能增大，但在发动机怠速运行时，动力性就会急剧下降，燃料经济性会变得很差。为了避免这些缺点，本田汽车采用一种可变配气相位与气门升程电子控制(VTEC)机构(图 4.32)来控制进气时间与进气量，从而使发动机产生不同的输出功率。

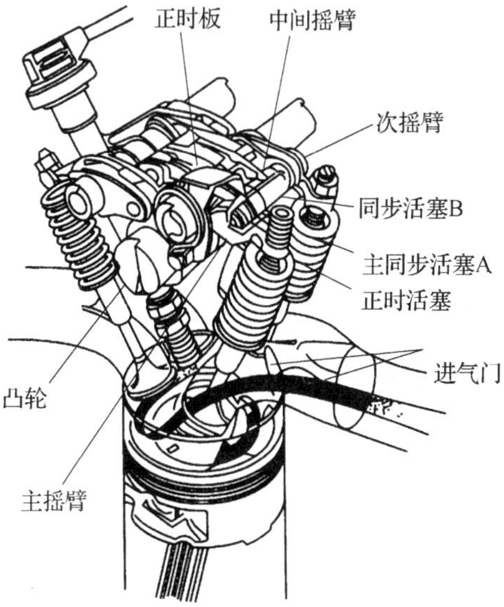

图 4.32　VTEC 机构

在装有 VTEC 机构的发动机中，每个汽缸和常规的高速发动机一样都配置有两个进气门和两个排气门。两个进气门有主次之分，即主进气门和次进气门。每个进气门均由单独的凸轮通过摇臂来驱动。驱动主、次进气门的轮分别称为主、次凸轮。与主、次进气门接触的摇臂凸分别称为主、次摇臂。主、次摇臂之间设有一个特殊的中间摇臂，它不与任何气门直接接触。三个摇臂并列在一起，均可在摇臂轴上转动。在主摇臂、次摇臂和中间摇臂相对应的凸轮轴上铸有三个不同升程的凸轮，分别称为主凸轮、次凸轮和中间凸轮。

VTEC 机构是采用一根凸轮轴上设计两种（高速型和低速型）不同配气定时和气门升程的凸轮，根据发动机转速、负荷、水温及车速信号，由 ECM（发动机电子控制模块）进行计算处理后将信号输出给电磁阀来控制油压，进而使不同配气定时和气门升程的凸轮工作。

2. 调整凸轮轴位置的可变配气相位机构

宝来轿车发动机每缸有五个气门，双凸轮轴，即一根进气凸轮轴，一根排气凸轮轴。排气凸轮轴由曲轴正时齿带驱动，进气凸轮轴通过正时链条与排气凸轮轴相连。该发动机可变配气相位由凸轮轴调整机构完成，如图 4.33 所示。可变气门正时电磁阀 1 的控制方式确定控制阀体动作，阀体位置不同，通向凸轮轴调整机构的液压油路改变，液压活塞 2 将油压作用于链条张紧器 5。

由于排气凸轮轴与曲轴正时齿带相连不能调整相位，只能调整进气凸轮轴相位。发动机高转速时，此时可变气门正时调节器向上运动，上部链条由短变长，下部链条由长变短，进气门延迟关闭，进气管内气流流速高，汽缸充气系数大，满足高速时功率大的要求，如图 4.34(a)所示。

发动机低转速时，此时可变气门正时调节器向下运动，上部链条由长变短，下部链条由短变长，进气凸轮轴顺时针额外转过 θ 角，加快进气门关闭，满足提高功率调整的要求，如图 4.34(b)所示。

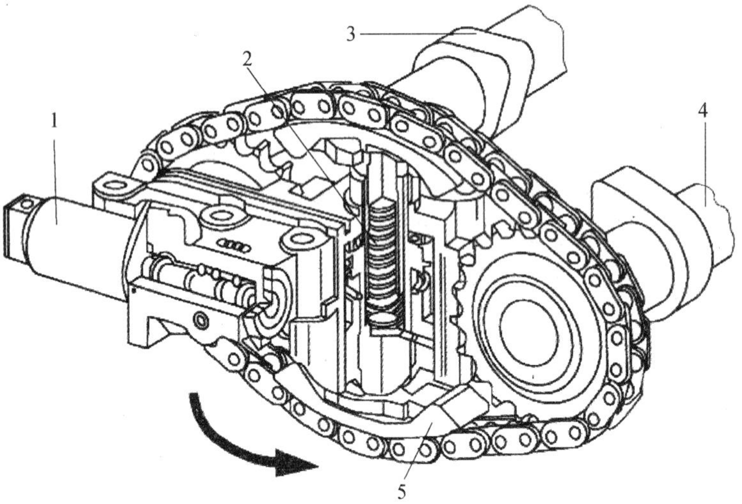

图 4.33　可变气门正时液压调节器结构示意图

1—可变气门正时调节阀；2—液压活塞；3—排气凸轮轴；4—进气凸轮轴；5—链条张紧器

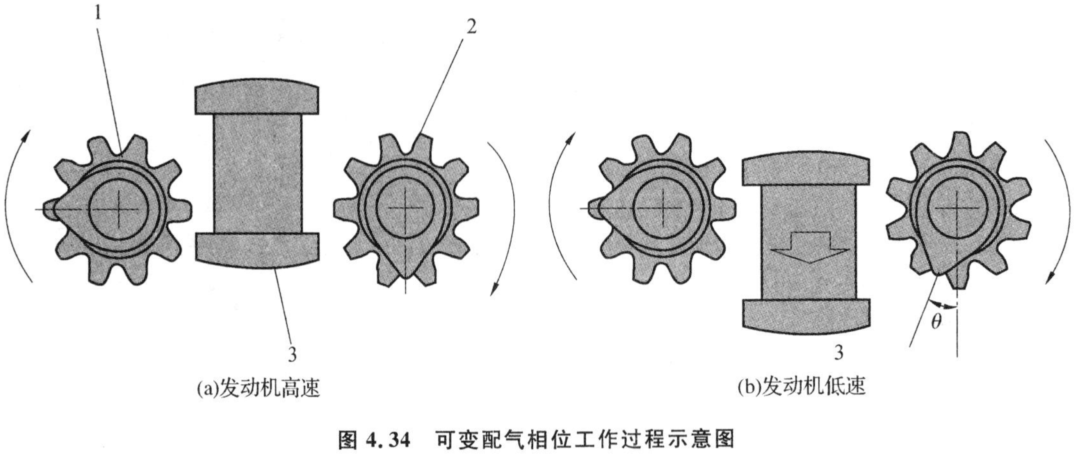

图 4.34　可变配气相位工作过程示意图

1—进气凸轮轴；2—排气凸轮轴；3—可变气门正时调节器

实训项目

任务名称	气门间隙的检测	学时	2	班级	
学生姓名		学生学号		任务成绩	
实训设备	发动机五台	实训场地	理实一体化教室	日期	
任务内容	气门间隙的检测				
任务目标	掌握气门间隙的检测方法				

一、决策与计划

请根据任务要求，确定所需要的技术资料，并对小组成员进行合理分工。

1. 需要的技术资料和工具

2. 小组成员分工

3. 小组合作制订检测气门间隙的操作步骤。

(1)______

(2)______

(3)______

(4)______

(5)______

(6)______

(7)______

(8)______

(9)______

(10)______

(11)______

(12)______

(13)______

(14)______

(15)______

各小组上台讲解本小组的操作步骤，教师针对存在的问题进行指导，各小组再次修改。

三、实施

各小组在计划获得教师签字后进行分角色练习，教师各工位巡视检查。

四、检查

每个小组抽取一名同学，进行班级技能比赛，小组长担任裁判，教师担任裁判长。检查学生课堂学习情况。

五、评价反馈

1. 请根据自己任务完成的情况，对自己的工作进行自我评估，并提出改进意见。

（1）________________

（2）________________

2.教师对学生工作情况进行评估，并进行点评。

____

五、作业

查阅资料：查询如何调整发动机的气门间隙。

课后练习

模块4 配气机构	班级			
	姓名		学号	
	日期		评分	

一、资讯

说明：每位学生应在工作任务实施前独立完成准备工作。

1. 凸轮轴通过正时齿轮由________驱动，四行程发动机一个工作循环凸轮轴转________周，各气门开启________次。

2. 顶置气门式配气机构的凸轮轴布置有三种形式，它们是________、________和________。

3. 气门叠开角是________和________之和。

4. 气门间隙是指在________与________之间留有适当的间隙。气门间隙过大，气门开启时刻变________，关闭时刻变________；气门间隙过小，易使气门________。

5. 气门采用双弹簧结构时，外弹簧刚度较________，内弹簧刚度较________，且两弹簧的旋向________。

6. 曲轴与凸轮轴之间的传动方式有________、________和________三种。

7. 气门弹簧座一般是通过________或________固定在气门杆尾端的。

二、内容小结

1. 配气机构的功用是什么？
2. 气门弹簧起什么作用？对于顶置式气门如何防止弹簧断裂时气门落入汽缸中？
3. 在配气机构中，进、排气门为什么早开晚关？
4. 什么是配气相位？

模块 5

汽油发动机燃料供给系

【知识目标】

1. 了解汽油发动机燃料供给系的功用和组成。
2. 掌握汽油的基本知识。
3. 掌握电控汽油发动机燃油供给系的组成。
4. 了解汽油发动机电子控制系的工作原理。
5. 掌握空气供给与排气系的功用与组成。

【技能目标】

在实车上指出汽油发动机燃料供给系传感器与执行器的位置并说出其作用。

【课时计划】

任务	任务内容	参考课时		
		理论课时	实训课时	合计
1	汽油发动机燃料供给系的功用和组成	0.5	0	0.5
2	汽油的基本知识	0.5	0	0.5
3	电控汽油发动机燃油供给系	1	0	1
4	汽油发动机电子控制系	2	2	4
5	空气供给与排气系	2		2
共计:8 课时				

情境导入

一辆捷达汽油发动机轿车，排气冒蓝烟，要求进行维修。初步诊断该故障位于燃油供给系，为排除该故障，我们需了解汽油发动机燃油供给系的结构，认知燃油供给系的主要零部件。下面就分步进行该模块的学习。

任务驱动

任务 5.1 汽油发动机燃料供给系的功用和组成

汽油发动机燃料供给系的功用是根据发动机各工况的不同要求，准确地计量空气与燃油的混合比，并将一定数量和浓度的可燃混合气供入汽缸，最后将燃烧做功后的废气排入大气。

汽油发动机燃料供给系有化油器式和汽油喷射式两种基本形式。化油器式发动机存在着燃油分配不均匀，在过渡与冷态运行工况下混合气成分控制质量差以及难以实施反馈控制等缺点，致使排放污染较汽油喷射系发动机严重，因此化油器式燃料供给系的应用越来越少。近 20 年来，为了适应汽车排放法规日益严格的要求，汽油喷射混合气形成方式，已取代了化油器式燃油供给系统。出现这种趋势是因为汽油喷射系有如下优点：进气管道中没有狭窄的喉管，空气流动阻力小，充气性能好，因此输出功率也较大；混合气分配均匀性较好；可根据发动机运行工况及使用条件的变化而配制一个最佳的混合气成分；该最佳混合气成分可同时按发动机的动力性、燃油经济性，特别是按减少排放有害物的要求来确定；具有良好的加速等过渡性能。

汽油喷射系按喷射控制装置的形式分为机械式和电控式两种。机械式燃油的计量是通过机械传动与液压传动实现的，电控式燃料的计量是由电控单元(ECU)与电磁喷油器实现的，后者的应用较广泛。

5.1.1 电控汽油发动机喷射系类型

电控燃油喷射技术从 20 世纪 60 年代以来得到飞快的发展和广泛的应用。一些著名汽车公司都相继开发研制并应用了许多不同类型、档次各异的电控汽油喷射系。电控汽油喷射系可按喷射位置、喷射装置、喷射方式、空气流量测量方式和有无反馈信号等方法进行分类。

1. 按喷射位置分类

根据汽油的喷射位置，汽油喷射系可分为两大类：缸内喷射和进气管喷射。进气管喷射又进一步分为单点喷射和多点喷射。

(1)缸内喷射。

缸内喷射是将喷油器安装于缸盖上直接向缸内喷油，因此喷油器阀体要能够承受燃气产生的高温高压，另外，发动机设计时需保留喷油器的安装位置。缸内喷射是近几年燃油喷射技术的发展趋势之一。

(2)进气管喷射。

①单点喷射(SPI)。单点喷射系如图 5.1(a)所示，是把喷油器安装在化油器所在的节气门段。它是用一个喷油器将燃油喷入进气流，形成混合气进入进气歧管，再分配到各缸中。

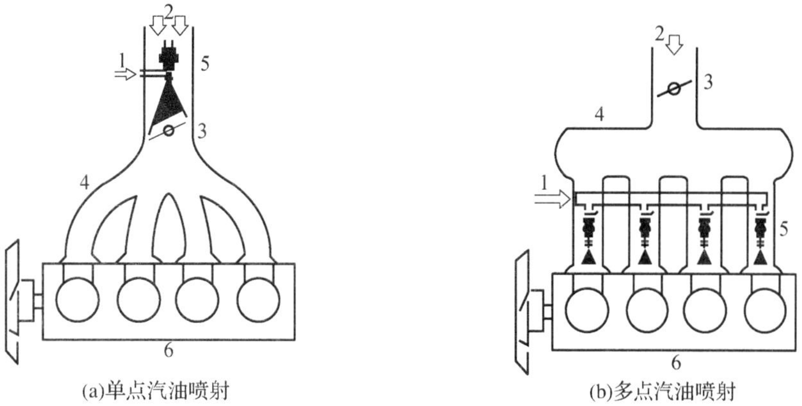

图 5.1 进气管喷射

1—汽油;2—空气;3—节气门;4—进气歧管;5—喷油器;6—发动机

②多点喷射。多点喷射系如图 5.1(b)所示,是在每缸进气口处装有一只喷油器,由电控单元(ECU)控制进行分缸单独喷射或分组喷射。汽油直接喷射到各缸的进气门前方,再与空气一起进入汽缸形成混合气。多点喷射系是目前最普遍的喷射系。

2.按空气流量测量方法分类

按空气流量的测量方法,汽油喷射系可分为三种:一种是直接测量空气质量流量的方式,称为质量流量控制的汽油喷射系(如 K 型、KE 型、L 型、LH 型等);二是根据进气管压力和发动机转速,推算吸入的空气量,并计算燃油流量的速度密度方式,称为速度密度控制的汽油喷射系(D 型);第三种是根据节气门开度和发动机转速,推算吸入的空气量并计算燃油流量的节流速度方式,称为节流速度控制的汽油喷射系。

3.按有无反馈信号分类

按有无反馈信号来分,电控汽油喷射系可分为开环控制和闭环控制两大类。

(1)开环控制。

开环控制系只给主系统发出指令,不能检查或控制主系统的实际输出情况。它是把根据实验确定的发动机各种工况的最佳供油参数输入电控单元,发动机运转时电控单元根据各传感器的输入信号,确定喷油量,从而决定空燃比,使发动机良好运行。这种控制系是单向的。

(2)闭环控制。

闭环控制是通过对输出信号的检测并利用反馈信号对输入进行调整,使输出满足要求。如在排气管上加装氧传感器,根据排气中的含氧量来测定发动机燃烧室内燃烧工况,并把信号反馈到电控单元与原来给定的信号进行比较,对燃油量与空燃比进行修正。因此,闭环控制系可达到较高的控制精度,可消除产品差异和磨损等形成的性能变化。

5.1.2 电控汽油发动机喷射系的组成

电控汽油喷射系组成如图 5.2 所示。该喷射系为 L 型电控汽油喷射系,是电子控制的多点、间歇式汽油喷射系,目前应用最为广泛。它以发动机的进气量和发动机转速作为基本控制参数,从而提高了喷油量的控制精度。

电控汽油喷射供给系统主要由燃油供给系统、电子控制系、空气供给与废气排出系等组成。

燃油供给系的作用是向发动机供给燃烧所需的汽油。它主要由电动燃油泵、燃油滤清器、燃油压力调节器、喷油器和燃油管路等组成。

电子控制系的作用是检测发动机的工作状况,精确控制燃油喷射量、喷油正时和点火时刻。它主要由各种传感器、各种执行器和控制器(又称电控单元——ECU)组成。

空气供给系的作用是向发动机提供新鲜的空气。它主要由空气滤清器、进气总管、进气歧管等组成。废气排出系统主要由排气歧管及排气消声器等组成。

汽油箱11内的汽油被电动汽油泵9吸出并加压至0.35 MPa左右，经汽油滤清器7滤除杂质后被送至燃油分配管13。燃油分配管与安装在各缸进气歧管上的喷油器6相通。在燃油分配管的末端装有燃油压力调节器14，用来调节油压使其保持稳定。发动机的进气量由汽车驾驶员通过加速踏板操纵节气门21来控制，由安装在进气管处的空气流量传感器18计量，并将进气量变化转变为电信号传输给电控单元15。节气门开度越大，进气量就越多，反之亦然。喷油器的喷油量和喷油时刻由电控单元控制。电控单元首先根据分电器中的曲轴转角传感器确定发动机转速，再根据转速和进气流量计算出相应的喷油量，并通过控制喷油持续时间来控制喷油量。电控单元还根据曲轴转角传感器发出的第一缸上止点信号，控制各缸喷油器在进气行程开始之前进行喷油。电控单元根据进气量和发动机转速计算出的喷油量是基本喷油量，是汽油发动机能够运转的基本条件。以此为基础，再根据发动机的运行状况加以修正，得到的修正喷油量才能满足发动机各种运行工况对混合气成分的要求。

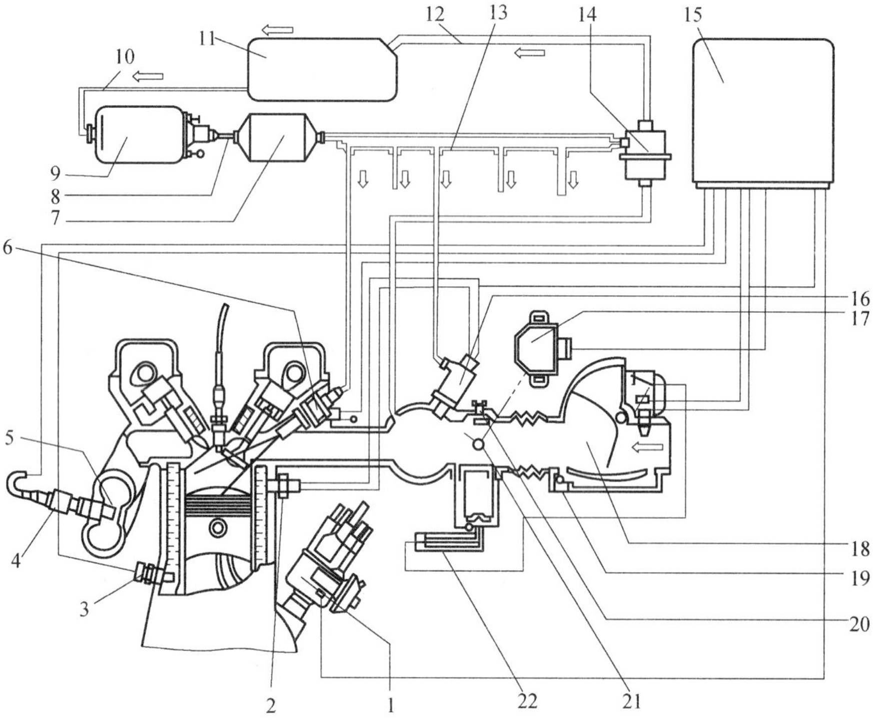

图5.2　L型电子控制汽油喷射系示意图

1—喷射系点火分电器；2—热正时器；3—发动机温度传感器；4—氧传感器；5—排气管；6—喷射系喷油器；7—喷射系燃油滤清器；8—供油压力管；9—电动燃油泵；10—吸油管；11—汽油箱；12—回流管；13—燃油分配管；14—喷射系燃油压力调节器；15—喷射系电控单元；16—冷启动喷油器；17—喷射系节气门位置传感器；18—喷射系空气流量传感器；19—喷射系怠速混合气调节螺钉；20—喷射系怠速转速调节螺钉；21—喷射系节气门；22—补充空气阀

任务5.2　汽油的基本知识

发动机的燃料主要是汽油。汽油主要是从石油中提炼出来的，是密度小而且易于挥发的液体燃料。汽油由多种碳氢化合物组成。其主要性能指标为蒸发性、抗爆性和热值。它们对发动机性能有很大的影响。

5.2.1 汽油的蒸发性

汽油必须含有足够比例的高蒸发性的成分，以得到良好的发动机冷启动性能，其蒸发性的大小影响发动机正常工作。当温度较高时，蒸发性过高的汽油易在油路中蒸发形成“气阻”；当环境温度较低时，蒸发性过低的汽油会有一部分不能蒸发、燃烧，并滞留在汽缸壁上，不仅使燃油消耗量增加，而且会稀释润滑油，导致汽缸加快磨损，影响发动机的寿命。

5.2.2 汽油的抗爆性

汽油的抗爆性是指汽油在发动机汽缸中燃烧时，避免产生爆燃的能力，即抗自燃能力，是汽油的一项主要性能指标。“爆燃”是一种非正常燃烧，与发动机的温度、压缩比、燃油特性等有关，一般在压缩行程终了时产生。它将造成发动机过热、排气冒烟、功率下降、油耗增加，并伴有明显的敲缸声，甚至损坏机件。

汽油的抗爆性评价指标是辛烷值。辛烷值表示异辛烷（C_8H_{18}）在汽油混合物中的容积百分比，其值最大为 100。辛烷值高，汽油抗爆性好；反之，汽油抗爆性差。由于直馏汽油抗爆性低，曾经需要加入抗爆剂四乙铅[$Pb(C_2H_5)_4$]成为含铅汽油。四乙铅汽油燃烧后产生有毒铅粉尘，现在已被无铅汽油所取代。

测定辛烷值的方法有马达法和研究法。目前我国用研究法辛烷值（RON）表示汽油的牌号，如 90 号、93 号和 97 号。

压缩比高的发动机选用辛烷值高的汽油；反之，选用辛烷值低的汽油。

5.2.3 汽油的热值

汽油的热值是指单位质量（1 kg）的汽油完全燃烧后所产生的热量，约为 44 000 kJ/kg。

任务 5.3 电控汽油发动机燃油供给系

电控汽油发动机燃油供给系主要由电动燃油泵、燃油滤清器、燃油压力脉动阻尼器、燃油压力调节器、喷油器和燃油管路等组成。

5.3.1 电动燃油泵

电动燃油泵的作用是从油箱中泵出燃油并建立油压。

电动燃油泵的安装方式有两种，一种是安装在油箱外输送管路中的外装式燃油泵；另一种是安装在油箱中的内装式燃油泵，该泵有利于冷却，不易产生高温气阻，已取代外装式燃油泵。

内装式电动燃油泵通常有两种类型，即滚柱式和叶片式。由于滚柱式电动燃油泵运转时噪声大，油压脉动也大，而且泵体内表面和转子容易磨损。近年来越来越多的发动机采用叶片式电动燃油泵。

图 5.3 所示为叶片式电动燃油泵。叶轮是一个圆形平板，在平板的圆周上加工有小槽，形成泵油叶片。叶轮旋转时，小槽内的汽油随同叶轮高速旋转。由于离心力的作用，使出口处油压增高，而在进口处产生真空，使汽油从进口吸入，从出口压出。

电动燃油泵固定在汽油箱的底部，泵油压力可达 0.2～0.47 MPa，油压波动较小（约 2 kPa）。通常燃油泵提供泵油压力为 0.3 MPa 左右；工作温度为－40～110 ℃，短时间允许达到 140℃；汽油温度最高为 70℃,短时间允许达到 120 ℃;工作电压为直流 12 V。限压阀 2 的功用是当油压超过 0.45 MPa时开启,使汽油回流到进油口,以防止油压过高损坏燃油泵。在出油口处装设单向阀 1,当发动机停机时关闭,防止管路中的汽油倒流回燃油泵,借以保持管路中有一定的油压,以便比较容易地再次启动发动机。

叶片式电动燃油泵运转噪声小,油压脉动小,泵油压力高,叶片磨损小,使用寿命长。使用时,严禁在无汽油的情况下启动燃油泵,也不允许等到汽油耗尽时再添加汽油,以免烧坏燃油泵。

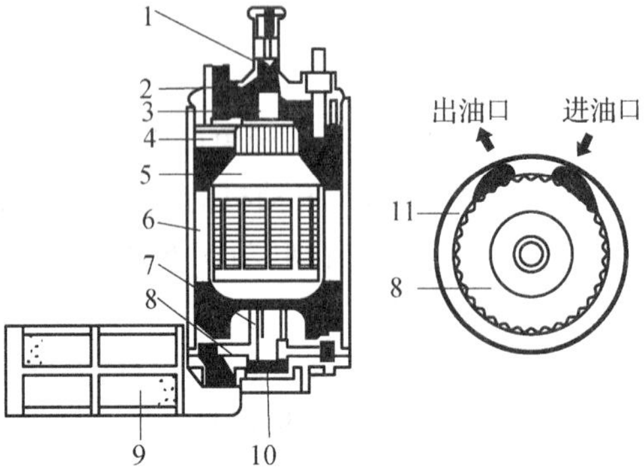

图 5.3　叶片式电动燃油泵

1—单向阀;2—限压阀;3、7—轴承;4—电刷;5—电枢;6—永久磁铁;
8—叶轮及叶片;9—滤清器;10—缓冲垫;11—泵体

5.3.2 汽油滤清器

汽油滤清器的作用是将汽油中的氧化铁、粉尘等杂质滤去,防止燃油系堵塞,减少机件的磨损,确保发动机稳定工作,提高可靠性。

图 5.4 所示为汽油滤清器的结构。滤芯一般由滤纸制造,可滤去 0.01 mm 的杂质。汽油滤清器安装在汽油泵的出口一侧,它是一次性用品。滤清器的寿命取决于燃油的污染程度,一般在汽车行驶 40 000 km 后需要更换。

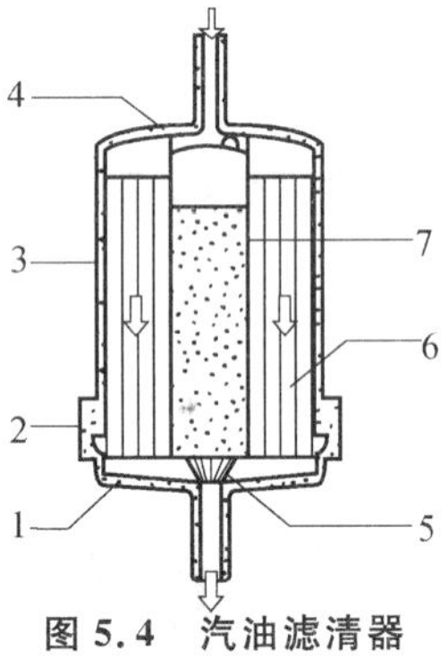

图 5.4　汽油滤清器

1—滤清器盖;2—密封圈;3—滤清器外壳;
4—塞头;5—支承筋板;6—纸质滤芯;7—纸筒

5.3.3 燃油压力调节器

燃油压力调节器安装在燃油分配总管的一端,其作用是保证喷油器喷油压力与进气管压力之差为恒定值。这样,喷油器的喷油量就只与喷油时间有关,ECU 通过控制喷油时间来控制喷油量。

图 5.5 所示为燃油压力调节器的结构图。主要由膜片 4、弹簧 5 和阀门 7 等组成。膜片下方为真空室,与进气管相通。膜片上方为燃油室,与燃油管相通。回油口 2 由阀门控制,经回油管与燃油箱相连。发动机运转过程中,当膜片上方燃油室中的油压与膜片下方的真空吸力和弹簧张力的合力平衡时,膜片位置一定,阀门开度和回油量一定,油压也一定。

燃油压力与进气管压力(真空度)的关系如图 5.6 所示,燃油压力调节器的工作原理如图 5.7 所示。

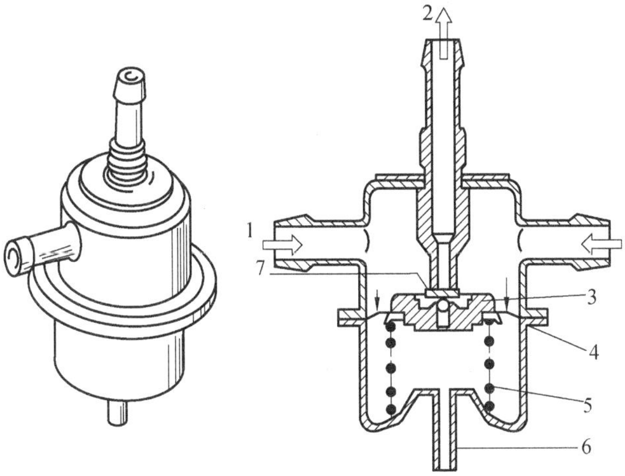

图 5.5　燃油压力调节器

1—进油口；2—回油口；3—阀座；4—膜片；5—弹簧；6—真空接管；7—阀门

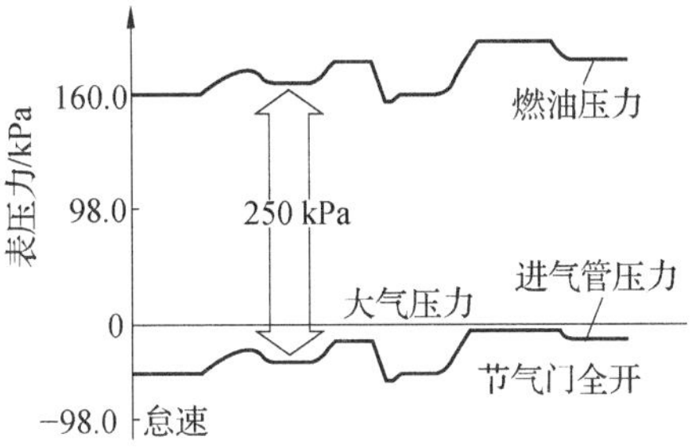

图 5.6　燃油压力与进气管压力(真空度)的关系

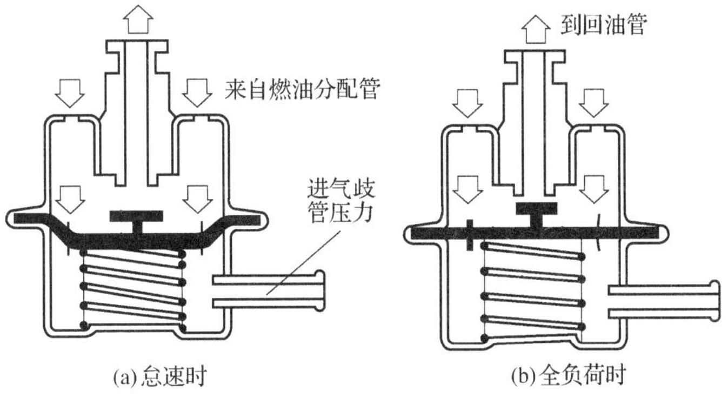

图 5.7　燃油压力调节器的工作原理

当节气门开度变小或曲轴转速升高时，进气歧管真空度增大，真空吸力增大，这时膜片克服弹簧5的弹力向下拱曲度增大，阀门7将回油管口开度加大，回油增加，汽油经回油口2流回汽油箱，系统燃油压力下降，如图5.6和图5.7(a)所示，但两者的压差保持不变，即

$$喷油压力(\Delta p)=燃油压力(p)+进气歧管真空度(\Delta p_x)=恒值$$

当节气门开度变大或曲轴转速降低时，进气歧管真空度降低，真空吸力减小，这时膜片在弹簧的弹力作用下向下拱曲度变小，平面阀将回油管口开度变小，回油减少，系统燃油压力升高，如图5.6所示，但两者的压差仍然保持不变，即

$$喷油压力(\Delta p)=燃油压力(p)+进气歧管真空度(\Delta p_x)=恒值$$

燃油供给装置的压力与进气管压力之差由油压调节器中的弹簧的弹力限定，调节弹簧预紧力即可改变两者的压力差，也就是改变喷油压力，一般为0.3～0.5 MPa。

5.3.4 燃油压力脉动阻尼器

燃油压力脉动阻尼器的作用是减小燃油管路中油压的波动，降低噪声。

图 5.8 所示为燃油压力脉动阻尼器的结构示意图。它主要由膜片 3、弹簧 4 和壳体 5 等组成。

当燃油总管内的油压升高时，弹簧 4 被压缩，膜片 3 下移，膜片上方的容积增大，使油压减小；当燃油总管的油压降低时，弹簧伸长，膜片上移，膜片上方的容积减小，使油压升高。从而减小燃油压力的脉动。

有些发动机的燃油总管容积相对于发动机的循环喷油量要大得多，也具有储油蓄压的作用，能减小燃油压力的脉动。

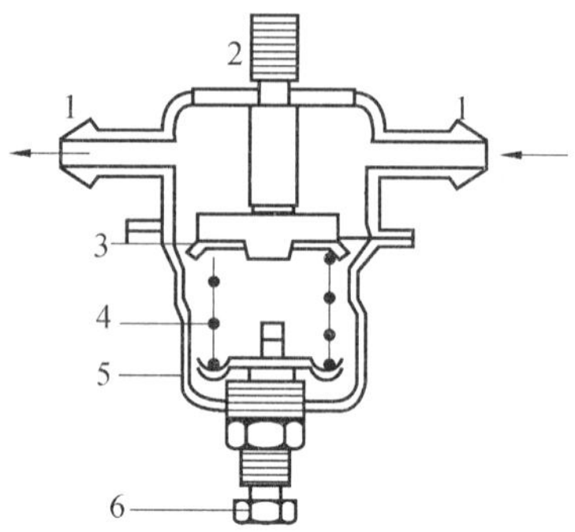

图 5.8 燃油压力脉动阻尼器

1—燃油接头；2—固定螺纹；3—膜片；4—弹簧；5—壳体；6—调节螺钉

5.3.5 喷 油 器

喷油器是电控燃油喷射系的一个重要的电磁执行器。它根据 ECU 发来的喷油脉冲信号，精确地计量燃油喷射量。影响喷油量的因素主要有喷油孔尺寸、喷油压力、喷油持续时间和喷油器动态响应特性等。对于一定形式的喷油器，其喷油孔尺寸和喷油器动态响应特性是确定的，喷油压力由燃油压力调节器调节为恒定值。因此、喷油量取决于喷油持续时间。

喷油器分类方法很多，按喷油器结构形式可分为轴针式、球阀式和片阀式三种。轴针式电磁喷油器抗堵塞性能好，应用广泛。

图 5.9 所示为轴针式电磁喷油器结构图，主要由针阀 6、电磁线圈 3、弹簧 4 和壳体等组成。

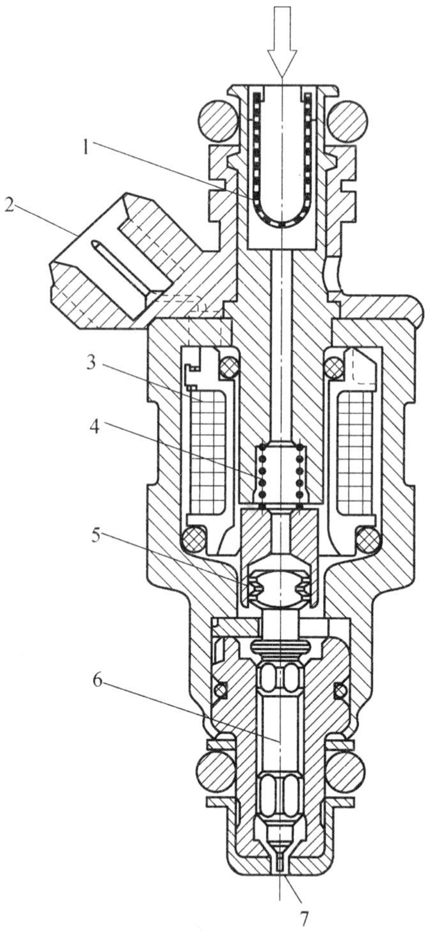

图 5.9 喷油器的结构

1—燃油滤网；2—电接头；3—电磁线圈；4—弹簧；5—衔铁；6—针阀；7—轴针

图 5.10 所示为喷油器工作原理示意图。当电磁线圈中无电流通过时，喷油器针阀在弹簧力作用下紧压在锥形密封阀座上（图 5.10(a)）；当 ECU 发出喷油信号时，电磁线圈通电，产生磁场将衔铁连同针阀向上吸起，喷油口打开，燃油喷出。为了使燃油充分雾化，针阀前端磨出一段喷油轴针 7。

电控单元以电脉冲的形式向喷油器输出控制电流。当电脉冲从零升起时，喷油器因通电而开启；电脉冲回落到零时，喷油器又因断电而关闭。电脉冲从升起到回落所持续的时间称为脉冲宽度。若电控单元输出的脉冲宽度短，则喷油持续时间短，喷油量少（图 5.10(b)）；若电控单元输出的脉冲宽度长，则喷油持续时间长，喷油量多（图 5.10(c)）。一般喷油器针阀升程约为 0.1 mm，而喷油持续时间在 2～10 ms 范围内。

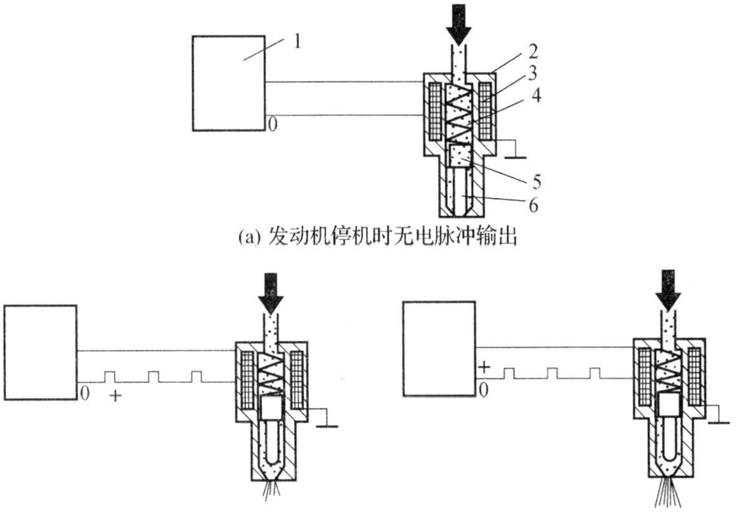

(a) 发动机停机时无电脉冲输出

(b) 短脉冲宽度

(c) 长脉冲宽度

图 5.10 喷油器工作原理示意图

1—电控单元；2—喷油器体；3—电磁线圈；4—回位弹簧；5—衔铁；6—针阀

5.3.6 冷启动喷油器

发动机在低温冷启动时，吸入的混合气中有一部分燃油冷凝附着在进气管上，使发动机启动困难。为了改善发动机的低温启动性能，需要额外地喷入一定量的燃油，这部分额外的喷油量由冷启动喷油器喷入进气总管中。冷启动喷油器的开启持续时间取决于发动机的温度，由热限时开关控制。

图 5.11 所示为冷启动喷油器的结构图，它主要由电磁线圈 4、阀芯 3 和弹簧等组成。当点火开关和热限时开关接通时，电磁线圈通电产生磁场、将阀门吸起离开阀座，燃油通过旋流式喷孔喷出。图 5.12所示为热限时开关的结构图，它主要由双金属片 3、加热线圈 4 及触点 5 等组成。它是一个中空的螺钉，安装在能感受到发动机冷却液温度的位置上。热限时开关控制冷启动喷油器的喷油时间。当低温启动发动机时，热限时开关触点闭合，冷启动喷油器电磁线圈电路导通，同时加热线圈也导通，对双金属片进行加热。在发动机冷却液和加热线圈的共同加热作用下，双金属片变形使触点分开，冷启动喷油器电磁线圈电路被切断，冷启动喷油器停止喷油。

对于有些没有装冷启动喷油器的发动机，在冷启动时，ECU 根据冷却液温度传感器信号延长主喷油器喷油时间，从而增加冷启动时的喷油量。

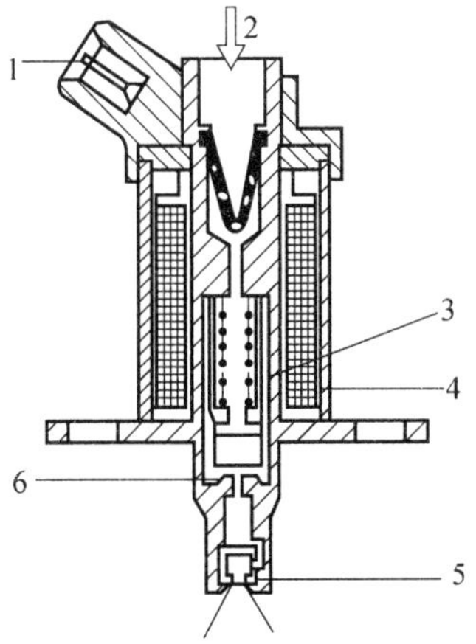

图 5.11 冷启动喷油器

1—控制信号插头；2—燃油接口；3—阀芯(衔铁)；4—电磁线圈；5—旋流式喷嘴；6—阀座

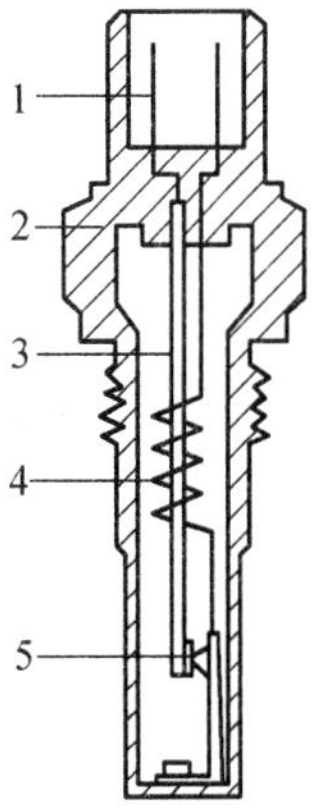

图 5.12 热限时开关

1—电插头；2—壳体；3—双金属片；4—加热线圈；5—触点

任务 5.4　汽油发动机电子控制系

电子控制系（简称电控系）的主要作用是收集发动机的工况信号并确定最佳喷油量及最佳点火时刻。如图5.13所示，电子控制系由电控单元、各种传感器、执行器以及连接它们的控制电路组成。不同类型的电子控制装置的控制功能、控制方式和控制电路的布置不完全一样，但基本原理相似。

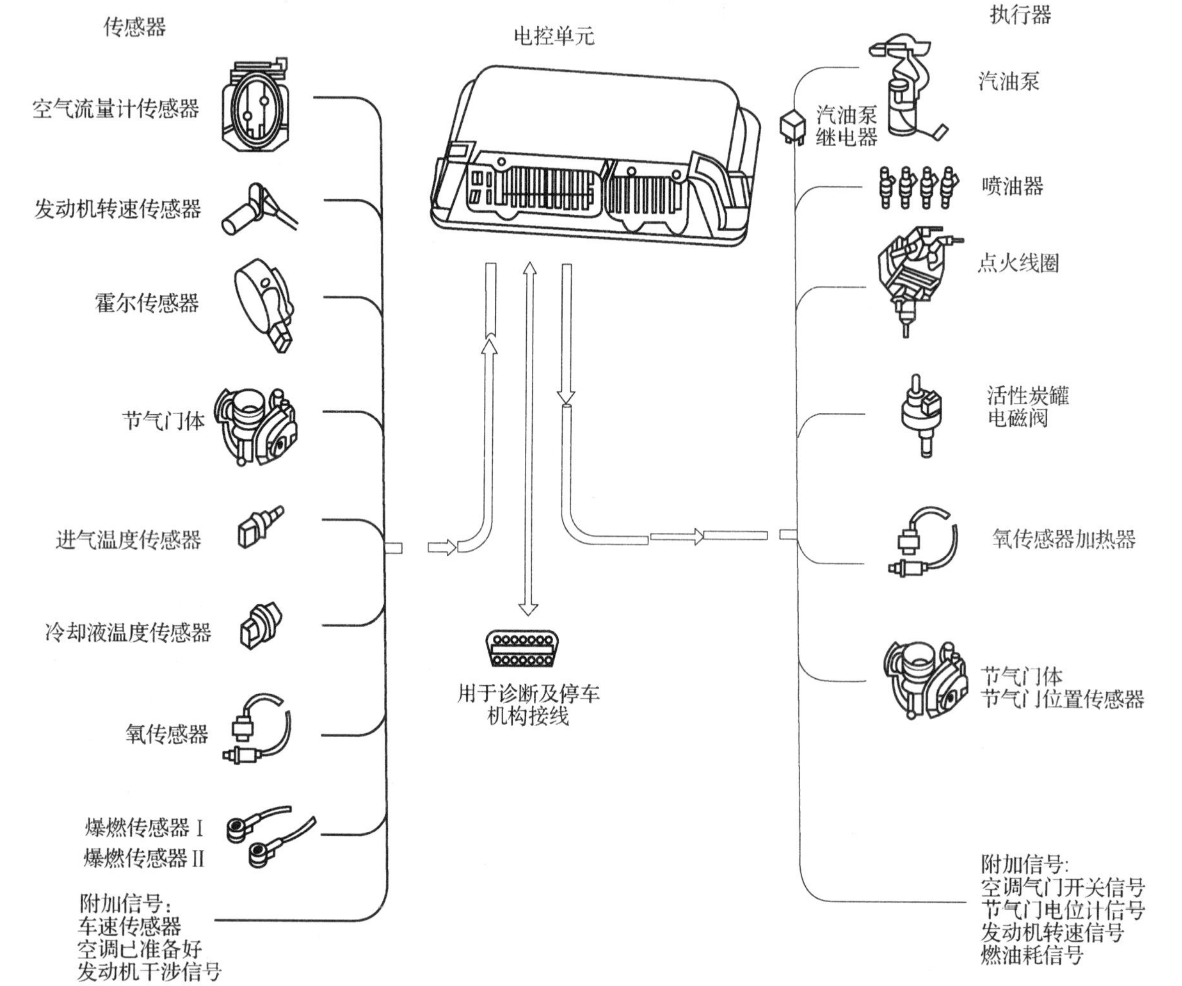

图 5.13　电子控制系的组成

5.4.1 传　感　器

1. 空气计量传感器

发动机的进气量是一个关键参数，精确计量空气量对准确控制喷油量及点火正时十分重要。空气量的计量方法有进气管绝对压力传感器式间接测量法和空气流量传感器式直接测量两类。

(1)进气管压力传感器(MAP)。

进气管绝对压力与节气门开度和发动机转速有关。节气门开度越大，进气管压力越高(真空度越低)。当节气门全开时，进气管压力接近大气压力，因此，进气管绝对压力反映了发动机负荷，通过测量进气管绝对压力和发动机转速信号可以间接确定进入汽缸的空气量。

进气管压力传感器如图 5.14 所示，其主要元件是一个很薄的硅片 1，其外围较厚，中间最薄。硅片上下两面各有一层 0.03 mm 的二氧化硅膜 5。在膜层中沿硅片四边，有四个传感电阻 6。在硅片四角各有一个金属块 7 通过导线与电阻 6 相连。在硅片底面粘接了一块硼硅酸玻璃片 4，使硅膜片中部形成一个真空腔 3。硅片装在一个密封容器内，通过一根橡胶管与进气歧管相通，使进气歧管压力作用在硅片周围。

图 5.15 所示为应变片式进气管压力传感器工作原理图。硅片上的四个传感电阻，以单臂电桥方式连接，由稳压电源 1 供电。由于硅片一面是真空腔，另一面即进气歧管内绝对压力较高，硅片变形较大，其应变与应力成正比，附在硅片上的应变电阻的阻值随应变成正比的变化，这样即可利用单臂电桥将硅片的变形变成电信号，经放大器 2 放大后，经输出端 3 输送给电控单元。

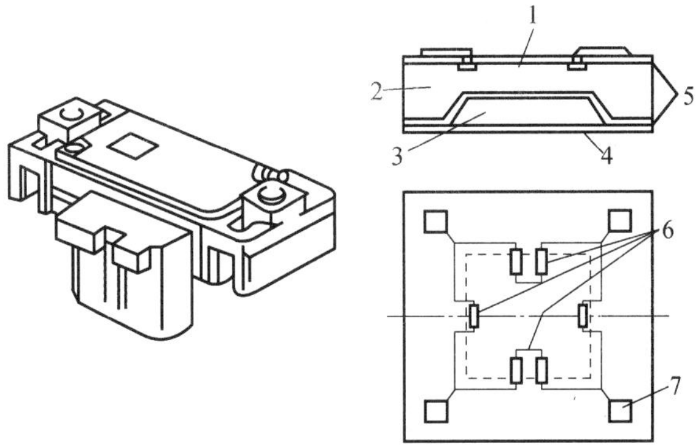

图 5.14 应变片式进气管压力传感器图

1—硅片；2—硅；3—真空腔；4—硼硅酸玻璃片；5—二氧化硅膜；6—传感电阻；7—金属块

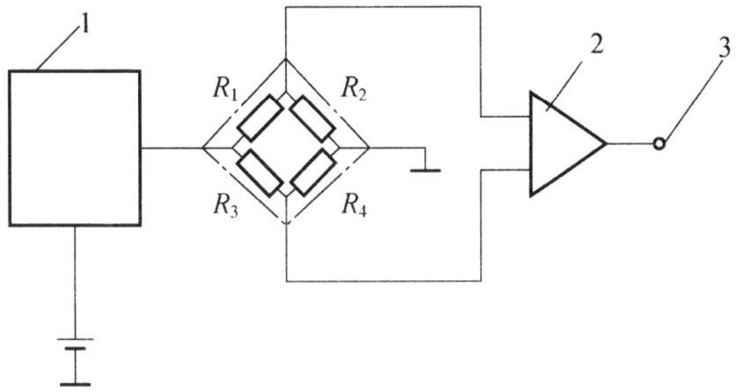

图 5.15 应变片式进气管压力传感器工作原理图

1—稳压电源；2—放大器；3—输出端

(2)空气流量传感器。

①翼片式空气流量传感器。

翼片式空气流量传感器构造如图 5.16 所示。在其壳体 9 内有空气主流道 8 和旁通空气道 7。在主流道内装有与销轴 10 一起转动的翼片 3 和缓冲片 5。没有空气流过时，卷簧 1 总是使翼片处于关闭主流道的位置。在销轴的一端装有电位计 2，它将翼片转动的角转换为电信号。电位计与电控单元连接。

翼片式空气流量计工作原理如图 5.17 所示。其原理是根据吸入空气气流对翼片 3 的作用力与卷簧 1 的弹力相平衡，使翼片偏转到一定角度，与翼片转轴同轴的电位计 2 的滑臂随翼片一起转动，使电位计阻值发生变化，从而把进气流量的变化转化成电量参数的变化，实现对进气量的测量。当发动机怠速工作时，节气门接近关闭，只有少量空气进入发动机。流过主流道的空气推动翼片偏转很小的角度，同时与翼片同轴的电位计则输出一个微弱的电压信号给电控单元(图 5.17(a))，电控单元便向喷油器输出短脉冲宽度的电脉冲。当发动机在高速大负荷运转时，节气门接近全开，进气量增大，气流对翼片的作用力增大，翼片偏角度增大，直到与扭簧弹力平衡为止，翼片暂时停止不动。电位计则输出较强的电压信号(图 5.17(b))，电控单元相应地向喷油器输出长脉冲宽度的电脉冲。

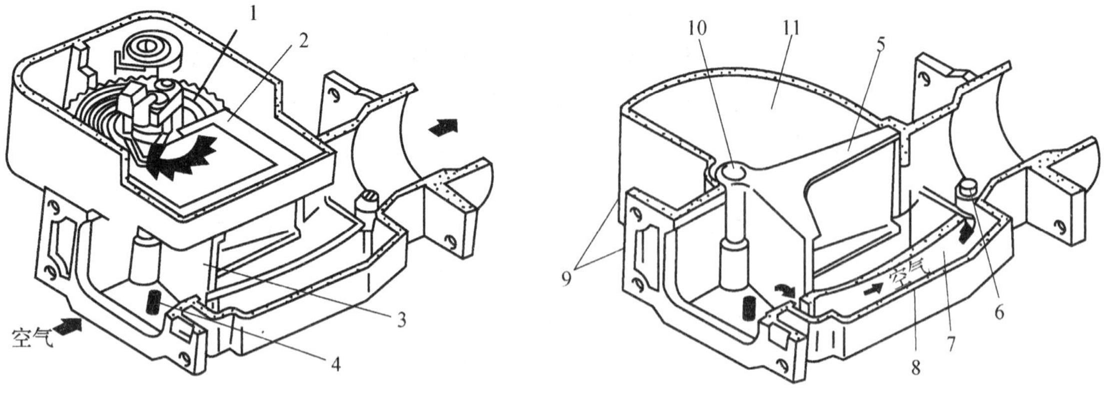

(a) (b)

图 5.16 翼片式空气流量计

1—卷簧；2—电位计；3—翼片；4—进气温度传感器；5—缓冲片；6—旁通空气调节螺钉；7—旁通空气道；8—主流道；9—空气流量计壳体；10—销轴；11—缓冲室

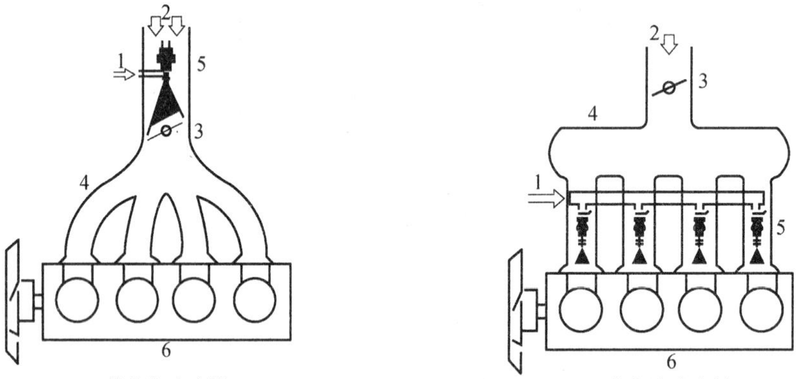

(a)单点汽油喷射 (b)多点汽油喷射

图 5.17 翼片式空气流量计工作原理（图注同图 5.16）

缓冲室 11 和缓冲叶片 5（图 5.16）的作用是减小进气气流的变化对测量叶片产生的冲击和振动，使叶片转动平稳，提高测量精度。旁通空气调节螺钉 6 用来调节怠速时的进气量大小，以改变怠速时的混合气浓度。

翼片式空气流量传感器结构简单，工作可靠性高，测量精度不受电源电压波动的影响，但翼片对进气产生阻力，动态响应慢，需要对进气温度、压力进行修正。

②热线式空气流量传感器。

图 5.18 所示为热线式空气流量传感器结构。它主要由感知空气流量的铂金热线 3、温度补偿电阻 4（冷线）、控制电路板 5、测试管 2、金属防护网 1 及壳体 7 等组成。

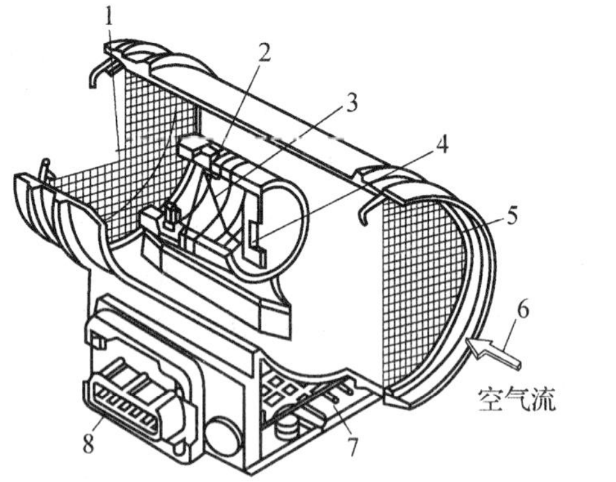

图 5.18 热线式空气流量传感器结构

1—金属防护网；2—测试管；3—铂金热线；4—温度补偿电阻；5—控制电路板；6—空气流；7—壳体；8—电源插座

图 5.19 所示为热线式空气流量传感器的工作原理图，由设置在进气管道中的白金热线电阻 R_H、温度补偿电阻 R_K、精密电阻 R_A 和电桥电阻 R_B 组成惠斯登电桥。控制电路 A 使热线温度与进气温度之差保持在大约 100℃，流经热线的空气质量流量越大，被带走的热量就越多。要保持热线温度与进气温度之间的温差恒定，必须增加通过热线的电流，热线式空气流量传感器就是利用热线与空气之间的这种热交换传递现象进行空气流量测量的。它所测量的是空气质量，

不需要进行温度和压力修正。

为了减少气流中的脏物玷污铂丝，降低流量灵敏度，在电控单元中装有自洁电路。发动机熄火后，自洁电路自动将铂丝加热至 1 000 ℃并维持 1 s 的时间，烧净铂丝上的脏物。

热线式空气流量传感器结构简单，进气阻力小，温度响应快，无需进行进气温度和压力修正，所以应用日益广泛。但在使用中，铂热线表面受空气中灰尘的污染而影响测量精度。

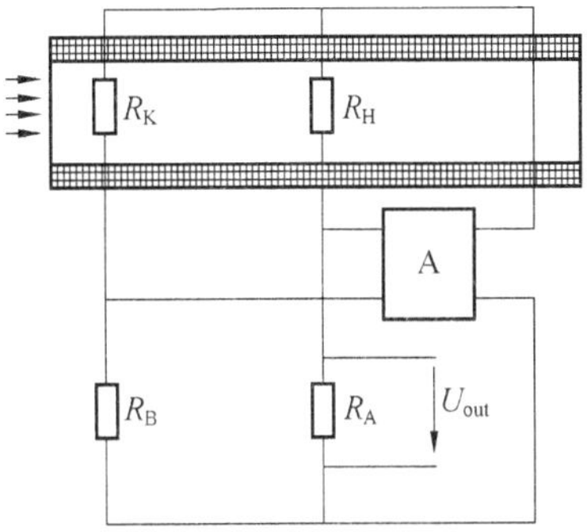

图 5.19 热线式空气流量传感器工作原理图

A—控制电路；B—热线电阻；R_K—温度补偿电阻；R_A—精密电阻；R_B—电桥电阻传感器

③热膜式空气流量传感器。

由于热线式空气流量计造价太高，主要用于高级轿车。为了满足精度高、结构简单、造价又便宜的要求，德国博世公司利用价格较便宜的与电子电路相同的厚膜工艺，开发了热膜式空气流量计。它不采用铂，而是将热线补偿、电阻及精密电阻用厚膜工艺镀在一块陶瓷片上。同时，它的分析电路比热线式要简单得多，而启动速度几乎一样，因此，这种空气质量流量传感器已大量用于各种电控汽油喷射系中。图 5.20 所示为热膜式空气流量计结构，其工作原理与热线式相类似。

2.节气门体

图 5.21 所示为节气门体，它位于空气流量传感器之后的进气歧管上，包括节气门 1、怠速控制阀 2 及节气门位置传感器 3。

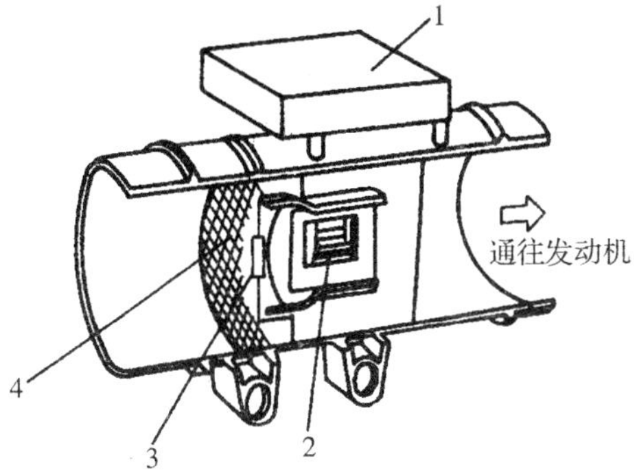

图 5.20 热膜式空气流量传感器结构

1—控制回路；2—热膜；3—温度传感器；4—金属网

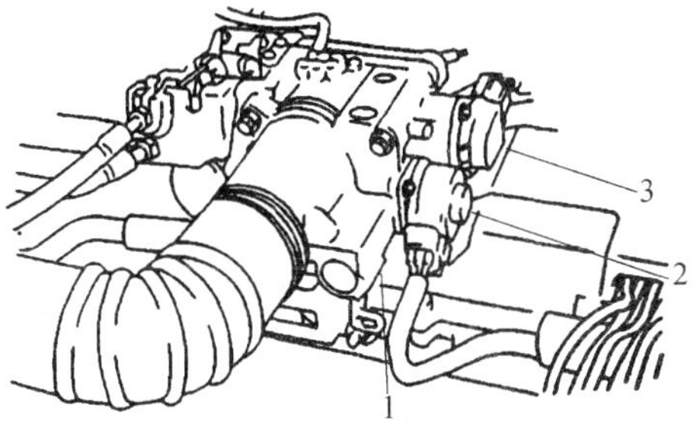

图 5.21 节气门体

1—节气门；2—怠速控制阀；3—节气门位置传感器

(1)怠速控制阀。

怠速控制阀的功用是自动调节发动机的怠速转速，使发动机在设定的怠速转速下稳定运转。驾驶员踩加速踏板，怠速开关触点打开。当怠速开关触点闭合时，电控单元通过此信号来判别是否是怠速工况。

图 5.22 所示为步进电动机式怠速控制阀的结构图。由步进电动机、螺旋机构和锥面控制阀等组成。螺旋机构中的螺母和步进电动机的转子 1 制成一体，而进给螺杆 4 和锥面控制阀 2 制成一体。改变步进电动机中几组励磁线圈 6 的通电顺序，可以改变电动机的旋转方向。步进电动机由电控单元控制。当步进电动机或正转或反转一定的角度时，通过进给螺杆把电动机的旋转运动转变成锥面控制阀的直线运动，以调节旁通空气通道的截面积，改变进气量的大小，达到控制怠速转速的目的。

步进电动机把转子转动一周分成若干个步级进行。每一周的步级越多，控制精度越高(如将一圈分成 32 个步级，则每个步级对应转角为 11.25°)。

步进电动机式怠速控制精度高。当发动机停机时，点火开关转到“OFF”位置，怠速控制阀自动回复到全开位置，以利于下一次的启动。

(2)节气门位置传感器。

节气门位置传感器安装在节气门体上,传感器的转轴与节气门轴联动。其功用是把节气门的开度信号转变成电信号,输送给ECU;ECU根据节气门开度信号感知发动机的负荷状态,对喷油量及点火提前角进行修正;同时,ECU通过检测节气门的开、闭速率感知发动机的加减速工况。

图5.23所示为电位计式节气门位置传感器的结构图,图5.24所示为电位计式节气门位置传感器与ECU接线图。节气门轴上装有滑触臂,节气门轴转动时,滑触臂就在互相平行的两段弧形滑触电阻上滑动。怠速触点(IDL)信号主要用于断油控制和点火提前角的修正,其输出信号如图5.25中的怠速输出所示。节气门开度输出信号(VTA)用于告知ECU节气门位置,其输出信号如图5.25中的VTA输出所示。

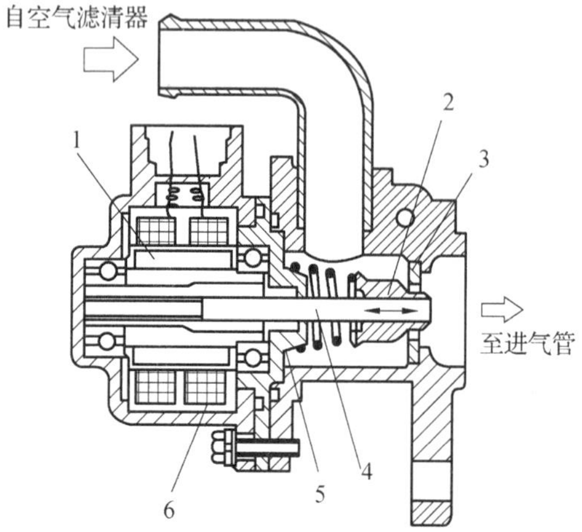

图5.22 步进电动机式怠速控制阀结构图

1—步进电动机转子;2—锥面控制阀;3—阀座;4—进给螺杆;5—挡板;6—励磁线圈

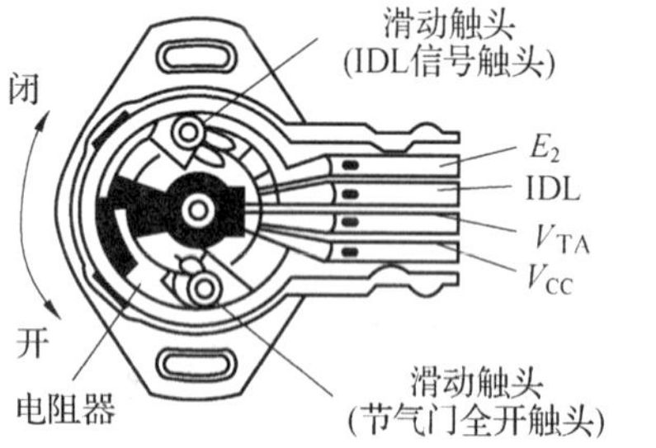

图5.23 电位计式节气门位置传感器结构图

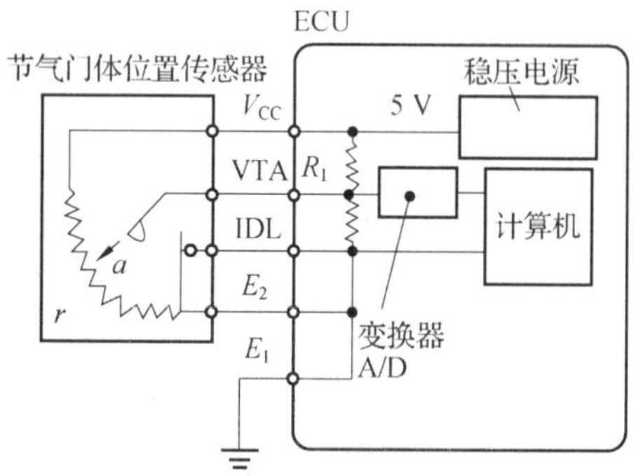

图5.24 电位计式节气门位置传感器与ECU接线

3.发动机转速与曲轴位置传感器

转速传感器用来测量发动机转速,以确定基本喷油量和基本点火提前角。曲轴位置传感器用以确定相对于每缸压缩上止点的喷油定时和点火定时。在顺序喷射的发动机上因有两缸同时处于上止点位置的情况,因此还需判断缸信号。

目前常用的转速传感器和曲轴位置传感器有电磁感应式、霍尔效应式和光电效应式三种。

(1)电磁感应式。

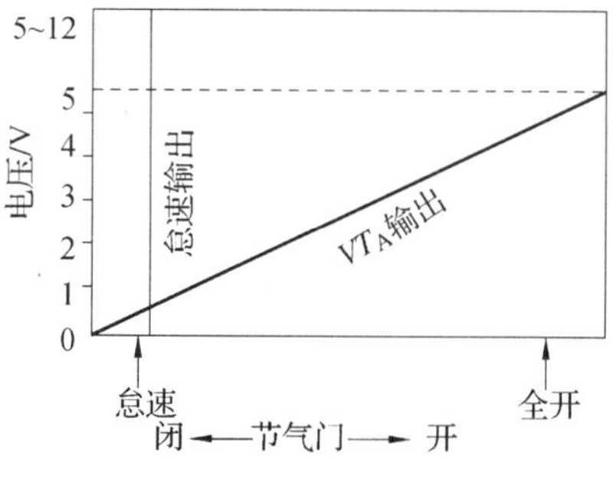

图5.25 电位计式节气门位置传感器的输出特性

图5.26所示是一种安装在曲轴上的电磁感应式曲轴位置传感器。它主要由永久磁铁1、感应线圈5和信号齿盘6等组成。信号齿盘由曲轴带动旋转,利用轮齿靠近和离开感应线圈5时,通过感应线圈的磁通量变化,从而在线圈中产生感应电压。信号齿盘不停旋转,在感应线圈中就产生交变电压信号,发动机电控单元可以从电压交变的变化频率来计算出发动机的转速。另外,在信号齿盘上缺两个齿,用于识别曲轴位置(第一缸上止点位置),作为点火正时信号的参考基准。

(2)霍尔效应式。

根据霍尔效应原理,在两块永久磁铁之间放一块通电的霍尔集成电路就构成了一个霍尔元件,如图5.27所示。图5.28所示为装在分电器中的霍尔传感器原理图。将霍尔元件固定在分电器上,并在分电器的转轴上安装一个转子，转子上等间隔布置着其数量与发动机缸数相等的叶瓣，则当叶瓣转到霍尔元件的气隙中时，因叶瓣遮隔了磁力线而使霍尔元件没有霍尔电压输出，而当叶瓣让出气隙时便有霍尔电压输出，就构成了霍尔传感器。装在分电器上的霍尔传感器每分钟发出的脉冲数也等于曲轴转速之半与叶瓣数即缸数的乘积。ECU 根据采集到的霍尔脉冲便可得出转速。

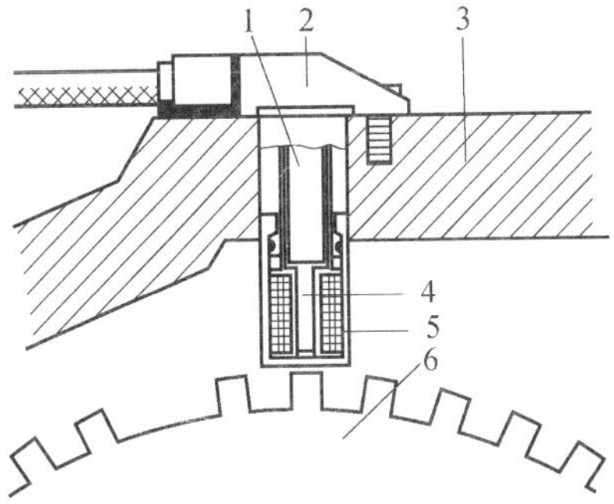

图 5.26　电磁感应式曲轴位置传感器

1—永久磁铁；2—插头；3—发动机壳体；4—铁芯；5—感应线圈；6—信号齿盘

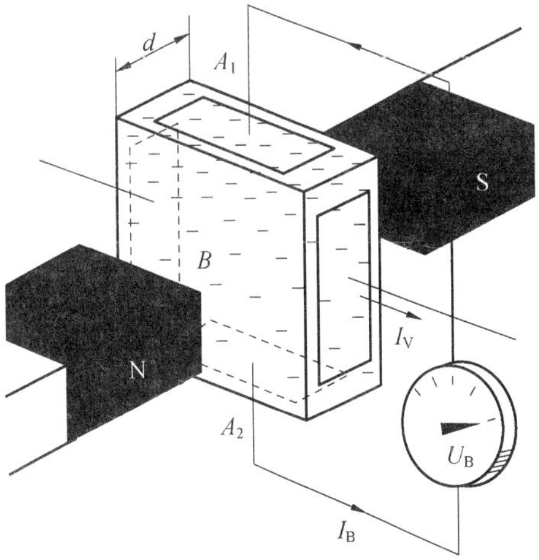

图 5.27　霍尔效应

B—磁通量密度；I_B—霍尔电流；I_v—供电电流；U—霍尔电压；d—元件厚度；A_1—上表面；A_2—下表面

图 5.29 所示为可传感曲轴位置信息的霍尔传感器原理图。差别仅在于转子上的某个叶瓣的宽度比其余叶瓣小了些，这个叶瓣所对应的脉冲的宽度小一些，而且设计成该脉冲的上升沿在恒速时比其他脉冲的上升沿迟一些到来。ECU 通过软件识别这个特殊叶瓣的来临。只要装配时确保叶瓣位置同曲轴位置之间固定的相对关系，便能借此传感曲轴位置信息，当然同时也能传感转速信息。

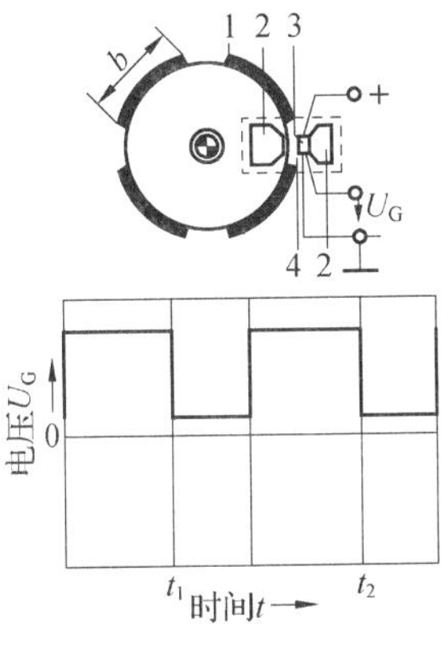

图 5.28　装在分电器中的霍尔传感器原理图

1—宽度为 b 的叶瓣；2—带永久磁铁的软磁体；3—霍尔集成电路；4—气隙；t_2—点火时刻

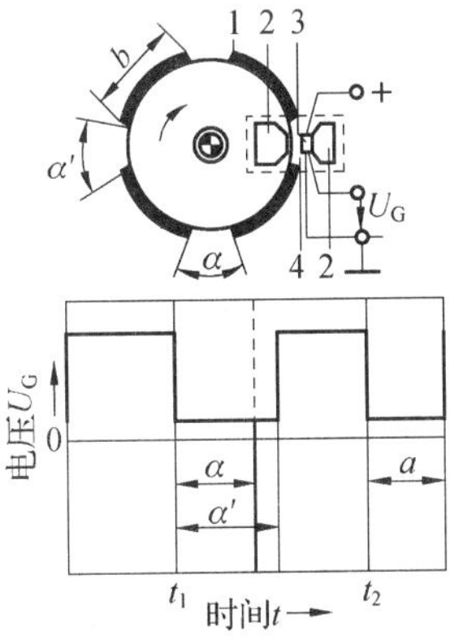

图 5.29　可传感曲轴位置信息的霍尔传感器原理图

1—转子(一片叶瓣窄于其余)；2—永久磁铁；3—霍尔集成电路；4—气隙

(3)光电效应式。

如图 5.30 所示为光电式传感器，一般装在分电器内，由信号发生器 1 和带光孔信号盘 2 组成。图 5.31 所示为尼桑 V6 汽车发动机的光电式曲轴位置传感器结构布置图。信号发生器安装在分电器壳体上，由两只发光晶体管 6、两只光敏晶体管 5 和电路组成。信号盘 3 与分电器轴一起转动，外圈有 360 条光刻缝隙，产生曲轴转角 1°的信号；内侧均匀分布有间隔 60°均布的 6 个光孔，产生曲轴转角 120°的信号，其中一个光孔较宽，用以产生相对于 1 缸上止点的信号。光敏装置由两组相对安装的发光二极管 6 和光敏晶体管 5 组成。当信号盘随分电器轴或曲轴、凸轮轴转动时，转盘从发光二极管和光敏晶体管之间穿过。当缝隙对准发光二极管时,光线穿过缝隙照射到光敏晶体管上,光敏晶体管导通,有电压信号输出给 ECU;当缝隙转过发光二极管时,光线被遮挡住,光敏晶体管截止,此时没有电压信号输出。转盘转动一圈,外侧缝隙触发外侧光敏装置导通和截止 360 次,该脉冲信号作为发动机转速信号输送给 ECU;内侧缝隙触发内侧光敏装置导通和截止 6 次,该信号作为曲轴位置信号输送给 ECU。其中,较宽的缝隙产生的较宽电压脉冲信号作为第一缸基准位置信号,ECU 以此为基准控制点火正时和喷油正时。

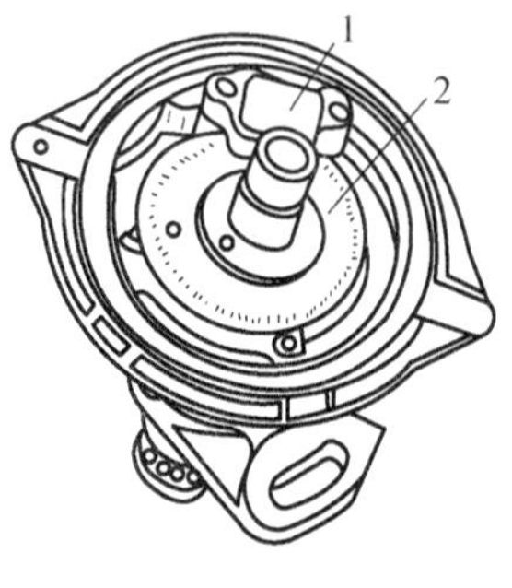

图 5.30　光电式曲轴位置传感器
1—信号发生器;2—信号盘

4.冷却液温度传感器

冷却液温度传感器用来检测发动机的热状态。其信号输入发动机 ECU,用来对基本喷油量进行修正。在怠速时,其信号是发动机 ECU 控制怠速转速的主要信号源。常见的冷却液温度传感器是半导体热敏电阻式,如图 5.32 所示,其内部是一个半导体负温度系数热敏电阻 3。它是利用半导体材料的电阻随温度变化而变化的特性制成的。其灵敏度高,有负温度特性和正温度特性两种。负温度特性是指温度升高时,电阻值降低;正温度特性是指电阻值随温度升高而增加。

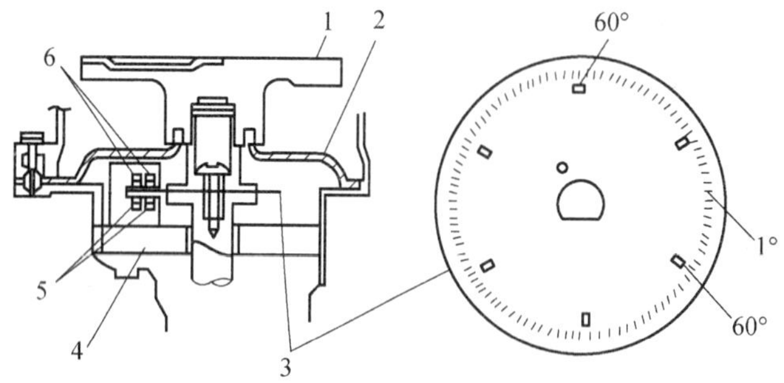

5.31　光电式曲轴位置传感器
1—分火头;2—防尘罩;3—信号盘;4—分电器底板;5—光敏晶体管;6—发光二极管

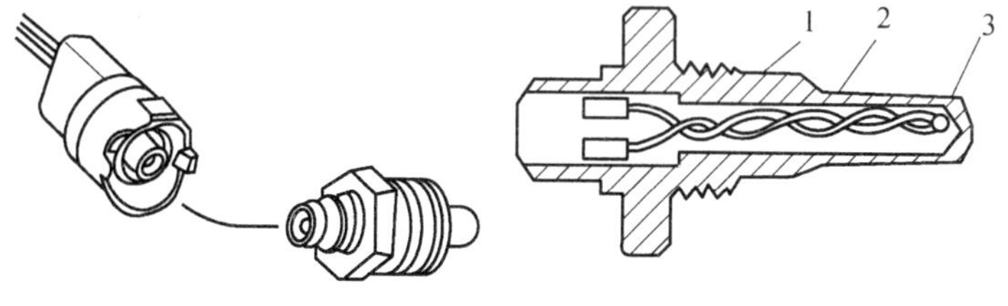

图 5.32　冷却液温度传感器
1—传感器外壳;2—导线;3—热敏电阻

5.进气温度传感器

进气温度传感器的功用是测量进气温度,并将温度变化的信息传输给电控单元作为修正喷油量的依据之一。通常安装在空气流量计上或进气歧管处。

进气温度传感器安装在进气歧管处,安装位置如图 5.33 所示。进气温度传感器的结构如图 5.34(a)所示,其内部也是一个负温度系数(NTC)热敏电阻,其电阻温度特性、构造、工作原理以及与电控单元的连接方式均与冷却液温度

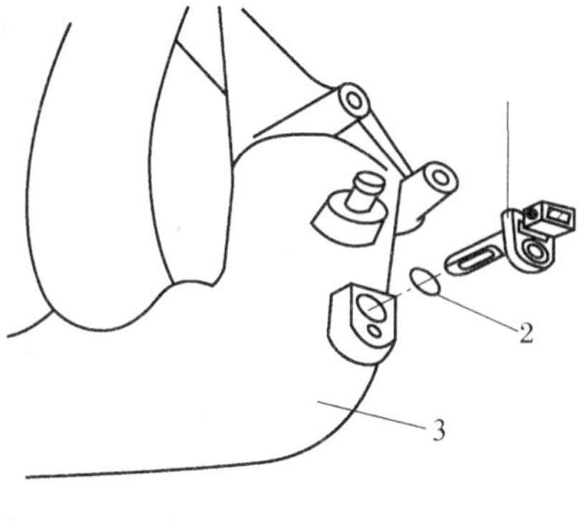

图 5.33　进气温度传感器结构与安装位置
1—进气温度传感器;2—O 形密封圈;3—进气歧管

传感器相同。如果进气温度传感器没有输出信号，将导致发动机热车启动困难，废气排放量增加。

6. 氧传感器(O_x)

电控燃油喷射发动机上广泛采用三元催化转化器对发动机排气进行净化处理。三元催化转化器的转化效率与混合气的空燃比有关。只有当空燃比在理论空燃比的附近区域时，三种有害气体的转化效率才同时较高。所以，在装有三元催化转化器的发动机上，普遍采用氧传感器进行空燃比闭环控制。氧传感器一般安装在排气管内，三元催化转化器之前，用来检测排气中的氧气含量，以确定空燃比值，向发动机 ECU 发出反馈信号，发动机根据此信号调节喷油量，把空燃比控制在目标空燃比的范围内。有的发动机还有一个氧传感器，安装在三元催化转化器之后，用来检侧其催化转化效率。目前最常用的是氧化锆式传感器。

图 5.35 所示为氧化锆式氧传感器结构图，图 5.36 为氧传感器在排气管中的安装图。

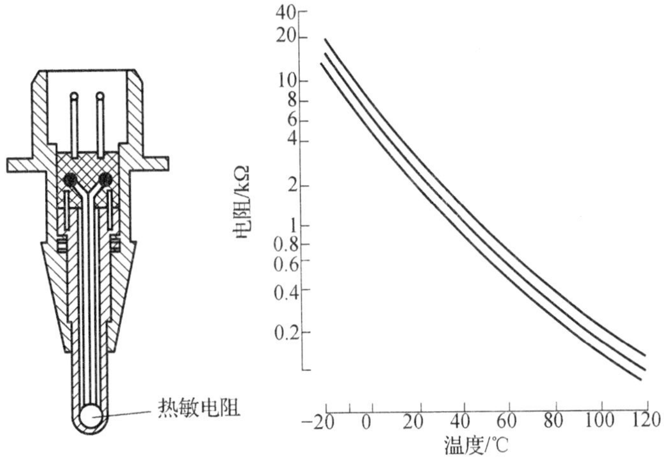

(a)进气温度传感器结构　　(b)电阻温度特性

图 5.34　进气温度传感器

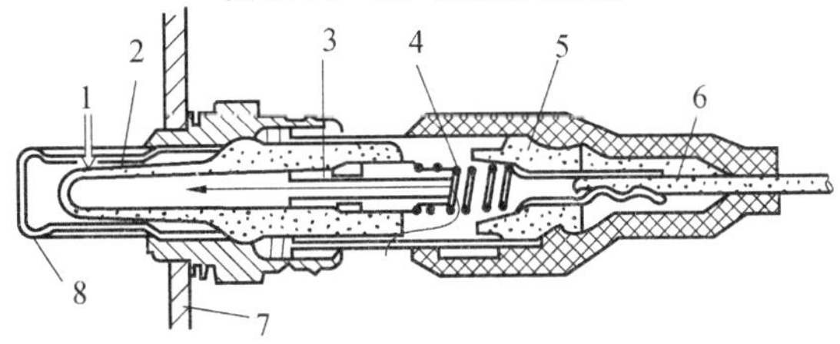

图 5.35　氧化锆式氧传感器结构

1—排气；2—锆管；3—电极；4—弹簧；5—线头支架(绝缘)；6—导线；7—排气管；8—排气孔罩

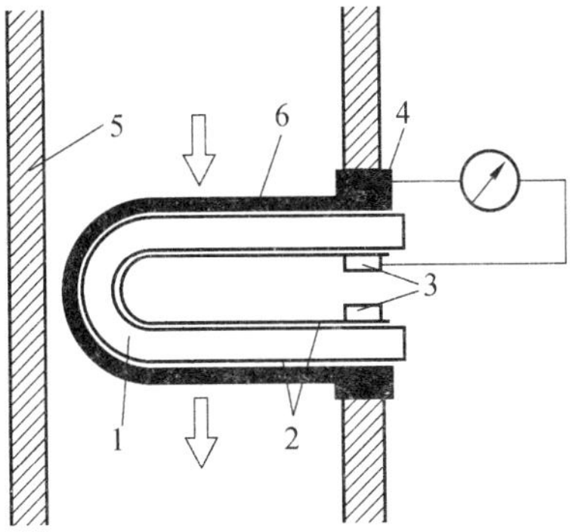

图 5.36　氧传感器在排气管中的安装

1—氧化锆陶瓷体；2—铂电极；3—内接线耳；4—外接线点；5—排气管；6—陶瓷防护层

陶瓷体即氧化锆(ZrO_2)制成的锆管 2,固定在带有安装螺纹的固定套中,其内表面与大气相通,外表面与排气接触。锆管内外表面都覆盖着一层多孔性的铂膜作为电极。为了防止废气中的杂质腐蚀铂膜,在锆管外表的铂膜上覆盖一层多孔的陶瓷层,并且还加装一个防护套管,套管上开有槽口。氧传感器的接线端有一个金属护套,其上开有一孔,用于锆管内表面与大气相通。导线 6 将锆管内表面铂极经绝缘套中引出。

7.爆燃传感器

爆燃传感器的功用是检测发动机有无爆燃现象,并将信号送入 ECU。

最常用的发动机爆燃方法是检测发动机机体的振动,它是利用产生爆燃时的发动机振动频率与传感器本身的固有频率相符合而产生的共振现象来检测爆燃是否发生。该传感器在爆燃时的输出电压比非共振(无爆燃)时的输出电压高得多,因此无需使用滤波器,即可判别有无爆燃发生。

爆燃传感器安装在发动机缸体上检测发动机的爆燃状况,其结构如图 5.37 所示。该传感器的压电元件紧密地贴合在振荡片上,振荡片则固定在传感器的基座上。振荡片随发动机振动而振荡,波及压电元件,使其变形而产生电压信号。当发动机爆燃时的振动频率与振荡片的固有频率相符合时,振荡片产生共振,此时压电元件将产生最大的电压信号,如图 5.38 所示。

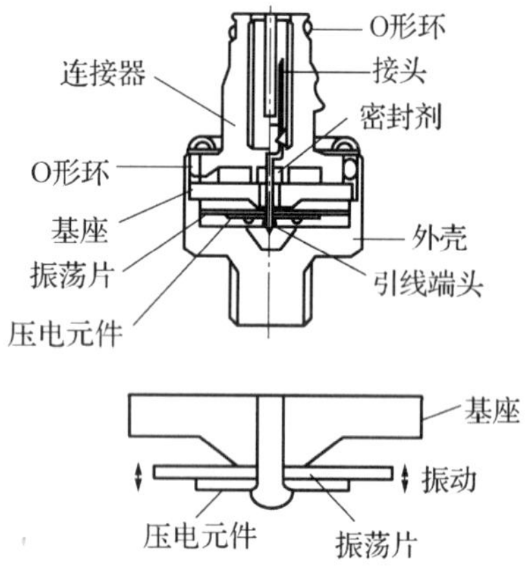

图 5.37 振动型爆燃传感器

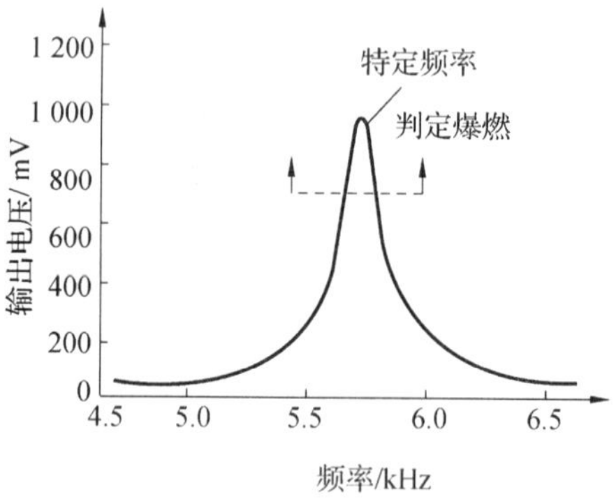

图 5.38 振动型爆燃传感器输出电压与频率的关系

8.车速传感器

车速传感器用来测量汽车的行驶速度。车速信号主要用于发动机怠速和加速期间的空燃比控制。车速传感器主要有两种形式,即舌簧开关型和光电耦合型。

(1)舌簧开关型。

舌簧开关型传感器装在组合仪表内,如图 5.39 所示。磁铁 1 由车速表的软轴驱动。软轴每转一圈,磁铁的极性变换四次,由于极性的变化,使舌簧开关的触点关闭或打开。

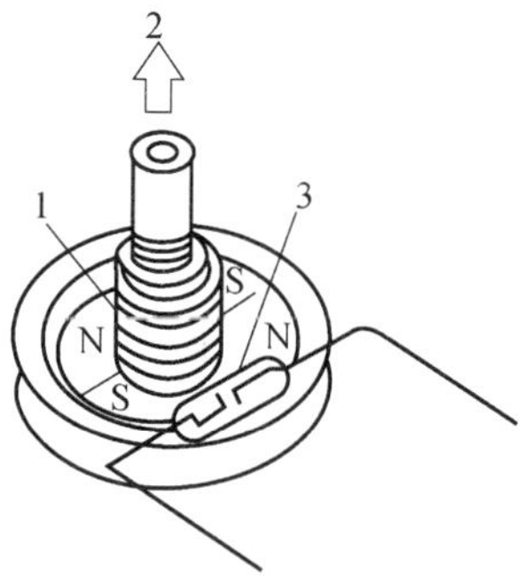

图 5.39 舌簧开关型车速传感器

1—磁铁;2—与转速表软轴连接;3—舌簧开关

(2)光电耦合型。

光电耦合型传感器也装在组合仪表内,其结构如图 5.40 所示,由带切槽的光盘转子 1 和光耦合器 4 组成。其工作原理如图 5.41 所示。与前面的光电式曲轴转角位置传感器一样。当转速表软轴转一圈时,光敏二极管产生 20 个脉冲,经分频后变成四个脉冲,送给电控单元 ECU。

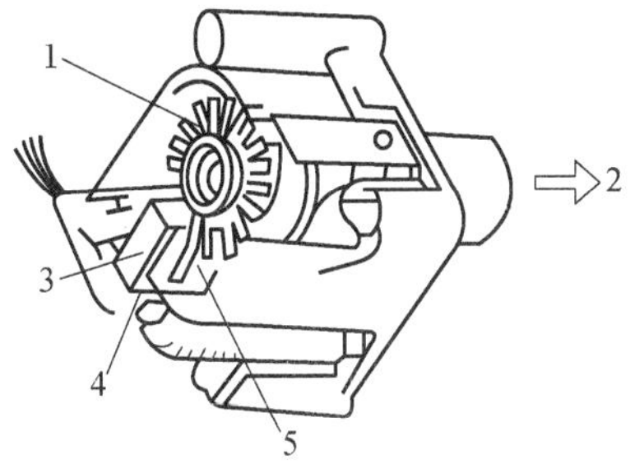

图 5.40 光电耦合型车速传感器

1—带切槽的光盘转子；2—与转速表软轴连接；3—发光二极管；4—光耦合器；5—光敏晶体管

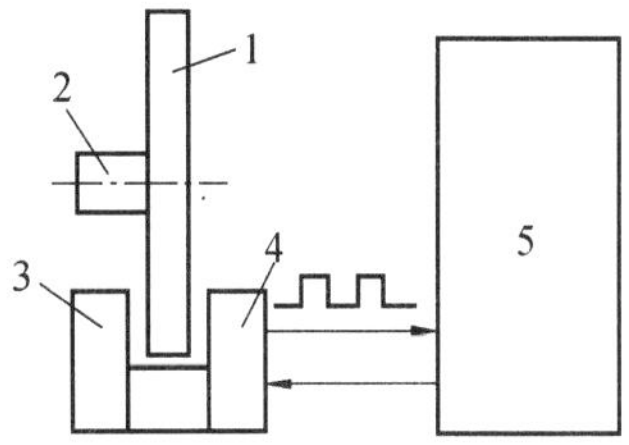

图 5.41 光电耦合型车速传感器工作原理

1—带切槽的光盘转子；2—转速表软轴；3—发光二极管；4—光敏晶体管；5—电控单元

5.4.2 电控单元

电控单元(Electronic Control Unit,ECU)是发动机的管理核心，其外观如图 5.42 所示，它主要由中央处理器(CPU)、随机存储器(RAM)、只读存储器(ROM)，输入和输出接口电路、驱动电路和固化在 ROM 中的发动机控制程序和原始数据等组成。

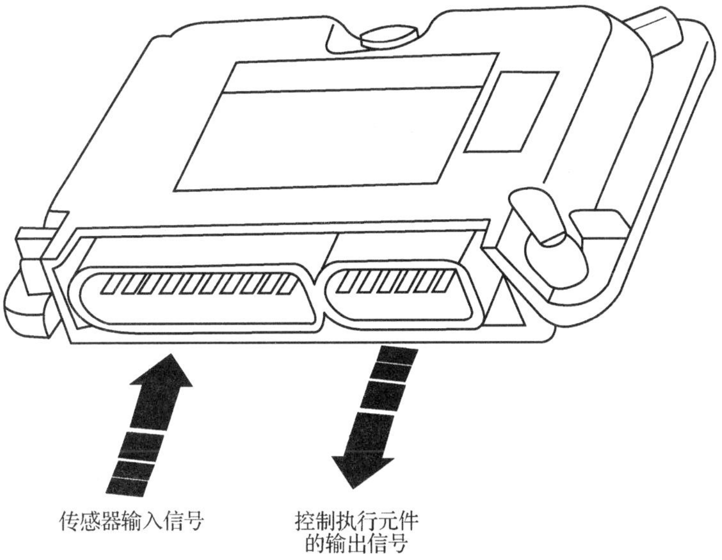

图 5.42 电控单元外观

电控单元的功用是根据其内存的程序和数据对空气流量传感器及其他传感器输入的信息进行运算、处理、判断，然后输出指令，向喷油器提供一定宽度的电脉冲信号(点火控制)以控制喷油量。随着电子技术和数控技术的发展，电控系的功能不断扩展。从单一的汽油喷射控制发展为对汽油喷射、点火正时、怠速及排气再循环等进行综合控制的发动机管理系统，图 5.43 所示为电控系原理图。

1. 汽油喷射控制

发动机各种运行工况的基本喷油持续时间存放在电控单元的存储器中，电控单元根据空气计量传感器提供的负荷信号，转速传感器提供的转速信号，在电控单元中获得基本喷油量，并通过检测到的冷却水温度、空气温度，蓄电池电压等信号对基本喷油量进行修正，计算出最佳喷油持续时间。在大多数发动机中，喷油定时是不变的，但有一些发动机喷油定时随发动机工况变化而不同。

2. 点火提前控制

发动机各种运行工况下的基本点火定时数据也存放在电控单元的存储器中，电控单元根据来自各种传感器的信号控制点火正时，使点火时刻保持在最佳值。

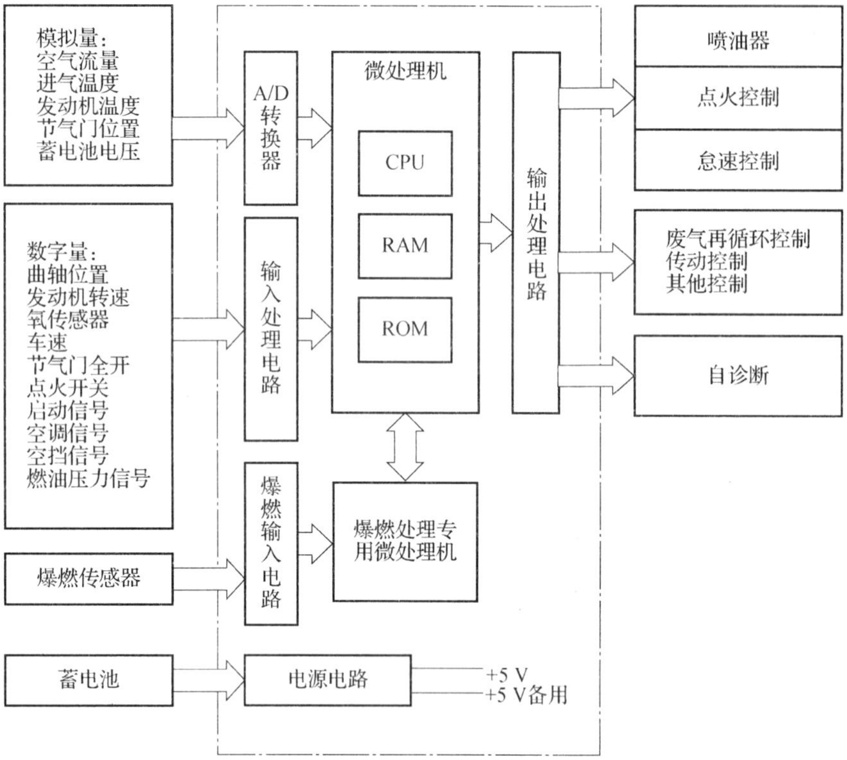

图 5.43　电控系原理图

3.怠速控制

电控单元根据发动机怠速工况的要求控制发动机转速。在电控单元存储器中存储了不同工况的怠速控制目标值,电子控制单元根据发动机转速、冷却水温度、空调开关、动力转向等信号控制怠速,使怠速接近目标值。

4.自诊断功能

电控单元不断地检测各种传感器的输入信号,若任何一个信号出现不正常现象时,电控单元即将不正常的现象用数据形式存入存储器,需要时,可通过数据或灯光闪烁来显示。

5.安全保险功能

如果电控单元检测到输入的信号不正常,将按照内存中存储的固定值(缺省值)代替,以便控制发动机,使发动机能够继续维持工作。

电控单元本身出现故障时,装有备用控制系的发动机能继续对喷油和点火进行控制,使车辆继续行驶。

6.辅助信号

发动机电控单元与其他电控单元及系统通过信号线相连接,如图 5.44 所示。利用发动机电控单元的辅助信号,可以使车辆各系统之间交换信息。

发动机电控单元从发动机转速传感器处收到发动机转速信号后,又把发动机转速信息传送给发动机转速表。

发动机电控单元经过空调继电器与空调压缩机连接,空调压缩机的信号是输入和输出双向的。空调压缩机一旦接通,发动机电控单元就立即命令节气门体提高怠速转速。在急加速至节气门全开、紧急运行模式及冷却液温度高于 120 ℃等情况,发动机电控单元使空调压缩断开。

发动机电控单元还与空调(A/C)开关相连接。由于空调工作所消耗的功率是变化的,发动机电控单元通过节气门始终保持怠速的稳定。

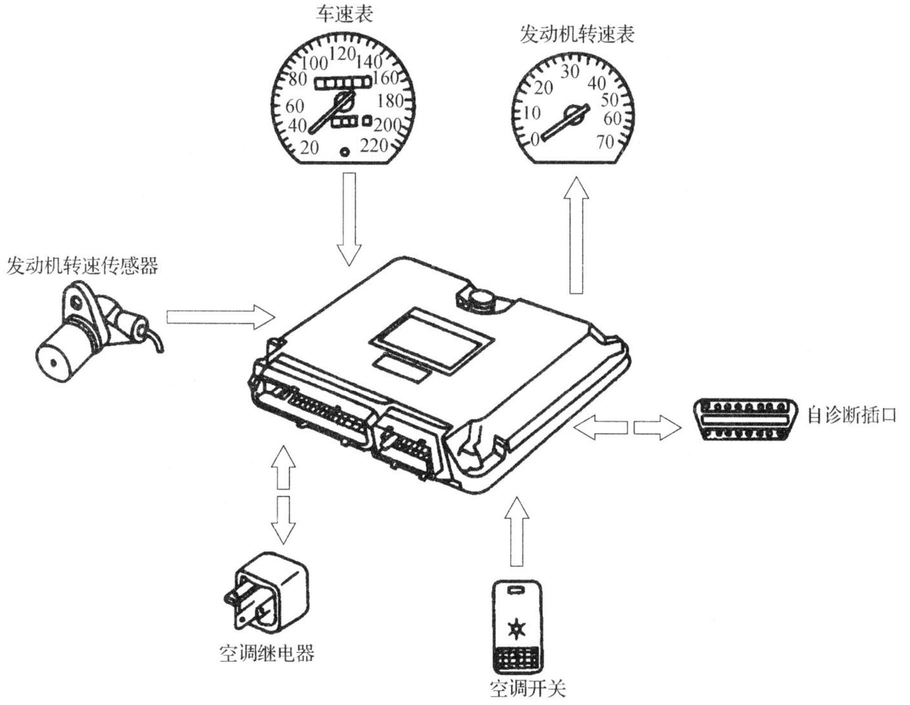

图 5.44 发动机电控单元辅助信号

任务 5.5 空气供给与排气系

发动机空气供给与排气系的主要功用是供给发动机可燃混合气或纯净空气，并将发动机燃烧后的废气排至大气。

5.5.1 空气供给系

空气供给系主要包括空气滤清器和进气歧管。

1. 空气滤清器

空气滤清器的功用是滤除空气中的杂质或灰尘，以减少汽缸、活塞、活塞环等有关零件的磨损，延长发动机的使用寿命。

空气滤清器常用的类型有纸滤芯干式空气滤清器、油浴式空气滤清器和双级式空气滤清器。

(1)纸滤芯干式空气滤清器。

纸滤芯干式空气滤清器具有安装及保养容易，滤清效率高等优点，广泛用在汽车发动机上。但它不能反复使用，需定期更换，如图 5.45 所示。

(2)油浴式空气滤清器。

油浴式空气滤清器用于多尘条件下工作的发动机上，如越野车发动机。油浴式空气滤清器结构原理如图 5.46 所示。它包括空气滤清器外壳 1、滤芯 2、密封圈 3 和滤清器盖 4 等。外壳底部是储油池，其中盛有一定数量的润滑油。当发动机工作时，环境空气经外壳与滤清器盖之间的狭缝进入滤清器，并沿着滤芯与外壳之间的环形通道向下流到滤芯底部，再折向上通过滤芯进入进气管。当气流转弯时，空气中较大的杂质被甩入润滑油中并被润滑油黏附，细小杂质被滤芯滤除。黏附在滤芯上的杂质被气流溅起的润滑油所冲洗,并随润滑油一起流回储油池。滤芯多用金属丝制成。空气中的杂质可被滤除 95%～97%。油浴式空气滤清器的优点是滤芯清洗后可以重复使用。

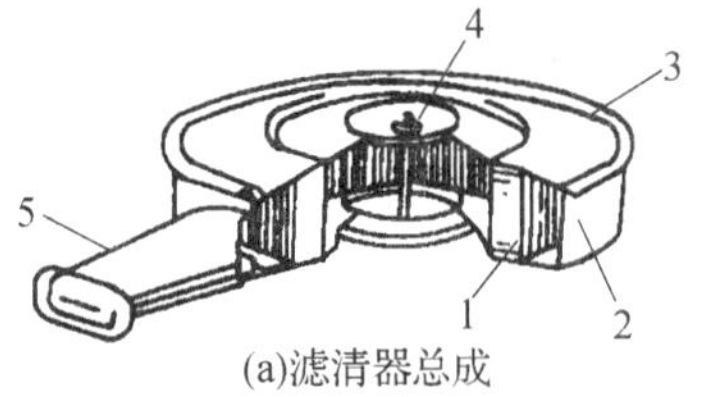

(a)滤清器总成

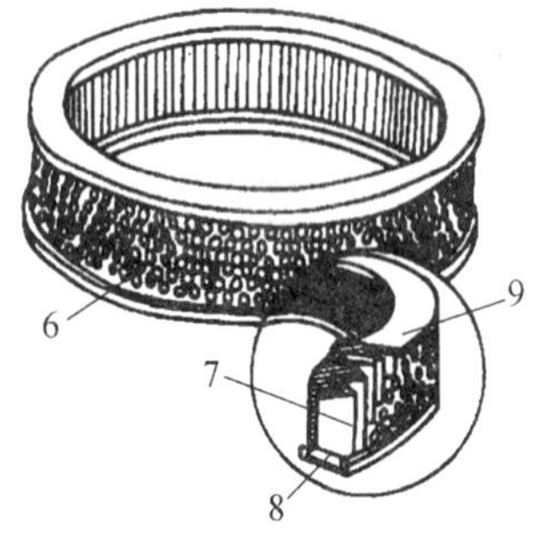

(b)纸滤芯

图 5.45　纸滤芯干式空气滤清器

1—滤芯;2—滤清器外壳;3—滤清器盖;4—蝶形螺母;5—进气导流管;6—金属网;7—打褶滤纸;8—滤芯下密封面;9—滤芯上密封面

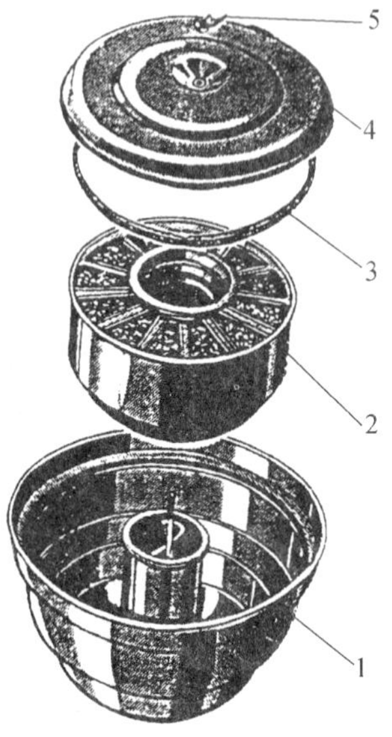

图 5.46　油浴式空气滤清器

1—滤清器外壳;2—滤芯;3—密封圈;4—滤清器盖;5—蝶形螺母

(3)双级式空气滤清器。

双级式空气滤清器结构如图 5.47 所示,它是通过用树脂处理过的纸质滤芯对空气进行过滤,滤芯安装在滤清器外壳中,滤芯有上密封面和下密封面。过滤的效果与滤纸的筛孔大小有关,0.001 mm的筛孔可将绝大多数灰尘隔离,其滤清效率可达 99.5% 以上。纸质滤芯的寿命取决于纸面大小(通常呈波折状以提高过滤面积)及空气本身的清洁程度,一般可连续使用 10 000～50 000 km。纸质滤芯不能清洗,可用压缩空气吹去积灰后反复使用,严重污染时须更换。纸滤芯双级式空气滤清器具有质量轻、结构简单等优点。

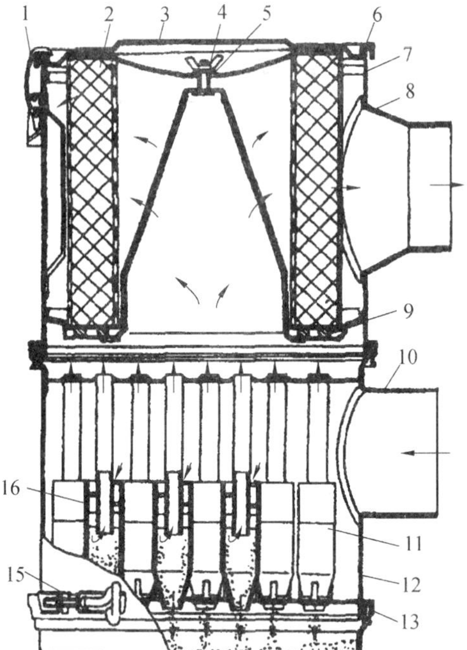

图 5.47　双级式空气滤清器

1—卡簧;2—纸滤芯;3—滤清器上盖;4—蝶形螺母;5—密封垫;6,9,13—密封圈;7—上体;8—出气口;10—进气口;11—旋流管;12—下体;14—集灰盘

2.进气导流管

在现代轿车上,为了增强发动机的谐振进气效果,空气滤清器进气导流管需要有较大的容积。但是导流管不能太粗,以保证空气在导流管内有一定的流速,因此,进气导流管只能做得很长,如图 5.48 所示。较长的进气导流管有利于实现从车外吸气,因为车外空气温度一般比发动机罩下的温度低约 30℃,所以从车外吸入的空气密度可增加 10%左右,燃油消耗率可降低 3%。

3.进气歧管

进气歧管是指化油器或节气门体之后到汽缸盖进气道之前的进气管路。进气歧管必须将空气与燃油的混合气或纯净空气尽可能均匀地分配到各个汽缸，因此进气歧管的长度应尽量相等。为了减小气体流动阻力、提高进气能力，进气歧管内壁应该光滑。

一般化油器式或节气门体燃油喷射式发动机的进气歧管用合金铸铁制造，轿车发动机多用铝合金制造，铝合金进气歧管质量轻、导热性好。气道燃油喷射式发动机近来采用复合塑料进气歧管的日渐增多。这种进气歧管质量极轻，内壁光滑，无需加工。

(1)谐振进气系统。

由于进气过程具有间歇性和周期性，致使进气歧管内产生一定幅度的压力波，此压力波以声速在进气管内传播和往复反射。在进气管旁设置与进气管相通的谐振腔所构成的谐振进气系统，如图5.49所示。可利于进气歧管内压力波的共振，充分利用气流压力波动效应，增加进气量，提高充气效率。

该系统的优点是没有运动件，工作可靠，成本低，但只能增加特定转速下的进气量和发动机转矩。

(2)可变进气歧管。

现代轿车发动机上广泛采用可变进气歧管来解决发动机高速时的动力性与中、小负荷时燃油经济性变差及低速时转矩降低的矛盾。其中可变进气歧管由于结构简单、效果显著，因此应用最为广泛。

空气动力效应对充气效率的影响取决于进气歧管的长度和形状，不同长度和形状的进气歧管，其充气效率随发动机转速不同而变化的特性也不完全相同。采用可变进气歧管可使发动机在所有转速范围内都能获得最佳的充气效果，并可改善其转矩输出特性，提高低速和高速工况下的输出转矩。

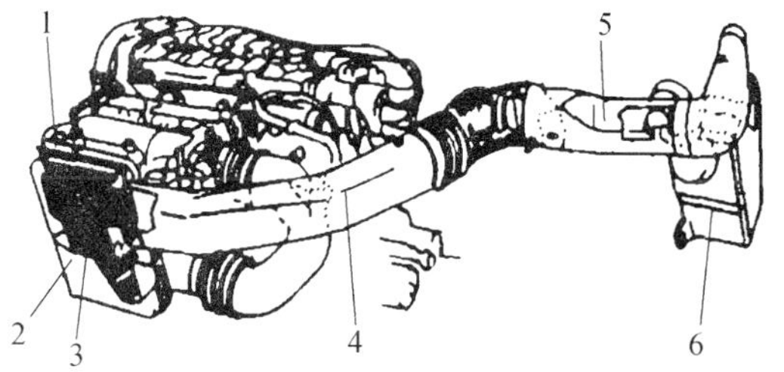

图5.48　空气滤清器进气导流管

1—空气滤清器外壳；2—空气滤清器盖；3—滤芯；4—后进气导流管；5—前进气导流管；6—谐振腔

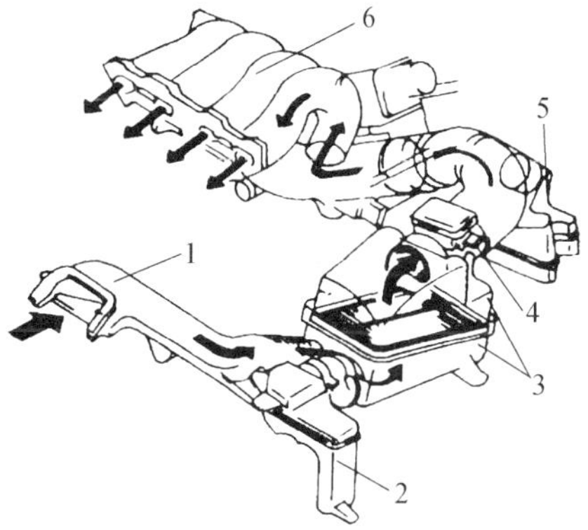

图5.49　谐振进气系统

1—进气导流管；2—副谐振室；3—空气滤清器；4—空气流量计；5—主谐振室；6—进气歧管

可变进气歧管主要有如下两种形式：

①改变进气歧管的有效长度。如图5.50所示，当发动机低速运转时，发动机电控单元5指令转换阀控制机构4关闭转换阀3，这时空气经空气滤清器1和节气门2沿着弯曲而又细长的进气歧管流进汽缸。细长的进气歧管提高了进气速度，增强了气流的惯性，使进气量增多。当发动机高速运转时，转换阀开启，空气经空气滤清器和节气门直接进入粗短的进气歧管。粗短的进气歧管进气阻力小，也使进气量增多。可变进气歧管长度系统不仅可以提高发动机的动力性，还由于它提高了发动机在中、低速运转时的进气速度而增强了汽缸内的气流强度，从而改善了燃烧过程，使发动机中、低速的燃油经济性有所提高。

②可变双通道进气歧管。如图5.51所示，每个进气歧管都有两个通道，一长一短。当发动机在中、低速运转时，旋转阀2将短进气通道1封闭，空气沿长进气通道3经进气门6进入汽缸。当发动机高速运转时，旋转阀使长进气通道短路，将长进气通道也变为短进气通道，这时空气同时经两个短进

气通道进入汽缸。可变进气歧管装置在发动机所有转速下可使其转矩平均提高 8%。

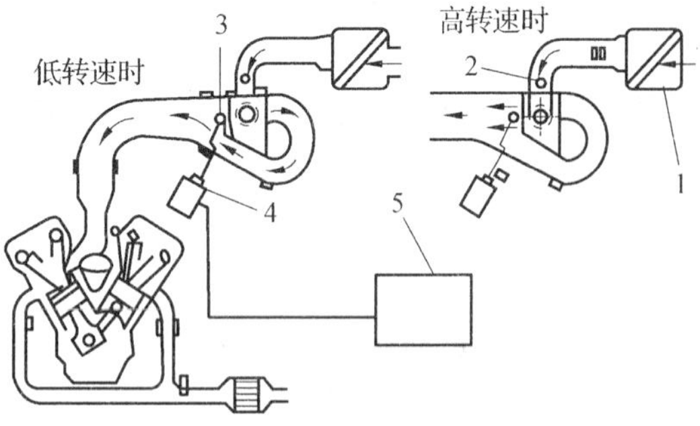

图 5.50 可变进气歧管长度装置

1—空气滤清器;2—节气门;3—转换阀;
4—转换阀控制机构;5—发动机电控单元

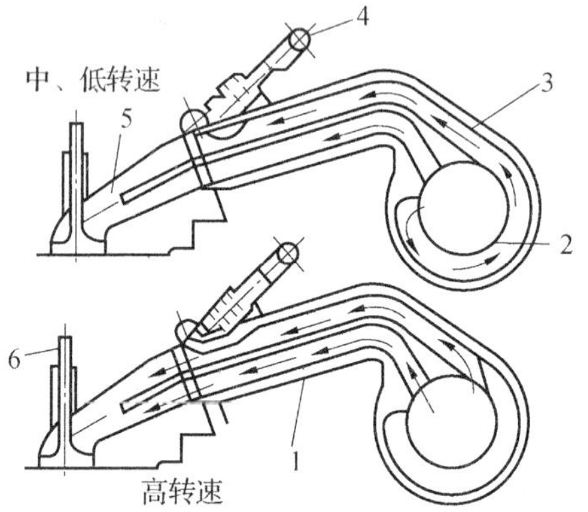

图 5.51 可变双通道进气歧管装置

1—短进气通道;2—旋转阀;3—长进气通道;
4—喷油器;5—进气通道;6—进气门

5.5.2 排气系

排气装置一般由排气歧管、排气管及消声器等组成,如图 5.52 所示。

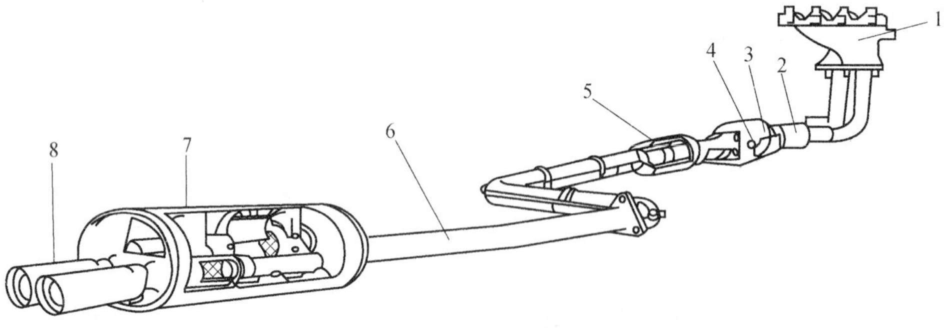

图 5.52 单排气系统的组成

1—排气岐管;2—前排气管;3—催化转化器;4—排气温度传感器;
5—副消声器;6—后排气管;7—主消声器;8—排气尾管

排气装置有单排气和双排气装置两种。V 形发动机有两个排气岐管,如图 5.53 所示。双排气系降低了排气系内的压力,使发动机排气顺畅,汽缸中残留的废气少,因而可以提高发动机的充气效率及输出转矩。

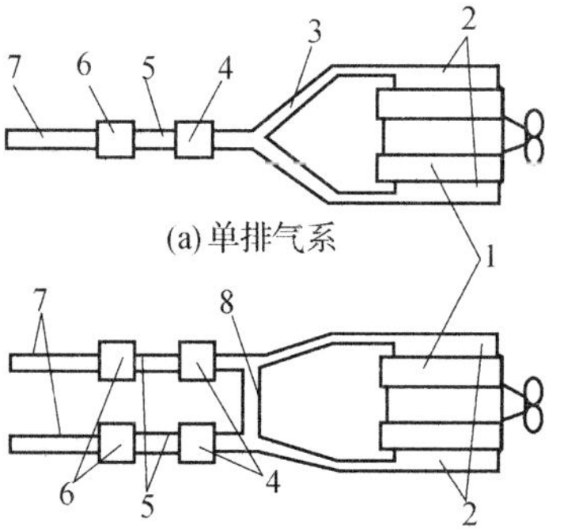

(a)单排气系

(b)双排气系

图 5.53 V 形发动机排气装置示意图

1—发动机;2—排气歧管;
3—叉形管;4—催化转换器;
5—排气管;6—消声器;
7—排气尾管;8—连通管

1.排气岐管

排气岐管的形状十分重要。为了防止各缸排气相互干扰和排气倒流,并利用排气惯性,应将排气岐管做得长些,且各缸岐管应相互独立、长度相等。铸铁排气岐管的结构如图 5.54 所示,1、4 缸排气支管汇合在一起,2、3 缸汇合在一起,可以完全消除排气干扰和倒流现象。

还有用不锈钢制造的排气歧管,其优点是质量轻,耐久性好,内壁光滑,排气阻力小,如图 5.55 所示。

2.消声器

发动机的排气压力为 0.3~0.5 MPa,温度为 500~700℃,

这表明排气有一定的能量。

同时，由于排气的间歇性，在排气管内引起排气压力的脉动。如果将发动机废气直接排放到大气中，势必产生强烈的噪声。排气消声器的功用就是通过逐渐降低排气压力和衰减排气压力的脉动来消减排气噪声。

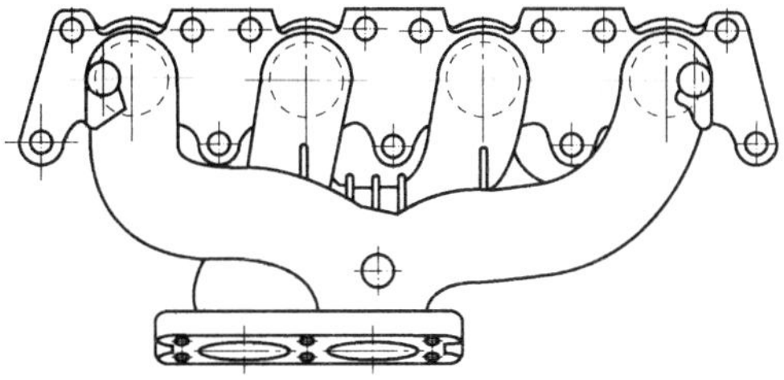

图 5.54 铸铁排气岐管

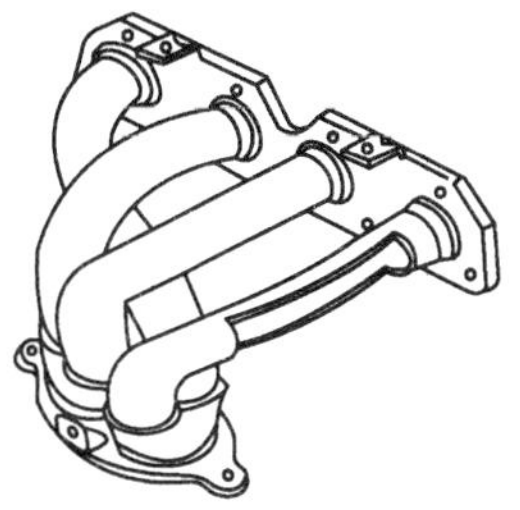

图 5.55 不锈钢排气岐管

汽车的排气噪声是行车噪声的主要组成部分。世界各国对各种车辆产生的噪声极限值都有严格的规定，如欧共体规定，轿车为 77 dB，载货汽车为 84 dB 等。

排气消声器具有吸收、反射两种基本消声方式。图 5.56 为吸收式消声器，它是通过废气在玻璃纤维、钢纤维和石棉等吸声材料上的摩擦而减小其能量。图 5.57 为反射式消声器，它由多个串联的谐调腔与不同长度的多孔反射管相互连接在一起。废气在其中经多次反射、碰撞、膨胀、冷却而降低其压力，减轻了振动。

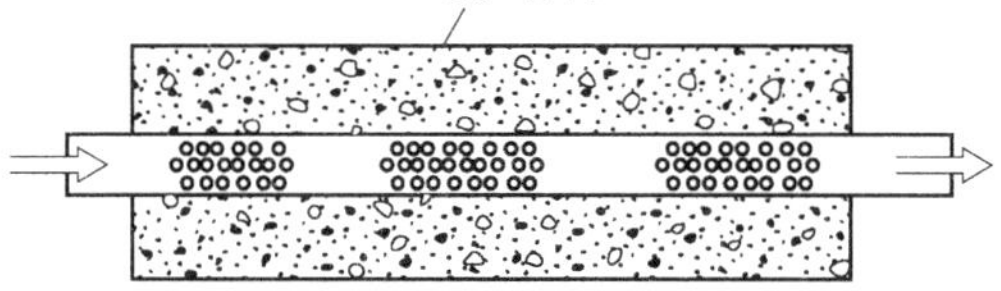

图 5.56 吸收式消声器示意图

汽车上实际使用的排气消声器，多数是综合利用不同的消声原理组合而成的，如图 5.58 所示。

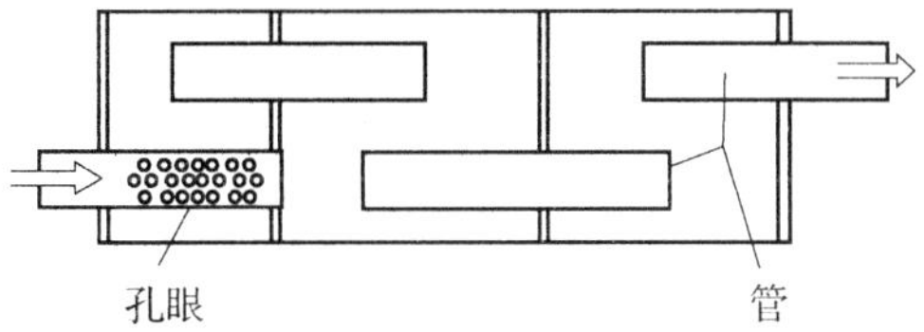

图 5.57 反射式消声器示意图

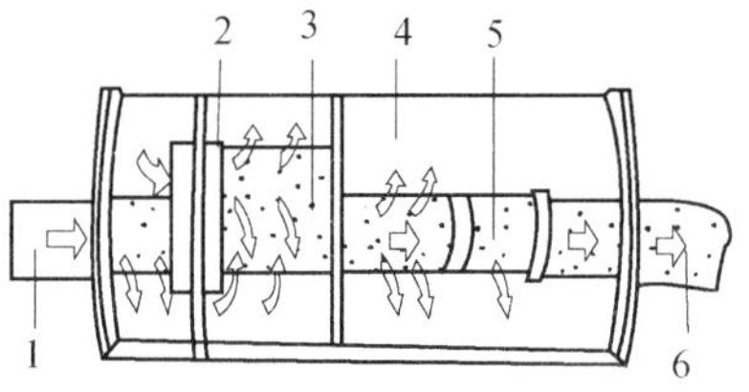

图 5.58 组合式消声器

1—排气管；2—节流管；3—反射管；4—吸声材料；5—干涉管；6—尾管

5.5.3 废气涡轮增压系

废气涡轮增压是指利用发动机排出的高温高压废气能量，驱动涡轮作高速旋转，带动同轴上的压缩机对燃烧所需的空气进行预压缩。这样，在发动机排量和转速不变的情况下，增加了流入发动机的空气量，提高了进气效率，因而可提高发动机的功率。

由于利用高温废气进行增压，涡轮增压器的温度较高，经压缩的空气也温度较高，使进气密度减少，对提高进气效率不利，因此，需要在压缩空气出口到进气管之间安装冷却器，冷却压缩空气，提高其密度。

5.5.4 强制式曲轴箱通风装置

汽车在使用过程中，发动机所排废气中含有一氧化碳（CO）、碳氢化物（HC）、氮氧化物（NO_x）、微粒及硫化物等有害物质，污染大气环境，危害人类健康，所以必须对发动机排气进行净化。强制式曲轴箱通风装置、催化转换器、废气再循环装置、二次空气喷射装置、汽油蒸发控制装置均有效地降低了这些污染物的排放。

发动机工作时,有部分可燃混合气和燃烧产物会经汽缸、活塞环窜入曲轴箱内。它们含有 HC 等有害气体,不能排向大气,应进行净化。目前多用闭式曲轴箱强制通风装置。

强制式曲轴箱通风装置的组成如图 5.59 所示。它由 PCV 阀及连接管路组成。发动机工作时,新鲜空气自空气滤清器 1 经空气软管 2 和闭式通风口进入曲轴箱,并和曲轴箱内窜入的废气混合,再从汽缸盖罩经 PCV 阀 6,被吸入进气管。因此有适量的窜气在汽缸内再次燃烧。

PCV 阀可随发动机运转状况自动调节吸入汽缸的窜气量,发动机各种工况下的 PCV 阀开度如图 5.60 所示。

发动机不工作时 PCV 阀中的弹簧 3 将锥形阀 2 压在阀座 1 上,关闭了曲轴箱与进气歧管的通路,如图 5.60(a)所示。

在怠速或小负荷时,窜气量较少。此时,由于进气歧管真空度较高,真空度克服弹簧力把锥形阀吸向右端,使锥形阀与阀体 4 之间只有很小的缝隙,如图 5.60b)所示。气流通路关小,吸入汽缸的窜气量较少。

在部分节气门开度时进气歧管真空度比怠速时小,在弹簧力的作用下锥形阀与阀体间的间隙增大,如图 5.60(c)所示。较大的 PCV 阀开度使窜入到曲轴箱较多的气体被吸入进气管。

在加速或大负荷时,窜气量增多,进气歧管真空度变低,PCV 阀的气流通路开大,如图 5.60(d)所示,因而有较多的窜气量进入汽缸再燃烧。在闭式曲轴箱通风系统中,当发动机高速大负荷运转时,一旦窜气量过多而不能完全被吸尽时,窜气会从曲轴箱经闭式通气口倒流入空气滤清器,被吸入进气歧管。

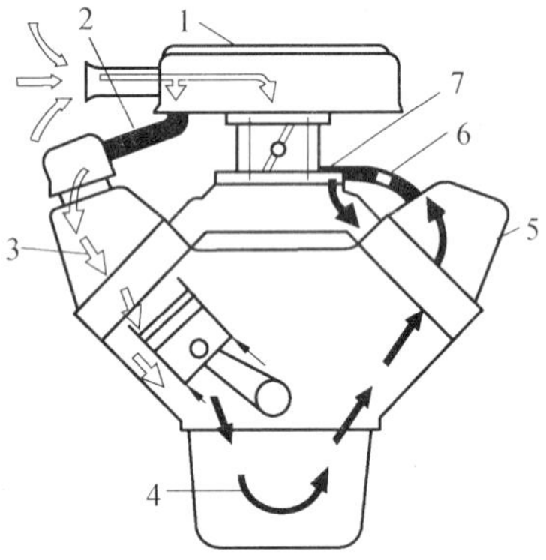

图 5.59 强制式曲轴箱通风装置示意图(福特)

1—空气滤清器;2—空气软管;3—新鲜空气;4—曲轴箱气体;5—汽缸盖罩;6—PCV 阀

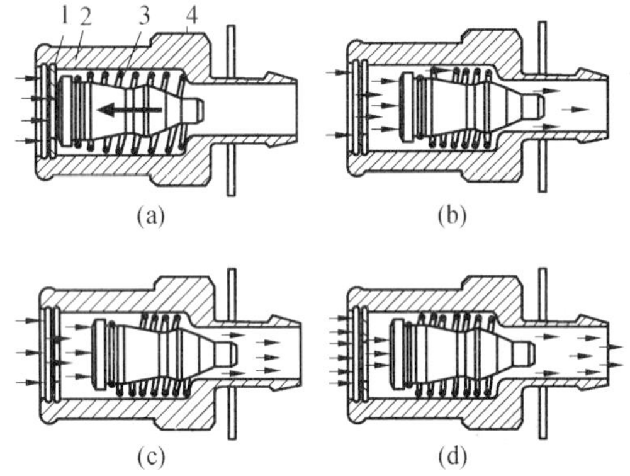

图 5.60 发动机各种工况下的 PCV 阀开度

1—阀座;2—锥形阀;3—弹簧;4—阀体

5.5.5 催化转换器

催化转换器是利用催化剂的作用将排气中的 CO、HC 和 NO_x 转换成对人体无害气体的一种排气净化装置,又称为催化净化转换器。催化转换器有氧化催化转换器和三元催化转换器两种类型。

1.氧化催化转换器

氧化催化转换器在金属铂、钯或铑等催化剂的作用下,可将排气中的 CO 和 HC 氧化成 CO_2 和 H_2O。因此这种催化转换器也称二元催化转换器。使用时须向氧化催化转换器供给二次空气作为氧化剂,才能使其有效地工作。

2.三元催化转换器

三元催化转换器可同时减少 CO、HC 和 NO_x 的排放,它以排气中的 CO 和 HC 作为还原剂,把 NO_x 还原为氮(N_2)和氧(O_2),而 CO 和 HC 在还原反应中被氧化为 CO_2 和 H_2O。当同时采用两种转换器时,常把两者放在同一个转换器壳内,且把三元催化转换器置于氧化催化转换器前面。排气经过三元催化转换器之后,部分未被氧化的CO和HC继续在氧化催化转换器中进行氧化反应。

三元催化转换器有颗粒型催化转换器和整体型催化转换器两种形式。颗粒型催化转换器由100个直径为2～3mm的多孔性陶瓷小球构成反应床,排气从反应床流过,如图5.61(a)所示。整体型催化转换器有很多蜂窝状小孔的陶瓷块,排气从蜂窝状小孔流过,如图5.61(b)所示。陶瓷小球或陶瓷块均装在不锈钢外壳内,小球或陶瓷块小孔表面有一层薄薄的铂、钯或铑的镀层。与颗粒型催化转换器相比,整体型催化转换器体积小,与排气接触的表面积大,排气阻力也较小。

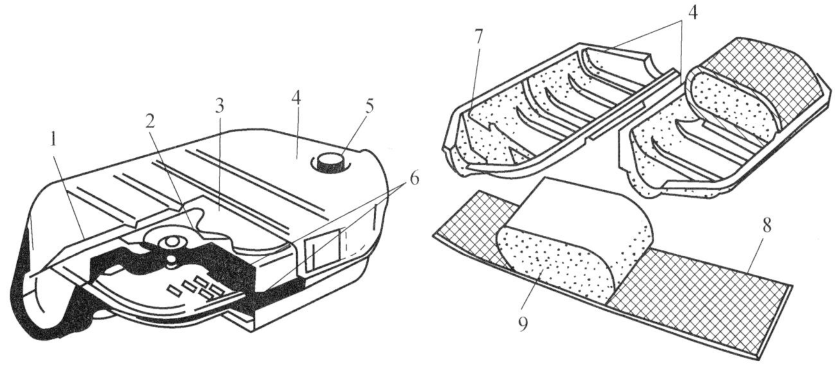

(a) 颗粒型催化转换器　　(b) 整体型催化转换器

图5.61　三元催化转换器结构图

1—陶瓷小球保持架;2—内壳;3—隔热层;4—外壳;5—填料孔螺塞;
6—陶瓷小球;7—分流器;8—金属网;9—带蜂窝状小孔的陶瓷块

三元催化转化器要求的使用条件相当严格。首先,发动机只能使用无铅汽油。如果使用加铅汽油,铅覆盖在催化剂表面将使催化剂失效。其次仅当温度超过250～350℃时,催化转化器才起催化反应。温度较低时,转化器的转化效率急剧下降。因此,催化转化器都安装在温度较高的排气岐管后面。第三,催化剂与载体的容积必须与发动机的排量相匹配,具有足够的强度和抗热冲击性,才能保证对CO、HC和NO_x的净化率高。第四,三元催化转化器必须配有温度控制装置或旁通管道,避免载体过热烧毁堵塞排气岐管。

5.5.6 废气再循环装置

废气再循环是将5%～20%的废气再引入进气歧管,与新鲜混合气一道进入燃烧室,由于废气中含有大量的CO_2,而CO_2不能燃烧却能吸收大量的热,使汽缸中混合气的燃烧温度降低,从而减少了NO_x的生成量。废气再循环是净化排气中NO_x的主要方法。为了既能减少NO_x的排放,又能保持发动机的动力性,必须根据发动机运转的工况对再循环的废气量加以控制。

5.5.7 二次空气喷射装置

二次空气喷射是将新鲜空气喷射到排气门附近,使高温废气和空气接触混合,以便使未燃的HC、CO进一步燃烧。

二次空气喷射作为早期控制污染物排放的措施之一,目前与催化转换器配合使用。它同样由ECU控制二次空气喷射气道的导通,将空气引入催化转换器中(图5.62),实现对CO、HC的转变。在将空气引入排气岐管的方式中,除了空气泵控制外,还可用排气脉冲波实现。另外,随着研究的进一步深入,又出现了许多新技术。如停缸控制,它可根据负荷的不同要求,停止部分汽缸的燃油供给与点火控制,减少浪费,提高发动机效率。

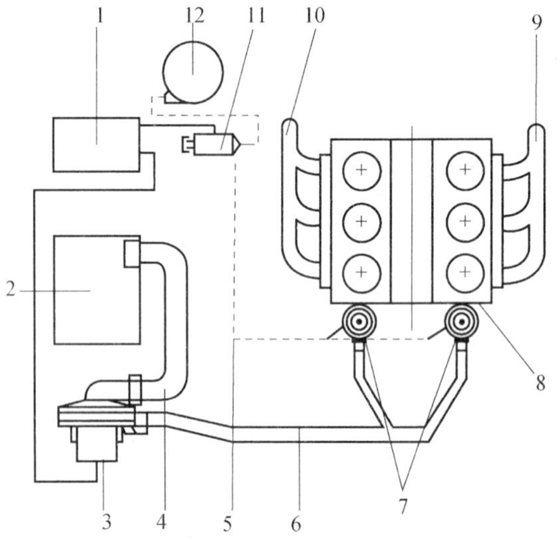

图 5.62　二次空气喷射系示意图

1—发动机控制单元；2—空气滤清器；3—二次空气泵电动机；4、6—连接管；5—真空管；
7—组合阀；8—发动机；9—左排气歧管；10—右排气歧管；11—二次空气阀；12—真空罐

5.5.8　汽油蒸发控制装置

汽油蒸发控制装置的功能是将汽油箱和浮子室内蒸发的汽油蒸气收集和储存在炭罐内，在发动机工作时再将其送入汽缸燃烧。汽油蒸发控制系统的结构原理如图 5.63 所示。

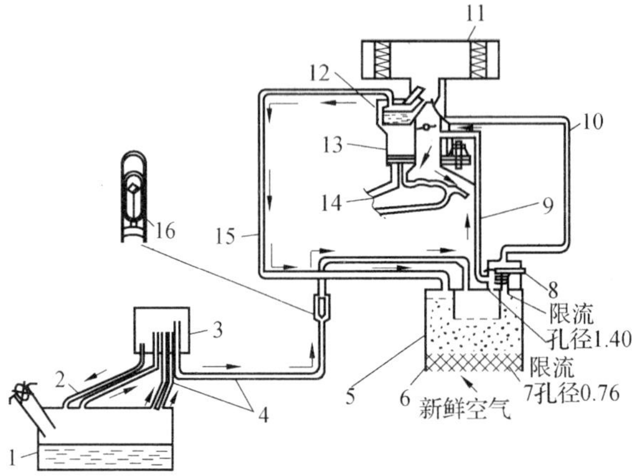

图 5.63　汽油蒸发控制装置

1—汽油箱；2—回油管；3—气-液分离器；4，9，15—汽油蒸气管；5—炭罐；
6—活性炭；7—滤网；8—限流阀；10—真空软管；11—空气滤清器；12—浮子室；
13—化油器；14—进气歧管；16—节流阀

当发动机停机后，汽油箱 1 中的汽油蒸气经气一液分离器 3 和汽油蒸气管 4 进入炭罐 5，炭罐外壳一般由塑料制造，内填满活性炭 6。浮子室 12 中的汽油蒸气则经汽油蒸气管 15 进入炭罐，被其中的活性炭吸附。炭罐顶部有限流阀 8，用来控制进入进气歧管的汽油蒸气及空气的数量。气一液分离器用来分离液态汽油和汽油蒸气，以防止液态汽油流入炭罐。气一液分离器安装在汽油箱顶部，主要由一组出口朝上的管子组成，其中三根通气管分别接在汽油箱的中央和两侧。这样，不论汽车如何倾斜，至少会有一根通气管高于汽油液面，使汽油蒸气得以经汽油蒸气管 4 进入炭罐。分离出来的液态汽油从回油管 2 返回汽油箱 1。

实训项目

任务名称	传感器与执行器的认知	学时	1	班级	
学生姓名		学生学号		任务成绩	
实训设备	捷达轿车五台	实训场地	理实一体化教室	日期	
任务内容	电控汽油发动机燃料供给系传感器与执行器的安装位置及功用				
任务目标	在实车上指出电控汽油发动机燃料供给系传感器与执行器的位置并说出其功用				

一、决策与计划

请根据任务要求，确定所需要的技术资料，并对小组成员进行合理分工。

1. 需要的技术资料

2. 小组成员分工

二、实施

在实车上分别找出项目单表格中的元件并写出其作用。

元件名称	作用	元件名称	作用
空气流量计		曲轴位置传感器	
凸轮轴位置传感器		节气门位置传感器	
进气温度传感器		冷却液温度传感器	
氧传感器		爆震传感器	
电动燃油泵		燃油箱	
燃油滤清器		燃油分配管	
燃油压力调节器		电磁喷油器	
三元催化转换器		排气管	
排气消声器		节气门体	

三、检查

将工作台上的零部件按照要求进行分类。

传感器：______

执行器：______

四、评价反馈

1. 请根据自己任务的完成情况，对自己的工作进行自我评估，并提出改进意见。

(1)______

(2)______

2. 教师对学生工作情况进行评估，并进行点评。

______

五、作业

查阅资料：列举出现代汽车上还安装有哪些新型的传感器并写出它们的作用。

课后练习

模块 5　汽油发动机燃料供给系	班级			
	姓名		学号	
	日期		评分	

一、资讯

说明：每位学生应在工作任务实施前独立完成准备工作。

1. 汽油的使用性能指标主要包括__________、__________和__________。

2. 汽油的牌号越______________，则异辛烷的含量越______________，汽油的抗爆性越______________。

3. L 型电控汽油喷射系中的喷油器数等于__________。

4. 单点汽油喷射系中的喷油器装于__________。

5. 根据汽油的喷射位置，汽油喷射系可分为__________和__________两大类。

6. 汽油滤清器的作用是将汽油中的__________、__________等杂质滤去。

7. 在装有三元催化转换器的发动机上，普遍采用__________传感器进行空燃比闭环控制。

8. 发动机所排废气中含有__________、__________、__________、微粒及硫化物等有害物质。

9. 燃油压力调节器安装在燃油分配总管的一端，其作用是保证喷油器__________为恒定值。

10. 电子控制系统的主要作用是收集发动机的工况信号并确定________、________。

11. 废气再循环是将__________再引入进气管，与新鲜混合气一道进入燃烧室。

二、内容小结

1. 电控燃油供给系由哪些部件组成？
2. 在电控汽油喷射系中，喷油器的实际喷油量是如何确定的？
3. 空气滤清器有哪几种结构形式？其各有何特点？
4. 催化转换器对排气是如何净化的？
5. 在什么情况下不进行废气再循环？为什么？
6. 燃油压力调节器的作用是什么？
7. 电控汽油发动机使用的传感器有哪些？它们的作用是什么？

模块 6
柴油发动机燃料供给系

【知识目标】

1. 了解柴油发动机燃料供给系的功用及组成。
2. 熟悉柴油的基本知识。
3. 掌握柴油发动机燃料供给系的主要零部件结构。

【技能目标】

在发动机台架上指出柴油发动机主要部件的位置并说出其作用。

【课时计划】

任务	任务内容	参考课时		
		理论课时	实训课时	合计
1	柴油发动机燃料供给系统的功用和组成	0.5	0	0.5
2	柴油的基本知识	0.5	0	0.5
3	柴油发动机可燃混合气形成及燃烧室	2	0	2
4	柴油发动机燃料供给系统主要部件的认知	2	1	3
共计:6 课时				

情境导入

一辆捷达柴油发动机轿车,发动机抖动剧烈,要求给与维修。初步诊断该故障位于燃油供给系,为排除该故障,我们需了解柴油发动机燃油供给系的结构,认知柴油发动机燃油供给系主要零部件。下面就分步进行该模块的学习。

任务驱动

任务6.1 柴油发动机燃料供给系的功用和组成

6.1.1 柴油发动机燃料系的功用

(1)根据不同工况的要求以一定压力及喷油质量,将燃油定时定量地喷入燃烧室,与空气迅速形成良好的混合气并燃烧。

(2)完成燃料的储存、滤清和输送工作。

(3)根据柴油发动机的负荷变化自动调节循环供油量,以保证柴油发动机的稳定运转,尤其是稳定怠速,限制超速。

(4)将燃烧后的废气从汽缸中导出并排入大气中。

6.1.2 柴油发动机燃料系的要求

(1)泵油压力要保证喷射压力和雾化质量。

(2)供油量应符合柴油发动机工作所需的精确数量。

(3)保证按柴油发动机的工作顺序,在规定的时间内准确供油。

(4)供油量和供油时间可调整,并保证各缸供油均匀。

(5)喷油迅速、停油干脆。

6.1.3 柴油发动机燃料供给系的基本组成

如图6.1所示,柴油发动机燃料供给系由空气供给装置、燃油供给装置、混合气形成装置、废气排出装置四部分组成。

空气供给装置由空气滤清器、进气管道等组成,有的还有增压器。

燃油供给装置包括喷油泵,喷油器,调速器,柴油箱,输油泵,油水分离器,柴油滤清器,喷油提前器,高、低压油管等辅助装置。

混合气形成装置是燃烧室。

废气排出装置由排气管道及排气消声器组成。

当柴油发动机工作时,输油泵从燃油箱吸出柴油,经油水分离器除去柴油中的水分,再经柴油滤清器滤除柴油中的杂质,然后输入喷油泵。在喷油泵内,柴油经过增压和计量之后,经高压油管供入喷油器,最后通过喷油器将柴油喷入燃烧室。喷油泵前端装有喷油提前器,后端与调速器组成一体。输油泵供给的多余柴油及喷油器顶部的回油均经回油管返回燃油箱。

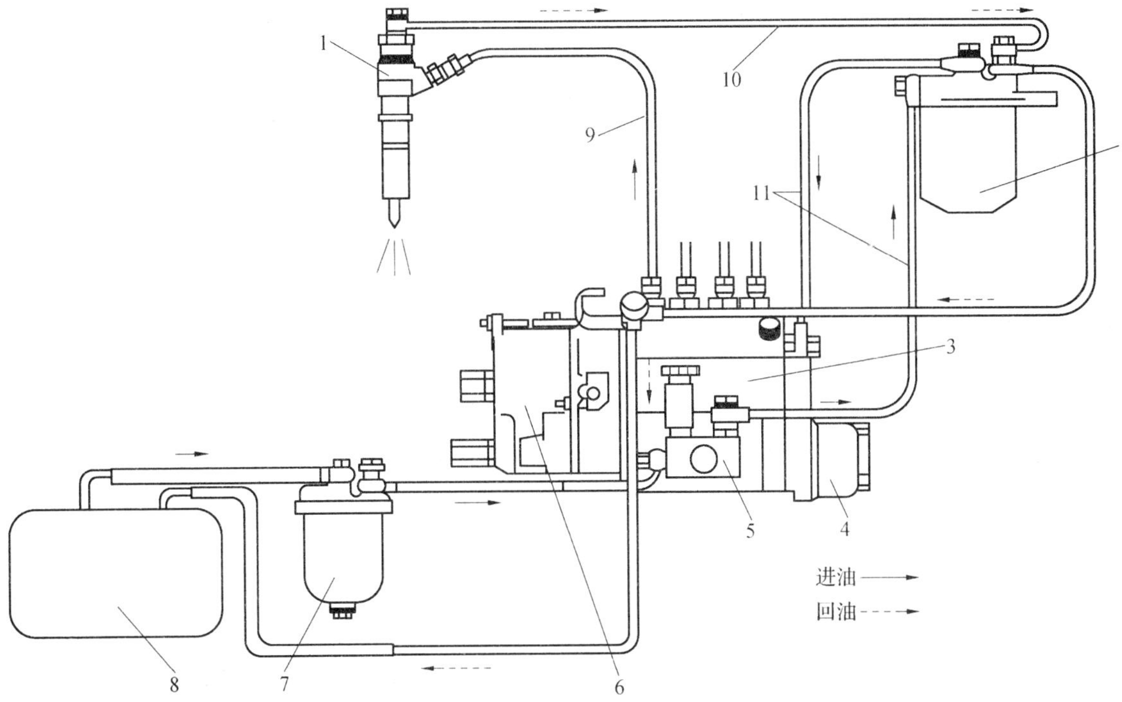

图 6.1 柴油燃料供给系组成

1—喷油器；2—柴油滤清器；3—直列柱塞式喷油泵；4—喷油提前器；5—输油泵；6—调速器；7—油水分离器；8—燃油箱；9—高压油管；10—回油管；11—低压油管

柴油发动机工作原理与汽油发动机不同，采用高压喷射方法。在压缩行程接近结束时，将柴油以高压喷入汽缸，直接在汽缸内部形成混合气，借缸内空气的高温自行发火燃烧。所以，柴油发动机供给系组成、构造与汽油发动机有很大区别。

任务 6.2 柴油的基本知识

6.2.1 柴油及其使用性能

柴油和汽油一样都是石油制品。在石油蒸馏过程中，温度在 200～365 ℃之间的馏分即为柴油。柴油分为轻柴油和重柴油。轻柴油用于高速柴油发动机，重柴油用于中、低速柴油发动机。汽车用柴油发动机均为高速柴油发动机，所以使用轻柴油。

1. 轻柴油的牌号及规格

轻柴油按质量分为优等品、一等品和合格品三个等级，每个等级又按柴油的凝点分为 10、0、－10、－20、－35 和－50 等六种牌号。

2. 轻柴油的使用性能

为了保证高速柴油发动机正常、高效地工作，轻柴油应具有良好的发火性、低温流动性、蒸发性、化学安定性、防腐性和适当的黏度等使用性能。

(1)发火性：指柴油的自燃能力，用十六烷值评定。柴油的十六烷值大，发火性好，容易自燃。轻柴油的十六烷值不小于 45。

(2)蒸发性:指柴油蒸发汽化的能力,用柴油馏出某一百分比的温度范围即馏程和闪点表示。比如,50%馏出温度即柴油馏出50%的温度。此温度越低,柴油的蒸发性越好。馏出温度不得高于300 ℃。为了控制柴油的蒸发性不至于过强,国家标准规定了闪点的最低数值。柴油的闪点指在一定的实验条件下,当柴油蒸气与周围空气形成的混合气接近火焰时,开始出现闪火的温度。闪点低,蒸发性好。

(3)低温流动性:用柴油的凝点和冷滤点评定低温流动性。凝点是指柴油失去流动性开始凝固时的温度而冷滤点则是指在特定的试验条件下,在1 min内柴油开始不能流过过滤器20 mL时的最高温度。一般柴油的冷滤点比其凝点高4～6 ℃。

(4)黏度:是评定柴油稀稠度的一项指标,与柴油的流动性有关。黏度随温度而变化,当温度升高时,黏度减小,流动性增强;反之,当温度降低时,黏度增大,流动性减弱。

实际胶质、10%蒸余物残炭和氧化安定性、总不溶物等三项指标是柴油安定性的评定指标。柴油的防腐性则用硫含量、酸度、铜片腐蚀及水溶性酸或碱等指标来评定。柴油中的灰分、水分和机械杂质,是评定柴油清洁性的指标。

任务6.3　柴油发动机可燃混合气形成及燃烧室

空气供给装置、燃油供给装置分别将空气和柴油供给混合气形成装置,在燃烧室内形成可燃混合气。因此,可燃混合气的形成及燃烧室的形状等因素都对柴油发动机的性能起着重要作用。

6.3.1　柴油发动机可燃混合气形成与燃烧

柴油发动机可燃混合气的形成和燃烧都是直接在燃烧室内进行的。当活塞接近压缩上止点时,柴油喷入汽缸,与高压高温的空气接触、混合,经过一系列的物理、化学变化才开始燃烧。之后便是边喷射,边燃烧。喷油持续时间只占15°～35°的曲轴转角时间,混合气形成时间很短,导致燃烧室内各处的混合气成分很不均匀以及可燃混合气浓度相差都很大。

柴油发动机混合气形成方式基本上分为空间雾化混合和油膜蒸发混合两种。

1.空间雾化混合

如图6.2(a)所示,将燃油喷向燃烧室空间,形成雾状,雾状油滴从高温空气中吸热蒸发并扩散,与空气形成混合气。为使混合均匀,要求柴油喷柱与燃烧室形状相适应,并利用绕燃烧室中的空气运动促进混合。

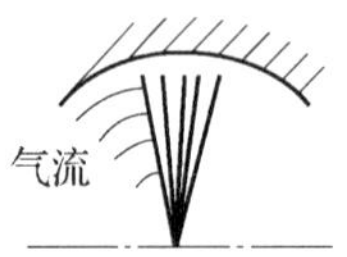

(a)空间雾化混合

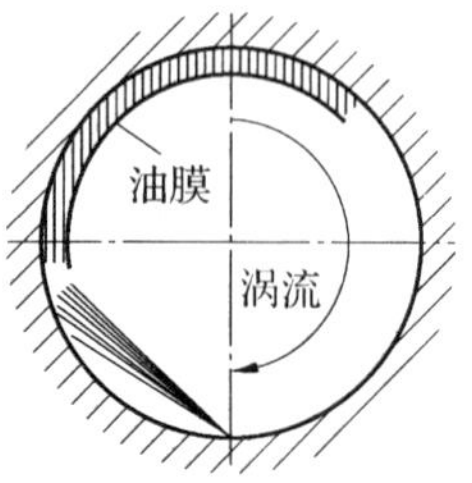

(b)油膜蒸发混合

图6.2　混合气形成方式

2. 油膜蒸发混合

如图 6.2(b)所示，将部分燃油喷到燃烧室壁面上，形成一层油膜，油膜受热汽化蒸发，在燃烧室中强烈的涡流作用下，燃油蒸气与空气形成均匀的可燃混合气。

目前多数柴油发动机的混合气形成仍以空间雾化混合方式为主，仅球形燃烧室的混合气的形成方式以油膜蒸发混合方式为主。

柴油发动机混合气的燃烧过程可根据汽缸压力和温度变化的特点按曲轴转角划分为四个阶段，如图 6.3 所示。

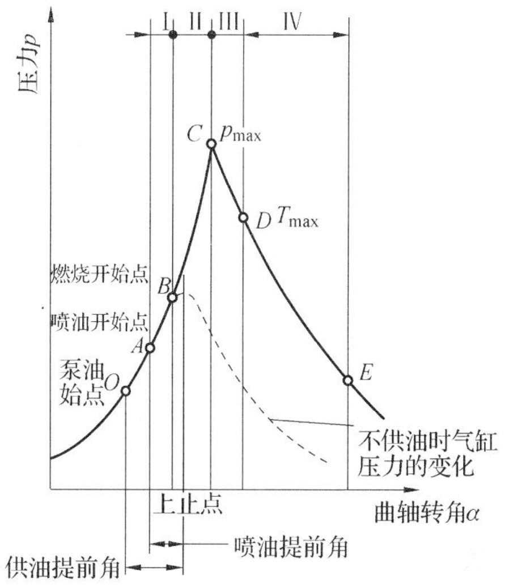

图 6.3　汽缸压力与曲轴转角关系

(1)备燃期Ⅰ：指喷油开始点 A 与燃烧开始点 B 之间的曲轴转角。喷入汽缸中的雾状柴油并不能马上着火燃烧，汽缸中的气体温度，虽然已高于柴油的自燃点，但柴油的温度不能马上升高到自燃点，要经过一段物理和化学的准备过程。也就是说，柴油在高温空气的影响下，吸收热量，温度升高，逐层蒸发而形成油气，向四周扩散并与空气均匀混合(物理变化)。

随着柴油温度升高，少量的柴油分子首先分解，并与空气中的氧分子进行化学反应，具备着火条件而着火，形成了火源中心，为燃烧做好了准备。这一时期很短，一般仅为 0.000 7～0.003 s。

(2)速燃期Ⅱ：是指燃烧开始点 B 与压力最高点 C 之间的曲轴转角。火源中心已经形成，已准备好了的混合气迅速燃烧。在这一阶段由于喷入的柴油几乎同时着火燃烧，而且是在活塞接近上止点，汽缸容积很小的情况下进行燃烧，因此，汽缸内的压力 p 迅速增加，温度升高很快。

(3)缓燃期Ⅲ：是指最高压力点 C 与最高温度点 D 之间的曲轴转角。这一阶段喷油器继续喷油，由于燃烧室内的温度和压力都高，柴油的物理和化学准备时间很短，几乎是边喷射边燃烧。但因为汽缸中氧气减少，废气增多，燃烧速度逐渐减慢，汽缸容积增大。所以汽缸内压力略有下降，温度达到最高值，通常喷沽器已结束喷油。

(4)后燃期Ⅳ：是指最高温度点 D 与柴油基本上完全燃烧的 E 点之间的曲轴转角。这一时期，虽然不喷油，但仍有一少部分柴油没有燃烧完，随着活塞下行继续燃烧。后燃期没有明显的界限，有时甚至延长到排气行程还在燃烧。后燃期放出的热量不能充分利用来做功，很大一部分热量将通过缸壁散至冷却水中，或随废气排出，使发动机过热，排气温度升高，造成发动机动力性下降，燃油经济性下降。因此，要尽可能地缩短后燃期。

综上所述，柴油发动机的工作特点是工作粗暴、噪声大、排气烟度高。要使燃烧过程进行得好，混合气形成的好坏是关键，所以对混合气形成的要求如下：

(1)必须要有足够的空气量和适当的柴油量。因为柴油燃烧放出热量是由于柴油和空气中的氧气在一定温度和压力条件下产生化学作用的结果，所以空气与柴油是放热的两个重要因素。空气量与柴油量比例不同，所形成的可燃混合气的成分也就不同，一般要求：α=1.3～1.5。

α 过大，混合气过稀，燃烧速度慢，散发热量多，功率下降。

α 过小，混合气过浓，燃烧不完全，油耗增加，易冒黑烟，燃油经济性变坏。

可见，α 是影响发动机功率和油耗的重要因素。

(2)喷油时刻要准确，混合气形成的规律应合适。

(3)喷油质量应与燃烧室形状相适应，形成均匀的混合气。

雾化良好：喷油泵和喷油器的喷射质量应与燃烧室相适应。

燃烧室的形状:空气产生相应流动来促进混合。

(4)气流的搅动,燃料的性能 。燃烧室的形状,切向进气,形成涡流,有利于混合。柴油的十六烷值高,则自燃点低,备燃期短。

6.3.2 燃烧室

由于柴油发动机可燃混合气的形成和燃烧是在燃烧室内进行的,所以燃烧室的形状对可燃混合气形成和燃烧有直接的影响。

根据柴油发动机混合气形成方式和特点,其结构分为两大类:统一式燃烧室和分隔式燃烧室。

1.统一式燃烧室

统一式燃烧室由凹顶活塞顶部与汽缸盖底部所包围的单一内腔,几乎全部容积都在活塞顶面上。燃油自喷油器直接喷射到燃烧室中,借喷出油柱的形状和燃烧室形状的匹配,以及燃烧室内空气涡流运动,迅速形成混合气。所以称直接喷射式燃烧室。

(1)ω 形燃烧室。如图 6.4 所示,柴油直接喷射在活塞顶的浅凹坑内,喷射的柴油雾化要好,而且要均匀地分布在空气中。这就要求喷射压力高,一般为 17~22 MPa,要求雾化质量高,因此,采用多孔喷嘴,孔数一般为 6~12 个。

这种燃烧室的优点是:形状简单,结构紧凑,燃烧室与水套接触面积小,散热少和热效率高,燃油经济性较好。

这种燃烧室的缺点是:制造困难,工作粗暴,喷射压力高,喷油器喷孔易堵塞。

(2)球形燃烧室。如图 6.5 所示,空气由缸盖螺旋形进气道以切线方向进入汽缸,绕汽缸轴线做高速螺旋转动,并一直延续到压缩行程。喷油器沿气流运动的切线方向喷入柴油,使绝大部分柴油直接喷射在燃烧室壁面上形成油膜。小部分柴油雾珠散布在压缩空气中,并迅速蒸发燃烧,形成火源。油膜一方面受灼热的燃烧室壁面的加温,同时又受已燃柴油的高温辐射,使柴油逐层蒸发,与涡流空气边混合边燃烧。

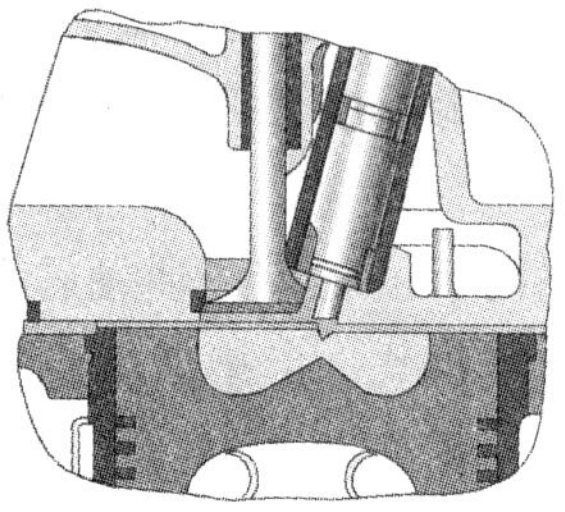

图 6.4 ω 形燃烧室

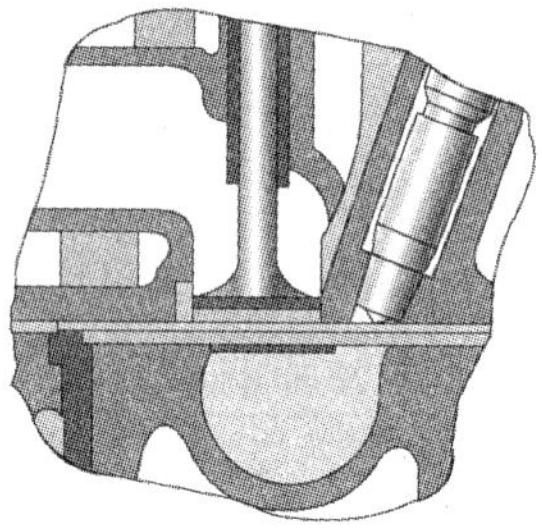

图 6.5 球形燃烧室

这种燃烧室的发动机工作柔和,噪声小,又称轻声发动机。

这种燃烧室的发动机启动困难,螺旋形进气道结构复杂,制造困难。

2.分隔式燃烧室

分隔式燃烧室有涡流式(图 6.6)和预燃式(图 6.7)两种。

涡流室式燃烧室的副燃烧室是球形或圆柱形的涡流室,其容积约占燃烧室总容积的 50%~80%。涡流室有切向通道与主燃烧室相通。在压缩行程中,汽缸内的空气被活塞推挤,经过通道进入涡流室,形成有组织的高速旋转运动(几百 r/min)柴油喷入涡流室中,在空气涡流的作用下,形成较浓的混合气。部分混合气在涡流室中着火燃烧,已燃与未燃的混合气经通道高速喷入主燃烧室,借活塞顶部的双涡流凹坑,产生第二次涡流,促使进一步混合和燃烧。

要求:顺气流方向喷射,由于涡流运动促进了混合气的形成与燃烧,可采用较大孔径的喷油器,喷射压力也较低(12~14 MPa)。

优点：工作柔和，空气利用率较高，喷射压力也较低。

缺点：热损失大，燃油经济性差，启动困难。

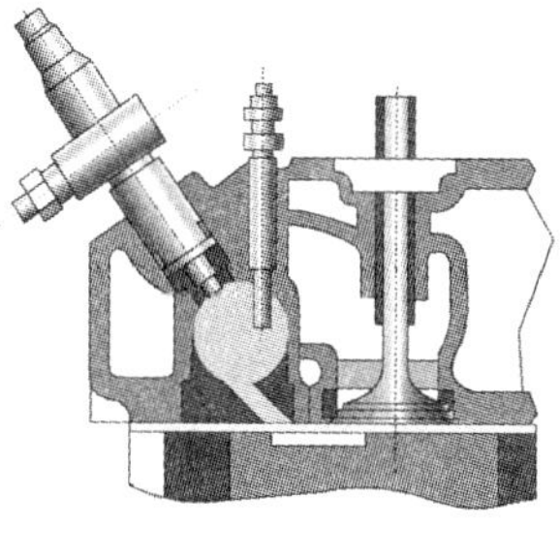

图 6.6 涡流室式燃烧室

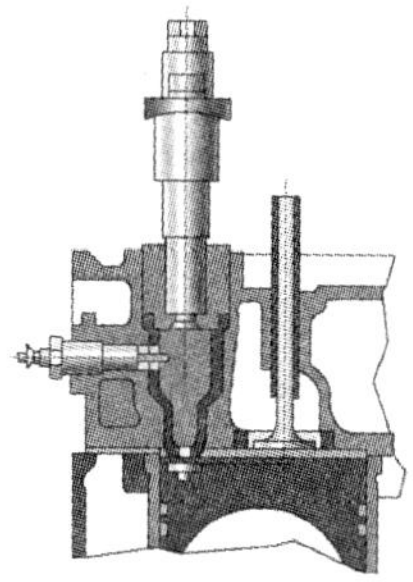

图 6.7 预燃室式燃烧室

任务 6.4 柴油发动机燃料供给系主要部件的认知

6.4.1 喷 油 器

喷油器作为燃油供给系的重要部件，对柴油的雾化、燃油喷射质量有重要的作用。

1.喷油器功用及要求

喷油器是柴油发动机燃油供给系中实现燃油喷射的重要部件。其功用是根据柴油发动机混合气形成的特点，将柴油雾化成细微的油滴，并将其喷射到燃烧室特定的部位。要求喷油器雾化均匀，具有一定的喷射压力和射程及合适的喷注锥角和断油迅速无滴漏现象。

喷油器结构及工作原理介绍如下。

汽车柴油发动机广泛采用闭式喷油器。这种喷油器主要由喷油器体、调压装置及喷油嘴等部分组成，如图 6.8 所示。喷油器主要部件是一对精密偶件，称其为喷油嘴，由针阀 11 和针阀体 13 组成，用优质轴承钢制造成，其相互配合的滑动圆柱面间隙仅为 0.001～0.002 5 mm，通过高精密加工或研磨选配而得，不同喷油嘴偶件不可互换。该间隙过大，会使喷油压力下降，喷雾质量变差；间隙过小，针阀容易卡死。针阀中部的环形锥面(承压锥面)位于针阀体的环形油腔 12 中，其作用是承受由油压产生的轴向推力，使针阀上升。针阀下端的锥面(密封锥面)与针阀体相配合，起密封喷油器内腔的作用。针阀上部有凸肩，当针阀关闭时，凸肩与喷油器体下端面的距离 h 为针阀最大升程，其大小决定了喷油量的多少，一般 $h=0.4～0.5$ mm。针阀体与喷油器体的结合处有 1～2 个定位销 8，以防止针阀体转动，以免进油孔错位。

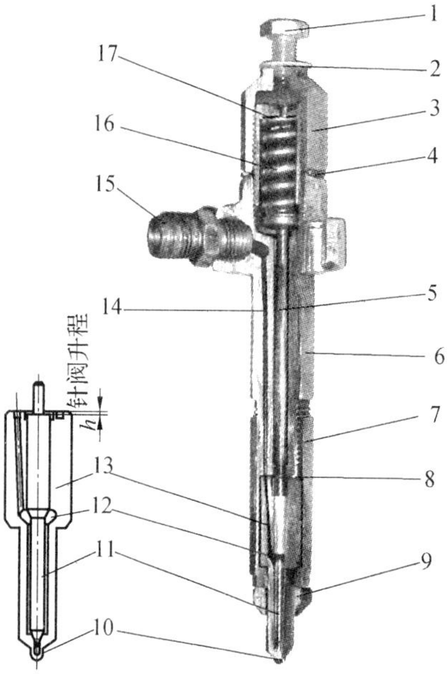

图 6.8 喷油器结构

1—回油管螺钉；2—回油管垫片；3—调压螺钉护帽；4—垫片；5—顶杆；6—喷油器体；7—紧固螺套；8—定位销；9—油嘴垫；10—喷孔；11—针阀；12—环形油腔；13—针阀体；14—进油道；15—进油管接头；16—调压弹簧；17—调压螺钉

喷油器工作时，来自喷油泵的高压柴油经进油管接头 15 进入喷油器体上的进油道 14，再进入针阀体中部的环形油腔12,作用在针阀的承压锥面上,对针阀形成一个向上的轴向推力,此推力一旦大于喷油器调压弹簧16的预压力时,针阀立即上移,打开喷孔10,高压柴油随即喷入燃烧室中。喷油泵停止供油时,高压油道内压力迅速下降,针阀在调压弹簧作用下及时复位,将喷孔关闭,停止喷油。

进入针阀体环形油腔12的少量柴油,经喷油嘴偶件配合表面之间的间隙,润滑喷油嘴偶件,流到调压弹簧端,进入回油管,流回滤清器。

针阀的开启压力(喷油压力)的大小取决于调压弹簧的预紧力。不同的发动机有不同的喷油压力要求,可通过调压螺钉17调整,旋入时压力增大,旋出时压力减小。

2.喷油器的类型

喷油器结构有两种形式,即孔式喷油器和轴针式喷油器。

(1)孔式喷油器。

孔式喷油器结构如图6.10所示,喷油嘴偶件中的针阀不直接伸出喷孔,喷油嘴头部的喷孔小且多,一般喷孔1~7个,直径0.2~0.5 mm,喷射压力为17~22 MPa。喷油嘴偶件是一对经配对的精密偶件,直到报废也不得单独更换。

(2)轴针式喷油器。

轴针式喷油器的结构如图6.11所示。针阀下端的密封锥面以下还向下延伸出一个轴针,其形状有倒锥形和圆柱形,轴针伸出喷孔外,使喷孔成为圆环状的狭缝。一般只有一个喷孔,直径为1~3 mm,喷油压力较低,为12~14 MPa。

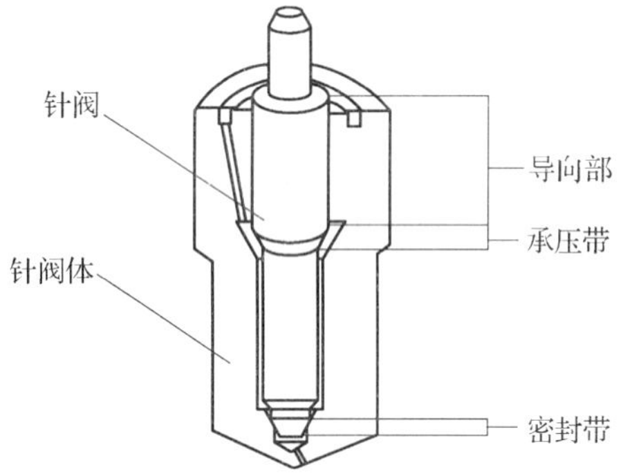

图6.10 孔式喷油器

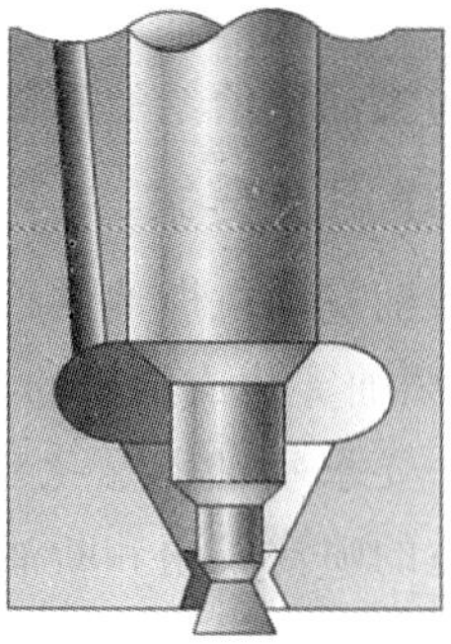

图6.11 轴针式喷油器

轴针式喷油器特点:

①不喷油时针阀关闭喷孔,使高压油腔与燃烧室隔开,燃烧气体不致冲入油腔内引起积炭堵塞。

②喷孔直径较大,便于加工且不易堵塞。

③针阀在油压达到一定压力时开启,供油停止时,又在弹簧作用下立即关闭,因此,喷油开始和停止都干脆利落,没有滴油现象。

④不能满足对喷油质量有特殊要求的燃烧室的需要。

6.4.2 喷 油 泵

1.喷油泵功用、要求及类型

喷油嘴的功用是提高柴油压力,按照发动机的汽缸工作顺序、负荷大小,定时、定量地向喷油器输送高压柴油。

对喷油嘴的基本要求如下:

(1)各缸供油量相等,在标定工况下各缸供油量相差不超过3%~4%。

(2)各缸供油提前角和供油延续时间都应相等,误差小于0.5°~1°曲轴转角。

(3)泵油压力要保证喷射压力和雾化质量的要求。

(4)供油量和供油时间可调整。

(5)迅速停止供油,防止喷油器发生滴漏现象。

车用柴油发动机的喷油泵按其工作原理不同可分为柱塞式喷油泵、喷油泵-喷油器和转子分配式喷油泵三类。本任务主要介绍汽车柴油发动机供给系广泛采用的柱塞式喷油泵和分配式喷油泵。

2.柱塞式喷油泵结构

柱塞式喷油泵主要由分泵、油量调节机构、驱动机构、泵体等组成,如图 6.12 所示。

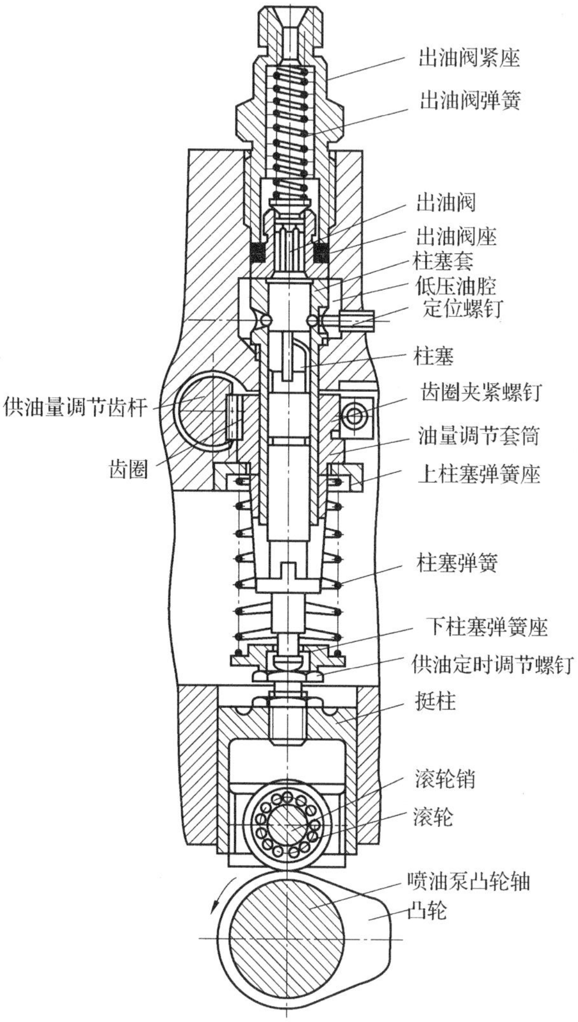

图 6.12 A 型泵结构

(1)分泵。

分泵主要包括柱塞套、柱塞、柱塞弹簧、弹簧座、出油阀、出油阀座、出油阀弹簧和出油阀紧座等零件组成,如图 6.13 所示。

①柱塞偶件。

如图 6.14 所示,柱塞偶件是一对精密偶件,经配对研磨后不能互换,其径向间隙为 0.002～0.003 mm。间隙过大,容易漏油,导致油压下降;间隙过小,对偶件润滑不利,容易卡死。为了满足精度、光洁度和耐磨性要求,柱塞偶件采用优质合金钢制造。

②出油阀偶件。

出油阀偶件也是一对精密偶件,配对研磨后不能互换,其配合间隙为 0.01 mm。

出油阀是一个单向阀,在弹簧压力作用下,阀上部圆锥面与阀座严密配合。其作用是在停供时,将高压油管与柱塞上端空腔隔绝,防止高压油管内的油倒流入喷油泵内。

出油阀的下部呈十字断面，既能导向，又能通过柴油，如图 6.15 所示。出油阀的锥面下有一个小的圆柱面，称为减压环带。当环带落入阀座内时，使上方容积很快增大，压力迅速减小，停喷迅速。因此其作用是在供油终了时，使高压油管内的油压迅速下降，避免喷孔处产生滴油现象。

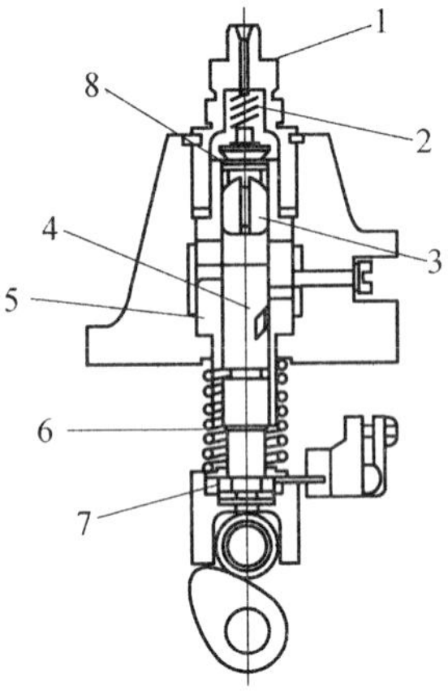

图 6.13　分泵结构

1—出油阀紧座；2—出油阀弹簧；3—出油阀；4—柱塞；5—柱塞套；6—柱塞弹簧；7—弹簧座；8—出油阀

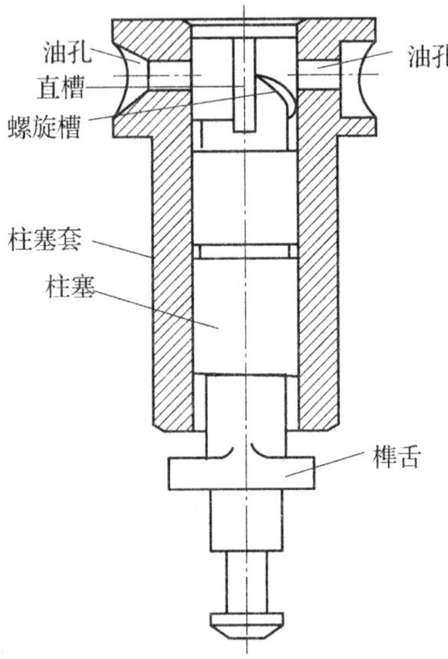

图 6.14　柱塞偶件

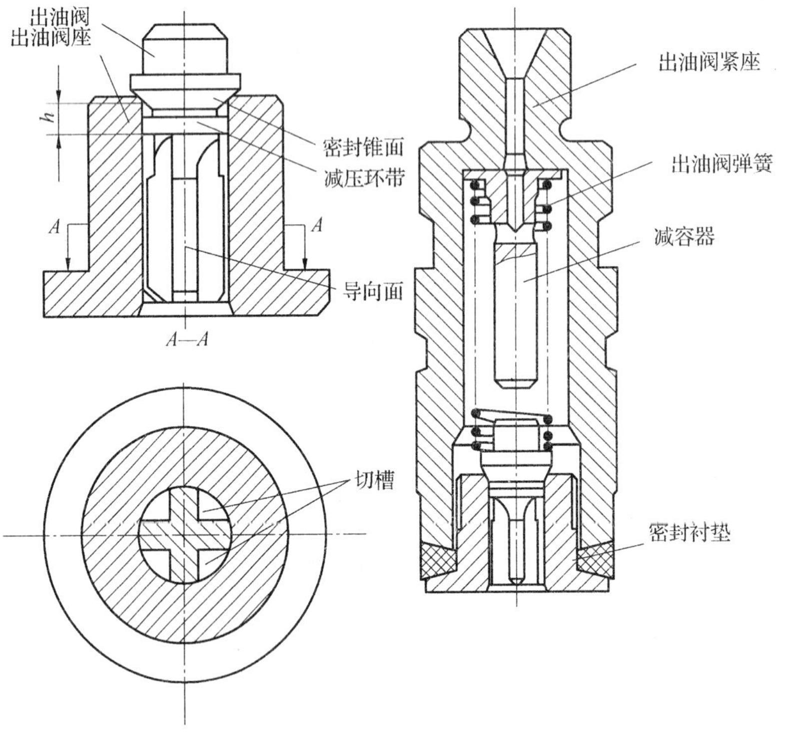

图 6.15　出油阀偶件

(2)油量调节机构。

喷油泵供油量调节机构的功用是，根据柴油发动机负荷的变化，通过转动柱塞来改变循环供油量。供油量调节机构或由驾驶员通过加速踏板及其传动杆件直接操纵，或由调速器自动控制。

油量调节机构有拨叉式和齿杆式两种。

①拨叉式油量调节机构。

拨叉式油量调节机构主要由柱塞、调节臂、调节叉及供油拉杆组成，如图 6.16 所示。在柱塞 4 的下端压装着调节臂3，其端头插入固定在供油拉杆1上的调节叉2的凹槽内。调节叉数与喷油泵的分泵数相同。供油拉杆装在泵体的导向套管中，其轴向位置受驾驶员或调速器的控制。移动供油拉杆，柱塞就相对柱塞套转动，从而调节供油量。移动供油拉杆时，各分泵柱塞旋转角度相同，因此各缸供油量的变化相同。

②齿杆式油量调节机构。

齿杆式油量调节机构主要由柱塞、柱塞套筒、调节齿圈及调节齿杆组成，如图6.17所示。柱塞下端嵌入控制套筒豁口中，控制套筒空套在柱塞套上，上端装有调节齿圈，并用螺钉夹紧，调节齿圈与调节齿杆相啮合。当驾驶员或调速器拉动齿杆时，调节齿圈联通控制套筒带动柱塞相对柱塞套转动，以达到调节供油量的目的。

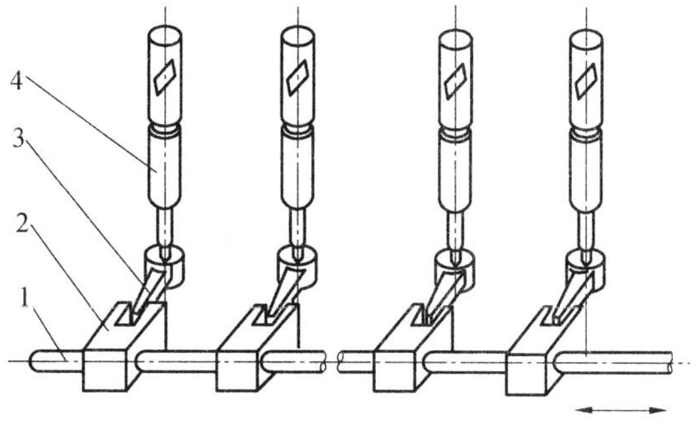

图6.16 拨叉式油量调节机构

1—供油拉杆；2—调节叉；3—调节臂；4—柱塞

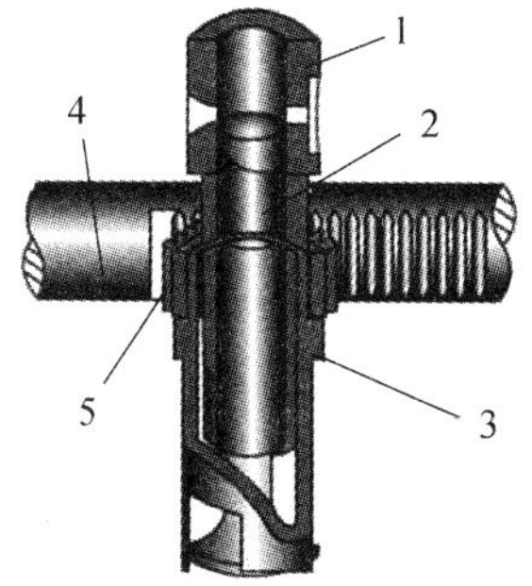

图6.17 齿杆式油量调节机构

1—柱塞套；2—柱塞；3—控制套筒；4—调节齿杆；5—调节齿圈

(3)驱动机构。

喷油泵驱动机构主要由凸轮轴和挺柱组成，如图6.18所示。其功用是推动柱塞往复运动，完成进油、压油和回油过程并保证供油正时。

①凸轮轴。

凸轮轴上凸轮数目与喷油泵柱塞偶件数目相同，凸轮间的夹角与柴油发动机汽缸数有关，并且与汽缸工作顺序相适应。喷油泵凸轮轴是曲轴通过正时齿轮驱动的，曲轴转两圈，凸轮轴转一圈，各缸喷油一次，二者速比为2∶1。

②挺柱。

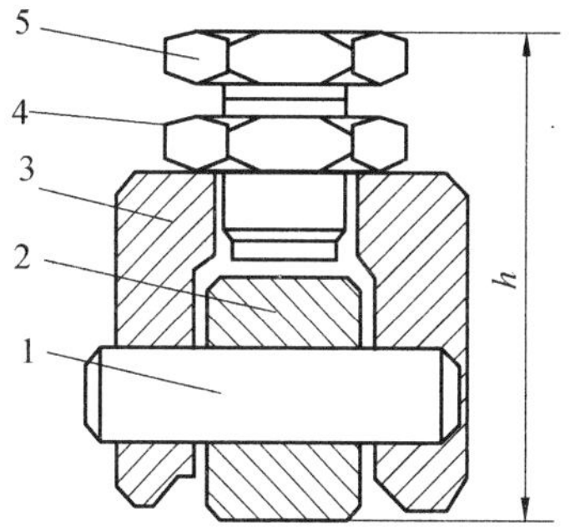

图6.18 调整螺钉式挺柱体

1—滚轮销；2—滚轮；3—挺柱体；4—锁紧螺母；5—调整螺钉

A型喷油泵采用调整螺钉式挺柱体，结构如图6.18所示。挺住部件安装在喷油泵体上的挺柱孔内。加长的滚轮销两端插入挺柱孔中只能做上、下往复运动，而不能绕自身轴线转动，避免滚轮与凸轮卡死。滚轮在滚轮销上转动。在滚轮与滚轮销之间镶有滚针轴承或衬套。在挺柱顶端拧入供油定时调整螺钉和锁紧螺母。

通过调整供油定时调整螺钉的高度，可以改变挺柱体的工作高度 h，即改变柱塞封闭柱塞套进油孔的时间，因此可用来调整各分泵的供油提前角和供油间隔角。

(4)泵体。

泵体是安装喷油泵各个零部件的基体，在工作中承受较大的作用力。因此泵体应有足够的强度、刚度和良好的密封性。泵体分组合式和整体式两种形式，多用铝合金铸造而成。

3.柱塞式喷油泵泵油原理

喷油泵工作时，随着凸轮轴的转动，凸轮驱动柱塞在柱塞套内从下止点向上止点运动；在柱塞弹簧作用下从上止点向下止点运动，完成进油、压油和回油的泵油过程。

A 型喷油泵工作过程见表 6.1。供油量的多少取决于柱塞有效行程的大小。柱塞由下止点运动到上止点的距离称为柱塞行程。柱塞的有效行程是指柱塞顶面封闭柱塞套油孔到柱塞螺旋槽打开柱塞套油孔的行程。

表 6.1　A 型喷油泵工作过程

泵油行程	泵油过程	结构
进油过程	柱塞在柱塞弹簧的对推动下运动到下止点，柱塞顶端将柱塞套上油孔打开，柴油从喷油泵低压油腔进入柱塞腔	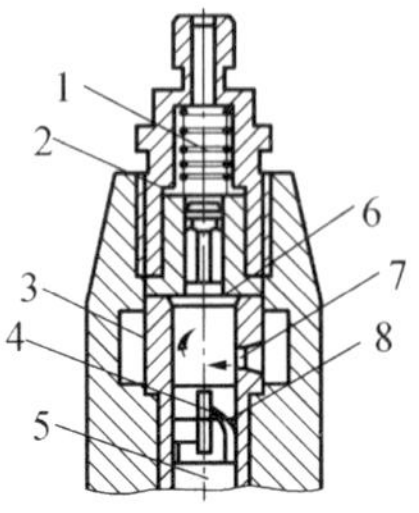
压油预备过程	柱塞在挺柱的推动下，从下止点往上止点运动。期间，柱塞腔的一部分柴油被柱塞挤回低压油腔，直到柱塞顶将柱塞套上油孔上边缘封闭为止，此时由柱塞腔形成了密闭空间	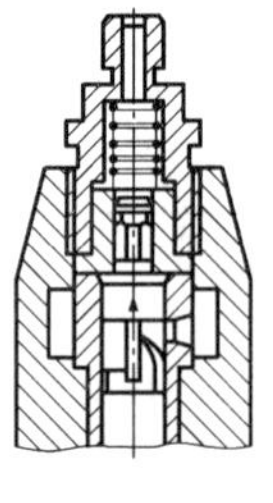
压油过程	柱塞在挺柱推动下继续向上止点运动，柱塞腔内油压骤然增高，克服出油阀弹簧的预紧力，将出油阀顶起，直到出油阀减压环带全部离开出油阀座后，高压柴油才能经柱塞上直槽进入高压油管，经喷油器喷入燃烧室	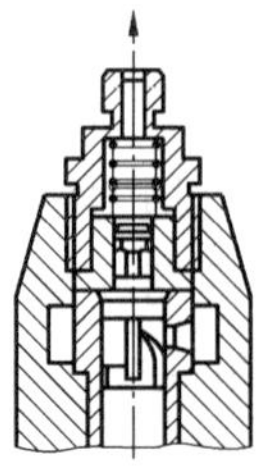
停油过程	柱塞在挺柱的推动下继续上移，柱塞螺旋槽将柱塞套油孔下边缘打开，此时柱塞腔的高压柴油经柱塞直槽、螺旋槽流回喷油泵低压油腔，供油停止	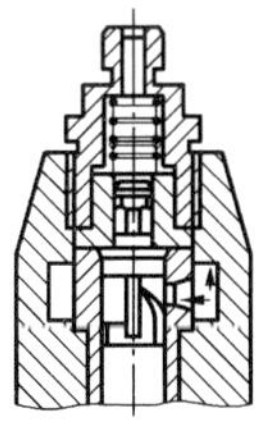

注：1—出油阀弹簧；2—出油阀；3—柱塞套；4—直槽；5—柱塞；6—出油阀座；7—油孔；8—螺旋槽

有效行程大小通过供油量调节机构来实现，如图 6.19 所示。

供油量调节齿杆拉动柱塞旋转时，即改变了柱塞螺旋槽与柱塞套油孔之间的相对位置，从而改变了柱塞的有效行程。图 6.19 中调节齿杆按箭头方向运动是增加有效行程，相反方向则减小有效行程。

如上所述，柱塞的运动方式分为两种，即往复运动和旋转运动。往复运动增压，旋转运动计量。

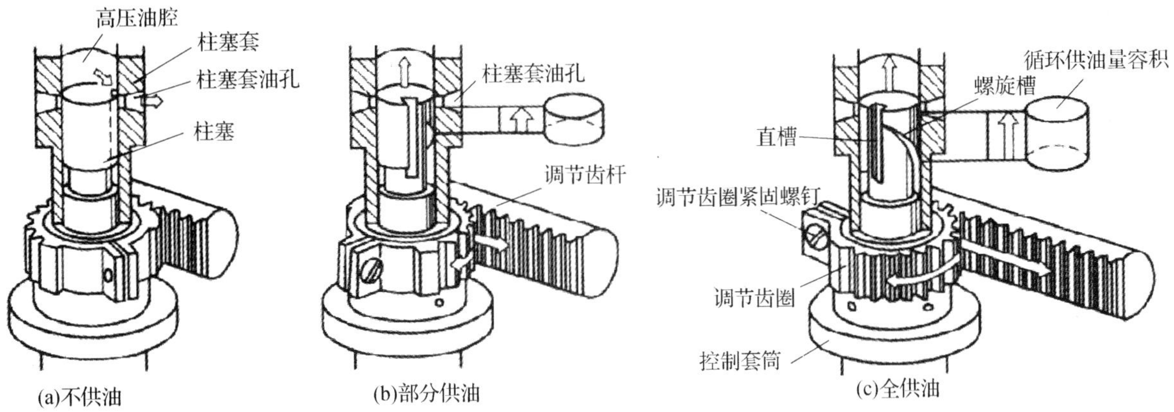

图 6.19 供油量调节机构

4.喷油提前器

燃烧过程的主要放热阶段应该是上止点稍后，此时容积小，可得到较高的压力，热效率高，热损失小，所以要求喷油时刻要准确。喷油过早、过晚对发动机工作都是不利的。过早使混合气提前形成，并在活塞到达上止点前像爆炸似的同时着火燃烧，给正在上行的活塞造成一个短时间阻力，并严重“敲缸”，工作粗暴。过晚会使混合气在活塞“下行”时才开始形成和燃烧，燃烧空间增大，从汽缸壁面传走的热量增加，造成发动机过热，燃烧压力降低，气体压力推动活塞的效果减小，甚至有可能使部分混合气来不及燃烧而随废气排出去，使有效功率下降。

为了保证柴油发动机有良好的使用性能，必须在最佳供油提前角下工作。当转速和供油量一定时能获得最大功率和最小燃油消耗率的时刻，称为最佳供油提前角。最佳供油提前角随着柴油发动机转速和负荷的变化而变化，转速越高，负荷越大，最佳供油提前角越大。

喷油提前器是喷油泵最佳供油提前角的自动调节装置。柴油发动机工况发生变化时，自动的调节使喷油泵始终保持最佳的供油时间。

目前广泛采用机械离心式喷油提前器，如图 6.20 所示。

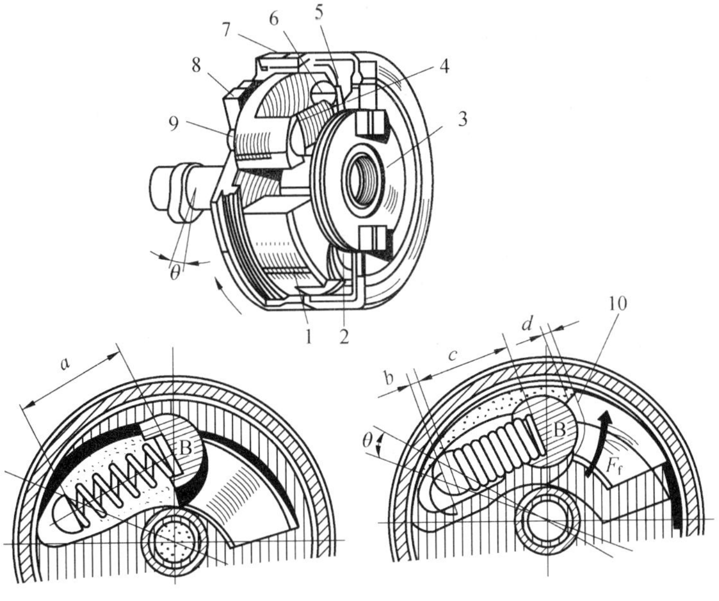

图 6.20 机械离心式自动喷油提前器

1—飞块；2、6—传动销；3—主动盘凸缘；4—提前器弹簧；5—主动盘；7—防护罩；8—从动盘；9—飞块销；10—飞块弧面；a—起始时的弹簧长度；b—终了时飞块销的移动距离；c—终了时弹簧长度；d—终了时飞块的移动距离；F_f—飞块离心力；θ—提前角调节范围

整个装置由防护罩 7 密封，其内部包括主动盘 5 和从动盘 8。主动盘凸缘 3 的外侧有两个传动爪 B，它们与喷油泵的驱动轴刚性连接。主动盘凸缘的内侧固定有两个传动销 2 和 6。在传动销的圆柱面上加工有凹坑，作为提前器弹簧 4 的支座。从动盘 8 与喷油泵凸轮轴刚性连接，其上固定有两个飞块销 9，在飞块销的圆柱面上也加工有平凹坑，作为提前器弹簧 4 的另一端支座。飞锤 1 上的销孔套在飞块销上。提前器弹簧 4 支承在传动销与飞块销之间，并使飞块的圆弧面压紧在传动销上。主动盘与从动盘之间为弹性连接，并能相互转动一定的角度。

当柴油发动机恒速运行时，喷油泵驱动轴通过主动盘凸缘 3、传动销 2 和 6、飞块圆弧面 10、飞块销 9 和从动盘 8 来驱动喷油泵凸轮。

当转速升高时，飞块的离心力 F_f 克服弹簧力，使飞块向外张开。飞块的圆弧面沿传动销由内向外滑动，带动从动盘或喷油泵凸轮轴相对于主动盘或喷油泵驱动轴顺喷油泵旋转方向转过一定角度，从而使供油提前。调节范围为 0°～10°。

5. 分配式喷油泵

分配式喷油泵简称分配泵，有转子式和柱塞式两大类。目前轿车和轻型客车柴油发动机广泛采用 VE 型分配泵，简称 VE 泵。

(1) VE 泵结构。

VE 泵主要由驱动机构、二级滑片式输油泵、高压分泵头和电磁式断油阀等组成。液压式喷油提前器和机械式速器安装在泵体内，如图 6.21 所示。VE 泵燃油供给线路如图 6.22 所示。

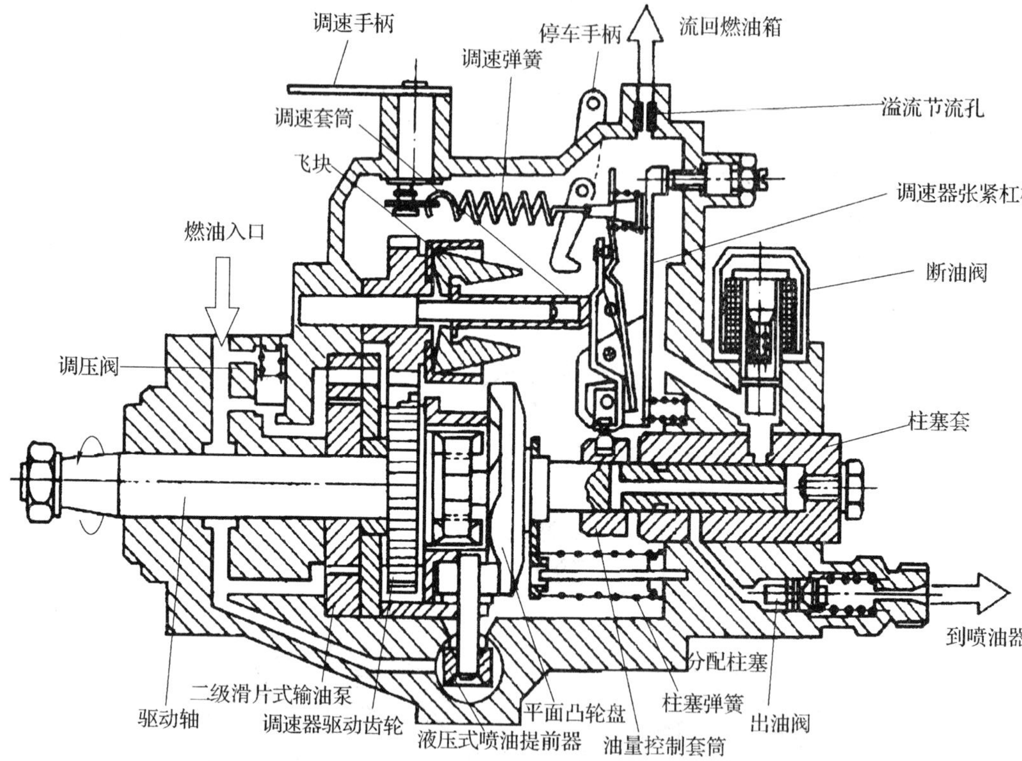

图 6.21　VE 泵结构

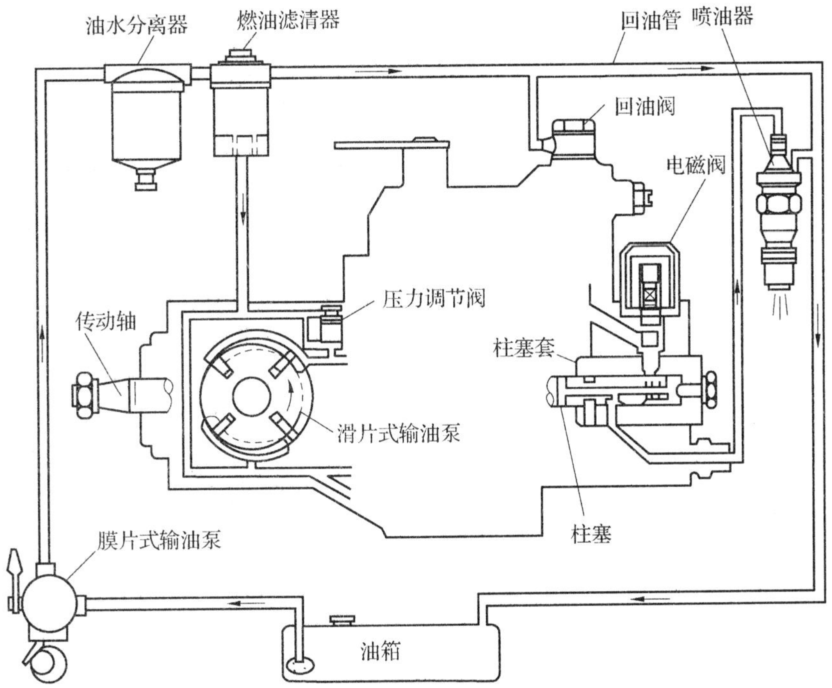

图 6.22　VE 泵燃油供给线路

驱动轴由柴油发动机曲轴定时齿轮驱动，如图 6.23 所示。驱动轴带动二级滑片使输油泵工作，并通过调速器驱动齿轮带动调速器轴旋转。在驱动轴的右端通过联轴器与平面凸轮盘连接，利用平面凸轮盘上的传动销带动分配柱塞。柱塞弹簧将分配柱塞压紧在平面凸轮盘上，并使平面凸轮盘压紧滚轮。滚轮轴嵌入静止不动的滚轮架上。当驱动轴旋转时，平面凸轮盘与分配柱塞同步旋转，而且在滚轮、平面凸轮和柱塞弹簧的共同作用下，凸轮盘还带动分配柱塞在柱塞套内做往复运动。往复运动使柴油增压，旋转运动进行柴油分配。

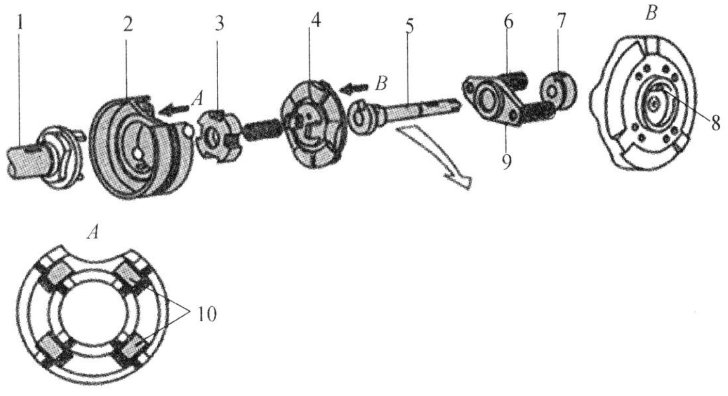

图 6.23　驱动机构各零部件连接关系

1—驱动轴；2—滚轮机构；3—联轴器；4—平面凸轮盘；5—柱塞；6—柱塞弹簧；
7—油量调节套筒；8—传动销；9—柱塞弹簧座；10—滚轮

平面凸轮盘上凸轮的数目与汽缸数相同。柱塞的结构如图 6.24 所示。在分配柱塞的中心加工有中心油孔，右端与柱塞腔相通，而左端与泄油孔相通。分配柱塞上还加工有燃油分配孔，压力平衡槽和数目与汽缸数相同的进油槽。柱塞套有一个进油孔和数目与汽缸数相同的分配油道，每个分配油道都连接一个出油阀和一个喷油器，如图 6.24 所示。

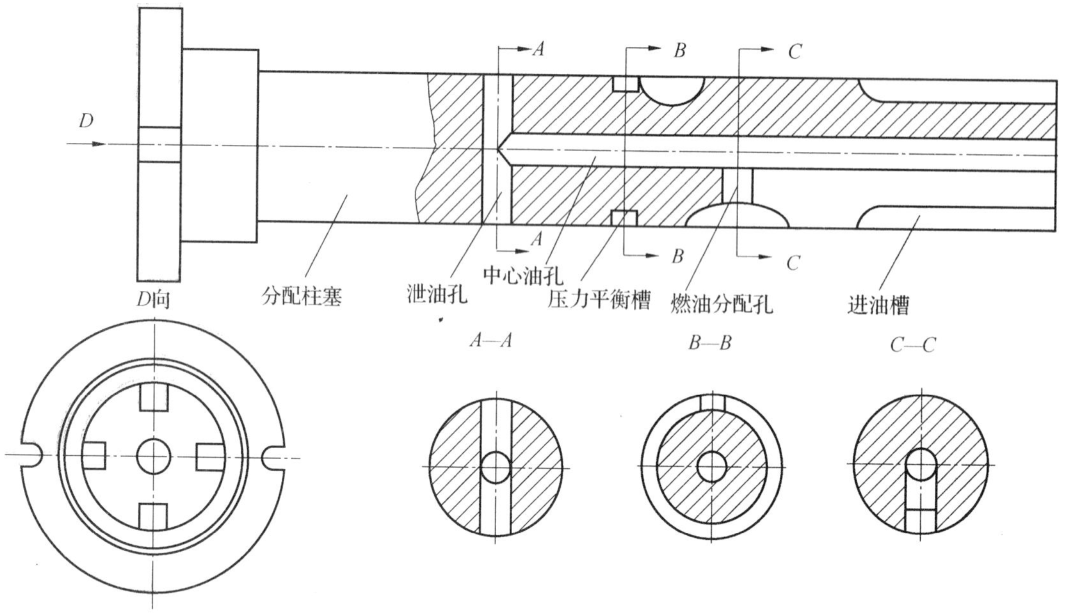

图 6.24 分配柱塞结构

(2)VE 泵的工作过程。

VE 泵的工作过程见表 6.2。

表 6.2 VE 泵的工作过程

泵油行程	泵油过程	结构
进油过程	平面凸轮盘的凹下部分转至与滚轮接触时,柱塞弹簧将分配柱塞由右向左推移至柱塞下止点位置,此时分配柱塞上的进油槽与柱塞套上进油孔接通,柴油从喷油泵体的内腔经进油道进入柱塞腔和中心油孔内	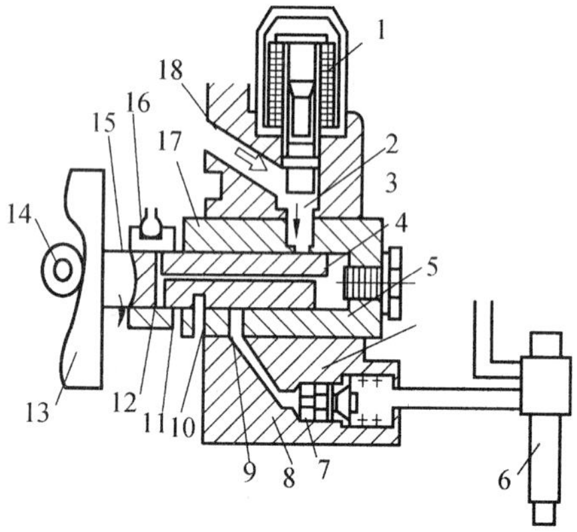
泵油过程	平面凸轮由凹下部分转至凸起部分与滚轮接触时,分配柱塞在凸轮盘的推动下由左向右移。在进油槽转过进油孔同时,分配柱塞将进油孔封闭,这时柱塞腔内的柴油开始增压。与此同时,分配柱塞的燃油分配孔转至与柱塞套上的一个出油孔相通,高压柴油从柱塞腔经中心油孔、燃油分配孔、出油孔进入分配油道,再经出油阀和喷油器喷入燃烧室 平面凸轮盘每转一周,分配柱塞燃油分配孔依次与各缸分配油道接通一次,即向柴油发动机各缸喷油器供油一次	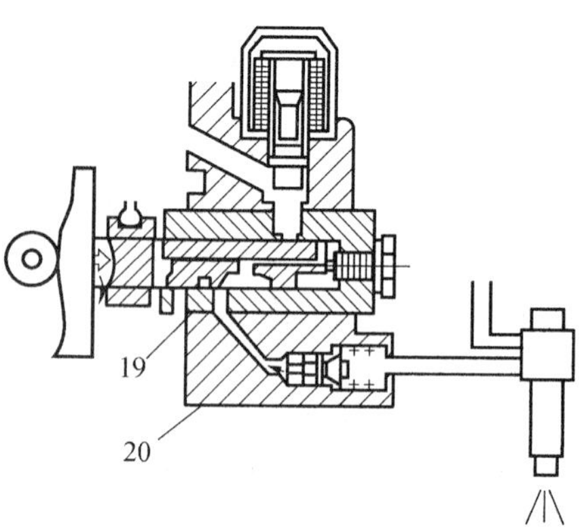

续表 6.2

泵油行程	泵油过程	结构
停油过程	分配柱塞在平面凸轮盘的推动下继续右移，当柱塞上的泄油孔移出油量调节套筒并与喷油泵体内腔相通时，高压柴油从柱塞腔经中心油孔和泄油孔流进喷油泵体内腔，柴油压力立即下降，供油停止。然后，柱塞继续右移到上止点位置	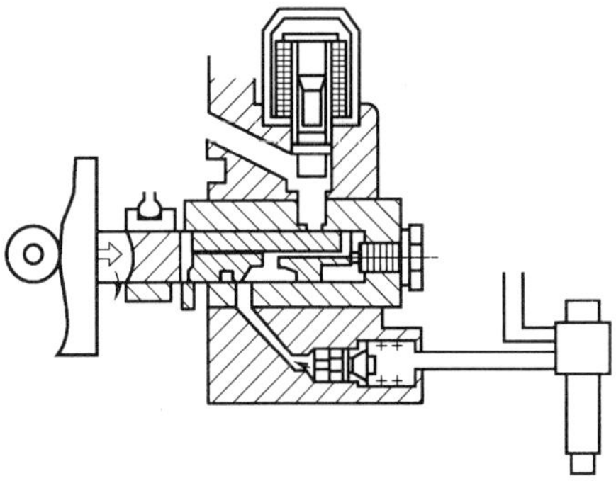
供油量调节过程	从柱塞上的燃油分配孔与柱塞套上的出油孔相通的时刻起，至泄油孔移出油量调节套筒的时刻止，这期间分配柱塞所移动的距离为柱塞有效供油行程。移动油量调节套筒即可改变有效供油行程，向左移动油量调节套筒，停油时刻提早，有效供油行程缩短，供油量减少；反之，供油量增加	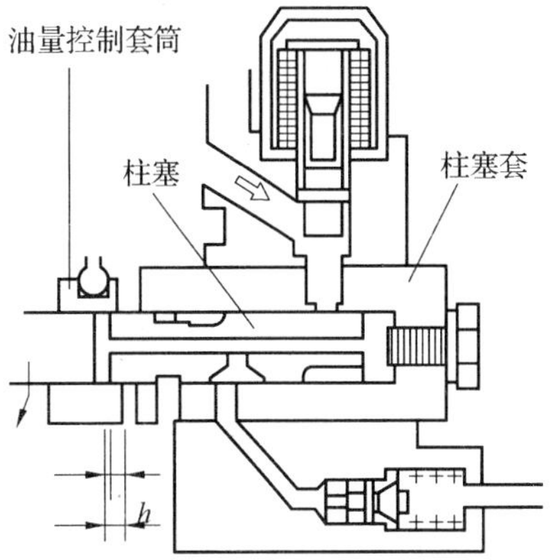
压力平衡过程	分配柱塞上设有压力平衡槽，在某一汽缸供油停止之后，且当压力平衡槽转至与相应汽缸的分配油道连通时，分配油道与喷油泵体内腔相通，于是两处的油压趋于平衡。在柱塞旋转过程中，压力平衡槽与各缸分配油道逐个相通，致使各分配油道内的压力均衡一致，从而可以保证各缸供油的均匀性	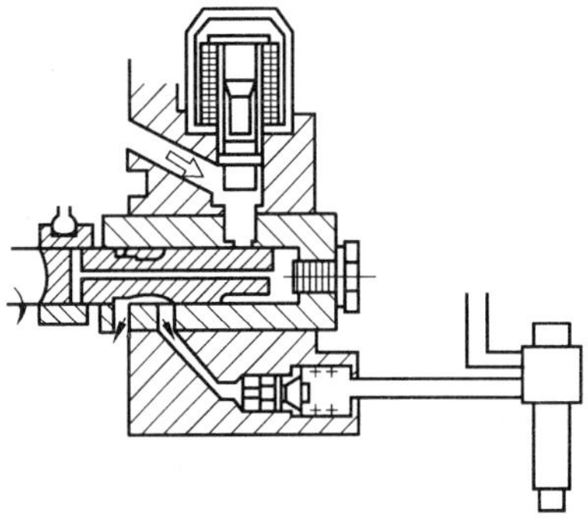

注：1—断油电磁阀；2—进油孔；3—进油槽；4—柱塞腔；5—柱塞套；6—喷油器；7—出油阀；8—分配油道；9—出油孔；10—压力平衡孔；11—中心油孔；12—泄油孔；13—平面凸轮盘；14—滚轮；15—分配柱塞；16—控制套筒；17—压力平衡槽；18—进油道；19—燃油分配孔；20—柱塞套

6.电磁式断油阀

VE 泵装有电磁式断油阀，避免发动机熄火后仍有燃油进入汽缸。其电路和工作原理如图 6.25 所示。

启动时，将启动开关旋至“ST”位置，电磁线圈产生电磁力压缩复位弹簧，将阀门吸起，进油孔开启。

柴油发动机启动之后，将启动开关旋至“ON”位置，这时电流经电阻流过电磁线圈，电流减小，但由于有油压的作用，阀门仍然保持开启。

当柴油发动机停机时，将启动开关旋至“OFF”位置，这时电路断开，阀门在复位弹簧的作用下关闭，从而切断油路，停止供油。

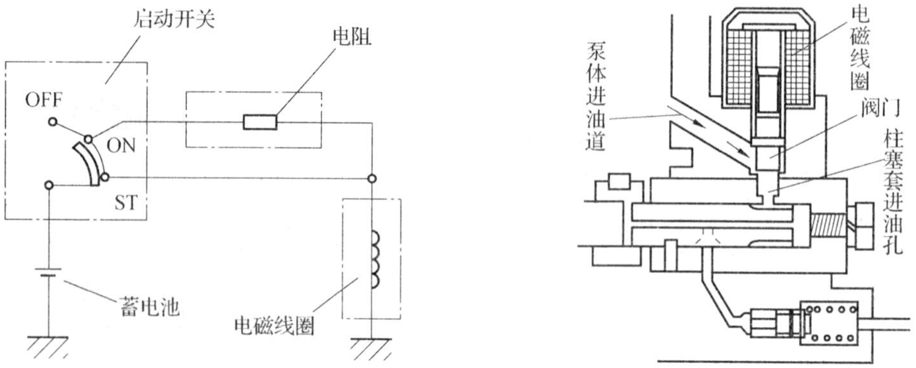

图 6.25 电磁式断油阀电路及工作原理

7. 液压式喷油提前器

VE 泵采用的是液压式喷油提前器，其安装位置在泵体下部。结构如图 6.26 所示。

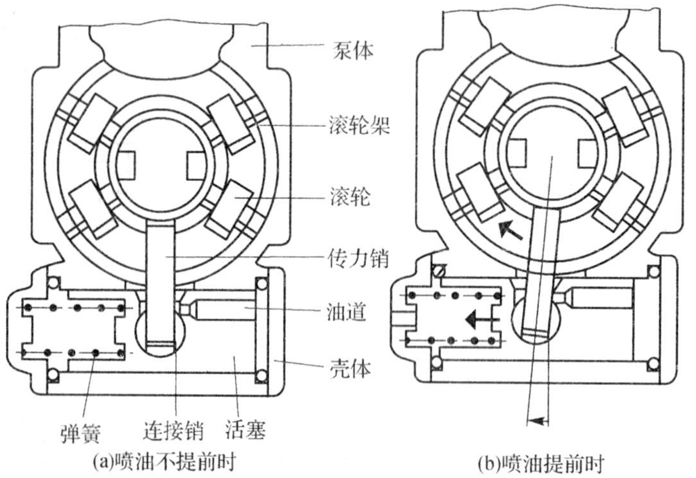

图 6.26 液压式喷油提前器

在喷油提前器壳体内装有活塞，活塞左端与二级滑片式输油泵的入口相通，并有弹簧压在活塞上。活塞右端与喷油泵体内腔相通，其压力等于二级滑片式输油泵的出口压力。当柴油发动机在某一转速下稳定运转时，作用在活塞左、右端的力相等，活塞处于某一平衡位置。

若柴油发动机转速升高，二级滑片式输油泵的出口压力增大，作用于活塞右端的力随之增加，推动活塞向左移动，并通过连接销和传力销带动滚轮架绕其轴线转动一定的角度，直至活塞两端的力重新达到平衡为止。滚轮架的转动方向与平面凸轮盘的旋转方向正好相反，使平面凸轮提前一定角度与滚轮接触，供油相应提前，即供油提前角增大；反之，使供油提前角减小。

6.4.3 调 速 器

调速器通过调节进气或燃油喷射自动控制发动机转速，使发动机在所有的负荷工况下转速都能够维持在理想范围。

1. 调速器功用与分类

喷油泵的速度特性是指供油拉杆位置不变时，喷油泵每个循环供油量随转速变化的规律。柴油发动机的负荷经常变化，当负荷突然减小时，发动机转速会立即升高，此时喷油泵内凸轮轴、挺柱和柱塞运动的速度也会随之升高。柱塞运动速度增加时，在柱塞套上进油孔的节流作用下，使柱塞内腔泄漏的燃油量减小，而供入汽缸的燃油量增加，导致发动机的转速升高，发动机转速越高，柱塞套上节流作用就越大，柱塞内腔泄漏的燃油量就越小，进入汽缸的燃油量就越大，最终使得发动机转速远远超出柴油发动机设计所允许的最高转速，这种现象称“超速”或“飞车”。当负荷突然增大时，发动机转速立即下降，由于柱塞套进油孔的节流作用，相应的喷油量也会降低，则发动机的转速将迅速下降直到熄火。为了避免柴油发动机“超速”或“飞车”时柴油发动机性能急剧恶化和对机件造成的损坏以及熄火的现象发生，因此在柴油发动机喷油泵内安装了调速器。调速器是一种自动调节循环供油量的装置，可以根据柴油发动机负荷的变化，自动地增减喷油泵的循环供油量，使柴油发动机能够以稳定的转速运行。

改变进入汽缸进行燃烧的柴油的数量（加大或者关小“油门”），就可以改变柴油发动机的转速或者负荷。如果保持转速不变，改变燃油的数量就可以改变柴油发动机负荷；如果保持柴油发动机负荷不变，改变燃油的数量，就可以改变柴油发动机的转速。调速器就是在保持转速不变的情况下，改变（或者适应）柴油发动机的负荷。不同调速器的基本原理相同，但调节方式却多样化，因此调速器主要有以下几大类：

按其工作原理的不同，可分为机械式、气动式、液压式、机械气动复合式、机械液压复合式和电子式等多种形式。但目前应用最广的当属机械式调速器，其结构简单，工作可靠，性能良好。

按起作用的转速范围不同，又可分为两级式调速器和全程式调速器。中、小型汽车柴油发动机多数采用两级式调速器，以起到防止超速和稳定怠速的作用。在重型汽车上多采用全程式调速器。这种调速器除具有两级式调速器的功能外，还能对柴油发动机工作范围内的任何转速起调节作用，使柴油发动机在各种转速下都能稳定运转。

2. 两级式调速器

两级式调速器只在柴油发动机的最高转速和怠速是起自动调节作用，而在最高转速和怠速之间的其他任何转速，调速器不起作用，而由驾驶员控制柴油发动机转速的变化。下面以一种典型的两级式调速器——RAD 型调速为例进行说明。

（1）RAD 型调速器结构。

调速器安装在直列式柱塞泵的后端，如图 6.27 所示，飞块总成装在喷油泵凸轮轴上，两个飞块分别用销轴与飞块支架连接。当转速升高时，飞块向外张开，飞块臂上的滚轮推动滑套沿轴向移动，杠杆机构使供油齿杆向减油位置移动，减少供油量，使转速下降；当转速降低时，飞块向内合拢，作用在滑套上的力减小，在弹簧作用下沿轴向移动，杠杆机构使供油齿杆向增油位置移动，转速上升。

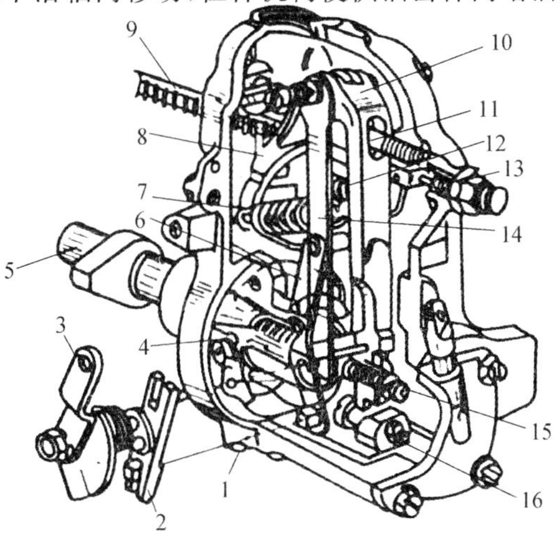

图 6.27　RAD 型两级式调速器

1—飞块；2—支持杠杆；3—控制杠杆；4—滚轮；5—凸轮轴；6—浮动杠杆；7—调速弹簧；8—速度调整杠杆；9—供油杠杆；10—张力杠杆；11—调速杠杆螺栓；12—启动弹簧；13—稳速弹簧；14—导动杠杆；15—怠速弹簧；16—供油拉杆行程调整螺栓

(2)工作过程。

RAD型两极式调速器的工作过程见表6.3。

表6.3 RAD型两极式调速器的工作过程

调速行程	调速过程	
启动加速	发动机启动时,将控制杠杆推至全负荷供油位置,支持杠杆绕D点逆时针转动,浮动杠杆绕B点逆时针转动,推动连接杠杆使供油齿杆向左移增加供油量。由于发动机静止,所以飞块无离心力,浮动杠杆在启动弹簧拉力的作用下绕C点逆时针摆动,同时带动B点和A点进一步向左移动,直到把飞块压到合拢位置为止,从而保证供油齿杆越过全负荷供油量位置进入发动机启动时的最大供油位置(启动加浓)。发动机启动后,将控制杠杆拉回到怠速位置,发动机便以怠速运转	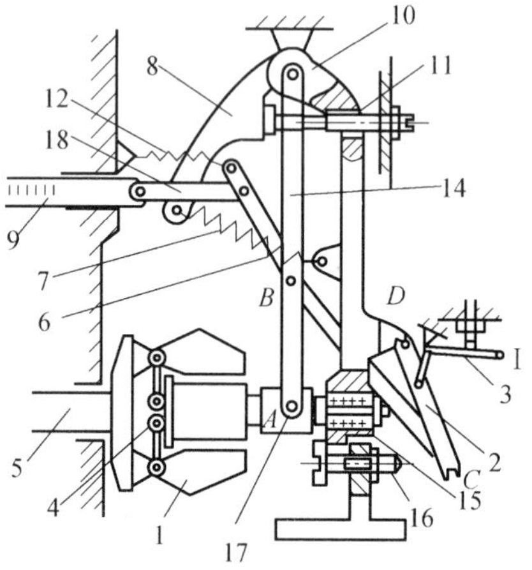
怠速稳定	发动机怠速运转时,控制杠杆在怠速位置。此时飞块的离心力使滑套右移而压缩怠速弹簧,当飞块离心力与怠速弹簧、启动弹簧的合力平衡时,供油齿杆保持在某一位置,发动机就在相应的转速下稳定运转。若此时转速降低时,则飞块离心力随之减小,滑套便在怠速弹簧和启动弹簧的作用下左移,使导动杠杆顺时针摆动,带动怠速弹簧使浮动杠杆绕C点逆时针转动,通过连接杆推动供油齿杆左移,增加供油量,使发动机转速回升;反之,若发动机转速升高,则供油量减小,发动机转速下降(调整怠速弹簧的预紧力可以调整怠速)	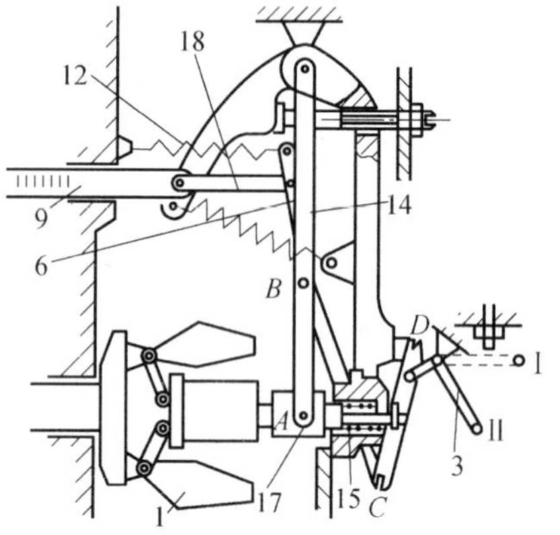
中速工况	当发动机在正常工作转速范围工作时,控制杠杆处于Ⅰ和Ⅱ之间的部分负荷位置Ⅲ,因此发动机转速超过怠速,故怠速弹簧被完全压入压力杠杆下部的孔内。由于拉力杠杆被很强的调速弹簧拉住,所以在转速低于最大工作转速的情况下,飞块的离心力不足以推动拉力杆,拉力杆始终紧靠在供油齿杆行程调整螺栓上,因而支点B也不会移动,此时调速器不起作用。只有驾驶员改变控制杠杆的位置时,才可使供油齿杆向左或向右移动,从而增加或减少供油量。由此可知,在正常工作范围内,供油量的调节是由驾驶员控制的,调速器不起作用	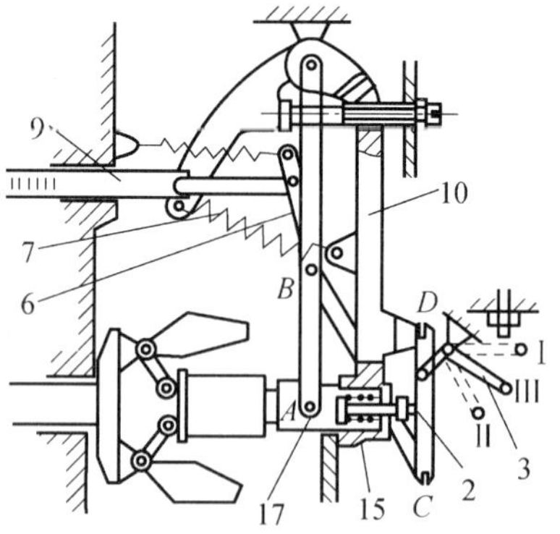

续表 6.3

调速行程	调速过程	
最高转速限制	不管发动机是在部分负荷工况还是在全负荷工况，只要是因为外界负荷变化而引起发动机转速超过规定的最大转速，飞块离心力就能克服调速弹簧的拉力，使飞块进一步张开，从而推动套筒和拉力杆右移，使 B 移到 B'，拉力杆从 D 移到 D'，浮动拉杆的下支点从 C 移到 C'，最终使供油齿杆向右移动，供油量减少，保证了发动机转速不会超过规定的最大值	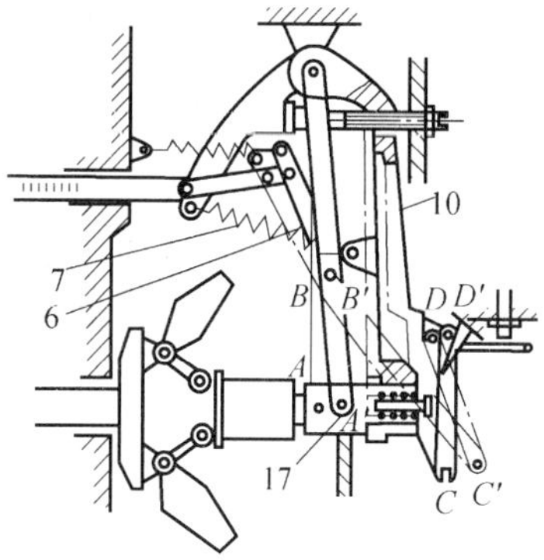

注：1—飞块；2—支持杠杆；3—控制杠杆；4—滚轮；5—凸轮轴；6—浮动杠杆；7—调速弹簧；8—速度调整杠杆；9—供油杠杆；10—张力杠杆；11—调速杠杆螺栓；12—启动弹簧；13—稳速弹簧；14—导动杠杆；15—怠速弹簧；16—供油拉杆冲程调整螺栓；17—铰接点；18—连接杆

发动机的最大转速可以通过改变调速弹簧的预紧力来调节。当速度调整螺栓向内旋时，速度调整杠杆绕其支点顺时针摆动，调速弹簧的预紧力加大，发动机的最高转速升高；反之，当速度调整螺栓向外旋时，调速弹簧的预紧力减小，发动机的最大转速降低。

3. 全程式调速器

全程式调速器不仅能保持柴油发动机的最低稳定转速和限制最高转速，而且能根据负荷的大小保持和调节在任意选定转速下稳定工作。全程式调速器的结构形式很多，下面主要以 VE 泵使用的全程式调速器为例进行说明。

(1)结构。

全程式调速器结构如图 6.28 所示。飞块支架上装有四个飞块，飞块通过止推片推动调速套筒移动。张力杠杆、启动杠杆和导杆组成调速杠杆系统。这三个杠杆通过销轴连在一起并可以分别绕 N 销轴转动。导杆通过 M 销轴固定在分泵体上。启动杠杆下端是球头销，嵌入供油量调节套筒的凹槽中。当启动杠杆摆动时，球头销将拨动供油量调节套筒，改变其与分配柱塞上泄油孔的相对位置，从而改变分配柱塞有效行程。张力杠杆上端通过怠速弹簧与调速弹簧连接，调速弹簧的另一端挂在调速手柄销轴上。导杆的下端受回位弹簧的推压，使其上端靠在最大供油量调节螺栓上。

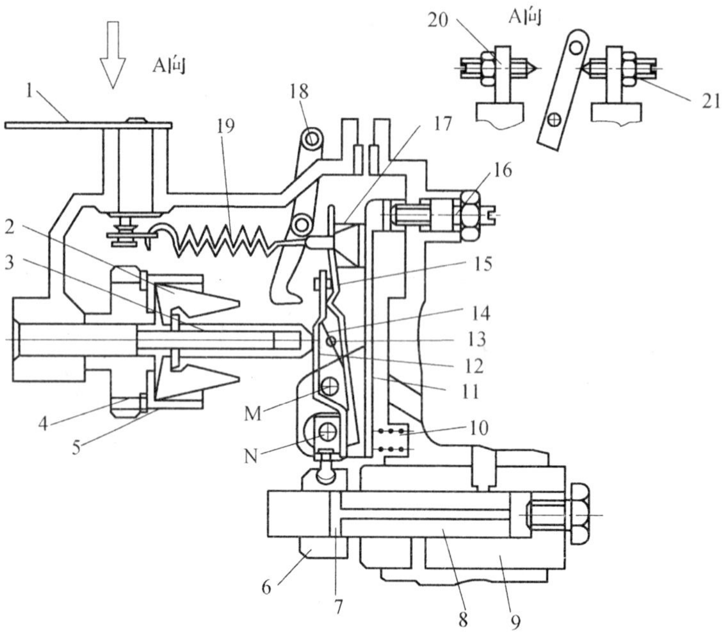

图 6.28 全程式调速器结构

1—调速手柄；2—飞块；3—调速套筒；4—调速器传动齿轮；5—飞块支架；6—供油量调节套筒；7—泄油孔；8—柱塞；9—柱塞套；10—回位弹簧；11—导杆；12—启动杠杆；13—张力杠杆挡销；14—启动弹簧；15—张力杠杆；16—最大供油量调节螺栓；17—怠速弹簧；18—停车手柄；19—调速弹簧；20—怠速调节螺钉；21—最高速限制螺钉；N—启动杠杆、张力杠杆、导杆支承销轴(可动)；M—导杆支承销轴(固定)

(2)工作过程。

全程式调速器的工作过程见表 6.4。

表 6.4 全程式调速器工作过程

启动工况	启动前，将调速手柄推靠在最高速限制螺钉上，调速弹簧被拉伸。此时，与之连接的张力杠杆绕 N 销轴向左摆动，通过启动弹簧使启动杠杆压向调速套筒，从而使静止的飞块处于完全闭合状态。启动杠杆下端连接的供油量调节套筒向右拨到启动加浓位置 C，供油量最大 启动后，飞块的离心力克服作用在启动杠杆上的启动弹簧作用，使启动杠杆绕 N 销轴向右摆动，直到抵靠在张力杠杆挡销上。此时启动杠杆下端的球头销向左拨动供油量调节套。供油量调节套筒移动至 D 位置，供油量减小	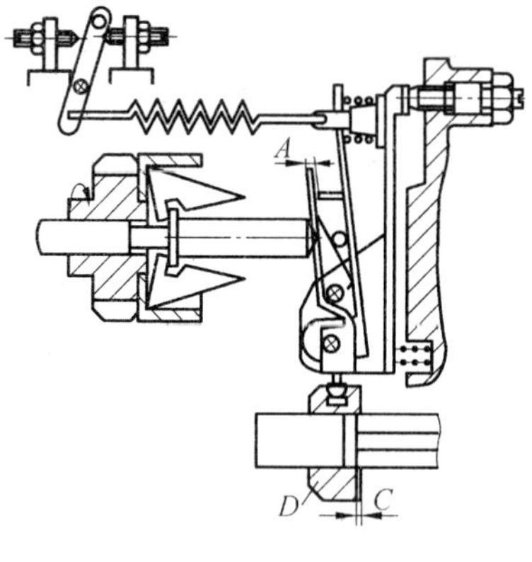

续表 6.4

怠速工况	启动后，将调速手柄移动到怠速调节螺钉上。在这个位置调速弹簧的张力几乎等于零，即使调速器传动轴的转速很低，飞块也会向外张开推动调速套筒，是启动杠杆和张力杠杆绕 N 销轴向右摆动，使怠速弹簧受到压缩。这时，飞块离心力对调速套筒的推力与怠速弹簧及启动弹簧对调速套筒的作用力平衡，供油量调节套筒处于怠速供油位置，柴油发动机则在怠速下运转 若发动机负荷突然减小，发动机转速升高，飞块离心力增大，打破了上述的平衡关系，则飞块推调速套筒通过启动杠杆、张力杠杆进一步压缩怠速弹簧，此时启动杠杆下端则带动供油量调节套筒左移减油，使发动机转速下降，飞块离心力与怠速弹簧和启动弹簧弹力达到平衡状态。若发动机负荷突然增加，则与上述相反	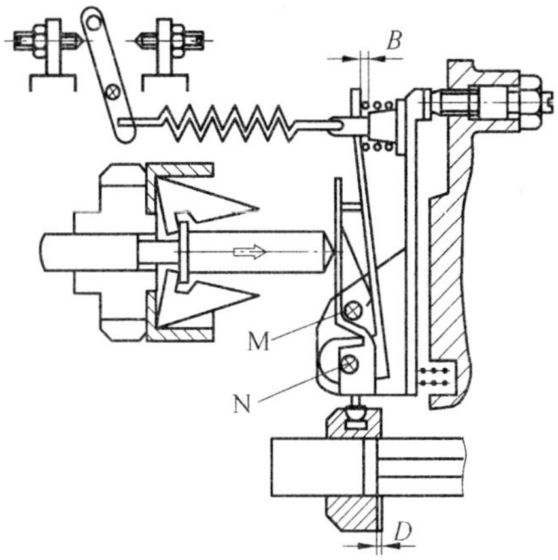
中高速工况	中速是指高于怠速而又低于最高转速之间。将调速手臂置于怠速调节螺钉与最高速限制螺钉之间的某一位置时，调速弹簧被拉伸，同时拉动张力杠杆和启动杠杆绕 N 销轴左移，而启动杠杆下端的球头销则向右拨动供油量调节套筒，使供油量增加，柴油发动机由怠速转入中速状态。此时转速升高，飞块的离心力增大，当其向右作用于调速套筒上的推力与调速弹簧向左作用于张力杠杆和启动杠杆上的拉力平衡时，供油量稳定，发动机转速稳定 把调速手柄置于最高转速限制螺钉时，调速弹簧的张力达到最大，供油量调节套筒也相应地移动到最大供油量位置，柴油发动机在最高转速或标定转速下工作。只要因负荷发生变而引起转速变化，飞块离心力与调速弹簧弹力平衡就会遭到破坏，调速器立即动作，通过增油或减油使转速复原。如果突然全部卸掉柴油及负荷，调速器将把供油量减至最小。以防止柴油发动机超速，其调速过程与稳定怠速过程相同	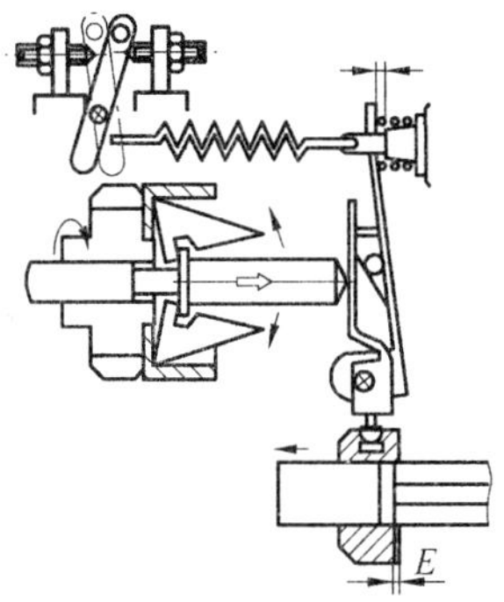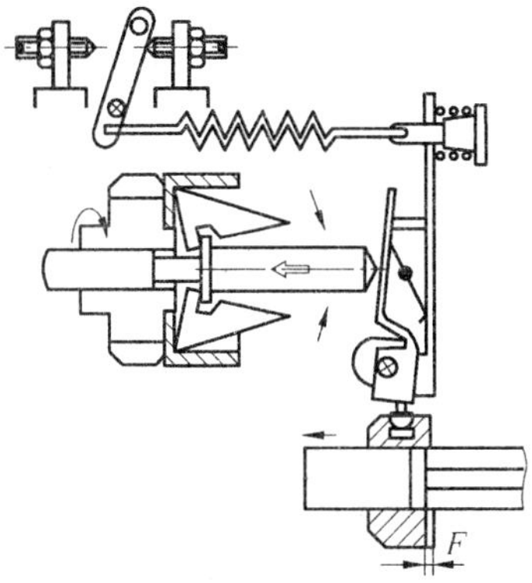

6.4.4 输 油 泵

输油泵的作用是使柴油产生一定的压力，用以克服滤清器及管路的阻力，并以足够的数量（约为全负荷最大喷油量的 3～4 倍）向喷油泵输送柴油。

1. 活塞式输油泵

活塞式输油泵与柱塞式喷油泵配合使用。输油泵安装在柱塞式喷油泵的侧面，并由喷油泵上的偏心轮驱动，结构如图 6.29 所示。

喷油泵凸轮轴转动时，在偏心轮和活塞弹簧的共同作用下，输油泵活塞在输油泵体内做往复运动，如图 6.30 所示。

偏心轮转过，活塞上行，Ⅰ下腔容积增大，产生真空，进油阀开启，柴油经进油口进入下泵腔。同时，Ⅱ上泵腔容积缩小，压力增大，出油阀关闭，上泵腔中的柴油经出油口压出。

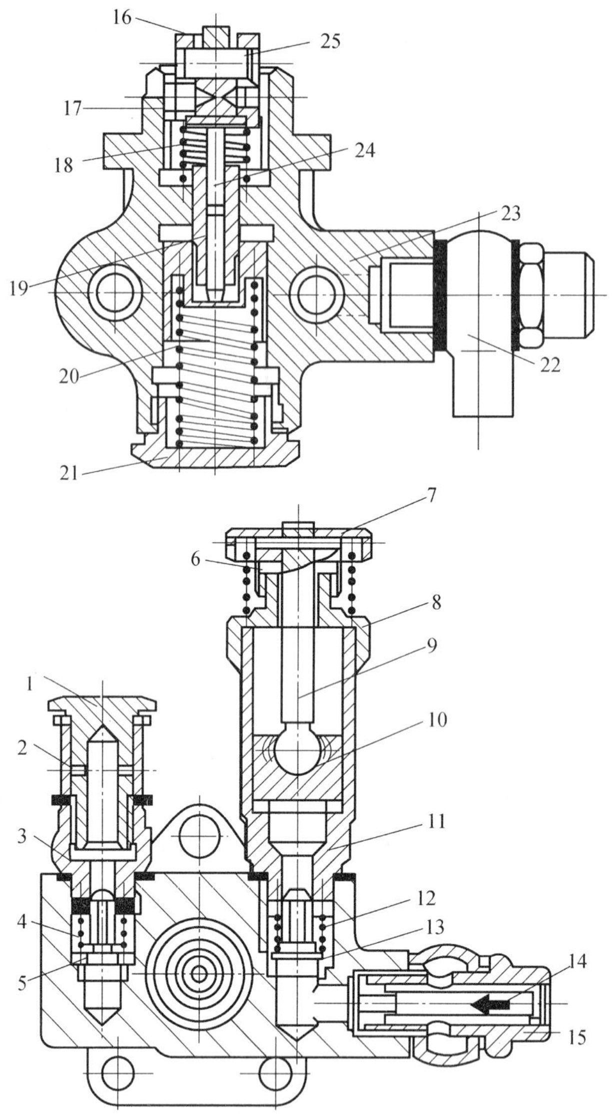

图 6.29　活塞式输油泵

1—出油管接头螺套;2—保护套;3—油管接头;4—出油阀弹簧;5—出油阀;6—手泵柄;7—手泵销;8—手泵盖;9—手泵杆;10—手泵活塞;11—手泵体;12—进油阀弹簧;13—进油阀;14—滤网;15—进油管接头螺栓;16—滚轮;17—滚轮架;18—滚轮弹簧;19—活塞;20—活塞弹簧;21—螺塞;22—进油管接头;23　泵体;24　推杆;25　滚轮轴

偏心轮推动滚轮、推杆和活塞向下运动,Ⅰ下泵腔油压增高,进油阀关闭,出油阀开启,柴油从Ⅰ下泵腔流入Ⅱ上泵腔。

若喷油泵供油量减少时,Ⅱ上泵腔油压增高。当活塞弹簧的弹力恰好与Ⅱ上泵腔的油压平衡时,活塞便滞留在某一位置而不能回到其行程的止点处。在这种情况下,活塞的行程减小,输油泵的输油量自然减少,从而限制了油压的继续增高,实现了输油量与供油压力的自动调节。

为了防止供油管路内有空气而影响发动机的正常启动,在输油泵上设计一个手油泵。

先将燃油滤清器和喷油泵的放气螺钉拧松,再将手泵柄拉钮旋出,上、下反复拉动手泵活塞,使柴油自进油单向阀吸入,经出油单向阀压出,并充满燃油滤清器和喷油泵的低压油腔,将其中的空气驱除干净;然后拧紧放气螺钉,旋进手油泵拉钮。

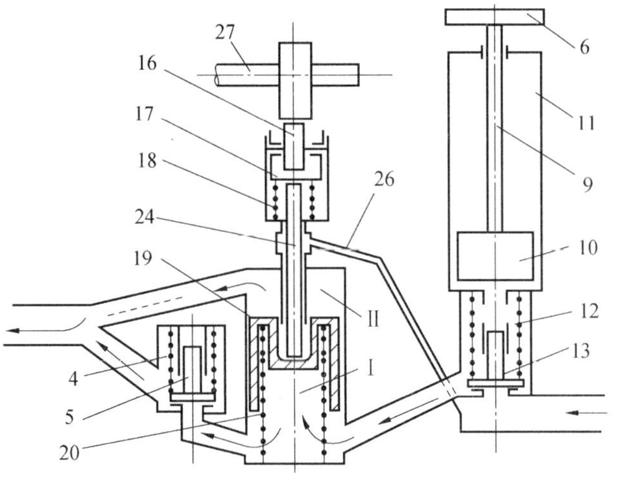

图 6.30 活塞式输油泵工作原理

26—输油管;27—凸轮轴;其他参数同图 6.29

2.滑片式输油泵

滑片式输油泵与 VE 泵配合使用。输油泵安装在 VE 泵体内,并由喷油泵上的传动轴直接驱动,如图 6.31 所示。

滑片式输油泵由输油泵体、输油泵壳体、转子和滑片等构成。输油泵转子由分配泵驱动轴传动。四个滑片分别安装在转子的四个滑片槽内,如图 6.31 所示。转子偏心的安装在输油泵的内孔中,在转子和输油泵之间形成弯月形工作腔,并被四个滑片分隔成四个工作室。当转子旋转时,由于工作室容易不断地由小变大或由大变小,从而产生吸油或压油的作用。

滑片式输油泵出口油压随传动轴的转速升高而增大。为了保持油压稳定,在输油泵出口处设置了调压阀。

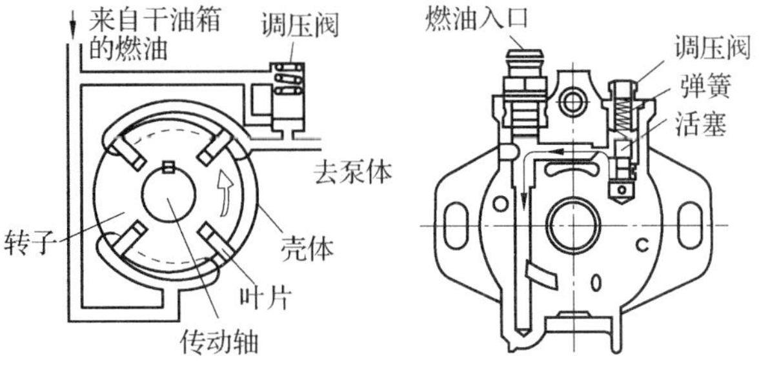

图 6.31 滑片式输油泵

实训项目

任务名称	柴油发动机主要部件的认知	学时	1	班级	
学生姓名		学生学号		任务成绩	
实训设备	柴油发动机台架五台	实训场地	理实一体化教室	日期	
任务内容	柴油发动机主要部件的认知				
任务目标	在发动机台架上指出柴油发动机主要部件的位置并说出其作用				

一、决策与计划

请根据任务要求，确定所需要的技术资料，并对小组成员进行合理分工。

1. 需要的技术资料

2. 小组成员分工

二、实施

在发动机台架上分别找出项目单表格中的元件并写出其作用。

元件名称	安装位置	元件名称	安装位置
喷油器		调速器	
输油泵		喷油泵	
柴油滤清器		燃油分配管	
油箱			

三、检查

将工作台上的零部件按照要求进行分类。

汽油发动机：______

柴油发动机：______

四、评价反馈

1. 请根据自己任务的完成情况，对自己的工作进行自我评估，并提出改进意见。

（1）______

（2）______

2. 教师对学生工作情况进行评估，并进行点评。

五、作业

查阅资料列举出哪些品牌轿车使用的是柴油发动机？

课后练习

<table>
<tr><td rowspan="3">模块 6　柴油发动机燃料供给系</td><td>班级</td><td colspan="3"></td></tr>
<tr><td>姓名</td><td></td><td>学号</td><td></td></tr>
<tr><td>日期</td><td></td><td>评分</td><td></td></tr>
</table>

一、资讯

说明：每位学生应在工作任务实施前独立完成准备工作。

1. 柴油的发火性用__________表示，__________越高，发火性__________。

2. 柴油发动机燃料供给系由__________、__________、__________及__________四部分组成。

3. 柴油发动机混合气的形成和燃烧过程可按曲轴转角划分为__________、__________、__________和__________四个阶段。

4. 柴油发动机混合气的形成和燃烧方法有两种：一种是__________混合燃烧；另一种是__________混合燃烧。

5. 将柴油喷入燃烧室的部件称为__________。按喷油嘴形式分为__________式和__________式两种。其中__________式多用于直接喷射式燃烧室，__________式多用于分开式燃烧室。

6. 柴油发动机燃料供给系统__________与__________、__________与__________、__________与__________称为柴油发动机燃料供给系的“三大偶件”。

7. 柱塞泵中柱塞运动方式分为__________和__________；VE 泵中柱塞运动方式分为__________和__________。

8. 两级式调速器工作的基本原理是利用__________旋转产生的__________与调速弹簧的__________之间的平衡过程来自动控制__________的位置，达到限制最高转速和稳定最低转速的目的。

9. 柴油电控燃油喷射系是由__________、__________和__________组成。

二、内容小结

1. 简述柴油发动机燃料供给系作用。

2. 喷油泵的功用是什么？主要由几部分组成？

3. 怎样调整喷油泵的供油提前角？

4. 两级式调速器与全程式调速器的区别是什么？

5. 简述柴油电控燃油喷射系的几种类型。柴油电控高压共轨燃油喷射系的特点。

模块 7 发动机冷却系

【知识目标】

1. 了解冷却系的分类、冷却液、电子控制冷却系的机构原理。
2. 熟悉水冷系的工作原理。
3. 掌握水冷系的作用、组成及结构原理。
4. 学会水冷系的循环路线分析。

【技能目标】

会对冷却系统进行简单的拆装。

【课时计划】

任务	任务内容	参考课时		
		理论课时	实训课时	合计
1	冷却系的基础知识	1	0	1
2	冷却系主要部件认知	2	1	3
共计:4 课时				

情境导入

一辆捷达轿车，发动机冷却液充足，但在行驶中冷却液温度过高，冷却液沸腾（俗称“开锅”）。这是一例发动机过热故障，要排除该故障，我们必须了解冷却系的构造及工作原理，掌握主要零部件的拆装。下面就分步进行该模块的学习。

任务驱动

任务 7.1　冷却系的基础知识

7.1.1　冷却系的功用

冷却系的功用就是保持发动机在最适宜的温度范围内工作。目前，汽车上广泛采用的水冷式发动机正常工作温度（冷却液温度）一般为 80～90 ℃。

发动机工作时，汽缸内的温度可高达 1 927～2 527 ℃；若不及时冷却，将造成发动机零部件温度过高；尤其是直接与高温气体接触的零件，会因热膨胀而影响正常的配合间隙，导致运动件受阻甚至卡死。此外，高温还会造成发动机零部件的机械强度下降，使润滑困难，从而造成发动机的磨损加剧，动力性和燃油经济性下降。但冷却过度会造成发动机过冷，导致散热损失及摩擦损失增加，零件磨损加剧，排放恶化，也会导致发动机功率下降及燃料消耗率增加。

当发动机工况其他条件相同时，冷却系温度降低 30 ℃左右时，汽缸的磨损量将比正常温度时高 4～5倍，油耗增加 30%，功率下降 10%。为此，发动机必须设置冷却系，以保证发动机在最适宜的温度下工作。

7.1.2　冷却系的分类

根据所用冷却介质不同，汽车发动机的冷却系可分为风冷式和水冷式。

水冷式是以冷却液为冷却介质，热量先由机件传给冷却液，靠冷却液的流动把热量带走而后散入大气中。散热后的冷却液再重新流回到受热机件处。适当调节水路和冷却强度，就能保持发动机的正常工作温度。同时，还可用热水预热发动机，便于冬季启动。

风冷式是是利用高速流动的空气直接吹过汽缸盖和汽缸体外表面，把热量散到大气中去，保证发动机在最有利的范围内工作。

汽车发动机，尤其是轿车发动机大都采用水冷式，只有少数汽车发动机采用风冷式。

1. 水冷系

汽车发动机的水冷式冷却系大都采用强制循环，即利用水泵提高冷却液的压力，冷却液在发动机中强制循环流动。强制循环水冷却系由冷却风扇、散热器、水泵、发动机机体和汽缸盖中的水套、温度调节装置（节温器、百叶窗、风扇离合器）、水管、水温表和传感器等组成（图 7.1）。

如图 7.2 所示，强制循环水冷却系是用水泵 11 把该系统的冷却液加压，使之在水套中流动，冷却液从汽缸壁吸收热量，温度升高，向上流入汽缸盖水套，继而从缸盖流出并进入散热器 1。由于冷却风扇 12 的强力抽吸，空气从前向后高速流过散热器 1，不断地将流经散热器的冷却液的热量带走。冷却

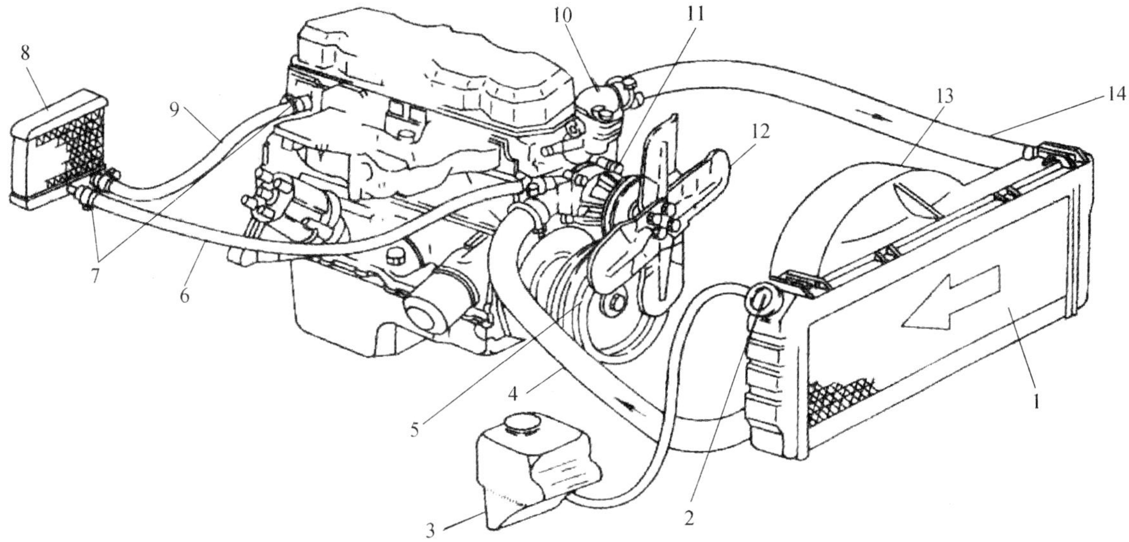

图 7.1　汽车发动机水冷式冷却系的组成

1—散热器；2—散热器盖；3—补偿水箱；4—散热器出水软管；5—风扇传动带；6—暖风机出水软管；7—管箍；8—暖风机芯；9—暖风机进水软管；10—节温器；11—水泵；12—冷却风扇；13—护风圈；14—散热器进水软管

了的冷却液由水泵从散热器底部重新泵入水套，冷却液在冷却系中不断循环。

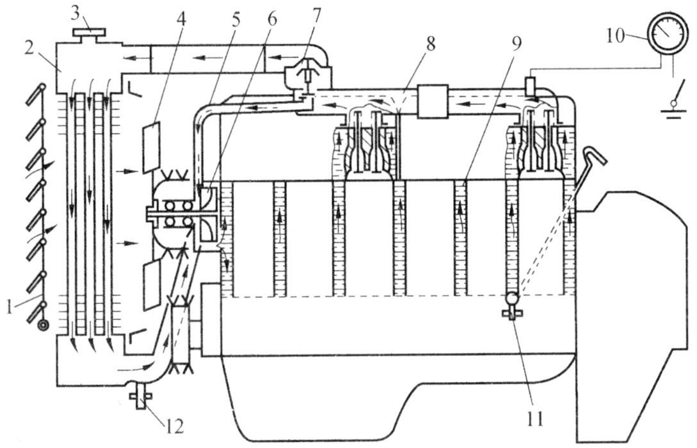

图 7.2　冷却液在强制循环水冷系中的流动

1—百叶窗；2—散热器；3—散热器盖；4—风扇；5—小循环水管；6—水泵；7—节温器；8—汽缸盖水套；9—机体水套；10—水温表；11—水套放水阀；12—散热器放水阀

在装有暖风机的水冷系中(图 7.1)，热的冷却液从水套经暖风机进水管 9 流入暖风机芯 8，然后经暖风机出水软管 6 流回水泵。被暖风机芯加热的空气，一部分送到挡风玻璃除霜器，一部分送入驾驶室或车厢内。

2.风冷系

风冷系是利用高速流动的空气直接吹过汽缸体和汽缸盖表面，将热量散发到大气中，以保证发动机在最有利的温度范围内工作。

风冷系的组成如图 7.3 所示，一般由风扇、散热片、导流罩、分流板等组成。为加强冷却效果，增加散热面积，在汽缸体和汽缸盖外表面铸有许多散热片，并采用轴流式风扇增加流经发动机的空气流量和流速。为使发动机各缸冷却均匀，利用导流罩和分流板控制空气的流动方向。

与水冷系相比，风冷系具有结构简单，质量轻便，无需特殊保养及故障少等优点，但由于其材料质量要求高，冷却不够均匀，工作噪声大，目前应用较少。

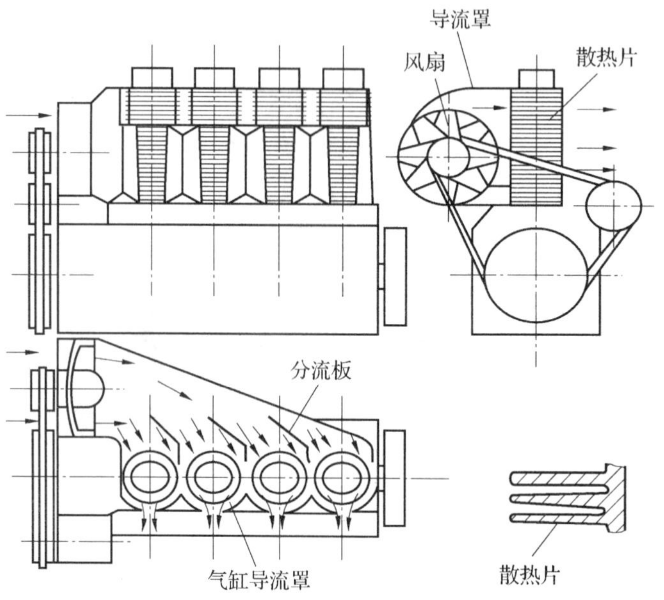

图 7.3 风冷系的组成

任务 7.2 冷却系主要部件认知

7.2.1 水冷系的主要部件

水冷系主要由散热器、冷却风扇、水泵和节温器及冷却液温度传感器等组成,如图 7.1 所示。

1. 散热器

(1)散热器的功用和结构。

散热器的功用是将水套出来的热水自上而下或横向地分成许多小股并将其热量散给周围的空气。为了集中风向,提高冷却效果,散热器后面还装有导风圈。

散热器由进水室、出水室及散热器芯等三部分构成(图 7.4)。冷却液在散热器芯内流动,空气在散热器芯外通过。

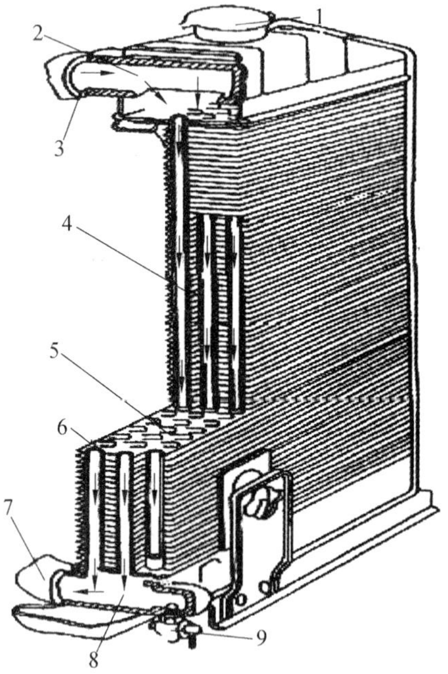

图 7.4 散热器的结构

1—散热器盖;2—进水室;3—散热器进水管;4—散热器芯;5—冷却管;6—散热片;7—散热器出水管;8—出水室;9—放水阀

按照散热器中冷却液流动的方向,散热器可分为纵流式和横流式两种(图 7.5)。纵流式散热器芯竖直布置,上接进水室,下连出水室(图 7.5(a))。横流式散热器芯横向布置,左右两端分别为进、出水室(图 7.5(b))。大多数新型轿车均采用横流式散热器。

芯管的结构形式有管片式、管带式和板式,如图 7.6 所示,常用的为管片式,其芯管有扁管和圆管(图 7.6(a)、(b)),扁管与圆管相比,在容积相同的情况下有较大的散热表面。铝散热器芯多为圆管。在散热管的外表面焊有散热片以增加散热面积,管片式散热器的优点是散热面积大、气流阻力小。管带式散热器芯(图 7.6(b))与管片式散热器芯相比,管带式的散热能力强,制造简单，质量轻，成本低，但结构刚度差。板式散热器芯(图 7.6(d))的冷却液通道由成对的金属薄板焊合而成。这种散热器芯散热效果好，制造简单，但焊缝多不坚固，容易沉积水垢且不易维修散热器材料多采用耐腐蚀，导热性好的铜或铝片制成。为了使散热器质量减轻，有些散热器的进、出水室由复合塑料制造。

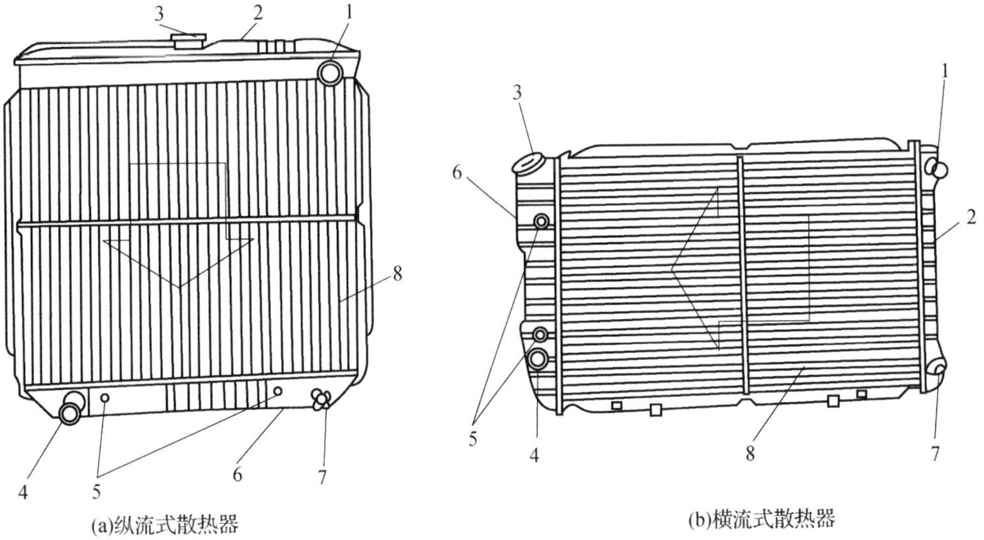

图 7.5　散热器形式

1—进水口；2—进水室；3—散热器盖；4—出水口；5—变速器油冷却器进、出口；6—出水室；7—放水阀；8—散热器芯

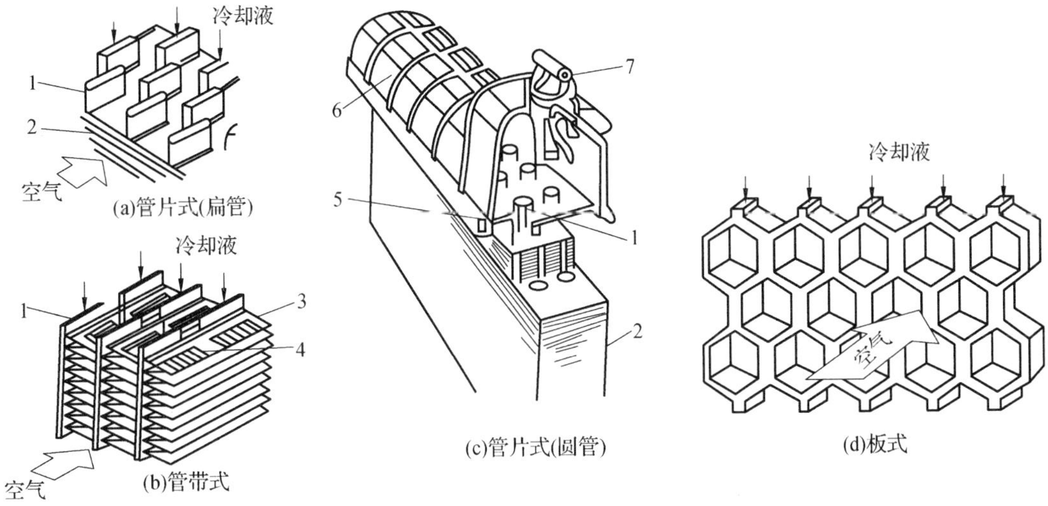

图 7.6　散热器芯结构

1—散热管；2—散热片；3—散热带；4—鳍片；5—环氧树脂密封；6—进水室(塑料制)；7—放气阀

有些装有自动变速器的汽车和重型汽车必须装备变速器油冷却器。变速器油过热会降低变速器性能，甚至造成变速器损坏。变速器油冷却器通常就是一根冷却管，置于散热器的出水室内，由冷却液对流过冷却管的变速器油进行冷却。在变速器和冷却器之间用金属管或橡胶软管连接。

(2)散热器盖。

散热器盖的作用是密封水冷并调节系统的工作压力。散热器盖安装在加水口上。对于闭式冷却系来说，系统与外界大气不直接相通，所以散热器盖上带有蒸汽-空气阀，如图 7.7 所示。使冷却系的压力高于大气压力，冷却液的沸点有所提高。

当发动机工作时，冷却液因温度升高而容积膨胀，一般在散热器内压力达到 126～137 kPa 时，蒸汽阀开启，一部分冷却液经溢流管流入补偿水箱，以防止冷却液胀裂散热器。

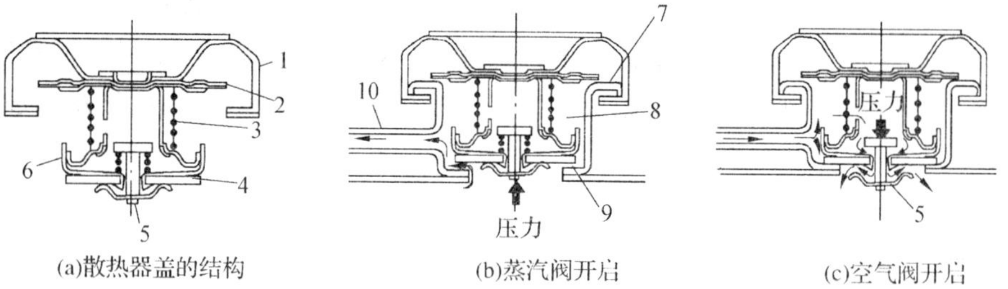

图 7.7　散热器盖的结构及工作原理

1—散热器盖；2—上密封衬垫；3—蒸汽阀弹簧；4—下密封衬垫；5—空气阀；6—蒸汽阀；

7—加冷却液口上密封面；8—加冷却液口；9—加冷却液口下密封面；10—溢流管

发动机停机后，冷却液因温度下降而压力降低。当压力降到 99～87 kPa 时，空气阀在散热器内气压降到 99～87 kPa 时，空气阀开启，补偿水箱内的冷却液部分地流回散热器，可以避免散热器被大气压力压坏。

轿车的散热器盖的蒸汽阀开启压力可达 0.1 MPa，而冷却液的沸点可升高至 120 ℃。

(3)补偿水箱。

补偿水箱如图 7.8 所示，其上部用一个较细的软管与水箱的加水管相连，底部通过水管与水泵的进水侧相连接，通常位置略高于散热器。补偿水箱多用半透明材料（如塑料）制成。透过箱体可直接方便地观察到液面高度，无需打开散热器盖。

补偿水箱的作用是：

①把冷却系变成永久性封闭系统，减少了冷却液的损失。当冷却液受热膨胀时，部分冷却液流入补偿水箱；而当冷却液降温时，部分冷却液又被吸回散热器，所以冷却液不会溢失。即补偿水箱内的液面有时升高，有时降低，而散热器却总是被冷却液所充满。

②使系统内的压力提高 98～196 kPa，冷却液的沸点相应地提高到120 ℃左右，从而扩大了散热器与周围空气的温差，提高了散热器的换热效率。由于散热器散热能力的增强，可以相应地减小散热器尺寸。

③避免空气不断进入，给冷却系内部造成氧化、穴蚀，使冷却系中水、气分离，保持系统内压力稳定，提高了水泵的泵水量，并且提高了水泵和水套的使用寿命。

一般冷却系冷却液的流动是靠水泵的压力来实现的。水泵吸水的一侧压力低，易产生蒸汽泡，使水泵的出水量显著下降，并引起水泵叶轮和水套的穴蚀，在其表面产生麻点或凹坑，缩短了叶轮和水套的使用寿命。如图 7.8 所示，加装补偿水箱后，由于补偿水箱和水泵进水口之间存在补充水管 9，使水泵进水口处产生较高的水压，减少了气泡的产生。散热器中的蒸汽泡和水套中的蒸汽泡通过水套出气管 5 和散热器出气管 8 进入补偿水箱，从而使汽水彻底分离。由于补偿水箱温度较低，进入的气体得到冷凝，一部分变成液体，重新进入水泵。而积存在补偿水箱液面上的气体起缓冲作用，使冷却系内压力保持稳定状态。

有的冷却系的补偿水箱采用一根管子把散热器和补偿水箱的底部或上部（管口插入液面以下）连通，如图 7.9 所示。但这种装置只能解决汽水分离及冷却液消耗问题，而对穴蚀没有明显的改善。当冷却液温度升高时，散热器中液体膨胀、汽化，使散热器盖蒸汽阀开启，散热器中的蒸汽或液体沿导管流入补偿水箱。当冷却液温度降低时，散热器内压力下降，液体沿原路径流向散热器。

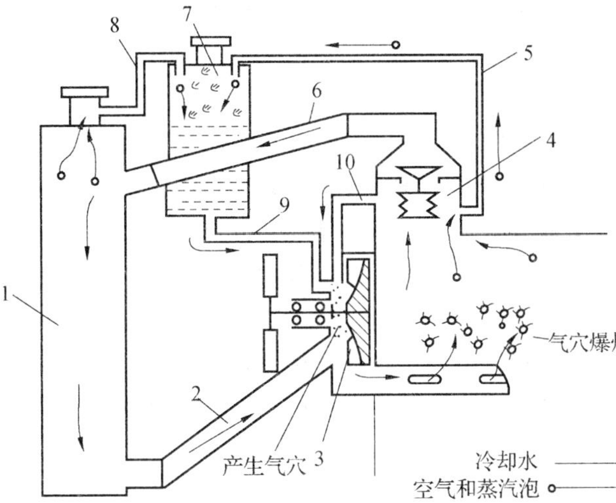

图 7.8　补偿水箱示意图

1—散热器；2—水泵进水管；3—水泵；4—节温器；5—水套出气管；6—水套出水管；7—补偿水箱；8—散热器出气管；9—补充水管；10—旁通管

在补偿水箱的外表面上刻有两条标记线："低(LOW)"线和"高(FULL)"线、或者"低(DI)"线和"高(GAO)"线(图 7.9)，补偿水箱内的液面应位于两条标记线之间。水温在 50 ℃以下时，液面应不低于"低"线，若液面低于"低"线时，应向补偿水箱内补充冷却液。在向补偿水箱内添加冷却液时，液面不应超过"高"线。

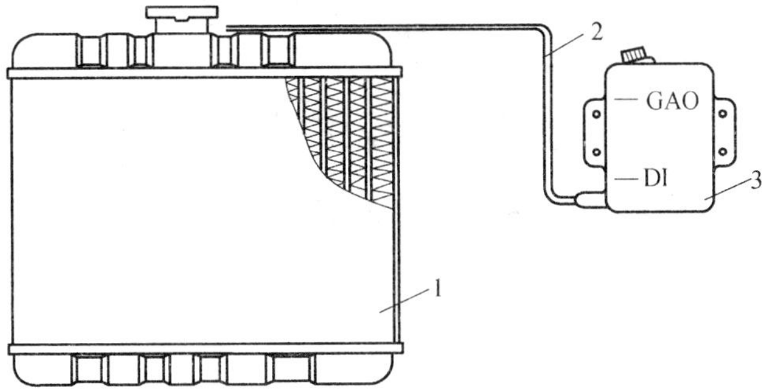

图 7.9　单管补偿水箱装置示意图

1—散热器；2—橡胶软管；3—补偿水箱

2. 水泵

(1)水泵的功用。

水泵的功用是对冷却液加压，使之在冷却系中循环流动。

由于离心式水泵具有尺寸小、出水量大、结构简单，损坏后不妨碍水在冷却系中自然循环的特点，故为强制循环式冷却系普遍采用。常见的水泵在机体外安装，与风扇同轴驱动，也有装在机体内(内藏式)单独驱动的。

(2)水泵的工作原理。

离心式水泵由水泵壳体、水泵轴、叶轮及进、出水管等组成。离心式水泵的工作原理如图 7.10 所示。当叶轮旋转时，水泵中的水被叶轮带动一起旋转，由于离心力的作用，水被甩向叶轮边缘，在蜗形壳体内将动能转变为压能，

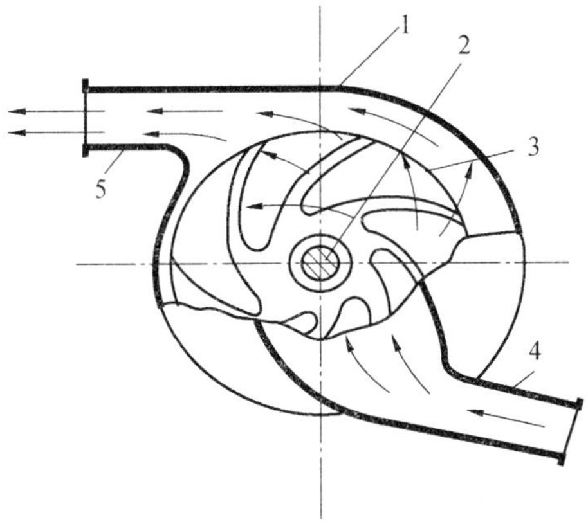

图 7.10　离心式水泵的工作原理

1—水泵壳体；2—水泵轴；3—叶轮；4—进水管；5—出水管

经外壳上与叶轮成切线方向的出水管被压送到发动机水套内。与此同时,叶轮中心处压力降低,散热器中的水便经进水管3被吸进叶轮中心部分。

(3)水泵的结构。

图7.11所示为EQ6100—1型发动机所采用的离心式水泵结构图。泵壳多用铸铁或铝合金制成蜗壳形状。水泵盖9及衬垫8用螺钉装在泵壳后面,泵盖上有出水孔,泵壳上有进水孔A,用橡胶管与散热器出水管相连。泵壳上面有旁通孔与汽缸盖上的出水管连接。水泵轴12的一端用两个球轴承11支承在水泵壳体1内,其伸出壳体以外的部分用半圆键13与安装风扇带轮的凸缘盘14连接。水泵轴的另一端安装水泵叶轮2,并用螺栓紧固。在水泵叶轮2与球轴承11之间装有水封,用来防止水泵内的冷却液沿水泵轴渗漏。水封由夹布胶木密封垫圈3、水封皮碗6和弹簧7等组成。水泵轴上装有抛水圈,以防水封渗漏时浸湿轴承,渗出的水被抛水圈从壳体上的泄水孔C甩出,可避免破坏轴承润滑。

叶轮由铸铁或塑料制造,叶轮上通常有6~8个径向直叶片或后弯叶片。

(4)水泵的传动。

水泵一般由曲轴通过V带或齿形皮带传动,传动带环绕在曲轴带轮与水泵带轮之间,因此,水泵转速与发动机转速成正比。

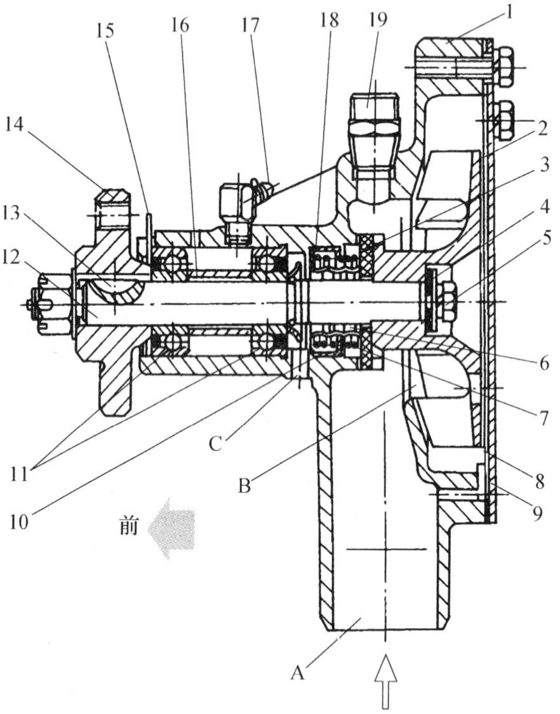

图7.11 离心式水泵典型结构(EQ6100—1型发动机)

1—水泵壳体;2—水泵叶轮;3—夹布胶木密封垫圈;4、8—衬垫;5—螺栓;6—水封皮碗;7—弹簧;9—水泵盖;10—水封座圈;11—球轴承;12—水泵轴;13—半圆键;14—凸缘盘;15—轴承卡环;16—隔离套;17—润滑脂嘴;18—水封环;19—管接头 A—进水口;B—水泵内腔;C—泄水孔

3.冷却风扇

(1)冷却风扇的功用及结构。

冷却风扇的作用是提高流经散热器的空气流速和流量,以增强散热器的散热能力并冷却发动机附件。

冷却风扇置于散热器后面(图7.12)。汽车发动机水冷多采用低压头、大风量、高效率的轴流式风扇,即风扇旋转时,空气沿着风扇旋转轴的轴线方向流动。在风扇外围装设导风罩3,使风扇4吸进的空气全部通过散热器1，以提高风扇效率。

风扇的扇风量主要与风扇的直径、转速、叶片形状、叶片安装角及叶片数目有关。

风扇的结构形式很多，目前汽车水冷发动机上常用螺旋桨式风扇。叶片形状有叶尖前弯的叶片风扇、尖窄根宽的叶片风扇和尼龙压铸整体风扇三种（图7.13）。风扇叶片有钢板冲压和铸造两种。钢板冲压叶片横断面多为弧形，用塑料或铝合金铸成的多为翼形断面。翼形风扇效率高、消耗功率少，在轿车和轻型汽车上得到了广泛的应用。一般叶片与风扇旋转平面成30°～45°角（叶片安装角）。叶片数为4、5、6或7片。叶片之间的间隔角或相等，或不相等。间隔角不等的叶片可以减小叶片旋转时的振动和噪声。

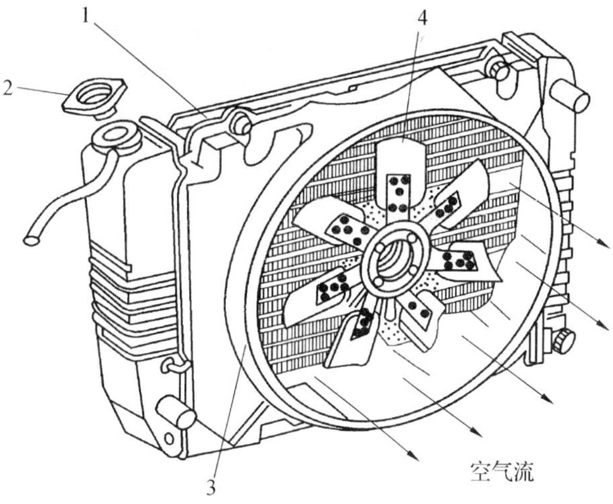

图7.12 冷却风扇与导风罩

1—散热器；2—散热器盖；3—导风罩；4—风扇

当发动机在车架上纵向布置时，风扇一般安装在水泵轴上，并由驱动水泵和发电机的同一根V形带传动（图7.14）。常将发电机支架做成可移动式的，以便调节V形皮带的张紧度，一般用大拇指以30～50 N的力下按，V形带产生10～15 mm的挠度为宜。

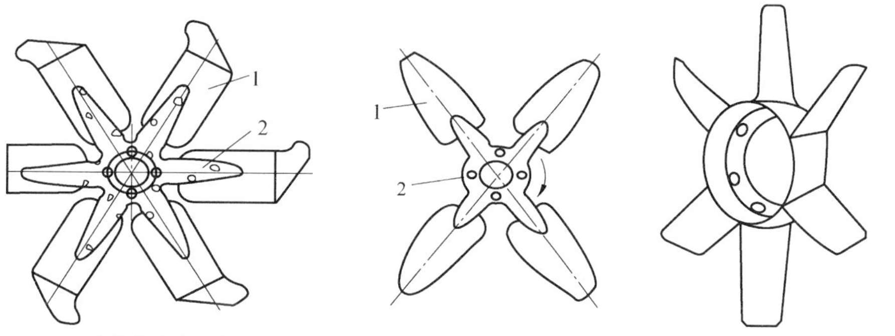

(a)叶尖前弯的风扇　(b)尖窄根宽的风扇　(c)尼龙压铸整体风扇

图7.13 风扇形式

1—叶片；2—连接板

（2）电动风扇。

大多数轿车和发动机横置或后置的汽车均采用电动风扇。如图7.15所示，电动风扇由电动机驱动并由蓄电池供电。风扇转速与发动机转速无关。

风扇的控制原理如图7.16所示，风扇电动机的开关由散热器的水温开关控制，并且有高低速两个挡位。低速挡在沸点内使用，高速挡在沸点外使用。当冷却液流出散热器的温度为92～98 ℃时，热敏开关接通风扇电动机的1挡，风扇转速为2 300 r/min。当冷却液温度升高超过98 ℃时，温控开关接通风扇电动机的2挡，这时风扇转速为2 800 r/min。若冷却液温度降到92～98 ℃时，风扇电动机恢复1挡转速。当冷却液温度降到92 ℃以下时，温控开关切断电源，风扇停转。

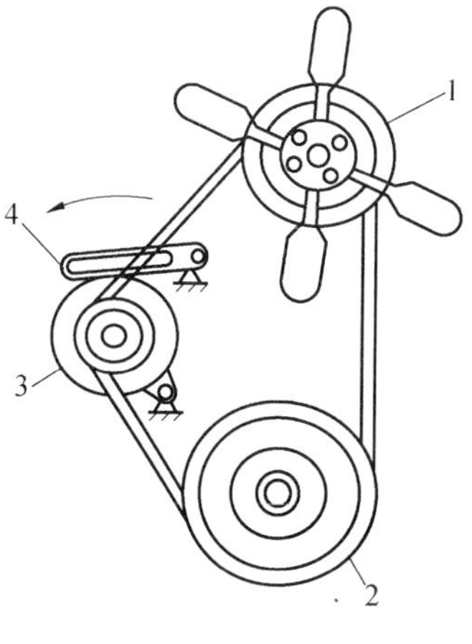

图7.14 风扇的驱动和皮带张紧力的调整

1—风扇及皮带轮；2—曲轴皮带轮；3—发电机；4—移动支架

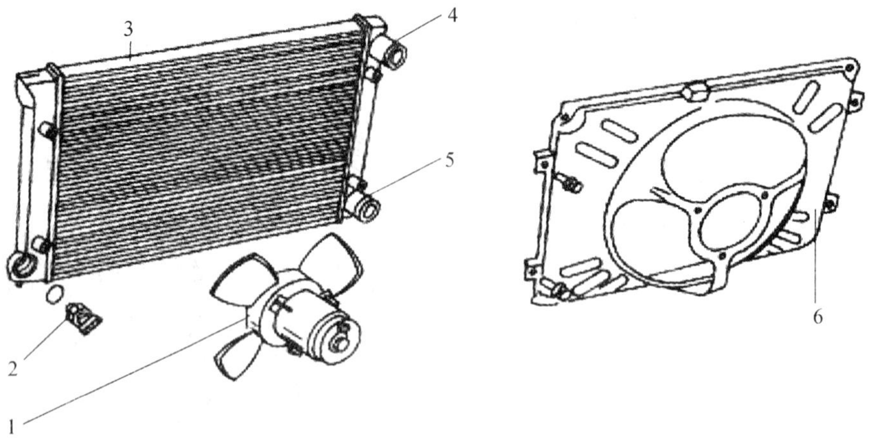

图 7.15　电动风扇、散热器及导风罩

1—电动风扇;2—温控热敏电阻开关;3—散热器;4—散热器进水口;5—散热器出水口;6—导风罩

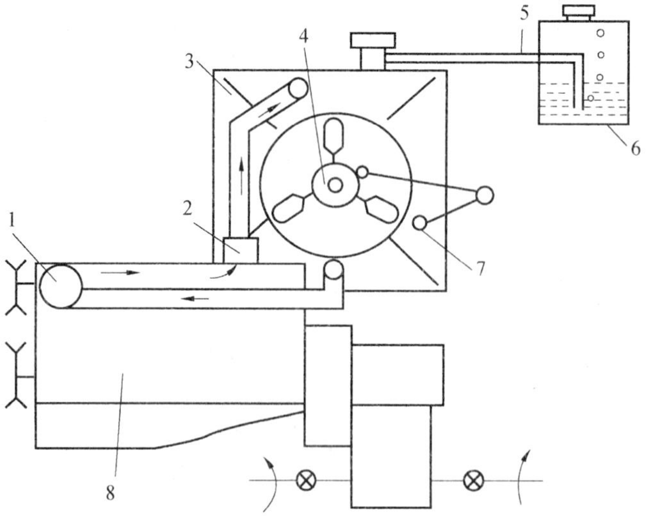

图 7.16　电动风扇的工作原理

1—水泵;2—节温器,3—散热器;4—电动机和风扇;5—蒸汽排出和回吸管;6—补偿水箱,7—温控开关;8—发动机

桑塔纳 2000 型轿车发动机有两套风扇(图 7.17),且不与水泵同轴。其一是由电动机驱动,其二是由电动风扇带动的从动风扇(由第一只风扇带动),并由受冷却液温度作用的温度开关控制。两只风扇都由独立的直流电动机驱动。设置两只风扇,满足了散热器长宽比大及散热器面积大的需要,排风量大,散热效果好。风扇一挡、二挡的控制温度如下:

风扇一挡:工作温度为 92～98 ℃,关闭温度为 84～91 ℃,工作转速为 2 300 r/min;风扇二挡:工作温度为 99～105 ℃,关闭温度为 92～98 ℃,工作转速为 2 800 r/min。

电动风扇的优点是结构简单,布置方便,并且不需要检查、调整或更换风扇皮带,维修工作量减少。

在有些电控系中,电动风扇由电控单元控制。冷却液温度传感器向电控单元传输与冷却液温度相关的信号。当冷却液温度达到规定值时,电控单元使风扇继电器接通,继电器触点闭合并向风扇电动机供电,风扇进入工作。

4.冷却强度调节装置

汽车在行驶过程中,由于环境条件和运行工况的变化,发动机的热状况也在改变。因此,必须随时调节发动机的冷却强度。强制式水冷系的冷却强度,一般受汽车的行驶速度,曲轴、水泵和风扇的转速及外界气温的影响。当使用条件变化时,如外界气温高,发动机在低速大负荷情况下工作,要求

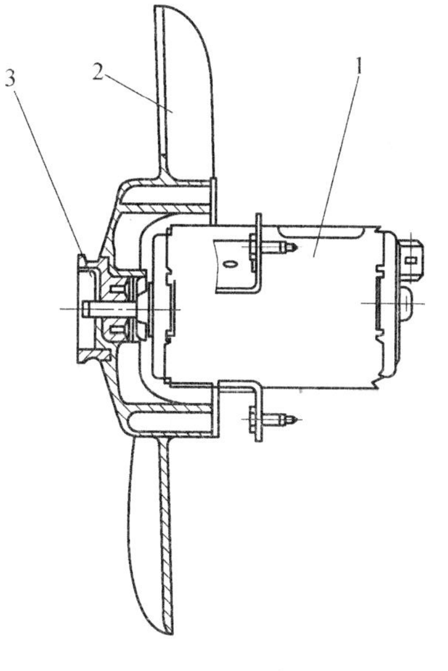

(a)电动风扇结构示意图

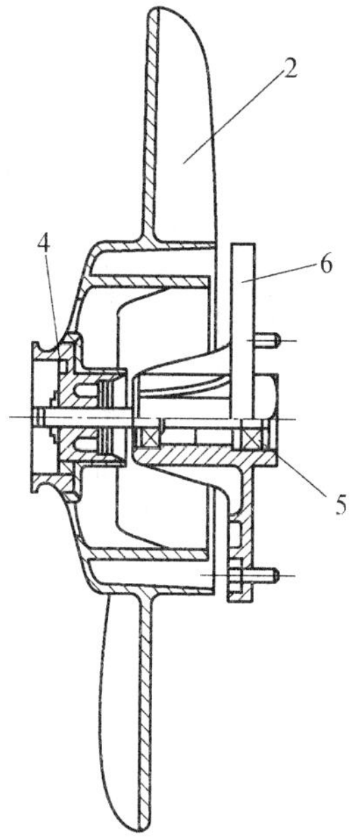

(b)从动风扇结构示意图

图 7.17　双风扇结构示意图

1—风扇电动机；2—叶片；3—主动带轮；4—从动带轮；5—轴承；6—轴承座

冷却强度要高，否则发动机易于过热。而当外界气温低，发动机负荷又不大时，其冷却强度应低些，不然就会使发动机过冷。因此，要保证发动机在最佳的温度下工作，不出现过热过冷现象，就必须能根据使用条件的变化自动调节发动机冷却强度。冷却强度的调整方法有两种：一是改变流经散热器的空气流量和流速；二是改变冷却液的流量和循环路线。冷却系中改变流经散热器的空气流量和流速的装置有百叶窗和风扇离合器，改变冷却液的流量和循环路线的装置则有节温器。

(1)节温器。

节温器的功用是随发动机负荷和水温的高低来自动改变冷却液的流量和循环路线，保证发动机在适宜的温度下工作，减少燃料消耗和机件的磨损。

双阀蜡式节温器的结构如图 7.18 所示。节温器的上支架 3 和下支架 7 与阀座铆成一体。中心杆 11 上端固定在上支架的中心，其下部插入橡胶管 4 的中心孔内，中心杆下端呈锥形。橡胶管与感应体外壳之间的空腔里装有石蜡 8。为了提高导热性，石蜡中常掺有铜粉和铝粉。为防止石蜡外溢，外壳上端向内卷边，并通过上盖和密封垫 2 将橡胶管压紧在感应体壳的台肩上。外壳上下部有联动的大循环阀门和小循环阀。大循环阀 1 上有通气孔 6，它的作用是在加水时使水套内的空气经小孔排出，保证能加满水。为了防止通气孔阻塞，有的加装一个摆锤。

常温下石蜡呈固态，水温低于 349 K(76 ℃)时，大循环阀完全关闭，小循环阀完全开启，由汽缸盖出来的水经旁通管直接进入水泵，故称小循环。由于水只是在水泵和水套之间流动，不经过散热器，且流量小，所以冷却强度低。当发动机水温达 349 K(76 ℃)左右时，石蜡逐渐变成液态，体积随之增大，迫使橡胶管收缩，从而对中心杆下部锥面产生向上的推力。由于杆的上端固定，故中心杆对橡胶管及感应体产生向下的反推力，克服弹簧张力使大循环阀逐渐打开，小循环阀开度逐渐减小。

当发动机内水温升高到 359 K(86 ℃)时，大循环阀完全开启，小循环阀完全关闭，冷却液全部流经散热器，称为大循环。由于此时冷却液流动路线长，流量大，因此冷却强度高。

当冷却液温度在 349～359 K(76～86 ℃)之间时，大、小循环同时进行(图 7.19)。

节温器的布置方式有两种：出口温度控制方式(传统式)和进口温度控制方式(新款式)，如图 7.20 所示。

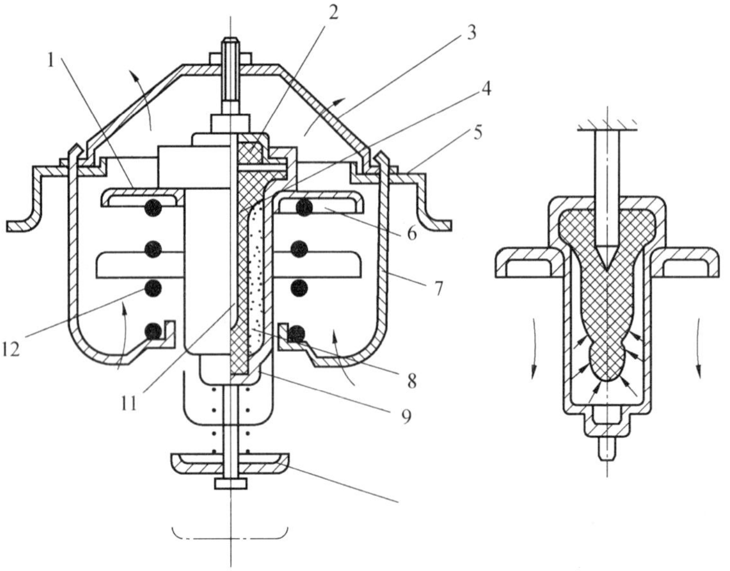

图 7.18　双阀蜡式节温器

1—大循环阀；2—盖和密封垫；3—上支架；4—胶管；5—阀座；6—通气孔；7—下支架；8—石蜡；9—感应体；10—小循环阀；11—中心杆；12—弹簧

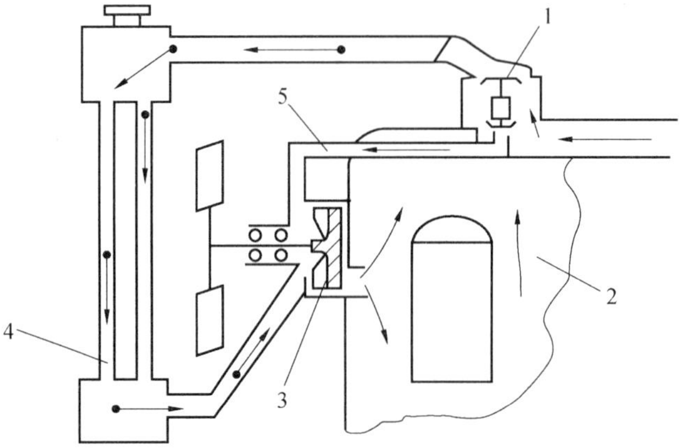

图 7.19　冷却液的大小循环

1—双阀节温器；2—水套；3—水泵；4—散热器；5—旁通管

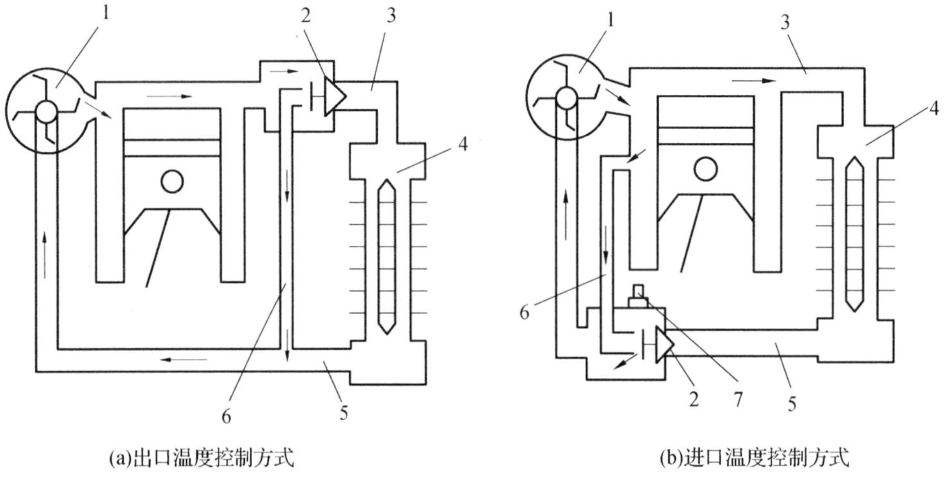

图 7.20　节温器的布置方式

1—水泵；2—节温器；3—上水管；4—散热器；5—下水管；6—旁通道；7—排气孔

①出口水温控制方式。

一般液冷系的冷却液都是由机体流进，从汽缸盖流出。大多数节温器布置在汽缸盖出水管路中，即出口水温控制方式。

这种布置方式把节温器安装在位置较高、水温较高的出水管口中，它有以下优点：

a. 热源集中、感温灵敏，添加冷却液和循环流动时，所产生的气泡容易排出释放，减小了"气穴腐蚀"现象（它是一种物理现象，离心水泵工作时在低压腔产生气泡，在高压腔被挤压破裂，穴蚀水泵和水套内壁）。

b. 一旦节温器因石蜡泄漏而损坏，双阀节温器的大循环阀即关闭，大循环就截止，只能进行小循环，发动机即过热。应急办法是拆除节温器，只进行大循环，防止过热。但在冬季冷启动后，热启动时间会延长，加大了油耗和发动机的磨损。为此，必须及时更换节温器。

这种布置方式的缺点是节温器在工作时会产生振荡现象。例如，在冬季启动冷发动机时，由于冷却液温度低，节温器阀关闭。冷却液在进行小循环时，温度很快升高，节温器开启。与此同时，散热器内的低温冷却液流入机体，使冷却液又冷了下来，节温器阀重新关闭。等到冷却液温度再度升高，节温器阀又再次打开，会产生较长时间的"开启振荡"，直至全开，节温器阀才进入渐变稳定状态不再反复开闭。节温器振荡会增加汽车的燃油消耗量和加速节温器的损坏。

②进口水温控制方式。

将节温器安装在水泵进水管口中，其优点是：

a. 该处的液体温度比出水口低 10 ℃，其温度和压力较稳定，大、小阀的开启是顺流方向而动，"开闭振荡"小，延长了节温器的使用寿命。

b. 小循环路线短，缩短了热启动时间，降低了热启动油耗，减小了发动机磨损。试验证明：热启动时间缩短至一半，冷启动后 2 min 内，冷却液的温度即达 60 ℃，满足了起步行车的要求。

c. 因节温器在缸盖的下方，在添加冷却液时和流动循环中，气泡不容易排出释放，多在节温器处设有放气螺钉，应及时拧开放气。

节温器损坏，应立即换新，如果拆除不用，旁通管路就近小循环，将大循环管道短路分流，降低了大循环的流量，也会产生过热故障。

(2)百叶窗。

百叶窗的作用是在冷却液温度较低时改变吹过散热器的空气流量，从而控制冷却强度。

在严寒的冬季，水温过低时，由于节温器的作用使水只进行小循环，散热器中的水有冻结的危险。此时关闭百叶窗可使冷却液温度回升。

百叶窗安装在散热器前面，它由许多片活动挡板组成，可由驾驶员通过手柄在驾驶室内操纵、控制；也可由节温器根据水温的高低自动调节百叶窗挡风板的开度。

(3)硅油风扇离合器。

风扇是发动机功率的消耗者，最大时约为发动机功率的 10%。试验证明，水冷系只有 25%的时间需要风扇工作。为了降低风扇功率消耗，减少噪声和磨损，防止发动机过冷，降低污染，节约燃料，多采用硅油风扇离合器。

①硅油风扇离合器的结构。

如图 7.21 所示，主动轴 11 固定在风扇带轮上由曲轴驱动。主动板 7 紧固在主动轴的左端随主动轴一起旋转。从动板 8、前盖 2 和壳体 9 用螺钉连成一体。风扇 15 固定在壳体上，壳体则通过轴承 10 支承在主动轴上。在前盖上装有螺旋形双金属感温器 4。感温器的一端固定在前盖上，另一端嵌在阀片传动销 5 中。前盖与从动板之间的空腔为储油腔，其中储有高黏度硅油。壳体与从动板之间的空腔为工作腔。从动板上有进油孔 A、回油孔 B 及泄油孔 C。为了加强硅油的冷却，前盖板上铸有散热片。

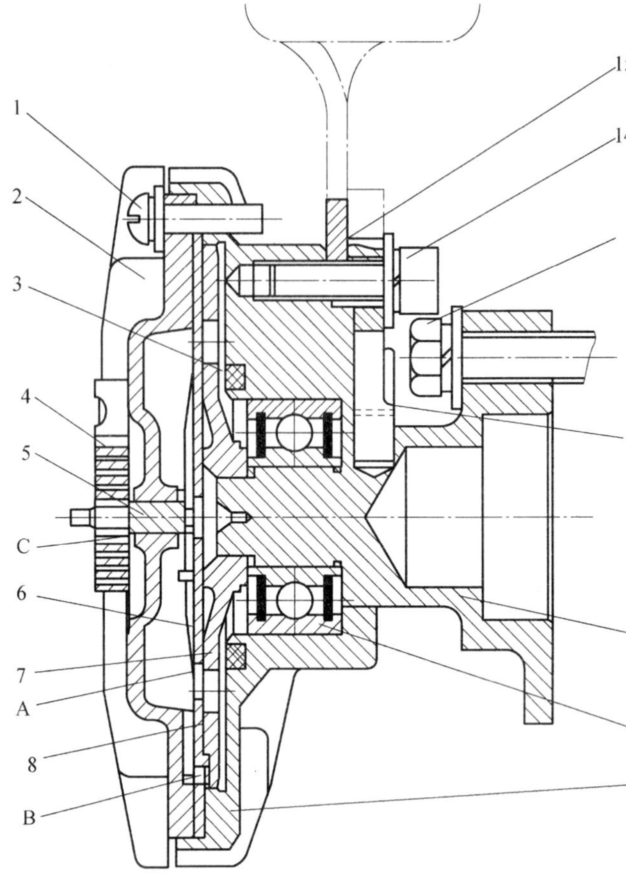

图 7.21 硅油风扇离合器

1—螺钉;2—前盖;3—毛毡密封圈;4—双金属感温器;5—阀片传动销;6—阀片;7—主动板;8—从动板;9—壳体;10—轴承;6—主动轴;12—锁止板;13—螺栓;14—内六角螺钉;15—风扇 A—进油孔;B—回油孔;C—泄油孔

②硅油风扇离合器的工作原理。

当发动机冷启动或小负荷下工作时,冷却液及通过散热器的气流温度不高,进油孔被阀片关闭,工作腔内无硅油,离合器处于分离状态。主动轴转动时,仅仅由于密封毛毡圈和轴承的摩擦,使风扇随同壳体在主动轴上空转打滑,转速极低。

当发动机负荷增加时,冷却液和通过散热器的气流温度随之升高,感温器受热变形而带动阀片轴及阀片转动。当流经感温器的气流温度超过 338 K(65 ℃)时,进油孔被完全打开,于是硅油从储油腔进入工作腔。硅油十分黏稠,主动板即可利用硅油的黏性带动壳体和风扇转动。此时风扇离合器处于接合状态,风扇转速迅速提高。为不使工作腔中的硅油温度过高,黏度下降,使硅油在壳体内不断循环。由于主动板转速高于从动板,因此受离心力作用从主动板甩向工作腔外缘的油液压力比储油腔外缘的油压力高,油液从工作腔经回油孔 B 流向储油腔,而储油腔又经进油孔 A 及时向工作腔补充油液。为使硅油从工作腔流回储油腔的速度加快,缩短风扇脱开时间,在从动板 8 的回油孔 B 旁,有一个刮油突起部伸入工作腔缝隙内,使回油孔一侧压力增高,回油加快。

当发动机负荷减小,流经感温器的气体温度低于 308 K(35 ℃)时,感温器恢复原状,阀片将进油孔关闭,工作腔中油液继续从回油孔流回储油腔,直至甩空为止。风扇离合器又回到分离状态。

当离合器因故障(如漏油等)失灵时,可采取如下应急措施:松开内六角螺钉 14,把锁止板的销插入主动轴孔中,再拧紧螺钉 14,使壳体与主动轴连成一体,但此时只靠销传动,不能长期使用。

7.2.2 冷 却 液

冷却液是发动机冷却系中最重要的工作介质，汽车常用的冷却液有水及加有防冻剂的防冻液。

1. 水冷却液

水冷却液是指直接用水作为冷却液。但是，水的沸点低，易蒸发，需经常添加。冷却液不宜加河水、井水等含矿物质的水，以免产生水垢，导致冷却系散热不良，要求添加雨水、雪水或离子交换水，这给冷却液添加造成困难。水在严寒冬季易结冰，需放水过夜，否则会造成结冰时体积膨胀，胀裂机体、缸盖的严重事故。

2. 防冻液

防冻液由水、防冻剂及添加剂三部分组成。乙二醇型防冻液是用乙二醇作为防冻剂，并添加少量抗泡沫、防腐蚀等综合添加剂配制而成。由于乙二醇易溶于水，可以任意配成各种冰点的冷却液，其最低冰点可达－68℃，这种防冻液具有沸点高、泡沫倾向低、黏温性能好、防腐和防垢等特点，是一种较为理想的防冻液。目前国内外发动机所使用的冷却液几乎都是乙二醇型防冻液。

防冻液中水与乙二醇的比例不同，其冰点也不同(表 7.1)。在水中加入防冻剂还同时提高了防冻液的沸点。例如，含 50％乙二醇的防冻液在大气压力下的沸点是 103 ℃。

表 7.1 防冻液的冰点与乙二醇质量的关系

冷却液冰点/℃	乙二醇的质量分数/％	水的质量分数/％	密度/($kg \cdot m^{-3}$)
－10	26.4	73.6	1.034 0
－20	36.4	63.8	1.050 6
－30	45.4	54.4	1.062 7
－40	52.6	47.7	1.071 3
－50	58.0	42.0	1.078 0
－60	63.1	36.9	1.083 3

防冻剂中通常含有防锈剂和泡沫抑制剂。防锈剂可延缓或阻止发动机水套壁及散热器的锈蚀或腐蚀。泡沫抑制剂能有效地抑制泡沫的产生。在防冻剂中，一般还要加入着色剂，使冷却液呈蓝绿色或黄色，以便识别。

7.2.3 电控冷却系

电控冷却系的特点是使冷却温度调节、冷却液的循环控制、冷却风扇的控制均受发动机负荷的影响，从而降低发动机燃油消耗、减少发动机有害物质排放和提高发动机动力性。电控冷却系主要是通过发动机控制单元与冷却系的传感器、执行器通信。其中发动机转速传感器、进气温度传感器、空气流量计信号与发动机燃油喷射控制系统共享。

1. 电控冷却系的组成

高尔夫 APF 型发动机上应用的电控冷却系的组成如图 7.22 所示。

(1)发动机控制单元 J361。

发动机控制单元中设有电子控制冷却系的特性图，依据发动机的负荷为发动机在该热状态下设定一个适宜的工作温度。通过激活温度调节单元的加热电阻，打开大循环，调节冷却液温度；通过激活冷却风扇，迅速降低冷却液温度。发动机控制单元中包含电控冷却系的自诊断功能，可使用专用仪器进行检测。

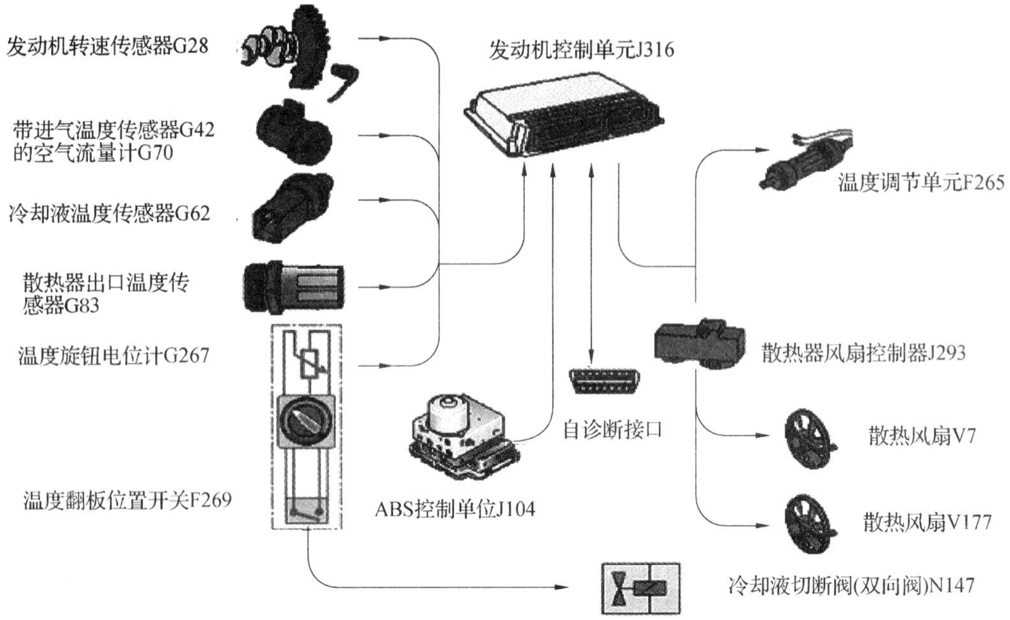

图 7.22　电控冷却系的组成

(2)温度旋钮电位计 G267 和温度翻板位置开关 F269。

当车辆使用暖风时，通过选择温度旋钮电位计 G267 来识别驾驶员对车辆内空间的加热要求，调节冷却液的温度，使其处于合适的温度范围。

当温度旋钮开关处于“非关闭”位置时，温度翻板位置开关打开，激活冷却液切断阀 N147，通过真空执行元件打开热交换器的冷却液切断阀。

(3)冷却液温度传感器 G62 和散热器出口温度传感器 G83。

冷却液温度的特征存储于发动机控制单元中。发动机运行过程中的实际温度，用缸盖冷却液出口处的冷却液温度传感器 G62 和散热器前出水口处的散热器出口温度传感器 G83 监测。发动机控制单元根据 G62 的信号，发出脉冲电压控制电控节温器 F265 的加热电阻的加载电压，从而控制发动机的大、小循环。发动机控制单元根据 G62 和 G83 的信号调节散热器风扇的转速。如果冷却液温度传感器 G62 损坏，则冷却液温度控制以 95 ℃为替代值，并且风扇以一挡常转；如果 G83 损坏，则控制单元保持风扇一挡常转；如果两个温度传感器中一个温度超出极限，则控制风扇二挡被激活；如果两个温度传感器都损坏，则控制单元为电控节温器的加热电阻加载最大电压，并且控制散热器风扇以二挡常转。

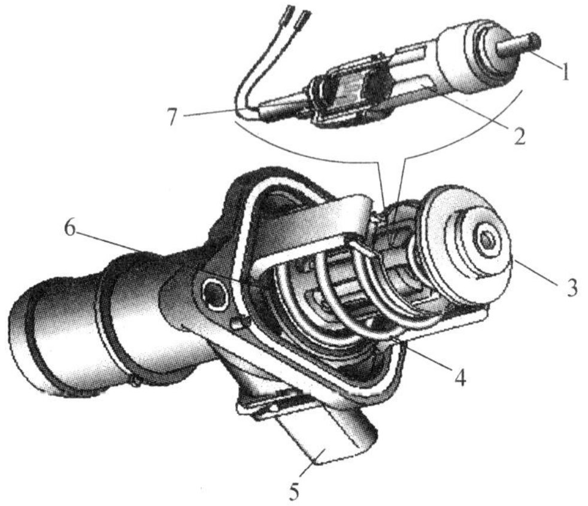

图 7.23　电控节温器的结构

1—升程销；2—膨胀元件；3—小循环阀；4—弹簧；5—连接插头；6—大循环阀；7—加热电阻

(4)温度调节单元 F265。

温度调节单元 F265 是电控节温器的重要组成部分，工作部件为置于蜡式节温器的膨胀元件中的加热电阻，如图 7.23 所示。发动机控制单元根据特性图发出脉冲信号作用于加热电阻，从而加热石蜡，使膨胀单元发生位移，节温单元通过此位移进行机械调节，控制大循环阀的开度。当汽车停止或处于启动工况时，发动机控制单元对温度调节单元 F265 无加载电压。

2.冷却循环控制

(1)发动机冷启动和部分负荷。

发动机冷启动时,冷却系小循环工作,使发动机尽快热机,此时未按发动机冷却特性图进行控制。小循环阀门打开,冷却液通过节温器小循环阀门直接流回水泵,形成小循环,如图 7.24 所示。

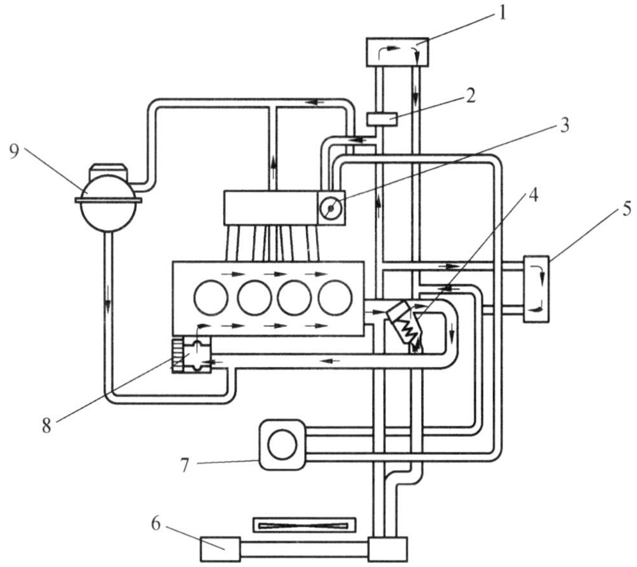

图 7.24 冷却液小循环通路

1—暖风加热器;2—双向阀;3—节气门控制单元;4—电控节温器;5—自动变速器机油冷却器;6—散热器;7—机油冷却器;8—水泵;9—冷却液罐

(2)发动机全负荷。

发动机全负荷运转时,要求较高的冷却能力,控制单元根据传感器信号得出计算值对温度调节单元(节温器)加载电压,溶解石蜡,使大循环阀门打开,接通大循环。同时,机械关闭小循环通道,切断小循环,使冷却液温度保持在 85～95 ℃。冷却液大循环通路如图 7.25 所示。

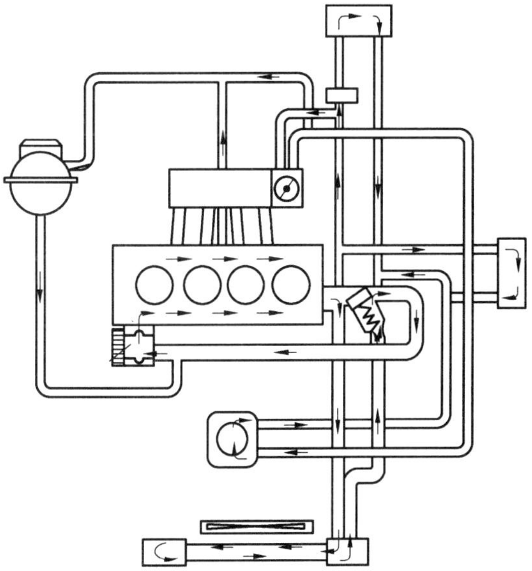

图 7.25 冷却液大循环通路

3.冷却风扇的控制

发动机全负荷工作时,要求具有足够的冷却能力。两个风扇电机都设置了两个转速挡。控制单元依据发动机出水口和散热器出水口的温度差异来控制风扇的转速。发动机控制单元中存储有风扇介入或切断的两张特性图,它们的决定性因素是发动机转速和负荷。如图 7.22 所示,如果故障发生在第一风扇 V7 的输出端,则第二风扇 V177 将被激活;如果故障发生在第二风扇 V177 的输出端,则控制单元使节温器完全打开,进入安全模式。在车速高于 100 km/h 时,风扇不工作,因为高于此车速,风扇无法提供额外的冷却。当空调工作时,两个风扇都工作。

实训项目

任务名称	发动机冷却系拆装	学时	1	班级	
学生姓名		学生学号		任务成绩	
实训设备	发动机台架五台	实训场地	理实一体化教室	日期	
任务内容	解冷却系的组成和水循环路线				
任务目标	对冷却系能够进行简单的拆装				

一、决策与计划

请根据任务要求，确定所需要的技术资料，并对小组成员进行合理分工。

1. 需要的技术资料

2. 小组成员分工

3. 小组合作制订拆装冷却系的操作步骤。

(1)______

(2)______

(3)______

(4)______

(5)______

(6)______

(7)______

(8)______

(9)______

(10)______

(11)______

(12)______

(13)______

(14)______

(15)______

二、实施

各小组在计划获得教师签字后进行分角色练习，教师各工位巡视检查。

三、检查

每个小组抽取一名同学，进行班级技能比赛，小组长担任裁判，教师担任裁判长。检查学生课堂学习情况。

四、评价反馈

1.请根据自己任务的完成情况，对自己的工作进行自我评估，并提出改进意见。

(1)______________________________

____

(2)______________________________

____

2.教师对学生工作情况进行评估，并进行点评。

____

____

五、作业

查阅资料：哪些车型在冷却系中不止一个散热器？

课后练习

模块7　发动机冷却系统	班级			
	姓名		学号	
	日期		评分	

一、资讯

(1)冷却系分为__________和__________两类。

(2)强制循环水冷却系一般由__________、__________、__________、水套、__________、__________、__________、传感器等组成。

(3)冷却装置调节装置包括__________和__________。

(4)发动机冷却系在进行小循环时冷却液不流经__________。

(5)防冻液最常用的是__________型。

(6)防冻液常见的颜色有__________色和__________色。

二、内容小结

(1)发动机为什么要冷却？最佳冷却液温度范围一般是多少？

(2)试述水冷系的基本组成及工作过程。

(3)什么是冷却液？为什么现代发动机都采用冷却液代替水作为冷却介质？

(4)什么是冷却液大循环和小循环？

(5)水冷系中为什么要装节温器？它是如何工作的？

(6)发动机冷却强度调节的方式有哪些？

(7)简述硅油风扇离合器的基本工作原理。

(8)简述电控冷却系的工作原理。

模块 8

发动机润滑系

【知识目标】

1. 了解润滑方式和润滑剂的编号及曲轴箱通风的作用。
2. 熟悉润滑系的功用。
3. 掌握润滑系的基本组成与结构原理。
4. 学会润滑油路分析。

【技能目标】

会对润滑系进行简单的拆装,能够对油路进行分析。

【课时计划】

任务	任务内容	参考课时		
		理论课时	实训课时	合计
1	润滑系的功用和组成	1	1	2
2	润滑系主要部件认知	2	2	4
共计:6 课时				

情境导入

一辆捷达轿车,在发动机启动后,机油压力表读数下降到零左右,且报警灯亮。要排除该故障,我们需要对润滑系进行进一步的学习,掌握润滑系统的功用、结构和检修。

任务驱动

任务8.1 润滑系的功用及组成

8.1.1 润滑系的工作原理及组成

1.润滑系的功用

任何接触相互运动的摩擦表面,都存在磨损和需要润滑。即在两零件的工作表面之间加入一层润滑油使其形成油膜,将零件完全隔开,处于完全的液体摩擦状态。这样,功率消耗和磨损就会大为减少。

发动机的润滑是由润滑系来实现的。润滑系除了起润滑作用外,还起到了清洁、冷却、密封和防锈作用。

(1)润滑。

发动机润滑系的基本任务就是将润滑油不断地供给相对运动的各零件表面,形成润滑油膜,减小零件的摩擦、磨损和功率消耗。

(2)清洁。

发动机工作时,不可避免地要产生金属磨屑,空气所带入的尘埃及燃烧所产生的固体杂质等。这些杂质若进入零件的工作表面,就会形成磨料,大大加剧零件的磨损。而润滑系通过润滑油的流动将这些磨料从零件表面冲洗下来,带回到曲轴箱。在这里,大的颗粒沉到油底壳的底部,小的颗粒被机油滤清器滤出,从而起到清洁的作用。

(3)冷却。

由于运动零件的摩擦和混合气的燃烧,使某些零件产生较高的温度。润滑油流经零件表面时可吸收其热量并将部分热量带回到油底壳散入大气中,起到冷却作用。

(4)密封。

发动机汽缸壁与活塞、活塞环及活塞环与环槽之间,都留有一定的间隙,并且这些零件本身也存在几何偏差。在这些零件表面上形成的油膜可以补偿上述原因造成的表面配合的微观不均匀性。由于油膜充满在可能漏气的间隙中,减少了气体的泄漏,可保证汽缸的应有压力,因而起到了密封作用。

(5)防锈。

由于润滑油黏附在零件表面上,避免了零件与水、空气、燃气等的直接接触,起到了防止或减轻零件锈蚀和化学腐蚀的作用。

2.发动机的润滑方式

发动机工作时,由于各运动零件的工作条件不同,因而所要求的润滑强度和方式也不同。零件表面的润滑,按其供油方式可分为压力润滑和飞溅润滑。汽车发动机都采用复合式润滑方式。

(1)压力润滑。

对负荷大,相对运动速度高的零件(如主轴承、连杆轴承、凸轮轴轴承等),以一定压力将机油输送到相互运动表面的间隙中进行润滑,即为压力润滑。

(2)飞溅润滑。

对外露、负荷较轻、相对运动速度较小(如活塞销、汽缸壁、凸轮和挺杆等)的工作表面,依靠运动零件飞溅起来的油滴或油雾进行润滑,即为飞溅润滑。某些零件(如活塞与汽缸壁)虽然工作条件较差,但为了防止过量润滑油进入燃烧室而造成发动机工作恶化,也采用飞溅润滑。

(3)润滑脂润滑。

对发动机辅助机构的一些零件(如水泵及发电机轴承)采用定期加注润滑脂的方法进行润滑,即为润滑脂润滑方式。近年来有采用含有耐磨润滑材料(如尼龙、二硫化钼等)的轴承代替加注润滑脂的轴承。

3.润滑系的组成

以奥迪 100 轿车为例,汽车发动机润滑系的组成如图 8.1 所示。它由以下部分组成。

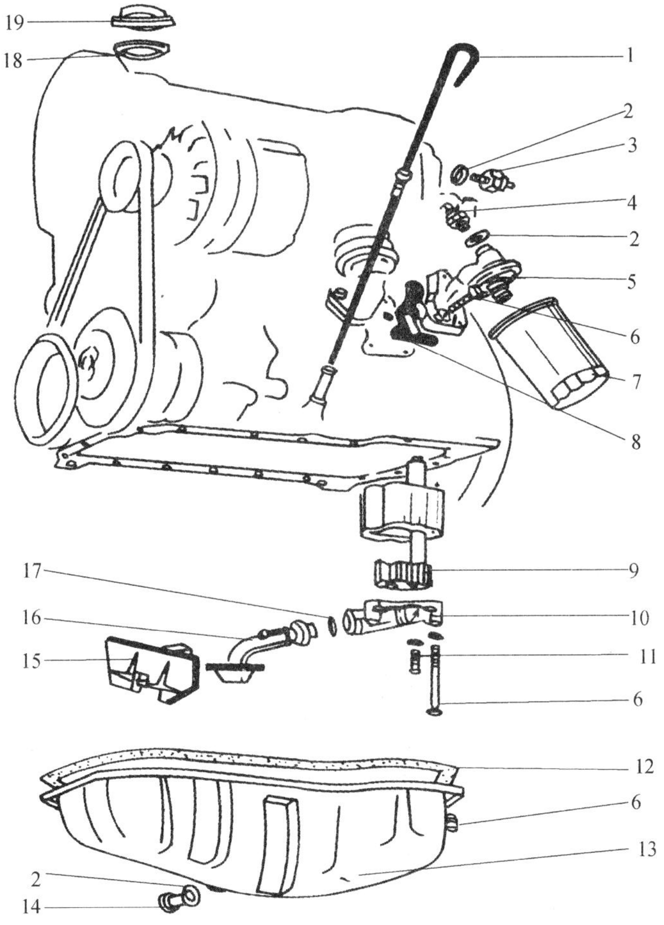

图 8.1 奥迪 100 轿车发动机润滑系统的组成

1—机油标尺;2—密封圈;3—0.03 MPa 油压开关;4—0.18 MPa 油压开关;5—机油滤清器支架;6—紧固螺栓;7—机油滤清器;8—机油滤清器盖密封垫;9—机油泵齿轮;10—机油泵盖;11—螺栓;12—油底壳密封垫;13—油底壳;14—放油螺栓;15—隔板;16—吸油管;17—O 形圈;18—密封垫;19—机油加油口盖

(1)机油泵。

机油泵的功用是保证润滑油在润滑系内循环流动,并在发动机任何转速下都能以足够高的压力向润滑部位输送足够数量的润滑油。

(2)机油滤清器。

机油滤清器用来滤除润滑油中的金属磨屑、机械杂质和润滑油氧化物。若这些杂质随同润滑油进入润滑系，将加剧发动机零件的磨损，还可能堵塞油管或油道。

(3)机油散热器。

在热负荷较高的发动机上装备有机油散热器，用来降低润滑油的温度。润滑油在循环过程中，由于吸热而温度升高。若润滑油温度过高，则其黏度下降，不利于在摩擦表面形成油膜。此外，还会加速润滑油老化变质，缩短润滑油使用期。

(4)油底壳。

油底壳是存储润滑油的容器。

(5)限压阀及旁通阀。

限压阀用来限制最高油压，旁通阀用来避免因机油粗滤器堵塞而造成主油道供油中断。

(6)集滤器。

集滤器是用金属丝编织的滤网，是润滑系的进口，用来滤除润滑油中粗大的杂质，防止其进入机油泵。

此外，发动机润滑系还包括油管、油道等组成的润滑油引导、输送及分配装置。

4.润滑油路

汽车发动机润滑系油路方案大致相同，下面介绍几种典型的润滑油路。

(1)中型汽油发动机润滑油路。

如图 8.2 所示为 EQ6100 型汽油发动机润滑油路的示意图。该润滑系由加油管、油底壳、集滤器 1、机油泵 3、粗、细滤器 21 和 9、机油散热器 7、主油道 19、限压阀 4、旁通阀 20 等组成。

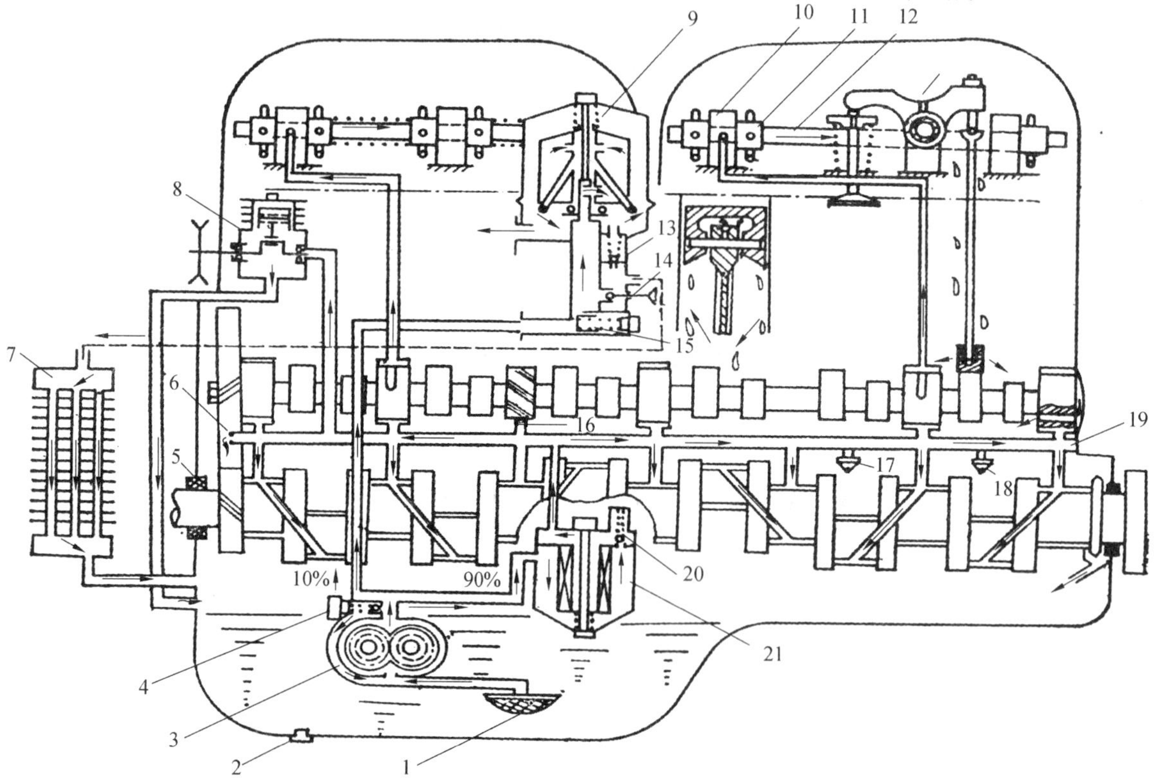

图 8.2 汽油发动机润滑油路示意图

1—集滤器；2—磁性放油螺塞；3—机油泵；4—限压阀，5—曲轴前油封；6—喷嘴；7—机油散热器；8—空气压缩机；9—细滤器；10—摇臂轴支座；11—摇臂；12—摇臂轴；13—机油散热器安全阀；14—机油散热器开关；15—机油限压阀；16—机油泵和分电器驱动轴；17—油压过低传感器；18—油压传感器；19—主油道；20—旁通阀；21—粗滤器

发动机的曲轴主轴承、连杆轴承、凸轮轴轴承、摇臂孔、空气压缩机、正时齿轮和机油泵驱动轴等采用压力润滑；活塞、活塞环、活塞销、汽缸壁、气门、挺杆和凸轮等采用飞溅润滑。

发动机工作时，机油经固定式集滤器 1 初步过滤后进入机油泵 3，防止大的机械杂质进入机油泵内。机油泵使机油产生一定的压力而输出。由机油泵输出的机油分为两路：大部分(90%)的机油经粗滤器 21 滤去较大的机械杂质后进入机体上的纵向主油道 19，并由此流向各运动零件的工作表面。若粗滤器的滤芯被杂质堵塞而失效时，机油便顶开旁通阀 20 直接进入主油道，以保证发动机各部分有足够的润滑油。另一小部分机油经进油限压阀 15 流入细滤器 9，滤去细小杂质后流回油底壳。当润滑油路中的油压低于 100 kPa 时，进油限压阀不开启，机油细滤器停止工作，保证主油道内的油压足够。细滤器并联在油路中，既不影响润滑油畅通，又可使润滑油得到良好的滤清。一般汽车每行驶 50 km 左右，全部机油即可经细滤器过滤一遍。

进入主油道的润滑油经由机体内的七条并联的横向油道流到曲轴主轴承中，然后部分经曲轴的斜向油道流入连杆轴颈。其中第一、二、四、六、七条横向油道里的部分润滑油流向凸轮轴轴承。流入第五道凸轮轴轴承中的机油，从轴颈上的泄油孔流出，以防将后油堵盖压出。第三条横向油道里的部分润滑油流向机油泵和分电器驱动轴 16。

用油管从主油道前端引出部分润滑油输送到空气压缩机曲轴中心油道，润滑空气压缩机的曲轴和连杆轴承处，然后经空气压缩机下方的回油管流回到发动机的油底壳。在曲轴箱前端拧入一个喷油嘴通过油道与主油道连通，以润滑正时齿轮。

凸轮轴的第二、四轴颈上有两个不通的半圆形节流槽，润滑油经该槽间歇地通过摇臂轴的第一和第四支座上的油道输送到两根中空带孔的摇臂轴内，润滑摇臂孔。凸轮轴轴颈上的节流槽对润滑油的节流作用能防止摇臂轴过量润滑，避免多余的油顺气门流入汽缸。

在主油道上安装了机油压力表传感器 18 和机油压力过低警告灯传感器 17。正常的油压应为 150～600 kPa。当主油道内的油压低于 100 kPa 时，传感器 17 的触点接通使警告灯发亮，应立即停车检查。机油泵的端盖上装有限压阀 14。限压阀的作用是限制润滑系内的最高油压，防止因压力过高而造成过分润滑及密封垫、密封圈发生泄漏现象。当油压超过正常工作范围时，机油压力便克服弹簧张力使球阀打开，部分机油在泵内泄回进油端而不输出，保持润滑油路内油压正常。

机油细滤器上还设有可接机油散热器的开关 14。机油散热器一般安装在冷却液散热器的前面。当气温高于 293 K(20 ℃)，由驾驶员控制打开开关 14，使部分机油流经机油冷却器冷却，以保持机油的润滑性能。当油压高于 400 kPa 时，机油散热器安全阀 13 开启，使机油经此阀泄入油底壳，防止机油冷却器损坏。

润滑油的冷却除靠迎面气流吹拂油底壳外，主要依靠机油散热器散热。由于细滤器进油限压阀的存在，当油温较高时，机油稀化，油压降低，会影响机油散热器工作可靠性。为此，要求机油泵的出油量和出油压力较大，以便改善润滑油的冷却条件。

(2)柴油发动机润滑油路。

柴油发动机与汽油发动机的润滑系组成和油路也不同。柴油发动机的机械负荷和热负荷较大，其活塞一般专设油道进行冷却；所配用的喷油泵、调速器、空气压缩机、增压器等也需要润滑，因此，要求柴油发动机的润滑强度较高。为了保证润滑系工作可靠，通常设有机油冷却器。同时，柴油发动机的机油泵可安装在曲轴箱内第一道或第二道主轴承盖处，由曲轴正时齿轮直接或间接驱动。这样，可使机油泵的转速等于或高于发动机转速，以满足柴油发动机高强度润滑的需要。

图 8.3 所示为斯太尔 WD615 系列柴油发动机润滑油路示意图。油底壳中的机油经集滤器 2、机油泵 3(附设机油限压阀 1，开启压力为 1 550 kPa±150 kPa)、机油滤清器 16(附旁通阀 17)、机油冷却器 4 进入主油道。机油冷却器上装有限压阀，当油压过高时，限压阀开启，机油直接由此阀进入主油道，避免机油冷却器损坏。主油道中的机油通过各支油道分别流向增压器 13(若柴油发动机为自然吸

气式,则无增压器)、空气压缩机 12、喷油泵 11、经推杆到摇臂轴 9、限压阀 15、曲轴主轴颈和连杆轴颈等处进行压力润滑。为了保证活塞的冷却,对应各缸处有机油喷嘴,来自于主油道的机油直接喷到活塞内腔。

此外,润滑系主油道中装有机油压力过低传感器,能自动报警;油底壳底部有磁性放油螺塞;窜入曲轴箱及汽缸体内腔的油气可通过油气分离器,使凝结下来的机油回到油底壳,而分离出来的气体则通过增压器进入柴油发动机进气歧管。

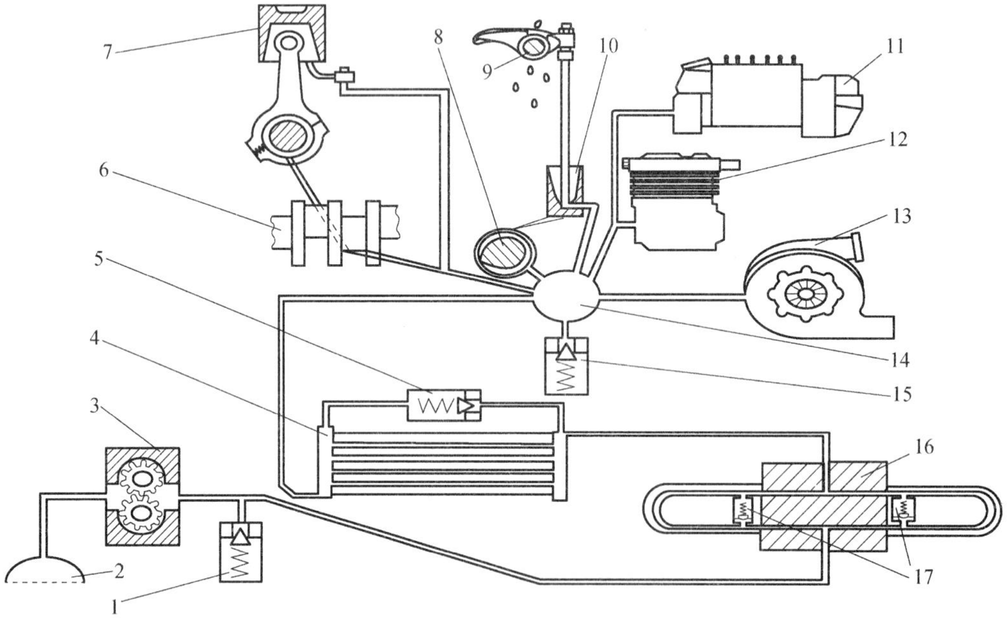

图 8.3　柴油发动机润滑油路示意图

1—机油限压阀;2—集滤器;3—机油泵;4—机油冷却器;5—机油冷却器限压阀;6—曲轴;7—连杆小头;8—凸轮轴;9—摇臂轴;10—挺柱;11—喷油泵;12—空气压缩机;13—增压器;14—主油道;15—限压阀;16—机油滤清器;17—机油滤清器旁通阀

(3)轿车汽油发动机的润滑油路。

由于轿车发动机转速高、功率大,凸轮轴多为顶置,机油泵一般由中间轴驱动;配气机构多采用液力挺柱;在主油道与机油泵之间多用单级全流式滤清器,以简化滤清系。集滤器为固定淹没式,避免机油泵吸入表面泡沫,保证润滑系工作可靠。

图 8.4 所示为桑塔纳轿车 JV 型 1.8L 汽油发动机润滑油路。当发动机工作时,机油经集滤器 6 初步过滤后进入机油泵 7,机油泵输出的机油全部流经机油滤清器 2,然后进入纵向主油道。主油道中的机油分别由各分油道进入曲轴主轴承和连杆轴承,再通过连杆杆身的油道润滑活塞销,并对活塞进行喷油冷却。

中间轴 10 的润滑由发动机前边第一条横向斜油道和从机油滤清器出来的油道供给。汽缸盖上的纵向油道与主油道相通,并通过横向油道润滑凸轮轴轴颈及向液力挺柱供油。在缸盖和缸体的一侧布置了回油孔,使缸盖上的机油流回曲轴箱。

发动机上有两个油压开关,开关 1 的开启压力为 30 kPa,位于汽缸盖后端;开关 8 的开启压力为 180 kPa,位于机油滤清器支架上。打开点火开关,仪表板中的机油压力警告灯即闪烁。启动发动机,当机油压力大于 30 kPa 时,开关 1 触点开启,该警告灯自动熄灭。当发动机低速运转时,若机油压力低于 30 kPa 时,则油压开关 1 触点闭合,机油压力警告灯闪烁。当发动机转速超过 2 150 r/min 时,如果机油压力达不到 180 kPa,油压开关 8 触点断开,机油警告灯闪烁,且警报蜂鸣器也同时报警。

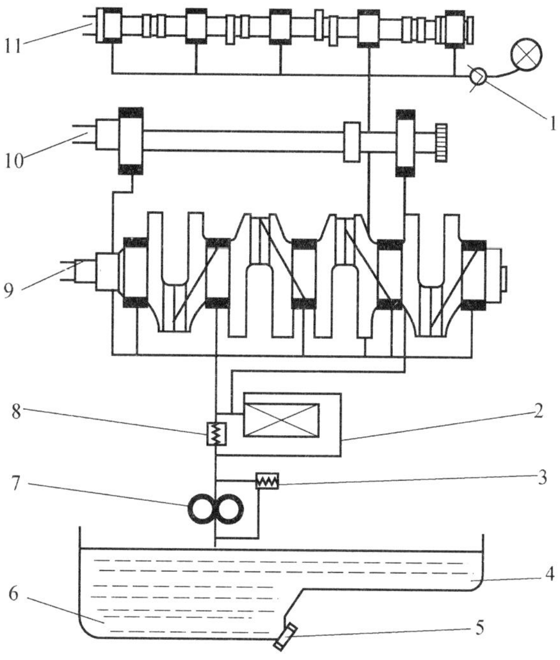

图 8.4　桑塔纳轿车 JV 型 1.8 L 汽油发动机润滑油路示意图

1—油压开关；2—机油滤清器；3—限压阀；4—油底壳；5—放油螺塞；6—集滤器；7—机油泵；8—油压开关；9—曲轴；10—中间轴；11—凸轮轴

8.1.2 机油使用性能

汽车发动机润滑系所用的润滑剂有润滑油和润滑脂两种。发动机润滑油的品种应根据发动机性能及季节气温的变化来选择。因为发动机润滑油的黏度是随温度变化而变化的，温度高则黏度小，温度低则黏度大。因此夏季气温高时要用黏度较大的发动机润滑油，否则将因机油过稀而不能使发动机得到可靠的润滑。冬季气温低时则要用黏度较小的发动机润滑油，否则将因机油黏度过大，流动性差而不能输送到零件摩擦表面的间隙中。在严寒地区，如何保证汽车有良好的低温启动性能是一个重要的问题，而选用合适的发动机润滑油，则是提高汽车低温有良好启动性能的重要措施之一。

目前国际上广泛采用美国 SAE(美国汽车工程师学会)黏度分类法和 API(美国石油学会)用途分类法，并已被国际标准化组织 ISO 确认。

黏度等级分类按照“SAE”的标准分为 11 个等级(见表 8.1)，SAE 0W、SAE 5W、SAE 10W、SAE 15W、SAE 20W、SAE 25W、SAE 20、SAE 30、SAE 40、SAE 50、SAE 60。“SAE”后面的数字代表机油的黏度等级，数值越大表示黏度越高，请注意黏度等级和黏度不是一回事。黏度可以参照对应的黏度等级查找出来。如果在“SAE”后面的数值中有“W”，如 5W/30、10W/30、10W/40、15W/40、20W/50、25W/60，则表示有较好的低温启动性能，这种复式黏度机油在高温下，仍具有充分的黏度使发动机各运转部位得以充分润滑。例如 SAE5W/20 在低温使用时，其黏度与 SAE5W 一样，而在高温下，其黏度又与 SAE20 相同，因此可以冬夏通用。

国际上通常是以 API 的标准来确定发动机油的品质分类标准。API 把车用机油分为柴油发动机油，用“C”表示，CA、CB、CC、CD、CE、CF、CF－4、CG－4、CH－4；汽油发动机油，用“S”表示，SA、SB、SC、SD、SE、SF、SG、SH、SJ。随着科技的进步，机油的品质也有一个提高的过程，字母顺序代表机油品质的发展，字母越往后表示品质越高，目前汽油发动机的最高品质标准是 SJ。柴油发动机油由早先的 CA 级发展到目前的 CH－4。通常机油罐上若印有 SG/CF－4 和 SF/CD 的字样，表示既可用于汽油发动机，也可用于柴油发动机。

表 8.1 发动机油 SAE 黏度分类

SAE 黏度等级	低温动力黏度	边界泵送温度	100℃ 运动黏度	高温高剪切黏度
0W		−40	3.8～	—
5W	3 250(−30℃)	−35	3.8～	—
10W	3 500(−20℃)	−30	4.1～	—
15W	3 500(−15℃)	−25	5.6～	—
20W	4 500(−10℃)	−20	5.6～	—
25W	6 000(−5℃)	−15	9.3～	—
20	—	—	5.6～9.3	2.6
30	—	—	9.3～12.5	2.9
40	—	—	12.5～16.3	2.9(1)
40	—	—	12.5～16.3	2.9(1)
50	—	—	16.3～21.9	3.7(2)
60	—	—	21.9～26.1	3.7

选择优质合适的润滑油，可以尽可能地降低发动机运行中的磨损。选用机油要领主要有以下几点：

(1)适合的黏度：适合的黏度是摩擦表面建立油膜的首要条件，黏度大，则流动性差，启动瞬间更易磨损；黏度低则润滑不足，发动机运转后，也会造成磨损。一般来讲新发动机和新大修的发动机应使用黏度较低的机油，特别是刚大修的发动机磨合期内一定不要使用黏度过高的机油，因为这时的发动机各部分配合间隙很小，黏度高的机油流动性又不好，这样就会导致发动机散热及润滑不良，使润滑油老化加快，发动机磨损加剧。如果是老旧发动机由于长期磨损导致机油压力不足使发动机润滑不良时，就应加入黏度较高的机油，因为高黏度机油更容易建立油压，如加入高黏度机油仍然压力低，则应对发动机进行检修。

(2)环境温度。应根据所在地区的气温来决定机油的黏度，一般来说冬季应选用复式黏度的机油，保证机油的低温流动性能，中国南方地区可选用 SAE 20W/50 级黏度的机油，北方冬季地区 SAE 5W/30 或 10W/30 黏度一般可以满足要求。夏季主要是考虑机油的黏度保持，因为夏季温度较高黏度太低的机油不能保持足够的机油压力，使发动机得不到润滑，夏季中国大部分地区可选用 SAE 15W/40 或 SAE40 机油，温度过高地区可选用 SAE20W/50、SAE 50 机油。具体各黏度适用温度见表 8.2。

表 8.2 黏度与环境温度对应列表

黏度级别	适用的气温范围℃	季节	我国地域
30	10～+30	夏季	东北、西北
40	−05～+40	夏季	全国各地
50	0～+50	夏季	南方
5W/30	−25～+30	冬夏通用	东北、西北
5W/40	−25～+40	冬夏通用	东北、西北
10W/30	−20～+30	冬夏通用	华北、中西部
10W/40	−20～+40	冬夏通用	华北、中西部
15W/40	−15～+40	冬夏通用	华北、中西部
20W/50	−10～+50	冬夏通用	黄河以南、长江以北

(3)燃油种类。如果是柴油发动机,应选用柴油发动机油。API标准将评定柴油发动机油的字母放在汽油发动机油标准之前,因为柴油中的硫分燃烧后形成的酸性物质会腐蚀机件,柴油发动机油中的碱性成分可以中和酸,减小酸的危害。

另外,摩托车发动机分二行程发动机和四行程发动机,由于这两种发动机工作原理不同,所以二行程发动机油与四行程发动机油是不通用的。

(4)级别的要求。机油的等级越来越高主要是因为随着发动机技术的发展对润滑油提出越来越高的要求,所以选择机油还要看发动机的设计生产年代,由于现代发动机强化系数很高,所以设计生产年代越近的发动机就应选择级别越高的机油。为延长发动机使用寿命,减小燃油消耗,应该选择品质较好的机油。

任务8.2 润滑系主要部件认知

8.2.1 机 油 泵

机油泵的作用是将一定压力和数量的润滑油供到润滑表面。

汽车发动机常用的机油泵结构形式可分为齿轮式和转子式两类。齿轮式机油泵又分为内啮合齿轮式和外啮合齿轮式机油泵,一般把后者称为齿轮式机油泵。

1.齿轮式机油泵

齿轮式机油泵工作原理如图8.5所示。在机油泵体6内装有一对外啮合齿轮2和5,齿轮的端面由机油泵盖封闭。当发动机工作时,齿轮按图示箭头方向旋转,进油腔1的容积由于轮齿逐渐脱离啮合而增大,腔内产生一定的真空,润滑油从油底壳经进油口被吸入进油腔,轮齿将润滑油从进油腔1带到出油腔2,出油腔3的容积由于轮齿逐渐进入啮合而减小,使润滑油压力升高,润滑油便经出油口被压送到发动机油道中。机油泵不断工作,保证机油在润滑油路中不断循环。

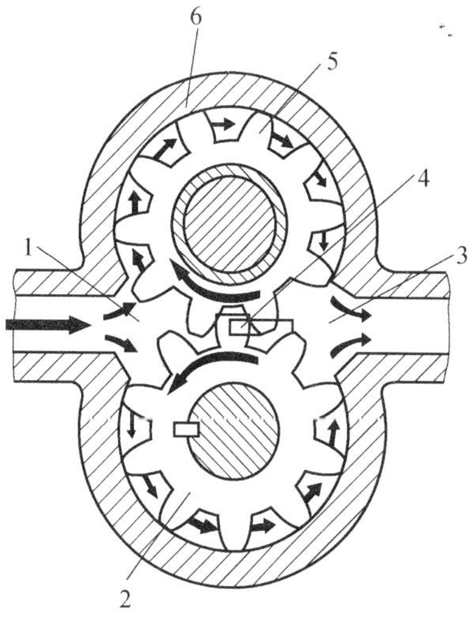

图8.5 齿轮式机油泵工作原理

1—进油腔;2—主动齿轮;3—出油腔;4—卸压槽;5—从动齿轮;6—泵体

当齿轮进入啮合时,啮合齿间的润滑油体积变小,在齿间产生很高的压力,给齿轮的运动带来阻力并通过齿轮作用在主、从动轴上,加剧了轴与齿轮孔间的磨损。因此,通常在泵盖上铣卸压槽4,使啮合齿隙与出油腔连通,以降低其油压。

东风EQ6100—1型发动机齿轮式机油泵的结构如图8.6所示。进油口A经进油管与集滤器相连,出油口B与机体上的油道及机油滤清器相通,油管接头10经油管与机油细滤器连接。在机油泵体上装有主动齿轮轴1,主动齿轮轴上端通过连轴套2与机油泵传动轴连接,下端则用半圆键6与主动齿轮5装配在一起。从动齿轮16滑套在从动轮轴15上,从动齿轮轴压入泵体内。齿轮与泵体的径向间隙一般不超过0.20 mm,齿轮端面间隙不超过0.05~0.20 mm。若间隙过大,机油压力降低,泵油量减少。在泵体与泵盖之间有衬垫,既防止漏油,又可用来调整齿轮的端面间隙。

齿轮式机油泵结构简单,制造方便、工作可靠、效率高,故应用广泛,但是需要中间传动机构,造成成本相应较高。

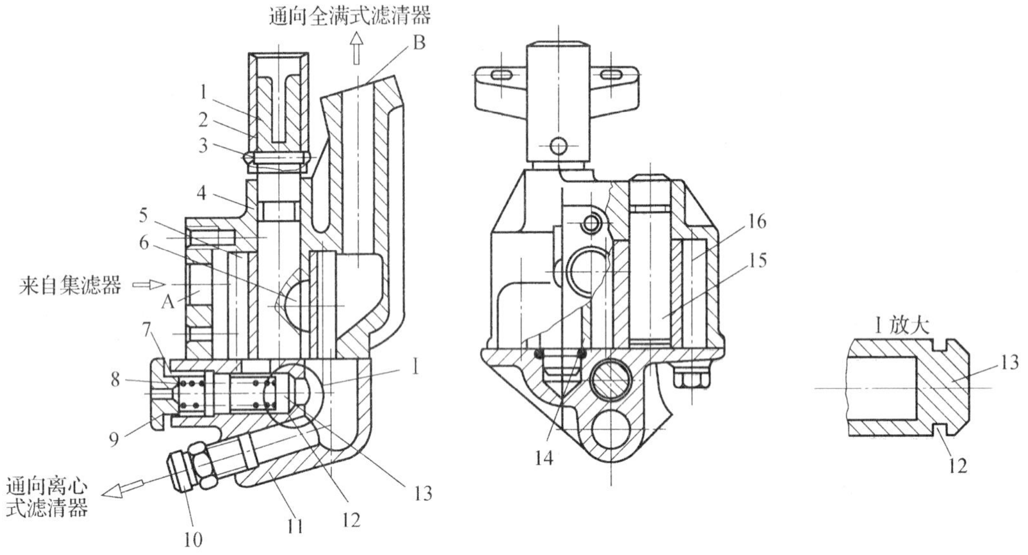

图 8.6　东风 EQ6100—1 型发动机齿轮式机油泵

1—主动齿轮轴;2—连轴套;3—铆钉;4—泵体;5—主动齿轮;6—半圆键;7—垫片;8—限压阀弹簧;9—螺塞;10—管接头;11—泵盖;12—集垢槽;13—柱塞式限压阀;14—挡圈;15—从动齿轮轴;16—从动齿轮;A—进油口;B—出油口

2.内啮合齿轮式机油泵

内啮合齿轮泵的结构如图 8.7 所示。主动齿轮是外齿轮,通过花键套在曲轴前端,由曲轴直接驱动。内齿轮是从动齿轮,装在机油泵体内,泵体固定在机体前端。当主动齿轮旋转时,带动从动齿轮旋转,进油吸油口容积由小变大,不断进油;排油口容积不断由大变小,油压升高。

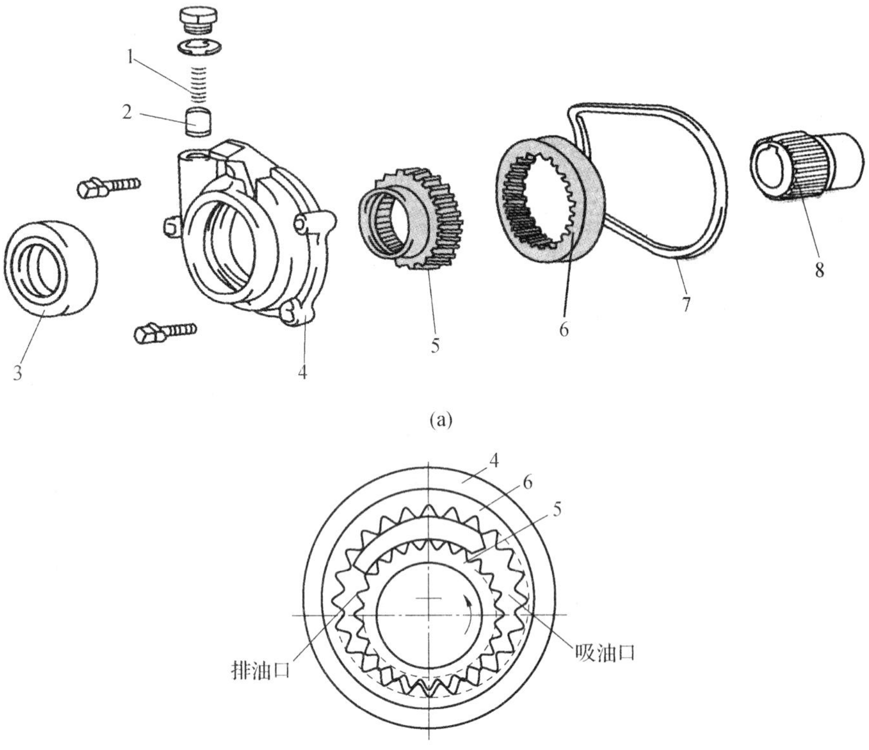

图 8.7　内按齿轮式机油泵(丰田汽车)

1—安全阀弹簧;2—安全阀柱塞;3—曲轴前油封;4—泵体;
5—主动外齿轮;6—从动内齿轮;7—O 形密封圈;8—花键套

内啮合齿轮泵由曲轴直接驱动，无中间传动机构，零件数量少，制造成本低，占用空间小，使用范围广。

3.转子式机油泵

转子式机油泵工作原理如图 8.8 所示，主动的内转子 3 有四个或四个以上的凸齿，从动的外转子 4 的凹齿数比内转子的凸齿数多一个，外转子在泵壳内可自由转动，内外转子间有一定的偏心距。当内转子旋转时、带动外转了一起旋转，无论转子转到任何角度，内外转子每个齿的齿形轮廓线上总有接触点，于是内外转子间便形成了四个工作腔。由于内外转子的速比大于 1($i=1.25$)，所以外转子总是慢于内转子，且由于偏心距的存在，使工作腔的容积产生较大变化。当某一工作腔转过进油口时，容积增大，产生真空，润滑油经进油口被吸入工作腔内。当该工作腔转过出油口时，容积减小，油压升高，润滑油经出油口被压出。当某一工作腔从进油腔 5 转过时，容积增大，产生真空，机油便经进油孔被吸入。当该工作腔与出油腔 6 相通时，腔内容积减小，油压升高，机油经出油孔压出去。

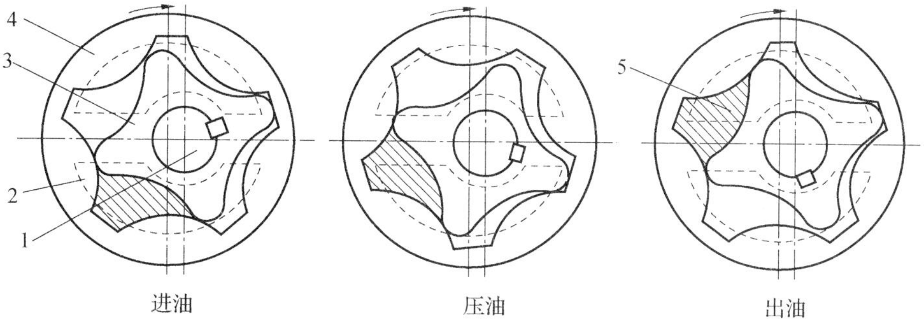

图 8.8 转子式机油泵的工作原理

1—传动轴；2—进油口；3—内转子；4—外转子；5—出油口

转子式机油泵的构造如图 8.9 所示。内转子固定在机油泵轴的一端上，轴的另一端装有传动带轮。泵盖与壳体之间有密封圈。

转子式机油泵结构紧凑，吸油真空度高，泵油量大，对安装位置无特殊要求，可布置在曲轴箱外或吸油位置较高的地方。

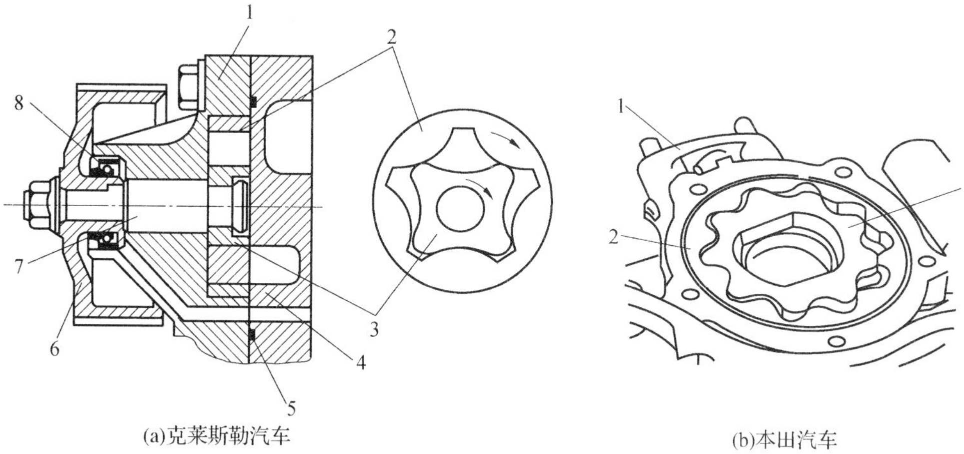

图 8.9 转子式机油泵的结构

1—泵体；2—外转子；3—内转子；4—泵盖；5—密封圈；6—传动带轮；7—机油泵轴；8—油封

8.2.2 机油滤清器

机油滤清器的作用就是滤掉机械杂质和胶质，保持润滑油的清洁，延长其使用期限。机油滤清器应具有滤清能力强，流通阻力小，使用寿命长等性能。一般润滑系中装用几个不同滤清能力的滤清器——集滤器、粗滤器和细滤器，分别并联或串联在主油道中。与主油道串联的滤清器称为全流式滤清器，与之并联的则称为分流式滤清器。这样既能使机油较好地滤清，又不致因滤芯的阻碍作用使润滑系的流动阻力太大。

目前，分流式滤清器在轿车上已很少见到，在货车特别是重型货车上普遍采用双滤清器，其中分流式滤清器作为细滤器用，另一个为粗滤器。经过粗滤器的润滑油进入主油道，经过细滤器的润滑油直接返回油底壳。

1.集滤器

集滤器一般是滤网式的，装在机油泵之前，滤除较大的机械杂质。集滤器可分为浮筒式和固定式两种。

浮筒式集滤器(图 8.10)由浮筒 3、滤网 2、浮筒罩 1 及吸油管 4 等构成。空心的浮筒不论油底壳内的油面如何波动，始终浮在润滑油表面上，以保证机油泵从含杂质较少的上层油面吸入润滑油。但油面上泡沫易被吸入，使机油压力降低，润滑欠可靠。固定式滤网有弹性，中央有环口，在一般情况下借助滤网的弹性，环口压紧在浮筒罩上。浮筒罩的边缘有缺口，当浮筒罩与浮筒装合后形成进油狭缝。

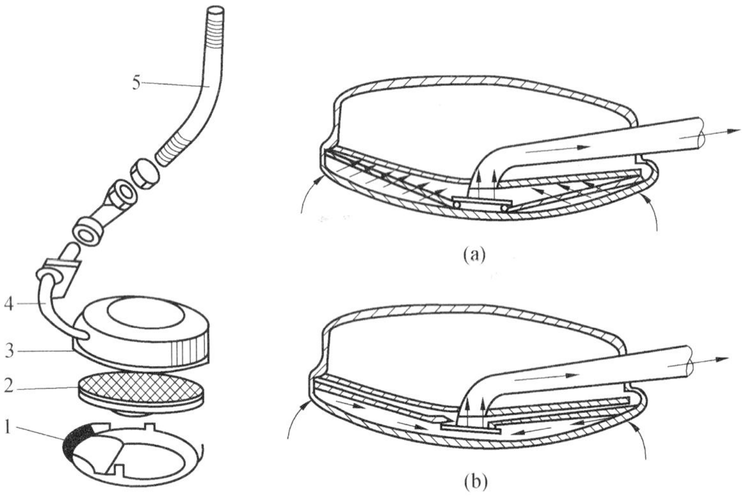

图 8.10 浮筒式集滤器结构及工作情况

1—浮筒罩；2—滤网；3—浮筒；4—吸油管；5—固定油管

当机油泵工作时，润滑油从油底壳经进油狭缝、滤网、吸油管进入机油泵。润滑油流过滤网时，其中粗大的杂质被滤除。当滤网被杂质堵塞之后，滤网上方的真空度增大，于是克服滤网的弹力，使滤网上升，环口离开浮筒罩，这时润滑油经进油狭缝和环口进入吸油管和机油泵，以保证润滑油的供给不致中断。

有些轿车及轻型车上，采用深入油面以下的固定式集滤器。固定式集滤器虽然吸入润滑油的清洁度稍差，但结构简单，并可防止油面上的泡沫被吸入润滑系，所以应用广泛。

2.全流式滤清器

轿车发动机的滤清器和货车的粗滤器都采用全流式滤清器。全流式滤清器的构造如图 8.11 所示，滤芯由经过树脂处理的多孔滤纸制成，滤纸折成扇形或波纹形。滤芯内装有金属丝网或带有网眼的薄铁皮作为滤芯的骨架。

滤芯的下部装有旁通阀。一旦滤芯堵塞，进出油口的压差达 150～180 kPa 时，机油便从旁通阀直接流入主油道，以防供油中断。

有些发动机的机油滤清器除设置旁通阀之外，还加装止回阀。当发动机停机后，止回阀将滤清器的进油口关闭，防止润滑油从滤清器流回油底壳。在这种情况下，当重新启动发动机时，润滑系能迅速建立起油压，从而可以减轻由于启动时供油不足而引起的零件磨损。

机油滤清器的滤芯有褶纸滤芯和纤维滤清材料滤芯等。褶纸滤芯由微孔滤纸制造。微孔滤纸经酚醛树脂处理后，具有较高的强度、抗腐蚀性和抗水湿性。褶纸滤芯有质量轻、体积小、结构简单、滤清效果好、阻力小和成本低等优点，因此得到了广泛的应用。

全流式滤清器，通常汽车行驶 5 000～15 000 km，应更换滤清器。

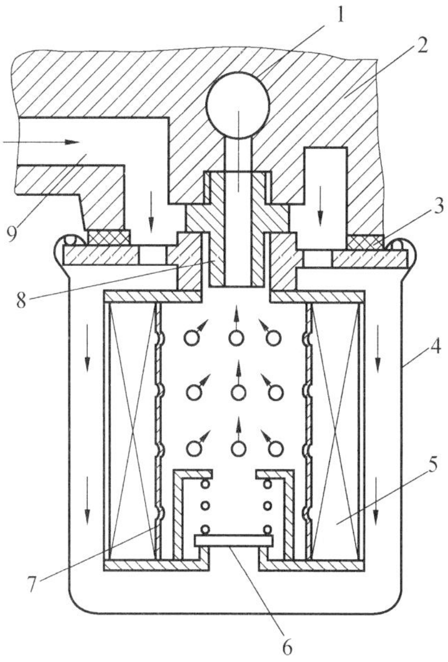

图 8.11　全流式滤清器

1—主油道；2—机体；3—密封圈；4—外壳；5—纸滤芯；6—旁通阀；7—金属骨筒；8—连接座；9—进油道

3. 分流式滤清器

分流式滤清器一般用作货车发动机的细滤器，并且采用离心式，如图 8.12 所示。滤清器外壳 1 上固定着带中心孔的转子轴 3。转子体 14 与转子体端套 6 连成一体，其中心孔内压装着三个衬套 13，套在转子轴上可自由转动。压紧螺母 11 将转子盖 8 与转子体紧固在一起，经动平衡检验。转子下面装有止推轴承 4，上面装有支承座 9，并用弹簧 10 压紧以限制转子轴向窜动。转子下端有两个水平安装、互成反向的喷嘴 5。滤清器盖 7 用压紧螺母 11 装在滤清器壳体上使转子密封。滤清器盖与壳体具有高度的对中性，保证转子正常运转。

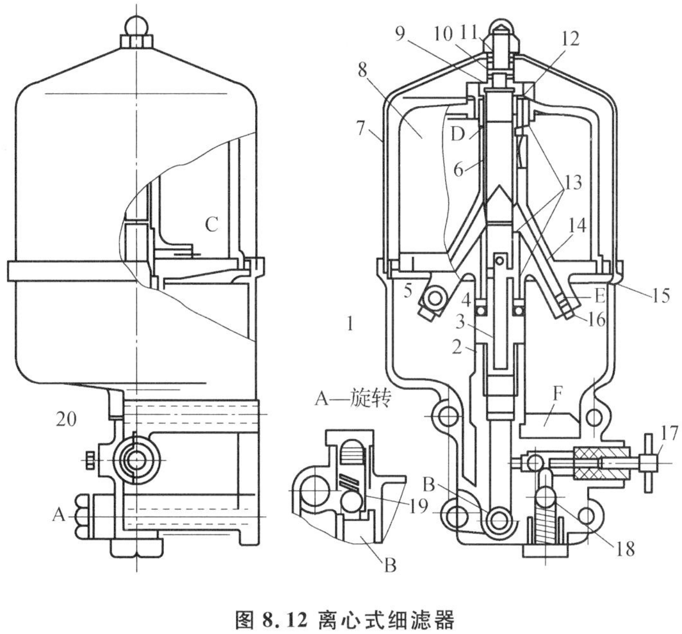

图 8.12 离心式细滤器

1—壳体；2—锁片；3—转子轴；4—止推轴承；5—喷嘴；6—转子体端套；7—滤清器盖；8—转子盖；9—支承座；10—弹簧；11—压紧螺母；12—压紧套；13—衬套；14—转子体；15—挡板；16—螺塞；17—机油冷却器开关；18—机油冷却器安全阀；19—进油限压阀；20—管接头；B—滤清器进油孔；C—出油孔；D—进油孔；E—油道；F—滤清器出油口

发动机工作时，从机油泵来的润滑油进入细滤器进油孔 B。当油压低于 100 kPa 时，进油限压阀 19 不开，机油不经细滤器而全部流向主油道，保证发动机可靠润滑。当油压超过 100 kPa 时，进油限压阀被顶开，润滑油沿外壳和转子轴的中心孔经出油孔 C 进入转子内腔，然后经进油孔 D、油道 E 从两喷嘴喷出。在油的喷射反力作用下，转子及其内腔的润滑油高速旋转，转速可高达 10 000 r/min。

在离心力的作用下润滑油中的杂质被甩向转子盖内壁并沉积下来,清洁的机油从滤清器出油口 F 流回油底壳。

管接头 20 与机油冷却器相连。当油温过高时,旋松机油冷却器开关 17 使部分润滑油流向散热器。当油压高于 400 kPa 时,机油冷却器安全阀 18 被打开。部分润滑油经此流回油底壳,保护机油冷却器不因油压过高而受损坏。

转子上的喷嘴又是油的限量孔,保证通过细滤器的油量为油泵出油量的 10%～15%。

离心式滤清器滤清能力强,通过性好,不需更换滤芯,只要定期清洗即可。但对胶质的滤清效果差,制造和装配精度要求较高。此滤清器出油无压力,一般只作分流式连接。

4. 复合式滤清器

复合式滤清器是将细滤芯和粗滤芯串联,装在同一壳体内,其结构和工作原理如图 8.13 所示。

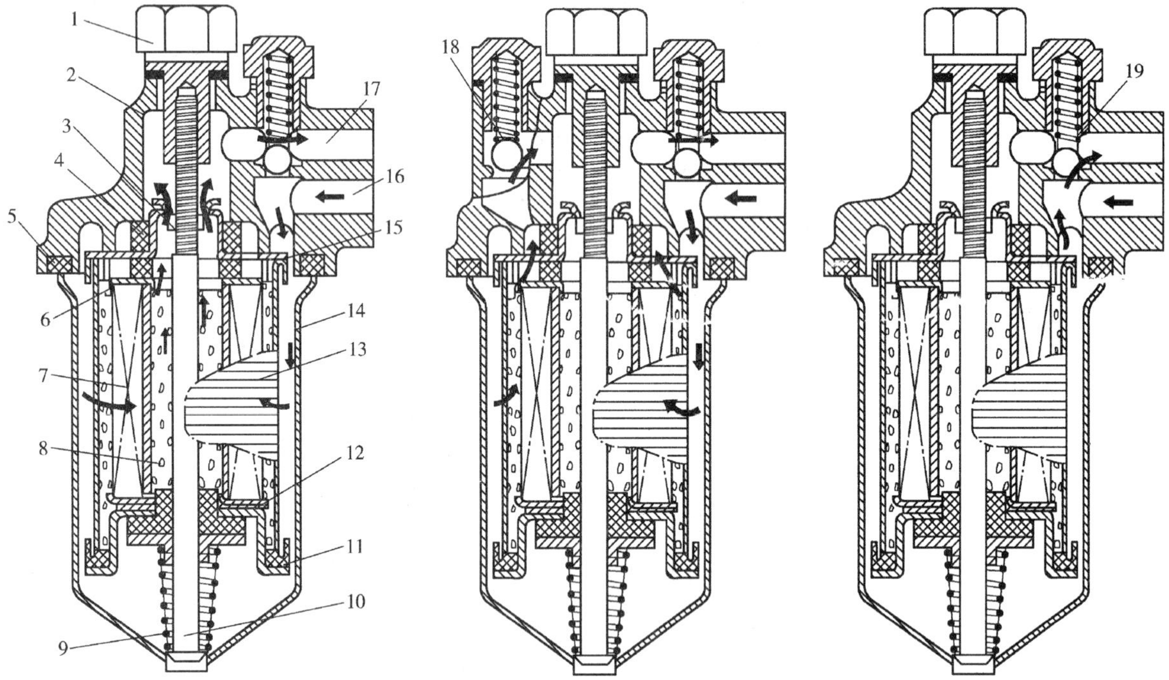

(a)正常情况 (b) 细滤芯堵塞 (c)粗滤芯堵塞

图 8.13 复合式滤清器

1—拉杆螺母;2—滤清器盖;3—锁紧螺母;4—密封罩;5—橡胶垫圈;6—橡胶上油封;7—细滤芯;8—中心腔;9—滤芯底座弹簧;10—外壳带拉杆螺栓;11—橡胶密封圈;12—橡胶下油封;13—粗滤芯;14—壳体;15—滤芯盖;16—进油口;17—出油口;18—旁通阀;19—安全阀

在正常情况下,从机油泵泵出的机油经进油口进入复合式机油滤清器,由于橡胶元件的密封作用,润滑油先经过粗滤芯过滤,再经过细滤芯过滤进入中心腔,然后沿中心腔上流,经过出油口,流向主油道,如图 8.13(a)所示。

若细滤芯堵塞,当滤芯前后压力差超过 0.09 MPa 时,旁通阀开启,经过粗滤的润滑油通过滤芯盖腔孔进入主油道,图 8.13(b)所示;若粗滤芯堵塞,进油口和出油口压力差超过 0.196 MPa 时,安全阀开启,润滑油则不经滤芯直接进入主油道,如图 8.13(c)所示。

这种复合式滤清器结构紧凑、工作可靠,纸质滤芯可定期更换、成本低,因此被应用在一些轿车上。

8.2.3 机油冷却器

在高性能、大功率的强化发动机上，由于热负荷大，必须装设机油冷却器。机油冷却器布置在润滑油路中，其工作原理与冷却系散热器相同。

发动机机油冷却器分为风冷式和水冷式两类。风冷式机油冷却器很像一个小型散热器（图 8.14），利用汽车行驶时的迎面风对润滑油进行冷却，多与主油道并联。这种机油冷却器散热能力大，多用于赛车及热负荷大的增压汽车上。但是风冷式机油冷却器在发动机启动后需要很长的暖机时间才能使润滑油达到正常的工作温度，所以普通轿车上很少采用。

水冷式机油冷却器（图 8.15），将机油冷却器置于冷却液路中，串联在主油道之前。冷却液在管外流动，润滑油在管内流动（或反之）。当油温较高时靠冷却液降温，而在启动暖车油温较低时，则从冷却液吸热迅速提高机油温度。水冷式机油冷却器的油温能得到较好控制。

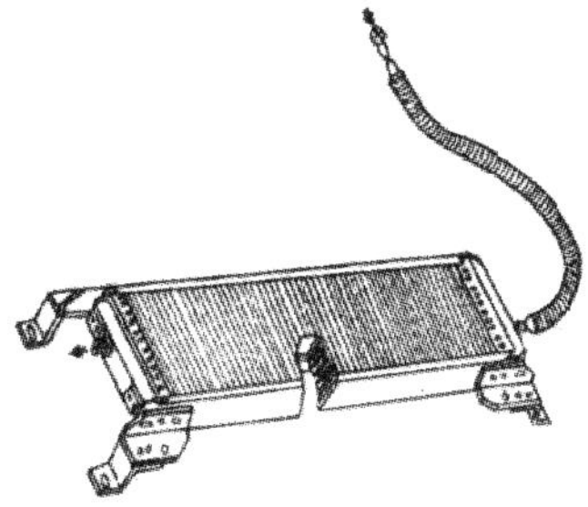

图 8.14　风冷式机油冷却器

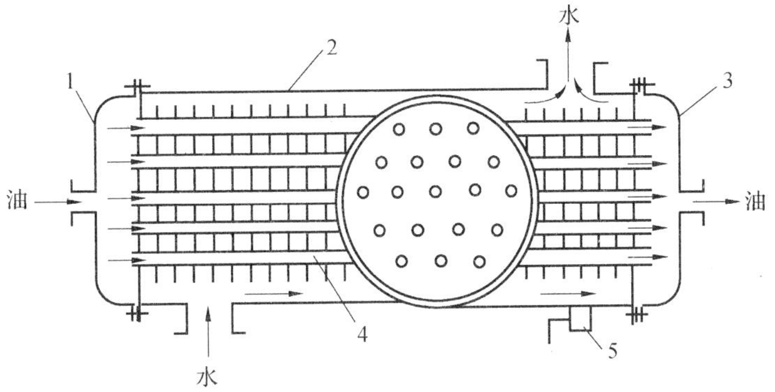

图 8.15　水冷式机油冷却器的结构

1—前盖；2—壳体；3—后盖；4—铜芯管及散热片；5—放水开关

水冷式机油冷却器外形尺寸小，布置方便，且不会使润滑油冷却过度，润滑油温度稳定，因而在轿车上应用较广。图 8.16 所示为布置在机油滤清器上的水冷式机油冷却器的实例。润滑油经滤清器滤清之后直接进入冷却器，在冷却器芯内流动，从散热器出水管引来的冷却液在冷却器芯外流过。两种流体在冷却器内进行热交换，使高温润滑油得以冷却降温。

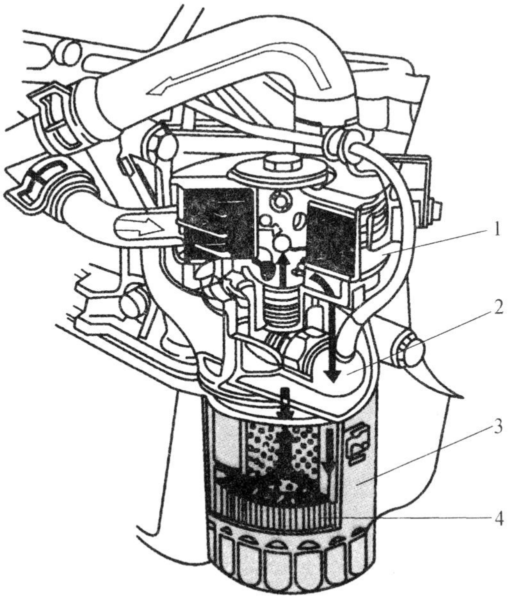

图 8.16　水冷式机油冷却器

1—机油冷却器；2—机油压力开关；3—机油滤清器；4—机油滤清器滤芯

实训项目

任务名称	发动机润滑系拆装	学时	1	班级	
学生姓名		学生学号		任务成绩	
实训设备	发动机台架五台	实训场地	理实一体化教室	日期	
任务内容	熟悉润滑系组成及各机件的装配关系；主要机件的构造；润滑油路				
任务目标	对润滑系能够进行简单的拆装				

一、决策与计划

请根据任务要求，确定所需要的技术资料，并对小组成员进行合理分工。

1.需要的技术资料

2.小组成员分工

3.小组合作制订拆装检查润滑系的操作步骤。

(1)__________

(2)__________

(3)__________

(4)__________

(5)__________

(6)__________

(7)__________

(8)__________

(9)__________

(10)__________

(11)__________

(12)__________

(13)__________

(14)__________

(15)__________

二、实施

各小组在计划获得教师签字后进行分角色练习，教师各工位巡视检查。

三、检查

每个小组抽取一名同学，进行班级技能比赛，小组长担任裁判，教师担任裁判长。检查学生课堂学习情况。

四、评价反馈

1. 请根据自己任务的完成情况，对自己的工作进行自我评估，并提出改进意见。

(1)______________________________

(2)______________________________

2. 教师对学生的工作情况进行评估，并进行点评。

____

五、作业

查阅资料：查询至少三款汽车机油的更换周期。

课后练习

模块8 发动机润滑系	班级			
	姓名		学号	
	日期		评分	

一、资讯

(1)润滑油的作用有__________、__________、__________、__________等。

(2)润滑方式有__________、__________及__________等。

(3)机油泵的作用是将一定__________和__________的润滑油供到润滑表面,汽车发动机常用的机油泵有__________和__________两种。

(4)机油泵上装限压阀的作用是维持__________内油压的正常,当油压过高时,多余的润滑油经限压阀流回__________或__________。

(5)曲轴箱通风方式有__________和__________两种。

二、内容小结

(1)润滑系的基本组成有哪些?

(2)分别说明润滑系主要零部件的功用?

(3)转子式、内啮合齿轮式和外啮合齿轮式机油泵结构与工作原理各有什么特点?

(4)采用双机油滤清器时,它们是并联还是串联于润滑油路中?

(5)简述曲轴箱通风的工作原理。

(6)画出所拆装的发动机的润滑油路示意图。

(7)简述机油的分类方法。

模块 9

发动机启动系

【知识目标】

1. 了解启动机的启动性能、工作原理和特性。
2. 熟悉几种单向离合器的构造和工作过程。
3. 掌握启动机的组成和结构,电磁控制装置的构造及工作原理。
4. 学会启动机的结构及工作原理。

【技能目标】

对启动机能够进行简单的拆装。

【课时计划】

任务	任务内容	参考课时		
		理论课时	实训课时	合计
1	启动系的功用与组成	1	0	1
2	启动机	2	1	3
共计:4 课时				

情境导入

一辆捷达轿车的启动机不工作。估计是启动机内部存在故障，要维修此故障，我们需要了解启动机的结构与工作原理。下面就分步进行该模块的学习。

任务驱动

任务9.1 启动系简介

9.1.1 启动系的功用及组成

为了使静止的发动机开始进入工作状态，必须先用外力转动发动机的曲轴，使汽缸吸入可燃混合气，并将其压缩、点燃，混合气燃烧、膨胀产生强大的动力，推动活塞向下运动并带动曲轴旋转，使发动机自动进入工作循环。发动机的曲轴在外力作用下开始转动，到发动机自动的怠速运转的全过程，为发动机的启动过程。

启动系就是在正常启动条件下，通过启动机将蓄电池储存的电能转变为机械能带动发动机以足够高的转速运转，以顺利启动发动机。

发动机启动必须克服压缩阻力、发动机本身的机件及其附件内相对运动零件之间的摩擦阻力，克服这些阻力所需力矩称为启动转矩。

能使发动机启动的曲轴最低转速称为启动转速，在 0～20 ℃时，汽油发动机的启动转速为 30～40 r/min，柴油发动机的启动转速为 150～300 r/min。为了使发动机能在更低的温度下迅速启动，要求启动转速不低于 50～70 r/min。若启动转速过低，压缩行程内的热量损失过多，气流的流速过低，将使汽油雾化不良，导致汽缸内的混合气不易着火。

1.启动方式

发动机常用的启动方式有人力启动，电力启动机启动等多种形式。

(1)人力启动。

启动最为简单，只需将启动手摇柄端头的横销嵌入发动机曲轴前端的启动爪内，以人力转动曲轴。现在这种启动方式已被淘汰。

(2)电动机启动。

电动机启动是用电动机作为机械动力，当将电动机轴上的齿轮与发动机飞轮周缘的齿圈啮合时，动力就传到飞轮和曲轴上，使之旋转。电动机本身又用蓄电池作为电源。

电力启动机简称启动机。它以蓄电池为电源，结构简单、操作方便、启动迅速可靠。是目前唯一的启动方式。

2.启动系的组成

电力启动系简称启动系，由蓄电池、启动机和启动控制电路等组成，如图 9.1 所示。启动控制电路包括启动按钮或开关、启动继电器等。

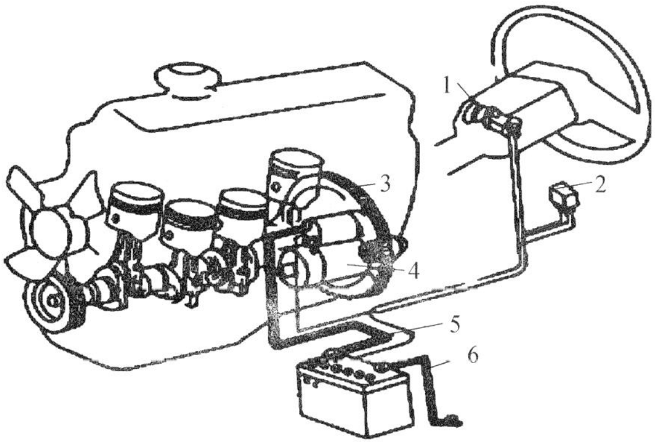

图 9.1　启动系的组成

1—点火开关；2—启动继电器；3—飞轮；4—启动机；5—启动机电缆；6—搭铁电缆；7—蓄电池

启动机在点火开关或启动按钮控制下，将蓄电池的电能转化为机械能，通过飞轮齿圈带动发动机曲轴转动。为增大转矩，便于启动，启动机与曲轴的传动比：汽油发动机一般为 13～17，柴油发动机一般为 8～10。

9.1.2 汽油发动机与柴油发动机启动工况的特点

对于车用柴油发动机的启动，为了防止汽缸漏气和热量散失过多，保证压缩终了时汽缸内有足够的压力和温度，还要保证喷油泵能建立起足够的喷油压力，使汽缸内形成足够强的空气涡流，要求的启动转速较高；否则柴油雾化不良，混合气质量不好，发动机启动困难。此外，柴油发动机的压缩比要比汽油发动机大，启动转矩也大，所以启动柴油发动机所需的启动机功率也比汽油发动机大。

发动机在严寒冬季启动困难，这是由于机油黏度增高，启动阻力矩增大，蓄电池工作能力降低以及燃油气化性能变坏的缘故。为使之便于启动，在冬季应设法将进气、润滑油和冷却水预热。车用柴油发动机为了能在低温下迅速可靠的启动，常采用一些用以改善燃料着火条件和降低启动转矩的启动辅助装置，如电热塞、进气预热器、启动液喷射装置以及减压装置等。

(1)进气预热装置。

为了改善发动机的启动性能，一些发动机的进气道上装有进气预热装置。它在进气温度或冷却液温度低于一定值时通电，使进气歧管中的空气迅速加热，以利于发动机启动和混合气燃烧。进气预热装置一般由电混合气预热器、进气预热温控开关进气预热继电器等组成。

图 9.2 所示为电热陶瓷进气预热装置。电混合气预热器由电热丝(康铜丝或镍一银导体)和陶瓷载体组成，安装在进气歧管上。预热器的工作由温控开关和继电器控制，如图 9.3 所示。当发动机冷却液温度或进气温度低于一定值时，温控开关的触点闭合，继电器的线圈通电，触点吸合，电路接通，实现进气预热。当进气温度高于一定值时，温控开关的触点分开，电路断开，停止预热。

中、小功率柴油发动机常用冷启动预热装置的进气预热器，如图 9.4 所示。启动发动机时，接通预热器开关后，电热丝通电温度升高并将阀体加热。阀体 2 受热伸长并带动阀芯 3 下移，其锥形端离开进油孔。燃油流入阀体内腔因受热而汽化，从阀体内腔喷出，并被炽热的电热丝点燃生成火焰喷入进气歧管，使进气得到预热。切断预热开关时，电热丝断电，阀体 2 温度降低而收缩，阀芯 3 上移使锥形端堵住进油孔，火焰熄灭而停止预热。

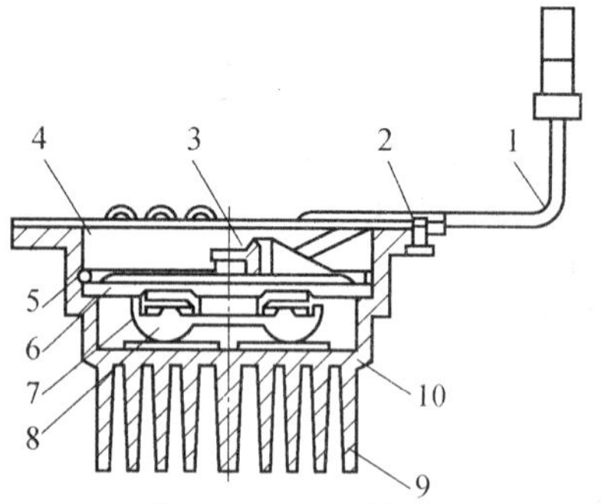

(a)电热陶瓷进气加热器

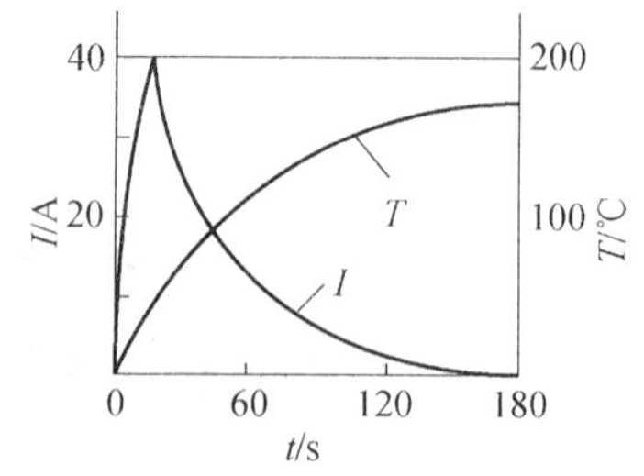

(b)PTC电热陶瓷材料的温度、电流特性

图 9.2　进气预热装置

1—导线（耐 200 ℃高温）；2—铆钉；3—电极（四个）；4—屏蔽板；5—卡环；6—弹簧固定板；7—弹簧；8—镍—银电极（四个）；9—散热片；10—PTC 陶瓷片（四个）

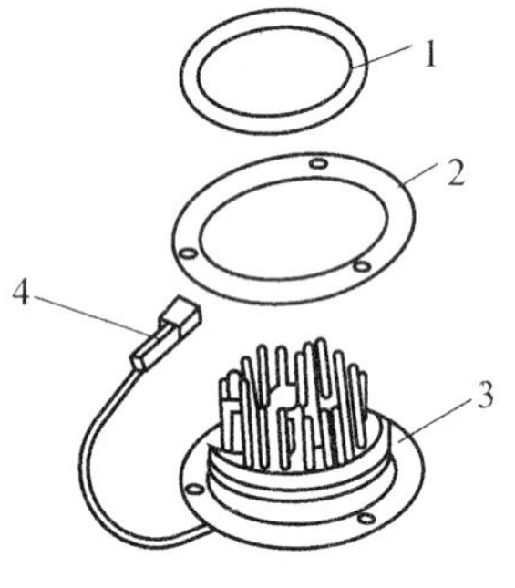

(a)电混合预热器

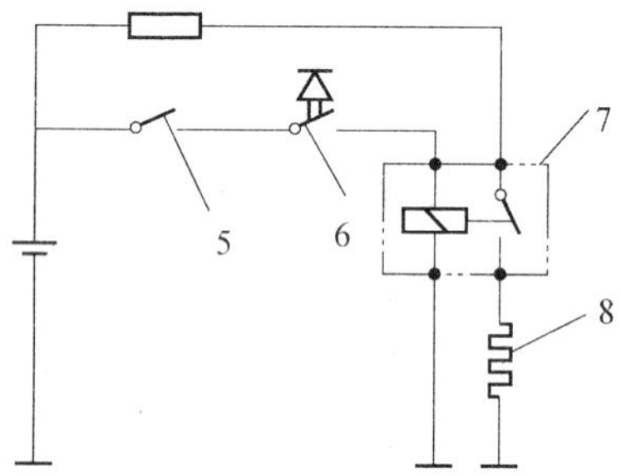

(b)进气预热装置示意图

图 9.3　进气预热装置示意图

1—密封圈；2—隔热垫；3—预热器；4—接线插头；5—点火开关；6—温控开关；7—继电器；8—电混合预热器

(2)电热塞。

采用涡流室式或预燃室式燃烧室的柴油发动机，由于燃烧室表面积大，在压缩行程中的热量损失较直接喷射式大，更难以启动。为此，在涡流室式或预燃室式柴油发动机的燃烧室中可以安装预热塞，在启动时对燃烧室内的空气加以预热。常用的电热塞有开式电热塞、密封式电热塞等多种形式。每缸一个电热塞，每个电热塞的中心螺杆并联与电源相接。发动机启动前首先接通电热塞的电路，电阻丝 2 通电后迅速将发热体钢套 1 加热到红热状态，使汽缸内的空气温度升高，从而可提高压缩终了时的温度，使喷入汽缸的柴油容易着火（如图 9.5）。

(3)电火焰预热器。

电火焰预热器除了电热塞产生热量外，还通过供油装置向其周围喷油，从而形成电火焰，以产生更多的热量，通常用于集中式预热的柴油发动机，如图 9.6 所示。

电火焰预热器主要由电热塞 1 和带电磁阀的电磁喷油器 2 组成，装在发动机进气歧管上，电热塞用来点燃柴油，加热空气。喷油器电磁阀控制其油路，在电磁阀通电时，阀门开启，喷油器将燃油喷向电热塞而形成电火焰，电热塞及电磁阀受限时控制器的控制。

(4)启动液装置。

如图 9.7 所示为启动液喷射装置示意图。它主要用于某些柴油发动机的启动预热。

喷嘴 3 安装在发动机进气歧管 4 上，启动液喷射罐 1 内充有压缩气体氮气和乙醚、丙酮、石油醚等易燃燃料。当低温启动柴油发动机时，将喷射罐倒置，罐口对准喷嘴上端的管口，轻压启动液喷射罐，打开其端口上的单向阀 2，启动液即通过单向阀、喷嘴喷入发动机进气歧管，并随着吸入进气道的空气一起进入燃烧室。由于启动液是易燃燃料，可以在较低的温度下迅速着火，点燃喷入燃烧室内的柴油。

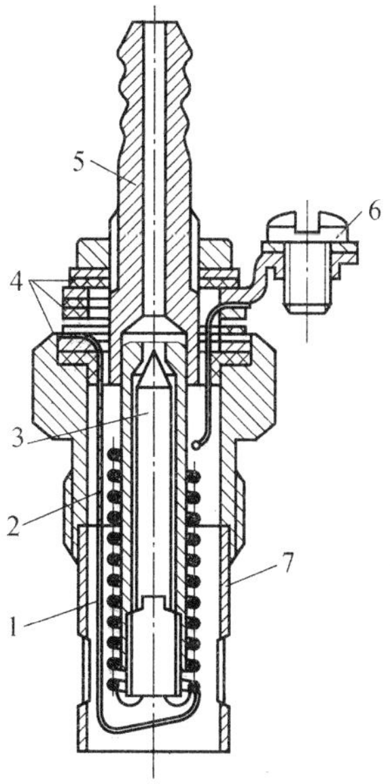

图 9.4　进气预热装置

1—外表绝缘的电热器；2—阀体；3—阀芯；4—绝缘垫圈；5—油管接头；6—接线螺钉；7—稳焰罩

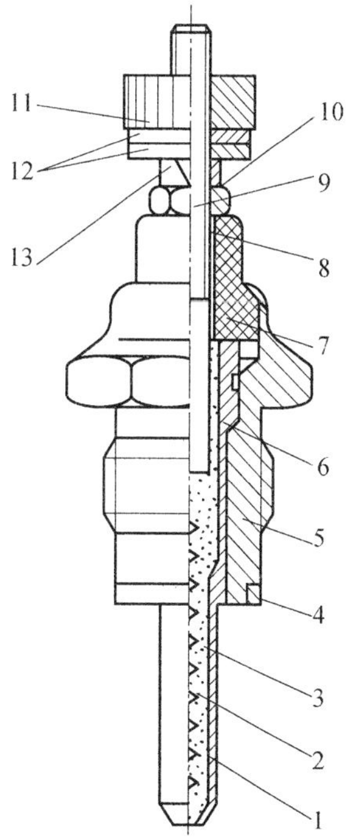

图 9.5　密封式电热塞结构示意图

1—发热体钢套；2—电阻丝；3—填充剂；4、6—密封垫圈；5—外壳；7—绝缘体；8—胶合剂；9—中心螺杆；10—固定螺母；11—压紧螺母；12—压紧垫圈；13—弹簧垫圈

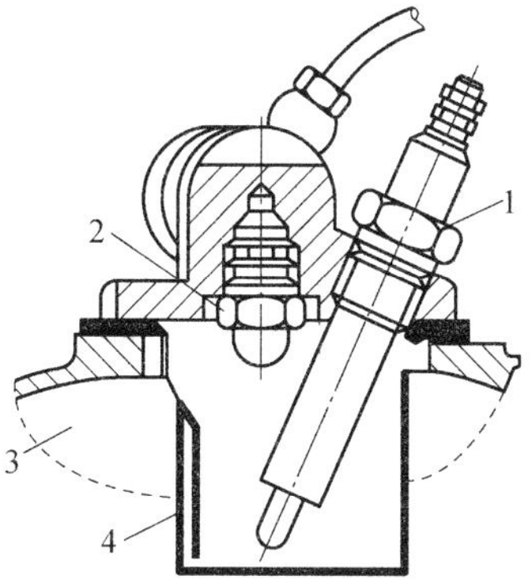

图 9.6　电火焰预热器

1—电热塞；2—带电磁阀的喷油器；3—进气歧管；4—导流罩

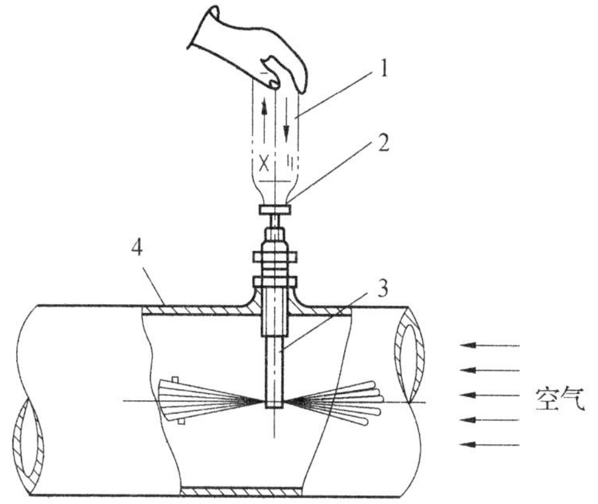

图 9.7　启动液喷射装置图

1—启动液喷射罐；2—单向阀；3—喷嘴；4—发动机进气歧管

(5)启动减压装置。

图 9.8 所示为启动减压装置的组成和工作示意图。它采用降低启动转矩、提高启动转速的方法来改善柴油发动机的启动性能。

发动机各缸的减压装置是一套联动机构。中、小型柴油发动机的联动机构一般采用同步式，即各减压气门同时打开，同时关闭。大功率柴油发动机减压装置的联动机构一般为分级式，即启动前各减压气门同时打开，启动时各减压气门分级关闭，使部分汽缸先进入正常工作，发动机预热后其余各缸再转入正常工作。减压的气门可以是进气门，也可以是排气门。用排气门减压会由于炭粒吸入汽缸，加速机件的磨损，一般多采用进气门减压。

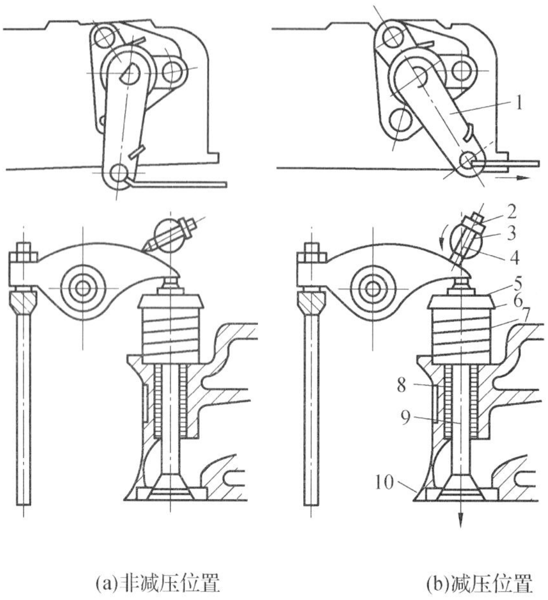

图 9.8 启动减压装置的组成和工作示意图

1—转换手柄;2—锁紧螺母;3—调整螺钉;4—轴;5—气门顶帽;6—气门弹簧座;7—气门弹簧;8—气门导管;9—气门;10—气门

任务 9.2 启动机

用电力启动机发动机已成为现代汽车唯一的启动方式。电力启动机简称启动机,它由直流电动机、传动机构、控制机构等组成,如图 9.9 所示。

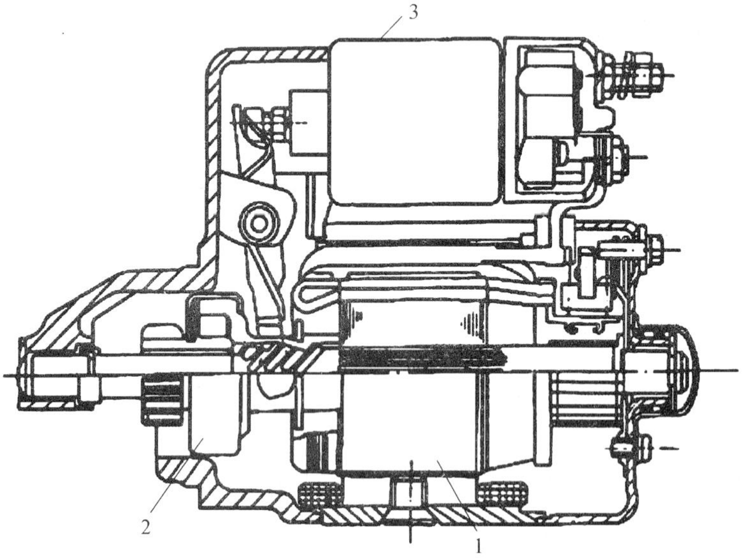

图 9.9 启动机的组成

1—直流电动机;2—传动机构;3—控制机构

9.2.1 直流电动机

电枢是直流电动机的转子部分，用来在启动机通电时，与磁场相互作用而产生电磁转矩。如图9.10所示，电枢总成由换向器、铁芯、绕组和电枢轴组成。电枢铁芯由外圆带槽的硅钢片叠成，压装在电枢轴上；电枢轴绕组一般采用较粗的矩形截面积的裸铜线绕制而成，并且多采用波绕法，以便结构紧凑，并可通过较大的电流获得较大的电磁力矩。由于绕组嵌装在硅钢片的槽中，为了防止电枢绕组搭铁和匝间短路，在电枢绕组与铁芯之间及电枢绕组之间，用绝缘性能良好的绝缘纸隔开。高速时，为了避免电枢绕组由于离心力的作用而甩出，在铁芯槽口的两侧用轧纹将绕组压紧。

换向器的结构如图9.11所示，它由一定数量的燕尾形铜片1组成，并用轴套2和压环3组装成一个整体，压装在电枢轴上。各铜片之间以及铜片与轴套、压环之间用云母或塑料片绝缘。电枢轴绕组各线圈的两端焊接在相应铜片的接线凸缘4上，经过绝缘电刷和搭铁电刷分别与启动机磁场绕组一端和启动机壳体连接。电枢轴除了铁芯和换向器外，还制有螺旋槽或花键槽，以便安装传动装置。电枢轴两端通过轴承支承在启动机前、后端盖上。

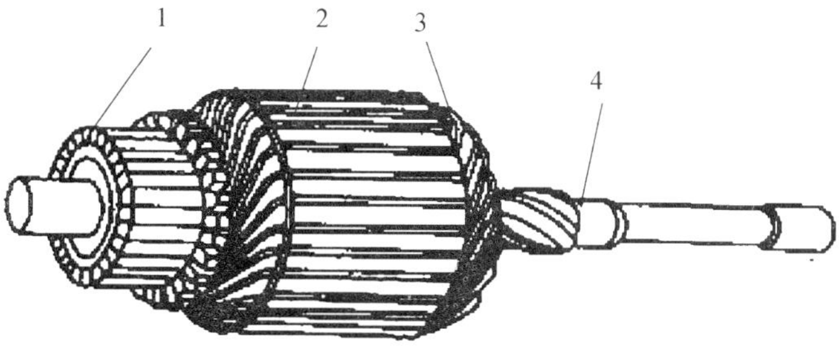

图 9.10 电枢总成

1—换向器；2—铁芯；3—绕组；4—电枢轴

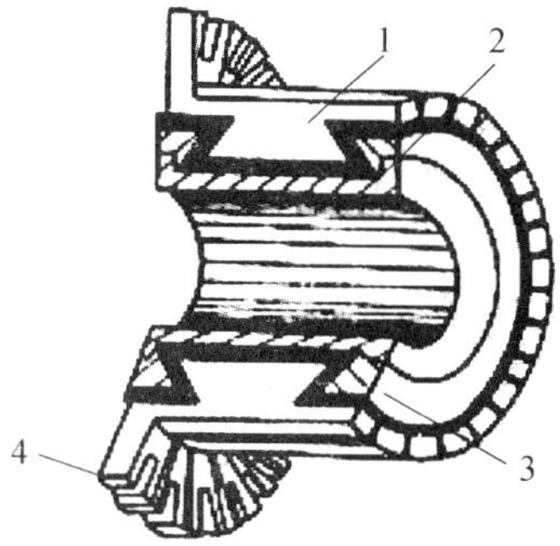

图 9.11 换向器

1—铜片；2—轴套；3—压环；4—接线凸缘

磁极用来产生电动机运转所必需的磁场，它由磁极铁芯和励磁绕组组成，如图9.12所示。多数启动机有四个磁极，少数有六个磁极。铁芯用低碳钢制成，并用螺钉固定在电动机外壳上，通过外壳构成磁回路。励磁绕组套在每个磁极铁芯上，它通常也是用较粗的矩形截面的裸铜线绕制，匝间用绝缘纸绝缘，外部用玻璃纤维带包扎。

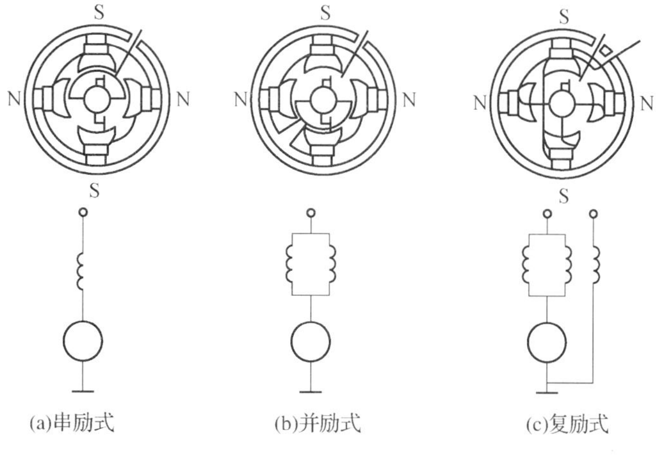

图 9.12 励磁绕组与电枢绕组的连接

有的启动机将所有励磁绕组的所有线圈串联在一起，然后再与电枢绕组串联，其连接方法及相应的电路原理如图9.12(a)所示；多数启动机是将励磁绕组的线圈分成两组，每组线圈相互串联，然后两组再并联起来与电枢绕组串联，如图9.12(b)所示；有的启动机采用辅助励磁绕组，在主励磁绕组与电枢绕组串联的基础上，再与辅助励磁绕组并联，如图 9.12(c)所示。第三种连接方式既可以充分发挥铁芯的导磁性能，又可以减少电能损耗，有利于增大电枢启动电流，提高启动转矩，因此应用广泛。无论励磁绕组的各个线圈如何连接，励磁绕组一般总是一端与启动机主接线柱连接，另一端与绝缘电刷连接，并且保证通电后各磁极所产生的磁场是相互交错的，即同名磁极相对。

电刷由铜与石墨压制而成，其中铜的质量占 80%～90%，石墨的质量占 10%～20%，以减小电阻，增加耐磨性及提高机械强度。为了尽量减小电刷与换向器之间的接触电阻，并延长电刷使用寿命，电刷与换向器有较大的接触面积，并且电刷靠电刷弹簧压紧在换向器的外圆表面。一般启动机电刷的个数等于磁极个数，也有大功率启动机电刷个数等于磁极个数的两倍。

9.2.2 传动机构

1.传动机构的作用

在启动时，传动机构保证启动机的动力能够通过飞轮传递给曲轴；启动完毕，发动机开始工作时，立即切断动力传递路线，使发动机不可能反过来驱动启动机以高速旋转，防止启动机大大超速而损坏。为此，启动机的传动机构中必须具有超速保护装置。

2.传动机构的类型

车用启动机也称为啮合机构，有如下类型：

(1)惯性啮合式启动机：惯性啮合式启动机的离合器靠惯性力的作用产生轴向移动，使驱动齿轮啮入或退出飞轮齿圈。由于可靠性差，现代汽车已不再使用。

(2)强制啮合式启动机：强制啮合式启动机靠人力或电磁力经拨叉推移离合器，强制性地使驱动齿轮啮入或退出飞轮齿圈。因其具有结构简单，动作可靠，操纵方便等优点，故被现代汽车普遍采用。

(3)电磁啮合式(电枢移动式)启动机：电磁啮合式启动机靠电动机内部辅助磁极的电磁力，吸引电枢做轴向移动，将驱动齿轮啮入飞轮齿圈，启动结束后再由复位弹簧使电枢复位，让驱动齿轮退出飞轮齿圈。所以，又称电枢移动式启动机，多用于大功率柴油发动机。

3.超速保护装置

超速保护装置式启动机驱动齿轮与电枢轴之间的离合结构，也称单向离合器。

常用的单向离合器有滚柱式、弹簧式、摩擦片式等多种形式。

(1)滚柱式单向离合器。

图 9.13 为滚柱式单向离合器结构组成与工作示意图。它是通过改变滚柱在楔形槽中的位置实现接合和分离的。主要由驱动齿轮、外座圈、内座圈、滚柱、柱塞、花键套筒和弹簧组成。驱动齿轮与外座圈连成一体，花键套筒与内座圈连成一体，并通过花键套装在启动机电枢的延长轴上。

接通启动开关启动发动机时，启动机的电枢轴连通内座圈按 9.13(b)所示的箭头方向旋转。由于摩擦力和弹簧张力的作用，滚柱被带到内、外座圈之间的楔形槽窄的一端，将内、外座圈连成一体，于是电枢轴的转矩通过内座圈、楔紧的滚柱传递到外座圈和驱动齿轮，驱动齿轮与电枢轴一起旋转使发动机启动。

发动机启动后，曲轴转速升高，飞轮齿圈将带着驱动齿轮高速旋转。虽然驱动齿轮的旋转方向没有改变，但它由从动齿轮变为主动齿轮。当驱动轮和外座圈的转速超过内座圈和电枢轴的转速时，在摩擦力的作用下，滚柱克服弹簧张力的作用滚向楔形槽宽的一端，使内外座圈脱离联系而自由地相对运动，高速旋转的驱动齿轮与电枢轴脱开，防止电动机超速。

滚柱式单向离合器工作时属于线接触传力，所以不能传递大转矩，一般用于小功率(2 kW 以下)的启动机上，否则滚柱易变形、卡死，造成单向离合器分离不彻底。由于它结构简单，目前广泛用于汽油发动机上。

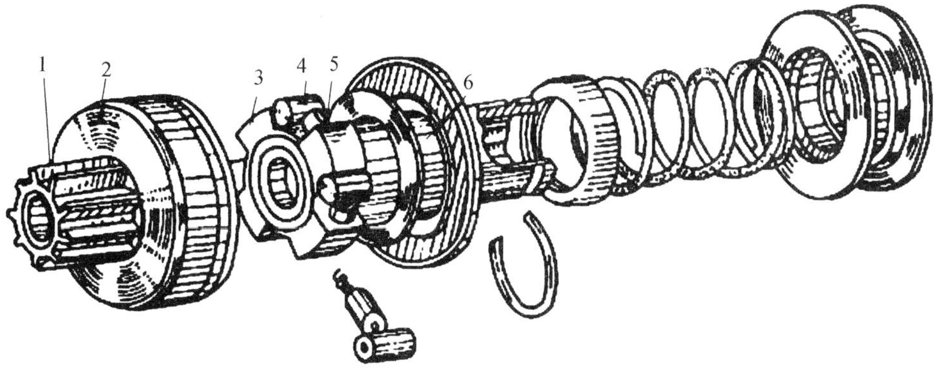

(a)零件分解图

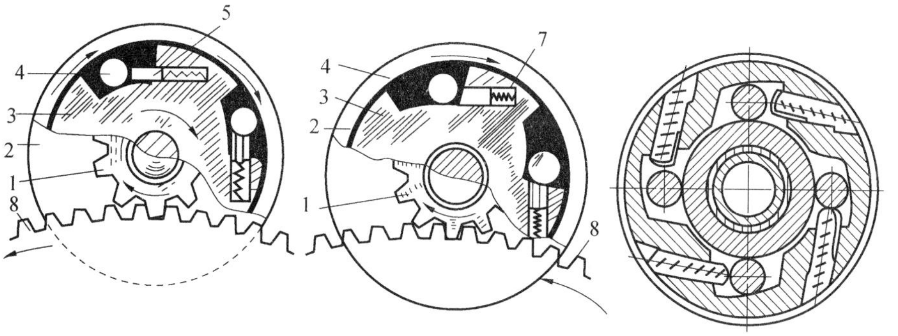

(b) 启动时　　(c)启动后　　(d)楔形缺口开在外座圈上的单向离合器

图 9.13　滚柱单向离合器的组成与工作示意图

1—驱动齿轮；2—外座圈；3—内座圈；4—滚柱；5—柱塞；6—花键套筒；7—弹簧；8—飞轮齿圈

(2)弹簧式单向离合器。

图 9.14 所示为弹簧式离合器的结构。它安装在电枢的延长轴上，驱动齿轮 2 的右端空套在花键套筒 7 左端的外圆面上，两个扇形块 4 装入驱动齿轮右端相应的缺口中，并伸入花键套筒 7 左端的环槽内，使驱动齿轮与花键套筒之间，既可以一起做轴向移动，又可以相对滑转。离合器弹簧 5 在自由状态下的内径小于启动机驱动齿轮 2 和花键套筒 7 相应外圆面的外径，在安装状态下弹簧紧套在外圆面上，弹簧 5 和护套 6 之间有间隙。启动时，启动机的电枢轴带动花键套筒旋转，有使离合器弹簧 5 收缩的趋势，弹簧被箍紧在相应外圆面上。于是，启动机的转矩靠弹簧与外圆面之间的摩擦传递给驱动齿轮，通过飞轮外齿带动曲轴旋转，使发动机启动。发动机一旦启动，驱动齿轮的转速超过花键套筒转速，离合器弹簧 5 张开，驱动齿轮 2 在花键套筒 7 上滑转，与电枢轴脱开，防止电动机超速。

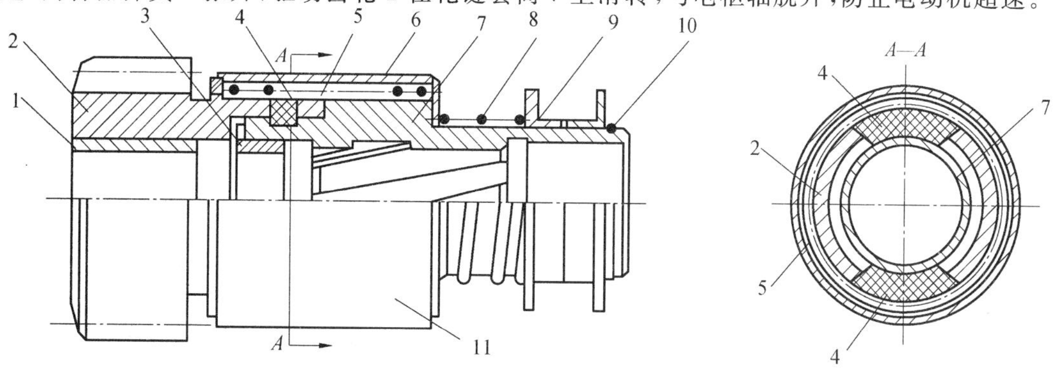

图 9.14　弹簧式单向离合器的结构

1—衬套；2—启动机驱动齿轮；3—限位套；4—扇形块；5—离合器弹簧；6—护套；7—花键套筒；8—缓冲弹簧；9—滑套；10—卡环；11—电枢延长轴

弹簧式单向离合器具有结构简单、寿命长、成本低等特点。因扭力弹簧圈数较多,轴向尺寸较大,多用于大中型启动机。

(3)摩擦片是单向离合器。

摩擦片是单向离合器结构如图 9.15 所示,结构较复杂,在大功率启动机上应用比较广泛。

驱动齿轮 1 与离合器的外接合毂连成一体,内接合毂 9 靠三线螺旋花键套装在花键套筒 10 的左端,花键套筒则通过内螺旋花键套装在电枢轴的花键部分,主动摩擦片 8 的内圆有四个凸起,嵌入内接合毂 9 外圆的四个直槽中。从动摩擦片的外圆有四个凸起,嵌入外接合毂内圆的四个直槽中。摩擦片之间的压力可通过调整垫圈 5 调整。

接通启动开关启动发动机时,启动机的电磁转矩通过电枢轴传递给花键套筒。由于内接合毂与花键套筒之间的转速差,内接合毂沿花键套筒左移,将从动片与主动片压紧使外接合毂与内接合毂连成一体,即驱动齿轮与电枢轴连成一体,启动机的转矩通过驱动齿轮和飞轮传递给曲轴,使发动机启动。

发动机启动后,飞轮带着驱动齿轮和外接合毂高速旋转,外接合毂的转速超过电枢轴和花键套筒的转速,内接合毂沿花键右移,从动片与主动片分开,使驱动齿轮与电枢轴脱开,防止发动机超速。

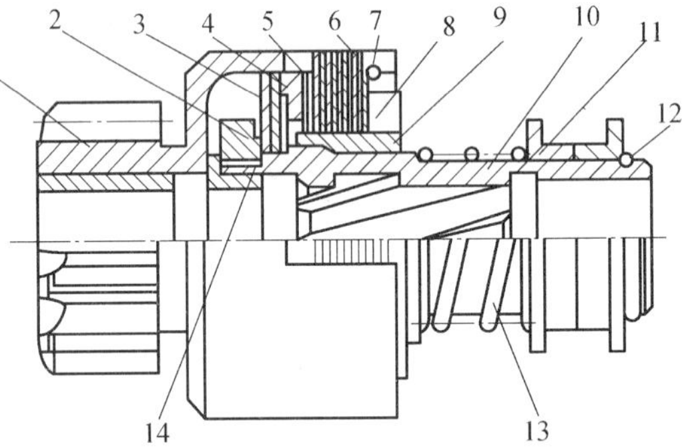

(a) 结构图

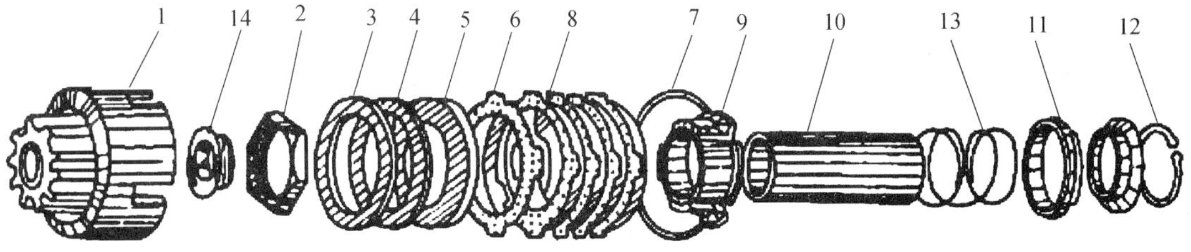

(b) 零件分解图

图 9.15 摩擦片式单向离合器的结构

1—启动机驱动齿轮;2—螺母;3—弹性垫圈;4—压环;5—调整垫圈;6—从动摩擦片;7—卡环;8—主动摩擦片;9—内接合毂;10—花键套筒;11—滑套;12—卡环;13—弹簧;14—限位块

9.2.3 控制机构

启动机的控制机构也称操纵机构,其作用是控制启动机主电路的通、断和驱动齿轮的啮合与退回。

启动机的控制机构分为直接操纵式和电磁操纵式两种。直接操纵式控制机构检修方便,且不消耗电能,有利于提高启动转速。但驾驶员劳动强度大,不易远距离操作,目前已很少用。

电磁操纵式机构,俗称电磁开关,使用方便,工作可靠,并适合远距离操纵,目前应用广泛。如图 9.16 所示。

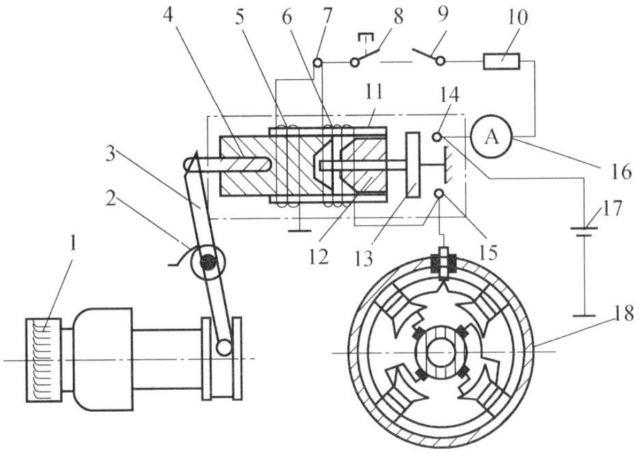

图 9.16　电磁操纵式控制机构示意图

1—单向离合器；2—复位弹簧；3—拨叉；4—活动铁芯；5—保持线圈；6—吸拉线圈；7—接线柱；8—启动按钮；9—总开关；10—熔断器；11—黄铜套；12—挡铁；13—接触盘；14、15—主接线柱；16—电流表；17—蓄电池 ；18—电动机

作为操纵元件的活动铁芯由驾驶员用开关通过电磁线圈进行控制 。多数启动机的电磁线圈由保持线圈 5 和吸拉线圈 6 两部分组成，既可以使活动铁芯移动有力，驱动齿轮啮合容易，又可以提高启动机转速。主接线柱 14、15 和接触盘 13 组成主开关。黄铜套 11 上绕有吸拉线圈和保持线圈，两线圈的绕向相同，吸拉线圈和电动机电枢绕组串联，保持线圈的一端搭铁，另一端与吸拉线圈接在同一接线柱 7 上；黄铜套内有活动铁芯 4 和挡铁 12，活动铁芯的后端与拨叉 3 的上端相连，挡铁 12 是固定不动的，其中心孔内穿有推杆，推杆端部的接触盘 13 用以接触启动机的主电路。拨叉 3 通过销钉支承在启动机上，拨叉下端插入单向离合器的衬套中。

启动发动机时，接通总开关，按下启动按钮，吸拉线圈和保持线圈的电路被接通，其电流通路为：蓄电池正极→主接线柱→电流表→总开关→启动按钮→接线柱→吸拉线圈→主接线柱→电动机保持线圈→搭铁→蓄电池负极。发动机启动后，在松开启动按钮的瞬间，吸拉线圈和保持线圈是串联关系，两线圈所产生的磁通方向相反，互相抵消，于是活动铁芯在回位弹簧的作用下迅速复位，使驱动齿轮退出啮合，接触盘在其右端小弹簧的作用下脱离接触，主开关断开，切断了启动机的主电路，启动机停止运转。

许多汽油发动机启动机的控制装置中，还装有短路点火线圈附加电阻的接触片，控制装置外壳上对应的接线柱通过导线与点火线圈初级绕组相连。主开关接通时，短路点火线圈附加电阻的接触片与蓄电池正极直接接通，将点火线圈附加电阻短路，改善启动时的点火性能。

电磁操纵式控制机构的启动开关通常与点火开关制成一体，为了减小流过点火开关的电流，防止点火开关的早期损坏，有些启动机的控制电路中接有继电器。具有启动继电器的启动电路如图 9.17 所示。组合继电器由启动继电器和充电继电器组成，它利用发动机中心点电压，在发动机启动后还未断开启动开关时，自动停止启动机的工作。解放 CA1091 型汽车发动机具有组合继电器的启动电路如图 9.18 所示。

为了在曲轴能够获得足够的启动转矩和启动转速，使发动机能够迅速可靠地启动，除选用足够功率的启动机和简单可靠的电路外，还必须正确选择驱动齿轮和飞轮齿圈齿数，以获得适当的传动比，一般为 10～15。

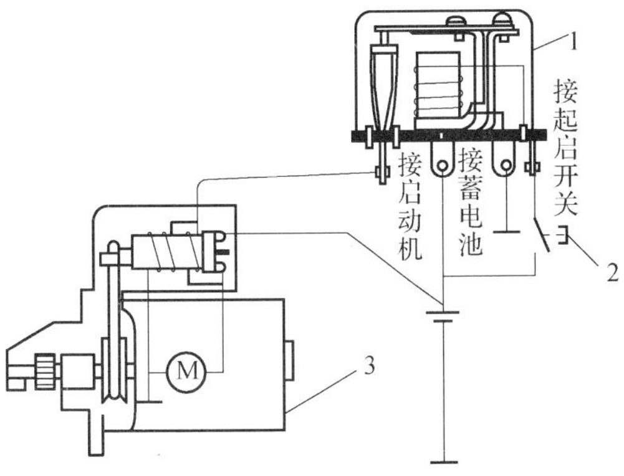

图 9.17　具有启动机继电器的启动电路

1—启动继电器；2—启动开关；3—启动机

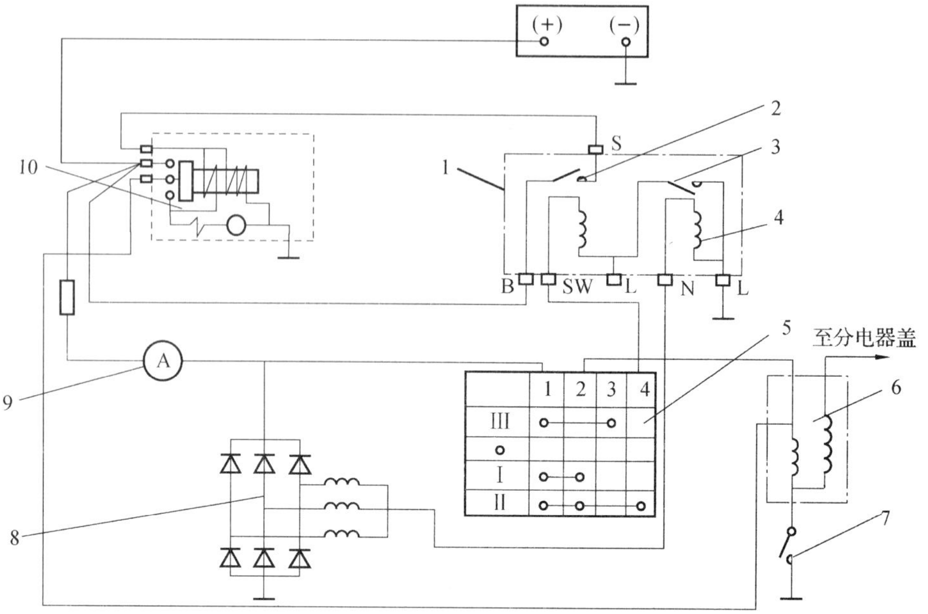

图 9.18　解放 CA1091 型汽车发动机具有组合继电器的启动电路

1—组合继电器；2—启动继电器；3—充电继电器；4—充电继电器线圈；5—点火开关；6—点火线圈；7—断电器触点；8—发动机；9—电流表；10—启动机

9.2.4　减速启动机和永磁启动机

1.减速启动机

在启动机的电枢轴与驱动齿轮之间装有齿轮减速器的启动机，称为减速启动机。串激式直流电动机的功率与其转矩和转速成正比，可见，当提高电动机转速的同时降低其转矩时，可以保持启动机功率不变，故当采用高速、低转矩的串激式直流电动机作为启动机，在功率相同的情况下，可以使启动机的体积和质量大大减小。但是，启动机的转矩过低，不能满足启动发动机的要求。为此，在启动机中采用高速、低转矩的直流电动机时，在电动机的电枢轴与驱动齿轮之间安装齿轮减速器，可以在降低电动机转速的同时提高其转矩。减速启动机的齿轮减速器有外啮合式、内啮合式、行星齿轮式等三种不同形式。如图 9.19 所示。

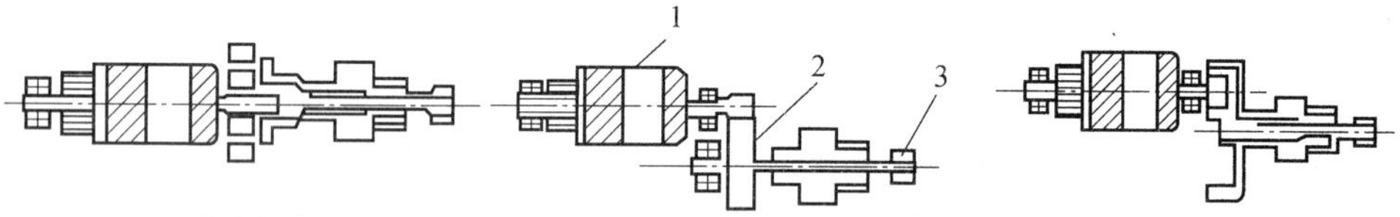

(a) 外啮合式　(b) 内啮合式　(c) 行星齿轮式

图 9.19　减速启动机的三种形式

1—电动机；2—齿轮减速器；3—驱动齿轮

外啮合式减速启动机，其减速机构在电枢轴和启动机驱动齿轮之间利用惰轮做中间传动，且电磁开关铁芯与驱动齿轮同轴心，直接推动驱动齿轮进入啮合，无需拨叉。因此，启动机的外形与普通的启动机有较大的差别。通常分有惰轮外啮合式减速启动机和无惰轮外啮合式减速启动机。外啮合式减速机构的传动中心距较大，因此受启动机构的限制，其减速比不能太大，一般不大于 5，多用在小功率的启动机上。如图 9.20 所示。

内啮合式减速启动机，其减速机构传动中心距小，可有较大的减速比，故适用于较大功率的启动机。但内啮合式减速机构噪声较大，驱动齿轮仍需拨叉拨动进入啮合，因此，启动机的外形与普通启动机相似。国产 QD254 型内啮合式减速启动机如图 9.21 所示。

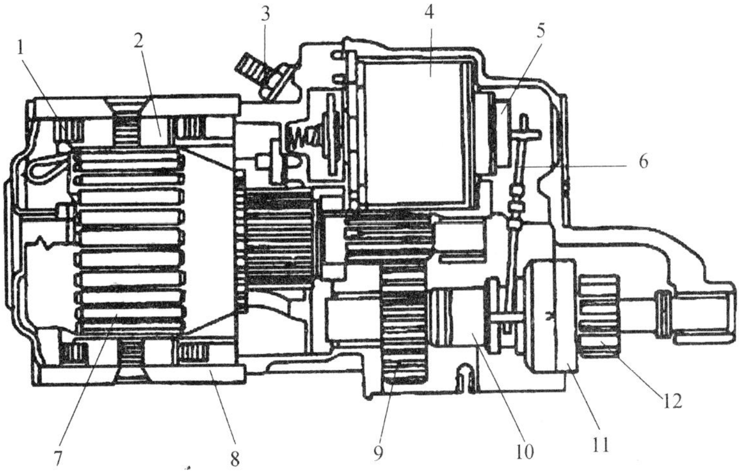

图 9.20　外啮合式减速启动机

1—励磁绕组；2—磁极；3—主接线柱；4—电线圈；5—活动铁芯；6—拨叉；7—电枢；8—外壳；9—减速齿轮；10—花键轴；11—单向离合器；12—驱动齿轮

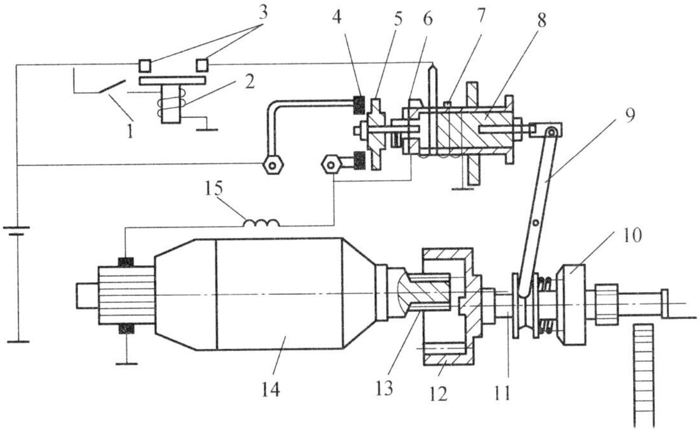

图 9.21　国产 QD254 型内啮合式减速启动机

1—启动开关；2—启动继电器线圈；3—触点；4—主接线柱；5—接触盘；6—吸拉线圈；7—保持线圈；8—活动铁芯；9—拨叉；10—单向离合器；11—螺旋花键轴；12—内啮合减速齿轮；13—主动齿轮；14—电枢；15—磁场绕组

图 9.22 所示为行星齿轮式减速启动机的结构原理图。行星齿轮式减速启动机的减速机构结构紧凑、传动比大、效率高。由于输出轴与电枢轴同轴线、同旋向，电枢轴无径向载荷，振动轻，整机尺寸减小。另外，行星齿轮式减速启动机还具有如下优点：

①负载平均分配在三个行星齿轮上，可以采用塑料内齿圈和粉末冶金的行星齿轮，使质量减轻、噪声降低。

②尽管增加行星齿轮减速机构，但是启动机的轴向其他结构与普通启动机相同，故配件可以通用。

2.永磁启动机

以永磁材料作为磁极的启动机，称为永磁启动机。它取消了传统启动机中的励磁绕组和磁极铁芯，使启动机的结构简化，体积和质量大大减小，可靠性提高，并节省了金属材料。图 9.23 所示为奥迪 100 采用的永磁启动机结构示意图。

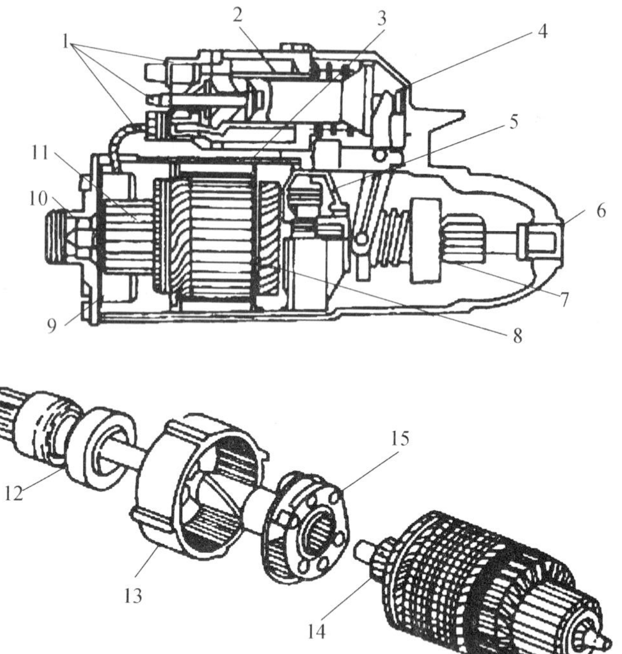

图 9.22　行星齿轮式减速器

1—接线柱；2—活动铁芯；3—磁极；4—拨叉；5—行星齿轮减速器；6、10—轴承；7、12—单向离合器；8—电枢；9—电刷；11—换向器；13—固定内齿圈；14—主动齿轮；15—行星齿轮架

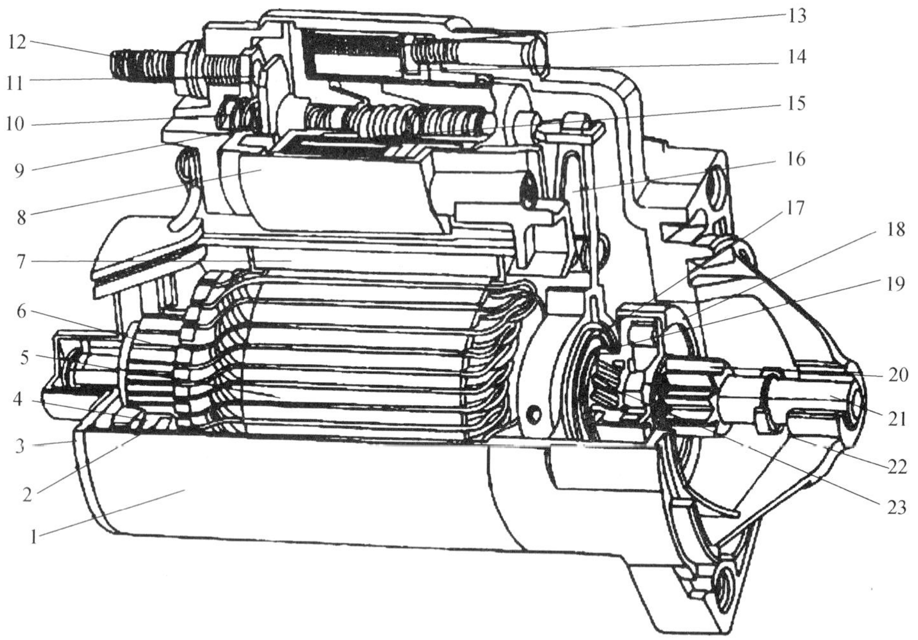

图 9.23　永磁启动机结构示意图

1—启动机外壳；2—电刷；3—后端盖；4—电刷架；5—电枢；6—换向器；7—磁极；8—电磁开关外壳；9—电磁开关接触盘；10、15—回位弹簧；11—触点；12—接线螺栓；13—保持线圈；14—吸引线圈；16—传动叉；17—导环；18—滚柱式单向离合器；19—啮合弹簧；20—驱动齿轮；21—电枢轴；22—止推垫圈；23—螺旋花键

3.永磁减速启动机

采用高速、低转矩的永磁电动机，并在驱动齿轮与电枢轴之间安装齿轮减速器的启动机，称永磁减速启动机。其体积和质量可以进一步减小，目前已得到广泛的应用。图 9.24 为永磁减速启动机结构示意图。

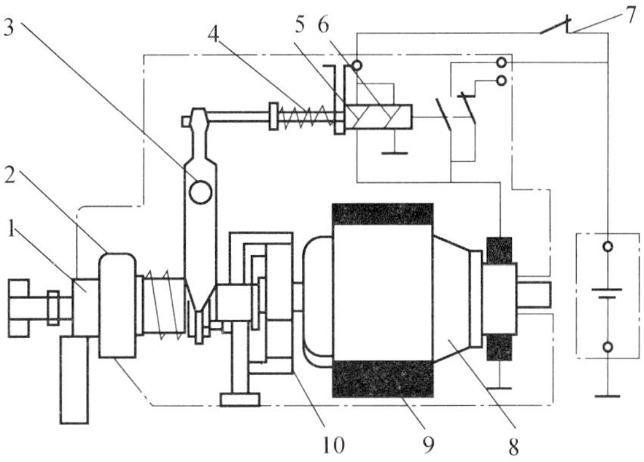

图 9.24　永磁减速启动机结构示意图

1—驱动齿轮；2—单向离合器；3—传动叉；4—回位弹簧；5—吸拉线圈；6—保持线圈；7—启动开关；8—电枢；9—磁极；10—行星齿轮减速器

实训项目

任务名称	发动机启动系的拆装	学时	1	班级	
学生姓名		学生学号		任务成绩	
实训设备	发动机台架五台	实训场地	理实一体化教室	日期	
任务内容	发动机启动系的拆装				
任务目标	能够对启动系进行简单的拆装				

一、决策与计划

请根据任务要求，确定所需要的技术资料，并对小组成员进行合理分工。

1. 需要的技术资料

2. 小组成员分工

3. 小组合作制订拆装检查活塞连杆组的操作步骤。

(1)__________

(2)__________

(3)__________

(4)__________

(5)__________

(6)__________

(7)__________

(8)__________

(9)__________

(10)__________

(11)＿＿＿＿＿＿＿＿＿＿＿＿＿＿＿＿＿＿＿＿＿＿＿＿＿＿＿＿＿＿

(12)＿＿＿＿＿＿＿＿＿＿＿＿＿＿＿＿＿＿＿＿＿＿＿＿＿＿＿＿＿＿

(13)＿＿＿＿＿＿＿＿＿＿＿＿＿＿＿＿＿＿＿＿＿＿＿＿＿＿＿＿＿＿

(14)＿＿＿＿＿＿＿＿＿＿＿＿＿＿＿＿＿＿＿＿＿＿＿＿＿＿＿＿＿＿

(15)＿＿＿＿＿＿＿＿＿＿＿＿＿＿＿＿＿＿＿＿＿＿＿＿＿＿＿＿＿＿

二、实施

各小组在计划获得教师签字后进行分角色练习，教师各工位巡视检查。

三、检查

每个小组抽取一名同学，进行班级技能比赛，小组长担任裁判，教师担任裁判长。检查学生课堂学习情况。

四、评价反馈

1.请根据自己任务完成的情况，对自己的工作进行自我评估，并提出改进意见。

(1)＿＿＿＿＿＿＿＿＿＿＿＿＿＿＿＿＿＿＿＿＿＿＿＿＿＿＿＿＿＿

＿＿＿＿＿＿＿＿＿＿＿＿＿＿＿＿＿＿＿＿＿＿＿＿＿＿＿＿＿＿＿＿

(2)＿＿＿＿＿＿＿＿＿＿＿＿＿＿＿＿＿＿＿＿＿＿＿＿＿＿＿＿＿＿

＿＿＿＿＿＿＿＿＿＿＿＿＿＿＿＿＿＿＿＿＿＿＿＿＿＿＿＿＿＿＿＿

2.教师对学生的工作情况进行评估，并进行点评。

＿＿＿＿＿＿＿＿＿＿＿＿＿＿＿＿＿＿＿＿＿＿＿＿＿＿＿＿＿＿＿＿

＿＿＿＿＿＿＿＿＿＿＿＿＿＿＿＿＿＿＿＿＿＿＿＿＿＿＿＿＿＿＿＿

五、作业

查阅资料：查询现代汽车启动系都使用哪些先进的技术。

课后练习

模块 9　发动机启动系	班级			
	姓名		学号	
	日期		评分	

一、资讯

说明：每位学生应在工作任务实施前独立完成准备工作。

1. 启动机一般由__________、__________及__________三大部分组成。

2. 启动机操纵机构的作用是__________或__________启动机与蓄电池之间的主电路，驱动拨叉使__________与__________啮合。有些启动机控制机构还能在启动时将__________短接，以增大启动时的点火能量。

3. 一般励磁式启动机励磁绕组与转子呈__________联，故称__________励式电动机。

4. 单向离合器常见有__________式、__________式和__________式三种。

5. 启动机工作时，应先让单向离合器小齿轮与__________啮合，再接通启动机主电路，以避免__________现象产生。

6. 启动系电路常见有__________控制式、__________控制式、__________控制式。

二、内容小结

1. 简述启动系的作用。

2. 简述启动预热装置的种类及特点。

3. 启动机的结构组成。

4. 启动机各组成部分的结构及种类。

模块 10
汽油发动机点火系

【知识目标】

1. 了解点火系的类型。
2. 熟悉传统点火系、电子点火系的组成及功用。
3. 掌握传统点火系、电子点火系的各主要部件的结构。
4. 学会传统点火系、电子点火系的工作原理。

【技能目标】

会对点火系的主要元件进行简单的检测。

【课时计划】

任务	任务内容	参考课时		
		理论课时	实训课时	合计
1	汽油发动机点火系概述	0.5	0	0.5
2	传统汽油发动机点火系	1	1	2
3	点火系零部件认知	2	1	3
4	电子点火系	1.5	0	1.5
共计:7 课时				

情境导入

一辆捷达轿车发动机不点火,初步检测发现是点火系的故障,要维修该故障,我们需要熟悉点火系的基本组成及工作原理等问题。下面就分步进行该模块的学习。

任务驱动

任务 10.1 汽油发动机点火系概述

汽油发动机在压缩接近上止点时,可燃混合气是由火花塞点燃的,从而燃烧对外做功,为此,汽油发动机的燃烧室中都装有火花塞。火花塞有一个中心电极和一个侧电极,两电极之间是绝缘的。当在火花塞两电极间加上直流电压并且电压升高到一定值时,火花塞两电极之间的间隙就会被击穿而产生电火花,能够在火花塞两电极间产生电火花所需要的最低电压称为击穿电压;能够在火花塞两电极间产生电火花的全部设备称为发动机点火系。点火系性能的好坏对发动机的工作有十分重要的影响。

目前,国内外汽车上使用的点火系种类较多,主要有传统点火系、电子点火系和微机控制点火系三种。本任务将对以上三种点火系做详细的说明。

10.1.1 汽油发动机点火系的基本功用

1. 产生电火花

在汽油发动机中,汽缸内混合气是由高压电火花点燃的,而产生电火花的功能是由点火系来完成的。

2. 电源电压转变

点火系将电源的低电压变成高电压,再按照发动机点火顺序送至各汽缸,点燃压缩混合气。

3. 调节点火时刻

能适应发动机工况和使用条件的变化,自动调节点火时刻,实现可靠而准确的点火。

4. 校准点火时刻

能在更换燃油或安装分电器时校准点火时刻。

10.1.2 点火系的类型

按其组成和产生高压电方式的不同,发动机点火系可分为传统蓄电池点火系、电子点火系、微机控制点火系和磁电机点火系。

传统蓄电池点火系以蓄电池和发电机为电源,借点火线圈和断电器的作用,将电源提供的 6 V、12 V或 24 V 的低压直流电转变为高压电,再通过分电器分配到各缸火花塞,使火花塞两电极之间产生电火花,点燃可燃混合气。传统蓄电池点火系由于存在产生的高压电比较低、高速时工作不可靠、使用过程中需经常检查和维护等缺点,目前正在逐渐被电子点火系和微机控制点火系所取代。

电子点火系以蓄电池和发电机为电源,借点火线圈和由半导体器件(晶体三极管)组成的点火控制器将电源提供的低压电转变为高压电，再通过分电器分配到各缸火花塞，使火花塞两电极之间产生电火花，点燃可燃混合气。与传统蓄电池点火系相比具有点火可靠、使用方便等优点。

微机控制点火系统也以蓄电池和发电机为电源，借点火线圈将电源的低压电转变为高压电，再由分电器将高压电分配到各缸火花塞，并由微机控制系根据各种传感器提供的反映发动机工况的信息，发出点火控制信号，控制点火时刻，点燃可燃混合气。它还可以取消分电器，由微机控制系直接将高压电分配给各缸。微机控制点火系是目前最新型的点火系，已广泛应用于各种中、高级轿车中。

磁电机点火系由磁电机本身直接产生高压电，不需另设低压电源。与传统蓄电池点火系相比，磁电机点火系在发动机中、高转速范围内，产生的高压电较高，工作可靠。但在发动机低转速时，产生的高压电较低，不利于发动机启动。因此磁电机点火系多用于主要在高速、满负荷下工作的赛车发动机，以及某些不带蓄电池的摩托车发动机和大功率柴油发动机的启动发动机上。

10.1.3 汽油发动机点火系的要求

点火系应在发动机各种工况和使用条件下保证可靠而准确地点火。为此点火系应满足以下基本要求：

1. 能产生足以击穿火花塞两电极间隙的电压

使火花塞两电极之间的间隙击穿并产生电火花所需要的电压，称为火花塞击穿电压。火花塞击穿电压的大小与电极之间的距离(火花塞间隙)、汽缸内的压力和温度、电极的温度、发动机的工作状况等因素有关。发动机正常运行时，火花塞的击穿电压为 7～8 kV，发动机冷启动时达 19 kV。为了使发动机在各种不同的工况下均能可靠地点火，要求火花塞击穿电压应为 15～20 kV。

2. 电火花应具有足够的点火能量

为了使混合气可靠点燃，火花塞产生的火花应具备一定的能量。发动机工作时，由于混合气压缩时的温度接近自燃温度，因此所需的火花能量较小(1～5 mJ)，传统点火系的火花能量为 15～50 mJ，足以点燃混合气。但在启动、怠速以及突然加速时需要较高的点火能量。为保证可靠点火，一般应保证 50～80 mJ 的点火能量，启动时应能产生大于 100 mJ 的点火能量。

3. 点火时刻应与发动机的工作状况相适应

首先发动机的点火时刻应满足发动机工作循环的要求；其次可燃混合气在汽缸内从开始点火到完全燃烧需要一定的时间(千分之几秒)，所以要使发动机产生最大的功率，就不应在压缩行程终了(上止点)点火，而应适当地提前一个角度。这样当活塞到达上止点时，混合气已经接近充分燃烧，发动机才能发出最大功率。

10.1.4 点火系的特点

汽车发动机的点火系采用单线制连接，即电源的一个电极用导线与各用电设备相连，而电源的另一个电极则通过发动机机体、汽车车架和车身等金属构件与各用电设备相连，称为搭铁。搭铁的电极可以是正极也可以是负极。因为热的金属表面比冷的金属表面容易发射电子，发动机工作时火花塞的中心电极较侧电极温度高，因而电子容易从中心电极向侧电极发射，使火花塞间隙处离子化程度高，火花塞间隙容易被击穿，击穿电压可降低 15%～20%。因此，无论整车电气系采用正极搭铁还是负极搭铁，点火线圈的内部连接或外部接线，均应保证点火瞬间火花塞中心电极为负极，即火花塞电流应从火花塞的侧电极流向中心电极。

任务 10.2 传统汽油发动机点火系

10.2.1 传统汽油发动机点火系的组成

传统汽油发动机点火系组成如图 10.1 所示,传统点火系主要由电源(蓄电池和发电机)、点火开关、点火线圈、电容器、断电器、配电器、火花塞、阻尼电阻和高压导线等组成。

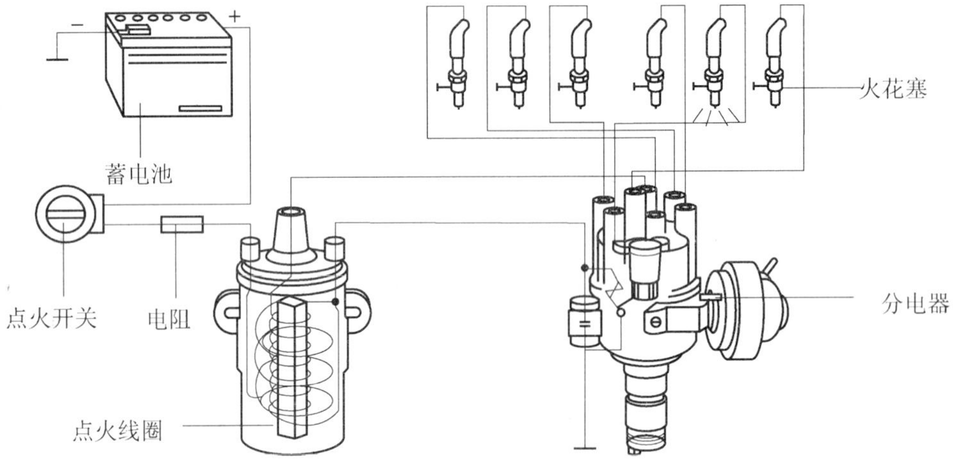

图 10.1 传统汽油发动机点火系的组成

1. 电源

蓄电池(启动)或者是发电机(正常工作),供给点火系统的低压电能,标准电压一般是 12 V。

2. 点火开关

控制点火系初级电路,还可以控制仪表电路和启动继电器电路等。

3. 附加电阻

改善正常工作时的点火性能和启动时的点火性能。

4. 点火线圈

点火线圈为自耦变压器,将 12 V 的低压电变成 15~20 kV 的高压电。

5. 分电器

分电器由断电器、配电器、电容器及点火提前机构等组成。

(1)断电器起着接通与切断点火线圈初级电路的作用。

(2)配电器是将点火线圈产生的高压电,按照发动机的工作顺序送至各缸的火花塞。

(3)电容器能减小断电器触电火花,延长触电使用寿命并提高刺激电压。

(4)点火提前机构能随发电机转速、负荷和汽油辛烷值的变化改变点火提前角。

6. 高压线

用以连接点火线圈与分电器中心插孔以及分电器旁电极和各缸火花塞。

7. 火花塞

将高压电引入汽缸燃烧室,产生电火花点燃混合气。

10.2.2 传统汽油发动机点火系的工作原理

在发动机工作时，断电器凸轮在发动机凸轮轴的驱动下旋转，凸轮旋转时使断电器触头交替地闭合和打开。在点火开关S接通的情况下，触点闭合时，点火线圈初级绕组中有电流流过(图10.2)。流过初级绕组的电流称为初级电流，其电路称为初级电路或低压电路。

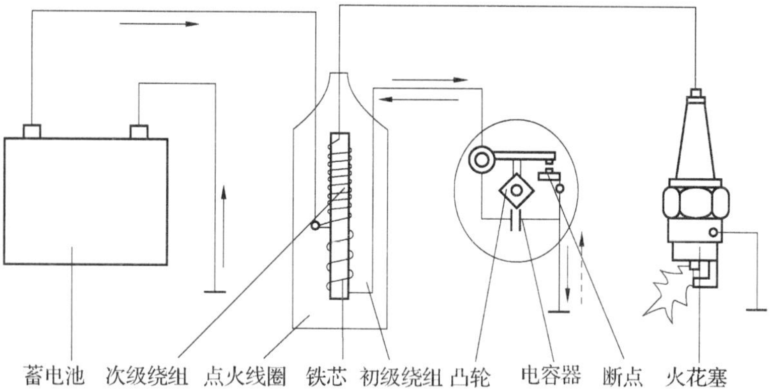

图10.2 点火线圈电流路径

初级电流的路径(图10.3)为：蓄电池正极—电流表—点火开关S—点火线圈“开关正+”接线柱—附加电阻—“开关”接线柱—点火线圈初级绕组—“—”接线柱—断电器触头—搭铁—蓄电池负极。

初级电流在点火线圈的铁芯中形成磁场，电能转变为磁能。

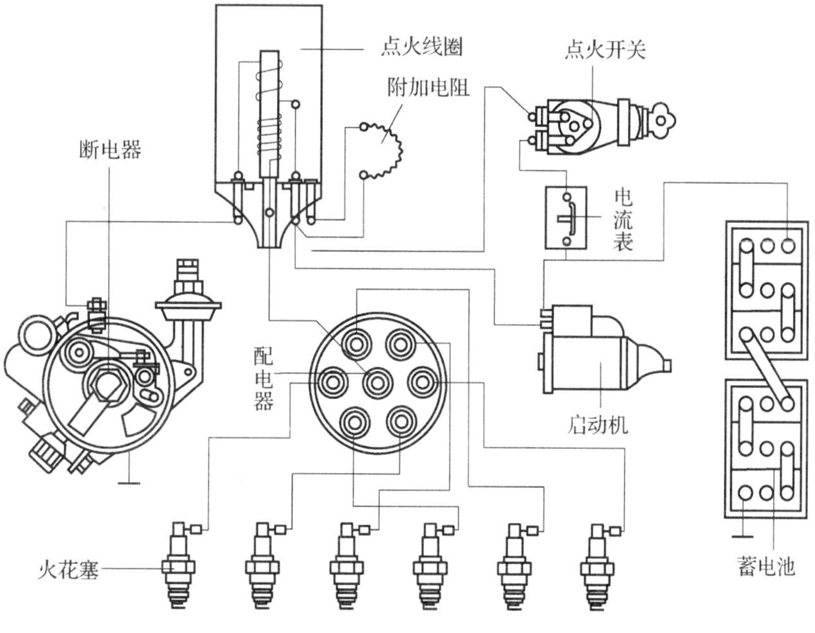

图10.3 点火线圈初级电流路径

初级电流在点火线圈的铁芯中形成磁场，电能转变为磁能。

当断路器凸轮触头打开时，初级电路被切断，初级电流消失，其所形成的磁场也随之迅速发生变化，在两个绕组中都出现感应电动势，磁能转变为电能。由于点火线圈次级绕组的匝数多，所以在次级绕组内产生15～20 kV的电动势，它足够击穿火花塞的电极间隙，产生电火花并点燃混合气。高压电流的路径为：次级绕组—“开关”接线柱—附加电阻“开关正+”接线柱—点火开关S—电流表—蓄电池—搭铁—火花塞旁电极—火花塞中心电极—高压导线—分电器—高压导线—次级绕组。

分电器轴每转一圈，各缸按点火顺序各点火一次。

任务 10.3 点火系零部件认知

10.3.1 汽车电源

汽车电源包括蓄电池、发电机及调节器。其中发电机为主电源，发动机正常工作时，由发电机向全车用电设备供电，同时给蓄电池充电。蓄电池的主要作用是发动机启动时向启动机供电，同时辅助发电机向用电设备供电。调节器的作用是使发电机的输出电压保持恒定。

10.3.2 点火开关

点火开关又称点火锁或电门锁，主要用来控制点火电路，另外还控制发电机磁场电路、启动发动机以及为整车电器系统供电等。一般都具有拔出时转向盘能自动锁定功能、具有为电控系提供控制识别信号功能，另外在点火开关内还装有防止重复启动的装置。在正常行驶状况下，若误操作将钥匙从位置 I 转向位置 II，只要稍稍转过一个角度就被卡住，从而使启动机电源无法接通，避免了损坏启动机和发动机飞轮。凡重新启动发动机前均须先将钥匙恢复至位置，拔出点火钥匙重新插入。

一般现代汽车点火开关有两种。

1. 传统的点火开关

如图 10.4 所示为带锁芯型点火开关。

(1)启动挡。表示 START 或 ST(日产、丰田)、或二挡(解放)、或 Q 挡(跃进)、或 D 挡(富康)、或 AV V 挡(依维柯)——启动机电机运转。释放时钥匙会返回“ON”位置，即为不定位挡。

(2)工作挡，也称点火挡。表示：ON 或 IG(日产、丰田)、一挡(解放)、D 挡(跃进)、M 挡(富康)、MAR 挡(依维柯)——发动机和所有附件运转。这是普通驾驶位置。

(3)附件挡。表示 ACC 挡(日产、丰田)、三挡(解放)、A 挡(富康)——收音机等附件可以操作，但是发动机停止。如果钥匙在“ACC”或“LOCK”位置时打开驾驶员车门，蜂鸣器将鸣叫，提醒驾驶员取下钥匙。

(4)锁定挡表示 LOCK 挡(日产、丰田)、0 挡(解放)、S 挡(跃进)、0 挡(富康)、STOP 挡(依维柯)——发动机停止和转向盘锁定。只有在此位置才能取下钥匙。

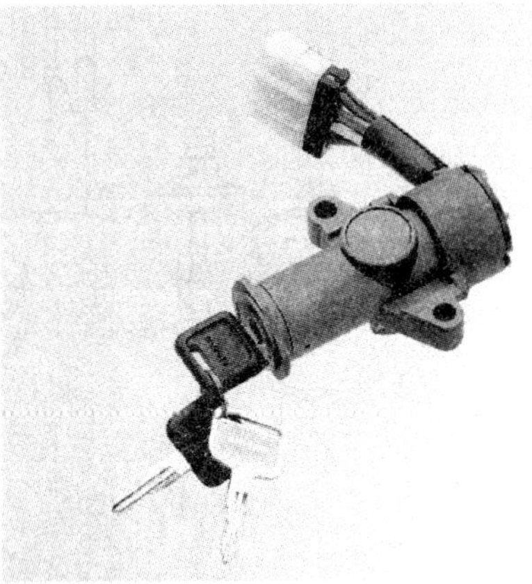

图 10.4 传统点火开关

(5)预热挡。表示 HEAT 挡(日产、丰田)、四挡(解放)、H 挡(跃进)。该挡也为不定位挡，该挡时加热器工作，为发动机预热。

2. 带智能进入和启动系点火开关

如图 10.5 所示，当钥匙在车内时，按下“ENGINE START STOP”开关(发动机开关)，能启动和停止发动机，或选择 ACC、ON 或关闭点火。

图 10.5　智能点火开关

未踩下制动踏板时，慢慢用力按下"ENGINE START STOP"开关，可改变下列点火开关模式：

第一次——ACC(附件)模式(发琥珀色光)，收音机等附件工作。

第二次——ON 模式(发琥珀色光)，发动机和所有附件运转。

第三次——点火关闭(指示灯熄灭)。

再次按下"ENGINE START STOP"开关，使点火开关返回 ACC。

当按下"ENGINE START STOP"开关时，如果蜂鸣器鸣叫并且智能进入和启动系统警告灯点亮，则表明钥匙不在车上。

如果踩下制动踏板，指示灯将变成绿色。此时，不管选择何种模式，按下"ENGINE START STOP"开关一次，即可启动发动机。

如果"ENGINE START STOP"开关上的琥珀色指示灯闪烁，这表明按钮启动系统或转向锁止功能存在故障。应立即关闭发动机。

一旦关闭点火开关，发动机停机装置系统会自动设定。

10.3.3 点火线圈

1.组成

点火线圈由初级绕组、次级绕组和铁芯等组成如图 10.6 所示。

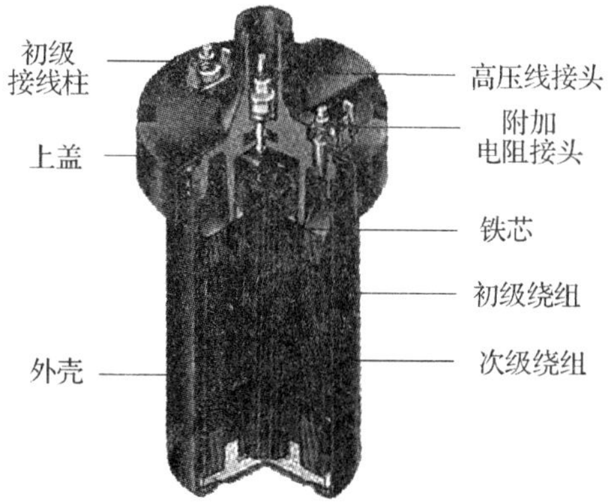

图 10.6　点火线圈

2.分类

按磁路的结构形式不同，可分为开磁路式点火线圈和闭磁路式点火线圈。

(1)开磁路式点火线圈。

①结构。

开磁路式点火线圈由铁芯、初级绕组、次级绕组、钢套、绝缘盖和绝缘座组成。开磁路点火线圈其铁芯 2 用 0.3～0.5 mm厚的硅钢片叠成，铁芯上绕有初级绕组 3 和次级绕阻 4。次级绕组居内，通常用直径为 0.06～0.10 mm的漆包线缠绕 11 000～23 000 匝；初级绕组居外，通常用直径为 0.5～1.0 mm的高强漆包线缠绕 230～370 匝(图 10.7)。

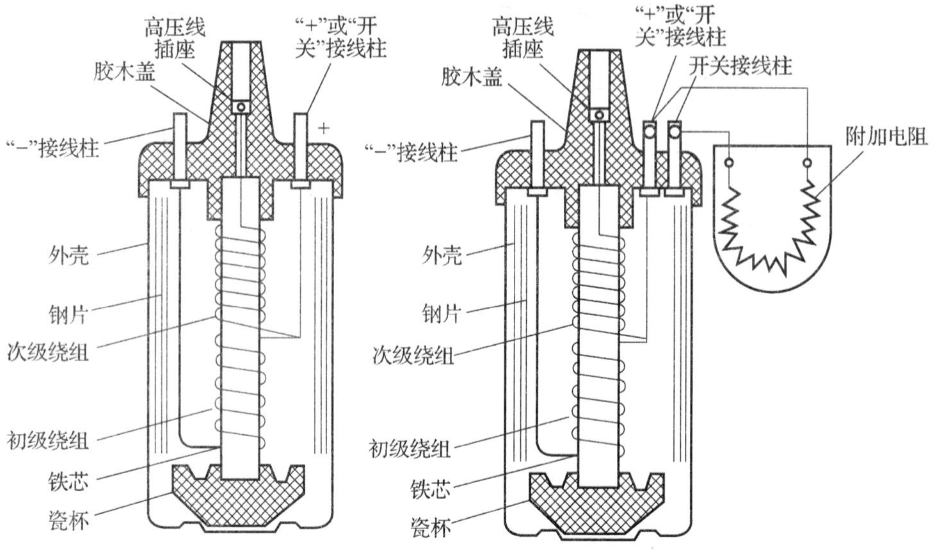

图 10.7　点火线圈结构示意图

②工作原理。

初级绕组断电时，在次级绕组产生高压电，相当于变升压器，起升压作用。

③接线。

中心为高压接线柱，其余为低压接线柱，分别为"＋"或"开关"(接点火开关)、"－"(接断电器)。

(2)闭磁路式点火线圈。

闭磁路点火线圈(图 10.8)的铁芯是"日"字形或"口"字形，磁路中只设有一个微小的气隙。

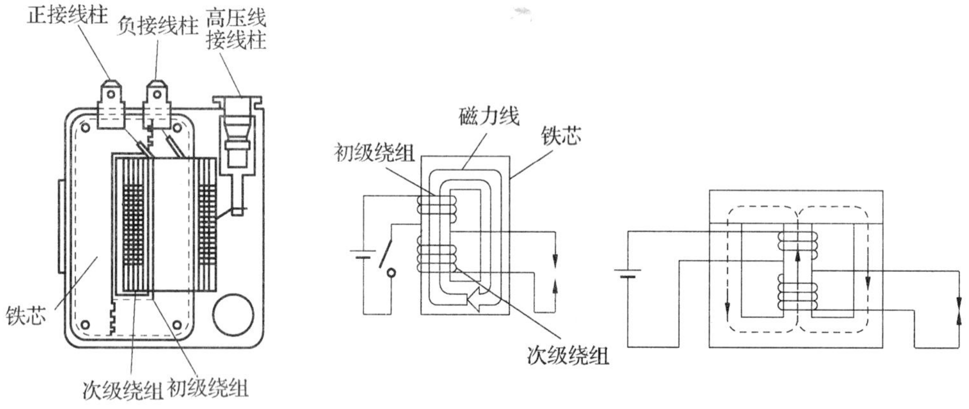

图 10.8　闭磁路式点火线圈

3.点火线圈的型号

(1)点火线圈的型号为：DQ＋产品代号＋电压等级＋分组代号＋设计序号＋变型代号。

其中，DQG 表示干式点火线圈；DQD 表示电子点火系统用点火线圈；G、D 分别表示"干""电"。电压等级：1～12 V；2～24 V。

(2)分组代号是用其用途来表示的，见表 10.1。

表 10.1 点火线圈分组代号的意义

分组代号	1	2	3	4	5	6	7	8	9
用途	单、双缸机	4、6 缸机	4、6 缸机（带附加电阻）	6、8 缸机（带附加电阻）	6、8 缸机	8 缸以上机	无触点分电器	高能	其他（包括 3、5、7 缸）

10.3.4 分电器

传统点火系的分电器主要由配电器、断电器、电容器和点火提前调节机构组成。如图 10.9 所示。

1. 断电器

断电器主要由凸轮、触点副、固定底板、活动底板等组成（图 10.10）。

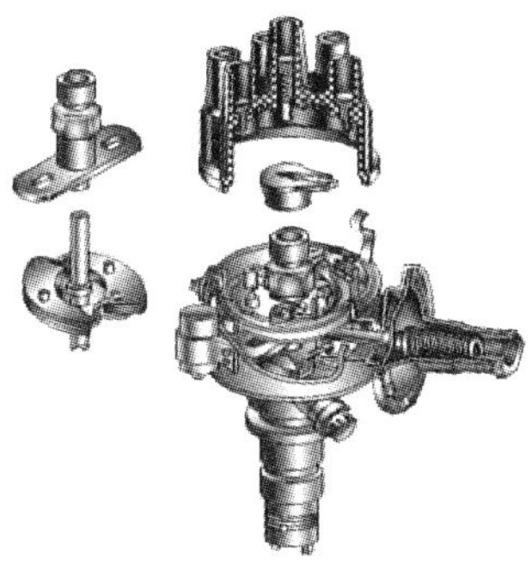

图 10.9 分电器

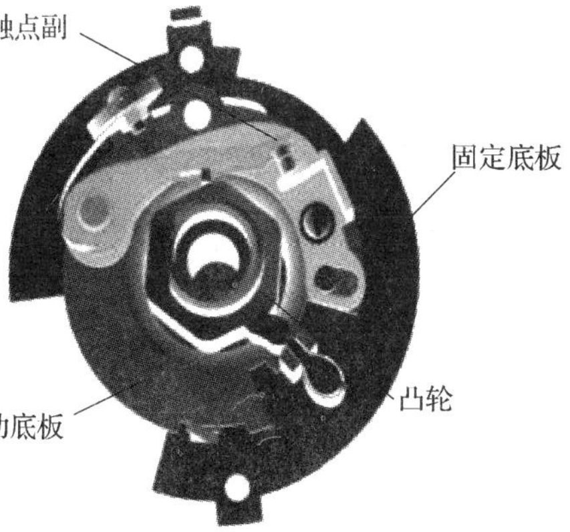

图 10.10 断电器组成

该触点副俗称白金，由坚硬耐高温的钨合金制成；断电器的凸轮在旋转过程中反复地控制着触点的关闭、通断初级电流。

电容器和触点是并联的，其任务是给初级感应反电势形成回路，减轻触点的烧蚀，加快初级电流的通断速率。

触点间隙（图 10.11）在 0.35～0.45 mm 之间，可通过偏心调整螺钉进行调整。

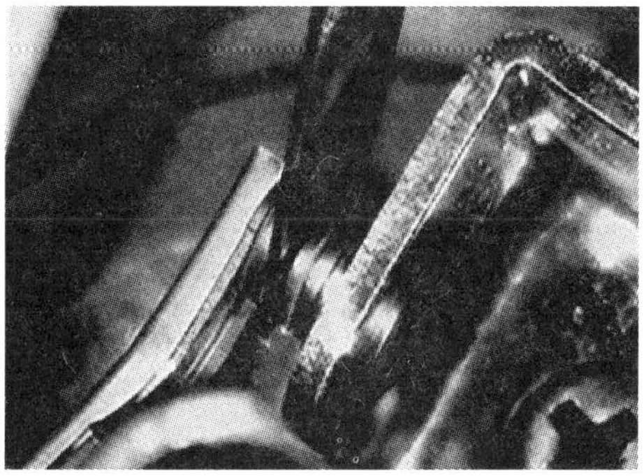

图 10.11 触点间隙

2. 配电器

配电器装于断电器的上方，由分电器盖、分火头组成，如图 10.12 所示。分电器盖的中间有一个高压线座孔（中央电极，其内装有带弹簧的碳柱，压在分火头的导电片上）。分电器盖四周均匀布置有与汽缸数相等的旁电极，可以通过高压线与各缸火花塞相连。分火头装在分电器凸轮轴上，导电片将中央高压电引入旁电极，和旁电极之间有 0.25～0.8 mm 的间隙。

其作用是将点火线圈产生的高压电，按照发动机的工作顺序（即点火顺序）送至各缸的火花塞。

在发动机工作时，断电器触点分开瞬间，来自点火线圈的高压电经中央电极的碳柱、分火头上的导电片，以火花形式跳到旁电极上，再经过高压线送往火花塞，如图 10.13 所示。

图 10.12　配电器结构

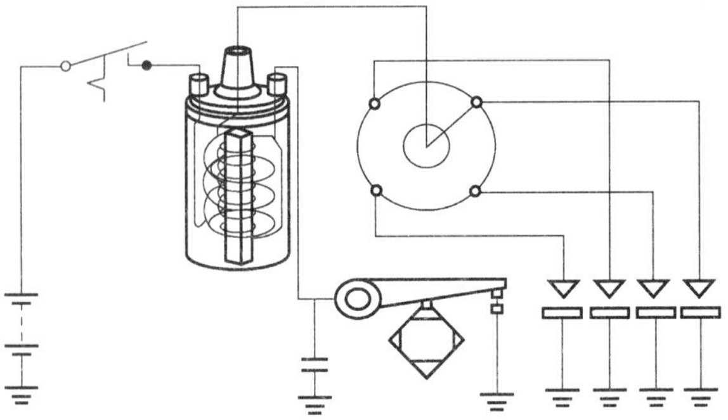

图 10.13　配电器的工作过程

3.电容器

电容器(图 10.14)安装在分电器的壳体上。其极片为两条狭长的金属箔带,用两条同样狭长的绝缘纸与极片交错重叠,卷成圆筒形,在浸渍蜡绝缘介质后,装入圆筒形的金属外壳中加以密封。一个极片与金属外壳在内部接触,另一极片与引出外壳的导线连接。电容器外壳固定在分电器外壳上搭铁,使电容器与断电器触点并联。

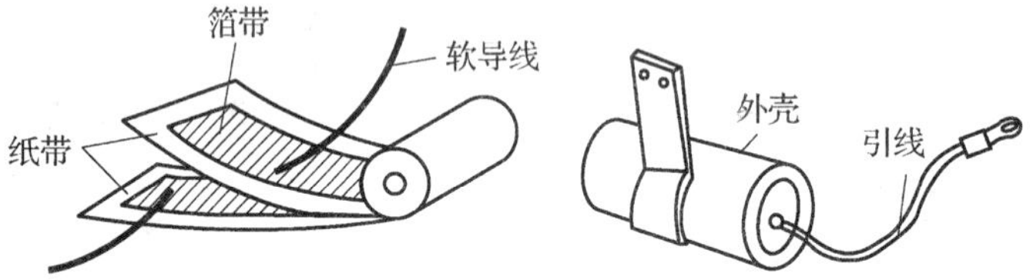

图 10.14　电容器

10.3.5 火花塞

1.结构

如图 10.15 所示,电极一般采用耐高温、耐腐蚀的镍锰合金钢或铬锰氮、钨、镍锰硅等合金制成,也有采用镍包铜材料制成的,以提高散热性能。火花塞电极间隙多为 0.6～0.7 mm,电子点火其间隙可增大至 1.0～1.2 mm。

2.作用

火花塞将高压电引进发动机燃烧室,在其电极间形成火花,以点燃可燃混合气。

3.位置

火花塞拧装于汽缸盖的火花塞孔内,下端电极伸入燃烧室。上端连接分缸高压线,如图 10.16 所示。

4.工作环境

火花塞是点火系中工作条件最恶劣、要求高、易损坏部件。

5.火花塞的类型

标准型火花塞(图 10.17(a))是绝缘体裙部端略低于壳体螺纹端面的单侧电极火花塞,它采用了侧置气门式发动机应用最广泛的传统发火端结构。为区别于后来出现的“突出型”,此结构被称为“标准型”。

图 10.15　火花塞结构

1—接线螺母；2—高氧化铝陶瓷绝缘体；3—商标；4—六角形钢质壳体；5—内垫圈（密封导热）；6—密封垫圈；7—中心电极导电杆；8—火花塞裙部螺纹；9—电极间隙；10—中心电极和侧电极；11—型号；12—去干扰电阻

图 10.16　火花塞的位置

突出型火花塞（图 10.17(b)）最初是为顶置气门式发动机配套设计的。它的绝缘体裙部突出壳体螺纹端面伸入燃烧室内。在燃烧的混合气中吸收较多热量，怠速时有较高的工作温度，避免污损；高速时由于气门顶置，吸入的气流对准绝缘体裙部，将其冷却，使最高温度提高不多，因而热范围较大。突出型火花塞不适用于侧置气门式发动机，因其进气道拐弯多，气流对绝缘体裙部冷却作用不大。

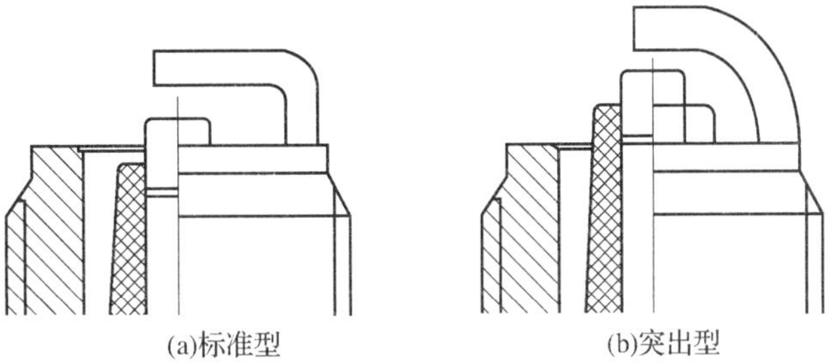

图 10.17　火花塞类型

6.火花塞的要求

(1)混合气燃烧时，火花塞下部将承受高压高温气体的冲击，要求火花塞必须有足够的机械强度。

(2)火花塞承受着交变的高电压，要求它应有足够的绝缘强度，能承受 30 kV 高压。

(3)混合气燃烧时，燃烧室内温度很高，可达 1 500～2 200 ℃，进气时又突然冷却至 50～60 ℃，因此要求火花塞不但耐高温，而且能承受温度剧变，不出现局部过冷或过热。

(4)混合气的燃烧产物很复杂，含有多种活性物质，如臭氧、一氧化碳和氧化硫等，易使电极腐蚀。因此要求火花塞要耐腐蚀。

(5)火花塞气密性应当好，以保证燃烧室不漏气。

(6)火花塞的电极间隙影响击穿电压，所以要有合适的电极间隙。

(7)火花塞安装位置要合适，以保证有合理的着火点。

7.火花塞的热特性

要使火花塞能正常工作，其下部绝缘体——裙部的温度应保持在 500～700 ℃，这样才能使落在绝缘体上的油滴立即烧掉，不致形成积炭，通常称这个温度为火花塞的“自净温度”。

如果温度低于自净温度，就可能使油雾聚积成油层，引起积炭而不能跳火；如果温度过高，例如超过 850 ℃,会形成炽热点,发生表面点火,使发动机燃烧恶化。

火花塞裙部的工作温度取决于火花塞热特性和发动机汽缸的工作温度。火花塞热特性就是指火花塞吸收的热量与散出的热量达到平衡状态时的温度。影响火花塞热特性的主要因素是火花塞裙部的长度。裙部较长时,受热面积大,吸收热量多,而导致散热传播路径长,散热困难,裙部温度较高,把这种火花塞称为“热型”火花塞;反之,当裙部较短时,吸收热量少,散热容易,裙部温度较低,把这种火花塞称为“冷型”火花塞,如图 10.18 所示。

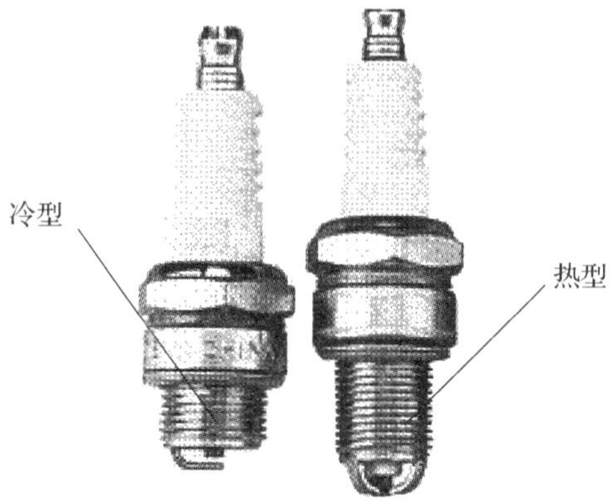

图 10.18 “热型”与“冷型”火花塞

任务 10.4 电子点火系

近年来,汽车发动机向着多缸、高转速、高压缩比的方向发展,人们还力图通过改善混合气的燃烧状况以及燃用稀混合气,以达到减少排气污染和节约燃油的目的。这些都要求汽车的点火系能够提供足够高的次级电压、火花能量和最佳点火时刻。传统点火系不能满足这些要求。因此,一系列的电子点火系应运而生,如图 10.19 所示。

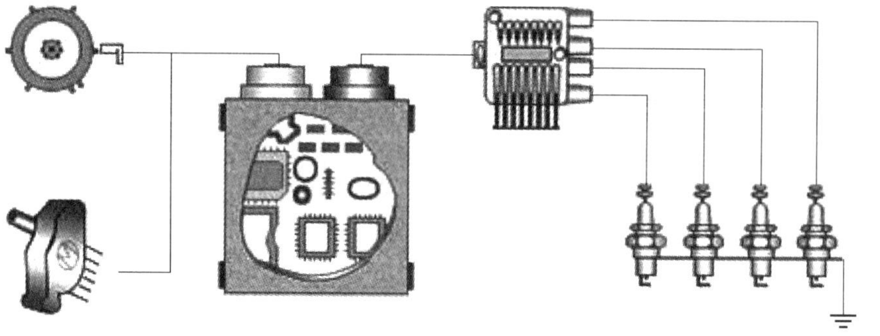

图 10.19 电子点火系

10.4.1 电子点火系优点

1. 触点火花减少

可以减少触点火花,避免触点烧蚀,延长触点的使用寿命;有的还可以取消触点,因而克服了与触点相关的一切缺点,改善了点火性能。

2. 不受触点限制

可以不受触点的限制,增大初级电流,提高次级电压,改善发动机高速时的点火性能。一般传统点火系的低压电流不超过 5 A,而电子点火系可提高到 7～8 A,次级电压可达 30 kV。

3. 发动机的动力性、燃料经济性较好

由于次级电压和点火能量的提高,使其对火花塞积炭不敏感,且可以加大火花塞电极间隙,点燃较稀的混合气,从而有利于改善发动机的动力性、燃料经济性和排气净化性能。

4.减轻了对无线电的干扰

5.结构简单，质量轻，体积小，使用和维修方便

10.4.2 电子点火系的分类

目前国内外汽车上使用的电子点火系主要分为有触点的电子点火系和无触点的电子点火系两大类。无论是哪一类电子点火系，都是利用电子元件（晶体三极管）作为开关来接通或断开点火系的初级电路，通过点火线圈来产生高压电。

1.有触点电子点火系

有触点电子点火装置用减小触点电流的方法，减小触点火花，改善点火性能。它是一种半导体辅助点火装置。除了与传统点火系一样具有电源、点火开关、分电器、点火线圈、火花塞之外，还在点火线圈初级绕组的电路中，增加了由三极管 VT、电阻、电容等组成的点火控制电路，断电器的触点串联在三极管的基极电路中，控制三极管的导通与截止。

接通点火开关 SW，当断电器触点闭合时，三极管的基极电路被接通，使三极管饱和导通，接通了点火线圈的初级电路。其路径是：三极管的基极电流从蓄电池“＋”→点火开关 SW→点火线圈初级绕组 N_1→附加电阻 R_f→三极管的发射极 e、基极 b→电阻 R_2→断电器触点 K→搭铁→蓄电池“－”。点火线圈初级绕组的电流从蓄电池“＋”→点火开关 SW→点火线圈初级绕组 N_1→附加电阻 R_f→三极管的发射极 e、集电极 c→搭铁→蓄电池“－”。使点火线圈的铁芯中积蓄了磁场能。

当断电器触点分开时，三极管的基极电路被切断，三极管由导通变为截止，切断了点火线圈初级绕组的电路，初级电流迅速下降到零，在点火线圈次级绕组中产生高压电，击穿火花塞间隙，点燃混合气。

发动机工作时，断电器触点不断地闭合、分开，控制三极管的导通与截止和初级电路的通断，控制点火系的工作（如图 10.20 所示）。

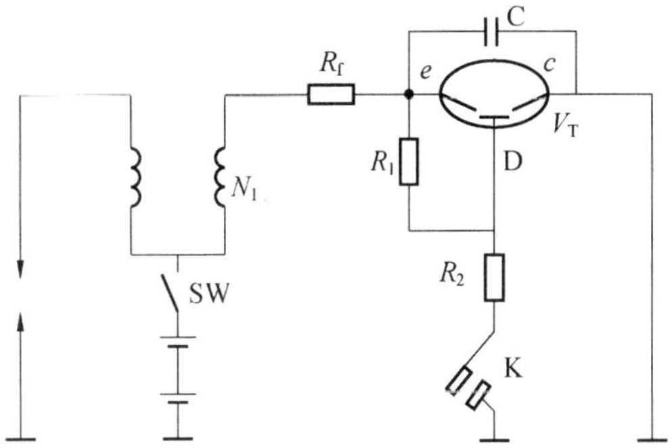

图 10.20 有触点电子点火系的电路原理图

2.无触点电子点火系

无触点电子点火系利用传感器代替断电器触点，产生点火信号，控制点火线圈的通断和点火系统的工作，可以克服与触点相关的一切缺点。目前，有触点电子点火系已基本上被无触点电子点火系所取代。

（1）无触点电子点火系的组成。

无触点电子点火系（图 10.21）主要由火花塞、分电器、点火信号发生器（传感器）、点火控制器、点火线圈、点火开关和电源等组成。其中分电器主要包括配电器离心提前装置和真空提前装置。它们的作用、结构和工作原理与传统点火系对应部分完全相同。

图 10.22 所示为一汽大众捷达轿车的无触点电子点火系原理图，首先接通点火开关，当点火信号发生器（霍尔效应传感器）发出点火信号，输出具有一定幅值的正脉冲时，就会触发点火控制器，使其中的功率三极管导通，于是点火线圈的初级电路接通。初级电流的通路为电源的“＋”极、点火开关、点火线圈的“＋”接线柱、点火线圈的初级绕组、点火线圈 L_1 的“－”接线柱、点火控制器、搭铁、电源的“－”极。由于点火线圈初级绕组中有电流通过，于是点火线圈中便形成磁场，将电能转变为磁场能储存起来。

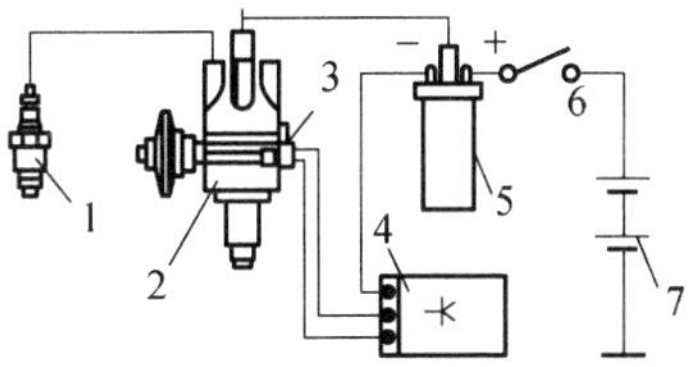

图 10.21 无触点电子点火系统的组成

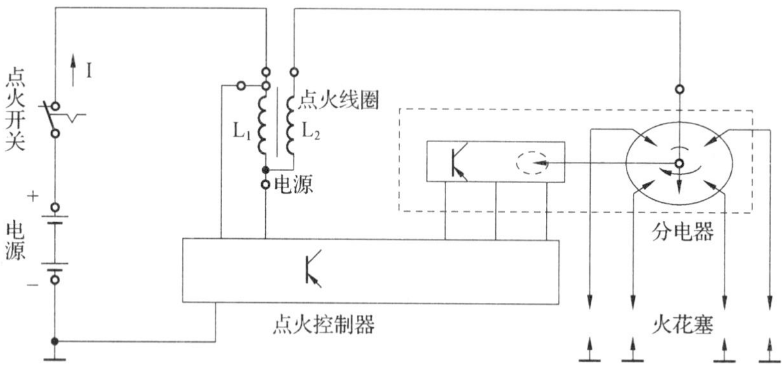

图 10.22　一汽大众捷达轿车的无触点电子点火系原理图

(2)点火信号发生器。

点火信号发生器取代了传统点火系断电器中的凸轮,用来判定活塞在汽缸中所处的位置,并将非电量的活塞位置信号转变成为脉冲电信号输送到点火控制器,从而保证火花塞在恰当的时刻点火。点火信号发生器实际就是一种感知发动机工作状况,发出点火信号的传感器。目前应用较多的主要有磁脉冲式、霍尔效应式和光电效应式。

磁感应信号发生器用来产生点火控制信号,装在分电器内的底板上,如图 10.23 所示。它由装在分电器轴上的信号转子、永久磁铁、铁芯和绕在铁芯上的传感线圈等组成。信号转子由分电器轴驱动,转子上的凸齿数与发动机汽缸数相等。

磁感应点火信号发生器是利用电磁感应原理工作的。当通过传感线圈的磁通发生变化时,在传感线圈内便产生交变电动势,它相当于一个极小的发电机。其永久磁铁的磁路是:永久磁铁 N 极—空气隙—信号转子—空气隙—铁芯(通过传感线圈)—永久磁铁 S 极。当发动机未转动时,信号转子不动,通过传感线圈的磁通未发生变化,传感线圈不产生电动势,因而无信号输出。当发动机转动时,信号转子便由分电器轴带动旋转。这时信号转子的凸齿与铁芯间的空气隙将发生变化,使通过传感线圈的磁通发生变化,因此在传感线圈中便产生感应电动势。信号发生器的具体工作过程如下:

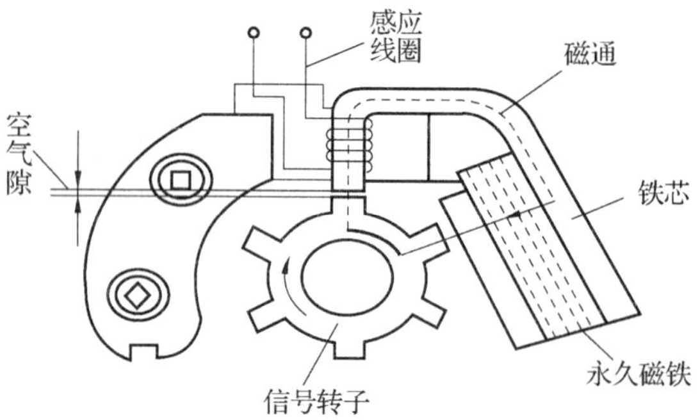

图 10.23　磁感应信号发生器

当信号转子的两个凸齿中央正对铁芯的中心线时,如图 10.24(a)所示,磁路中凸齿与铁芯间的空气隙最长,通过传感线圈的磁通量最小,且磁通变化率为零。

如果信号转子顺时针转动,信号转子的凸齿逐渐接近铁芯,凸齿与铁芯间的空气隙越来越小,通过传感线圈的磁通逐渐增大。当信号转子凸齿的齿角与铁芯边线相对时,如图 10.24(b)所示,通过传感线圈的磁通急剧增加,磁通变化率最大;当信号转子转过 2%～4%后,虽然磁通仍在增加,但磁通变化率降低;当信号转子凸齿的中心正对铁芯的中心线时,如图 10.24(c)所示,空气隙最小,通过传感线圈的磁通最大,但此时磁通变化率为零。

当信号转子继续顺时针转动时,凸齿与铁芯间的空气隙逐渐增大,通过传感线圈的磁通逐渐减小;当信号转子凸齿的齿角正对铁芯的边缘时,如图 10.24(d)所示,磁通急剧减小,通过传感线圈的磁通变化率为负向最大值。

由上述分析可知,信号转子转动过程中,通过传感线圈的磁通的变化情况如图 10.24 所示,图中 a、b、c、d 位置与磁感应信号发生器工作原理图工作过程中的 a、b、c、d 位置相对应。当信号转子转一周时,通过传感线圈的磁通出现六次最大值和六次最小值。

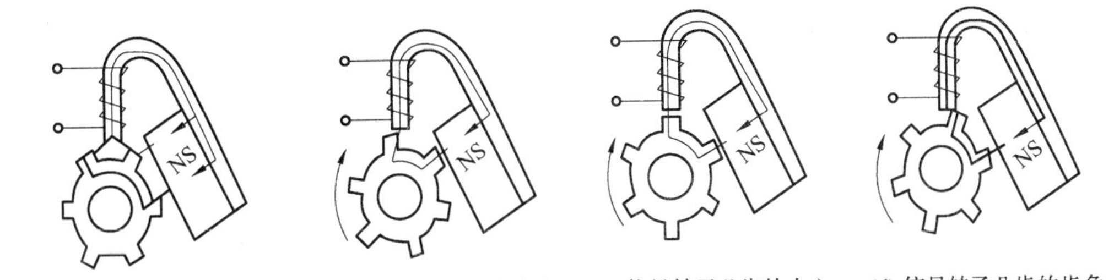

(a) 信号转子的两个凸齿中央正对铁芯的中心线　(b) 信号转子凸齿的齿角与铁芯边线相对　(c) 信号转子凸齿的中心正对铁芯的中心线　(d) 信号转子凸齿的齿角正对铁芯的边缘

图 10.24　磁感应信号发生器工作原理图

(3)霍尔式点火信号发生器。

①霍尔信号发生器组成。

霍尔信号发生器位于分电器(图 10.25)内,其结构如图 10.26 所示,主要由分电器轴带动的触发叶轮和霍尔传感器等组成。触发叶轮像传统的分电器凸轮一样,套装在分电器轴的上部,可随分电器轴一起转动,又能相对分电器轴做少量转动,以保证离心调节装置正常工作。霍尔传感器由永久磁铁和霍尔集成块组成。霍尔集成块由霍尔元件和集成电路组成。霍尔元件输出霍尔电压 U_H 约 20 mV,信号很微弱,需要集成电路把霍尔电压信号经过放大、脉冲整形,最后以整齐的矩形脉冲波(方波)输出,可达几百 mV,输出给点火器。

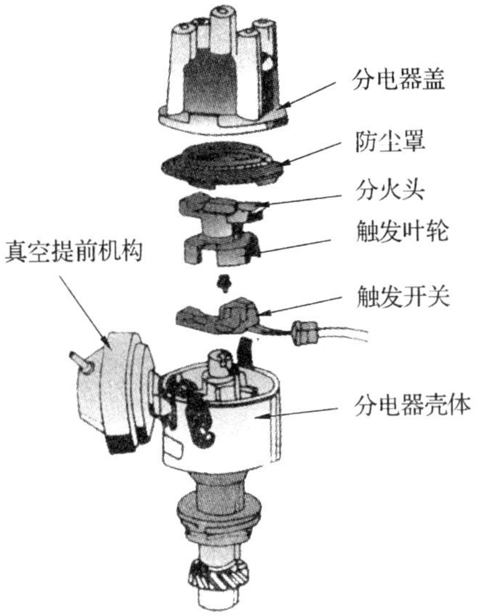

图 10.25　霍尔式分电器结构

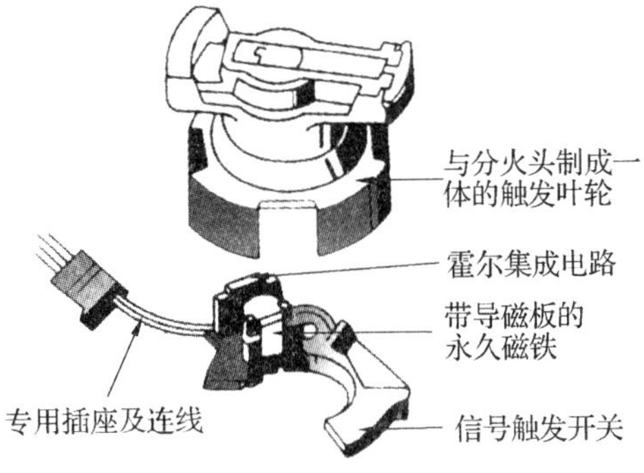

图 10.26　霍尔式点火信号发生器

②霍尔效应原理。

如图 10.27 所示,当电流通过放在磁场中的半导体基片(称霍尔元件),且电流 I 方向和磁场 B 方向垂直时,在垂直于电流和磁场的半导体基片的横向侧面上产生一个与电流和磁场强度成正比的电压,这个电压称为霍尔电压 U_H。

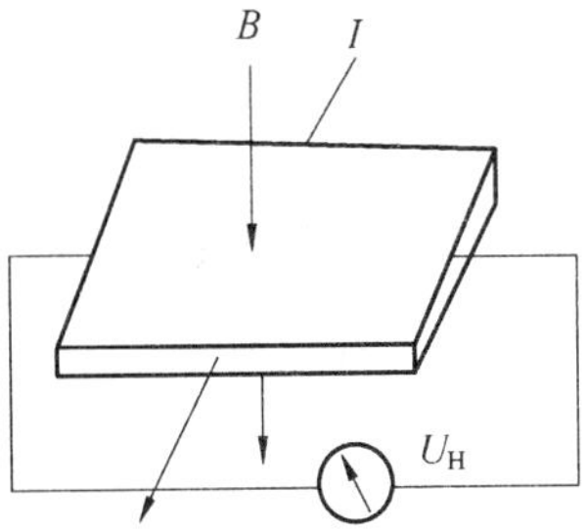

图 10.27　霍尔效应原理图

③霍尔信号发生器工作原理。

如图 10.28 所示,当转子叶片进入永久磁铁与霍尔触发器之间时,永久磁铁的磁力线被转子叶片旁路,不能作用到霍尔触发器上,通过霍尔元件的磁感应强度近似为零,霍尔元件不产生电压;随着信号转子的转动,当转子的缺口部分进入永久磁铁与霍尔触发器之间时,磁力线穿过缺口作用于霍尔触发器上,通过霍尔元件的磁感应强度增高,在外加电压和磁场的共同作用下,霍尔元件的输出端便有霍尔电压输出。发动机工作时,转子不断旋转,转子的缺口交替地在永久磁铁与霍尔触发器之间穿过,使霍尔触发器中产生变化的电压信号,并经内部的集成电路整形为规则的方波信号,输入点火控制电路,控制点火系统工作,如图 10.29 所示。

霍尔效应式点火信号发生器比磁脉冲式点火信号发生器的性能稳定,耐久性好、寿命长,点火精度高,且不受温度、灰尘、油污等影响,特别是输出的电压信号不受发动机转速的影响,使发动机低速点火性能良好,容易启动,因而其应用日益广泛。

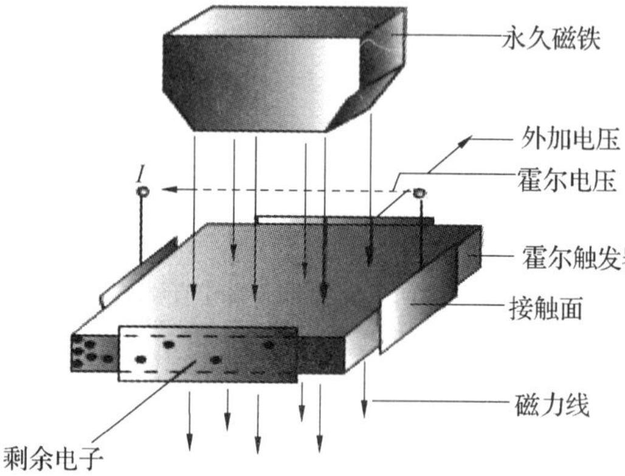

图 10.28 霍尔发生器的工作原理示意图

④光电式点火信号发生器。

光电效应式点火信号发生器是利用光电效应原理,以红外线或可见光光束进行触发的,主要由遮光盘(信号转子)、遮光盘轴、光源及光接收器(光敏元件)等组成。光源可用白炽灯,也可用发光二极管。由于发光二极管比白炽灯耐振动、耐高温,能在 150 ℃的环境温度下持续工作,而且工作寿命很长,所以现在大多数采用发光二极管作光源。发光二极管发出的红外线光束一般还要用一只近似半球形的透镜聚焦,以便缩小光束宽度,增大光束强度,有利于光接收器接收、提高点火信号发生器的工作可靠性。光接收器可以是光敏二极管,也可以是光敏三极管。光接收器与光源相对,并相隔一定的距离,以便使光源发出的红外线光束聚焦后照射到光接收器上(图 10.30)。

遮光盘一般用金属或塑料制成,安装在分电器轴上,位于分火头下面。遮光盘的外缘介于光源与光接收器之间,遮光盘的外缘上开有缺口,缺口数等于发动机汽缸数。缺口处允许红外线光束通过,其余实体部分则能挡住光束。当遮光盘随分电器轴转动时,光源发出的射向光接收器的光束被遮光盘交替挡住,因而光接收器(光敏二极管或光敏三极管)交替导通与截止,形成电脉冲信号。该电信号引入点火控制器即可控制初级电流的通断,从而控制点火系统的工作。遮光盘每转一圈,光接收器输出的电信号的个数等于发动机汽缸数,正好供每缸各点火一次,如图 10.31 所示。

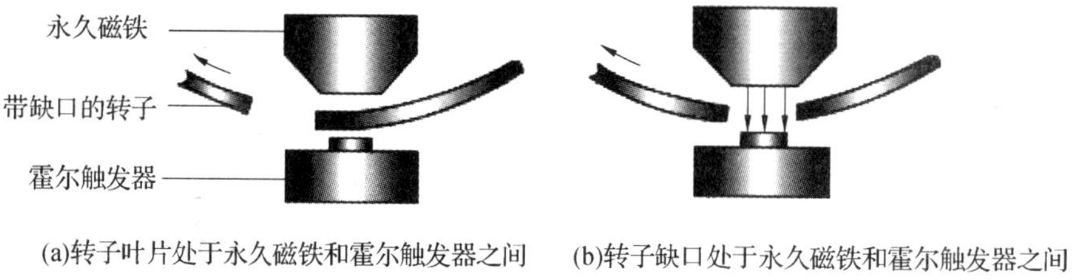

(a)转子叶片处于永久磁铁和霍尔触发器之间　(b)转子缺口处于永久磁铁和霍尔触发器之间

图 10.29 霍尔效应式点火信号发生器工作示意图

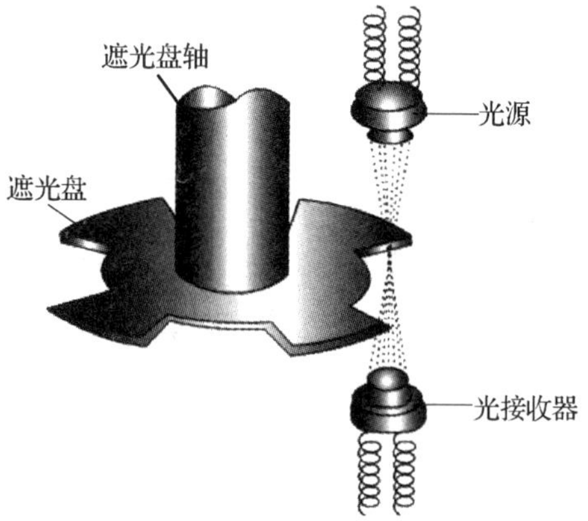

图 10.30 光电效应式点火信号发生器

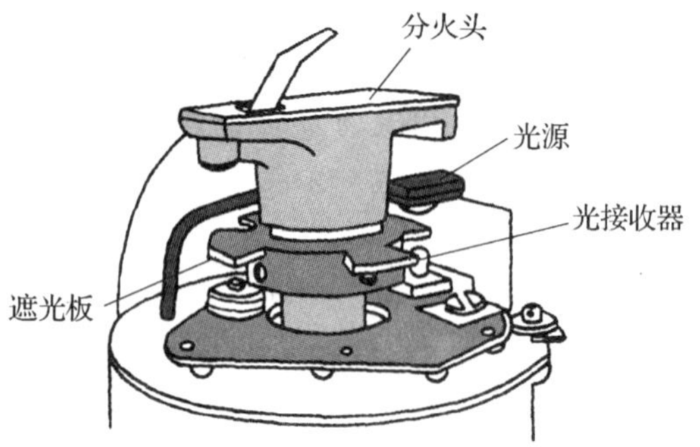

图 10.31 光电效应式点火信号发生器模型

实训项目

任务名称	点火系的检测	学时	1	班级	
学生姓名		学生学号		任务成绩	
实训设备	捷达汽车五辆	实训场地	理实一体化教室	日期	
任务内容	发动机不能点火的故障诊断流程				
任务目标	分析发动机不能点火的故障原因				

一、决策与计划

请根据任务要求，确定所需要的技术资料，并对小组成员进行合理分工。

1.需要的技术资料

2.小组成员分工

3.小组合作制订点火系统检测的操作步骤。

(1)________________

(2)________________

(3)________________

(4)________________

(5)________________

(6)________________

(7)________________

(8)________________

(9)________________

(10)________________

(11)________________

(12)________________

(13)________________

(14)________________

(15)________________

……

二、实施

各小组在计划获得教师签字后进行分角色练习，教师各工位巡视检查。

三、检查

每个小组抽取一名同学，进行班级技能比赛，小组长担任裁判，教师担任裁判长。检查学生课堂学习情况。

四、评价反馈

1.请根据自己任务的完成情况，对自己的工作进行自我评估，并提出改进意见。

（1）______________________________

____

（2）______________________________

____

2. 教师对学生的工作情况进行评估，并进行点评。

____

____

____

五、作业

查阅资料：查询火花塞的检查项目有哪些？

课后练习

模块 10 汽油发动机点火系	班级			
	姓名		学号	
	日期		评分	

一、资讯

说明:每位学生应在工作任务实施前独立完成准备工作。

1.点火系根据点火能量的储存方式不同可分为__________和__________两大类。

2.晶体管控制无触点电子点火系可__________初级电流,从而提高次级电压。

3.无触点电子点火系用__________代替断电器的触点,产生点火信号。

4.点火信号发生器用于产生与汽缸数及曲轴位置相对应的__________信号。

5.电磁感应信号发生器主要由__________、__________及__________组成。

6.点火控制器通过改变点火线圈初级绕组__________时刻来改变闭合角。

7.电容储能式电子点火系的点火能量以__________形式储存在电容器中。

8.在微机控制的点火系统中,发动机工作时的点火提前角由__________、__________和__________三部分组成。

9.微机控制电子点火系主要由__________、__________、__________三部分组成。

10.点火提前角的主要影响因素有__________、__________、__________、__________等。

二、内容小结

1.点火系的基本功用和基本要求有哪些?

2.试说明传统点火系由哪些部分组成?各组成部分的作用是什么?

3.画出传统点火系线路图,并指出高、低压电路中电流流动的方向。

4.汽车发动机的点火系为什么必须设置真空点火提前和离心点火提前调节装置?它们是怎样工作的?

5.什么是点火提前角?影响点火提前角的因素有哪些?

6.点火过迟或过早会对发动机造成哪些危害?

7.无触点式电子点火系由哪些部分组成?各组成部分有何作用?

8.试述无分电器微机控制点火系的组成及分类。

9.车用发电机为什么要配用电压调节器?它们是怎样进行电压调节的?

国家改革和发展示范学校建设项目
课程改革实践教材
全国中职汽车专业实用型规划教材

汽车构造（下）

主　编　兰国龙
副主编　王世超　张松松　张　云　黄世熊　李朝卢
编　者　徐立峰　万　赣

哈爾濱工業大學出版社
HARBIN INSTITUTE OF TECHNOLOGY PRESS

内 容 简 介

汽车构造是汽车运用与维修专业针对汽车维修、汽车制造以及汽车商贸等职业岗位能力培养的一门专业核心课程。通过此课程的学习，学生能够了解汽车的组成和作用，能够认知汽车各部分的零件，为以后的拆装、检测、维修奠定基础。

本教材（上、下册）的编写以“新型职业教育理念、创新教育教学模式、提升学生职业素养、适应职业岗位需求”为指导思想，采用职教专家、行业一线、职业学校、出版社“四结合”的编写模式。该教材将最新的教学内容、创新的教学方法与先进教学手段有效结合起来，形成理论知识与实训操作相结合的理实一体化教学模式。

图书在版编目(CIP)数据

汽车构造/兰国龙主编. —哈尔滨：哈尔滨工业大学出版社，2014.8
ISBN 978-7-5603-4869-8

Ⅰ.①汽… Ⅱ.①兰… Ⅲ.①汽车-构造-高等学校-教材 Ⅳ.①U463

中国版本图书馆CIP数据核字(2014)第174392号

责任编辑 范业婷 刘 瑶
出版发行 哈尔滨工业大学出版社
社 址 哈尔滨市南岗区复华四道街10号 邮编150006
传 真 0451-86414749
网 址 http://hitpress.hit.edu.cn
印 刷 三河市越阳印务有限公司
开 本 850mm×1168mm 1/16 印张28 字数790千字
版 次 2014年8月第1版 2014年8月第1次印刷
书 号 ISBN 978-7-5603-4869-8
定 价 58.00元（上、下册）

（如因印装质量问题影响阅读，我社负责调换）

目录

CONTENTS

模块 11
汽车传动系

【知识目标】

1. 掌握传动系的功用和组成。
2. 掌握离合器的组成、功用和工作原理。
3. 掌握手动变速器的组成、功用、类型以及工作过程。
4. 熟悉自动变速器的组成及工作原理。
5. 掌握万向传动装置的功用和组成。
6. 掌握驱动桥的类型、组成及各部分的作用。

【技能目标】

1. 能在实车上找出传动系的四大系统。
2. 能对离合器踏板自由行程进行调整。
3. 能独立拆装手动变速器。
4. 在台架上指出驱动桥各部分的位置并说出其作用。

【课时计划】

任务	任务内容	参考课时		
		理论课时	实训课时	合计
1	汽车传动系概述	1	1	2
2	离合器	2	1	3
3	手动变速器	4	4	8
4	自动变速器	3	0	3
5	万向传动装置	3	0	3
6	驱动桥	3	2	5
共计:24 课时				

情境导入

汽车发动机部分是整车的心脏，是汽车动力的来源，但是动力是如何最终传到车轮上的呢？下面将对此进行研究。

任务驱动

任务11.1 汽车传动系概述

11.1.1 传动系的功用和组成

传动系的基本功用是将发动机的动力传递给驱动车轮；同时根据行驶条件的需要，改变转矩的大小。

汽车传动系的组成及其在汽车上的布置形式，取决于发动机的形式和性能、汽车的总体结构形式、汽车行驶系及传动系本身的结构形式等诸多因素。目前广泛应用于普通双轴货车上，它与往复活塞式发动配用的机械式传动系的组成及布置形式如图11.1所示。发动机纵向安置在汽车前部，并以后轮为驱动轮。图11.1中有标号的部分为传动系。其主要组成部件有离合器1、变速器2、万向传动装置(由万向节3和传动轴8组成)、驱动桥壳4、主减速器7、差速器5和半轴6。现代轿车越来越多地采用自动变速器，其传动系用自动变速器取代了离合器和手动变速器。

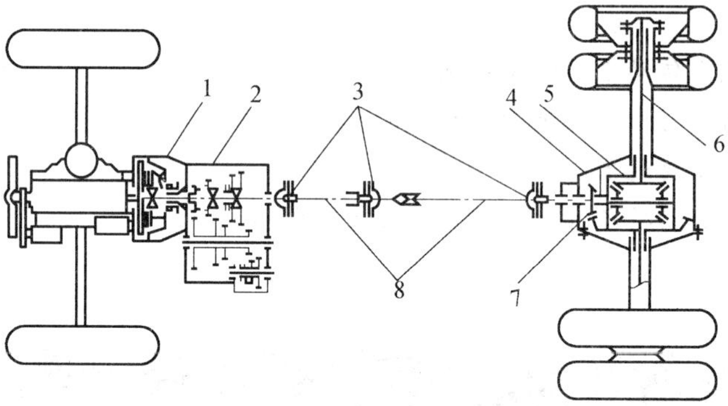

图11.1 机械式传动系的组成及布置形式

1—离合器；2—变速器；3—万向节；4—驱动桥壳；5—差速器；6—半轴；7—主减速器；8—传动轴

传动系各总成的功用如下：

①离合器。离合器按照需要适时地切断或接合发动机与传动系之间的动力传递。

②变速器。变速器改变发动机输出转速的高低、转矩的大小及旋转方向，也可以切断发动机与驱动轮之间的动力传递。

③万向传动装置。万向传动装置将变速器输出的动力传递给主减速器，并适应两者之间距离和轴线夹角的变化。

④主减速器。主减速器降低转速，增大转矩，改变动力的传递方向(90°)。

⑤差速器。差速器将主减速器传来的动力分配给左、右两半轴，并允许左、右两半轴以不同角速度旋转，以满足左、右两驱动轮在行驶过程中差速的需要。

⑥半轴。半轴将差速器传来的动力传给驱动轮，使驱动轮获得旋转的动力。

对于四轮驱动的汽车，在变速器与万向传动装置之间还装有分动器，其作用是将发动机的动力分配给各个车桥。

11.1.2 传动系的类型

汽车传动系按结构和传动介质的不同可分为机械式、液力机械式等。

1.机械式传动系

图 11.1 所示为常见的机械式传动系的组成及布置形式。发动机纵向布置在汽车前部，并且以后轮为驱动轮。发动机发出的动力依次经过离合器 1、变速器 2、万向传动装置(由万向节 3 和传动轴 8 组成)及安装在驱动桥 4 中的主减速器 7、差速器 5 和半轴 6，最后传到驱动轮。

2.液力机械式传动系

液力机械式传动系是指由部分液压传动部件和机械部件组成的传动系。液压传动部件是靠液体介质在主动元件和从动元件之间循环流动过程中动能的变化来传递动力的。它有液力耦合器和液力变矩器两种。液力耦合器能传递转矩，但不能改变转矩的大小；液力变矩器除了具有液力耦合器的全部功能以外，还能实现无级变速。一般液力变矩器不能满足汽车各种行驶工况的要求，需要串联一个有级式的机械变速器，以扩大转矩变化范围。

11.1.3 传动系的布置方案

汽车传动系的布置方案与汽车总体布置方案是相适应的，可归纳为以下几种：

1.发动机前置后轮驱动(FR)

FR 方案是 4×2 型汽车的传统布置方案(图 11.1)，主要应用于轻、中型载货汽车上，但是在部分轿车和客车上也有采用的。该方案的优点是结构简单，工作可靠，前、后轮的质量分配比较理想；其缺点是需要一根较长的传动轴，这不仅增加了车重，而且也影响了传动系的效率。

2.发动机前置前轮驱动(FF)

发动机、离合器与主减速器、差速器等装配成十分紧凑的整体，布置在汽车的前面，前轮为驱动轮。这样在变速器和驱动桥之间就省去了万向节和传动轴。发动机可以纵置或横置，在发动机横置(发动机曲轴轴线垂直于车身轴线)时，由于变速器轴线与驱动桥轴线平行，主减速器可以采用结构和加工都较简单的圆柱齿轮副(图 11.2)。发动机纵置时，则大多数需采用螺旋锥齿轮副(图 11.3)。FF 方案由于前轮是驱动轮，有助于提高汽车高速行驶时的操纵稳定性，而且因整个传动系集中在汽车前部，使其操纵机构简化。这种布置方案目前已广泛地应用于微型和中级轿车上，在中高级和高级轿车上的应用也日渐增多。

3.发动机后置后轮驱动(RR)

发动机后置后轮驱动(RR)方案，如图 11.4 所示。发动机 1、离合器 2 和变速器 3 都横置于驱动桥之后，驱动桥采用非独立悬架。主减速器与变速器之间的距离较大，其相对位置经常变化，为此要设置万向传动装置 5 和角传动装置 4。大型客车采用这种布置方案更容易做到汽车总质量在前后车轴之的合理分配，而且具有车厢内噪声低，空间利用率高等优点，因此它是大、中型客车盛行的方案。但是由于发动机在汽车后部，发动机冷却条件差，发动机、离合器和变速器的操纵机构都较复杂。少数轿车和微型汽车也有采用这种方案的。

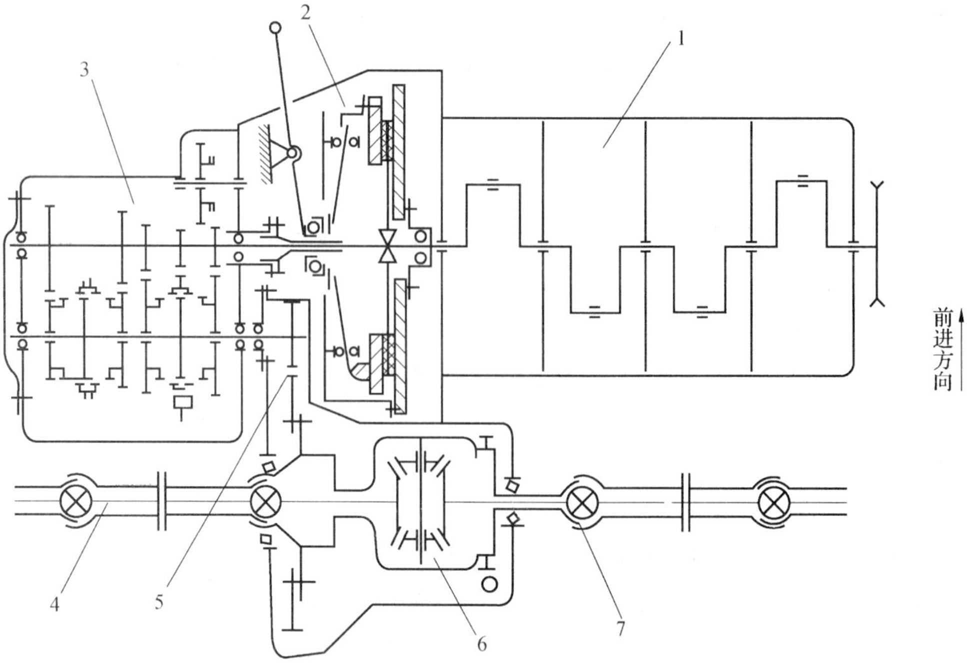

图 11.2 发动机前置(横置)前轮驱动的轿车传动系布置示意图

1—发动机;2—离合器;3—变速器;4—传动轴(半轴);5—主减速器;6—差速器;7—等速万向节

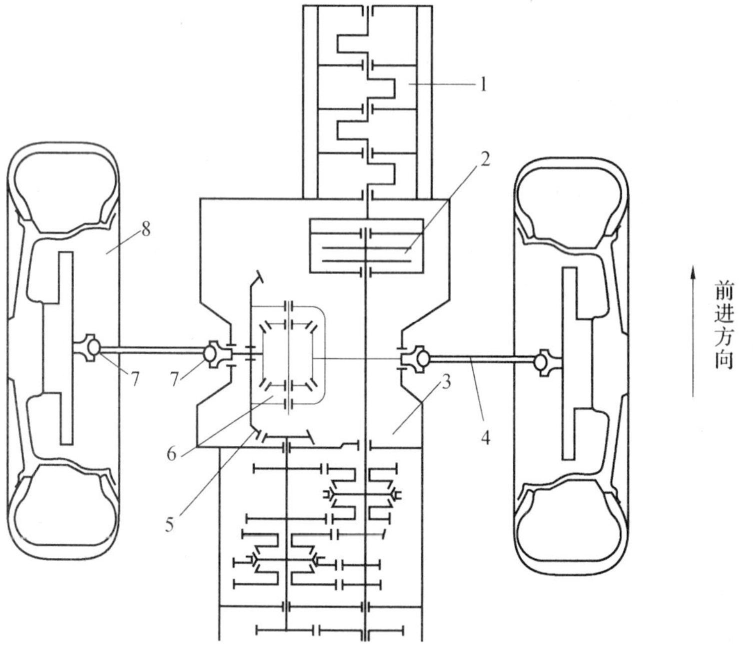

图 11.3 发动机前置(纵置)前轮驱动的轿车传动系布置示意图

1—发动机;2—离合器;3—变速器;4—传动轴(半轴);5—主减速器;6—差速器;7—等速万向节;8—驱动轮

4.发动机中置后轮驱动(MR)

发动机中置后轮驱动(MR)方案,如图 11.5 所示。

传动系的这种布置方案有利于实现前、后轮较为理想的质量分配,是赛车普遍采用的方案。部分大、中型客车也有采用此种布置方案的。它的优缺点介于 FF 和 RR 方案之间。

5.全轮驱动(nWD)

nWD 是 n Wheel Drive 的缩写(n 代表驱动轮数),表示传动系为全轮驱动方案。对于要求能在坏路或无路地区行驶的越野车,为了充分利用所有车轮与地面之间的附着条件,以获得尽可能大的驱动

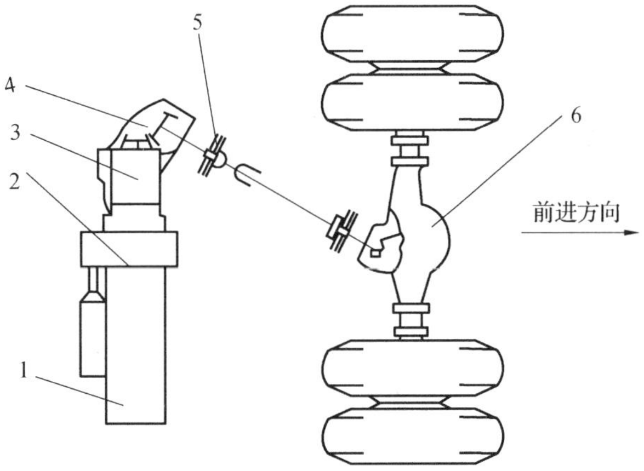

图 11.4　发动机后置后轮驱动的传动系布置示意图

1—发动机;2—离合器;3—变速器;4—角传动装置;5—万向传动装置;6—驱动桥

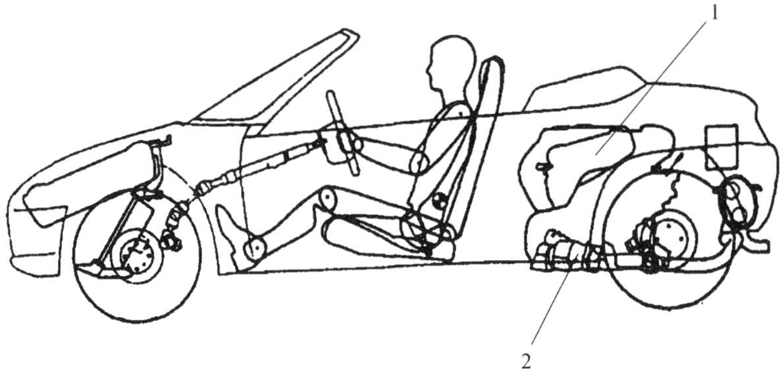

图 11.5　发动机中置后轮驱动的传动系布置示意图

1—发动机;2—传动系

力,总是将全部车轮都作为驱动轮,故传动系采用 nWD 方案。

图 11.6 所示为德国宝马 4WD 轿车的传动系布置图。从图 11.6 中不难看出,前、后桥都是驱动桥。为了将变速器输出的动力分配给前、后两驱动桥,在变速器与两驱动桥之间设置有分动器 5。前驱动桥可根据需要,用换挡拨叉接通或断开。

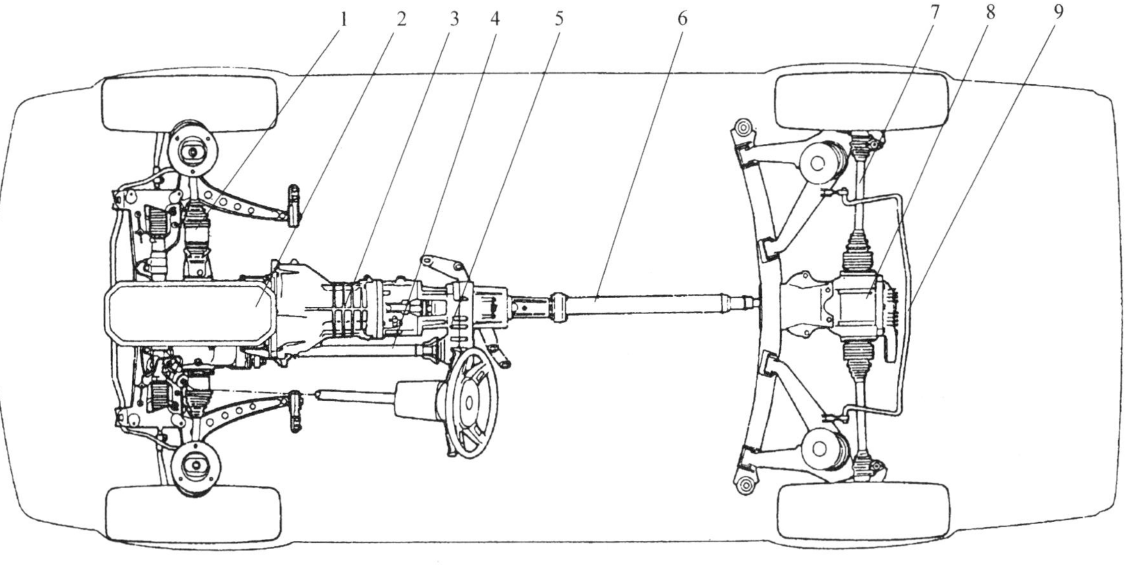

图 11.6　4WD 传动系的布置图

1—前驱动桥;2—发动机;3—变速器;4—前传动轴;5—分动器;
6—后传动轴;7—后驱动桥的半轴;8—后驱动桥;9—横向稳定器

任务 11.2 离合器

离合器位于发动机与变速器之间,是汽车传动系中直接与发动机相连的部件。通常离合器与发动机曲轴的飞轮组安装在一起,用于在换挡过程中传递或切断发动机与传动系之间动力。汽车从起步到正常行驶的过程中,驾驶员踩下离合器踏板,通过离合器操纵机构、分离机构使离合器分离,断开发动机与传动系的联系;抬起离合器踏板,离合器接合,发动机的动力通过传动系传给驱动车轮,给汽车提供驱动力。

汽车机械式传动系广泛应用靠弹簧压紧的摩擦式离合器,因此,本章内容只涉及此类摩擦式离合器(简称摩擦离合器)。

11.2.1 离合器的功用和要求

1.离合器的功用

(1)保证汽车平稳起步。

(2)保证变速器换挡工作平顺。

(3)防止传动系过载。

2.对摩擦离合器的基本要求

通过对离合器功用的分析可知,对摩擦式离合器主要有以下基本要求:

(1)保证能可靠地传递发动机的最大转矩。当传动系过载时,出现打滑,从而保护发动机和传动系统的有关机件。

(2)分离迅速彻底,接合柔和平顺,便于汽车平稳起步和平顺换挡。

(3)具有良好的散热能力和热稳定性。将离合器摩擦面间相对滑转产生的热量及时地散发出去,保证离合器工作可靠。

(4)离合器从动部分的转动惯量应尽可能小,减轻换挡时齿轮的冲击。

(5)操纵轻便,减轻驾驶员的劳动强度。

11.2.2 摩擦离合器的组成及工作原理

图 11.7 为离合器的基本组成和工作原理示意图。

1.摩擦离合器的组成

离合器由主动部分、从动部分、压紧机构、分离机构和操纵机构五部分组成。

如图 11.7 所示,离合器主动部分包括飞轮 4、离合器盖 6 和压盘 5。飞轮用螺栓与曲轴 1 固联在一起,离合器盖通过螺钉固定在飞轮后端面上,压盘与离合器盖通过传动片连接。这样,只要曲轴旋转,发动机发出的动力便经飞轮、离合器盖传至压盘,使它们一起旋转。

2.摩擦离合器的工作原理

(1)接合状态。

离合器处于接合状态时,踏板 12 未被踩下,处于最高位置,分离套筒被复位弹簧 10 拉到后极限位置,分离杠杆 7 内端与分离轴承 9 之间存在间隙(离合器自由间隙),压盘 5 在压紧弹簧 16 作用下将从动盘压紧在飞轮上,发动机的转矩即经飞轮及压盘通过两个摩擦面传给从动盘,再经从动轴 2 传给变速器。

(2)分离过程。

需要分离离合器时，只要踏下离合器踏板，拉杆拉动分离叉，分离叉内端推动分离套筒、分离轴承首先消除离合器自由间隙；然后推动分离杠杆内端向前移动，分离杠杆外端便拉动压盘向后移动，解除对从动盘的压紧力，摩擦作用消失，中断动力传递。

(3)接合过程。

当需要恢复动力传递时，缓慢抬起离合器踏板，分离轴承，减小对分离杠杆内端的压力；压盘在压紧弹簧的作用下向前移动，并逐渐压紧从动盘，接触面间的压力逐渐增大，相应的摩擦力矩也逐渐增大。当飞轮、压盘和从动盘接合还不紧密时，主、从动部分可以不同步旋转，即离合器处于打滑状态。随着飞轮、压盘和从动盘压紧程度的逐步加大，离合器主、从动部分转速也渐趋相等，直至离合器完全接合而停止打滑，结合过程结束。

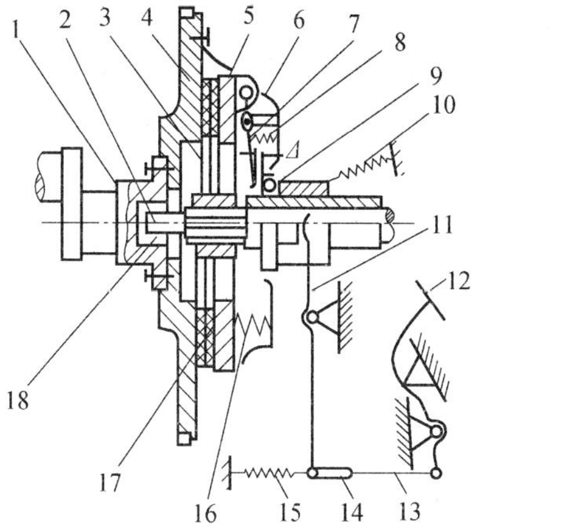

图 11.7　离合器的基本组成和工作原理示意图

1—曲轴；2—从动轴；3—从动盘；4—飞轮；5—压盘；6—离合器；7—分离杠杠；8—弹簧；9—分离轴承；10、15—复位弹簧；11—分离拨叉；12—踏板；13—拉杆；14—调节叉；16—压紧弹簧；17—从动盘摩擦片；18—轴承

3.摩擦离合器的分类

对于摩擦离合器，按照其所用从动盘的数目、压紧弹簧的形式及其安装方式、操纵机构形式的不同，其总体构造也各不相同。通常可以根据其从动盘的数目、压紧弹簧的形式的不同对其进行分类。

按从动盘的数目不同分单盘离合器和双盘离合器两种。单盘离合器只有一个从动盘，其前、后两面都装有摩擦衬片，因而它有两个摩擦面。由于轿车和轻型货车的发动机最大转矩数值不大，单盘就可满足其传动要求。双盘离合器具有两个从动盘，其前、后两面都装有摩擦衬片，因而它有四个摩擦面。对中、重型汽车而言，要求离合器传递的最大转矩比较大，必须采取一些措施来提高传递最大转矩的能力。较为有效的措施是增加摩擦面的数目，双盘离合器得到应用。

按照所用压紧弹簧布置位置的不同，可分为周布弹簧离合器、中央弹簧离合器和周布斜置弹簧离合器。

按照压紧弹簧的形式不同，可分为螺旋弹簧离合器、圆锥弹簧离合器及膜片弹簧离合器。

11.2.3 摩擦离合器

1.膜片弹簧离合器的结构

如图 11.8 所示，膜片弹簧离合器的主动部分、从动部分与周布弹簧离合器类似。而压紧机构所用的压紧弹簧是一个用优质薄弹簧钢板制成的带有一定锥度的膜片弹簧 4，膜片弹簧靠近中心部分开有 18 条径向切槽，为防止应力集中，槽的末端接近外缘处被加工成圆孔，形成 18 根弹性杠杆。膜片弹簧既是压紧弹簧又是分离杠杆，膜片弹簧两侧有左、右钢丝支承圈 14、5，借助铆钉 6 固定在离合器盖上，成为离合器的支点。膜片弹簧外缘抵靠在压盘 3 的环形凸起上，分离弹簧钩 9 和传动片 11 用铆钉固定在压盘上。

2.膜片弹簧离合器的工作原理

在离合器盖没有安装并固定到飞轮 2 上时，离合器盖 10 距离飞轮 2 的安装表面有一距离 L，此时膜片弹簧 4 不受力，处于自由状态，如图 11.9(a)所示。当离合器盖安装螺栓紧固后，如图 11.9(b)所示，离合器盖左移消除 L，膜片弹簧 4 以右钢丝支承圈 5 为支点发生弹性变形(锥角变小)，膜片弹簧的反弹力使其外端对压盘 3 和从动盘 1 产生压紧力,离合器处于接合状态。当分离离合器时,分离轴承 7 左移,如图 11.9(c)所示,膜片弹簧内端左移,并以左钢丝支承圈 14 为支点转动(膜片弹簧呈反锥形),于是膜片弹簧外端右移,并通过分离弹簧钩 9 拉动压盘使离合器分离。

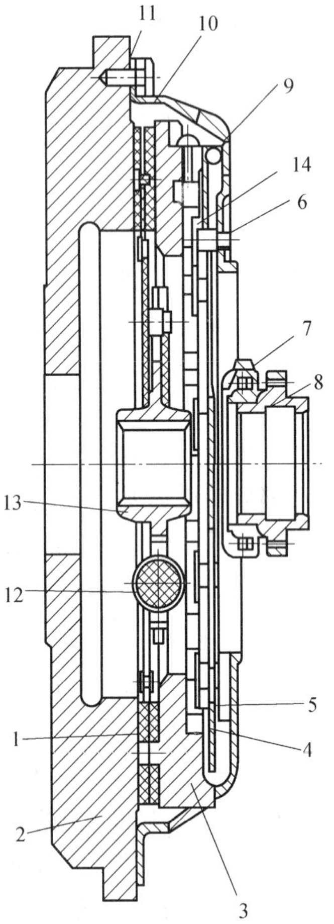

图 11.8 膜片弹簧离合器的结构

1—从动盘;2—飞轮;3—压盘;4—膜片弹簧;5—左钢丝支承座;6—铆钉;7—分离轴承;8—分离套筒;9—分离弹簧钩;10—离合器盖;11—传动片;12—减震器;13—花键毂;14—左钢丝支承圈

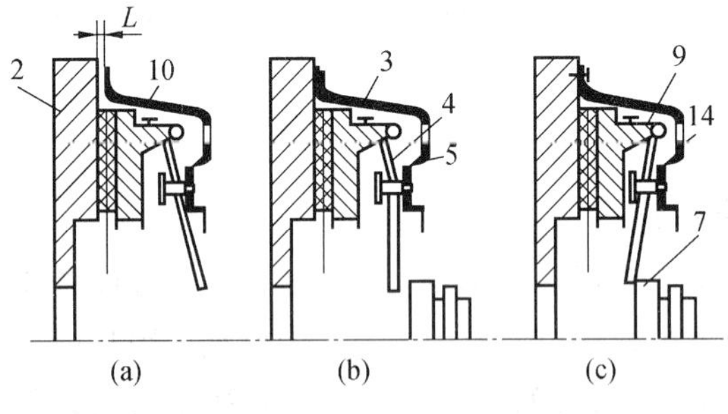

图 11.9 膜片弹簧离合器的工作原理

11.2.4 离合器的调节

1. 离合器自由间隙与离合器踏板自由行程

由于离合器接合过程中滑磨现象的存在,从动盘摩擦片经长期使用磨损变薄后,压盘会向前(飞轮方向)移动,分离杠杆内端相应的向后移动。如果安装时分离杠杆内端与分离轴承间不留间隙,则磨损后分离杠杆内端将由于压在分离轴承上而不能自由后移,外端牵制压盘不能前移,导致压盘不能在压紧弹簧作用下压紧从动盘，处于非完全接合状态，造成离合器打滑，转矩传递能力降低，加速摩擦片和分离轴承的磨损，甚至烧坏轴承。因此离合器处于正常接合状态时，分离杠杆或膜片弹簧内端与分离轴承之间应预留一定的自由间隙Δ(参见图 11.7)。如东风 EQ1090E 型汽车 Δ=3～4 mm。从踩下离合器踏板到消除自由间隙所对应的踏板行程是离合器踏板自由行程。如东风 EQ1090E 型汽车的离合器踏板自由行程为 30～40 mm。消除自由间隙后，继续踩下离合器踏板，将会产生分离间隙，此过程所对应的踏板行程是离合器踏板的工作行程。离合器的工作过程分为分离过程和接合过程：在分离过程中，踩下离合器踏板，在自由行程内首先消除离合器的自由间隙，然后在工作行程内产生分离间隙，离合器分离。在接合过程中，逐渐松开离合器踏板，压盘在压紧弹簧的作用下向前移动，首先消除分离间隙，并在压盘、从动盘和飞轮工作表面上作用足够的压紧力；之后分离轴承在复位弹簧的作用下向后移动，产生自由间隙，离合器接合。

2. 分离杠杆的运动干涉与防止措施

离合器分离杠杆支点采用固定铰链，当杠杆转动时，其外端与压盘铰接处的运动轨迹为一段弧线，而压盘上该点只能做轴向直线运动，分离杠杆产生运动干涉。要防止这种干涉，在结构上必须保证支点或杠杆与压盘连接点能沿径向移动(平移或摆动)。图 11.10 所示支点摆动式、支点移动式、重点摆动式、综合式为常见的几种防干涉结构。

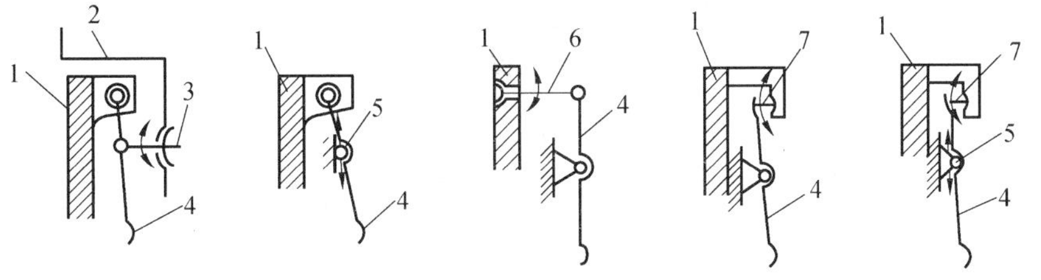

图 11.10 分离杠杆防干涉结构

1—压盘；2—离合器盖；3—支承螺柱；4—分离杠杆；5—滚销；6—分离螺钉；7—摆动片

11.2.5 从动盘和扭转减震器

1. 从动盘的组成和分类

从动盘主要由从动盘毂、从动盘本体及摩擦片三个基本部分组成，如图 11.11 所示。从动盘主要有整体式弹性从动盘、分开式弹性从动盘及组合式弹性从动盘三种。整体式弹性从动盘的本体是完整的钢片，并开有 T 形槽，摩擦片直接铆接在从动盘本体上，如图 11.11(a)所示；分开式弹性从动盘的本体上铆接波形弹簧片，摩擦片铆接在波形弹簧片上，如图 11.11(b)所示；组合式弹性从动盘的本体上靠近压盘的一面铆有波形弹簧片，靠近飞轮的一面没有，如图 11.11(c)所示。

为了使离合器接合柔和，起步平稳，从动盘应具有轴向弹性。一般措施是在从动盘本体与摩擦片之间加铆波浪形弹性钢片，如图 11.11(a)、(b)所示。

发动机传到汽车传动系转矩的周期性变化，给传动系带来了扭转振动。若该振动的频率等于传动系的自振频率或成整数倍，就将发生共振。此外，在不分离离合器的情况下进行紧急制动或离合器接合过猛时，瞬间内会对传动系中的零件造成极大的冲击载荷，而缩短零件的使用寿命。为了避免共振，缓和传动系所受的冲击载荷，不少汽车传动系中装设了扭转减震器，如图 11.12 所示；且多数将扭转减震器附装在离合器的从动盘上。

部分双盘离合器采用不带扭转减震器的从动盘，如图 11.13 所示。其从动盘本体 3 直接铆接在从动盘毂 5 上。从动盘本体通常用薄弹簧钢板制成，其外缘部分开有径向窄切槽，以减小从动盘的转动惯量、加强从动盘散热和防止受热后的拱曲变形。从动盘本体(或波形片上)铆接摩擦片 1 和 6，摩

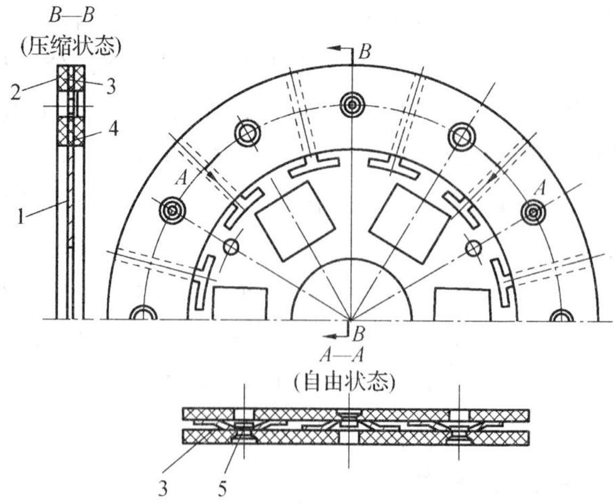

(a)整体式弹性从动盘

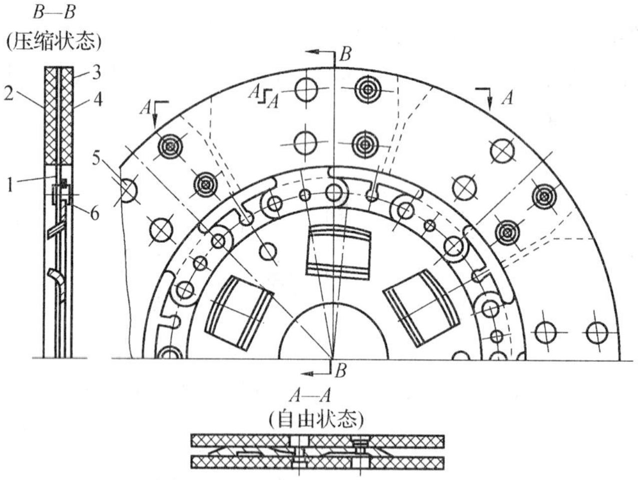

(b)分开式弹性从动盘

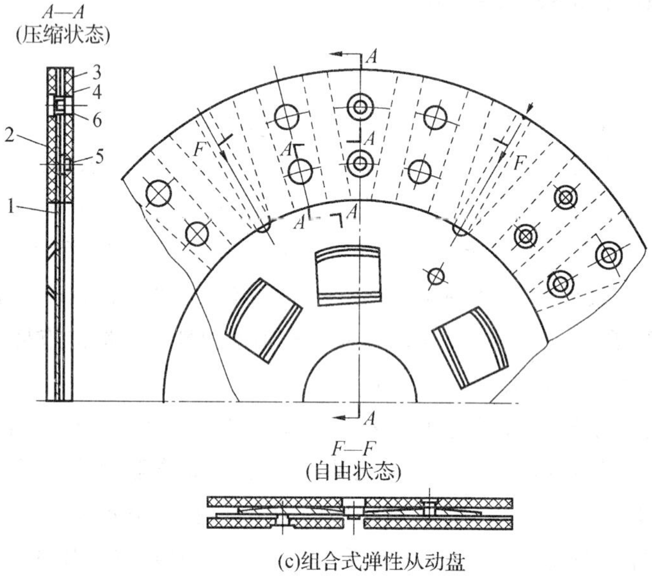

(c)组合式弹性从动盘

图 11.11　离合器从动盘

擦片具有较大的摩擦系数、良好的耐磨性和耐热性,保证离合器能够传递较大的摩擦转矩。在从动盘本体 3 与摩擦片 6 之间加铆波浪形弹性钢片 4,增强从动盘轴向弹性。

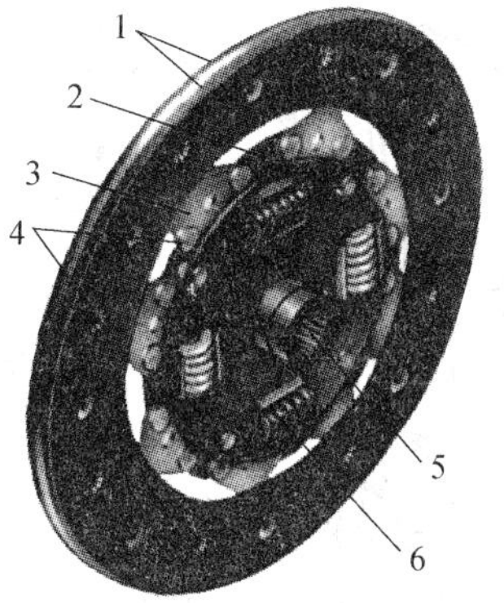

图 11.12　桑塔纳轿车分开式弹性从动盘

1—摩擦片；2—从动盘本体；3—波形弹簧片；4—铆钉；5—从动盘毂；6—扭转减震器

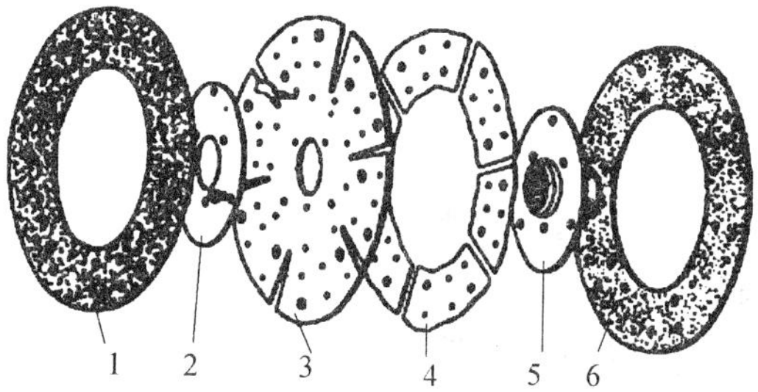

图 11.13　不带扭转减震器的从动盘

1、6—摩擦片；2—压片；3—从动盘本体；4—波形片；5—从动盘毂

2.带扭转减震器的从动盘

(1)从动盘的结构。

图 11.14 所示为带扭转减震器的东风 EQ1090E 汽车离合器从动盘。从动盘本体 2 的外缘铆接有两片摩擦片 1、3，从动盘本体 2 与从动盘毂 5 之间通过减震器传递转矩。从动盘本体、从动盘毂和减震器盘 6 都开有六个矩形窗口，每个窗口都装有一个减震器弹簧，建立从动盘本体与从动盘毂之间的弹性联系。减震器盘与从动盘本体用铆钉铆接成一个整体，并将从动盘毂及其两侧的阻尼片夹在中间，用三个从动盘铆钉铆接在一起，并将从动盘毂及其两侧的阻尼盘 7 夹在中间。从动盘本体与减震器盘上的窗孔有翻边，使弹簧不致脱出。从动盘毂上开有与铆钉隔套相对的缺口，在缺口与隔套之间留有间隙，允许从动盘本体与从动盘毂之间相对转动一个角度。

(2)扭转减震器的工作原理。

从动盘不工作时如图 11.15(a)所示。从动盘工作时，两侧摩擦片所受摩擦力矩首先传到从动盘本体和减震器盘上，再经 6 个减震器弹簧传给从动盘毂。这时弹簧被压缩(图 11.15(b))。因为减震器弹簧的缓冲作用，传动系所受的冲击大大减小。

传动系中的扭转振动会使从动盘毂相对于从动盘本体和减震器盘相对往复摆动，借助夹在它们之间的阻尼片的摩擦来消耗扭转振动的能量，使扭转振动迅速衰减，减小传动系所受的交变应力。

(3)变刚度扭转减震器及其特性。

为了更有效地避免传动系共振和降低噪声，有些汽车离合器从动盘中采用两组或更多组刚度不同的减震器弹簧，并将装弹簧的窗口长度做成尺寸不一，利用弹簧先后起作用的办法获得变刚度特性。

图 11.16 所示为捷达轿车的从动盘，它有两级减震装置。第一级为预减震装置，它的角刚度很小，主要是减小由于发动机怠速不稳而引起的变速器中常啮合齿轮间的冲击和噪声。另外，当传动系在小转矩负荷下工作(包括减速滑行)时，也能减小变速器及主减速器内齿轮和系统内其他机件的扭

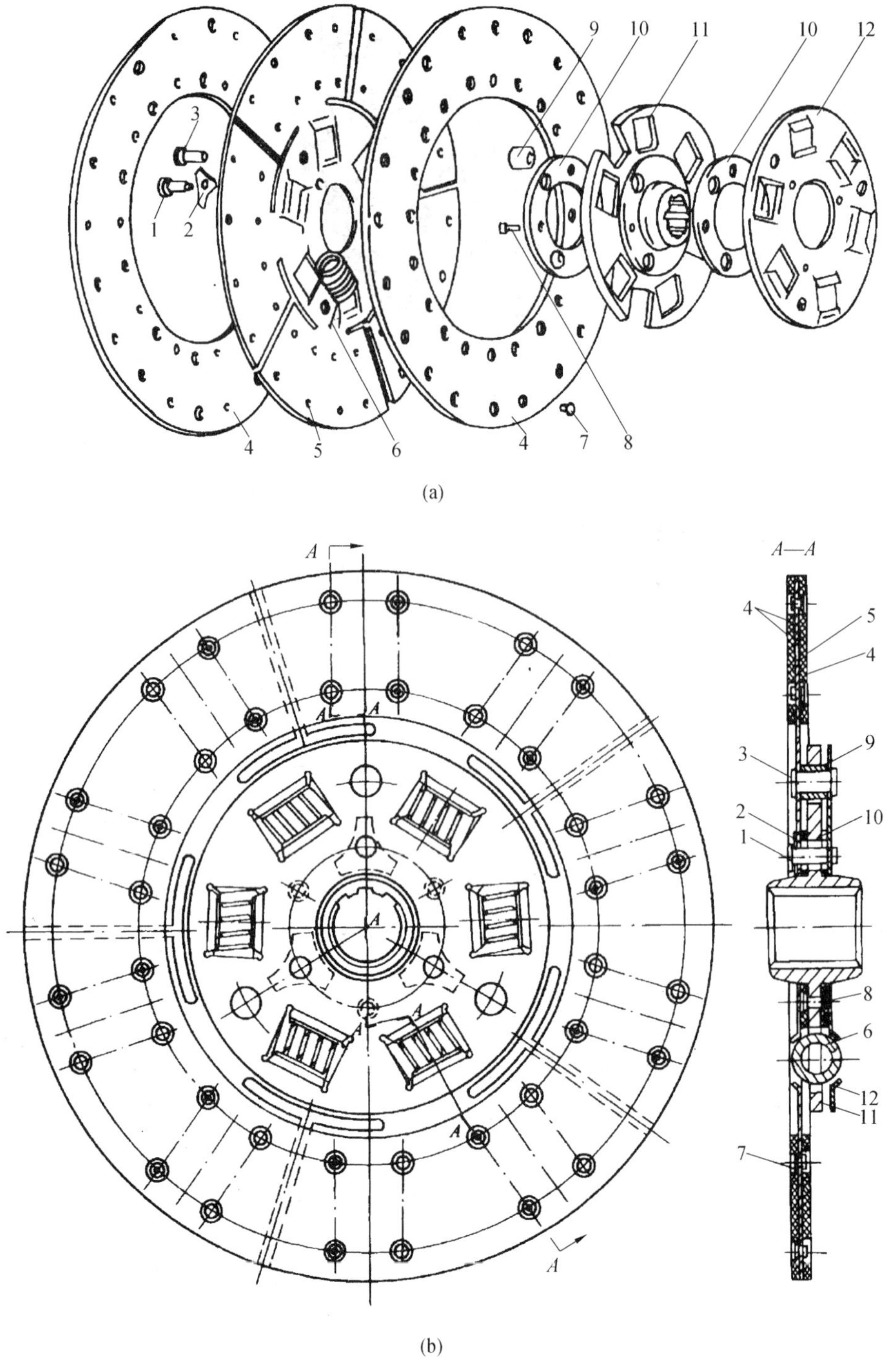

图 11.14　带扭转减震器的从动盘的结构

1、3—摩擦片；2—从动盘本体；4—从动盘铆钉隔套；5—从动盘毂；6—减震器盘；7—阻尼盘；8—阻尼器铆钉；9—减震器弹簧；10—摩擦片铆钉；11—减震器铆钉；12—减震器阻尼弹簧；13—阻尼弹簧铆钉

转振动和噪声。

第二级减震器弹簧用与发动机气门弹簧同样的钢丝制成，刚度较大，它只有在从动盘毂与从动盘本体正向（发动机带动传动系统）转过 5°，或反向（传动系统带动发动机）转过 2.5°时才起作用。它能够降低发动机曲轴与传动系统接合部分的扭转刚度，调谐传动系统扭转固有频率，使传动系统共振应力下降，并改善离合器的接合柔和性。

东风 EQ1141G、斯太尔重型汽车离合器从动盘上均装有由三组减震弹簧组成的三级减震装置。从结构上保证了三组弹簧不是同时而是按照一定的转角间隔顺序地进入工作状态，充分发挥减震器的减震作用并改善缓冲性能。

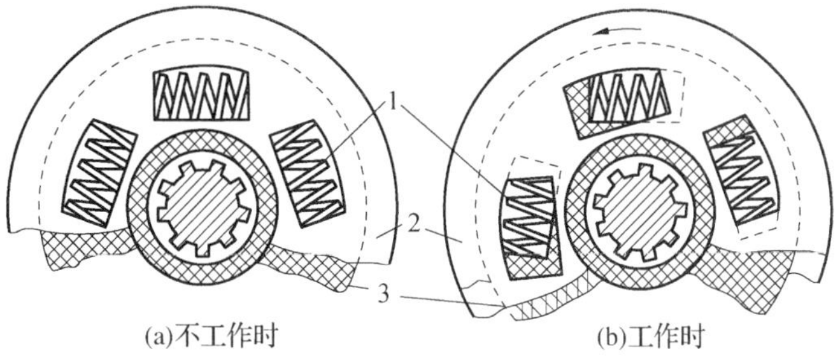

图 11.15 扭转减震器的工作原理

1—减震器弹簧;2—从动盘本体;3—减震器阻尼片

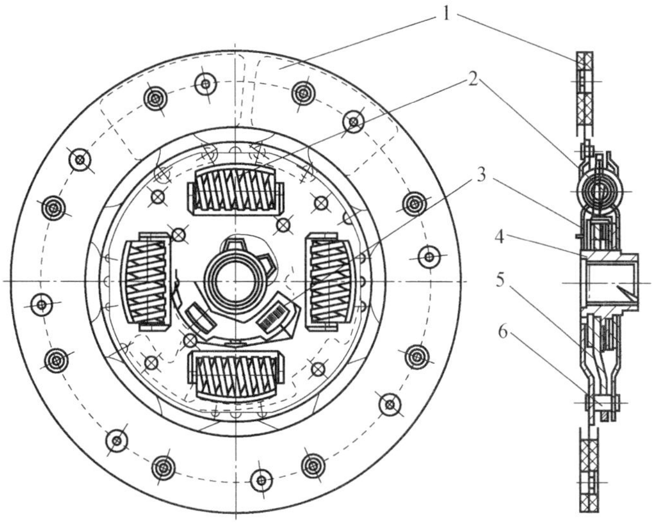

图 11.16 带两级减震装置的从动盘的结构

1—摩擦片;2—减震器弹簧;3—预减震装置;4—从动盘毂;

5—从动盘本体;6—从动盘铆钉;7—摩擦片铆钉;8—减震器盘

11.2.6 离合器操纵机构

离合器操纵机构是驾驶员控制离合器分离,而后又使之柔和接合的一套专设机构。它起始于离合器踏板,终止于离合器分离叉。

按分离离合器所需要的操纵能源,离合器操纵机构可分为人力式和助力式两类。人力式是以驾驶员的肌体作为唯一的操纵能源;助力式是以发动机驱动空气压缩机作为主要的操纵能源,以人体作为辅助和后备的操纵能源。

1.人力式操纵机构

人力式操纵机构按所用传动装置的形式分为机械式和液压式两种。

(1)机械式操纵机构。

机械式操纵机构有杆系式传动和缆索式传动两种形式。

①杆系式传动操纵机构。

图 11.17 所示为离合器杆系传动操纵机构,其结构特点是从离合器踏板到分离叉都由杆件组成,杆与杆之间用球销或铰链连接。

杆系式传动操纵机构结构简单,工作可靠,但杆系式传动的节点多,摩擦损失大,车身和车架的变形会影响其正常工作,离合器远距离操纵时,布置比较困难,不能采用便于驾驶员操纵的吊挂式踏板。杆系传动应用较广泛,如解放、东风等中型载重车离合器。

(2)缆索式传动操纵机构。

图 11.18 所示为离合器缆索式传动操纵机构，其结构特点是离合器踏板和分离叉之间用钢丝绳连接。

缆索式传动操纵机构结构简单，布置方便，不受车身和车架变形的影响，适宜于吊挂式踏板，但其寿命短，传递的力小，只适用于轻型及微型汽车，如夏利、桑塔纳、捷达等。

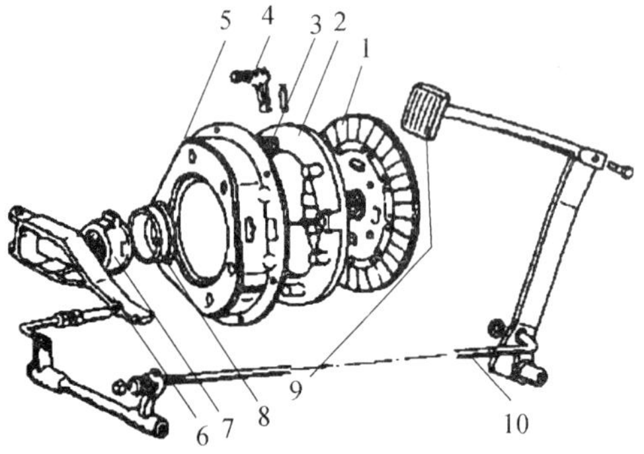

图 11.17　离合器杆系传动操纵机构

1—从动盘；2—压盘；3—压紧弹簧；4—分离杠杆；5—离合器盖；6—分离叉；7—分离套筒；8—分离轴承；9—踏板；10—拉杆

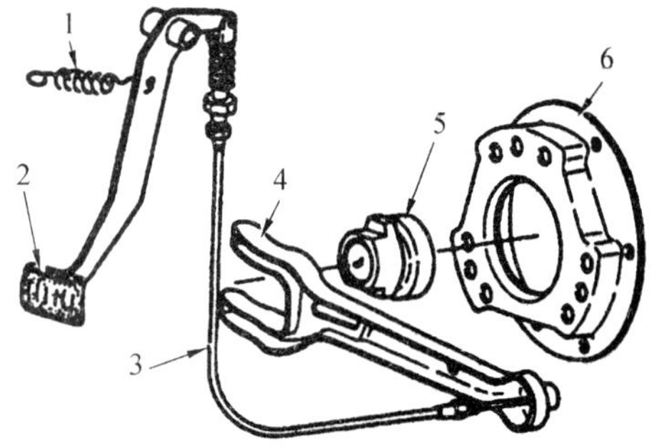

图 11.18　离合器缆索式传动操纵机构

1—踏板复位弹簧；2—踏板；3—绳索；4—分离叉；5—分离轴承；6—离合器盖

(2)液压式操纵机构。

图 11.19 所示为离合器液压式操纵机构整体组成图，主要由主缸、工作缸及管路系统等组成。液压式操纵机构具有摩擦阻力小，质量轻，布置方便，接合柔和，并不受车架和车身变形的影响等优点，应用日益广泛，如红旗 CA7220 型轿车、丰田大霸王等。

图 11.20 所示为离合器液压式操纵机构结构图。推杆 3 与踏板 1 用偏心螺栓 2 相连，当不踩踏板时，通过调整使推杆与主缸活塞 5 保持一定的间隙，保证主缸活塞彻底复位。分离叉推杆 21 一端与分离叉相连，另一端伸入工作缸活塞内。储油罐 13 由孔与主缸相通，阀杆 8 后端穿在活塞 5 的中心孔内。后弹簧座 7 紧套在活塞的前端，它可单向拉动阀杆 8，阀杆的前端装有橡胶密封圈的阀门 12 和复位弹簧 10。前弹簧座 11 具有轴向中心孔和轴向径向的槽，复位弹簧安装在前、后弹簧座之间。

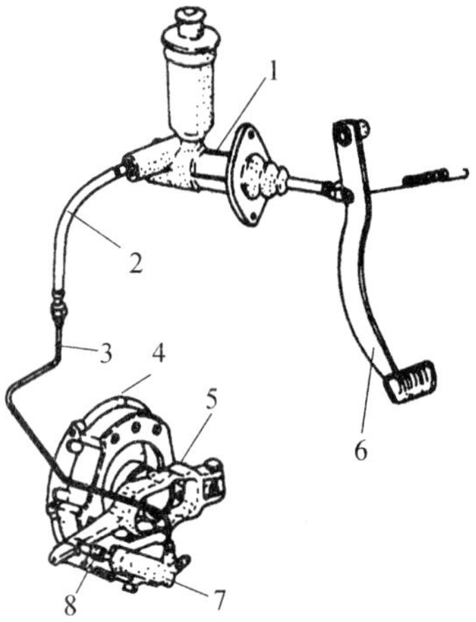

图 11.19　液压操纵机构

1—主缸；2—软管；3—硬管；4—离合器盖；5—分离叉；6—踏板；7—工作缸；8—推杆；

工作缸内的两皮碗 6、19 的刃口方向相反，左侧皮碗的作用是密封，右侧皮碗的作用是防止迅速抬起离合器踏板时，工作缸内吸入空气。放气阀 16 的作用是放净系统内的空气。

当离合器处于接合状态时，离合器踏板 1 处于最高位置，复位弹簧 9 一端使主缸活塞 5 后移，另一端使前弹簧座 11 压在主缸体的前端，活塞后移到位时，通过后弹簧座 7 拉动阀杆 8 及杆端密封圈阀门，压缩锥形复位弹簧，打开储油罐与主缸通孔，并通过前弹簧座径向和轴向槽，使管路与工作缸相通，整个系统无压力。

当踩下离合器踏板时，活塞左移，在压缩复位弹簧的同时，放松了阀杆 8，锥形复位弹簧使杆端阀门压紧在主缸的前端，密封主缸与储油罐之间的孔道，继续踩下离合器踏板，缸内油液在活塞及皮碗的作用下，压力上升，并经油管 15 传至工作缸的工作腔，推动工作缸活塞 20 连同分离叉推杆 21 右移，使分离叉转动，从而带动分离套筒、分离杠杆等使离合器分离。

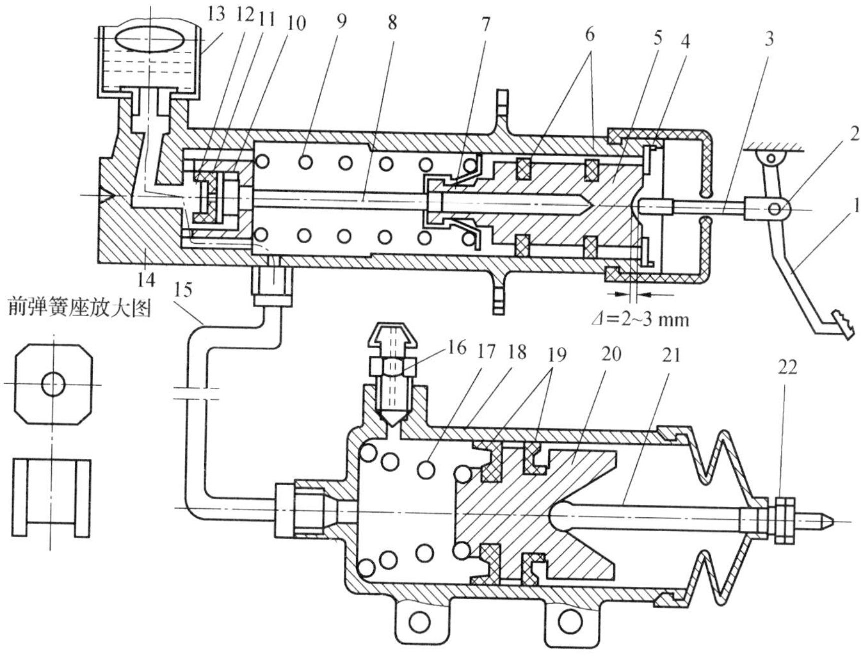

图 11.20 离合器液压式操纵机构结构图

1—踏板；2—偏心调整螺栓；3—推杆；4—挡圈；5—主缸活塞；6、19—皮碗；7—后弹簧座；8—阀杆；9—主缸活塞复位弹簧；10—复位弹簧；11—前弹簧座；12—阀门；13—储油罐；14—主缸壳体；15—管路；16—放气阀；17—弹簧；18—工作缸壳体；20—工作缸活塞；21—分离叉推杆；22—调整螺母

任务 11.3 手动变速器

11.3.1 变速器的功用

1. 实现变速与变矩

汽车上所应用的发动机具有转矩变化范围小、转速高的特点，这与汽车实际的行驶状况是不相适应的。如果没有变速器而直接将发动机与驱动桥连接在一起，首先由于发动机的转矩小，不能克服汽车的行驶阻力，使汽车根本无法起步；其次假使汽车行驶起来，也会由于车速太高而不实用，甚至无法驾控。所以必须改造发动机的转矩、转速特性，使发动机的转矩增大、转速下降以适应汽车实际行驶的要求。变速器中是通过不同的挡位来实现这一功用。

2. 实现倒车

汽车发动机曲轴一般只能向一个方向旋转，且是不能改变，而汽车有时需要倒退行驶。为了实现汽车的倒退行驶，变速器中设置了倒挡。

3. 实现中断动力传动

在发动机启动和怠速运转、变速器换挡、汽车滑行和暂时停车等情况下，都需要中断发动机的动力传动，因此变速器中设有空挡。

11.3.2 变速器的类型

汽车变速器都采用齿轮作为传力元件。根据所设计的传动比数量、前进挡位个数、换挡操作方式、内部结构特点等情况有多种分类方式。

1.按变速器输入、输出转速的变化方式分类

按变速器输入与输出转速的变化方式不同可分为有级式、无级式和综合式三类。

(1)有级式变速器。

具有几个可供选择的固定传动比。根据所采用的齿轮机构不同又可分为普通齿轮变速器(也称为固定轴线式齿轮变速器或定轴轮系变速器)和行星齿轮变速器(也称为旋转轴线式齿轮变速器或周转轮系变速器)两类。

(2)无级式变速器。

传动比可在一定范围内连续变化,常见的有液力式、机械式和电力式三类。液力式的传动部件是液力变矩器;电力式常采用直流串励电动机作为传动部件;机械式有摩擦传动和钢带传动两种。

(3)综合式变速器。

由有级式变速器和液力变矩器两部分构成。其传动比可以在最大值与最小值之间几个分段的范围内作无级变化,是目前车用自动变速器的主要结构类型。现代汽车上已经开发出能适应汽车各种运行工况的真正的无级变速器(CVT)。

2.按操纵方式分类

按操纵方式不同可分为手动变速器、自动变速器和半自动速器三类。

(1)手动变速器。

变速杆每一个位置对应一个挡位,并由驾驶员通过操纵变速杆来变换汽车行驶时所需挡位。

(2)自动变速器。

汽车前进时各挡位的变换是自动进行的,驾驶员只需操纵加速踏板(油门踏板)和制动踏板,变速器就会根据发动机的载荷信号和车速信号来控制执行元件,实现各前进挡位的自动变换。根据自动控制方式的不同,又可分为全液压控制自动变速器和电子控制自动变速器两类。

(3)半自动变速器。

半自动变速器可分为两类:一类是部分挡位自动换挡,部分挡位手动(强制)换挡;另一类是预先用按钮选定挡位,在踩下离合器踏板或松开加速踏板时,由执行机构(电磁装置或液压装置)自行换挡。

3.按变速器前进时齿轮机构所用轴的数目不同分类

按变速器前进时齿轮机构所用轴的数目不同可分为两轴式和三轴式两类。两轴式变速器通常与前置发动机前轮驱动的布置类型相配;三轴式变速器一般与前置发动机后轮驱动的布置类型相配。

4.按前进时变速器的挡位数分类

按前进时变速器的挡位数不同,可分为三挡手动变速器、四挡手动变速器、五挡手动变速器、六挡手动变速器等。

11.3.3 基本工作原理

汽车用手动变速器都采用齿轮传动,以实现变速、变矩和倒车及切断动力传递等作用。

1.变速、变矩原理

图11.21所示为一对外啮合齿轮传动原理示意图。设齿轮1为主动齿轮,其转速为 n_1,齿数为 Z_1,其输入的转矩为 M_1;齿轮2为从动齿轮,其转速为 n_2,齿数为 Z_2,其输出的转矩为 M_2。由图

11.24可知，齿轮传动在相同的时间里，不论是主动齿轮还是从动齿轮，它们转过的齿数总是相等的。因此，$n_1 \cdot Z_1 = n_2 \cdot Z_2$，即 $n_1/n_2 = Z_2/Z_1$。根据能量守恒定律，忽略齿轮传动过程中的摩擦损耗，则由齿轮 1 输入的功率与齿轮 2 输出的功率是相等的。

因此，$P_1 = P_2$ 或 $M_1 \cdot n_1 = M_2 \cdot n_2$，即

$$\frac{n_1}{n_2} = \frac{M_2}{M_1}。$$

通常把某一个传动装置的输入轴（主动齿轮）转速与输出轴（从动齿轮）转速之比称为传动比，用字母 i 表示。对于上述的一对齿轮来说，其传动比（$i_{1,2}$）为：

$$i_{1,2} = \frac{n_1}{n_2} = \frac{Z_2}{Z_1}$$

从上述分析可得：

$$i_{1,2} = \frac{n_1}{n_2} = \frac{Z_2}{Z_1} = \frac{M_2}{M_1}$$

由上式可知：只要改变齿轮的齿数，就可改变输入、输出的转速和转矩。

当传动比变化范围较大时，用一对齿轮传动，主、从动齿轮的尺寸就会相差很大，这就使得变速器尺寸过大，而且小齿轮的轮齿比大齿轮的工作频繁，寿命缩短。因此，实际使用时常采用多对齿轮传动。

图 11.22 所示为由四对齿轮组成的齿轮传动机构示意图。

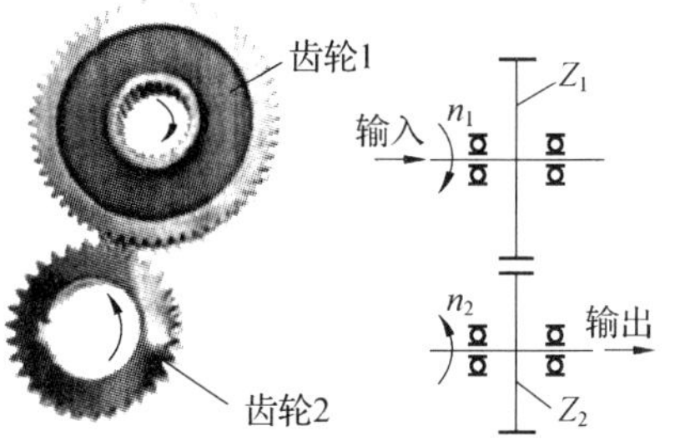

图 11.21 一对齿轮外啮合传动原理示意图

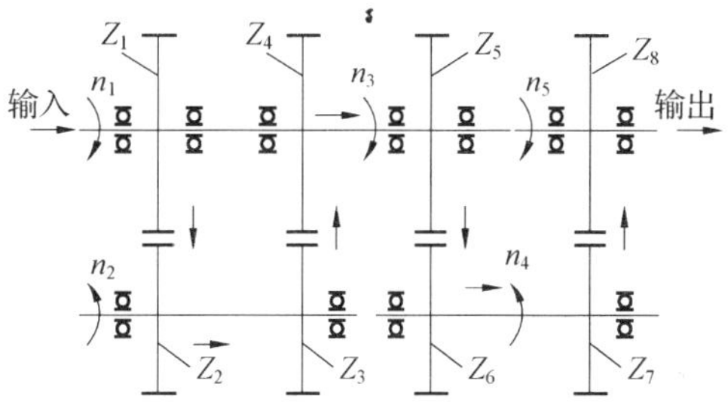

图 11.22 多对齿轮传动(4 对)

其总传动比为

$$i_{1,8} = n_1/n_8$$

根据一对齿轮传动原理可得

$$i_{1,8} = \frac{n_1}{n_8} = i_{1,2} \cdot i_{3,4} \cdot i_{5,6} \cdot i_{7,8} = \frac{Z_2 \cdot Z_4 \cdot Z_6 \cdot Z_8}{Z_1 \cdot Z_3 \cdot Z_5 \cdot Z_7} = \frac{\text{各从动齿轮齿数积}}{\text{各主动齿轮齿数积}} = \frac{M_8}{M_1}$$

由上式可知，只要改变齿轮的齿数和对数，就可改变输入、输出的转速和转矩，这就是齿轮传动的变速、变矩原理。

因此，只要把传递转矩齿轮的齿数以及对数制成不同，就可改变输入、输出的转速和转矩。

2.变向原理

齿轮传动的旋转方向与齿轮的啮合方式和啮合对数有关。内啮合的齿轮转向相同，如图 11.23 所示。当外啮合的齿轮对数为奇数对时，转向相反，图 11.24 所示为一对齿轮传动，其转向相反；当外啮合的齿轮对数为偶数对时，转向相同，图 11.22 所示为四对齿轮传动，故转向相同。

在手动变速器中通常采用外啮合齿轮传动。因此，只要改变外啮合齿轮的对数，就可在不改变发动机转向的条件下实现汽车的前进或后退。

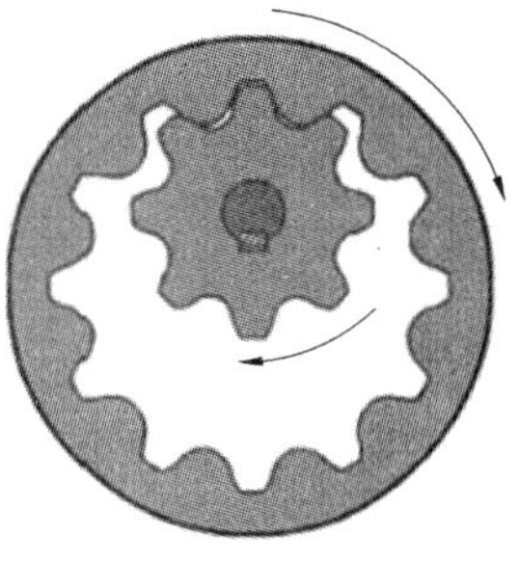

图 11.23 内啮合齿轮

图 11.24 外啮合齿轮

3.切断动力原理

在汽车行驶的过程中,变速器传递动力时都是在齿轮啮合的状态下进行的,因此要切断动力就只能将原先啮合的齿轮退出啮合状态,即可实现切断动力传递的目的。

11.3.4 基本组成

手动变速器的基本组成可分成三部分,即操纵机构、传动机构、壳体和盖。

(1)操纵机构的结构变化较大,主要与车身及底盘的结构形式和布置有关。根据所采用的元件形式不同有两种结构类型,即机械杠杆式和钢缆索式。实际使用的手动变速器大多采用机械杠杆式。钢缆索式结构用于远距离操纵,如后置发动机后驱动的汽车、平头驾驶室结构的汽车等。机械杠杆式的换挡准确性好,但受空间影响,对远距离操纵来说,布置较困难;而钢索式的则相反,但对钢索的质量要求较高。

(2)传动机构主要由一系列相互啮合的齿轮副、支承轴、轴承以及同步器组成。不同厂家生产的手动变速器的这部分结构虽有差异,但总体上还是一致的。其作用是改变输出的转速、转矩和旋转方向。

(3)壳体和盖用来安装传动机构和内操纵机构,同时储存润滑油。为了减轻汽车的自身重量,对于小型车辆来说,壳体和盖常采用铝合金或镁合金制造。中、重型车辆手动变速器的壳体和盖一般用铸铁制造,以保证其强度要求。

11.3.5 手动变速器传动机构

1.两轴式变速器传动机构

两轴式齿轮变速器主要应用于发动机前置前轮驱动(FF 方式)和发动机后置后轮驱动(RR 方式)的中、轻型轿车上。此种变速器结构形式有利于汽车的总体布置。两轴式变速器的特点是输入轴与输出轴平行,且无中间轴,各前进挡的动力分别经一对齿轮传递。

图 11.25 是一汽奥迪 100 型轿车变速器结构图。该变速器具有五个前进挡和一个倒挡,所有挡均装用锁环式惯性同步器换挡。输入轴 2 通过一个球轴承和两个滚子轴承三点支承在前、后壳体(1 和 6)上。输出轴 20 则通过两个圆锥滚子轴承支承在前、后壳体上。离合器从动盘将动力传给变速器输入轴 2,驾驶员可通过变速器操纵机构、各挡接合套及同步器挂上所需挡位。

变速器输入轴与其一挡齿轮 5、二挡齿轮 7 和倒挡齿轮 14 制成一体。另外,输入轴上还装有三挡齿轮 8 和四挡齿轮 10。这两个齿轮通过滚针轴承套在输入轴上,三、四挡同步器接合套 9 与该轴花键配合。五挡齿轮 12 与该轴为过盈配合。以上这些构成了输入轴的主动部分。

输出轴 20 与主减速器主动圆锥齿轮 25 制成一体,前端借圆锥滚子轴承支承在变速器前壳体上,后端用小圆锥滚子轴承支承在变速器后壳体。中间装有五个前进挡和一个倒挡的从动齿轮(24、22、21、19、17、和 15)。一、二挡同步器和五、倒挡同步器的花键毂与该轴过盈配合,除了三、四挡齿轮(21、19)以花键与输出轴过盈配合外,其他各挡齿轮均通过滚针轴承自由地空套在输出轴上。

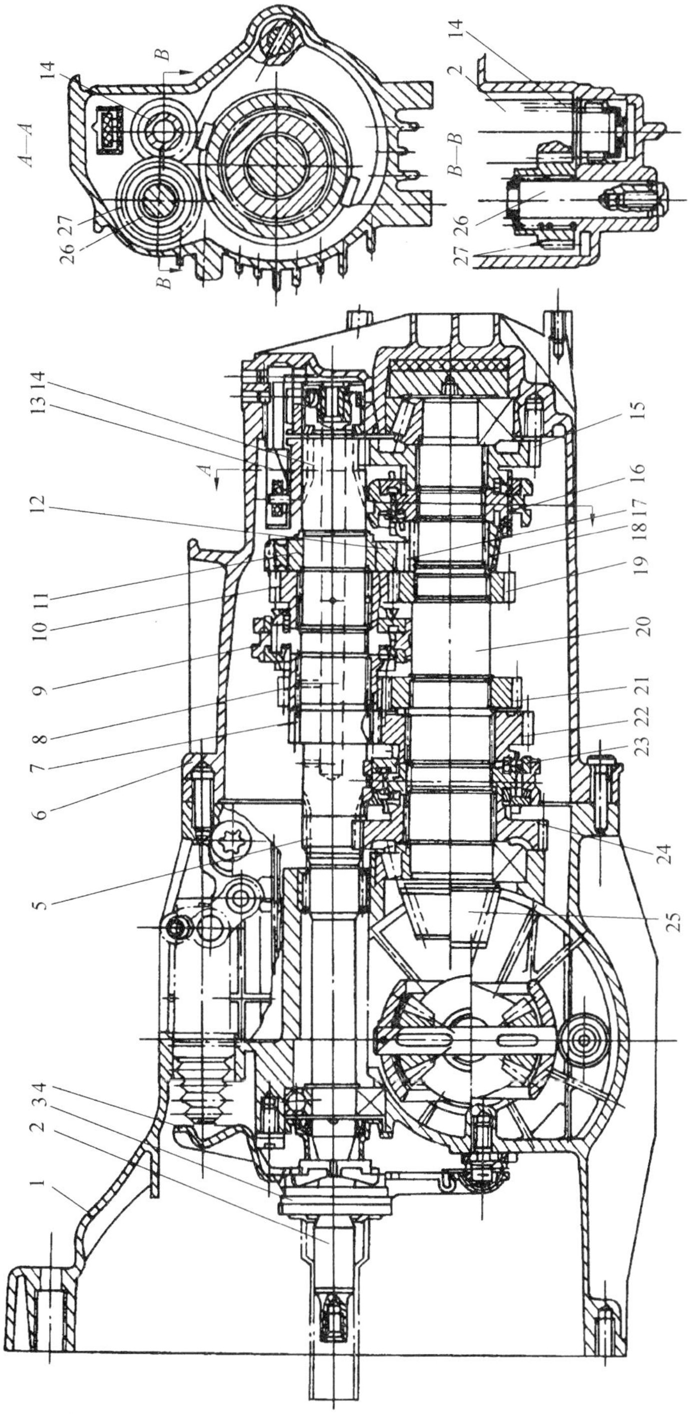

图 11.25　一汽奥迪 100 型轿车变速器结构图

1—变速器前壳体；2—输入轴；3—分离轴承；4—分离杠杆；5—输入轴一挡齿轮；6—变速器后壳体；
7—输入轴二挡齿轮；8—输入轴三挡齿轮；9、16、23—接合套；10—输入轴四挡齿轮；11、18—隔离套；
12—输入轴五挡齿轮；13—集油器；14—输入轴倒挡齿轮；15—输出轴倒挡齿轮；17—输出轴五挡齿轮；
19—输出轴四挡齿轮；20—输出轴；21—输出轴三挡齿轮；22—输出轴二挡齿轮；24—输出轴一挡齿轮；
25—主减速器主动圆锥齿轮；26—倒挡中间轴；27—倒挡中间齿轮

该变速器各个挡位的主、从动齿轮均为斜齿圆柱齿轮，平时均处于常啮合状态。在各个挡位接合或脱开时，全用同步器操纵。各挡的动力传递路线如下：

空挡：图 11.26 所示是本变速器的空挡位置。当输入轴 1 旋转时，一、二、五挡及倒挡的主动齿轮

(2、3、10、11)与之同步旋转。三、四挡主动齿轮(4、9)处于自由状态，可空转(汽车行驶时随输出轴的旋转而转动)，也可不动(汽车静止时)。一、二、五挡和倒挡的从动齿轮(28、23、20、13)随输入轴 1 的旋转而在输出轴 12 上空转，输出轴 12 不被驱动，汽车处于静止或空挡滑行状态。

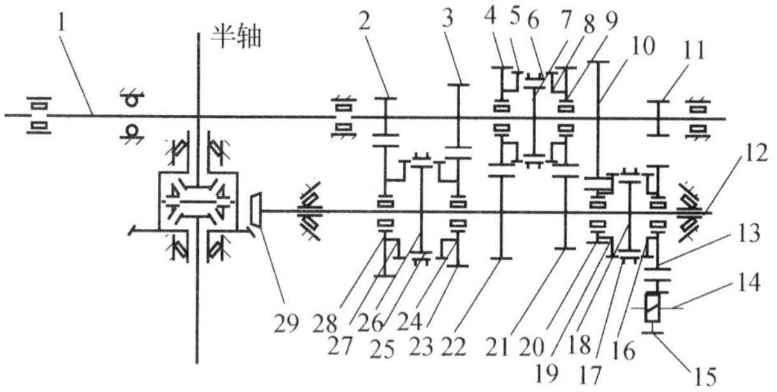

图 11.26　变速器动力传递示意图

1—输入轴；12—输出轴；2、3、4、9、10——、二、三、四、五挡主动齿轮；11、13—倒挡主、从动齿轮；14—倒挡齿轮轴；15—倒挡中间齿轮；28、23、22、21、20——、二、三、四、五挡从动齿轮；5、8、16、19、24、27—同步器锁环；7、18、26—同步器花键毂；6、17、25—同步器接合套；29—主减速器主动圆锥齿轮

一挡：在空挡位置的基础上，操纵变速杆通过一、二挡换挡拨叉使一、二挡同步器接合套 25 左移，经一挡同步器锁环 27 作用，使一挡从动齿轮 28 与一、二挡同步器花键毂 26 在同步器接合套 25 的作用下同步旋转。这样，从离合器传来的发动机转矩，经输入轴 1 上的花键主动齿轮 2 及与其常啮合的从动齿轮 28、一、二挡同步器接合套 25 和同步器花键毂 26、再经花键传到输出轴 12，直至主减速器。

一挡传动比为

$$i_1=\frac{Z_{28}}{Z_3}=\frac{39}{11}=3.545$$

二挡：通过一、二挡换挡拨叉使一、二挡同步器接合套 25 右移，退出一挡进入空挡。继续向右推动该挡换挡拨叉，使一、二挡同步器接合套 25 借同步器锁环 24 作用，使二挡从动齿轮 23 与该挡同步器花键毂 26 同步旋转。发动机传来的转矩经输入轴 1 上的二挡主动齿轮 3 及与其常啮合的从动齿轮 23、同步器接合套 25 和花键毂 26，花键传到输出轴 12，直至主减速器。

二挡传动比为

$$i_2=\frac{Z_{23}}{Z_3}=\frac{40}{19}=2.105$$

三挡：操纵三、四挡换挡拨叉推动三、四挡同步器接合套 6 左移，经三挡同步器锁环 5 作用，使三挡主动齿轮 4 与三、四挡同步器花键毂 7 同步旋转。来自发动机的转矩从输入轴 1 上的花键传到三、四挡同步器齿毂 7，经该同步器接合套 6 到三挡主动齿轮 4，传到与它常啮合的三挡从动齿轮 22，再经花键传给输出轴 12，直至主减速器。

三挡传动比为

$$i_3=\frac{Z_{22}}{Z_4}=\frac{40}{28}=1.429$$

四挡：通过换挡拨叉使三、四挡同步器接合套 6 右移，退出三挡进入空挡。继续向右移动该拨叉，使三、四挡同步器接合套 6 经四挡同步器锁环 8 的作用，使四挡主动齿轮 9 与该挡同步器花键毂 7 同步旋转。来自发动机的转矩，从输入轴 1 上的花键经三、四挡同步器花键毂 7，再经该同步器接合套 6 传到四挡主动齿轮 9，直至与之常啮合的四挡从动齿轮 21，经花键传给输出轴 12，直至主减速器。

四挡传动比为

$$i_4=\frac{Z_{21}}{Z_9}=\frac{35}{34}=1.029$$

五挡：用五挡、倒挡拨叉将五挡、倒挡同步器接合套 17 左移，经五挡同步器锁环 19 作用，使五挡从动齿轮 20 与该挡同步器花键毂 18 同步旋转。来自发动机的转矩从输入轴 1 上的五挡主动齿轮 10 及与之常啮合的五挡从动齿轮 20、同步器接合套 17 和花键毂 18，经花键传到输出轴 12，直至主减速器。

Ⅴ挡传动比为

$$i_5=\frac{Z_{20}}{Z_{10}}=\frac{31}{37}=0.838$$

倒挡：要使汽车能倒退行驶，就变速器而言，只要使输出轴 12 反向旋转即可。为此，在前进传动路线中，加入一套中间齿轮副。本变速器在输入轴 1 与输出轴 12 之间，增设一个倒挡齿轮轴 14 和一个倒挡中间齿轮(惰轮)15，倒挡中间齿轮(惰轮)15 介于倒挡主动齿轮 11 和倒挡从动齿轮 13 之间，并与其处于常啮合状态。倒挡齿轮轴 14 的两端支承在变速器后壳体上，倒挡中间齿轮 15 通过滚针轴承空套在该轴上。

需要挂入倒挡时，只能在汽车处于静止时才能挂入倒挡。这是因为变速器设有倒挡锁止机构，防止汽车在前进中误挂倒挡造成事故。

挂倒挡时，用五挡、倒挡拨叉将该挡同步器接合套 17 向右移动，在倒挡同步器锁环 16 的作用下，使该同步器花键毂 18 与倒挡从动齿轮 13 同步旋转。来自发动机的转矩从输入轴 1 上的倒挡主动齿轮 11，经倒挡中间齿轮 15 传到倒挡从动齿轮 13，经该同步器花键毂 18 和它与输出轴 12 配合的花键，传至输出轴 12，这时传出的转矩与其他各挡的转矩方向相反，直至主减速器，实现挂入倒挡。

倒挡传动比为

$$i_R=\frac{Z_{15}}{Z_{11}}\frac{Z_{13}}{Z_{15}}=\frac{Z_{13}}{Z_{11}}=\frac{35}{10}=3.500$$

倒挡传动比较大，一般与一挡传动比相近。这是考虑倒车安全，希望倒车时速度尽可能低些。

该变速器除倒挡外，所有前进挡均为一对常啮合齿轮传动，故传动效率高。由于全部采用了同步器，使换挡迅速、操纵轻便，同时也减少了接合的冲击和噪声。因为只有输入、输出两根轴传动，故没有直接挡。

该变速器壳体空间得到了充分利用，一些零件具有一件多功能的特点，故零件数较少，且结构紧凑，但对制造工艺要求较高。例如，输入轴 1 前部的花键与离合器从动盘花键毂配合，成为离合器的输出轴，并且一、二挡、倒挡主动齿轮与输入轴为一体；输出轴 12 与主减速器主动锥齿轮制成一体，既是变速器的输出轴，又是主减速器的主动锥齿轮轴。这样，减少了零件数量，结构更为紧凑，但给加工制造方面带来一定困难。有些零件必须经过特殊工艺加工才能达到要求。

该变速器中的齿轮及轴承采用飞溅式润滑，使用 CLD（相当于 API 的 GL4）齿轮油，无需更换。齿轮油通过变速器后端的油槽及变速器壳体的油孔，进入输入轴后端的带导油套的滚针轴承以及输出轴后端的圆锥滚子轴承里。三、四挡主动齿轮滚针轴承的润滑，是通过输入轴后部的空心和在该轴承处开有的径向油孔来完成的，在轴的前部一、二挡主动齿轮之间还开有泄油孔，以保证齿轮油的顺畅流通。

11.3.6 同步器

同步器的作用是使接合套与待啮合的齿圈迅速同步，以缩短换挡时间；并防止待啮合的齿轮达到同步之前产生轮齿冲击。

同步器按其压力产生的方式不同又可分为常压式、惯性式、自动增力式三类，其中惯性式同步器使用最普遍。根据其结构不同又分为锁环式和锁销式两种。

1.锁环式惯性同步器

(1)构造。

图 11.27 为解放 CA1092 型汽车六挡变速器中的五、六挡装用的锁环式惯性同步器。它主要由接合套 7、花键毂 15 、锁环 4 和 8、滑块 5、定位销 6 及弹簧 16 组成，如图 11.28 所示。

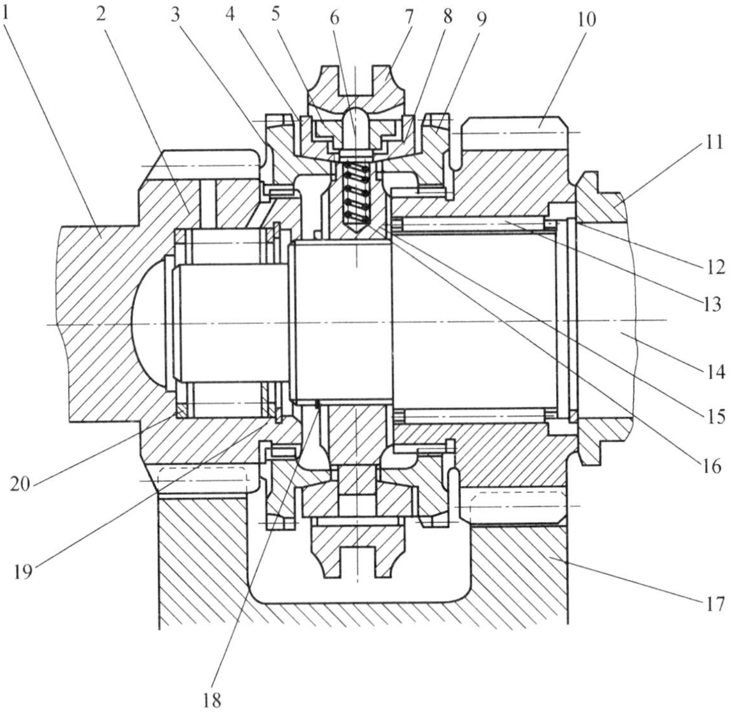

图 11.27　锁环式惯性同步器在变速器上的安装

1—第一轴;2、13—滚针轴承;3—六挡接合齿圈;4、8—锁环(同步环);5—滑块;6—定位销;7—接合套;9—五挡接合齿圈;10—第二轴五挡齿轮;11—衬套;12、18、19—卡环;14—第二轴;15—花键毂;16—弹簧;17—中间轴五挡齿轮;20—挡圈

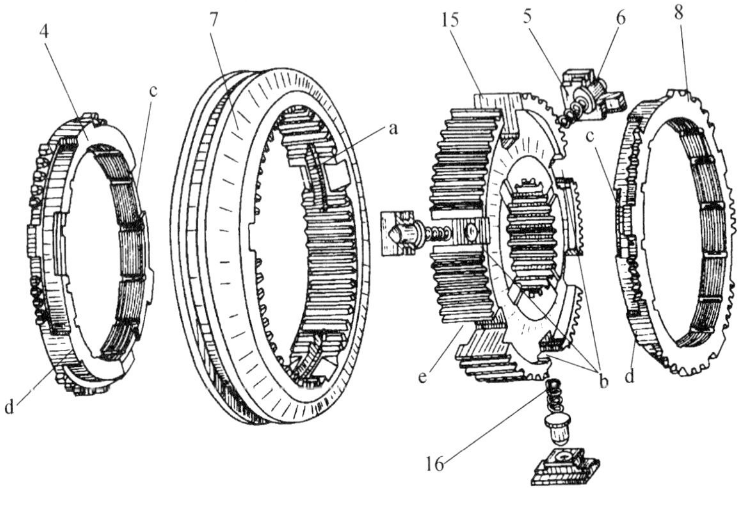

图 11.28　锁环式惯性同步器组成(图例编号同图 11.27)

a—凹槽;b—轴向槽;c—缺口;d—凸起部;e—通槽;4、8—锁环;
5—滑块;6—定位销;7—接合套;15—花键毂;16—弹簧

(2)工作原理。

换挡过程可简要归纳为:摩擦工作面产生摩擦力矩→锁环转动一个角度→锁止元件起锁止作用,阻止接合套前移→摩擦力矩增长至同步→惯性力矩消失→锁止作用消失→接合套进入啮合完成换挡。

锁环式惯性同步器由于结构紧凑、便于合理布置,多用于轿车(一汽奥迪 100、红旗 CA7220、捷达/高尔夫及上海桑塔纳等)和轻型载货汽车上。

锁环式惯性同步其工作过程示意图如图 11.29 所示。

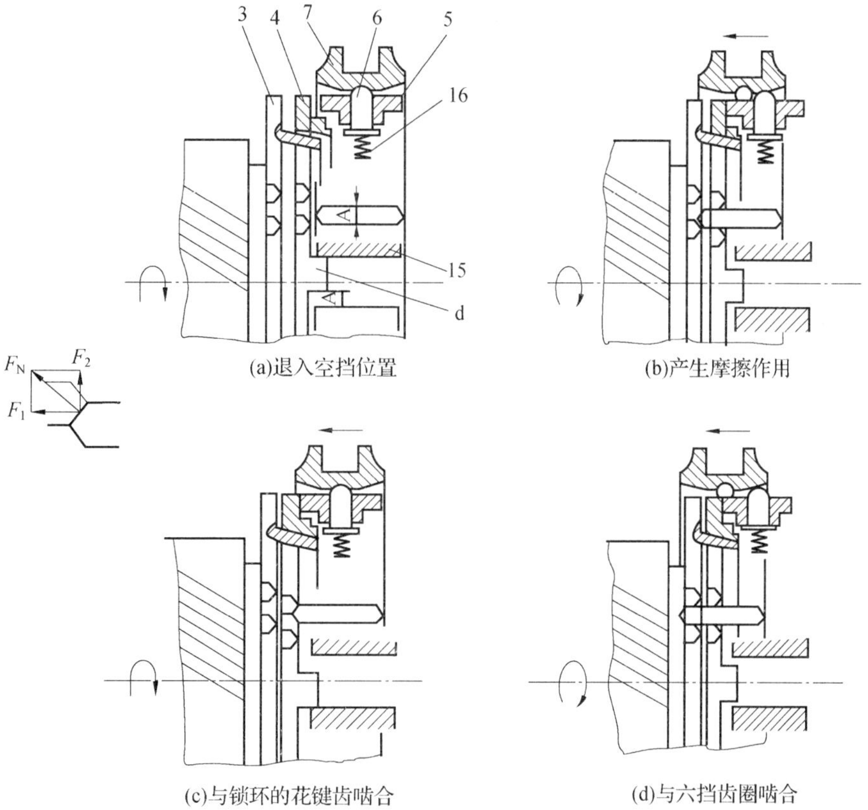

图 11.29　锁环式惯性同步其工作过程示意图(图例编号同 11.27)

3—六挡齿圈;4—锁环;5—滑块;6—定位销;7—接合套;15—花键毂;16—弹簧

2.锁销式惯性同步器

图 11.30 为东风 EQ1090E 型汽车五挡变速器装用的四、五挡锁销式惯性同步器。

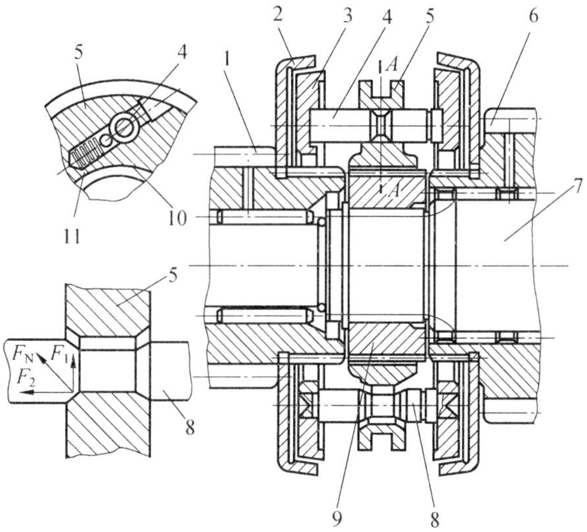

图 11.30　锁销式惯性同步器

1—第一轴齿轮;2—摩擦锥盘;3—摩擦锥环;4—定位销;5—接合套;6—第二轴四挡齿轮;7 —第二轴;8—锁销;9—花键毂;10—钢球;11—弹簧

两个带有内锥面的摩擦锥盘 2,以其内花键分别固定在带有外花键齿圈的第一轴齿轮 1 和第二轴四挡齿轮 6 上,随齿轮一同旋动。与之相配合的两个有外锥面的摩擦锥环 3(锥环 3 作为摩擦元件,在其锥面上制有细螺纹槽,以破坏油膜来增加摩擦力矩),其上有圆周均布的三个锁销 8 和三个定位销 4 与接合套 5 相连。锁销 8 的两顶端固定在摩擦锥环 3 的孔中(铆接成一体),其两端的工作表面直径与接合套凸缘上相应的销孔的内径相等,其中部制有一段环槽。只有在锁销与接合套孔对中时,接合套方能沿锁销轴向移动。锁销 8 中部环槽两侧和接合套 5 上相应的销孔两端有角度相同的倒角——锁止角,三个锁销即通过此锁止角对接合套起锁止作用。

11.3.7 变速器的操纵机构

1. 功用与要求

变速器操纵机构的功用是根据汽车使用条件,驾驶员可随时将变速器换上或摘下某个挡位。

为了保证在任何情况下变速器都能准确、安全、可靠地工作,对变速器操纵机构提出以下要求:

(1)设自锁装置,防止变速器自动换挡和自动脱挡,并保证各挡传动齿轮以全齿长啮合。

(2)设互锁装置,防止变速器同时换入两个挡位,否则会产生运动干涉,甚至损坏零部件。

(3)设倒挡锁,防止误换倒挡,否则会损坏零件或发生安全事故。

2. 构造

按操纵杆与变速器的相互位置,变速器操纵机构可分为远距离操纵式和直接操纵式两大类。

(1)远距离操纵式。

当驾驶员座位离变速器较远或变速杆布置在转向盘下方(某些轿车)的转向管柱上时,通常在变速杆与换挡拨叉之间增加若干个传动件,组成远距离操纵机构,如图 11.31 和图 11.32 所示。

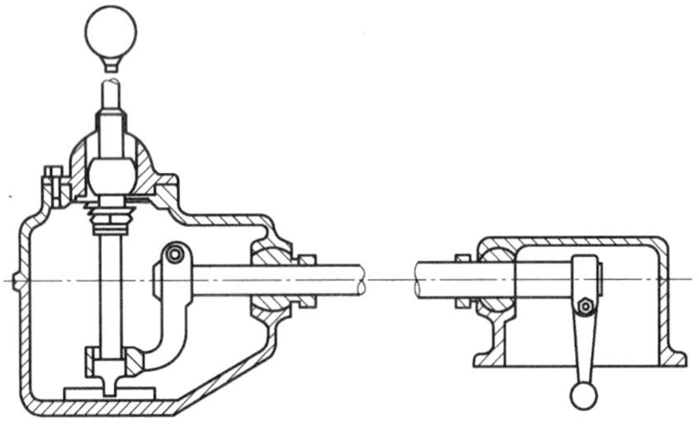

图 11.31　变速器远距离操纵示意图

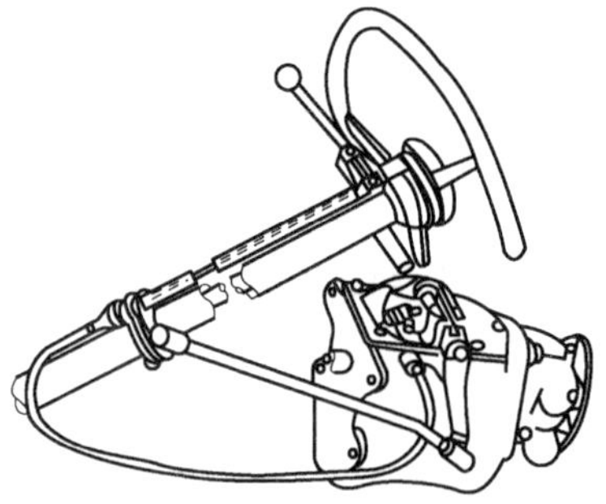

图 11.32　轿车变速器远距离操纵示意图

(2)直接操纵式。

大多数汽车的变速器布置在驾驶员座位附近,变速杆由驾驶室底板伸出,驾驶员可直接操纵。这种操纵机构一般由变速杆、拨块、拨叉、拨叉轴以及安全(锁止)装置等组成,多集装于变速器上盖或侧盖内。图 11.33 为解放 CA1092 型汽车六挡变速器操纵机构示意图。拨叉轴 7、8、9 和 10 两端均支承于变速器盖上相应的孔中,可以轴向滑动。所有的拨叉和拨块都以弹性销固定于相应的拨叉轴上。三、四挡拨叉 2 的上端有拨块。拨叉 2 和拨块 3、4、14 的顶部有凹槽。变速器处于空挡时,各凹槽在横向平面内对齐。叉形拨杆 13 下端的球头即伸入这些凹槽中。选挡时可使变速杆 12 绕其中部球形支点横向摆动,则其下端推动叉形拨杆 13 绕换挡轴 11 的轴线转动,从而使叉形拨杆 13 下端球头对准所选挡位相应的拨块凹槽,然后使变速杆 12 纵向摆动,带动拨叉轴及拨叉向前或向后移动,即可实现挂挡。例如,横向扳动变速杆 12 使叉形拨杆 13 下端伸入拨块 3 顶部凹槽中,再纵向扳动变速杆 12,拨块 3 连同拨叉轴 8 和拨叉 5 即沿纵向向左移动一定距离,便可挂入二挡;若向右移动一定距离,则挂入一挡。若使叉形拨杆 13 下端球头伸入倒挡拨块 4 的凹槽中,并可使其向右移动一定距离,便挂入倒挡。

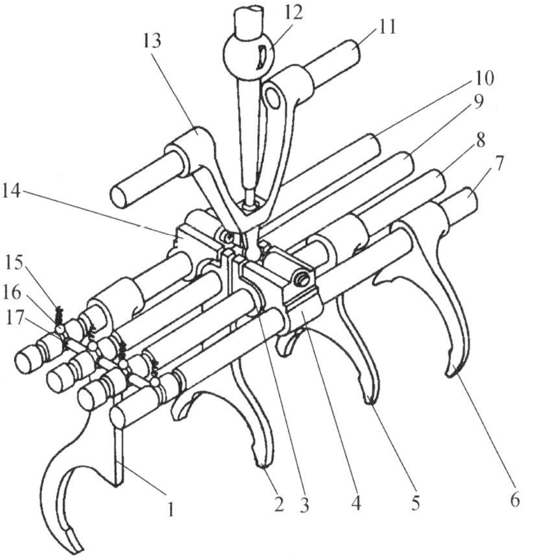

图 11.33　六挡变速器操纵机构示意图

1—五、六挡拨叉；2—三、四挡拨叉；3—一、二挡拨块；4—倒挡拨块；5—一、二挡拨叉；6—倒挡拨叉；7—倒挡拨叉轴；8—一、二挡拨叉轴；9—三、四挡拨叉轴；10—五、六挡拨叉轴；11—换挡轴；12—变速杆；13—叉形拨杆；14—五、六挡拨块；15—自锁弹簧；16—自锁钢球；17—互锁销

3. 锁止装置

(1)自锁装置。

多数变速器的自锁装置由自锁钢球 1(图 11.34)和自锁弹簧 2 组成。每根拨叉轴的上表面沿轴向分布有三个凹槽，当任何一根拨叉轴连同拨叉轴向移动到空挡或某一工作挡位的位置时，必有一个凹槽正好对准自锁钢球 1。于是自锁钢球在自锁弹簧 2 压力作用下嵌入该凹槽内，拨叉轴的轴向位置即被固定，从而拨叉连同滑动齿轮(或接合套)也被固定在空挡或某一工作挡位上，不能自行脱出。换挡时，驾驶员对拨叉轴施加一定的轴向力，克服自锁弹簧 2 的压力将钢球由拨叉轴的凹槽中挤出并推回孔中，拨叉轴便可滑过钢球并带动拨叉及相应的换挡元件轴向移动。当拨叉轴移至另一个凹槽与钢球对正时，钢球又被压入凹槽，变速器刚好换入某一工作挡位或退入空挡。相邻凹槽之间的距离保证齿轮处于全齿长啮合或是完全退出啮合。

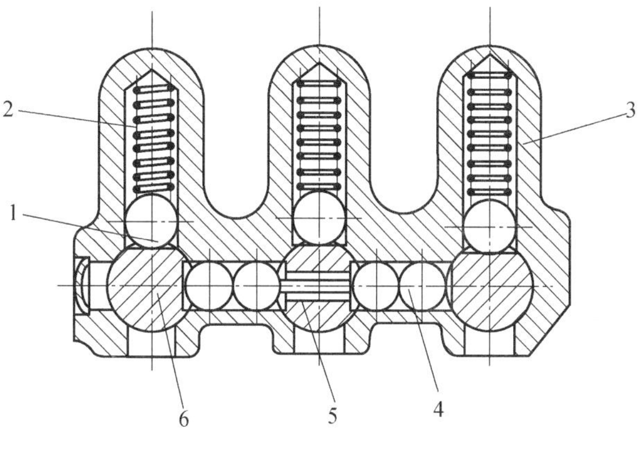

图 11.34　变速器的自锁装置

1—自锁钢球；2—自锁弹簧；3—变速器盖(前端)；4—互锁钢球；5—互锁销；6—拨叉轴

(2)互锁装置。

图 11.35 所示的为锁球式互锁装置，主要由互锁钢球 4 及互锁销 5 组成。互锁销 5 装在中间拨叉轴的孔中，其长度相当于拨叉轴直径减去互锁钢球的半径，互锁钢球 4 装于变速器盖 3 的横向孔中。在空挡位置时，左右拨叉轴在对着钢球 4 处开有深度相当于钢球半径的凹槽，中间拨叉轴则左右均开有凹槽，凹槽中开有装锁销 5 的孔。这种互锁装置可以保证变速器只有在空挡位置时，驾驶员才可以移动任一个拨叉轴挂挡。若某一拨叉轴被移动而挂挡时，另两个拨叉轴便被互锁装置固定在空挡位置而不可能再轴向移动了。

互锁装置的工作原理如下:变速器处于空挡时,所有的拨叉轴的侧面凹槽同互锁钢球、互锁销都在同一条直线上。当移动中间拨叉轴 6 时(图 11.35(a)),拨叉轴 6 两侧的内钢球从其侧面凹槽中被挤出,而两互锁钢球 2 和 4 则分别嵌入拨叉轴 1 和 5 的侧面凹槽中,因而将拨叉轴 1 和 5 刚性地锁止在其空挡位置。若欲移动拨叉轴 5,则应先将拨叉轴 6 退回到空挡位置(图 11.35(b))。于是在移动拨叉轴 5 时,互锁钢球 4 便从拨叉轴 5 的凹槽中被挤出,同时通过互锁销 3 和其他互锁钢球将拨叉轴 6 和 1 均锁止在空挡位置。同理,当移动拨叉轴 1 时,则拨叉轴 6 和 5 被锁止在空挡位置(图 11.35(c))。由此可知,互锁装置的作用是当驾驶员用变速杆推动某一拨叉轴时,自动锁止其他所有拨叉轴。

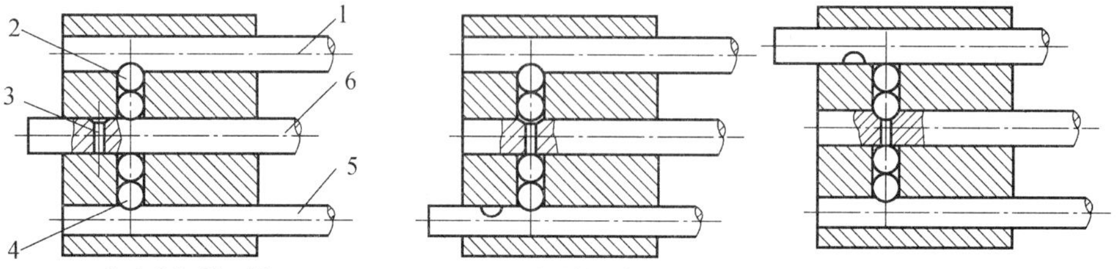

(a)移动中间拨叉轴　(b)移动拨叉轴5　(c)移动拨叉轴1

图 11.35　互锁装置工作示意图

1、5、6—拨叉轴;2、4—互锁钢球;3—互锁销

互锁装置也有采用转动钳口式的(图 11.36),如上海 SH1040 轻型载货汽车的变速器操纵机构。变速杆 1 下端球头放在钳口中,钳形板 2 可绕轴 A 摆动。需要换挡时,变速杆先拨动钳形板处于某一拨叉轴的凹槽中,然后换入需要的挡位,其他两个挡位的拨叉凹槽被钳形爪挡住,起到互锁作用。

有的变速器操纵机构,将自锁装置与互锁装置合二为一(图 11.37)。空心锁销 1 内装有自锁弹簧 2。图 11.29 中所示位置为空挡,此时两锁销内端面距离 a 等于槽深 b,不可能同时拨动两根拨叉轴,起互锁作用。另外,自锁弹簧的预紧力和锁销 1 对拨叉叉起到自锁作用。北京 BJ2020N 型越野车就采用这种结构。

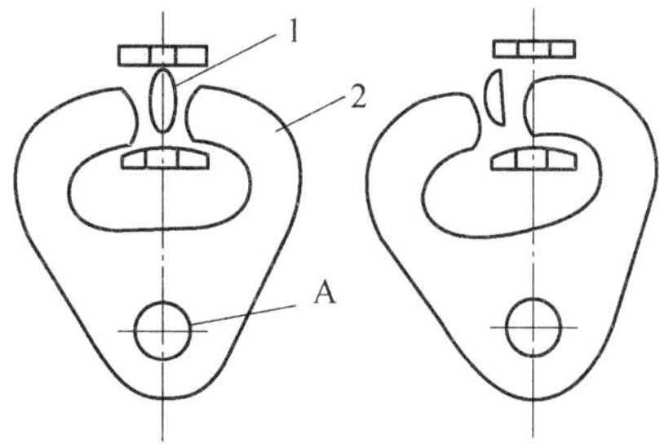

图 11.36　转动钳口式互锁装置

A—轴 1—变速杆;2—钳形板

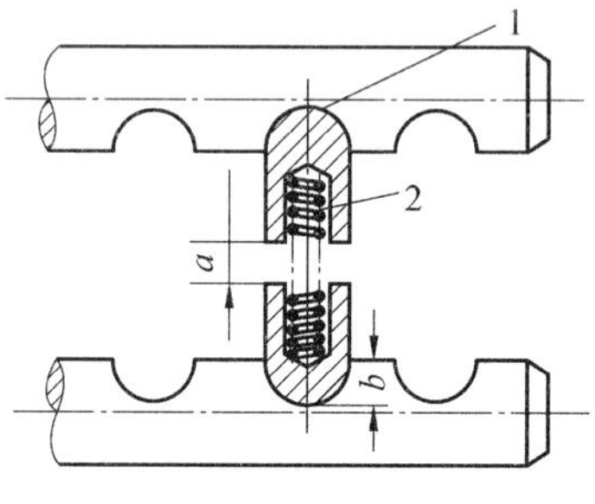

图 11.37　同时起自锁与互锁双重作用的锁止装置

a—端面距离 b—槽深 1—锁销;2—自锁弹簧

(3)倒挡锁。

倒挡锁的作用是驾驶员挂倒挡时,必须对变速杆施加较大的力,才可换上倒挡,起到提醒作用,以防误挂倒挡。变速器上多采用弹簧锁销式倒挡锁(图 11.38)。

该倒挡锁主要由倒挡锁销 1 和倒挡锁弹簧 2 组成。倒挡锁销 1 的杆部装有倒挡锁弹簧 2,其右端的螺母可调整弹簧的预紧力和倒挡锁销的长度。驾驶员要挂倒挡时,必须用较大的力使变速杆 4 的下端压缩倒挡弹簧 2,将倒挡锁销 1 推向右方后,才能使变速杆下端进入倒挡拨块 3 的凹槽内,以拨动一挡、倒挡拨叉轴而推入倒挡。

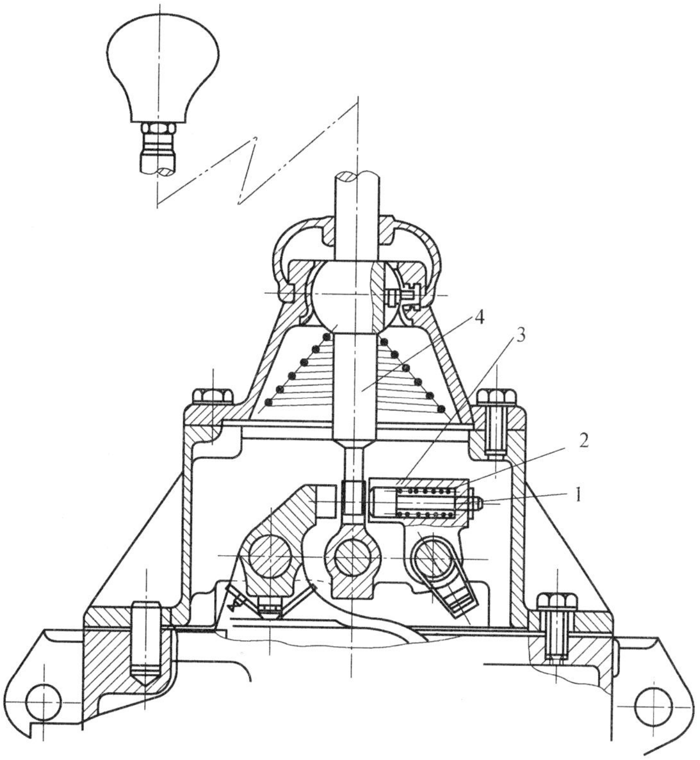

图 11.38 弹簧锁销式倒挡锁

1—倒挡锁销；2—倒挡锁弹簧；3—倒挡拨块；4—变速杆

解放 CA1092 型汽车六挡变速器的倒锁如图 11.39 所示，与弹簧锁销式倒挡锁相比，多了一个选挡装置（选挡锁销 14 和选挡锁销弹簧 13），其作用是便于选择三、四挡和五、六挡。其工作原理与弹簧锁销式倒挡锁相同。

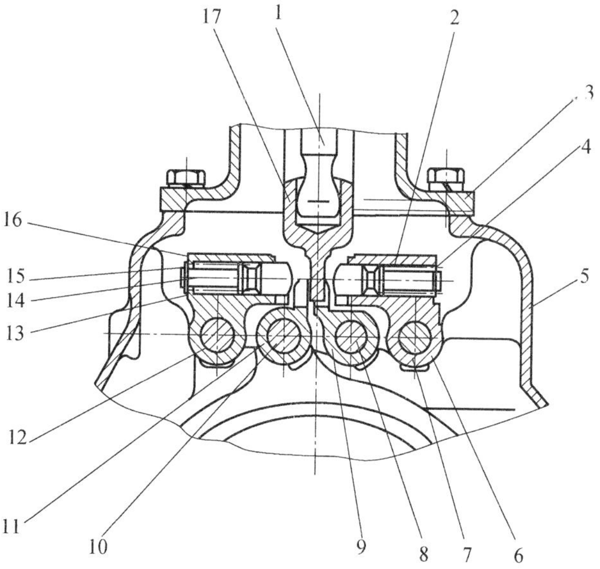

图 11.39 解放 CA1092 型变速器倒挡锁

1—变速杆；2—倒挡锁弹簧；3—变速器顶盖；4—倒挡锁销；5—变速器上盖；6—倒挡拨块；7—倒挡拨叉轴；8—一、二挡拨叉轴；9—一、二挡拨块；10—三、四挡拨叉轴；11—三、四挡拨块；12—五、六挡拨叉轴；13 选挡锁销弹簧；14—选挡锁销；15 锁片；16—五、六挡拨块；17—叉形拨杆

任务11.4 自动变速器

随着现代汽车工业的快速发展,自动变速器在汽车上的应用越来越广泛。自动变速器与传统手动变速器一样属于汽车传动系统的一部分,位于发动机和传动轴之间。自动变速器与手动有级式齿轮变速器的主要差别在于以下几个方面:

(1)自动变速器通过变矩器壳的前端由挠性盘用螺栓与发动机曲轴后端凸缘相连,发动机曲轴末端不再设置厚重的飞轮。

(2)在发动机与自动变速器之间取消了离合器,因而在这类汽车上就没有离合器踏板。

(3)在前进挡位下,换挡过程基本上是自动进行的,因而大大减少了手动换挡的频率。

11.4.1 自动变速器的功用及类型

1.自动变速器的功用

(1)根据汽车行驶条件自动地改变传动比,扩大驱动轮转矩和转速的变化范围,同时使发动机在有利的工况下工作。目前,大多数自动变速器可以提供四个以上前进挡、一个空挡和一个倒挡。

(2)在发动机旋转方向不变的前提下,使汽车能倒退行驶。

(3)利用空挡,中断动力传递,以使发动机能够启动和带速运转。

(4)利用液力变矩器,在一定范围内实现无级变速,并在很大程度上减缓传动系的冲击,延长传动系和发动机的使用寿命。

2.自动变速器的类型

(1)按齿轮变速器的类型分类。

自动变速器按其齿轮变速器的类型不同,可分为普通齿轮式和行星齿轮式两种。普通齿轮式自动变速器体积较大,最大传动比较小,只有少数几种车型使用(如本田 ACCORD 轿车)。行星齿轮式自动变速器结构紧凑,能获得较大的传动比,为绝大多数轿车采用。

(2)按汽车驱动方式分类。

自动变速器按照汽车驱动方式的不同,可分为前驱动自动变速器和后驱动自动变速器两种。这两种自动变速器在结构和布置上有很大的不同。

后驱动自动变速器的布置如图 11.40 所示。

前驱动自动变速器除了具有与后驱动变速器相同的组成外,在自动变速器的壳体内还装有主减速器和差速器,如图 11.41 所示,也称为自动变速驱动桥。

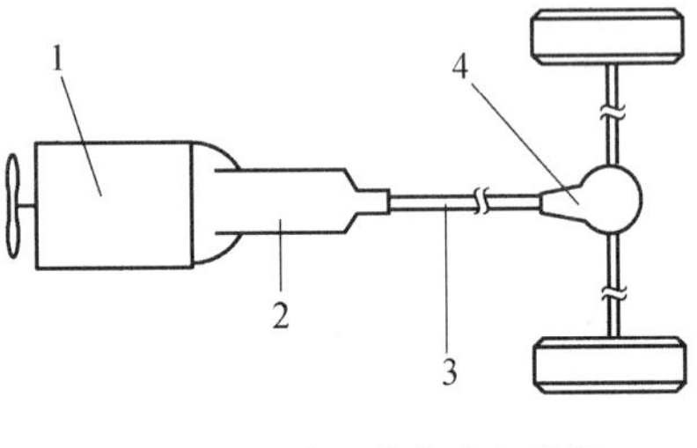

图 11.40 后驱动自动变速器

1—发动机;2—自动变速器;
3—传动轴;4—主减速器和差速器

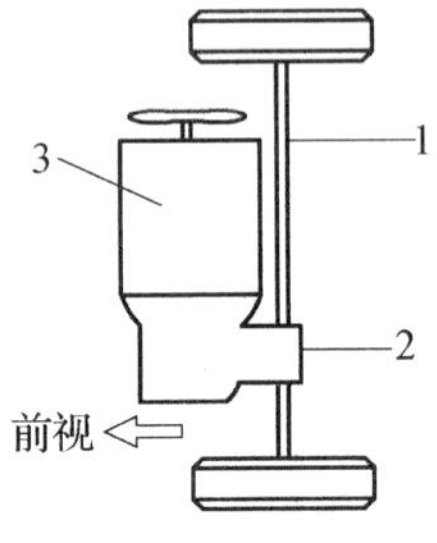

图 11.41 前驱自动变速器

1—驱动轴;2—驱动桥;3—发动机

(3)按变矩的方式分类。

按变矩的方式不同,自动变速器有机械式自动变速器(MT)、液力机械式自动变速器(AT)和金属带式自动变速器(CVT)三大类。

(4)按换挡的控制方式分类。

按控制方式不同,自动变速器有液力控制自动变速器和电子控制自动变速器两大类。

11.4.2 自动变速器的组成

1.液力控制自动变速器

液力控制自动变速器组成示意图如图 11.42 所示,主要由液力元件、行星齿轮变速器、液压操纵系统等组成。

目前液力元件为变矩器。其功能是在一定范围内自动、连续地改变转矩比,以满足不同行驶阻力的要求。

行星齿轮机构提供数个前进挡和一个到挡。行星齿轮机构的基本组成元件包括太阳轮、齿圈、行星架(行星架上有若干个行星轮)。

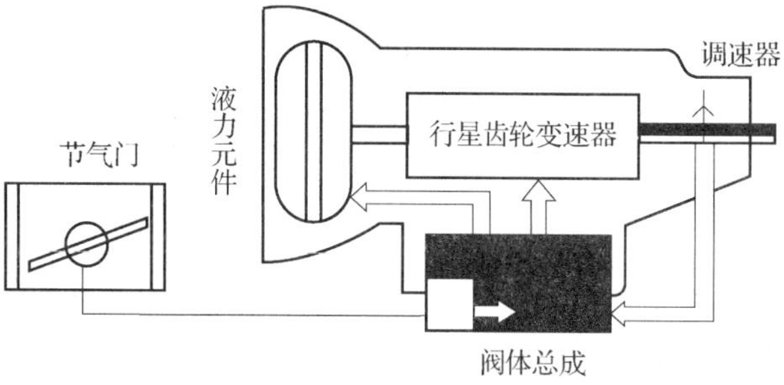

图 11.42 液力控制自动变速器组成示意图

液压操纵系统包括动力源、执行机构和液压控制系统,用来实现控制行星齿轮机构自动换挡。动力源包括液压泵等,产生系统所需的油压。执行元件的动作用来控制行星齿轮机构的元件(太阳轮、齿圈、行星架),使某个元件接受动力成为输入元件,使某个元件固定或使某个元件自由转动,自动地形成特定的挡位。执行机构包括由液压活塞驱动的离合器、制动器和纯机械的单向离合器,离合器、制动器和单向离合器可以称为执行元件。液压控制系统的各种控制阀大多集中在阀体总成上,调速器阀一般在自动变速器输出轴上。根据汽车行驶中换挡参数的变化,引导压力油流进或流出特定执行元件的活塞缸,使执行元件产生需要的动作,进而实现自动换挡。

液控自动变速器换挡的直接参数是节气门油压和调速阀油压,节气门阀产生的节气门油压反映节气门开度的大小,调速阀产生的油压反映车速的高低。

2.电子控制自动变速器

电子控制自动变速器组成示意图如图 11.43 所示。电子控制自动变速器与液力控制自动变速器相比主要是增加了电子控制系统,其操纵系统是为电子控制液压式。自动变速器的电子控制系统与其他汽车电子控制系统一样,由信号输入装置(传感器)、控制单元(ECU)和执行元件(电磁阀)组成;控制单元根据各种传感器的信号,发出控制指令,使电磁阀产生动作,进一步通过液压操纵系统实现自动换挡。

电控自动变速器的换挡控制的主要参数是车速信号和节气门开度信号。

11.4.3 自动变速器的特点

汽车上采用的自动变速器,具有如下优点:

(1)消除离合器操作和频繁换挡,使驾驶员操作简单、省力,提高行车的安全性。

(2)能自动适应汽车行驶阻力的变化;在一定范围内实现无级变速,提高汽车的动力性和平均车速。

(3)汽车起步、加速更加平稳,能吸收和衰减换挡过程中的振动与冲击,提高乘坐舒适性。

(4)因采用液力传动,发动机和传动系是柔性连接,能缓冲接合冲击,减轻传动系零件的负荷,有

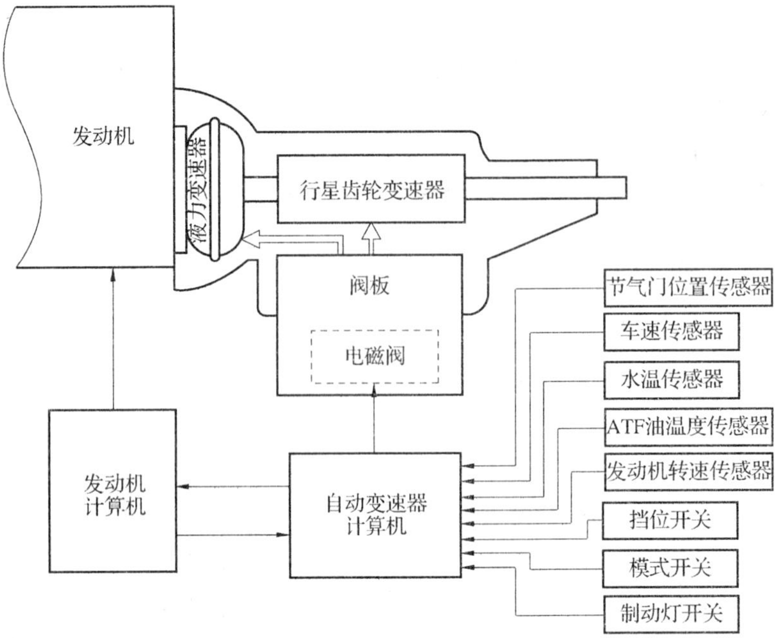

图 11.43　电子控制自动变速器组成示意图

利于延长有关零件的使用寿命；

(5)可避免因外界负荷突增而造成发动机熄火的现象，减少发动机启动次数，提高燃油经济性，降低排放污染。

其缺点是结构复杂，价格较高，对维修人员的技术要求高，液力传动的效率低。

自动变速器较广泛地应用于中高级轿车、起重型自卸车、高通过性军用越野车、一级城市用大型客车上。

11.4.4 自动变速器的主要元件

自动变速器的液力元件是通过油液的动能来传递发动机动力的。因此，把这种发动机与自动变速器的连接方式，称为柔性连接或软连接。这使得在发动机转速低、自动变速器处于前进挡位时，汽车可保持停止状态。

液力元件的作用是：①传递或改变发动机的转矩；②具有离合器的作用；③兼有飞轮的作用。

汽车上常用的液力元件有液力耦合器和液力变矩器。

1. 液力耦合器

液力耦合器的结构示意图如图 11.44 所示。在发动机曲轴 1 的凸缘上固定着耦合器外壳 2，叶轮 3 与外壳 2 刚性连接并随曲轴一起旋转，是耦合器的主动元件，称为泵轮；叶轮 4 与从动轴 5 相连，为耦合器的从动元件，称为涡轮。泵轮与涡轮统称为工作轮。泵轮和涡轮具有相同内、外径，都安装有径向排列的叶片；泵轮和涡轮相对安装，两者端面间留有 3～4mm 间隙，没有机械联系。泵轮与涡轮装合后成为一个整体，其轴线断面一般为圆形，称为循环圆，内腔充满工作液。

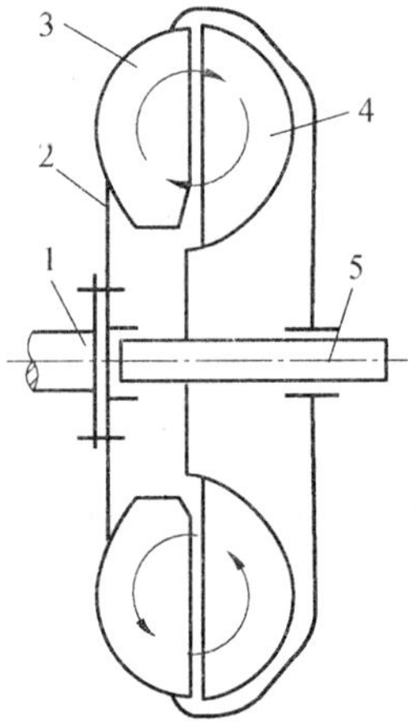

图 11.44　液力耦合器结构示意图

1—发动机曲轴；2—耦合器外壳；3—泵轮；4—涡轮；5—从动轴

如图 11.45 所示，当发动机带动泵轮旋转时，动力经发动机曲轴 1 传给泵轮 3。由于泵轮叶片的作用，使耦合器内部的工作液也随叶片一起绕轴线旋转，在离心力的作用下，迫使工作液沿叶片间通道从半径较小的内缘处向半径较大的外缘处流动，此时，叶片外缘处工作液的动能和压力都大于叶片内缘处工作液的动能和压力，其动能的差值取决于泵轮的内外缘半径差和泵轮的转速。工作液在到达叶片外缘时，已成为具有一定压力和速度的高速液流，并将发动机的机械能转换为工作液的动能。在一般情况下，涡轮的转速总是低于泵轮的转速，因此，泵轮外缘处工作液的能量大于涡轮外缘处工作液的能量。在此能量差的作用下，离开泵轮后的高速液流紧接着流入涡轮，并作用于涡轮叶片，当能克服涡轮转动所产生的阻力和负载时，便推动涡轮转动，经从动轴 5 输出，将液体的动能转换为涡轮输出轴上的机械能。

2. 液力变矩器

液力变矩器的功用主要有：①增大由发动机产生的转矩；②起到自动离合器的作用，传递（或不传递）发动机转矩至变速器；③缓冲发动机和传动系统的扭振；④起到飞轮作用，使发动机转动平稳；⑤驱动液压控制系统的机油泵。

（1）液力变矩器的结构及工作原理。

液力变矩器主要由可旋转的泵轮 4 和涡轮 3 以及固定不动的导轮 5 三个零件组成，如图 11.46 所示。其液力变矩器结构示意图如图 11.47 所示。这些零件的泵轮 4 与变矩器壳 2 连成一体，用螺栓固定在发动机曲轴 1 后端的凸缘上。变矩器壳 2 做成两半，装配后焊成一体（有的用螺栓连接），变矩器壳体外面装有启动齿圈 8。涡轮 3 通过从动轴 7 与传动系统的其他部件相连。导轮 5 固定在不动的导轮固定套管 6 上。所有工作轮装配后，形成断面为循环圆的环状体。

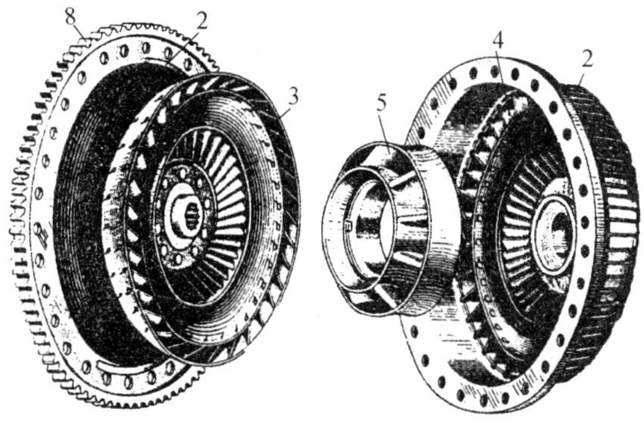

图 11.46 液力变矩器的主要零件

1—发动机曲轴；2—变矩器壳；3—涡轮；4—泵轮；5—导轮；6—导轮固定套管；7—从动轴；8—启动齿圈

与液力耦合器一样，液力变矩器正常工作时，储于环形内腔中的工作液的实际流动是由涡流和环流叠加而成的，如图 11.48 所示。所谓涡流就是泵轮泵出的液流通过涡轮和导轮，然后再回到泵轮的液流。车辆启动时，泵轮和涡轮的转速差越大，涡流就越大。所谓环流就是变矩器内与变矩器转动方向相同的液流。当泵轮与涡轮转速差较小时，环流就大，此时车辆以恒速行驶。

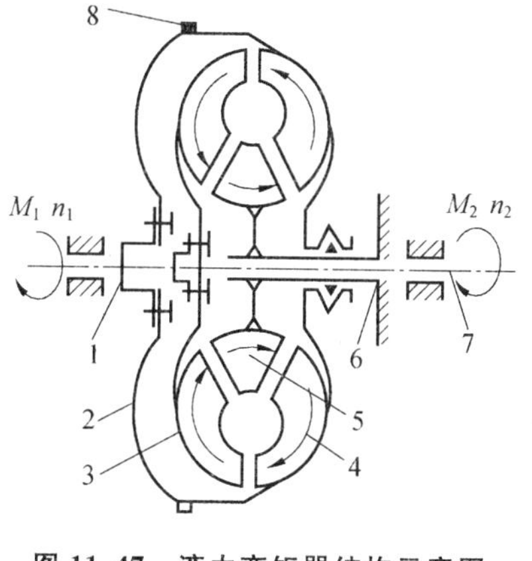

图 11.47 液力变矩器结构示意图

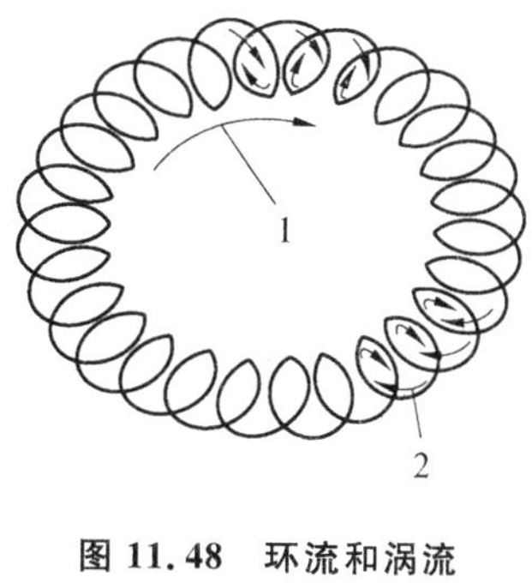

图 11.48 环流和涡流

1—环流；2—涡流

与耦合器不同的是，变矩器不仅能传递转矩，而且能在泵轮转矩不变的情况下，随着涡轮的转速（反映汽车行驶速度）不同而改变涡轮输出的转矩数值。

变矩器之所以能起变矩作用，是由于结构上比耦合器多了导轮机构。在循环流动的过程中固定不动的导轮给涡轮一个反作用力矩，使涡轮输出的转矩不同于泵转输入的转矩。

用变矩器叶轮的展开图(图 11.49)来说明变矩器的工作原理。将循环圆上的中间流线(此流线将液流通道断面分割成面积相等的内外两部分)展开成一直线，各循环圆中间流线均在同一平面上展开。于是在展开图上，泵轮 B、涡轮 W 和导轮 D 便成为三个环形平面。

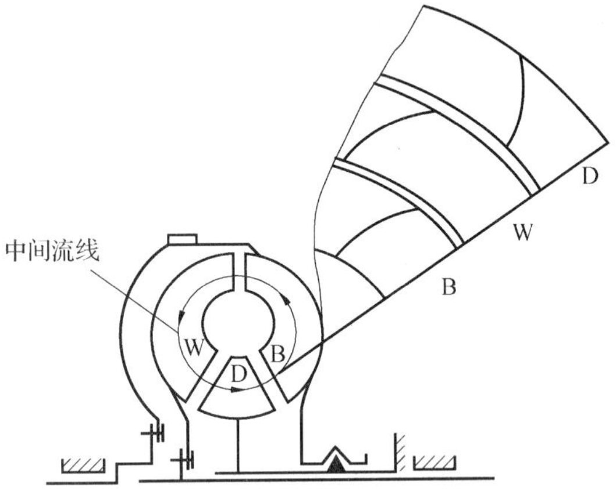

图 11.49 液力变矩器工作轮的展开示意图

B—泵轮；W—涡轮；D—导轮

为了便于说明，现假设在液力变矩器工作中，发动机的转速和负荷不变，即液力变矩器的泵轮转速 n_b 和转矩 M_b 为常数。

①汽车起步工况。

如图 11.50(a)所示，刚起步时，涡轮转速 n_w 为零，工作液在泵轮叶片带动下，以一定的绝对速度沿图中箭头 1 的方向冲向涡轮叶片。因涡轮静止不动，液流将沿着涡轮叶片流出，液流方向沿图中箭头 2 所示冲向导轮，然后液流再从固定不动的导轮叶片沿箭头 3 方向流入泵轮中。当工作液流过叶片时，受到叶片的作用力，其方向发生变化。设泵轮、涡轮和导轮对液流的作用转矩分别为 M_b、M_w' 和 M_d。根据液流受力平衡条件，则 $M_w'+M_b+M_d=0$。由于液流对涡轮的作用转矩 M_w 与 M_w' 大小相等、方向相反，因而在数值上涡轮转矩 $M_w=M_b+M_d$，因此

$$M_w>M_b$$

即液力变矩器起到增大转矩的作用。

②汽车加速行驶工况。

当变矩器输出的转矩经传动系统传到驱动轮上所产生的驱动力足以克服汽车起步阻力时，汽车即起步并开始加速，涡轮转速 n_w 也从零逐渐增加。如图 11.50(b)所示，冲向导轮叶片的液流的绝对速度 v 应为在涡轮出口处沿叶片方向的相对速度 w 和沿圆周方向的牵连速度 u 的矢量和。因原假设泵轮转速 n_b 不变，起变化的只是涡轮转速 n_w，故涡轮出口处相对速度 w 不变，只是牵连速度 u 起变化。导轮叶片的液流的绝对速度 v 将随着牵连速度 u 的增加(即涡轮转速 n_w 的增加)而逐渐向左倾斜，使导轮上所受转矩值 M_d 逐渐减小。当涡轮转速增大到某一数值，由涡轮流出的液流方向正好沿导轮出口方向冲向导轮时，由于液体流经导轮时方向不改变，液流与导轮叶片之间无相互作用力，所以导轮转矩 $M_d=0$，于是可得

$$M_w=M_b$$

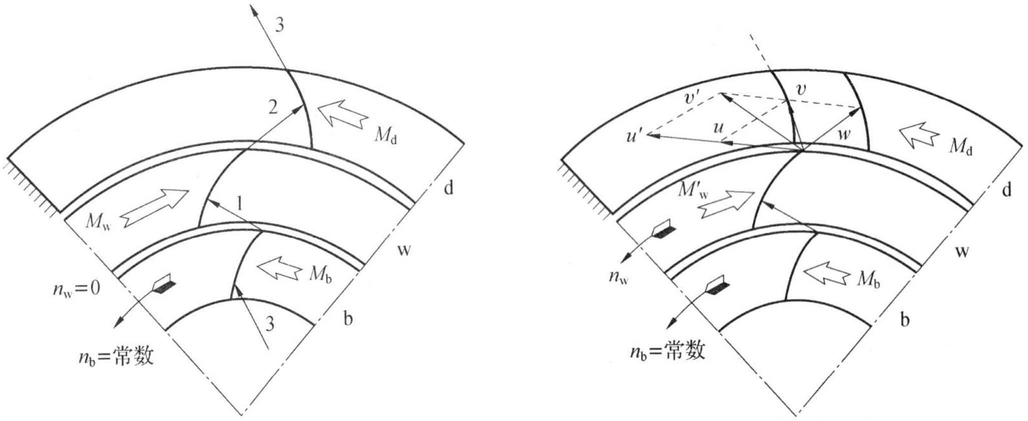

图 11.50 液力变矩器工作原理

当涡轮转速 n_w 继续增大，液流绝对速度 v 的方向继续向左倾斜(图 11.52(b)中 v' 所示方向)，液流冲击导轮叶片的背面，导轮转矩方向与泵轮转矩方向相反，则涡轮转矩为 $M_w = M_b - M_d$，即 $M_w < M_b$，即变矩器输出转矩反而比输入转矩小。当涡轮转速 n_w 增大到与泵轮转速 n_b 相等时，工作液在循环圆中的流动停止，将不能传递动力。为避免这种现象发生，在导轮和壳体之间设置单向离合器。当液体冲击导轮背面时，导轮绕导轮固定套管空转，液流作用在导轮上的转矩为零，有

$$M_w = M_b$$

3. 齿轮变速传动装置

(1)单排行星齿轮机构的组成。

单排行星轮系结构如图 11.51 所示。它是由一个齿圈、一个太阳轮、一个行星架和数个行星轮组成，其工作原理示意图如图 11.52 所示。在单排行星齿轮的工作过程中，齿圈、太阳轮和行星架可作为输入、输出或固定元件，行星齿轮一般不具此功能。

齿圈制有内齿，其余齿轮均为外齿轮。太阳轮位于机构的中心，行星轮与之外啮合，行星轮与齿圈内啮合。通常行星轮有 3～6 个，通过滚针轴承安装在行星齿轮轴上，行星齿轮轴对称、均匀地安装在行星架上。行星齿轮机构工作时，行星轮除了绕自身轴线的自转外，同时还绕着太阳轮公转，行星轮绕太阳轮公转，行星架也绕太阳轮旋转。

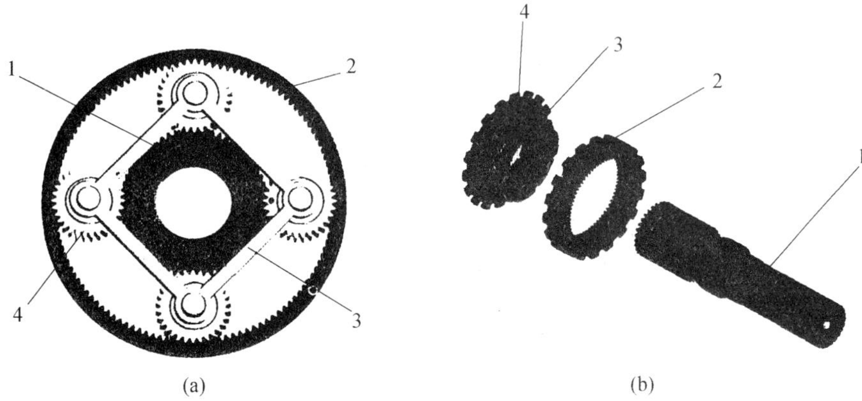

图 11.51 单排行星齿轮结构图

1—太阳轮；2—齿圈；3—行星架；4—行星齿轮

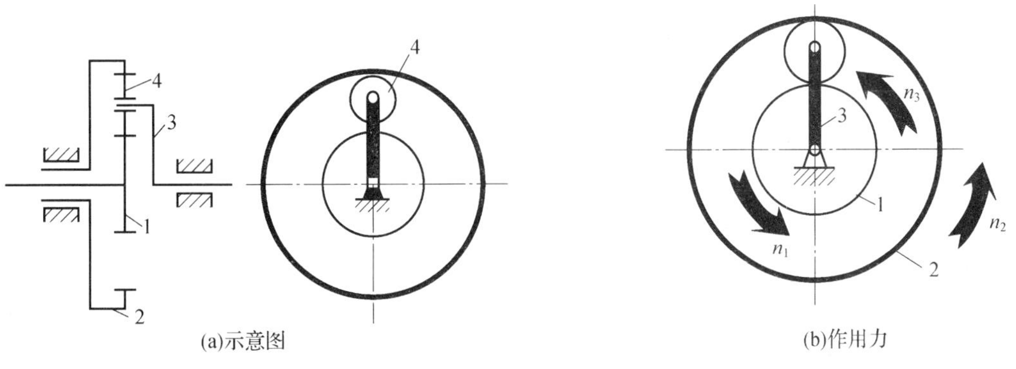

图 11.52 单排行星齿轮工作原理示意图

1—太阳轮；2—齿圈；3—行星架；4—行星轮

(2)单排行星齿轮机构的运动规律。

根据机械设计基础有关行星轮系的传动比计算方法，可以得出表示单排行星齿轮机构(图 11.53)运动规律的特性方程式为

$$n_1 + \alpha n_2 - (1+\alpha)n_3 = 0$$

式中，n_1 为太阳轮转速；n_2 为齿圈转速；n_3 为行星架转速；α 为齿圈齿数 z_2 与太阳轮齿数 z_1 之比，即 $\alpha = z_2/z_1$。

由于一个方程有三个变量，如果将太阳轮、齿圈和行星架中某个元件作为主动(输入)部分，让另一个元件作为从动(输出)部分，则由于第三个元件不受任何约束和限制，所以从动部分的运动是不确定的。因此为了得到确定的运动，必须对太阳轮、齿圈和行星架三者中的某个元件的运动进行约束和限制。通过对不同的元件进行约束和限制，可以得到不同的动力传动方式。

(1)太阳轮为主动件(输入)，行星架为从动件(输出)，齿圈锁止，如图 11.55(a)所示。此时，$n_2=0$，则传动比 i_{13} 为

$$i_{13}=\frac{n_1}{n_3}>1$$

由于传动比大于1，说明为减速传动，可以作为降速挡。

(2)齿圈为主动件(输入)，行星架为从动件(输出)，太阳轮被锁止，如图 11.55(b)所示。此时，$n_1=0$，则传动比 i_{23} 为

$$i_{23}=\frac{n_2}{n_3}=1+\frac{1}{\alpha}>1$$

由于传动比大于1，说明为减速传动，可以作为减速挡。

对比这两种情况的传动比，由于 $i_{13}>i_{23}$，虽然都为减速挡，但是 i_{13} 减速挡中的低挡，而 i_{23} 为减速挡中的高挡。

(3)行星架为主动件(输入)，齿圈为从动件(输出)，太阳轮被锁止，如图 11.55(b)所示。此时，$n_1=0$，则传动比 i_{32} 为

$$i_{32}=\frac{n_3}{n_2}=\frac{\alpha}{1+\alpha}<1$$

由于传动比小于1，说明为增速传动，可以作为超速挡。

(4)行星架为主动件(输入)，太阳轮为从动件(输出)，齿圈被锁止，如图 11.55(a)所示。此时，$n_2=0$，则传动比 i_{31} 为

$$i_{31}=\frac{n_3}{n_1}=\frac{1}{1+\alpha}<1$$

由于传动比小于1，说明为增速传动，可以作为超速挡。

(5)太阳轮为主动件(输入)，齿圈为从动件(输出)，行星架被锁止，如图 11.55(c)所示。此时，$n_3=0$，则传动比 i_{12} 为

$$i_{12}=\frac{n_1}{n_2}=-\alpha$$

由于传动比为负值，说明主从动件的旋转方向相反；又由于 i_{12} 的绝对值大于1，说明为增速传动，可以作为倒挡。

(6)如果 $n_1=n_2$，则可以得到 $n_1=n_2=n_3$。同样，$n_1=n_3$ 或 $n_2=n_3$ 时，均可以得到 $n_1=n_2=n_3$ 的结论。因此，若使太阳轮、齿圈和行星架三个元件中的任何两个元件连为一体转动，则另一个元件的转速必然与前两者等速同向转动，如图 11.55(d)所示。即行星齿轮机构中所有元件(包含行星轮)之间均无相对运动，传动比 $i=1$。这种传动方式用于变速器的直接挡传动。

(7)如果太阳轮、齿圈和行星架三个元件没有任何约束，则各元件的运动是不确定的，此时为空挡。

从以上分析结论中，可以归纳出单排行星齿轮机构传动的一些规律如下：①当太阳轮被锁止不动，行星架输入，齿圈输出时为超速(增速)传动；②当行星架被锁止时，行星轮只有自转而无公转，输出元件与输入元件的转动方向相反；③太阳轮与齿圈其中有一元件为输入件，另一元件被锁止不动时，则行星架同向减速输出；④任意两个元件同速同向输入，行星齿轮机构锁止成为一个整体，成为直接挡传动；⑤如果太阳轮、齿圈和行星架三个元件没有任何约束，则各元件的运动是不确定的，此时为空挡。

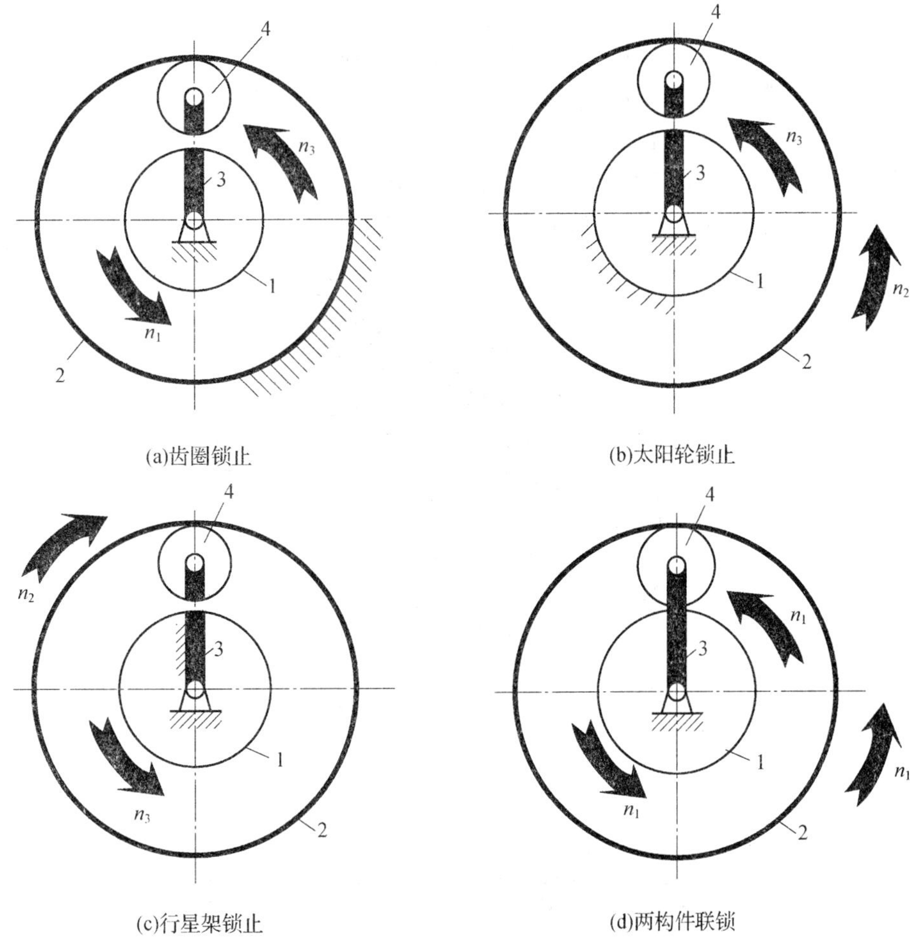

图 11.53 单排行星齿轮工作原理示意图

1—太阳轮;2—齿圈;3—行星架;4—行星齿轮

11.4.5 液压操纵系统

液压自动操纵系统包括动力源、执行机构和控制机构三部分。

1.动力源

动力源是装在变矩器与前阀体之间,由变矩器泵轮驱动的液压泵,常见的是内啮合齿轮式液压泵、叶片泵及转子泵。它除了向控制机构、执行机构供应压力油以实现换挡外,还向液力变矩器供应工作油液,向行星齿轮变速器供应润滑油。液压泵的排量取决于变矩器尺寸及执行机构工作缸尺寸和数目以及油路的繁简,轿车的液压泵常用排量范围为 10～20 L/(1 000r)。

2.执行机构

行星齿轮机构的换挡执行机构和传统的手动齿轮变速器不同,行星齿轮机构中的所有齿轮都处于常啮合状态,它的挡位变换不是通过移动齿轮使之进入啮合或脱离啮合来进行的,而是通过以不同的方式对行星齿轮机构的基本元件进行约束(即固定或连接某些基本元件)来实现的。通过适当地选择被约束的基本元件和约束的方式,就可以使该机构具有不同的传动比,从而组成不同的挡位。

换挡执行机构起到连接、固定和锁止的作用。主要由湿式多片离合器、湿式多片或带式制动器,以及单向离合器等组成。

(1)湿式多片离合器。

湿式多片离合器既用作驱动元件,也可用作锁止元件。湿式多片离合器如图 11.54 所示,它通常由活塞 1、复位弹簧 2、弹簧座圈 3、一组主动片 4、一组从动片 7、调整垫片、离合器鼓 8 及几个密封圈

10 等组成。

其工作原理如图 11.55 所示。驱动离合器多位于变矩器和油泵之间，多片离合器毂 4 通过花键与涡轮轴 1 相连或与其制成一体。主动片 5 通过外缘键齿与离合器毂的内花键槽配合，与涡轮同步旋转。从动片 8 通过内缘键齿与花键毂 9 相连，花键毂与行星齿轮机构的主动元件制成一体。主动片和从动片均可轴向移动。压盘 7 固定于键槽中，用以限制主、从动盘的位移量，其外侧安装了弹性挡圈 6。活塞 3 装于离合器毂内。复位弹簧 2 一端低于活塞端面，另一端支承在座圈上。

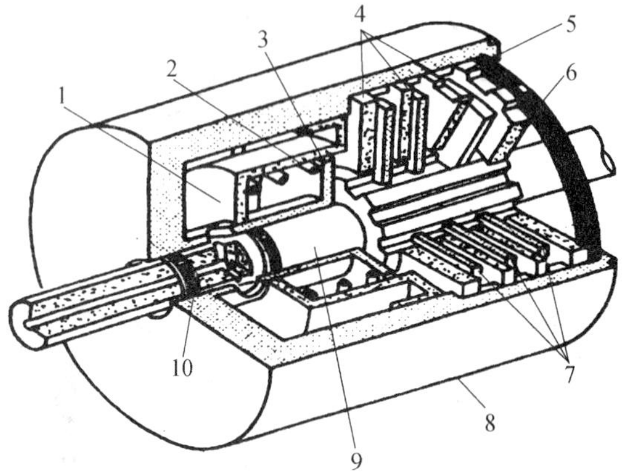

图 11.54 湿式多片离合器总成

1—液压活塞；2—活塞复位弹簧；3—复位弹簧座圈；4—主动片；5—压盘；
6—弹性挡圈；7—从动片；8—离合器毂；9—输入轴；10—密封圈

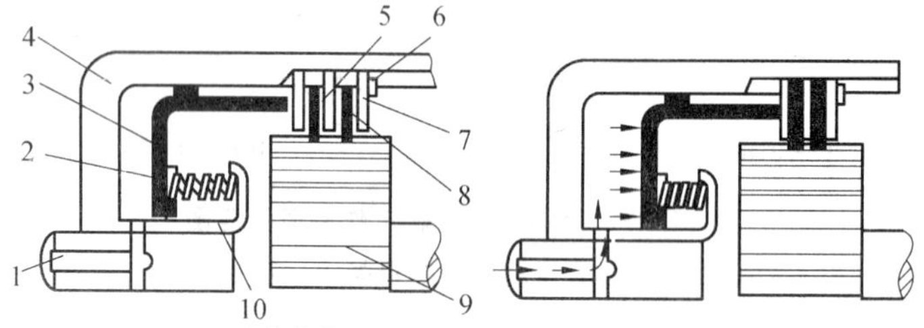

图 11.55 多片式离合器工作原理

1—涡轮轴；2—活塞复位弹簧；3—液压活塞；4—离合器毂；5—主动片；
6—弹性挡圈；7—压盘；8—从动片；9—花键毂；10—复位弹簧座圈

当离合器处于分离状态时，活塞在复位弹簧的作用下处于左极限位置，主、从动片间存在一定间隙。当压力油经油道进入活塞左腔室后，液压力克服弹簧张力使活塞右移，将所有主、从动片依次压紧，离合器接合，该元件成为输入元件。动力经涡轮轴、离合器毂、主动片和花键毂传至行星齿轮机构。油压撤除后，活塞在复位弹簧的作用下复位，离合器分离，动力传递路线被切断。

湿式多片离合器用作锁止元件的典型结构，如福特公司的 C6 自动变速器中的多片离合器。其结构和工作原理与驱动器离合器基本相同，只是与变速器的连接方式有所区别。从动片与离合器毂的键槽相连，离合器毂与变速器壳体等固定元件制成一体。主动片与行星齿轮系统相应元件键连接。当离合器接合时，该元件与变速器壳体固联，成为固定元件，如图 11.56 所示。

离合器处于分离状态时，活塞左端的离合器液压缸内不可避免地残留有少量自动变速器油。当离合器毂随同变速器输入轴或行星排某一元件一起旋转时，残留的自动变速器油在离心力的作用下被甩向液压缸的外缘，并在该处产生一定的油压。若离合器毂的转速较高，则该油压将推动活塞压向离合器片，力图使离合器接合，造成离合器分离不彻底，从而导致钢片和摩擦片间出现不正常的滑动摩擦，导致过量磨损，影响离合器片的使用寿命。为了防止出现这种情况，消除残余的油液压力，在离合器左端的壁面上设有一个带单向球阀的出油口。当接合油压进入活塞油缸时，单向球阀被压在阀座上，因其密封作用，使油缸中的油压升高，如图 11.56(a)所示。当离合器分离时，虽有残余油压作用在单向阀上，但相比之下更大一些的离心力却使球阀离座，在阀座处沿径向外移排出，使离合器彻底分离，如图 11.56(b)所示。

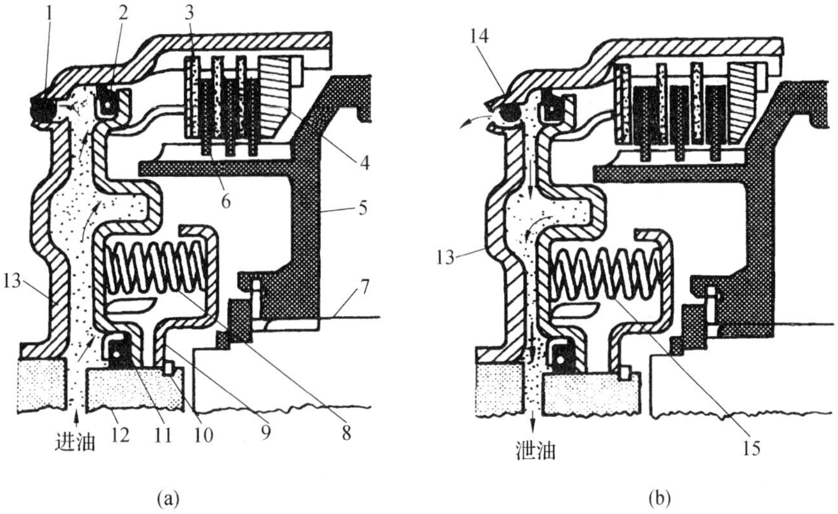

图 11.56 离合器单向阀的作用

1—单向球阀座；2—密封圈；3—与毂花键相连的钢片盘；4—压盘；5—离合器毂；6—与毂花键相连的摩擦片；7—输出轴；8—被压缩复位弹簧；9—复位弹簧座；10—挡圈；11—活塞；12—输入轴；13—离合器毂；14—单向球阀开启；15—张开复位弹簧

(2)制动器。

制动器的功用是将行星排中的太阳轮、齿圈、行星架这三个基本元件之一加以固定。目前最常见的是湿式多片制动器和带式制动器。

①湿式多片制动器。

湿式多片式制动器也称片式制动器，在机构上与湿式多片式离合器没有多大差别。典型多片式制动器如图 11.57 所示，主要由制动毂、活塞组件、复位弹簧、钢片和摩擦片组件等组成。钢片与制动毂连接，此处制动毂就是变速器壳体内槽，钢片可以沿轴向移动但不能转动；摩擦片与制动毂连接，制动毂与行星齿轮机构的某个元件连接，例如，图 11.57 中制动毂和太阳轮制成一体，摩擦片在分离状态下与制动毂一起转动。其基本工作原理如图 11.58 所示，向制动器活塞缸供油时，活塞把制动器的

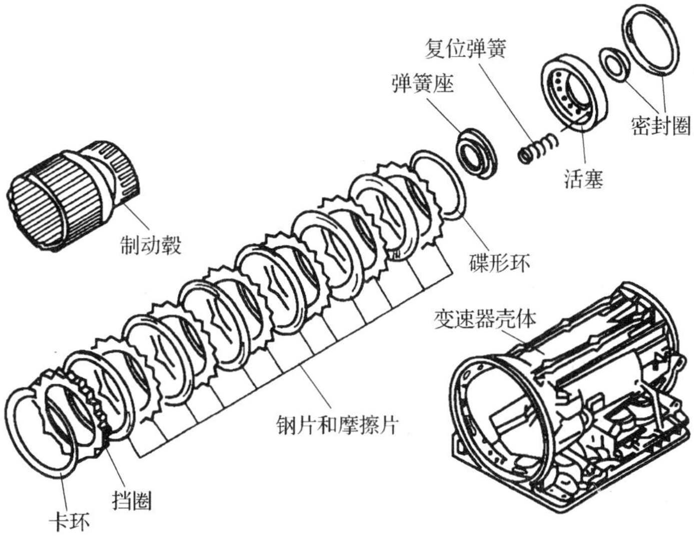

图 11.57 湿式多片式制动器的组成

钢片和摩擦片压紧在一起,处于接合状态,不能转动的钢片使摩擦片制动,从而使制动毂和行星齿轮机构的元件(图中为行星架)也停止转动即制动。油液排出时,复位弹簧使活塞复位,制动器就处于分离状态,制动毂和行星齿轮机构的元件(图中为行星架)就可以转动了。

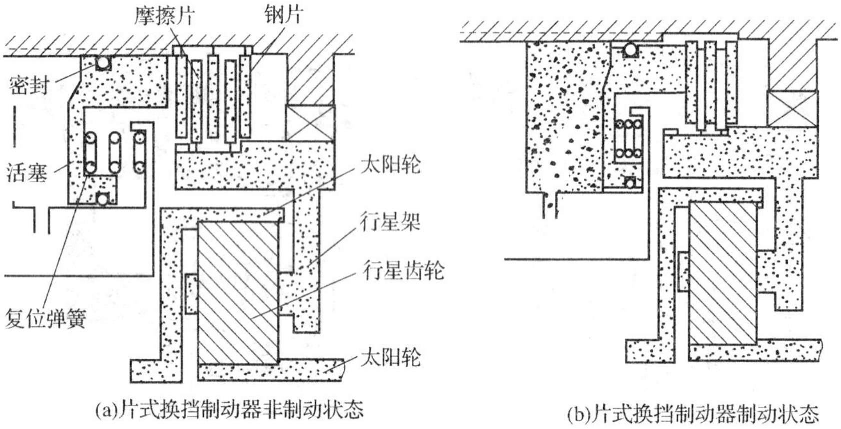

图 11.58　多片式制动器的工作原理示意图

②带式制动器。

带式制动器是执行机构中的锁止元件,由制动带及其伺服装置(控制液压缸)组成。汽车自动变速器中的带式制动器,采用一内敷摩擦材料的制动带包绕在制动毂的外圆表面,制动带的一端固定在变速器壳体上,另一端则通过推杆与制动液压缸中的活塞相连,如图 11.59 所示。

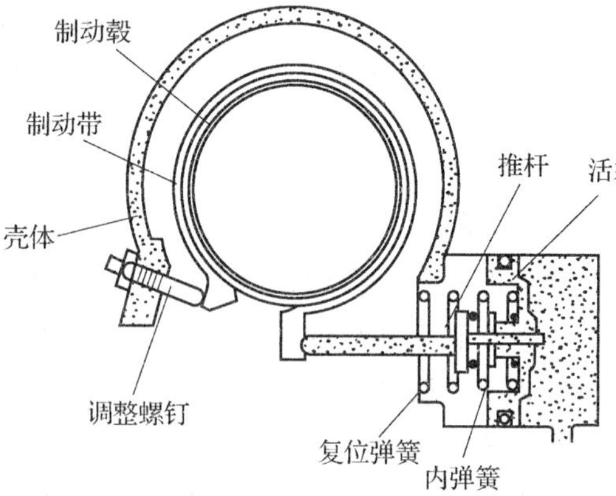

图 11.59　带式制动器的组成和工作原理示意图(非制动状态)

制动时,当液压施加于活塞时,活塞在缸体内移动至左端,压缩复位弹簧,活塞带动推杆移动,推动制动带的一端。因为制动带的另一端固定在变速器壳体上,制动带的直径即减小,因此制动带夹持制动毂,使其不能转动。

因此时制动毂以高速旋转,制动带受到来自制动毂的旋转反作用力。如果活塞和推杆为整体结构,则这个反作用力会使活塞产生振动。为防止这种状况,活塞则通过一内弹簧安装在推杆上。当制动带受到反作用力时,推杆被推回压缩内弹簧缓冲这个反作用力。

解除制动后,制动带与制动毂之间应存在一定间隙,否则会造成制动带和制动毂的过度磨损,影响行星齿轮机构的正常工作。调整该间隙的常见结构有以下两种:①长度可调的推杆;②通过调整螺钉调整长度的杠杆。

(3)单向离合器。

单向离合器也称为单向超速离合器。单向离合器只允许它的内外座圈,沿某一个方向做相对的旋转运动,而另外一个方向则完全卡滞而锁止。若一个座圈固定,锁止时两座圈均不能转动。有时两个座圈都在旋转,那么锁止时两座圈将同速同向旋转。内座圈通常连接行星齿轮机构的元件。与外座圈相连的可以是变速器壳体、制动器的摩擦片或行星齿轮机构的元件,前两种连接情况下单向离合器所起的作用于制动器相同,后者则与离合器的作用相同。

自动变速器中使用较多的是滚柱式和楔块式单向离合器。

①单滚柱式单向离合器。

单滚柱式单向离合器如图 11.60 所示，由内座圈、外座圈、滚动体、弹簧等组成。外座圈内侧加工出楔形切槽，切槽较窄端的尺寸小于滚柱直径，而较宽端的尺寸大于滚柱直径。若外圈固定，当内圈顺时针转动时将滚柱带到楔形切槽的较宽端，内座圈可以自由转动，称为自由状态。当内圈逆时针转动时将滚柱带到楔形切槽的较窄端，内外座圈被滚柱卡紧，使内座圈停止转动，称为锁止状态。单向离合器的锁止或自由状态，取决于内外座圈的转向及转速。

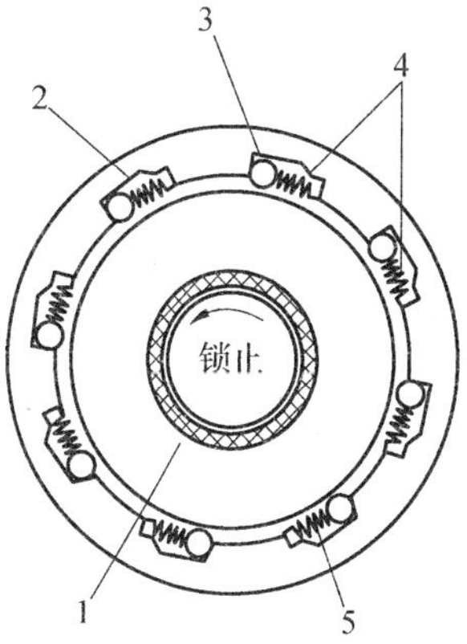

图 11.60　单滚柱式单向离合器

1—内座圈；2—外座圈；3—滚动体；4—弹簧；5—切槽

②楔块式单向离合器。

楔块式单向离合器如图 11.61 所示。当外座圈 4 要按图 11.61(a)中箭头方向转动时，就会推动楔块 2 顶部，由于 $I_1 < l$，楔块就会倾翻，使外座圈转动。但当外座圈要按图 11.61(b)所示朝相反方向转动时，因为 $I_2 > l$，楔块就无法倾翻。这样，楔块起到楔子的作用，锁住外座圈，使其无法转动。另外还安装了定位弹簧 3，使楔块总是朝着锁止外座圈的方向略为倾斜，以加强楔块的锁止功能。

自动变速器换挡执行机构处于频繁工作状态，因此会出现打滑、卡死、烧损等故障，在楔块式单向离合器使用中要注意正确操作，及时维护和修理。

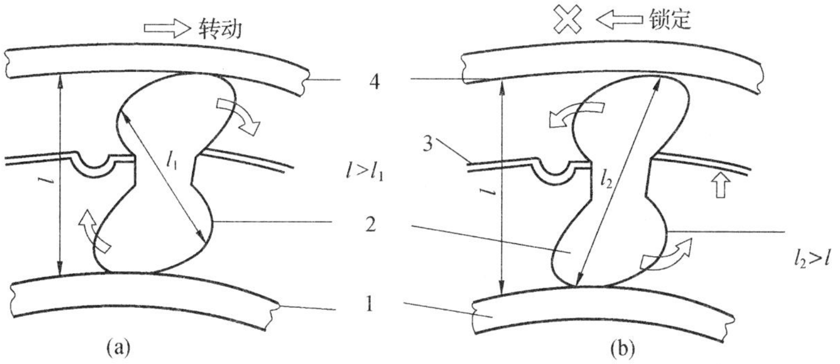

图 11.61　楔块式单向离合器

1—内座圈；2—楔块；3—定位弹簧；4—外座圈

3. 控制机构

控制系统即液压控制系统，或者是电子控制系统与液压控制系统的组合。根据汽车行驶中换挡参数的变化，引导压力油流进或流出特定执行元件的活塞缸，使执行元件产生需要的动作，进而实现自动换挡。大多数自动变速器的液压控制系统，各种控制阀集中在阀体总成上，调速器阀一般在自动变速器输出轴上，如图 11.62 所示。阀体总成由上、下阀体及用以分隔上、下阀体的隔板组成。阀体总成位于自动变速器油底壳内，用螺钉固定在变速器壳体上。电控自动变速器的电磁阀也位于阀体上。不同的自动变速器，液压阀的数目、具体结构形式及其组合的方式也不尽相同，但是基本组成和工作原理大致相同。液控自动变速器液压控制系统的主要元件包括控制手柄及开关、主油路系统中的主调压阀、手动换挡阀、换挡阀、节气门阀、调速阀、蓄能器等，电控自动变速器还包括电磁阀。

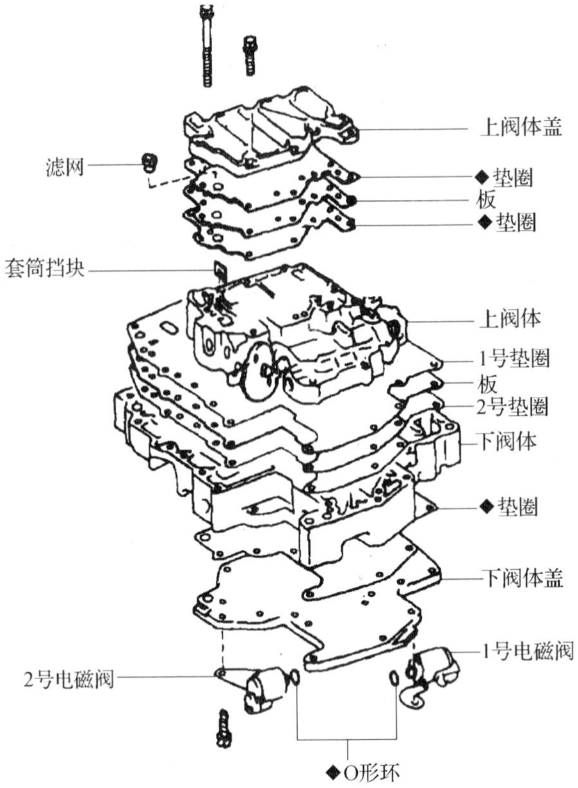

图 11.62　阀体总成

(1)自动变速器操纵手柄。

自动变速器是由驾驶员通过选挡元件进行挡位选择的。选挡元件有按钮式和拉杆式两种类型。按钮式一般布置在仪表板上，拉杆式即通常所称的选挡杆，自动变速器的选挡元件以拉杆式最为常见。选挡杆通过连杆机构或钢索与液压系统控制元件的手控制阀相连，为液压系统提供操纵信号。

自动变速器选挡杆位置的意义与普通变速器有所不同。

轿车自动变速器的选挡杆通常有六个位置，OD OFF 开关的通断控制超速挡，如图 11.63 所示。其功能如下。

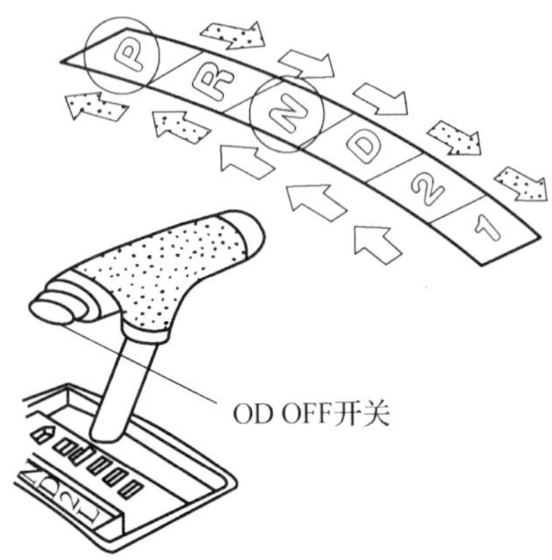

图 11.63　自动变速器选挡杆位置示意图

P 位：驻车挡。选挡杆置于此位置时，驻车锁止机构将自动变速器输出轴锁止。

R 位：倒挡。选挡杆置于此位置时，液压系统倒挡油路被接通，驱动轮反转，实现倒向行驶。

N 位：空挡。选挡杆置于此位置时，所有机械变速器的齿轮机构空转，不能输出动力。

D 位：前进挡。选挡杆置于此位置时，液压系统控制装置根据节气门开度信号和车速信号自动接通相应的前进挡油路，行星齿轮变速器在换挡执行元件的控制下得到相应的传动比。随着行驶条件的变化，在前进挡中自动升降挡，实现自动变速功能。

2 位：高速发动机制动挡。选挡杆置于此位置时，液压控制系统只能接通前进挡中的一、二挡油路，自动变速器只能在这两个挡位间自动换挡，无法升入更高的挡位，从而使汽车获得发动机制动效果。

L 位(也称 1 位)：低速发动机制动挡。选挡杆置于此位置时，汽车被锁定在前进挡的一挡，只能在该挡位行驶而无法升入高挡，发动机制动效果更强。这两个挡位多用于山区等路况的行驶，可避免频繁换挡，提高变速器的使用寿命。

常见的选挡杆的位置可布置在转向柱上或驾驶室地板上，如图 11.64 所示。发动机只有在选挡杆置于 N 或 P 位时，汽车才能启动，此功能靠空挡启动开关来实现。

(2)自动变速器控制开关。

自动变速器除了可用操纵手柄进行换挡控制外，还可以通过操纵手柄上或汽车仪表板上的一些控制开关来进行一些其他的控制。不同车型的自动变速器，控制开关的数量和名称不尽相同，常见的有以下几种。

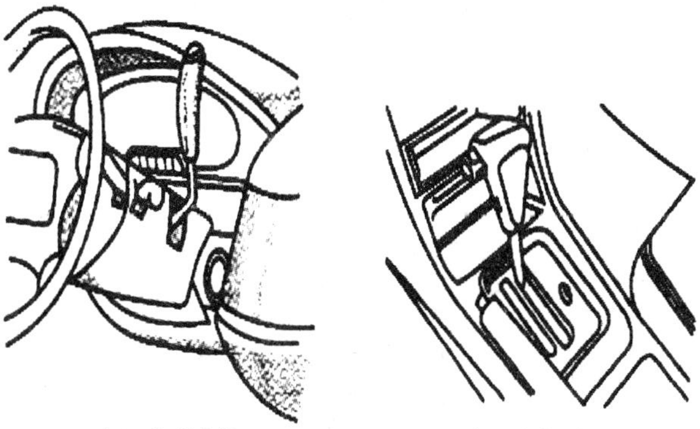

(a)布置在转向柱上　(b)布置在驾驶室地板上

图 11.64　选挡杆的位置

①超速挡开关通常安装在自动变速器变速杆上，由驾驶员控制，使 ECT(电子控制自动变速器)可以或不可以进入超速挡行驶。当该开关接通后，如果相应的条件满足时，ECT 便进入超速挡；当该开关关断后，ECT 在任何情况下都不能换入超速挡。

②模式开关又称程序开关，用于选择自动变速器的控制模式，即选择自动变速器的换挡规律，以满足不同的使用要求。常见的控制模式大致有以下几种：

a. 经济模式。该模式以汽车获得最佳燃油经济性为目标设计换挡规律。当自动变速器在经济模式下工作时，其换挡规律使汽车在行驶过程中，发动机经常在经济转速范围内运行，从而降低了燃油消耗。这种换挡规律，通常当发动机转速相对较低时，就会换入高一挡，即提前升挡。

b. 动力模式。该模式以汽车获得最大动力性为目标设计换挡规律。当自动变速器在动力模式下工作时，其换挡规律使汽车在行驶过程中，发动机经常处在大转矩、大功率范围内运行，从而提高了汽车的动力性能和爬坡能力。通常这种换挡规律，只有发动机转速较高时，才能换入高一挡，即延迟升挡。

c. 普通模式。普通模式的换挡规律介于经济模式与动力模式之间。它使汽车既保证了一定的动力性，又有较好的燃油经济性。

d. 手动模式。该模式让驾驶员可在 1～4 挡之间以手动方式选择合适的挡位，使汽车像装用了手动变速器一样行驶，而又不必像手动变速器那样换挡时必须踩离合器踏板。

e. 雪地模式。该模式适用于在雪地上行驶的方式。当变速杆置于 2 位时，自动变速器保持在二挡工作。而变速杆置于 L 位时，自动变速器保持在一挡工作。若初始位置在二挡，则当车速降至一挡后，不再升挡。

上述控制模式并不是每种电控式自动变速器所必备的，通常自动变速器只具备这些模式中的几项，有些甚至只有一种模式固化于电脑程序中，因而没有模式开关。

11.4.6 典型的自动变速器类型

1. 辛普森式行星齿轮变速器

辛普森式行星齿轮机构是一种双排行星齿轮机构。其结构特点是：前、后两个行星排的太阳轮连接为一个整体，称为共用太阳轮组件；前一个行星排的行星架和后一个行星排的齿圈连接为另一个整体，称为前行星架和后齿圈组件；输出轴通常与前行星架和后齿圈组件连接。经过上述的组合后，该机构成为一种具有四个独立元件的行星齿轮机构。这四个独立元件是：前齿圈及前、后太阳轮组件，后行星架、前行星架和后齿圈组件。根据前进挡的挡数不同，可将辛普森式行星齿轮机构分为辛普森式三挡和四挡行星齿轮机构两种。辛普森机构以其简单、传动效率高以及运转平稳、噪声低等优点而著称，尤其因为其制造成本低而在现代轿车上得到了广泛的应用。

福特 C—6 自动变速器是典型的辛普森式行星齿轮变速器，如图 11.65 所示。其传动原理示意图如图 11.66 所示。太阳轮与高挡/倒挡离合器 C_2 毂之间用花键连接。因此前进挡离合器 C_1 的毂与 C_2 的毂就连成了一个整体。前行星架与后齿圈也连成了一体。单向离合器 F_1 使后行星架顺时针转动而逆时针固定。

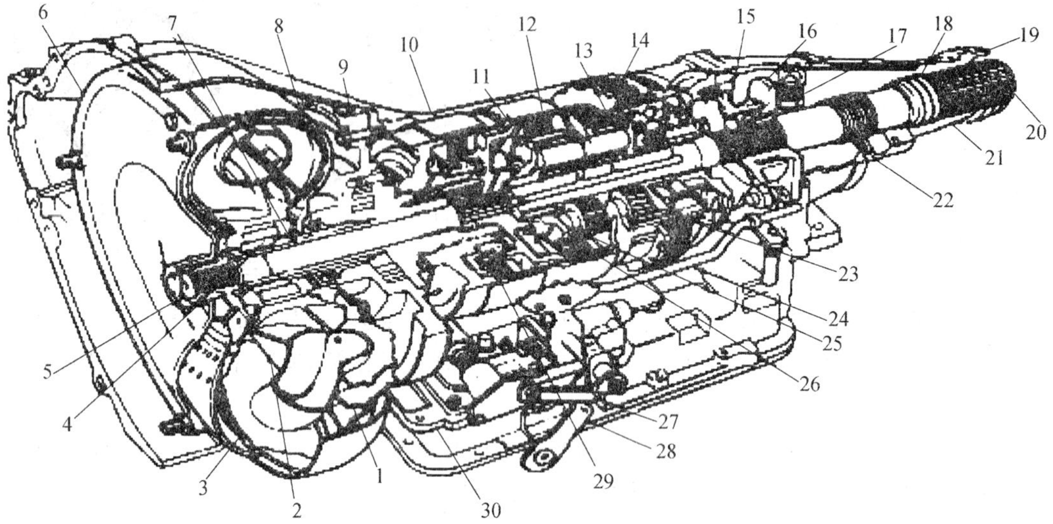

图 11.65　福特 C—6 自动变速器

1—泵轮；2—导轮；3—涡轮；4—变矩器单向离合器；5—输入轴；6—变矩器；7—输入轴；8—油泵；9—壳体；10—中间挡制动带；11—驱动套；12—前进挡离合毂和齿圈；13—倒挡齿圈；14—低挡/倒挡离合器；15—速度阀分配器套；16—集油环；17—速度阀；18—花键油封；19—加长壳油封；20—输出轴；21—加长壳；22—里程表驱动齿轮；23—倒挡行星架；24—驻车爪驱动杆；25—前进挡行星架；26—前进挡离合器；27—降挡杠杆；28—手动杠杆；29—倒挡和高挡离合器；30—控制阀体

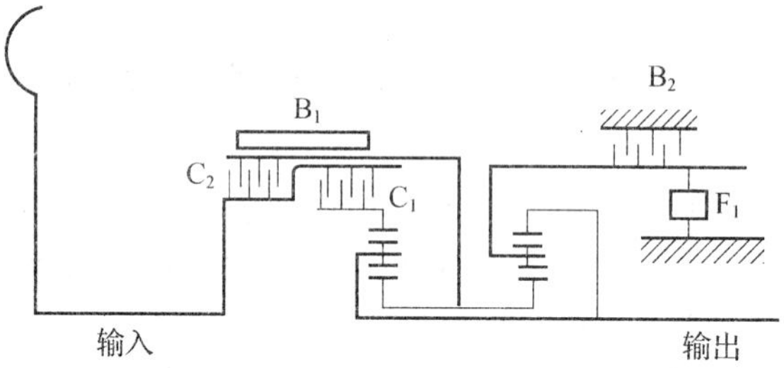

图 11.66　福特 C—6 自动变速器传动原理示意图

C_1—前进挡离合器；C_2—高挡/倒挡离合器；B_1—中间挡制动带；
B_2—低挡/倒挡制动器；F_1—单向离合器

福特 C—6 自动变速器可实现一个空挡、三个前进挡和一个倒挡。图 11.69 所示为福特 C—6 自动变速器各挡传动路线示意图。

处于驾驶挡“一挡”时，如图 11.67(a)所示，执行元件 C_1 和 F_1 起作用。输入轴顺时针转动将动力传到 C_1，因 C_1 接合将动力传到前齿圈，前齿圈顺时针转动驱动前行星齿轮顺时针转动。该挡位是起步挡，与输出轴相连的前行星架和后齿圈可以假想地看成是固定的。这时前行星齿轮就驱动太阳轮逆时针转动。前、后两个太阳轮是一个整体，故太阳轮驱动后行星轮顺时针转动；F_1 将后行星架固定，后行星轮将动力传到后齿圈，当输入的动力足以克服阻力时齿圈带动输出轴转动而汽车起步。太阳轮不是自由空转，前行星架也有动力输出。

处于驾驶挡“二挡”时，如图 11.67(b)所示，执行元件 C_1 和中间挡制动带 B_1 起作用。输入轴顺时针转动将动力传到 C_1，由于 C_1 接合将动力传到前齿圈，前齿圈顺时针转动驱动前行星轮顺时针转动；

B_1 将太阳轮固定，在太阳轮固定时前行星轮的自转与公转方向相同，前行星架与前行星轮的转动相一致，即前行星架顺时针转动而输出。

处于驾驶挡“3 挡”时，如图 11.67(c)所示，执行元件 C_1 和 C_2 起作用。输入轴顺时针转动将动力传到 C_1，C_2 接合将动力传到前齿圈，同时 C_2 接合将动力传到太阳轮。此时行星齿轮机构锁止成为一个整体，即直接挡，传动比 $i=1$。

处于手动低挡“一挡”时，如图 11.67(d)所示，执行元件 C_1 和 B_2 起作用。传动原理和驾驶挡“一挡”相似，不同之处在于此处低挡/倒挡制动器 B_2 固定后行星架，下长坡时可以利用发动机制动功能。

倒挡时，如图 11.67(e)所示，执行元件 C_2 和 B_2 起作用。输入轴顺时针转动将动力传到 C_2，C_2 接合将动力传到太阳轮，太阳轮顺时针转动驱动后行星轮逆时针自转。B_2 接合固定后行星架，逆时针转动的后行星轮驱动后齿圈逆时针转动而输出。

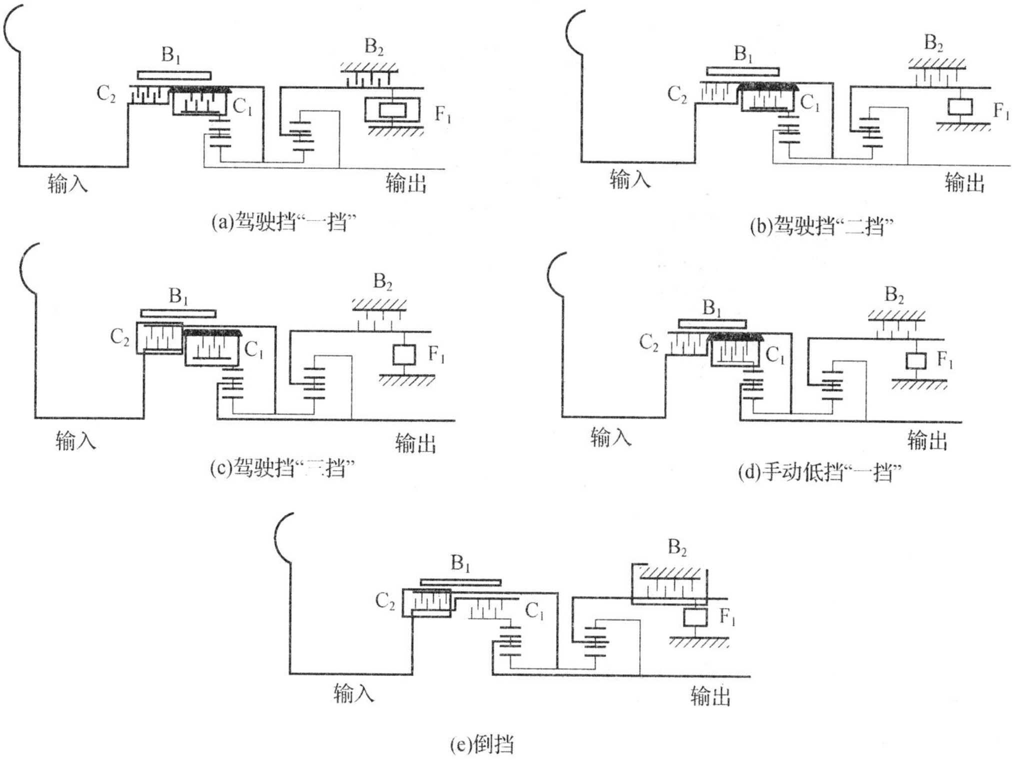

图 11.67 福特 C—6 自动变速器各挡传动路线示意图

2.拉威挪式行星齿轮变速机构

拉威挪式行星齿轮机构与辛普森式行星齿轮机构齐名，比普森式行星齿轮机构更紧凑。从 20 世纪 70 年代起，被奥迪、福特、马自达等公司使用在轿车自动变速器中，特别是用于前轮驱动车型。拉威挪式行星齿轮机构也采用双行星排组合，如图 11.68 所示。其结构特点是：两行星排具有公共行星架和齿圈，前太阳轮 2、短行星齿轮 4、长行星齿轮 5、行星架 3 及齿圈 6 组成一个双行星轮式行星排，后太阳轮 1、长行星齿轮、行星架及齿圈组成一个单行星轮式行星排，因此，它具有四个独立元件，即前太阳轮、后太阳轮、行星架和齿圈。

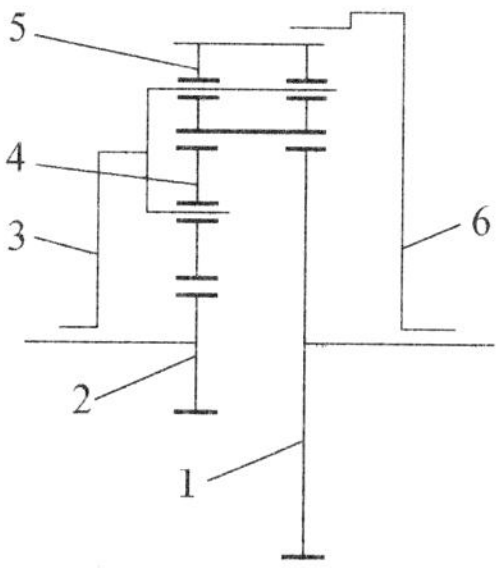

图 11.68 拉威挪式行星齿轮机构

1—后太阳轮；2—前太阳轮；3—行星架；4—短行星齿轮；5—长行星齿轮；6—齿圈

拉威挪式四挡行星齿轮变速器中有八个执行元件，即四个离合器、两个制动器和两个单向离合器，构成具有超速挡的四个前进挡和一个倒挡的行星齿轮变速器(图 11.69(a))。布置简图如图 11.69(b)所示。各挡执行元件的工作情况见表11.1。

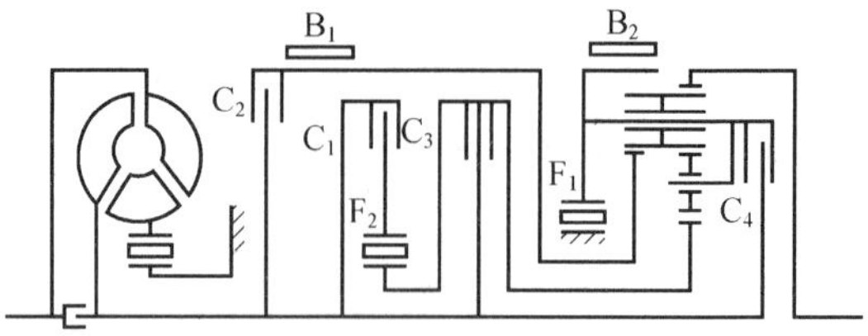

(a)传动原理图

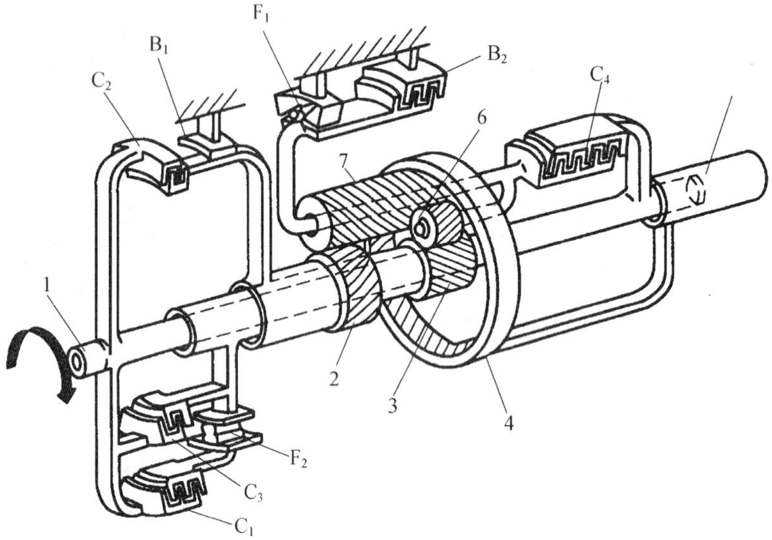

(b)布置简图

图11.69 拉威挪式四挡行星齿轮变速器

1—输入轴;2—前太阳轮;3—后太阳轮;4—齿圈;5—输出轴;6—短行星齿轮;
7—长行星齿轮;C_1—前进离合器;C_2—倒挡离合器;C_3—前进强制离合器;C_4—高挡离合器;
B_1—二挡及四挡制动器;B_2—低挡及倒挡制动器;F_1—低挡单向离合器;F_2—前进单向离合器

表11.1 拉威挪式四挡行星齿轮变速器挡位与执行元件工作关系表

操纵手柄位置	挡位	换挡执行元件							
		C_1	C_2	C_3	C_4	B_1	B_2	F_1	F_2
D	一挡	○						○	○
	二挡	○				○			○
	三挡	○			○				○
	超速挡	●			○	○			
R	倒挡		○				○		
S、L或2、1	一挡			○			○		
	二挡			○		○			
	三挡			○	○				

注:○—元件工作;●—元件接合或制动,但不传递动力

3.非行星齿轮机构

汽车液力自动变速器绝大多数是采用行星齿轮变速器，也有一些车型采用平行轴式变速器，如本田(HONDA)汽车和部分福特(FORD)汽车等。

本田 ACCORD 自动变速器如图 11.70 所示。其结构原理如图 11.71 所示。其特点是采用常啮合斜齿轮和直齿轮，齿轮布置情况与手动变速器相似。

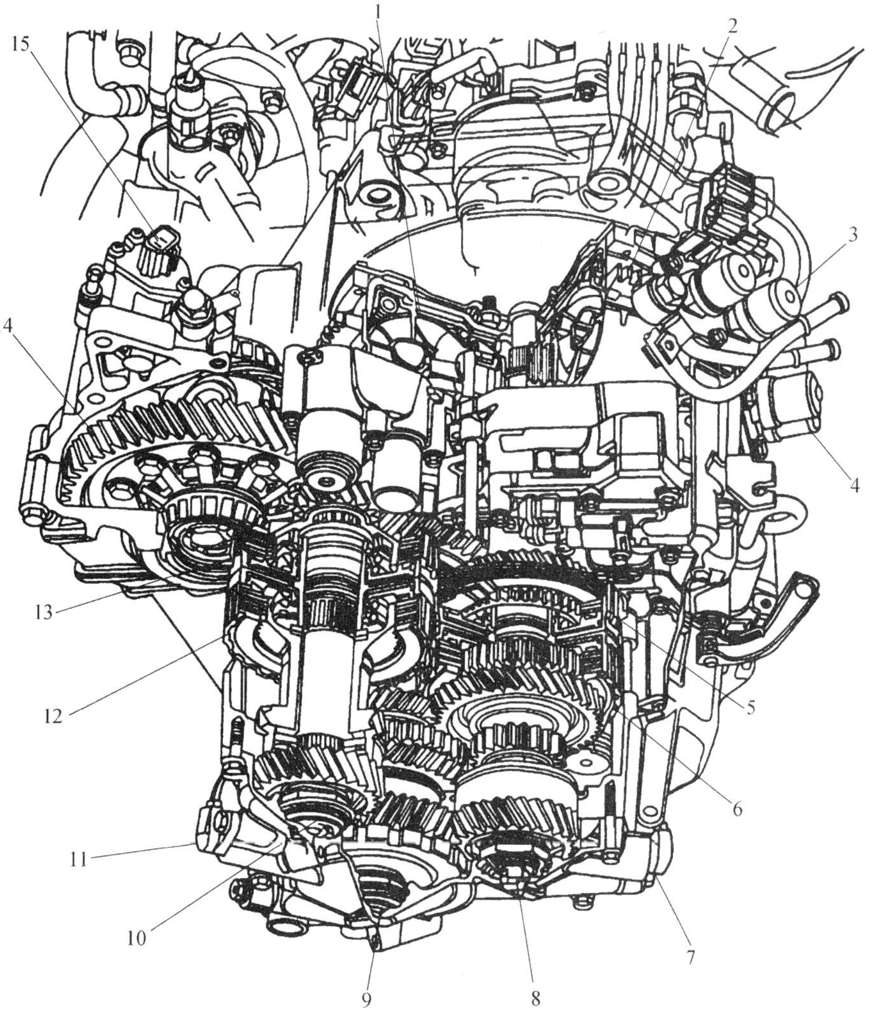

图 11.70　本田 ACCORD 自动变速器

1—液力变矩器；2—环齿轮；3—锁定控制电磁阀组合；4—变速控制电磁阀组合；5—三挡离合器；6—四挡离合器；7—主轴转速传感器；8—主轴；9—副轴；10—辅助轴；11—副轴转速传感器；12—二挡离合器；13—一挡离合器；14—主减速器差速齿轮组合；15—车速传感器

这种变速驱动桥有三根互相平行的轴，即第一轴、中间轴和第二轴。第一轴作为输入轴，变矩器的蜗轮和锁止离合器将动力传到第一轴。中间轴是输出轴。通过液压控制的离合器把不同的齿轮副锁定在轴上，可实现四个前进挡、一个倒挡和一个空挡。倒挡通过一个拨叉拨动倒挡接合套来实现。

有四个多片离合器和一个单向离合器，控制倒挡离合器的伺服阀也是一个换挡执行元件。执行元件根据其作用命名为：第一挡离合器、第一挡锁定离合器、第二挡离合器、第三挡离合器、第四挡离合器及单向离合器，还有一个倒挡接合套也可以看成是执行元件。离合器的内毂与空套在轴上的齿轮连接，外毂与轴连接。当离合器作用接合时，齿轮将随它的轴一起转动，并传递动力。单向离合器的作用是，中间轴第一挡齿轮相对于中间轴逆时针转动则锁止，顺时针可以自由转动。中间轴相对于中间轴第一挡齿轮逆时针可以自由转动，顺时针则锁止。

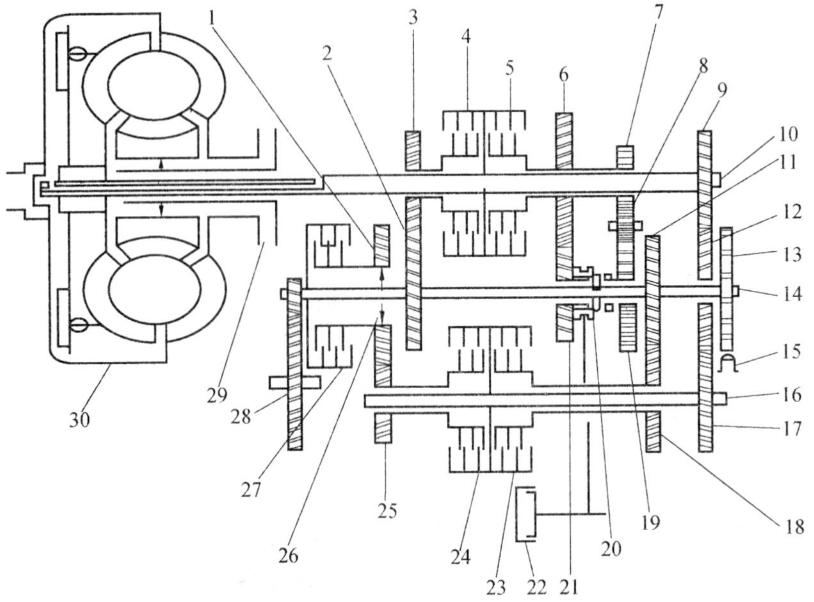

图 11.71 本田 ACCORD 自动变速器结构原理示意图

1—副轴一挡齿轮;2—副轴三挡齿轮;3—主轴三挡齿轮;4—三挡离合器;5—四挡离合器;6—主轴四挡齿轮;7—主轴倒挡齿轮;8—倒挡惰轮;9—主轴惰轮;10—主轴;11—副轴二挡齿轮;12—副轴惰轮;13—停车齿轮;14—副轴;15—驻车锁销;16—辅助轴;17—辅助轴惰轮;18—副轴二挡齿轮;19—副轴倒挡齿轮;20—倒挡滑套;21—副轴四挡齿轮;22—伺服油缸;23—二挡离合器;24——挡离合器;25—辅助轴一挡齿轮;26—单向离合器;27——挡固定离合器;28—最终驱动齿轮;29—油泵;30—液力变矩器

第一挡锁定离合器的作用是在手动低挡时可以利用发动机制动功能。

以驾驶挡一挡为例说明动力传递路线,执行元件第一挡离合器和单向离合器起作用,发动机的动力通过蜗轮轴传到第一轴(顺时针),第三挡离合器和第四挡离合器未接合,第一轴第三挡齿轮、第一轴第四挡齿轮、第一轴倒挡齿轮处于空转状态,动力只通过第一轴惰轮(顺时针)传到中间轴惰轮(逆时针)。中间轴惰轮空套在中间轴上并不能驱动中间轴输出,而是驱动第二轴惰轮(顺时针),再驱动第二轴(顺时针)。第一挡离合器接合带动第二轴第一挡齿轮(顺时针),驱动中间轴第一挡齿轮(逆时针)。此时单向离合器锁止,中间轴第一挡齿轮(逆时针)使中间轴及输出齿轮将动力输出(逆时针),再驱动主减速器齿轮(顺时针)。其他挡位与此相似。

本田 ACCORD 自动变速器各挡工作情况归纳见表 11.2。

表 11.2 本田 ACCORD 自动变速器各挡的工作情况

排挡位置 \ 零件		扭力转换器	一挡齿轮二挡固定离合器	一挡齿轮一挡离合器	一挡齿轮单向离合器	一挡齿轮单向离向器	三挡齿轮三挡离合器	四挡		倒挡齿轮	停车齿轮
								齿轮	离合器		
P		○	×	×	×	×	×	×	×	×	○
R		○	×	×	×	×	×	×	○	○	×
N		○	×	×	×	×	×	×	×	×	×
D_4	一挡	○	×	○	○	×	×	×	×	×	×
	二挡	○	×	*○	×	○	×	×	×	×	×
	三挡	○	×	*○	×	×	○	×	×	×	×
	四挡	○	×	*○	×	×	×	○	○	×	×

续表 11.2

排挡位置 \ 零件	扭力转换器	一挡齿轮二挡固定离合器	一挡齿轮一挡离合器	一挡齿轮单向离合器	一挡齿轮单向离向器	三挡齿轮三挡离合器	四挡 齿轮	四挡 离合器	倒挡齿轮	停车齿轮
一挡	○	×	○	○	×	×	×	×	×	×
二挡	○	×	*○	×	○	×	×	×	×	×
三挡	○	×	*○	×	×	○	×	×	×	×
2	○	×	○	×	○	×	×	×	×	×
1	○	○	○	○	×	×	×	×	×	×

注：○—动作；×—不动作；*—虽然一挡离合器啮合，但单向离合器滑动时驱动力并未传输

11.4.7 其他类型自动变速器

1. 金属带式无级变速器

金属带式无级传动(Continously Variable Transmission，CVT)，变速器称为 VDT－CVT。图 11.72 所示为金属带式无级变速器的结构。这种变速器具有工作可靠、寿命长、效率高且噪声低等优点。

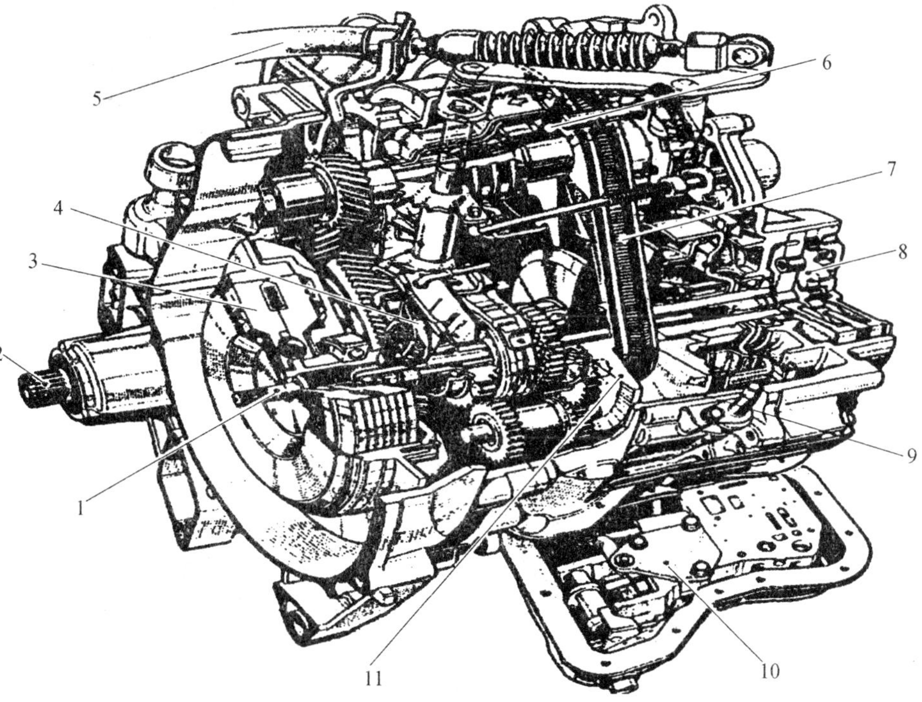

图 11.72 金属带式无级自动变速器结构

1—输入轴；2—半轴；3—电磁离合器；4—电刷架；5—换挡软轴；6—从动带轮；7—金属带传动；8—油泵；9—换挡机构；10—液压控制阀；11—主动带轮

(1)CVT 的组成及工作原理。

图 11.73 所示为金属带式无级变速器结构原理示意图。它由金属带、工作轮、液压泵、起步离合器和控制系统等组成。

金属带由多个金属片和两组金属环组成，如图 11.74 所示。每个金属环的厚度为 1.4 mm。它在两侧工作轮挤压力的作用下传递动力。每组金属环由数片厚为 0.18 mm 的带环叠合而成。在动力

传递过程中，它正确地推动和引导金属片的运动。

变速系统中的主、从动工作轮由固定部分 4a 及 7a 与可动部分 4 及 7 组成，工作轮的固定部分和可动部分间形成 V 形槽，金属带 10 在槽内与它啮合。当主、从动工作轮的可动部分作轴向移动时，即可改变传动带与工作轮的啮合半径，从而改变传动比。工作轮可动部分的轴向移动是根据汽车的行驶工况，通过控制系统进行连续地调节而实现的无级变速传动。其动力传递是由发动机飞轮 1 经离合器 2 传到主动工作轮、金属带、从动工作轮后，再经中间减速齿轮机构和主减速器，最后传给驱动轮。由此可见，该系统使汽车具有无级自动变速传动的功能。

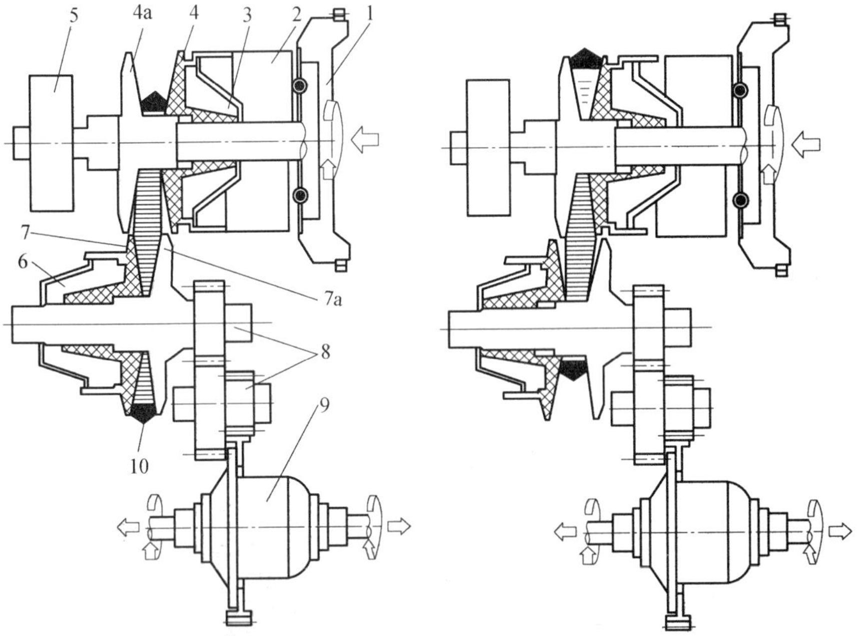

图 11.73　金属带式无级变速器结构原理示意图

1—发动机飞轮；2—离合器；3—主动工作轮液压控制缸；4—主动工作轮可动部分；4a—主动工作轮固定部分；5—液压泵；6—从动工作轮液压控制缸；7—从动工作轮可动部分；7a—从动工作轮固定部分；8—中间减速器；9—主减速器与差速器；10—金属带

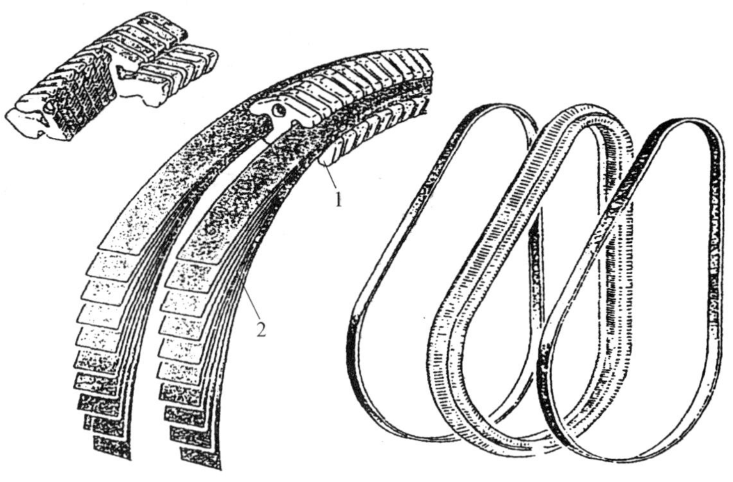

图 11.74　金属带

1—金属片；2—金属环

(2)控制方式。

CVT 的控制系统一般有机械液压控制系统和电子液压控制系统两种。

CVT 的机械液压控制系统工作原理示意图如图 11.75 所示。当驾驶员踩下加速踏板,通过柔性钢索 1 带动换挡凸轮 2 转动,控制速比控制阀 3。由发动机驱动的液压泵 8 将压力油输送给主压力控制阀 9。控制阀 9 根据工作轮位置传感器 4 的液压信号,控制速比控制阀 3 中油液的压力,从而控制主、从动工作轮可动部分的压缸中油液的压力,以调节金属带与工作轮的工作半径,实现无级自动变速。

CVT 的电子液压控制系统工作原理示意图如图 11.76 所示。系统中包括电磁离合器的控制和主、从动带轮的传动比控制。传动比由发动机节气门信号和主动带轮转速所决定。电子制单元(ECU)根据发动机转速、车速、节气门开度和换挡控制信号等控制主、从动带上伺服液压缸的压力,使主、从动工作轮的可动部分轴向移动,改变金属带与工作轮间的工作半径,从而实现无级变速。

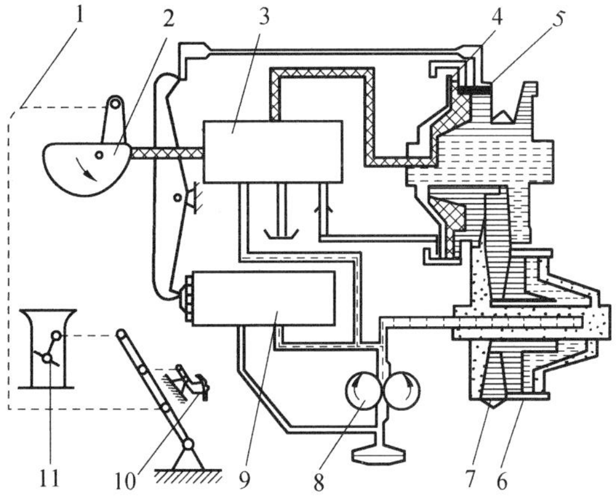

图 11.75　CVT 的机械液压控制系统工作原理示意图

1—钢索;2—换挡凸轮;3—速比控制阀;4—工作轮位置传感器;5—主动工作轮液压缸;6—从动工作轮液压缸;7—金属带;8—液压泵;9—主压力控制阀;10—加速踏板;11—节气门

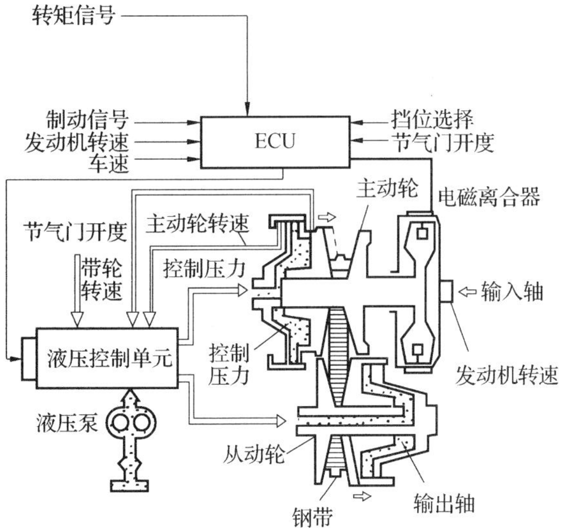

图 11.76　CVT 的电子液压控制系统工作原理示意图

(3)典型实例。

图 11.77 所示为双状态无级变速传动系统。该装置是采用 CVT 与综合式液力变矩器组成的组合式无级变速传动系统。所谓双状态,是指当起步和低速时液力变矩器工作,当速度增加至变矩器耦合点工况时,转换到 CVT 传动,此时变矩器转换成耦合器工况下工作。这种先为液力无级变速,后转为纯机械无级变速(CVT)的组合,称为双状态无级变速传动。

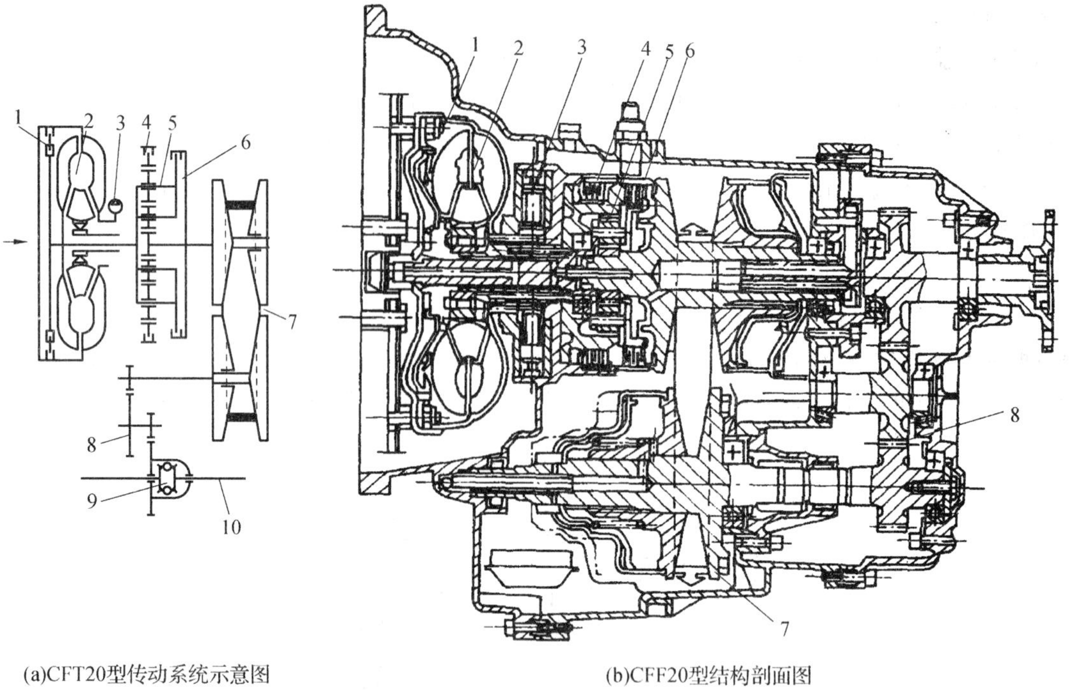

图 11.77 双状态无级变速传动系统

1—锁止离合器;2—液力变矩器;3—液压泵;4—前进挡离合器;5—行星齿轮机构;6—倒挡离合器;
7—金属带无级变速器(VDT—CVT);8—减速齿轮;9—差速器;10—半轴

该系统的动力传动路线是:发动机动力经液力变矩器2(或锁止离合器1)、行星齿轮机构5、VDT-CVT 7、减速齿轮8、差速器9、半轴10,最后传给驱动轮。

该种组合的优点是在传动比7∶1范围内,效率可提高30%;在不降低起步、爬坡等性能的条件下,主减速比i_0可相应降低30%,所以即使在公路上行驶,仍可提高燃油经济性5%~9%;因系统中采用液力变矩器,起步特别平顺。

2.双离合器自动变速器

双离合器自动变速器也称直接换挡变速器(Direct Shift Gearbox,DSG),也被统称为DCT(Dual Clutch Transmission)。它是基于手动变速器发展而来的。其工作原理是将变速器挡位按奇、偶数分开布置,分别与两个离合器连接,通过切换两个离合器的工作状态,就可以完成换挡动作。它既具有手动变速器的高传动效率,又具有自动变速器的舒适性、易用性。装备DSG变速器的汽车可获得更好的燃油经济性、动力性以及更高的车速,而其城市工况和综合工况油耗几乎与搭载手动挡变速器的车型相同。

根据双离合器形式不同,DCT分为湿式和干式两种类型。

(1)湿式双离合自动变速器。

湿式双离合自动变速器的摩擦片浸没在变速器油中,利用油压进行传动,离合器工作环境全封闭,避免外界湿度、粉尘及内部机油的影响,工作性能更加稳定。由于湿式离合器摩擦副间有油膜,接合过程为混合摩擦状态,接合过程平顺。湿式离合器冷却散热效果好,特别是在频繁接合和半接合工况,使用寿命一般为干式离合器的3~4倍,但湿式离合器结构比较复杂,价格高于干式离合器。

图11.78为六速DCT双离合器变速器构造剖视图,六速DCT双离合器自动变速器采用"湿式"双离合器,双离合器为一大一小两组同轴安装在一起的多片式离合器,分别连接一、三、五挡以及倒挡和二、四、六挡齿轮。"湿式"是指双离合器安装于一个充满液压油的封闭油腔里。这种"湿式"结构具有更好的调节能力和优异的热容性。

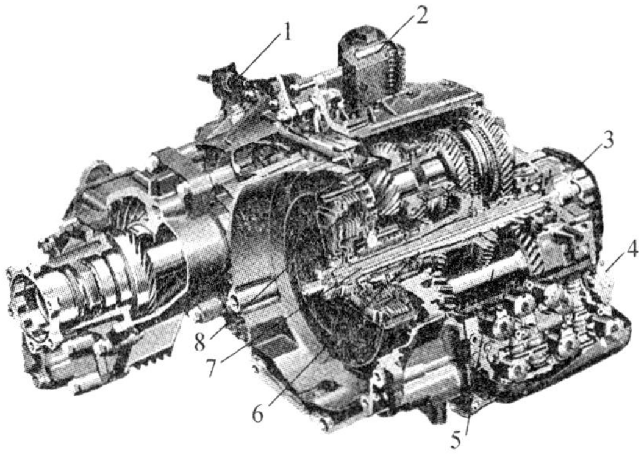

图 11.78　六速 DCT 双离合器变速器

1—换挡机构；2—机油冷却器；3—油泵；4—控制单元；5—倒挡轴；6—输入轴(二、四、六挡)；7—输入轴(一、三、五挡及倒挡)；8—湿式双离合器

(2)干式双离合自动变速器。

干式双离合自动变速器直接利用摩擦片进行传动，响应速度快，传动效率高，燃油经济性好。但干式离合器只能轴向布置，结构简单但尺寸较大，所能承受的扭矩较小，一般只能承受 250 N·m 以下的扭矩。

图 11.79 为七速 DCT 双离合器变速器构造剖视图，通过从动盘上的干式摩擦片来高效传递扭矩。

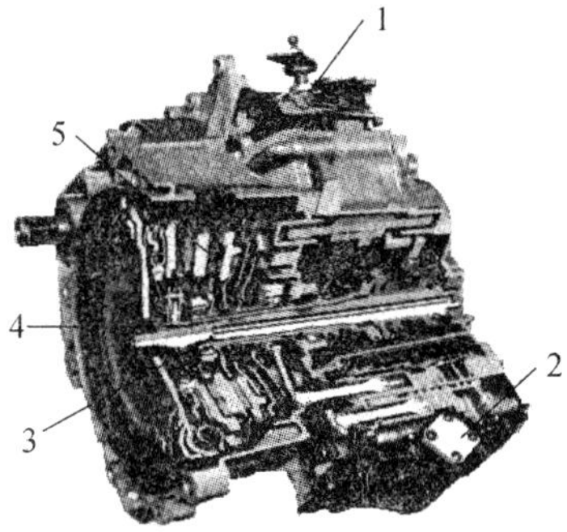

图 11.79　七速 DCT 双离合器变速器

1—换挡机构；2—控制单元；3—输入轴(二、四、六挡及倒挡)；4—输入轴(一、三、五、七挡)；5—干式双离合器

(3)DCT 应用典型实例。

沃尔沃 S40 采用 Powershif 湿式双离合器，如图 11.80 所示，可以将动力输送给六个挡位中的任何一个，由电脑控制的离合器根据汽车速度和转速对驾驶员的换挡意图做出判断，可以预选择下一挡位，从而实现挡位的快速切换。由于换挡时间不高于 0.2 s，因此不会存在长时间的换挡延迟和顿挫，大大提升了变速器传动的效率，对于动力传输更加直接，且更加经济。

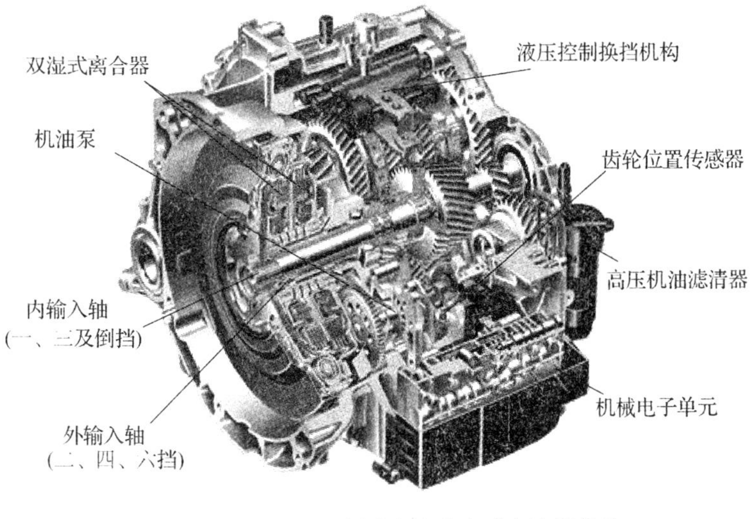

图 11.80　Powershif 湿式双离合自动变速器结构

任务 11.5 万向传动装置

11.5.1 万向传动装置的功用

万向传动装置的功用:连接具有轴间夹角和相对位置经常发生变化的两条转轴,并传递动力。

在现代汽车的总体布置中,发动机、离合器和变速器(对于前置发动机前轮驱动形式,主减速器、差速器和变速器装在一个壳体内)连成一体固装在车架上,而车轮装在车桥两端的轴头上,车桥通过弹性悬架与车架连接。由此可见,当汽车行驶时,悬架的跳动会造成变速器与主减速器(或主减速器与驱动轮)之间的相对位置(距离、夹角)发生变化,即上述传动装置的输出轴与输入轴之间的距离、夹角会发生变化,因此不可能刚性连接,必须安装万向传动装置。图 11.81 所示为在汽车中最常见的应用,即位于变速器与驱动桥之间的万向传动装置。

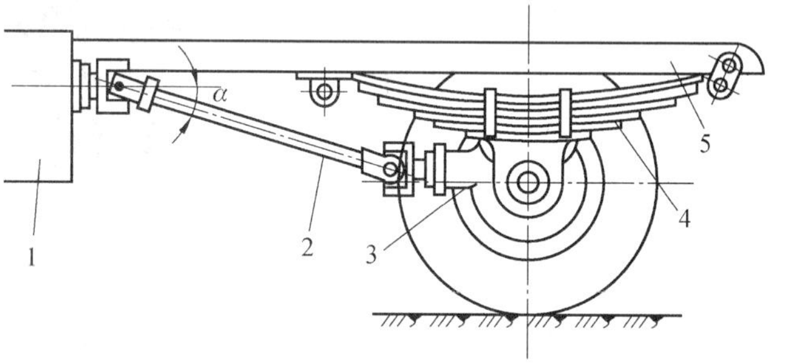

图 11.81 变速器与驱动桥之间的万向传动装置

1—变速器;2—万向传动装置;3—驱动桥;4—后悬架;5—车架

11.5.2 万向传动装置的组成及应用

1.万向传动装置的组成

万向传动装置一般由万向节和传动轴两部分组成,如图 11.82 所示。当动力传递距离较远时,为了减小弯曲变形,提高传动轴的刚度和极限转速,常将传动轴分成两段或三段,并设置中间支承。

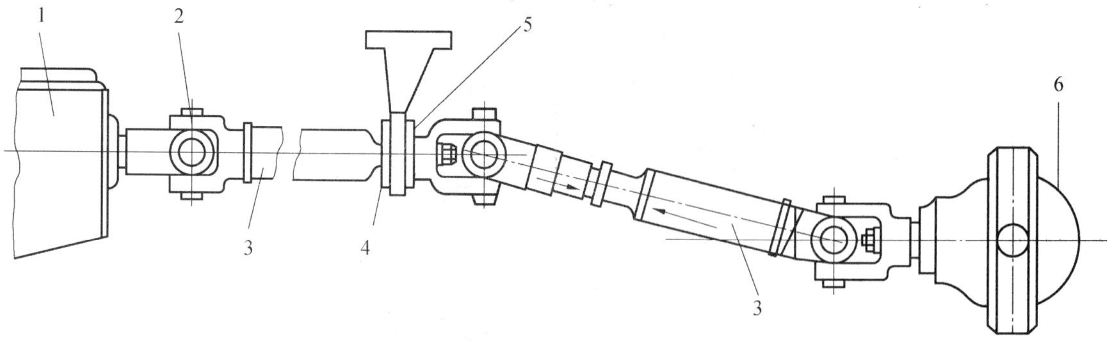

图 11.82 万向传动装置的组成

1—变速器;2—万向节;3—传动轴;4—球轴承;5—中间支承;6—驱动桥

2.万向传动装置的应用

万向传动装置在汽车上的应用主要有以下几个方面。

(1)变速器与驱动桥之间(4×2 汽车)

如图 11.83 所示，一般情况下汽车的变速器、离合器与发动机三者装合为一体，装在车架上，驱动桥通过悬架与车架相连。负荷变化或汽车在不平路面行驶时引起的跳动，会使驱动桥输入轴与变速器输出轴之间的夹角和距离发生变化，因此需安装万向传动装置。

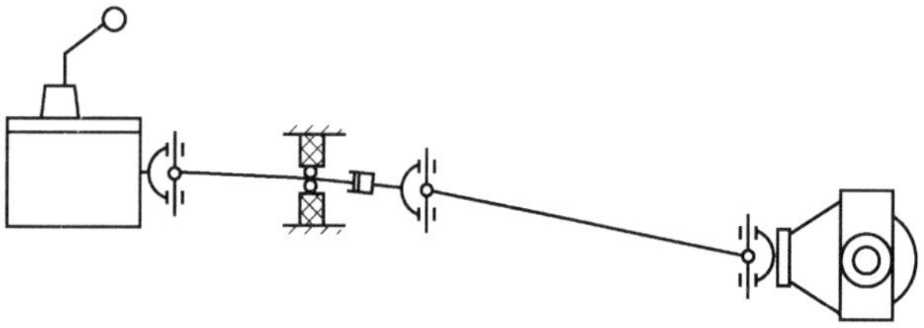

图 11.83 变速器与驱动桥之间的万向传动装置

(2)越野车变速器与分动器、分动器与驱动桥之间

如图 11.84 所示，为消除车架变形及制造、装配误差等引起的轴线与轴度误差对动力传递的影响，在越野车变速器与分动器、分动器与驱动桥之间需装有万向传动装置。

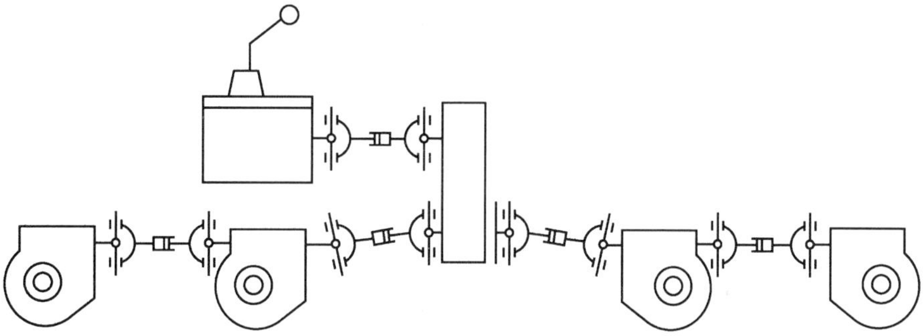

图 11.84 变速器与分动器、分动器与驱动桥之间的万向传动装置

(3)转向驱动桥的内、外半轴之间。

如图 11.85 所示，转向时两段半轴轴线相交且夹角变化，因此要用万向节连接。

(4)断开式驱动桥的半轴之间。

如图 11.86 所示，主减速器壳在车架上是固定的，桥壳上、下摆动，半轴是分段的，因此需用万向节。

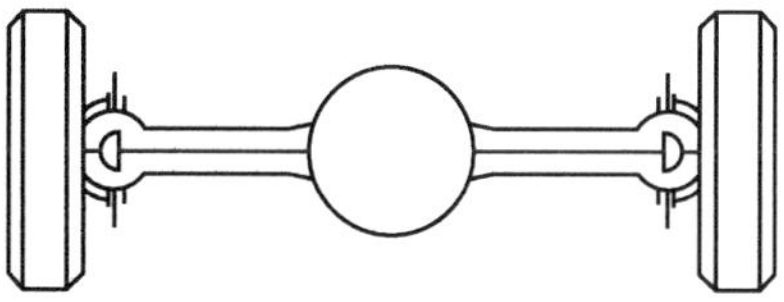

图 11.85 转向驱动桥内、外半轴之间的万向传动装置

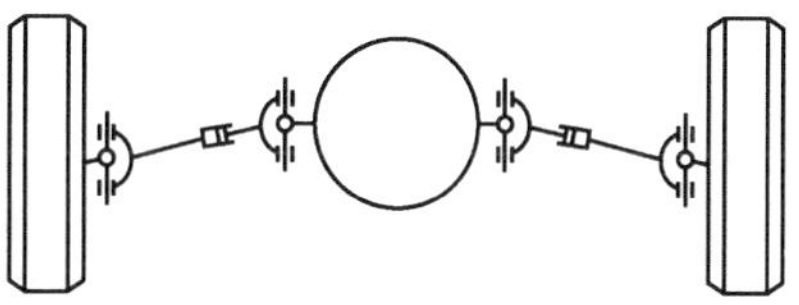

图 11.86 断开式驱动桥半轴之间的万向传动装置

(5)转向机构的转向轴和转向器之间。

如图 11.87 所示，为满足转向机构总体布置的要求，有些汽车将转向轴断开，在转向轴之间、转向轴与转向器之间安装万向传动装置。

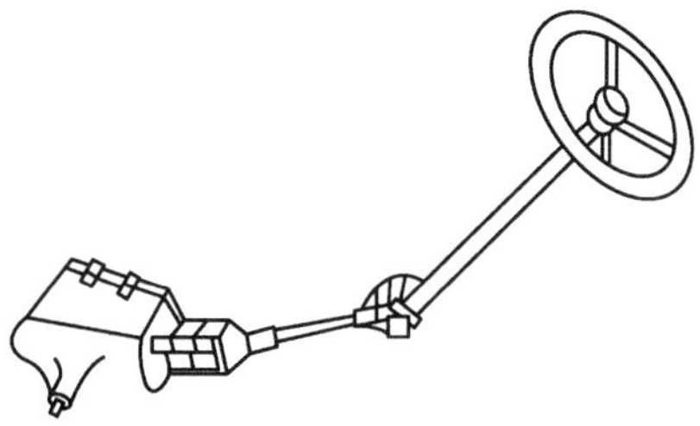

图 11.87 转向机构的转向轴和转向器之间的万向传动装置

11.5.3 万向节

万向节是一种用来连接两根具有一定夹角的转动轴并传递动力的元件。万向节按传递动力过程中输入、输出转速特性的不同,可分为不等速万向节(常用的为十字轴式万向节)、准等速万向节(常用的有双联式万向节和三销轴式万向节)和等速万向节(常用的为球叉式万向节和球笼式万向节等)三类;按受力时零件的变形不同,可分为刚性万向节和柔性万向节两类。

目前在汽车上应用较多的是十字轴式刚性万向节和等速万向节。十字轴式刚性万向节主要用于发动机前置后轮驱动的变速器与驱动桥之间;等角速万向节主要用于发动机前置前轮驱动的内、外半轴之间。

1. 不等速万向节

目前,常用的不等速万向节为十字轴式刚性万向节,如图 11.88 所示。它应用广泛,允许相邻两轴的最大夹角为 15°~20°。

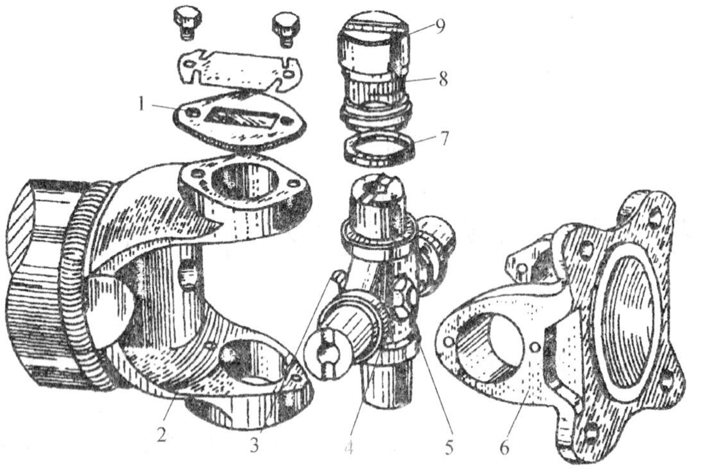

图 11.88　十字轴式刚性万向节

1—轴承盖;2、6—万向节叉;3—油嘴;4—十字轴;5—安全阀;7—油封;8—滚针;9—套筒

(1)十字轴式刚性万向节的结构。

十字轴式刚性万向节主要由十字轴、万向节叉等组成。万向节叉上的孔分别套在十字轴的四个轴颈上。在十字轴轴颈与万向节叉孔之间装有滚针和套筒,用带有锁片的螺钉和轴承盖来使之轴向定位。为了润滑轴承,十字轴内有油道,且与油嘴、安全阀相通,如图 11.89 所示。为避免润滑脂流出及尘垢进入轴承,十字轴轴颈的内端套装着油封。安全阀的作用是当十字轴内腔润滑脂压力超过允许值时,使润滑脂外溢,因而使油封不会因油压过高而损坏。现代汽车多采用橡胶油封,多余的润滑脂从油封内圆表面与十字轴轴颈接触处溢出,故无需安装安全阀。

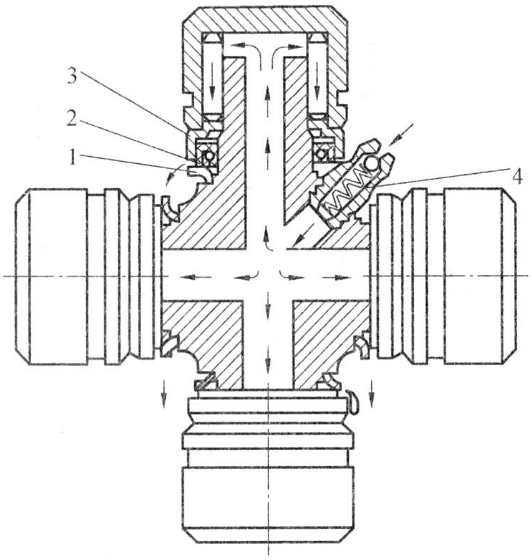

图 11.89　润滑油道及密封装置

1—油封挡盘;2—油封;3—油封座;4—油嘴

万向节轴承的常见定位方式除了用盖板外,还可以用内、外弹性卡环。

(2)十字轴式刚性万向节传动的等速条件。

如上所述,在两轴之间若采用如图 11.90 所示的双万向节传动,则第一万向节的不等速效应就有可能被第二万向节的不等速效应所抵消,从而实现两轴间的等角速传动。根据运动学分析得知，要达到这一目的，必须满足以下两个条件：①第一万向节两轴间夹角 α_1 与第二万向节两轴间的夹角 α_2 相等；②第一万向节的从动叉与第二万向节的主动叉处于同一平面内。条件②完全可以由传动轴和万向节叉的正确装配来保证。但是，条件①（$\alpha_1=\alpha_2$）只有在驱动轮采用独立悬架时，才有可能通过整车的总布置设计和总装配工艺的保证而实现。

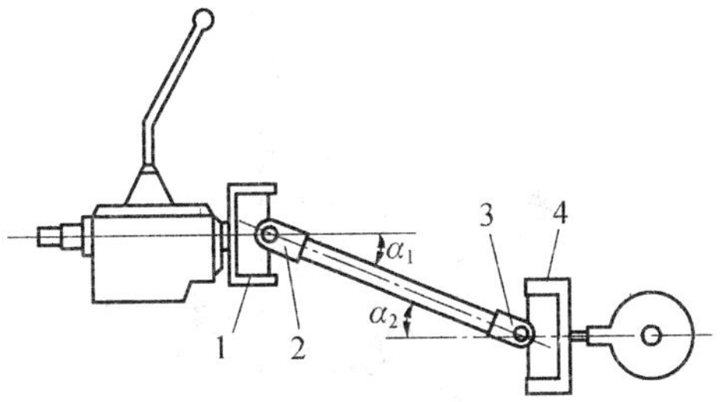

图 11.90 双万向节等速传动布置示意图

1、3—主动叉；2、4—从动叉

2.准等速万向节

准等速万向节是根据两个普通万向节实现等速传动的原理制成的，常见的有双联式和三销轴式万向节两种。

(1)双联式万向节。

双联式万向节实际上是一套传动轴长度减缩至最小的双万向节传动装置，如图 11.91 所示。双联叉相当于两个在同一平面内的万向节叉。要使轴 1 和轴 2 的角速度相同，必须保证 $\alpha_1=\alpha_2$。为此有的双联式万向节装有分度机构（多为球销之类零件组成），使双联叉的对称线平分所连两轴的夹角。目前，汽车转向驱动桥采用的双联式万向节为使结构简化，省去了分度机构，在结构上将内半轴或外半轴用组件定位在壳体上，保证汽车直线行驶时万向节中心点位于主销轴线与半轴轴线的交点。

双联式万向节允许有较大的轴间夹角，且结构简单，制造方便。

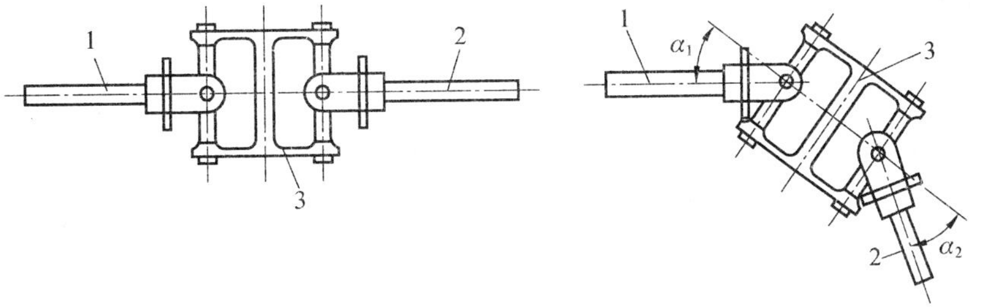

图 11.91 双联式万向节的原理图

1、2—万向节叉轴；3—双联叉

(2)三销轴式万向节。

三销轴式万向节是由双联式万向节演变而来的准等速万向节，如图 11.92 所示，它由两个偏心轴叉、两个三销轴以及六个滑动轴承和密封件等组成。每一偏心轴叉的两叉孔通过轴承和一个三销轴大端的两轴颈配合，两个三销轴的小端互相插入对方的大端轴承孔内，形成了 $Q_1—Q_1'$、$Q_2—Q_2'$、$R—R'$ 共三根轴线。传递转矩时，由主动偏心轴叉经轴 $Q_1—Q_1'$、$Q_2—Q_2'$、$R—R'$ 传到从动偏心轴叉。

与主动偏心轴叉相连的三销轴的两个轴颈端面和轴承座之间装有推力垫片，其余轴颈端面均无推力垫片，且端面与轴承座之间留有较大的空隙，以保证转向时三销轴式万向节无运动干涉现象。

三销轴式万向节的最大特点是允许相邻两轴有较大的交角，最大可达 45°。采用此万向节的转向驱动桥可使汽车获得较小的转弯半径，提高了汽车的机动性。

3.等速万向节

等速万向节的基本原理是传力点永远位于两轴夹角的平分面上。如图 11.93 所示，一对大小相同的锥齿轮的接触点 P 位于两齿轮轴线夹角的平分面上，由 P 点到两轴的垂直距离都等于 r。P 点处两齿轮的圆周速度相等，两齿轮的角速度也相等。可见，万向节的传力点在其夹角变化时，始终位于两轴夹角的平分面上，因而能保证等速传动。

等速万向节的常见结构形式有球笼式和球叉式两种。

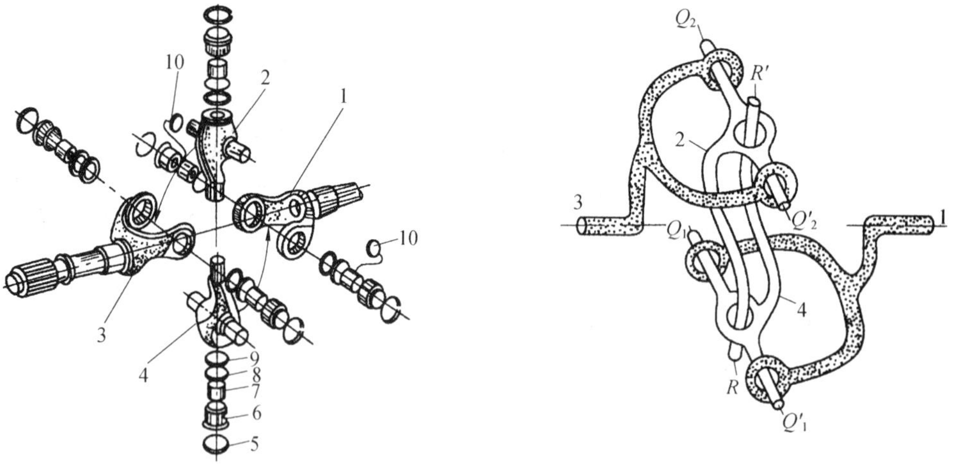

(a)零件形状　　(b)装配示意图

图 11.92　三销轴式万向节

1—主动偏心轴叉;2、4—三销轴;3—从动偏心轴叉;5—卡环;
6—轴承座;7—衬套;8—毛毡圈;9—密封罩;10—推力垫片

(1)球笼式等速万向节。

球笼式万向节按主、从动叉在传递转矩过程中轴向是否产生位移分为固定型球笼式万向节(RF 节)和伸缩型球笼式万向节(VL 节)。

①固定型球笼式万向节(RF 节)。

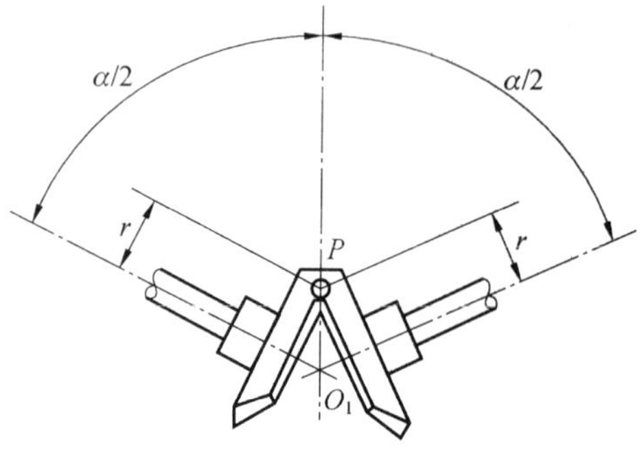

图 11.93　等速万向节的工作原理

固定型球笼式万向节(RF 节)的结构如图 11.94 所示。星形套 7 以内花键与主动轴 1 相连,其外表面有六条凹槽,形成内滚道。球形壳 8 的内表面有相应的六条凹槽,形成外滚道。六个钢分别装在各条凹槽中,并由保持架 4 使之保持在一个平面内。动力由主动轴 1 经钢球 6、球形壳 8 输出。

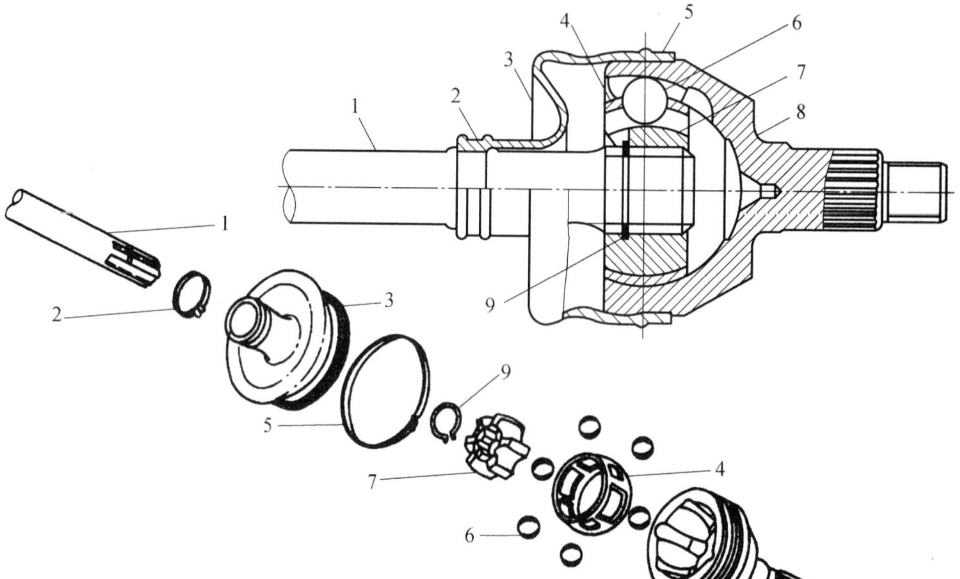

图 11.94　固定型球笼式等速万向节(RF 节)

1—主动轴;2、5—卡箍;3—外罩;4—保持架(球笼);6—钢球;7—星形套(内滚道);8—球形壳(外滚道);9—卡环

固定型球笼式万向节(RF 节)的等角速传动原理如图 11.95 所示。外滚道的中心 A 与内滚道的中心 B 分别位于万向节中心 O 的两边,且与 O 等距离。钢球中心 C 到 A、B 两点的距离也相等。保持架的内外球面、星形套的外球面和球形壳的内球面均以万向节中心 O 为球心。故当两轴夹角变化时,保持架可沿内外球面滑动,以保持钢球在一定位置。

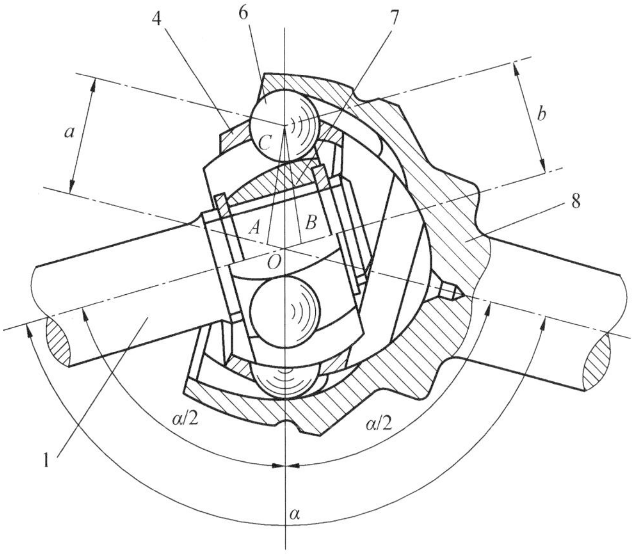

图 11.95 固定型球笼式万向节等角速传动原理(图注同图 11.94)

O—万向节中心;A—外滚道中心;B—内滚道中心;C—钢球中心;α—两轴夹角(指钝角)

②伸缩型球笼式万向节。

伸缩型球笼式万向节的结构如图 11.96 所示。伸缩型球笼式万向节的内外滚道是圆筒形的,在传递转矩过程中,星形套 2 与筒形壳 4 可以沿轴向相对移动,故可省去其他万向传动装置中必须有的滑动花键。这不仅使结构简化,而且由于星形套 2 与筒形壳 4 之间的轴向相对移动是通过钢球 5 沿内外滚道滚动来实现的,与滑动花键相比,其阻力小,最适用于断开式驱动桥。VL 节两轴夹角范围为 20°～25°,较十字轴刚性万向节相邻两轴的夹角范围大,但小于球叉式和 RF 节。

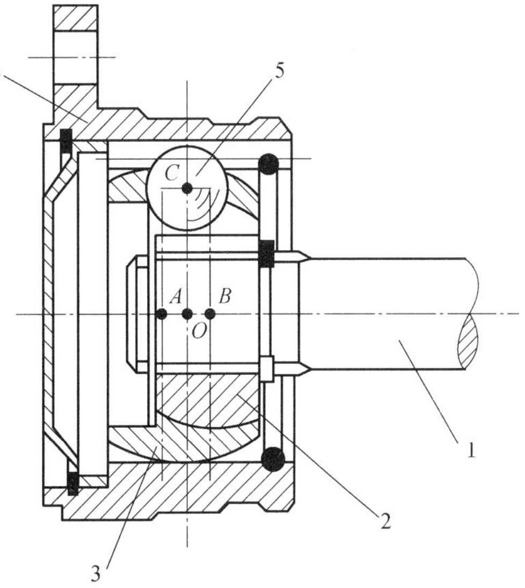

图 11.96 伸缩型球笼式万向节(VL 节)

1—主动轴;2—星形套(内滚道);3—保持架(球笼);4—筒形壳(外滚道);5—钢球

这种万向节的保持架的内球面中心 B 与外球面中心 A 位于万向节中心 O 的两边,且与 O 等距离。钢球中心 C 到 A、B 距离相等,以保证万向节做等角速传动。

(2)球叉式等速万向节。

球叉式万向节的构造如图 15.97 所示。主动叉 5 与从动叉 1 分别与内、外半轴制成一体。在主、从动叉上,各有四个曲面凹槽,装合后,形成两个相交的环形槽,作为钢球滚道。四个传动钢球 4 放在槽中,钢球 6 放在两叉中心的凹槽内,以定中心。

4.柔性万向节

柔性万向节如图 11.98 所示,它依靠弹性连接件的弹性变形来保证在相交两轴间传动时不发生机械干涉。弹性连接件采用橡胶盘、橡胶金属套筒、六角形橡胶圈等结构。因弹性连接件的弹性变形有限,故柔性万向节适用于两轴夹不大(3°～5°)和微量轴向位移的万向传动装置。例如,有的汽车在发动机与变速器之间、变速器与分动器之间装有柔性万向节,以消除制造安装误差和车架变形对传动的影响。

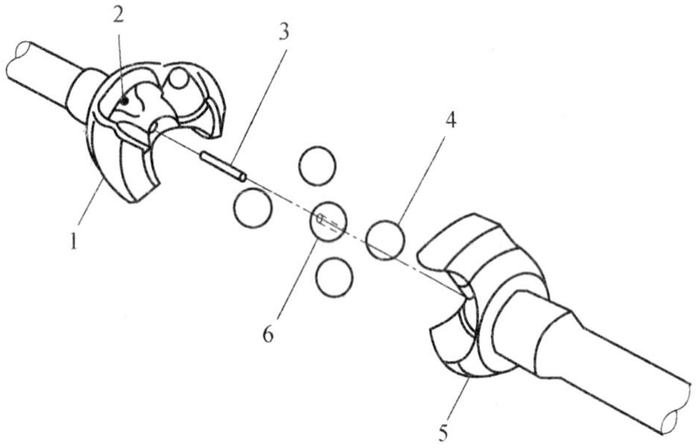

图 11.97 球叉式等速万向节

1—从动叉;2—锁止销;3—定位销;4—传动钢球;5—主动叉;6—定心钢球

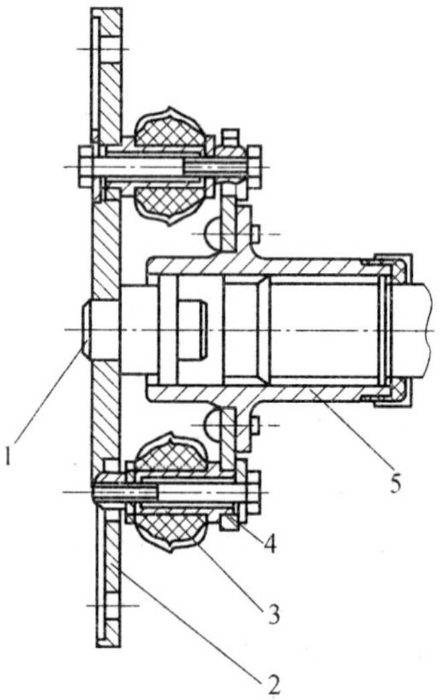

图 11.98 柔性万向节

1—中心轴;2—大圆盘;

11.5.4 传动轴

传动轴是万向传动装置中的主要传力部件,通常用来连接变速器(或分动器)和驱动桥;在转向驱动桥和断开式驱动桥中,则用来连接差速器和驱动车轮。

常见的轻、中型货车中,连接变速器与驱动桥的传动轴装置由传动轴及其两端焊接的花键轴和万向节叉组成。

汽车行驶过程中,变速器与驱动桥的相对位置经常变化,为避免运动干涉,传动轴用由滑动叉和花键轴组成的滑动花键连接,以适应传动轴长度的变化。为减少磨损,还装有用以加注润滑脂的油嘴、油封、堵盖和防尘套,如图 11.99 所示。传动轴在高速旋转时,由于质量不均衡引起的离心力将使传动轴发生剧烈振动。因此,当传动轴与万向节装配后必须进行动平衡。图 11.99 中的零件 3 即为平衡用的平衡片。平衡后,在滑动叉 13 与传动轴 16 上刻上箭头记号,以便拆卸后重装时保持二者的相对角位置不变。传动轴过长时,自振频率降低,易产生共振。故常将其分为两段并加中间支承。前段称中间传动轴(图 11.99(a)),后段称主传动轴(图 11.99(b))。

为了得到较高的强度和刚度,传动轴多做成空心的,一般用厚度为 1.5～3.0mm 的薄钢板卷焊而成。超重型货车的传动轴则直接采用无缝钢管。

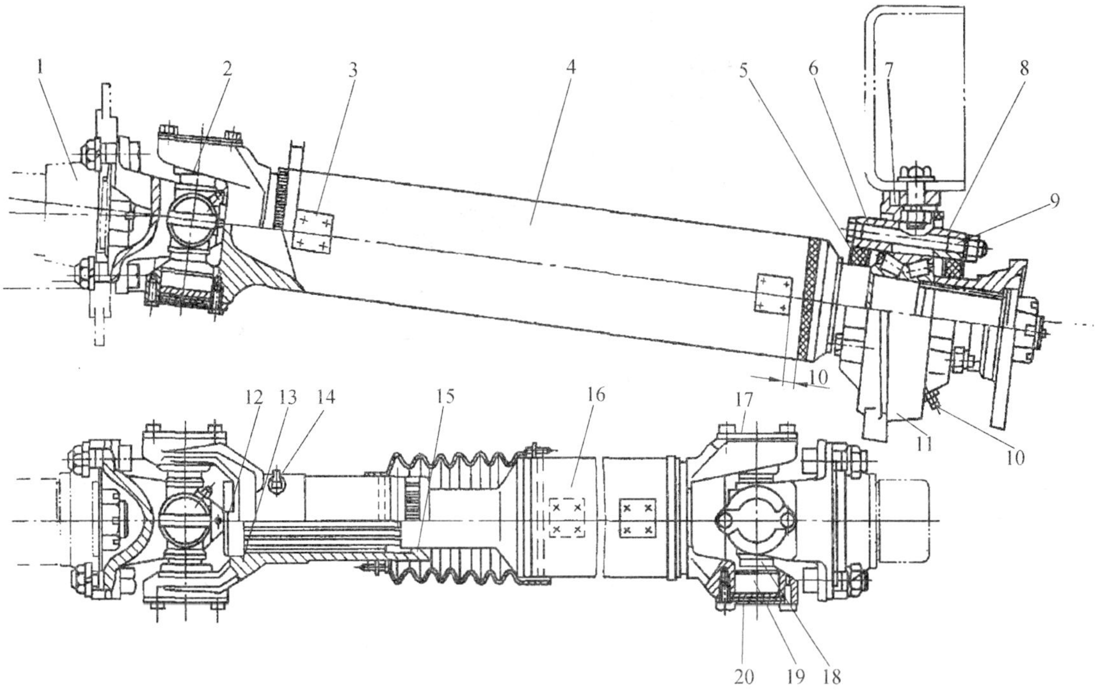

图 11.99 解放 CA1092 型汽车的万向传动装置

1—凸缘叉；2—万向节十字轴；3—平衡片；4—中间传动轴；5、15—中间支承油封；6—中间支承前盖；7—橡胶垫片；8—中间支承后盖；9—双列圆锥滚子轴承；10、14—油嘴；11—支架；12—堵盖；13—滑动叉；16—主传动轴；17—锁片；18—滚针轴承油封；19—万向节滚针轴承；20—滚针轴承轴承盖

在转向驱动桥、断开式驱动桥或微型汽车的万向传动装置中，通常将传动轴制成实心轴。

为减小传动轴中花键连接的轴向滑动阻力和磨损，可对花键进行磷化处理或喷涂尼龙层。有的则在花键槽内设置滚动元件，如国外有的汽车传动轴采用了如图 11.100 所示的圆柱滚子式滚动花键连接。

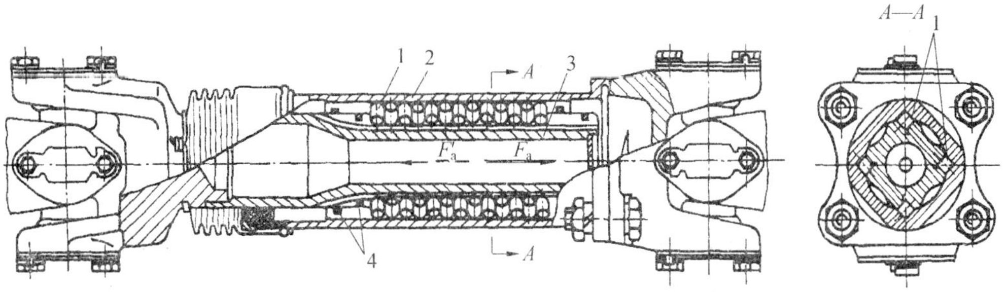

图 11.100 传动轴滚动花键

1—滚柱；2—传动轴外套管；3—传动轴内套管；4—挡圈

任务 11.6 驱动桥

驱动桥是传动系的最后一个总成。发动机的动力经过离合器(或液力变矩器)、变速器、万向传动装置，传到了驱动桥，最后传给驱动轮。驱动桥一般是由主减速器、差速器、半轴、桥壳等组成，如图 11.101 所示。

驱动桥的主要零部件都装在驱动桥的桥壳中。桥壳由主减速器壳和半轴套管组成。

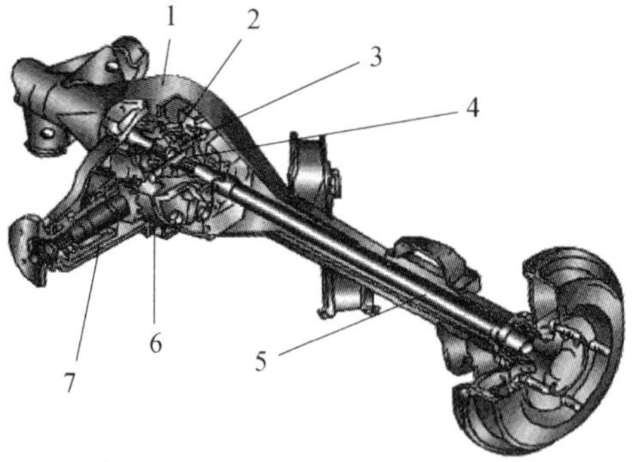

图 11.101　驱动桥的组成

1—后桥壳;2—差速器壳;3—差速器行星齿轮;4—差速器半轴齿轮;
5—半轴;6—主减速器从动齿轮齿圈;7—主减速器主动小齿轮

11.6.1 驱动桥的功用

驱动桥的功用是将由万向传动装置传来的发动机转矩传给驱动车轮,并经降速增矩、改变动力传动方向,使汽车行驶,而且允许左、右驱动车轮以不同的转速旋转。

具体来说有如下五个作用:

(1)通过主减速器齿轮的传动,降低转速,增大转矩。

(2)将万向传动装置传来的动力通过采用锥齿轮的主减速器折过 90°角,改变力的传递方向。

(3)通过差速器可以使内、外侧车轮以不同转速转动,适应汽车的转向要求。

(4)通过半轴将动力由差速器传给驱动车轮,使汽车行驶。

(5)通过桥壳和车轮,实现承载及传力作用。

11.6.2 驱动桥的类型

驱动桥按结构形式不同,可以分为整体式驱动桥和断开式驱动桥。整体式驱动桥又称为非断开式驱动桥。当驱动车轮采用非独立悬架时,应该选用非断开式驱动桥;当驱动车轮采用独立悬架时,则应该选用断开式驱动桥。因此,前者又称为非独立悬架驱动桥;后者称为独立悬架驱动桥。独立悬架驱动桥结构较复杂,但可以大大提高汽车在不平路面上的行驶平顺性。

1. 整体式驱动桥

整体式驱动桥如图 11.102 所示,其驱动桥壳为一刚性的整体,是一根支承在左、右驱动车轮上的刚性空心梁,齿轮及半轴等传动部件安装在其中。驱动桥两端通过悬架与车架或车身连接,左、右半轴始终在一条直线上,即左、右驱动轮不能相互独立地跳动。当某一侧车轮因地面不平而升高或下降时,整个驱动桥及车身都要随之发生倾斜,车身波动大。

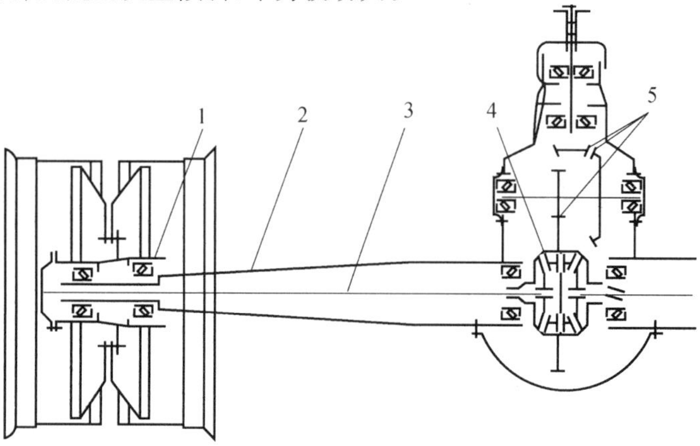

图 11.102　整体式驱动桥的组成

1—轮毂;2—桥壳;3—半轴;4—差速器;5—主减速

2. 断开式驱动桥

为提高车辆行驶的平顺性和通过性，多数轿车和越野车采用独立悬架的断开式驱动桥，如图11.103所示。断开式驱动桥的桥壳是分段的并用铰链连接，各段彼此之间可以做相对运动，所以这种桥称为断开式驱动桥。另外，它又总是与独立悬挂相匹配，故又称为独立悬挂驱动桥。这种车桥的中段，主减速器及差速器等是悬置在车架横梁或车厢底板上，或与脊梁式车架相连。这样，两侧驱动车轮及桥壳可以彼此独立地相对于车架或车身上、下跳动，相应的就要求驱动车轮的传动装置及其外壳或套管做相应摆动。

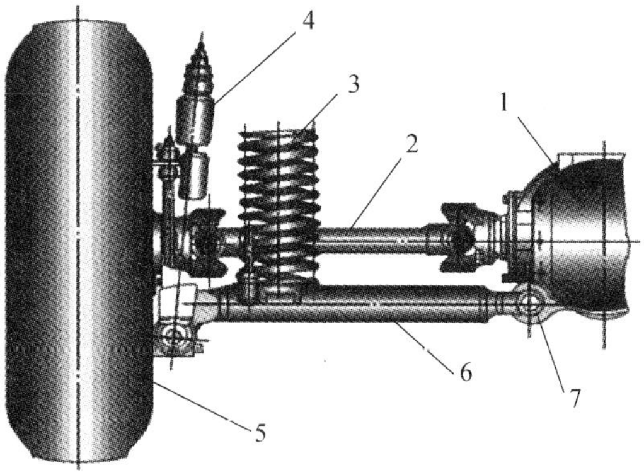

图 11.103　断开式驱动桥的组成

1—主减速器；2—半轴；3—弹性元件；4—减震器；5—车轮；6—摆臂；7—摆臂轴

11.6.3 驱动桥的组成

1. 主减速器

汽车正常行驶时，发动机的转速通常在2 000～3 000 r/min。如果将这么高的转速只靠变速箱来降下来，那么变速箱内齿轮的传动比则需要很大，而齿轮的传动比越大，两齿轮的半径比也越大。换句话说，也就是变速箱的尺寸会越大。另外，转速下降，而扭矩必然增加，也就加大了变速箱与变速箱后一级传动机构的传动负荷。所以，在动力向左、右驱动轮分流的差速器之前设置一个主减速器，可使主减速器前面的传动部件如变速箱、万向传动装置等传递的扭矩减小，也可以使变速箱的尺寸、质量减小，操纵省力。

主减速器是在传动系中起降低转速，增大转矩作用的主要部件；当发动机纵置时还具有改变转矩旋转方向的作用。它是依靠齿数少的齿轮带齿数多的齿轮来实现减速的，采用圆锥齿轮传动则可以改变转矩旋转方向。

主减速器的存在有两个作用：一是改变动力传输的方向；二是作为变速器的延伸为各个挡位提供一个共同的传动比。变速器的输出是一个绕纵轴转动的力矩，而车轮必须绕车辆的横轴转动，这就需要有一个装置来改变动力的传输方向。之所以称为主减速器，就是因为不管变速器在什么挡位上，这个装置的传动比都是总传动比的一个因子。有了这个传动比，可以有效地降低对变速器的减速能力的要求，这样设计的好处是可以有效减小变速器的尺寸，使车辆的总布置更加合理。

汽车主减速器最主要的作用就是减速增扭。发动机的输出功率是一定的，根据功率的计算公式，当通过主减速器将传动速度降下来以后，能获得比较高的输出扭矩，从而得到较大的驱动力。

为满足不同的使用需求，主减速器的结构形式也是不同的。

按参加减速传动的齿轮副数目分为单级式主减速器和双级式主减速器。在双级式主减速器中，若第二级减速器齿轮有两副，并分置于两侧车轮附近，实际上成为独立部件，则称为轮边减速器。

按主减速器传动比挡数分为单速式和双速式。前者的传动比是固定的，后者有两个传动比供驾驶员选择，以适应不同行驶条件的需要。

按齿轮副结构形式不同分为圆柱齿轮式（又分为轴线固定式和轴线旋转式（即行星齿轮式）、锥齿轮式和准双曲面齿轮式。

（1）单级主减速器。

单级主减速器总成主要靠一对锥齿轮传递扭矩，具有结构简单、传动效率高、体积小、质量轻等优点，它广泛地用在主减速比小于 7.6 的各种中、小型汽车上。因此，轿车和一般轻、中型货车均采用单级主减速器。

单级减速器就是一个主动锥齿轮（俗称角齿）和一个从动锥齿轮（又称从动伞齿轮或盆角齿），主动锥齿轮连接传动轴，顺时针旋转，从动锥齿轮贴在其右侧，啮合点向下转动，与车轮前进方向一致。由于主动锥齿轮直径小，从动锥齿轮直径大，达到减速的功能，如图 11.104 所示。

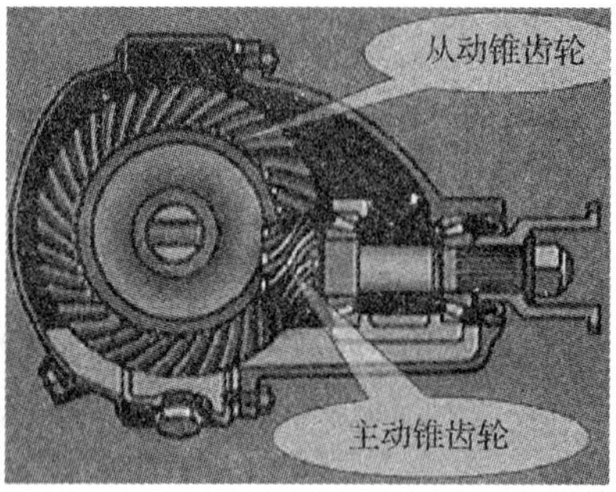

图 11.104　单级主减速器

（2）双级主减速器。

当汽车主减速器需要较大的传动比时，若仍采用单级主减速器，由于主动锥齿轮受强度、最小齿数的限制，其尺寸不能太小，相应的从动锥齿轮尺寸将增大，这不仅使从动锥齿轮刚度降低，而且会使主减速器壳及驱动桥外形轮廓尺寸增大，难以保证足够的离地间隙，从而需要采用两对齿轮来实现降速的双级主减速器。

双级主减速器由两级齿轮减速器组成，结构复杂、质量加大，制造成本也显著增加，因此仅用于主减速比较大（$7.6<i_0\leqslant 12$）且采用单级减速不能满足既定的主减速比和离地间隙要求的重型汽车上。以往在某些中型载货汽车上虽有采用，但在新设计的现代中型载货汽车上已很少见。这是由于随着发动机功率的提高、车辆整备质量的减小以及路面状况的改善，中等以下吨位的载货汽车往具有更高车速的方向发展，因而需采用较小主减速比的缘故。

双级减速器有两组减速齿轮，实现两次减速增扭。为提高锥形齿轮副的啮合平稳性和强度，第一级减速齿轮副是螺旋锥齿轮。二级齿轮副是斜齿圆柱齿轮。主动圆锥齿轮旋转，带动从动圆锥齿轮旋转，从而完成一级减速。第二级减速的主动圆柱齿轮与从动圆锥齿轮同轴而一起旋转，并带动从动圆柱齿轮旋转，进行第二级减速。因从动圆柱齿轮安装于差速器外壳上，所以，当从动圆柱齿轮转动时，通过差速器和半轴即驱动车轮转动。

图 11.105 所示为解放 CA1092 汽车的双级主减速器。

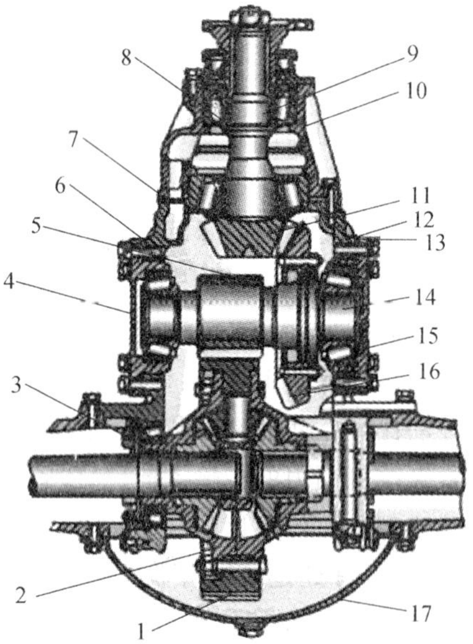

图 11.105　解放 CA1092 汽车的双级减速器

1—第二级从动齿轮；2—差速器壳；3—调整螺母；4、15—轴承盖；5—第二级主动齿轮；6、7、8、13—调整垫片；9—第一级主动锥齿轮轴；10—轴承座；11—第一级主动 锥齿轮；12—主减速器壳；14—中间轴；16—第一级从动锥齿轮；17—后盖

它的第一级传动为第一级主动锥齿轮和第一级从动锥齿轮，这是一对螺旋锥齿轮，而不是桑塔纳 2000 和东风 EQ1090 主减速器采用的准双曲面齿轮，其传动比为 25/13＝1.923；第二级传动为第二级主动

齿轮和第二级从动齿轮，这是一对斜齿圆柱齿轮，其传动比为 45/15=3，因而总的传动比为 1.923×3=5.77。

主动锥齿轮与轴制成一体，采用悬臂式支承。即主动锥齿轮轴支承位于齿轮同一侧的两个相距较远的圆锥滚子轴承上，而主动锥齿轮悬伸在轴承之外。这种支承形式的结构比较简单，但支承刚度不如跨距式的大。

2. 差速器

汽车在直线行驶时，左、右车轮转速几乎相同，但根据汽车行驶运动学的要求和实际的车轮、道路以及它们之间的相互关系表明：汽车在行驶过程中左、右车轮在同一时间内所滚过的行程往往是有差别的。例如，转弯时外侧车轮的行程总要比内侧的长。另外，即使汽车做直线行驶，也会由于左、右车轮在同一时间内所滚过的路面垂向波形的不同，或由于左、右车轮轮胎气压、轮胎负荷、胎面磨损程度的不同以及制造误差等因素引起左、右车轮外径不同或滚动半径不相等而要求车轮行程不等。在左、右车轮行程不等的情况下，如果采用一根整体的驱动车轮轴将动力传给左、右车轮，则会由于左、右驱动车轮的转速虽相等而行程却又不同的这一运动学上的矛盾，引起某一驱动车轮产生滑转或滑移。这不仅会使轮胎过早磨损、无益地消耗功率和燃料及使驱动车轮轴超载等，还会因为不能按所要求的瞬时中心转向而使操纵性变坏。此外，由于车轮与路面间尤其在转弯时有大的滑转或滑移，易使汽车在转向时失去抗侧滑能力而使稳定性变坏。为了平衡这个差异，就要左侧轮子快一点，右侧轮子慢一点，否则就会产生所谓的转向干涉现象，使汽车转向困难，就像同时踩制动一样，因此也称转向制动现象，如图 11.106(a)所示。

非驱动轮由于左、右两侧的车轮相互独立，因此不存在转向干涉现象。但驱动桥两侧的车轮如果用一根轴刚性连接，两个车轮只能以相同的速度旋转，当汽车旋转时，就会出现转向干涉现象。为了使驱动轮两侧车轮的转速可以有所不同，人们便发明了差速器。这样驱动轮的内侧轮和外侧轮之间的转速差就可以由差速器吸收，这样车轮的运转便会较为顺畅，如图 11.106(b)所示。

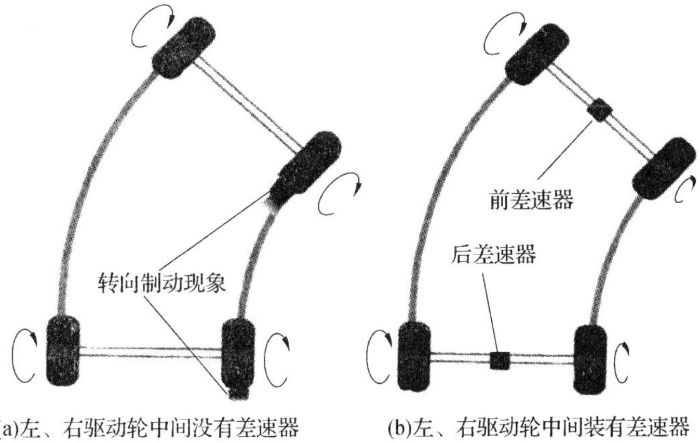

(a)左、右驱动轮中间没有差速器　　(b)左、右驱动轮中间装有差速器

图 11.106　差速器功能示意图

布置在前驱动桥或后驱动桥的差速器，分别称为前差速器或后差速器，它们都是轮间差速器。如果将它布置在四驱汽车的中间传动轴上，用来调节前轮和后轮之间的转速，则称为中央差速器。

3. 差速器的工作原理

普通差速器由行星齿轮、行星轮架(差速器壳)、半轴齿轮等零件组成，如图 11.107 所示。发动机的动力经传动轴进入差速器，直接驱动行星轮架，再由行星轮带动左、右两条半轴，分别驱动左、右车轮。差速器的设计要求满足：左半轴转速+右半轴转速=2×行星轮架转速。当汽车直行时，左、右车轮与行星轮架三者的转速相等，处于平衡状态，而在汽车转弯时三者平衡状态被破坏，导致内侧轮转速减小，外侧轮转速增加。

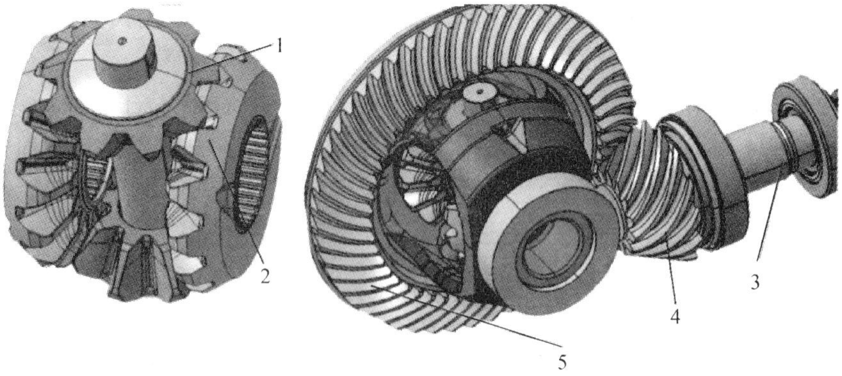

图 11.107　常见差速器结构

1—行星齿轮；2—半轴齿轮；3—传动轴；4—主动齿轮；5—从动齿轮

差速器的这种调整是自动的，自动地按照转弯半径调整左、右轮的转速。

直线行驶时，从发动机输出的动力首先传递到差速器壳体上，使差速器壳体开始转动，将动力从壳体传递到左、右半轴上，两边车轮阻力相同，因此差速器壳体内的行星齿轮跟着壳体公转同时不会产生自转，两个行星齿轮咬合着两个半轴齿轮以相同的速度转动，这样汽车才能直线行驶，如图11.108所示。

假设车辆现在向左转，左侧驱动轮行驶的距离短，相对来说会产生更大的阻力。差速器壳体通过齿轮和输出轴相连，在传动轴转速不变情况下，差速器壳体的转速也不变，因此左侧半轴齿轮会比差速器壳体转得慢，这就相当于行星齿轮带动左侧半轴会更费力。这时行星齿轮就会产生自传，把更多的扭矩传递到右侧半轴齿轮上。由于行星齿轮的公转外加自身的自传，导致右侧半轴齿轮会在差速器壳体转速的基础上增速。这样一来右车轮就比左车轮转得快，从而使车辆实现顺滑的转弯。

也就是说，当转弯时，由于外侧轮有滑拖的现象，内侧轮有滑转的现象，两个驱动轮此时就会产生两个方向相反的附加力，由最小能耗原理，必然导致两边车轮的转速不同，从而破坏了三者的平衡关系，并通过半轴反映到半轴齿轮上，迫使行星齿轮产生自转，使外侧半轴转速加快，内侧半轴转速减慢，从而实现两边车轮转速的差异，如图 11.109 所示。

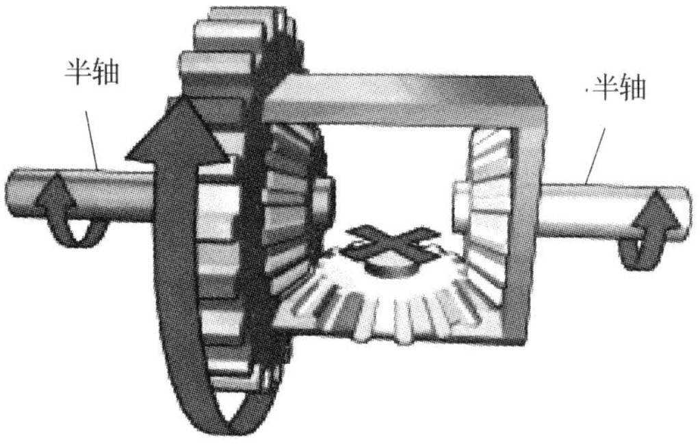

图 11.108　车辆直行时差速器状态

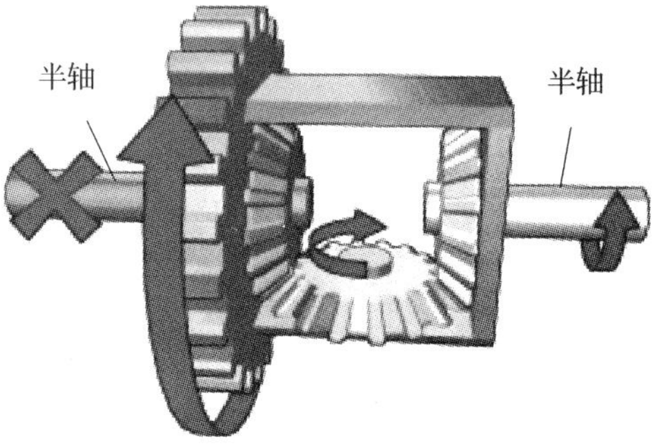

图 11.109　一侧车轮遇到阻力

4. 半轴与桥壳

(1)半轴。

半轴也称驱动轴。半轴是变速器、减速器与驱动轮之间传递扭矩的轴，因其传动的转矩较大，常制成实心轴。半轴内外端各有一个万向节分别通过万向节上的花键与减速器齿轮及轮毂轴承内圈连接，如图 11.110 所示。

半轴的结构因驱动桥结构形式的不同而异。整体式驱动桥中的半轴为一刚性整轴。而转向驱动桥和断开式驱动桥中的半轴则分段并用万向节连接。半轴内端一般制有外花键与半轴齿轮连接。半轴外端有的直接在轴端锻造出凸缘盘;也有的制成花键与单独制成的凸缘盘滑动配合;还有的制成锥形并通过键和螺母与轮毂固定连接。现代汽车常用的半轴支承形式主要有全浮式和半浮式两种,半轴的支承形式决定了半轴的受力情况。

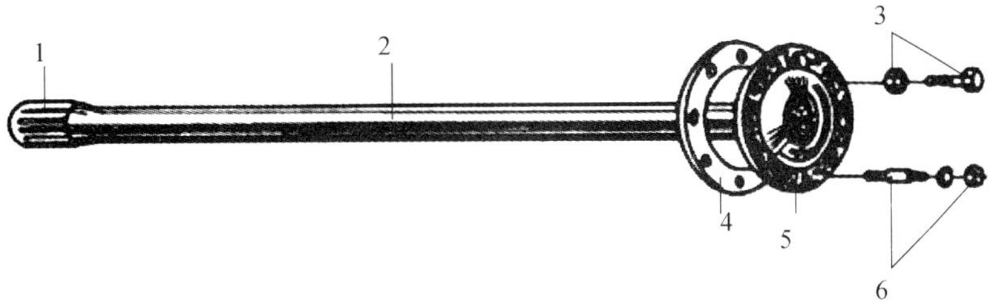

图 11.110　半轴

1—花键;2—杆部;3—半轴起拔螺栓、螺母;4—垫圈;5—凸缘;6—半轴紧固螺栓、螺母

①全浮式半轴支承。

这种支承形式的半轴除受扭矩外,两端均不承受任何弯矩,故称为全浮式。全浮式半轴支承广泛应用在各种货车上。图 11.111 所示为全浮式半轴支承示意图。它用内端花键与差速器半轴齿轮相连,并通过差速器壳支承在主减速器壳的座孔中。半轴外端锻造有半轴凸缘,用螺栓紧固在轮毂上,轮毂用一对圆锥滚子轴承支承在半轴套管上,半轴套管与空心梁压配成一体,组成驱动桥壳。这种支承形式,半轴与桥壳没有直接联系。

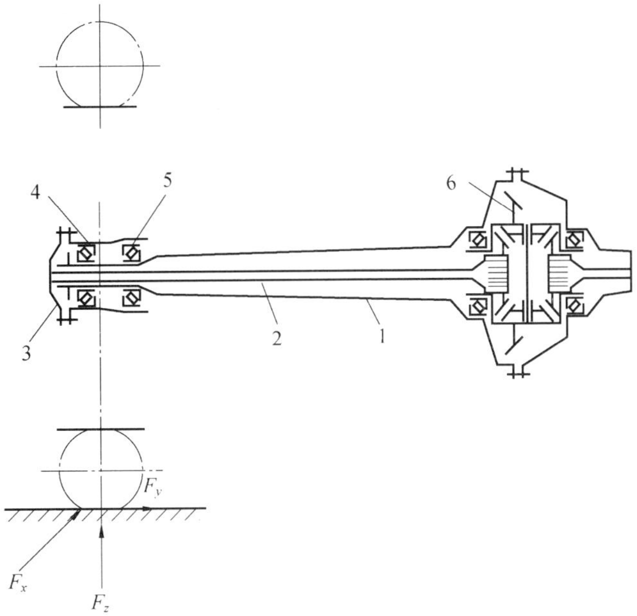

图 11.111　全浮式半轴支承示意图

1—桥壳;2—半轴;3—半轴凸缘;4—轮毂;5—轮毂轴承;6—主减速器从动锥齿轮

全浮式半轴支承便于拆装,只须拧下半轴凸缘上的轮毂螺栓,即可将半轴抽出,而车轮和桥壳照样能支持住汽车。

②半浮式半轴支承。

图 11.112 所示为半浮式半轴支承示意图。半轴外端制成锥形,锥面上铣有键槽,最外端制有螺纹。轮毂以其相应的锥孔与半轴上锥面配合,并用键连接,用锁紧螺母紧固。半轴用一个圆锥滚子轴承直接支承在桥壳凸缘的座孔内。半轴内端通过花键与半轴齿轮连接,不承受弯矩。故称这种支承形式为半浮式半轴支承。

在半浮式支承中,半轴与桥壳间的轴承一般只用一个。为使半轴和车轮不致被向外的侧向里拉出,该轴承必须能承受向外的轴向力。另外,在差速器行星齿轮轴的中部悬套着止推块,半轴内端正好能顶靠在止推块的平面上,因而不致在朝内的轴向力作用下向内窜动。

半浮式支承具有结构紧凑,质量小,但半轴受力情况复杂且拆装不方便等特点,广泛应用于反力弯矩较小的各类轿车上。

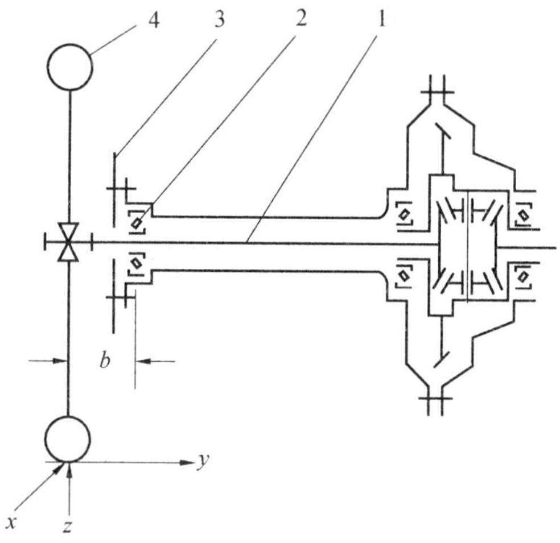

图 11.112　半浮式半轴支承示意图

1—半轴;2—圆锥滚子轴承;3—轴承盖;4—车轮

(2)桥壳。

驱动桥的桥壳是支承并保护主减速器、差速器和半轴等的部件。使左、右驱动车轮的轴向相对位置固定;同驱动桥一起支承车架及其上面的各种总成;汽车行驶时,承受由车轮传递的路面反力和力矩,并经悬架传给车架。驱动桥壳既是传动系的组成部分,同时也是行驶系的组成部分。作为传动系的组成部分,其功用是安装并保护主减速器、差速器和半轴。作为行驶系的组成部分,其功用是安装悬架或轮毂,和从动桥一起支承汽车悬架以上各部分质量,承受驱动轮传来的反力和力矩,并在驱动轮与悬架之间传力。

由于桥壳承受较复杂的载荷,因此要求桥壳应具有足够的强度和刚度,质量小,还要便于主减速器的拆装和调整。

驱动桥为防止主减速器内的润滑油经半轴与桥壳间的环形空间流至桥壳两端,都有密封装置。有的在桥壳外端与轮毂内表面间形成密封;有的在半轴套管内端处有压紧油封,与半轴相应的油封颈处形成密封,这种油封的刃口应朝向主减速器,装半轴时应使半轴居中通过油封,否则易顶出油封;还有的在桥壳内装有挡油盘。

驱动桥壳可分为整体式桥壳和分段式桥壳两种类型。

整体式桥壳一般是铸造,具有较大的强度和刚度,且便于主减速器的拆装和调整。缺点是质量大,铸造质量不易保证,因此适用于中型以上货车,如图 11.113 所示。

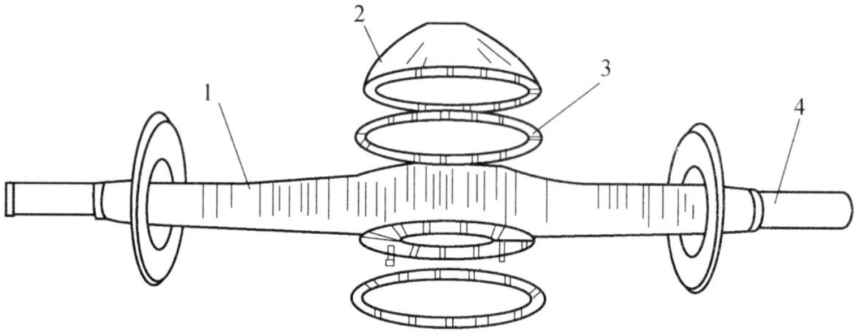

图 11.113　整体式驱动桥壳

1—后桥壳;2—后盖;3—垫片;4—半轴套管

分段式桥壳一般分为两段,由螺栓将两段连成一体。分段式桥壳最大的缺点是拆装、维修主减速器、差速器十分不便,必须把整个驱动桥从车上拆下来,现已很少应用,如图 11.114 所示。

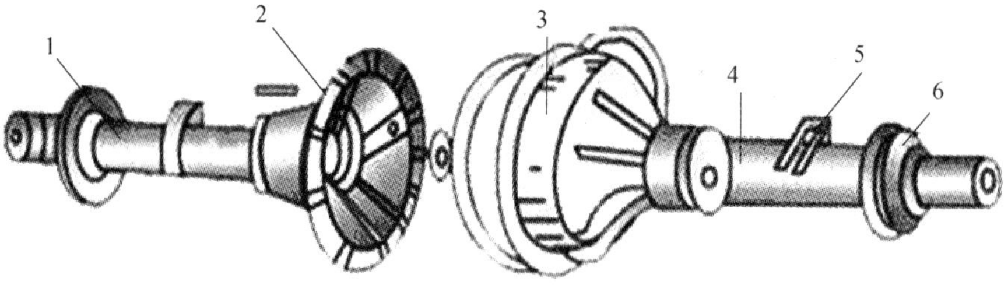

图 11.114　分段式驱动桥壳

1—半轴壳;2—左桥壳;3—右桥壳;4—半轴壳;5—钢板弹簧座;6—突缘

实训项目

任务名称	驱动桥总成认知	学时	1	班级	
学生姓名		学生学号		任务成绩	
实训设备	驱动桥总成 5 个	实训场地	理实一体化教室	日期	
任务内容	驱动桥总成组成及作用。				
任务目标	能够在台架上指出驱动桥各部分的位置并说出其作用				

一、决策与计划

请根据任务要求，确定所需要的技术资料，并对小组成员进行合理分工。

1.需要的技术资料

2.小组成员分工

小组选出组长，组长对组员进行角色分工。一般安排记录员 2 名，安全员 1 名，5S 员 1 名。记录员负责记录数据，填写任务单；安全员负责检查操作过程中的安全规范；5S 员保证工位的整洁有序。

二、实施

1.写出下图数字所代表部件，并在实物上指出。

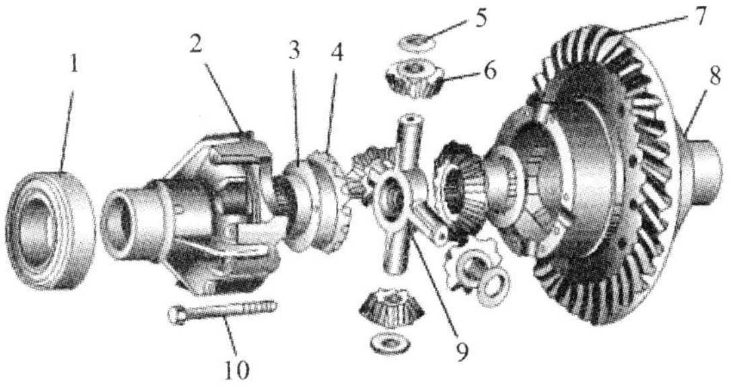

图 11.18

2.汽车驱动桥的组成部分有哪些？

3.主减速器的作用？请用图示法画出为什么说主减速器在发动机纵置时有改变动力传递方向的作用。

三、检查

完成后小组人员互换项目单,检查填写的正确性。

四、评价反馈

1. 请根据自己任务完成的情况,对自己的工作进行自我评估,并提出改进意见。

(1)____

____

(2)____

____

2. 教师对学生工作情况进行评估,并进行点评。

____

____

五、作业

查阅资料查询至少 5 款使用驱动桥的车型。

驱动桥	车型

课后练习

模块 11 汽车传动系统	班级			
	姓名		学号	
	日期		评分	

一、资讯

说明:每位学生应在工作任务实施前独立完成准备工作。

1.汽车传动系主要由__________、__________、__________、__________、__________、__________和__________。

2.汽车传动系的布置方案可分为__________、__________、__________、__________和__________五种形式。

3.摩擦离合器基本上是由__________、__________、__________和__________四部分构成的。

4.为避免传动系产生共振,缓和冲击,在离合器上装有__________。

5.驱动桥由__________、__________、__________和__________组成。其功用是将万向传动装置传来的发动机转矩传递给驱动车轮,实现降速以增大转矩。

6.半轴的支承形式有__________和__________两种。

7.液力机械变速器由__________、__________及__________组成。

8.液力变矩器的工作轮包括__________、__________和__________。

9.万向传动装置一般由__________、__________和__________组成。

10.等速万向节一般包括__________和__________两种。

二、内容小结

1.汽车传动系的基本功用是什么?传动系是由哪些部件组成的?

2.汽车传动系的布置方案有哪些?各有何特点?适合于哪类汽车?

3.离合器从动盘上的扭转减震器的作用是什么?

4.膜片弹簧离合器的优点是什么?

5.驱动桥的功用是什么?每个功用主要是由驱动桥的哪个部分实现和承担的?

6.主减速器的功用是什么?

7.驱动桥壳的作用是什么?分为几类?各有何优缺点?

8.液力机械式变速器有何优缺点?广泛应用于何种车辆?

9.汽车上为什么要使用万向传动装置?其主要应用在汽车的哪些部分上?

模块 12

汽车行驶系

【知识目标】

1. 了解行驶系的功用和组成。
2. 熟悉车架与车桥的功用和类型。
3. 掌握车轮和轮胎的功用和类型。
4. 掌握悬架的功用和组成。

【技能目标】

车轮的换位检查。

【课时计划】

任务	任务内容	参考课时		
		理论课时	实训课时	合计
1	行驶系概述	1	0	1
2	车架与车桥	2	2	4
3	车轮与轮胎	3	2	5
4	悬架	3	0	3
共计:13 课时				

情境导入

一辆捷达轿车，在高速行驶过程中感觉方向盘晃动剧烈，车轮异响。经初步检查估计是轮胎磨损异常导致的故障，要维修此故障，我们需要了解车轮的结构和检查的方法。

任务驱动

任务 12.1 行驶系概述

汽车作为一种地面交通工具，其行驶系的基本组成和结构形式，在很大程度上取决于汽车经常行驶路面的性质。绝大多数汽车经常行驶在公路等硬路面上，其行驶系与路面直接接触的部分是车轮，因而称为轮式行驶系，这样的汽车便是轮式汽车。

1.汽车行驶系的功用

汽车行驶系主要用来将发动机的转矩经传动系统传递到驱动轮产生驱动力，使汽车行驶。同时，传递并承受路面作用于车轮上的各向反力及其所形成的力矩；缓和不平路面对车身造成的冲击，并衰减其振动，以保证汽车行驶平顺性；与汽车转向系协调配合工作，实现汽车行驶方向的正确控制，以保证汽车操纵稳定性。

2.汽车行驶系的组成

轮式汽车行驶系统一般由车架、车桥、车轮和悬架组成，如图 12.1 所示。车架 1 是全车的装配基础，汽车的各相关总成都直接或间接地安装在车架上。从动桥 6 通过前悬架 7 安装在车架上，前轮 5 安装在从动桥上，驱动桥 3 通过后悬架 2 也安装在车架上，后轮 4 安装于驱动桥上。悬架由弹性材料制造而成，主要用来减小汽车在不平路面上行驶时车身所受到冲击力及振动。

3.汽车行驶系受力分析

汽车行驶系的受力情况如图 12.1 所示。汽车的总重力 G_a 支承在前、后车轮上，路面对前轮和后轮上的垂直反力为 F_{z1} 和 F_{z2}。当半轴将驱动力矩 M_k 传到驱动轮时，通过车轮与路面的附着作用，路面向汽车施加使汽车前进的驱动力 F_t；汽车在制动时，同样产生一个与 M_k 方向相反的制动力矩，作用于车轮上，产生一个与汽车行驶方向相反的制动力，迫使汽车减速或停车。

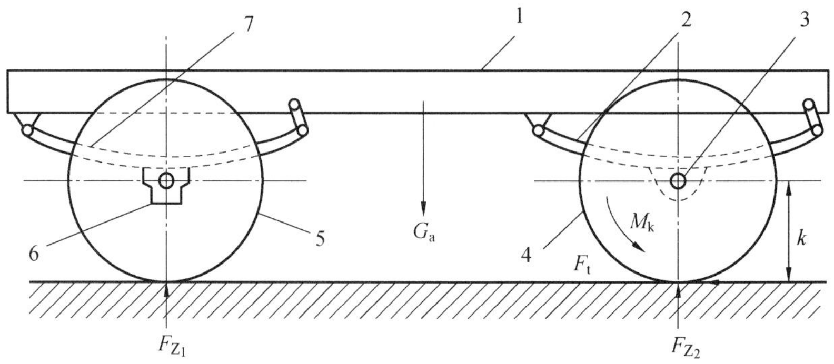

图 12.1 轮式汽车行驶系的组成及部分受力情况

1—车架；2—后悬架；3—驱动桥；4—后轮；5—前轮；6—从动桥；7—前悬架

汽车的驱动力 F_t，必须克服驱动轮本身所遇到的滚动阻力，由车架经从动悬架传给从动桥，使从动车轮克服其滚动阻力；另外，汽车在前进过程中还要克服空气阻力、坡道阻力和加速阻力等。

由于驱动力作用在驱动轮与地面接触处，此力对车轮中心产生的反力矩使汽车前部具有向上抬起的趋势，从而使作用于前轮上的垂直载荷减小，后轮上的垂直载荷增大。汽车突然加速行驶时，这种作用更明显。

汽车制动时，地面将作用于车轮一个与汽车行驶方向相反的制动力，有使汽车后部向上抬起、前部下沉的趋势，从而使作用于后轮上的垂直载荷减小而前轮的垂直载荷增大。紧急制动时，这种作用尤其明显。

汽车在弯道上或路面坡度较大的道路上行驶时，由于离心力或汽车重力 G_a 在横向坡道上分力的作用，使汽车具有侧向滑动趋势，路面将阻止车轮侧滑而产生作用于车轮的侧向力，此力由行驶系统来传递和承受。

4.汽车行驶系的分类

汽车行驶系主要分为轮式汽车行驶系和特种汽车行驶系。特种汽车行驶系有半履带式、全履带式、车轮一履带式等几种。

半履带式汽车具有很高的通过能力，主要用于雪地或沼泽地带行驶，如图 12.2 所示。其行驶系的结构特点是前桥上装有滑橇式车轮，用来实现转向，后桥上装有履带，以减小对地面的单位面积压力，控制汽车下陷；同时履带上的履刺也加强了与地面的附着作用，提高了通过能力。如果前、后桥上都装有履带，则称为全履带式汽车，如图 12.3 所示。

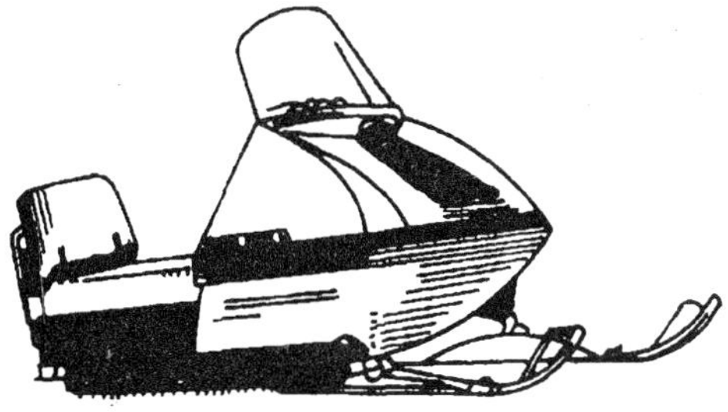

图 12.2 半履带式汽车

图 12.3 全履带式汽车

车轮一履带式汽车有着可以互换使用的车轮和履带，如图 12.4 所示。这种履带车适合在滑雪场、沼泽地、果园或多土丘地带行驶作业。从图 12.4 中可以看出，不装履带即为多轴轮式汽车，用于推土、推雪等特种作业；在车轮外加装履带构成履带式汽车，大大改善和提高了汽车的通过能力。

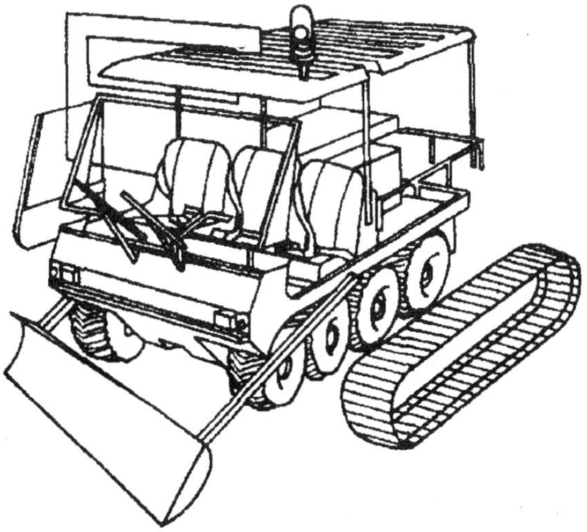

图 12.4 车轮一履带式汽车

任务 12.2 车架与车桥

12.2.1 车架

车架是整个汽车的装配基体。车架的结构形式首先应满足汽车总布置的要求。汽车在复杂多变的行驶过程中,固定在车架上各总成和部件之间不应发生干涉。当汽车在崎岖不平的道路上行驶时,车架在载荷作用下可能产生扭转变形以及在纵向平面内的弯曲变形。当一边车轮遇到障碍时,还可能使整个车架扭曲成菱形。这些变形将会改变安装在车架上的各部件之间的相对位置,而影响其正常工作。因此,车架还应具有足够的强度和适当的刚度。为了使整车轻量化,要求车架质量尽可能小。此外,降低车架高度,以使汽车质心位置降低,有利于提高汽车的行驶稳定性。这一点对轿车和客车来说尤为重要。

目前,按车架纵梁、横梁结构特点,汽车车架的结构形式基本上有三种:边梁式车架、中梁式车架(或称脊梁式车架)和综合式车架。多数轿车和大客车没有车架,其车架的功能由轿车车身或大客车车身骨架承担,故称其为承载式车身。

边梁式车架广泛应用于各种类型载货、载客汽车和少量轿车上。中梁式车架主要用于越野车和少量轿车上。轿车车架的形式复杂多样,其中主要以综合式车架和承载式车身为主。现代大型客车上越来越多地采用整体承载式车身骨架和桁架式车架结构。

1. 边梁式车架

边梁式车架由两根位于两边的纵梁和若干根横梁组成,用铆接法或焊接法将纵梁与横梁连接成坚固的刚性构架。

纵梁通常用低碳合金钢板冲压而成,断面形状一般为槽形,也有的做成 Z 字形、工字型或箱形断面。根据汽车形式不同和结构布置的要求,纵梁可以在水平面内或纵向平面内做成弯曲的以及等断面或非等断面的。

横梁一般也用低碳合金钢板冲压而成,断面形状一般为槽形。横梁不仅用来保证车架的扭转刚度和承受纵向载荷.而且还可以支承汽车上的主要部件。通常货车有 5～6 根横梁,有时会更多。边梁式车架的结构特点是便于安装驾驶室、车厢及一些特种装备和布置其他总成,有利于改装变型车和发展多品种汽车。因此,它被广泛应用在货车和大多数的特种汽车上。

图 12.5 为东风 EQl090E 型汽车车架,它主要由两根纵梁和八根横梁铆接而成。纵梁 6 为槽形不等高断面梁,由于纵梁中部受到的弯曲力矩最大,故中部断面高度最大,由此向两端断面高度则逐渐减小。这样,可使应力分布较均匀,同时又减小了质量。

在左、右纵梁上有 100 多个装置用孔,用以安装转向器、钢板弹簧、燃油箱、储气罐、蓄电池等的支架。

横梁一般也用钢板冲压成槽形,为增强车架的抗扭强度,有时采用管形或箱形断面的横梁。东风 EQ1090E 型汽车的前横梁 3 上装置冷却水散热器,横梁 4 作为发动机的前悬置支座。由于该车是长头汽车,发动机位置应尽可能低些,以改善驾驶员的视野,因此横梁 4 制成下凹形。在横梁 7 的上面装置驾驶室的后悬置,在其下面装置传动轴中间轴承支架。由于传动轴安装位置的需要,横梁 7 做成拱形,其余横梁都做成简单的直槽形。后横梁 12 上装有拖带挂车用的拖钩部件 13,因后横梁要承受拖钩传来的很大作用力,故有角撑加强。

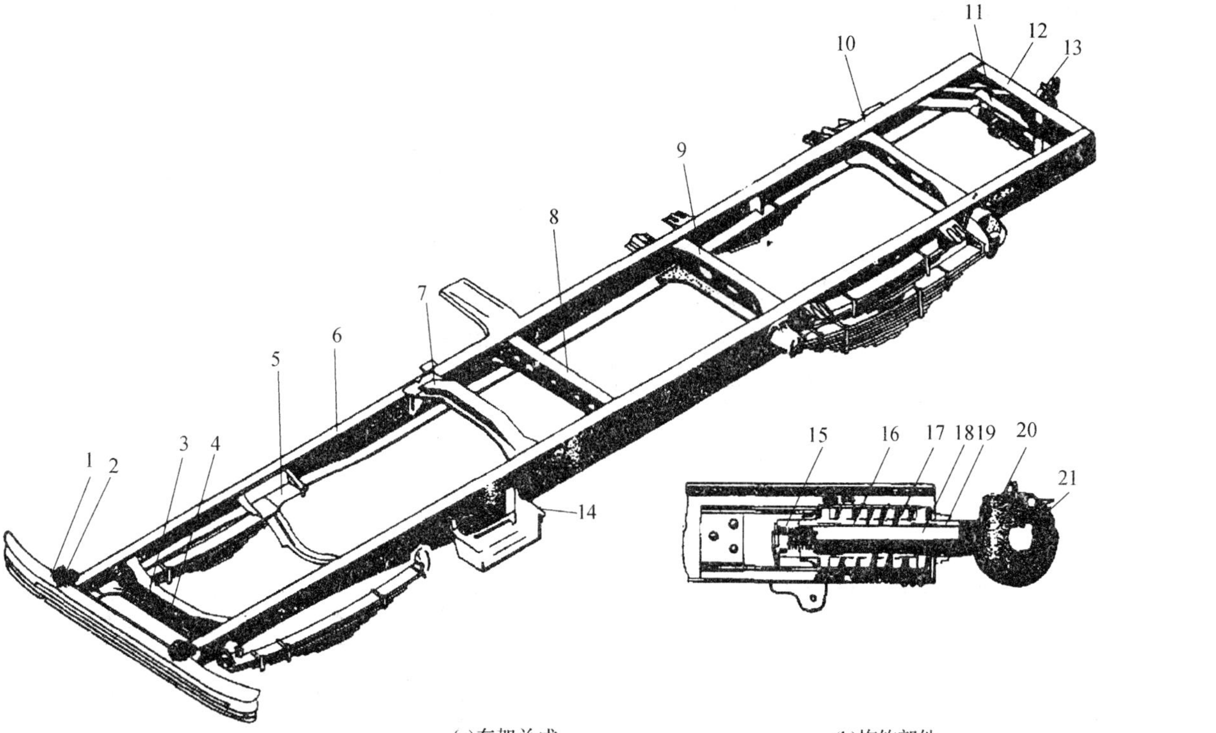

(a)车架总成 (b)拖钩部件

图 12.5 东风 EQ1090E 型汽车车架

1—保险杠；2—挂钩；3—前横梁；4—发动机前悬置横梁；5—发动机后悬置右(左)支架和横梁；6—纵梁；7—驾驶室后悬置横梁；8—第四横梁；9—后钢板弹簧前支架横梁；10—后钢板弹簧后支架横梁；11—角撑横梁组件；12—后横梁；13—拖钩部件；14—蓄电池托；15—螺母；16、18—衬套；17—弹簧；19—牵引钩；20—锁块；21—锁扣

某些越野车在车架纵梁前端两侧装有加长梁，以便在加长梁前端安装绞盘装置和专用的保险杠。在未装有加长梁的纵梁上，其前端两侧备有一组冲孔，以便需要加装绞盘等装置时，可以紧固左、右加长梁。

有些汽车车架为加强纵梁和横梁的连接，并使车架具有较大的刚度，用钢板制成的盖板焊在或铆在连接处。

在货车车架的前端、轿车车架的前、后两端，有横梁式的缓冲件——保险杠。当汽车在纵向突然受到障碍物的冲撞时，它可以保护车身、翼子板和散热器，使之不受损坏。对于轿车来说，保险杠同时还起着装饰的作用。货车车架前端还装有简单的挂钩 2(图 12.5)，以便汽车发生故障或陷入地面时，可以被其他车辆拖曳。

有时货车和部分大型客车要拖带挂车，故应有与挂车的车架相连接的牵引钩 13，安装在车架后横梁中部。东风 EQ1090E 型汽车的牵引钩构造如图 12.5(b)。牵引钩 19 的尾部支承在两个衬套 16 与 18 上。在两个衬套的凸缘间装有弹簧 17，而在牵引钩尾部的端部旋有螺母 15，并用开口销锁住。弹簧 17 用以缓和汽车行驶时所受到的冲击力，此冲击力可能由主车传到挂车，也可能由挂车传到主车。

为保持挂车拖架的挂环与拖钩的衔接，拖钩具有可掀转的锁扣 21，其上有带弹簧的锁块 20，锁扣可用平头销及开口销固定在闭合位置，此时平头销穿过锁扣和锁块上相重合的小孔。

轻型载货汽车车架结构与东风 EQ1090E 型汽车车架相似。根据不同汽车总布置的需要，两根纵梁可平行布置，也可前窄后宽或前宽后窄，在高度方向也可向上或向下弯曲。

近代轿车为了保证良好的整车性能，尽量降低质心和有利于前、后悬架的布置，把结构需要放在第一位，兼顾车架加工工艺性，所以车架形状设计得比较复杂而实用。图 12.6 所示为丰田皇冠(Crown)轿车车架和车身，图中车架 2 用阴影线画出。为了保证高速轿车的行驶稳定性，汽车的质心应尽量低；为了改善乘坐的舒适性，车身的底板也尽量低。但底板的降低不应妨碍转向轮的偏转和悬架变形时车桥的跳动。因此轿车车架通常前部做得较窄,前、后桥处向上弯曲,中间对应车身地板处比较低平的形状。

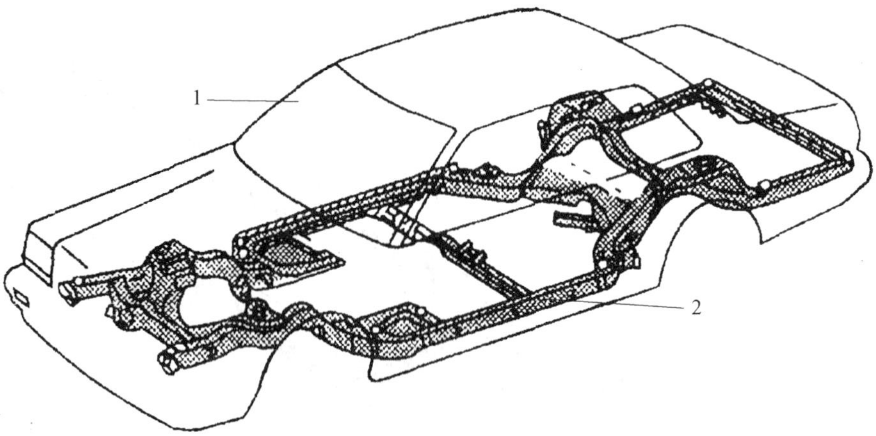

图 12.6　丰田皇冠(Crown)轿车车架和车身

1—车身;2—车架(阴影线部分)

采用X形高断面的横梁,可以提高车架的扭转刚度,特别对于短而宽的车架,这个效果尤为显著。故X形横梁一般只用于轿车车架,如图12.7所示。

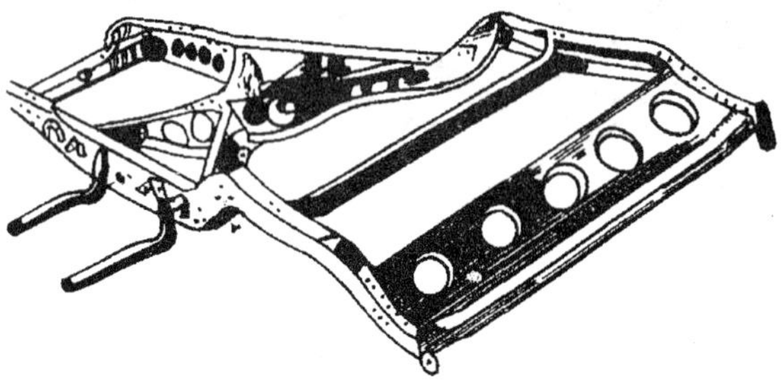

图 12.7　轿车(X形高断面横梁)车架

车架纵梁通常为钢板冲压成形,也有采用槽钢制成的。车架纵梁剖面形状如图18.4所示。在工作应力较大的地方常采用图12.8中的(b)、(c)所示剖面形状来加强。在有些汽车车架局部加强时,可装上加强板,或在某处槽形断面内加嵌板件。

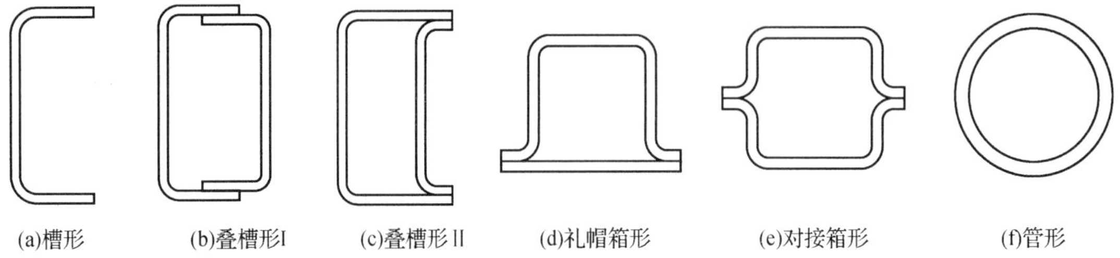

图 12.8　车架纵梁的剖面形状

2.中梁式车架

中梁式车架只有一根位于中央贯穿前、后的纵梁,因此称为脊梁式车架,如图12.9所示。中梁的断面可以做成管形或箱形。这种结构的车架有较大的扭转刚度,使车轮有较大的运动空间,因此被采用在某些轿车和货车上。

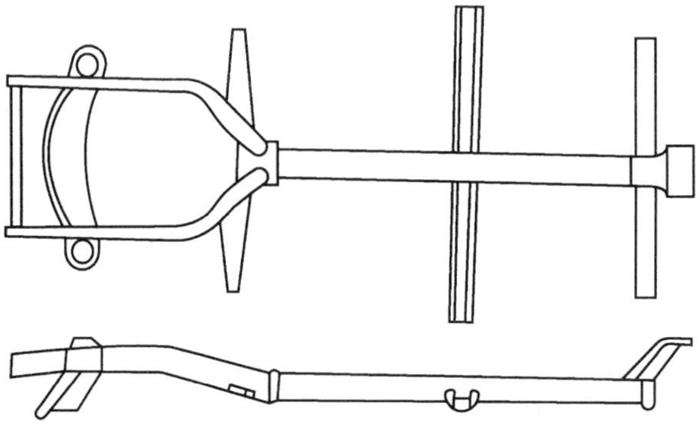

图 12.9　中梁式(脊梁式)车架结构

图 12.10 所示是具有中梁式车架的轿车底盘。中梁是管式的，传动轴装在管内。主减速器壳通常固定在中梁的尾部，形成断开式驱动桥。中梁前端做成伸出的支架，以固定发动机。

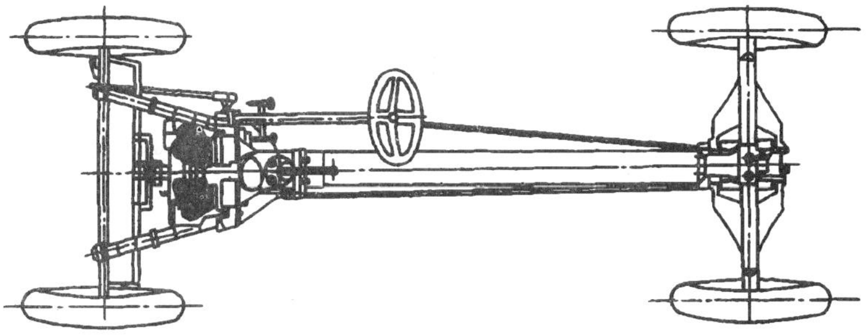

图 12.10　具有中梁式车架的汽车发动机及底盘示意图

如图 12.11 所示，脊梁式车架由一根位于汽车左、右对称中心的大断面管形梁和某些悬伸托架构成，犹如一根脊梁。管梁将传动系连成一体，传动轴从其中间通过，故采用这种结构时驱动桥必须是断开式的并与独立悬架相配用。与其他类型的车架比较，其扭转刚度最大。容许车轮有较大的跳动空间，使汽车有较好的平顺性和通过性。但车架的制造工艺复杂，维修不便，仅用于某些对平顺性、通过性要求较高的汽车上。

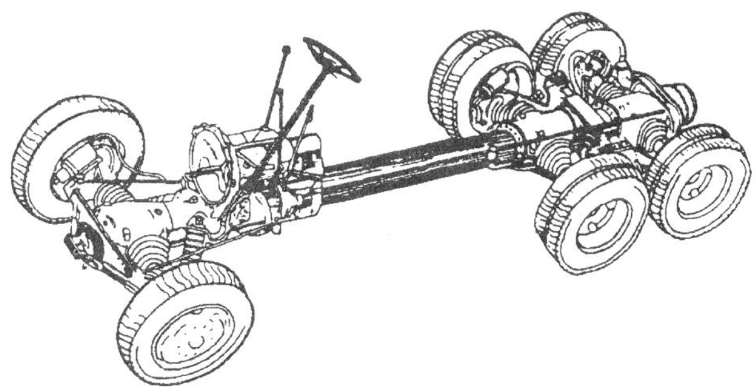

图 12.11　具有脊梁式车架的汽车底盘

太脱拉 138 型和 148 型越野车的中梁式车架是由一根纵梁和若干根横梁组成的，如图 12.12 所示。其纵梁由前桥壳 2、前脊梁 4、分动器壳 7、中央脊梁 8、中桥壳 13、后桥壳 11 及中后桥之间的连接梁 9 所组成。上述各部分的连接均通过其凸缘用螺栓紧固而成一体。在前桥壳 2 的前端有托架 1，后端有托架 3(即横梁、下同)，用以支承发动机前部、驾驶室前部及转向器，同时用来安装前悬架的扭杆弹簧。托架 6 用于支承驾驶室后部及货箱前部。在托架 6、14、10 上要装连接货箱的副梁，在副梁上安装货箱(图 12.12 上未示出)，因此托架 6、14、10 承受货箱的重力。在连接梁 9 的两侧设有托架用来安装后悬架的钢板弹簧 12。

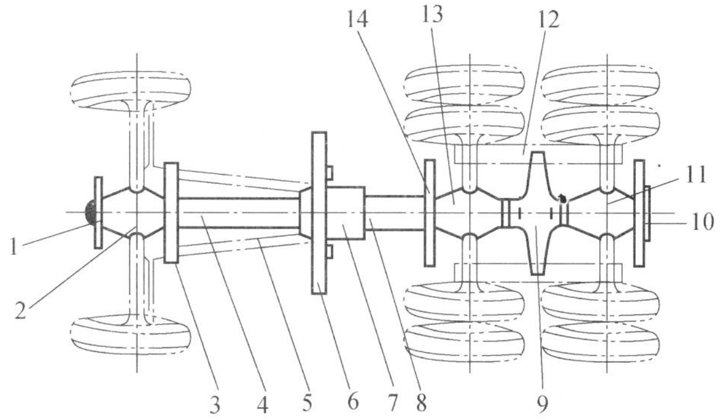

图 12.12　太脱拉 138 型汽车车架示意图

1—发动机前部托架；2—前桥壳；3—发动机后部及驾驶室前部托架；4—前脊梁；5—前悬架的扭杆弹簧；6—驾驶室后部及货箱副梁前部托架；7—分动器壳；8—中央脊梁；9—连接梁；10—连接货箱副梁的托架；11—后桥壳；12—后悬架的钢板弹簧；13—中桥壳；14—连接货箱副梁的托架

采用这种脊梁式车架的优点是:能使车轮有较大的运动空间,便于采用独立悬架,从而可提高汽车的越野性;与同吨位货车相比,其车架较轻,减少了整车质量;同时质心较低,因此行驶稳定性好,车架的强度和刚度较大,脊梁还能起封闭传动轴的防尘套作用。

3.综合式车架

如图 12.13 所示,车架前部是边梁式,而后部是中梁式,这种车架称为综合式车架(也称复合式车架)。它同时具有中梁式和边梁式车架的特点。该车架的前部和后部是边梁式,用以安装发动机和车桥,中部是中梁式,悬伸出来的支架可以固定车身。

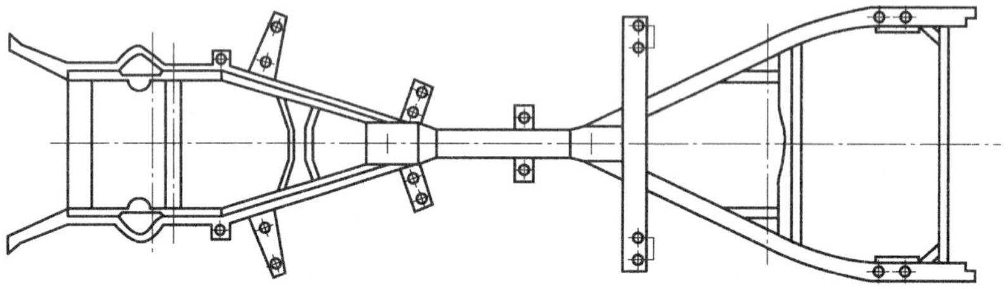

图 12.13 综合式车架

近年来,车架结构形式出现了多样化和复杂化。图 12.14 所示为桁架式车架,这种立体结构式车架主要用于竞赛汽车及特种汽车。它由钢管组合焊接而成,这种车架兼有车架和车身的作用。

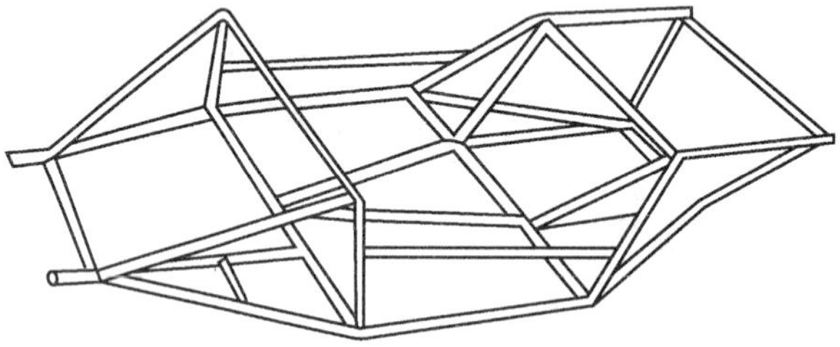

图 12.14 钢管焊接的桁架式车架结构

图 12.15 为平台式车架。它是一种将底板从车身中分出来,而与车架组成一个整体的结构,车身通过螺栓与车架相连接。

从图 12.15 中可以看出,它是以中梁式车架为基体,在脊梁车架两侧连接车身底板而成为一个平台式车架,也可以看作是中梁式车架的一种变形。座椅的金属骨架焊接在车架上,具有较高的刚度。

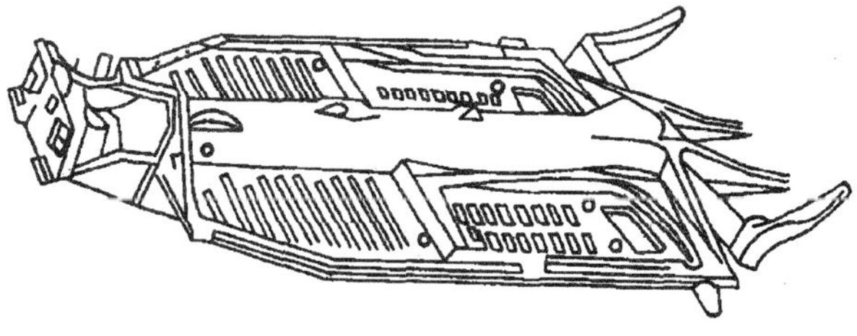

图 12.15 平台式车架

4.承载式车身

部分轿车和大型客车取消了车架,而以车身兼代车架的作用,即将所有部件固定在车身上,所有的力也由车身来承受,这种车身称为承载式车身。目前大多数轿车都是采用承载式车身。如上海桑塔纳轿车、一汽一大众的捷达轿车等均为此种结构。图 12.16 所示为承载式车身零件分解图。

图 12.17 所示为桑塔纳 1200 型轿车的承载式车身。图 12.18 所示为大客车整体承载式车身骨架。

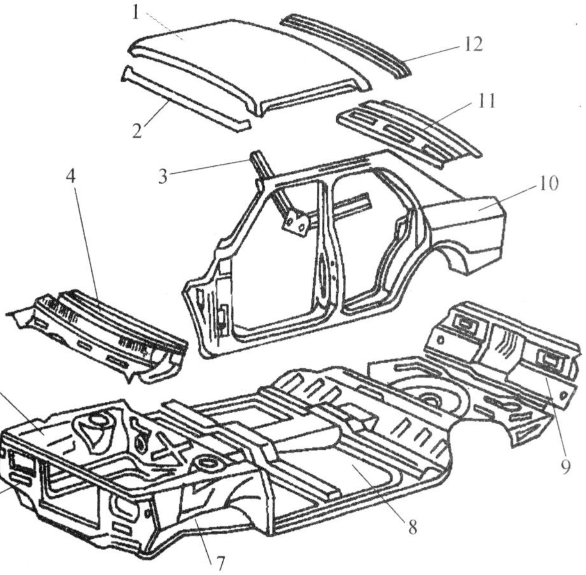

图 12.16　承载式轿车车身壳体零件分解图

1—顶盖；2—前风窗框上部；3—加强撑；4—前围外板；5—前挡泥板；6—散热器框架；7—底板前纵梁；8—底板部件；9—行李箱后板；10—侧门框部件；11—后围板；12—后风窗框上部

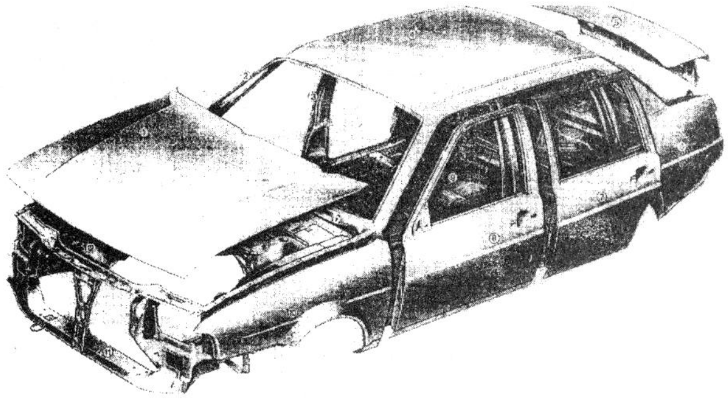

图 12.17　桑塔纳 1200 型轿车的承载式车身

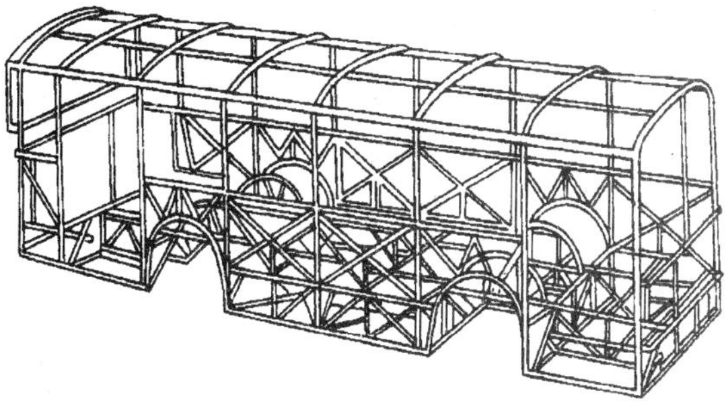

图 12.18　大客车整体承载式车身骨架

12.2.2 车桥

车桥（也称车轴）通过悬架和车架（或承载式车身）相连，它的两端安装车轮，其功用是传递车架（或承载式车身）与车轮之间各方向的作用力及其力矩。

根据悬架结构的不同，车桥分为整体式和断开式两种。当采用非独立悬架时，车桥中部是刚性的实心或空心梁，这种车桥即为整体式；断开式车桥为活动关节式结构，与独立悬架配用。

根据车桥上车轮的作用，车桥又可分为转向桥、驱动桥、转向驱动桥和支持桥四种类型。根据车桥的车轮是驱动车轮还是从动车轮，车桥又可以分为驱动桥和从动桥，其中，转向桥和支持桥都属于从动桥。一般汽车多以前桥为转向桥，而以后桥或中、后两桥为驱动桥。越野车和大部分轿车的前桥为转向驱动桥。有些前桥为转向桥的单桥驱动的三轴汽车（6×2 汽车）的中桥（或后桥）为驱动桥，则后桥（或中桥）为支持桥。

支持桥除不能转向外，其他功能和结构与转向桥相同。因此，本任务主要叙述整体式和断开式的转向桥、转向驱动桥及支持桥。

1.转向桥

转向桥是利用车桥中的转向节使车轮可以偏转一定角度，以实现汽车的转向。它除承受垂直载荷外，还承受纵向力和侧向力及这些力造成的力矩。转向桥通常位于汽车前部，因此也常称为前桥。

各种车型的转向桥结构基本相同，主要由前梁、转向节、主销和轮毂组成，如图 12.19 所示。

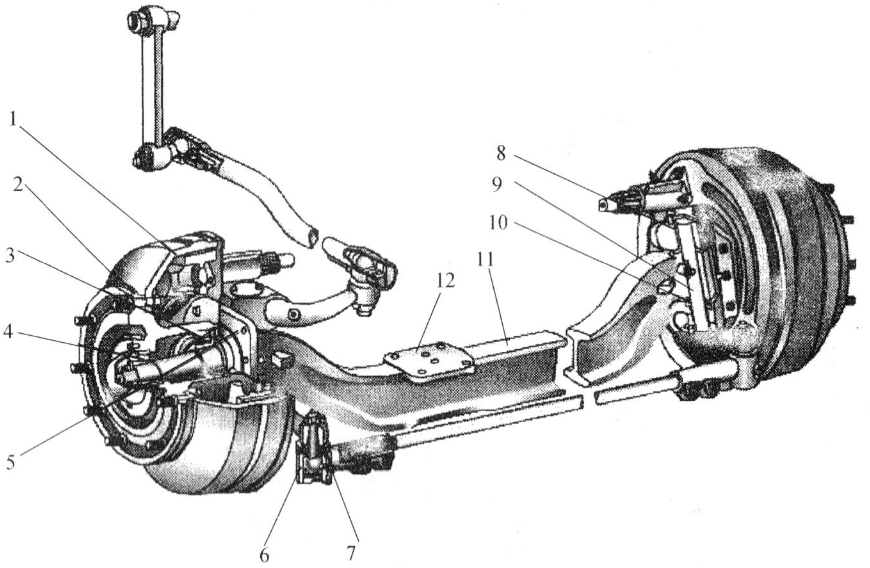

图 12.19　汽车转向桥

1—制动毂；2—轮毂；3、4—轮毂轴承；5—转向节；6—转向球头销；7—油封；
8—衬套；9—主销；10—推力轴承；11—前梁；12—钢板弹簧座

下面以东风 EQ1090E 型汽车前桥（图 12.20）为例加以说明。

作为主体零件的前梁 12 是用钢材锻造的，其断面是工字形，以提高抗弯强度。为提高抗扭强度，接近两端略成方形。中部加工出两处用以支承钢板弹簧的加宽面——弹簧座（图上未画）。中部向下弯曲，使发动机位置得以降低，从而降低汽车重心，扩展驾驶员视野，并减小传动轴与变速器输出轴之间的夹角。前梁两端各有一个加粗部分，呈拳形，其中有通孔，主销 10 即插入此孔内。用带有螺纹的楔形锁销将主销固定在拳部孔内，使之不能转动。转向节 5 上有销孔的两耳通过主销与前梁的拳部相连，使前轮可以绕主销偏转一定角度而使汽车转向。为了减小磨损，转向节销孔内压入青铜衬套 7，衬套上的润滑油槽在上面端部是切通的，用装在转向节上的滑脂嘴注入润滑脂润滑。为使转向灵活轻便，在转向节下耳与前梁拳部之间装有滚子推力轴承 11。在转向节上耳与拳部之间装有调整垫片 8，以调整其间的间隙。

在左转向节的上耳上装有与转向节臂 9 制成一体的凸缘，在下耳上则装着与转向梯形臂制成一体的凸缘，此两凸缘上均制有一矩形键。因此在左转向节的上、下耳上都有与之配合的键槽。转向节通过矩形键及带有锥形套的双头螺栓与转向节臂及梯形臂相连。在键与键槽之间装有条形的橡胶密封垫。

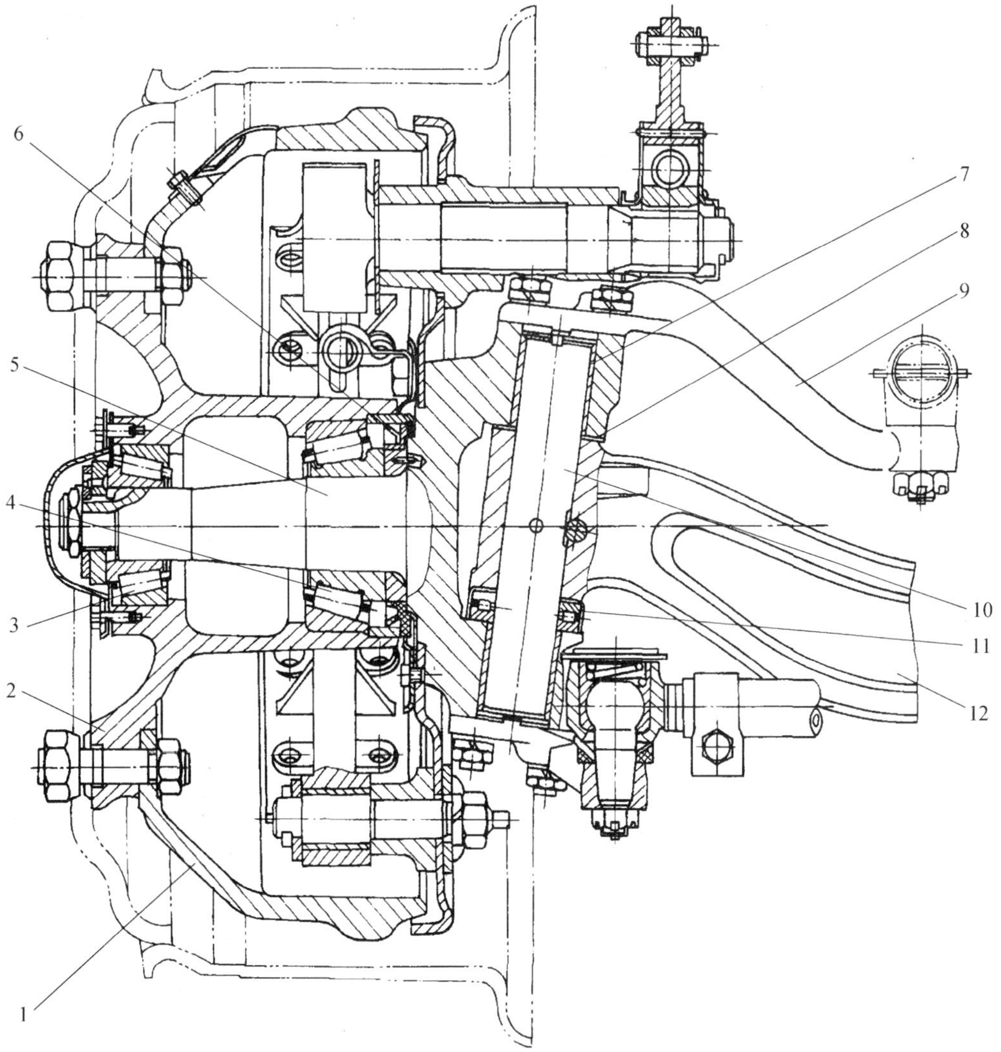

图 12.20 东风 EQ1090E 型汽车转向桥(前桥)

1—制动毂;2—轮毂;3、4—轮毂轴承;5—转向节;6—油封;7—衬套;

8—调整垫片;9—转向节臂;10—主销;11—滚子推力轴承;12—前梁

车轮轮毂 2 通过两个圆锥滚子轴承 3 和 4 支承在转向节外端的轴颈上。轴承的松紧度可用调整螺母(装于轴承外端)加以调整。轮毂外端用冲压的金属罩盖住。轮毂内侧装有油封 6。如果油封漏油,则外面的挡油盘仍足以防止润滑油进入制动器内,转向节上靠近主销孔的一端有方形的凸缘,以固定制动底板。

图 12.21 所示为 BJ1040 型汽车转向桥(前桥)。前梁 2 由两端前梁拳形部分 7 与一根无缝钢管焊接而成,这种结构不需用大型锻造设备来模锻前梁。

主销推力轴承 5 采用球轴承,可使转向操纵轻便。润滑脂可由转向节上耳滑脂嘴注入,经主销 8 内的轴向和径向油道进入主销与衬套之间的摩擦表面,使之得到润滑。

转向节臂 3 与梯形臂连在一起,固定在转向节下耳上,这样可以使转向节结构简化。车轮转角限位螺钉 6 用来限制车轮最大转角。

断开式转向桥在轿车和微型客车上得到广泛采用,它与独立悬架相配置组成了性能优良的转向桥。由于它有效地减少了非簧载质量,降低了发动机的质心高度,从而提高了汽车的行驶平顺性和操纵稳定性。

图 12.22 所示为 JL6360 型客车的断开式转向桥结构图。该断开式转向桥(前桥)主要由车轮 1,减震器 2,上支点总成 3,缓冲弹簧 4,转向节 5,大球头销总成 6,横向稳定杆总成 7,左、右梯形臂 8 和 13,主转向臂 11,中臂 15,左、右横拉杆 10 和 12,悬臂总成 14 等组成。其中有些臂、悬臂均为薄钢板

焊接结构,主转向臂与中臂是通过螺栓与橡胶衬套连接的,左、右转向梯形臂用大球头销总成 6 与悬臂总成 14 连接。

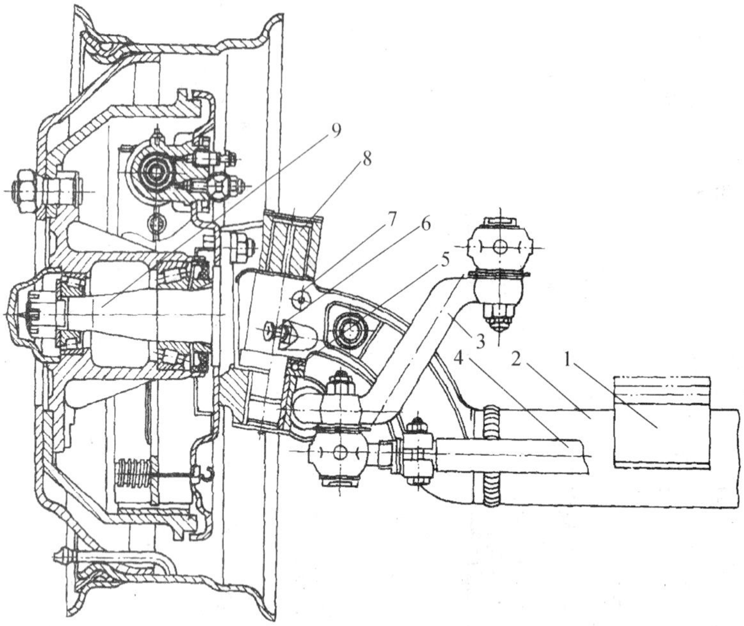

图 12.21　BJ1040 型汽车转向桥(前桥)

1—钢板弹簧座;2—前梁;3—转向节臂;4—转向横拉杆;5—推力轴承;6—车轮转角限位螺钉;7—前梁拳形部分;8—主销;9—转向节

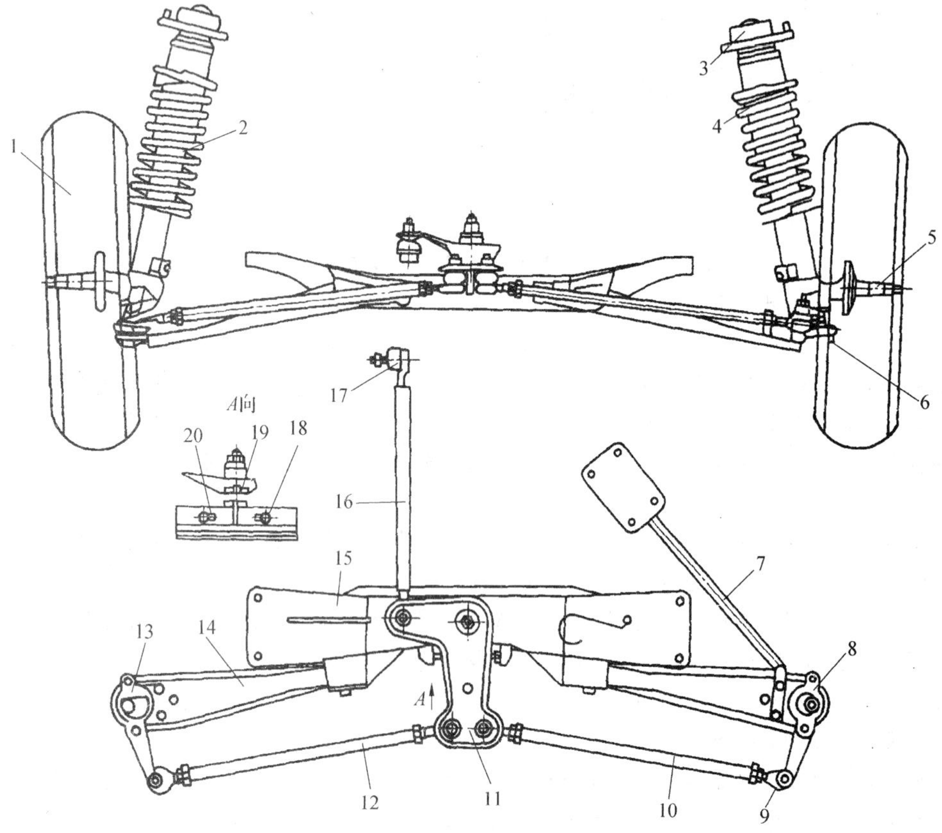

图 12.22　JL6360 型客车的断开式转向桥结构图

1—车轮;2—减震器;3—上支点总成;4—缓冲弹簧;5—转向节;6—大球头销总成;7—横向稳定杆总成;8—左梯形臂;9—小球头销总成;10—左横拉杆;11—主转向臂;12—右横拉杆;13—右梯形臂;14—悬臂总成;15—中臂;16—纵拉杆;17—纵拉杆球头;18—转向限位螺钉座;19—转向限位杆;20—转向限位螺钉

该断开式转向桥和前述转向桥一样，在具有承载传力功能的同时，还应具有实现转向的功能，它与转向器配合，通过纵拉杆 16，主转向臂 11，中臂 15，左、右横拉杆 10、12 和左、右梯形臂 8、13，使车轮偏转以实现汽车转向。

2. 转向驱动桥

在许多轿车和全轮驱动的越野车上，前桥除作为转向桥外，还具有驱动桥的作用，故称为转向驱动桥，如图 12.23 所示。

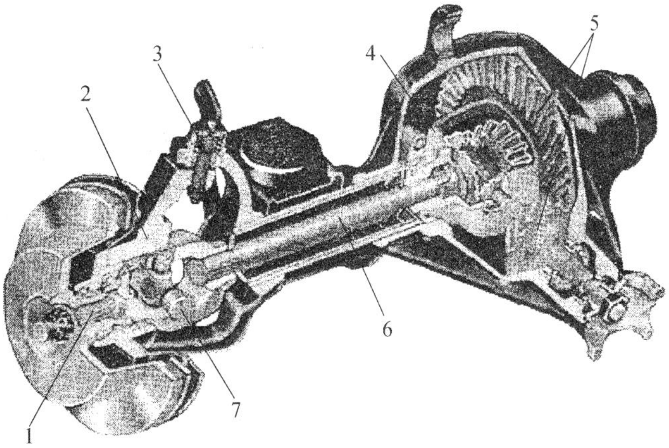

图 12.23 北京切诺基越野车的断开式转向驱动桥

1—外半轴；2—转向节；3—主销；4—差速器；5—主减速器；6—内半轴；7—万向节

它同一般驱动桥一样，有主减速器 5 和差速器 4。但由于转向时车轮需要绕主销偏转过一个角度，故与转向轮相连的半轴必须分成内外两段(内半轴 6 和外半轴 1)，其间用万向节 7(一般多用等角速万向节)连接，同时主销 3 也因而制成上、下两段。转向节轴颈部分做成中空的，以便外半轴穿过其中。

目前，许多现代轿车采用了发动机前置前轮驱动的布置形式，其前桥既是转向桥，又是驱动桥。此种类型的转向驱动桥多与麦弗逊式独立悬架配合使用，因其前轮内侧空间较大，便于布置，具有良好的接近性，维修方便。

图 12.24 所示为上海桑塔纳轿车前转向驱动桥总成。主减速器和差速器在图中未画出。其动力经主减速器和差速器分别传至左、右内半轴(传动轴)3、9 和左、右内等角速万向节，并经左、右球笼式外等角速万向节和左右外半轴凸缘传到轮毂，使驱动车轮旋转。

当转动转向盘时，通过齿轮齿条式转向器 14 和横拉杆 16 而使前轮偏转，以实现转向。捷达、奥迪、宝来、红旗 CA7212 型等轿车的前桥均是转向驱动桥，其构造与上述结构类似。

东风 EQ1280E 型 6×6 汽车的前桥为与非独立悬架配合使用转向驱动桥，其构造如图 12.25 所示。内半轴 1 与外半轴 9 通过三销轴式等角速万向节 3 连接在一起。当前轴驱动时，转矩由差速器、内半轴 1、等角速万向节 3、外半轴 9、凸缘盘 10 传到车轮轮毂 14 上。

转向节通过两个滚针轴承和球碗及钢球支承在转向节支座 2 上，分成两段的主销 4 与转向节支座固装成一体，其上、下两段的轴线必须在同一直线上。主销轴承用轴承盖 6 及 12(左边的上轴承盖与转向节臂是一体)压紧在转向节外壳 7 上。下轴承盖 6 内装有一个钢球及两个球碗，以承受主销的轴向载荷。上轴承盖内装有一个推力螺钉，并通过球碗 16 顶住主销，以防止主销轴向窜动。拧紧推力螺钉的预紧力不要太大，否则会使转向沉重。转向节支座下端面与主销下轴承座油封罩间应有一定间隙(1～2 mm)，当间隙过小(如小于 0.2 mm)可能引起转向沉重，此时应在钢球下球碗的下面加装垫片(厚 1 mm)。转向节支座用螺钉与半轴套管 12 相连接。转向节做成转向节外壳 7 和转向节轴颈 8 两段，用螺钉连接成一体。轮毂 14 通过两个锥轴承装在转向节轴颈上，轮毂轴承用调整螺母 13、锁止垫圈 12、锁紧螺母 11 固紧。在转向轴颈内压装一个青铜衬套 15，以便支承外半轴 9。当通过转向节臂 12 推动转向节时,转向节便可绕主销转动而使前轮偏转。

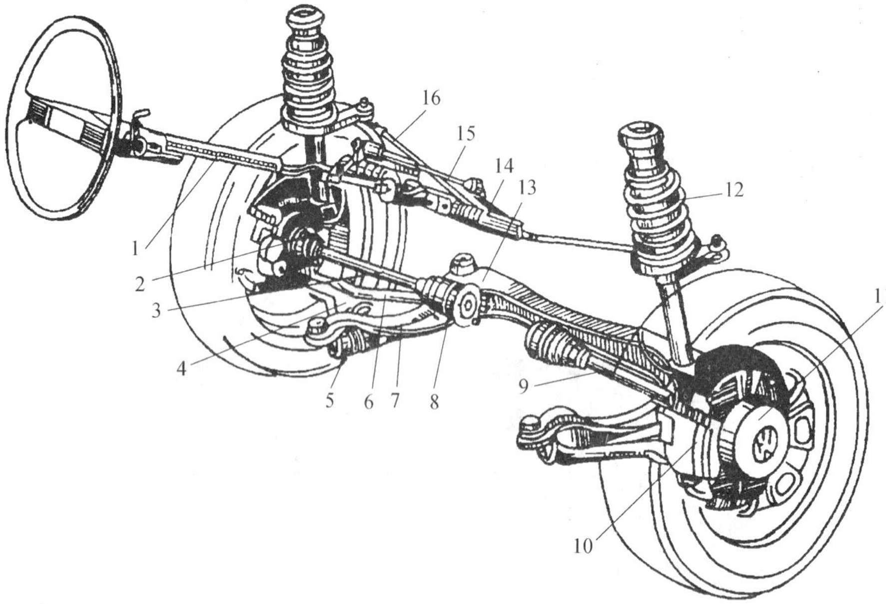

图 12.24　上海桑塔纳轿车前转向驱动桥总成

1—转向柱;2—外等角速万向节;3—左半轴(传动轴);4—悬架摆臂;5　悬架臂后端的橡胶金属轴;6—横向稳定杆;7—发动机悬置;8—内等角速万向节;9—右半轴(传动轴);10—制动钳;11—外半轴凸缘;12—减震器支柱;13—橡胶金属支架;14—齿轮齿条式转向器;15—转向减震器;16—横拉杆

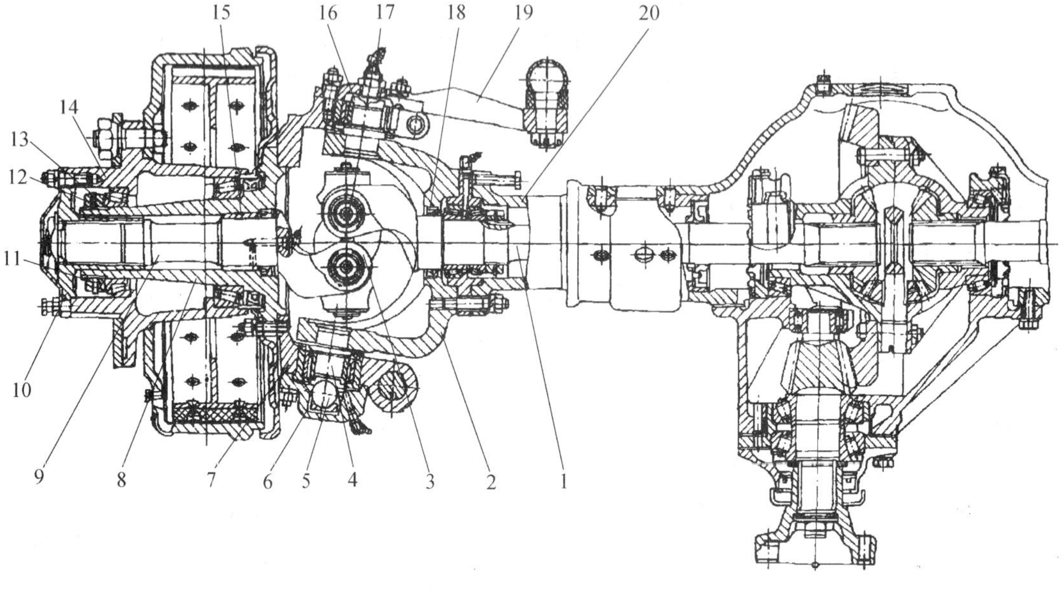

图 12.25　东风 EQ1280E 型 6×6 汽车的转向驱动桥

1—内半轴;2—转向节支座;3—三销轴式等角速万向节;4—主销;5—钢球;6—下轴承盖;7—转向节外壳;8—转向节轴颈;9—外半轴;10—凸缘盘;11—锁紧螺母;12—锁止垫圈;13—调整螺母;14—轮毂;15—青铜衬套;16—球碗;12—止推螺钉;18—油封;12—转向节臂;12—半轴套管

3. 支持桥

现代轿车普遍采用发动机前置前轮驱动的布置形式。而后桥既无驱动功能,又无转向功能,这种车桥称之为支持桥。图 12.26 为桑塔纳 1200 型轿车的后支持桥。

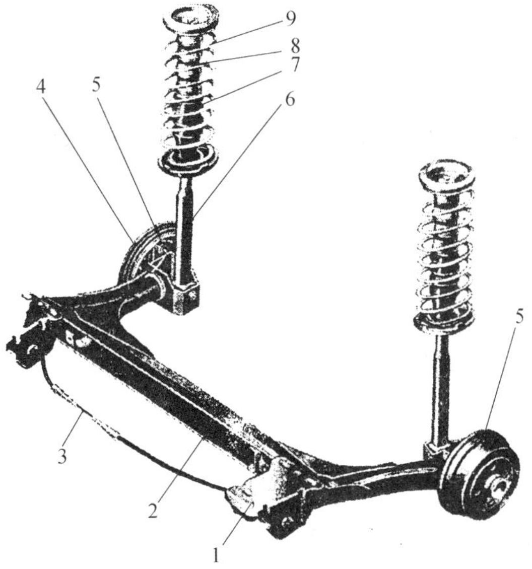

图 12.26　桑塔纳 1200 型轿车后支持桥

1—橡胶—金属支承座；2—后桥总成；3—手制动拉索；4—制动毂；5—后制动器；
6—后减震器；7—橡胶护套；8—缓冲限位块；9—后螺旋弹簧

从图 12.26 中可以看出，支持桥的结构简单，它主要由若干零件组焊而成的后桥焊接总成 2、橡胶—金属支承座 1、后车轮总成等组成，起到支承和固定悬架、制动、车身等总成的相关零部件，传递汽车纵向和横向力，推动车轮旋转。

轿车采用发动机前置前桥驱动的布置方案时，其后支持桥可分为非断开式和断开式。图 12.27 为高尔夫轿车的后支持桥的结构图。

图 12.28 所示为 Lancia Y10 和 Fiat Panda 汽车采用的具有 U 形管梁的后支持桥。

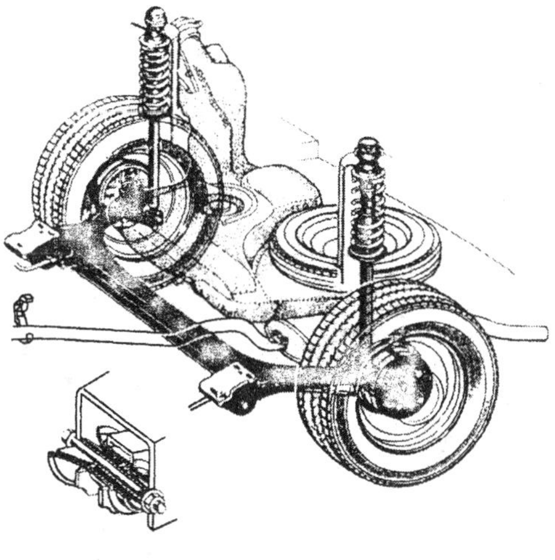

图 12.27　高尔夫轿车的后支持桥结构图

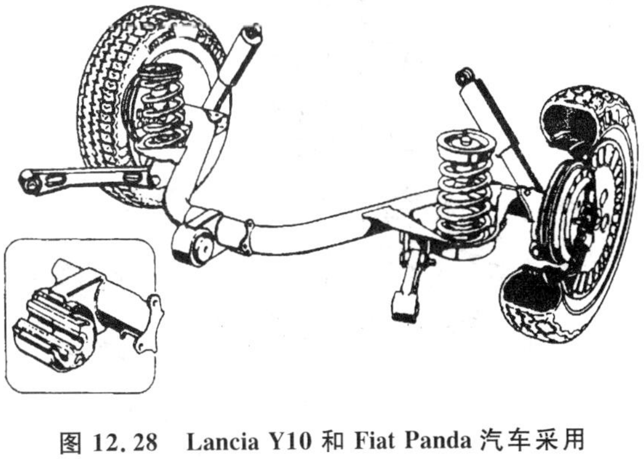

图 12.28　Lancia Y10 和 Fiat Panda 汽车采用的后支持桥(U 形管梁)

任务12.3　车轮与轮胎

12.3.1 车轮

车轮和轮胎,是汽车行驶系中的主要部件。其主要功用是:

(1)支承整车质量。

(2)缓和由路面传递来的冲击载荷。

(3)通过轮胎和路面之间存在的附着作用为汽车提供驱动力和制动力。

(4)汽车转弯行驶时产生平衡离心力的侧向力,以便顺利转向,并通过轮胎产生自动回正力矩,使汽车保持直线行驶方向。

(5)保证汽车具有一定的越过障碍的能力,提高汽车通过性。

此外,车轮和轮胎(特别是轿车轮胎)还是汽车重要的安全件。几乎所有的汽车行驶性能都与轮胎有关。

车轮与轮胎组成车轮总成,如图12.29所示。

车轮是介于轮胎和车轴之间承受负荷的旋转组件,其功用是安装轮胎,承受轮胎与车轴之间的各种载荷的作用。

车轮一般是由轮毂、轮辋和轮辐组成,如图12.30所示。轮毂通过圆锥滚子轴承装在车桥或转向节轴径上,用于连接车轮与车轴。轮辋用于安装和固定轮胎。轮辐用于将轮毂和轮辋连接起来,并通过螺栓与轮毂连接起来。

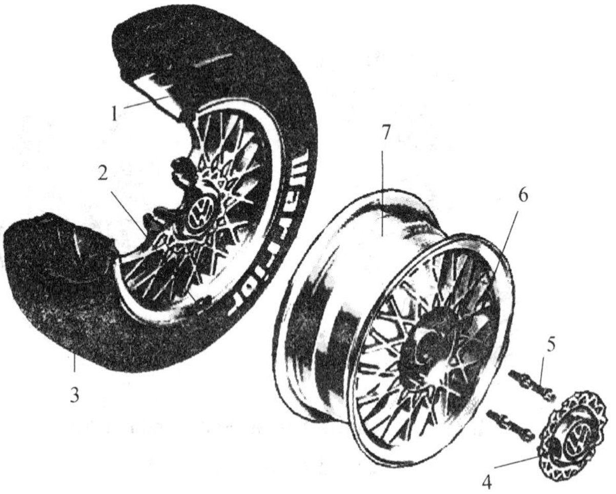

图12.29　车轮总成

1—车轮;2—平衡块;3—轮胎;4—装饰罩;5—螺栓;6—铝合金铸造辐条;7—轮辋

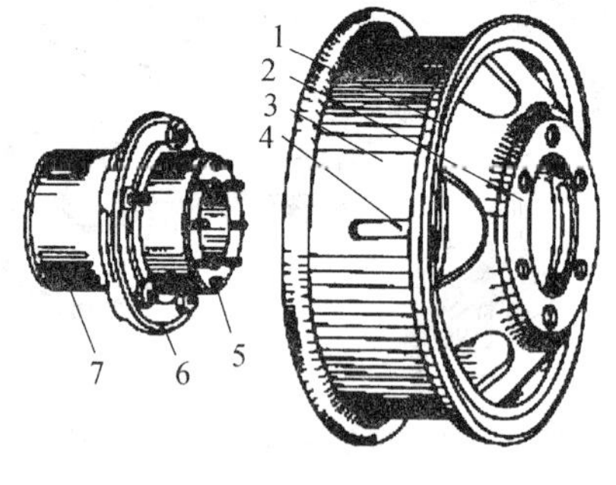

图12.30　车轮的组成

1—挡圈;2—轮辐;3—轮辋;4—气门嘴;5—螺栓;6—凸缘;7—轮毂

1.车轮的类型

按轮辐结构的不同,车轮可以分为两种形式:辐板式车轮和辐条式车轮。按照车轮一端装有一个车轮或两个车轮,车轮又分为单式车轮和双式车轮。此外,还有对开式车轮、可反装式车轮、组装轮辋式车轮和可调式车轮。

(1)辐板式车轮。

目前,普通轿车和轻、中型货车普遍采用辐板式车轮,由挡圈、轮辋、轮辐和气门嘴出口组成,如图12.30所示。车轮中用以连接轮毂和轮辋的钢质圆盘称为轮辐,大多是冲压制成的,少数是和轮毂铸成一体,后者主要用于重型汽车。

货车后桥负荷比前桥大得多,为使后轮轮胎不致过载,后桥一般装用双式车轮,在同一轮毂上安装了两套辐板和轮辋,如图12.31所示。为了防止汽车在行驶中固定辐板的螺母自行松脱,汽车两侧车轮上的辐板固定螺栓一般采用旋向不同的螺纹,左侧用左旋螺纹,右侧用右旋螺纹。

轿车的辐板所用板料较薄,常冲压成起伏多变的形状,以提高其刚度。目前广泛采用的轿车车轮为铝合金车轮,且多为整体式的,即轮辋和轮辐铸成一体。它质量轻,尺寸精度高,生产工艺好,美观大方,可以明显改善车轮的空气动力学特性,降低汽车油耗。

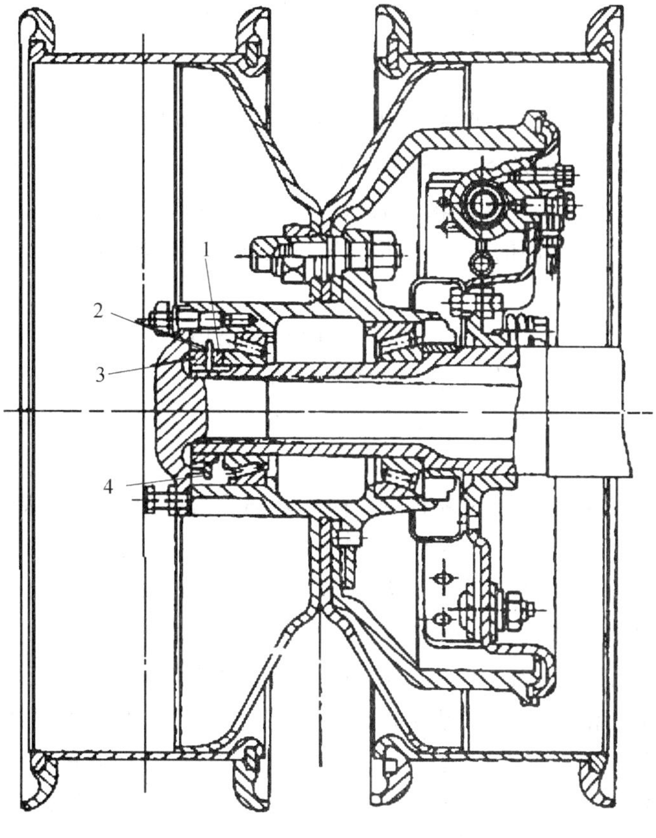

图 12.31 载货汽车双开式车轮

1—调整螺母;2—锁止垫片;3—锁紧螺母;4—销钉

(2)辐条式车轮。

按辐条结构的不同,辐条式车轮又分为钢丝辐条式车轮(图12.32(a))和铸造轮辐式车轮(图12.32(b))。钢丝辐条式车轮价格昂贵、维修安装不便,故仅用于赛车和某些高级轿车上。

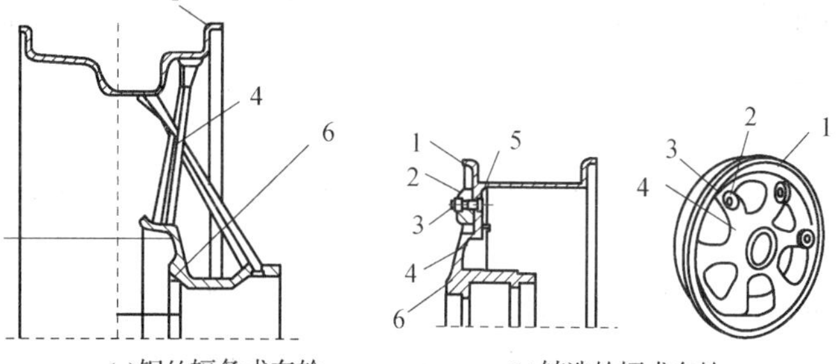

图 12.32 辐条式车轮

1—轮辋;2—衬块;3—螺栓;4—辐条;5—配合锥面;6—轮毂

2.轮辋的类型

轮辋用于安装和固定轮胎。按其结构不同,轮辋的常见结构形式有:深槽轮辋、平底轮辋和对开式轮辋,如图 12.33 所示。此外,还有半深槽轮辋、深槽宽轮辋、平底宽轮辋、全斜底轮辋等。

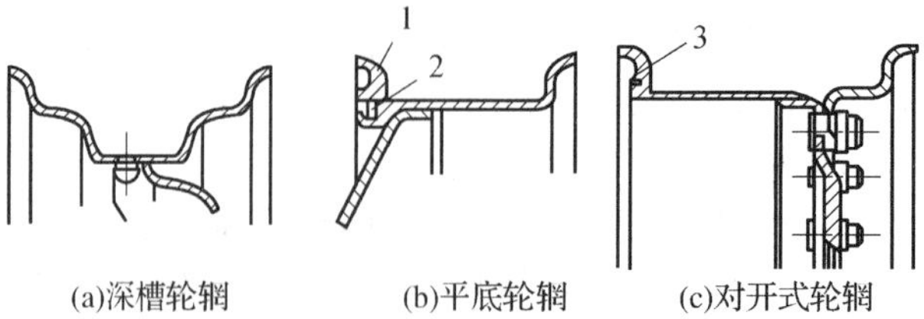

图 12.33 轮辋的类型

1、3—挡圈;2—锁圈

(1)深槽轮辋

如图 12.33(a)所示,这种轮辋是整体的,其断面中部为一深凹槽,主要用于轿车及轻型越野车。它有带肩的凸缘,用以安放外胎的胎圈,其肩部通常略有中间倾斜,其倾角一般为 5°±1°。断面的中间制成深凹槽,以便于外胎的拆装。深槽轮辋的结构简单,刚度大,质量较小,对于小尺寸弹性较大的轮胎最适宜。但是尺寸较大又较硬的轮胎,则很难装进这样的整体轮辋内。

(2)平底轮辋。

平底轮辋如图 12.33(b)所示,多用于货车。其挡圈是整体的,且用一个开口锁圈来防止挡圈脱出。在安装轮胎时,先将轮胎套在轮辋上,而后套上挡圈,并将它向内推,直至越过轮辋上的环形槽,再将开口的弹性锁圈嵌入环形槽中。东风 EQ1090E 和解放 CA1091 型汽车均采用这种形式的轮辋。

(3)对开式轮辋。

对开式轮辋如图 12.33(c)所示。这种轮辋由内外两部分组成,其内外轮辋的宽度可以相等,也可以不相等,二者用螺栓连成一体。拆装轮胎时拆卸螺栓上的螺母即可。图 12.33 中所示挡圈是可拆的。有的无挡圈,而由与内轮辋制成一体的轮缘代替挡圈的作用,内轮辋与辐板焊接在一起。这种轮辋主要用于载重量较大的重型货车和大型客车。

由于轮辋是轮胎的装配和固定的基础,当轮胎装入不同的轮辋时,其他变形位置与大小也在发生变化。因此,每种规格的轮胎,最好配备规定的标准轮辋,必要时也可配用规格与标准轮胎相近的轮辋(容许轮辋)。如果轮辋的选用不当,则会造成轮胎的早期损坏,特别使用在过窄的轮辋上时。

为了适应轮胎负荷能力的需要,宽轮辋的应用越来越多,采用宽轮辋可以提高轮胎的使用寿命,并可改善汽车的通过性和行驶稳定性。

12.3.2 轮胎

现代汽车都采用充气式轮胎,轮胎安装在轮辋上,直接与路面接触。它的功用是:支承汽车的质量,承受路面传来的各种载荷的作用;和汽车悬架共同来缓和汽车行驶中所受到的冲击,并衰减由此而产生的振动,以保证汽车有良好的乘坐舒适性和行驶平顺性;保证车轮和路面有良好的附着性,以提高汽车的动力性、制动性和通过性。

1.轮胎的类型

汽车轮胎按照用途可分为载货汽车轮胎和轿车轮胎;而载货汽车轮胎又分为重型、中型和轻型载货汽车轮胎。

汽车轮胎按胎体结构不同,又分为有充气轮胎和实心轮胎。现在汽车绝大多数采用充气轮胎。

充气轮胎按组成结构不同,又分为有内胎轮胎和无内胎轮胎两种。目前,轿车上普遍采用无内胎轮胎。

充气轮胎按照胎体中帘线排列方式不同,还可分为普通斜交胎、带束斜交胎和子午线胎。

(1)有内胎轮胎。

有内胎轮胎由外胎、内胎和垫带等组成,使用时安装在汽车车轮的轮辋上,如图12.34所示。内胎中充满着压缩空气;外胎是用以保护内胎使其不受外来损害的强度高而富有弹性的外壳;垫带放在内胎与轮辋之间,防止内胎被轮辋及外胎的胎圈擦伤和磨损。

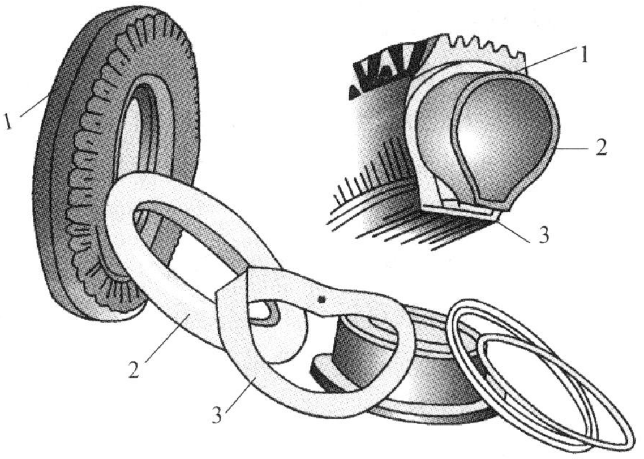

图12.34　充气轮胎的组成

1—外胎;2—内胎;3—垫带

按胎内空气压力的大小,轮胎分为高压胎(0.5～0.7 MPa)、低压胎(0.2～0.5 MPa)和超低压胎(0.2 MPa以下)三种。低压胎弹性好、减震性能强、壁薄散热性好、与地面接触面积大附着性好,因而广泛用于轿车。超低压胎在松软路面上具有良好的通过能力,多用于越野车及部分高级轿车。

内胎是一个环形的橡胶管,上面装有气门嘴,以便充入或排出空气,为使内胎在充气状态下不产生褶皱,其尺寸应稍小于外胎的内壁尺寸。

垫带是一个环形的橡胶带,它垫在内胎与轮辋之间,以保护内胎不被轮辋和胎圈磨伤。

①普通斜交胎。

帘布层和缓冲层各相邻层帘线交叉,且与胎中心线成小于90°角排列的充气轮胎,称为普通斜交轮胎。图12.35所示为有内胎的普通斜交胎构造。外胎由胎肩、胎冠、帘布层、缓冲层和胎圈组成。帘布层是外胎的骨架,用以保持外胎的形状和尺寸,通常由成双数的多层挂胶布(帘布)用橡胶贴合而成。帘布的帘线与轮胎子午线断面的交角(胎冠角)一般为52°～54°,相邻层帘线相交排列。帘布层数越多,强度越大,但弹性降低。在外胎表面上注有帘布层数。

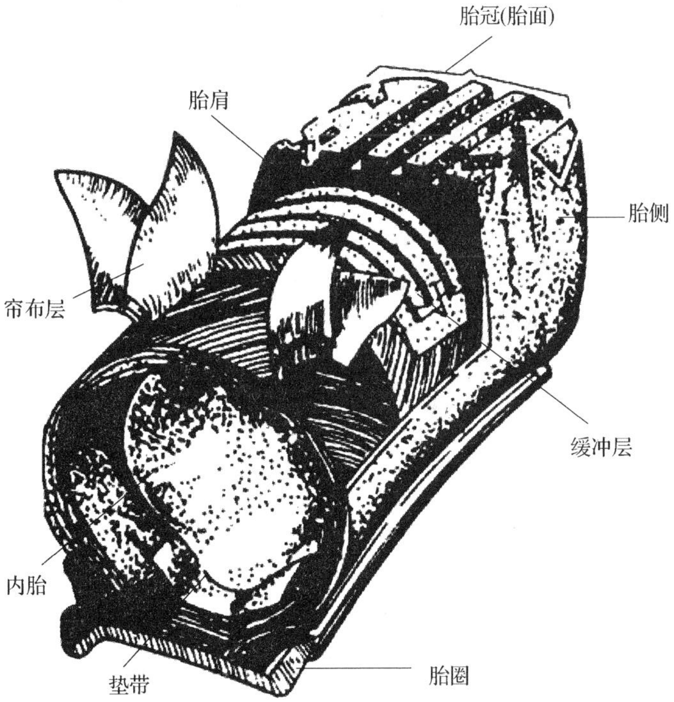

图12.35　有内胎的普通斜交胎

1—外胎;2—内胎;3—垫带

斜交轮胎的优点是:轮胎噪声小,外胎面柔软,制造容易,价格也较子午线轮胎便宜。

斜交轮胎的缺点是:转向行驶时,接地面积小,胎冠滑移大,抗侧向力能力差,高速行驶时稳定性差,滚动阻力较大,油耗偏高,承载能力也不如子午线轮胎。

帘布由纵向的强韧的经线和放在各经线之间的少数纬线织成。帘线可以是棉线、人造丝线、尼龙线和钢丝。采用人造丝可以使同样尺寸的轮胎增加其载荷容量,原因是人造丝的强度和弹性大。尼龙丝又比人造丝好,耐用性高。因此,当采用人造丝、尼龙丝或钢丝帘线时,在轮胎的承载能力相同的情况下,帘布层数可以减少,此时在外胎表面上标注的是层级,(相当于棉线帘布层数,而不是实际的帘布层数)。我国已大量采用人造丝和尼龙丝帘线,近来也开始采用钢丝帘线,但因价高和质脆而没有得到广泛应用。

缓冲层位于胎面与帘布层之间,是用胶片和两层或数层挂胶稀帘布制成,故弹性较大,能缓和汽车在行驶时所受到的不平路面的冲击,并防止汽车在紧急制动时胎面与帘布层脱离。

胎面是外胎最外的一层,可分为胎冠、胎侧和胎肩三部分,如图 12.35 所示。胎冠用耐磨的橡胶制戚,它直接承受摩擦和全部载荷,能减轻帘布层所受冲击,并保护帘布层和内胎免受机械损伤,为使轮胎与地面有良好的附着性能,防止纵、横向滑移等,在胎面上有着各种形状的凹凸花纹。

胎肩是较厚的胎冠与较薄的胎侧间的过渡部分,一般也制有花纹,以利散热。

胎侧橡胶层较薄,用以保护帘布层侧壁免受潮湿和机械损伤。

胎圈使外胎牢固地装在轮辋上,有很大的刚度和强度,由钢丝圈、帘布层包边和胎圈包布组成。

②子午线轮胎。

子午线轮胎的构造如图 12.36 所示。它由帘布层、带束层、胎冠、胎肩和胎圈组成,并以带束层紧箍胎体。其特点是:帘布层帘线排列的方向与轮胎的子午断面一致。帘线的这种排列方式,使帘线的强度能得到充分利用,子午线轮胎的帘布层数一般比普通斜交胎可减少 40%~50%;胎体较柔软,弹性好。

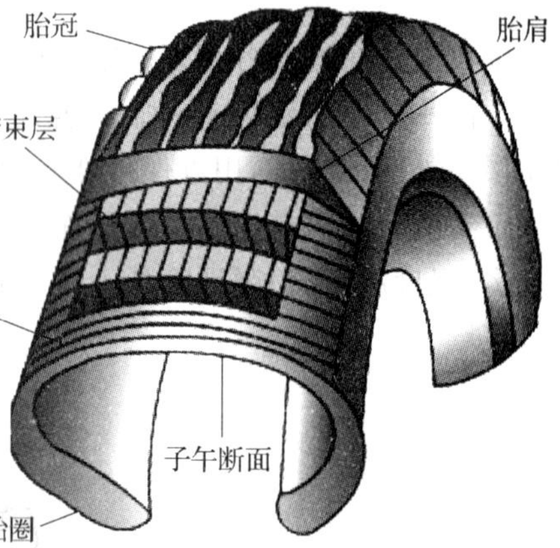

图 12.36 子午线轮胎

帘线在圆周方向上只靠橡胶来联系,因此,为了承受行驶时产生的较大切向力,子午线胎具有若干层帘线与子午断面呈大角度(交角为 70°~75°)、高强度、不易拉伸的周向环形的类似缓冲层的带束层。带束层通常采用强度较高、拉伸变形小的织物帘布(如玻璃纤维、聚酰胺纤维等高强度材料)或钢丝帘布制造。

子午线轮胎的优点如下:

a. 接地面积大,附着性能好,胎面滑移小,对地面单位压力也小,因而滚动阻力小,使用寿命长。

b. 胎冠较厚且有坚硬的带束层,不易刺穿,行驶时变形小,可降低油耗 3%~8%。

c. 因帘布层数少,胎侧薄,所以散热性能好。

d. 径向弹性大,缓冲性能好,负荷能力较大。

e. 在承受侧向力时,接地面积基本不变,故在转向行驶和高速行驶时稳定性好。

子午线轮胎的缺点是:因胎侧较薄柔软,胎冠较厚在其与胎侧过渡区易产生裂口;吸振能力弱,胎面噪声大些;制造技术要求高,成本也高。

轮胎花纹对轮胎的性能影响很大。目前,轮胎花纹主要有普通花纹、混合花纹和越野花纹等,如图 12.37 所示。

图 12.37　轮胎花纹

普通花纹的特点是花纹细而浅，花纹块接地面积大，因而耐磨性和附着性较好，适用于较好的硬路面。其中，纵向花纹，轿车、货车均可用；横向花纹仅用于货车；越野花纹的特点是凹部深而宽，在软路面上与地面的附着性好，越野能力强，适用于矿山、建筑工地以及其他一些松软路面上使用的越野车轮胎。当安装人字形越野花纹轮胎时，驱动轮胎面的尖端与旋转方向一致，以免花纹之间被泥土所填塞。越野花纹轮胎不宜在较好硬路面上使用，否则行驶阻力加大且加速花纹的磨损。混合花纹的特点介于普通花纹与越野花纹之间，兼顾了两者的使用要求，中部为菱形、纵向为锯齿形或烟斗形花纹，两边为横向越野花纹，适用于在城市、乡村之间的路面上行驶的汽车轮胎。现代货车驱动轮胎也多采用这种花纹。拱形轮胎花纹和低压特种花纹有更宽的断面、更低的接地比压、附着性好，主要为软地面行驶的特种车辆采用。

(2)无内胎轮胎。

无内胎轮胎，在外观上与普通轮胎相似，但是没有内胎及垫带。它的气门嘴用橡胶垫圈和螺母直接固定在轮辋上，空气直接充入外胎中，其密封性由外胎和轮辋来保证，如图 12.38 所示。

无内胎轮胎的内壁有一层橡胶密封层，有的在该层下面还有一层自黏层，能自行将刺穿的孔黏合。在胎圈外侧也有一层橡胶密封层，用以加强胎圈与轮辋之间的气密性。无内胎轮胎一旦被刺破，穿孔不会扩大，故漏气缓慢，胎压不会急剧下降，仍能继续行驶一定距离，可消除爆胎的危险。因无内胎，摩擦生热少、散热快，适用于高速行驶；此外，结构简单，质量较轻，维修也方便。但密封层和自黏层易漏气，途中修理也较困难。无内胎轮胎必须配用深槽轮辋，故目前在轿车上应用较多。

(3)活胎面轮胎。

有些车辆装用了活胎面轮胎，如图 12.39 所示。它由钢丝纤维、胎面环、凸缘及胎体组成。胎体通常为子午线排列，其上有可更换的胎面。在胎冠面部分，有较厚的橡胶层，并沿轮胎圆周方向制有三条平行的沟槽。活胎面由三个独立的胎面环组成。胎面环有帘线加强层起缓冲作用。加强层由两层钢丝帘布构成，帘线沿圆周方向排列。胎面嵌入胎体上的沟槽内，并依靠胎体充气后产生径向伸张而固着于胎体上。

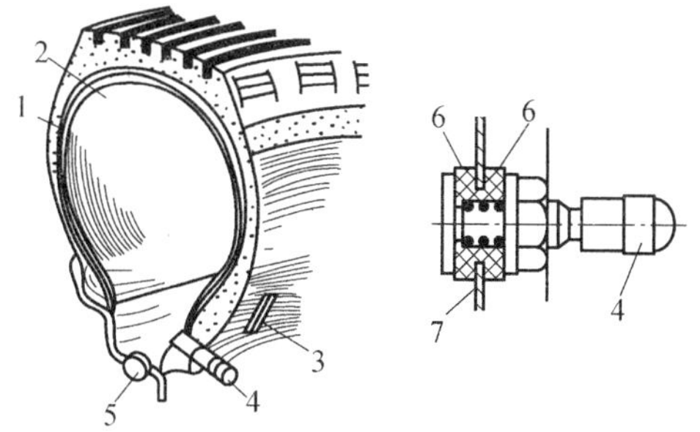

图 12.38　无内胎轮胎示意图

1—橡胶密封层；2—自黏层；3—槽纹；4—气门嘴；5—铆钉；6—橡胶密封衬垫；7—轮辋

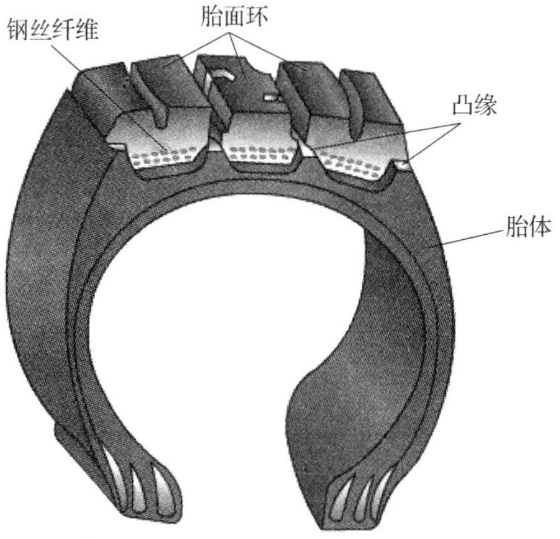

图 12.39　活胎面轮胎

胎体上三条沟槽侧面的凸棱可防止胎面环发生侧向位移，胎面环和地面接触表面有花纹。其最大优点是在花纹严重磨损或磨光后，可以单独更换胎面，也可以根据不同的使用条件更换不同花纹的胎面；缺点是质量较大，使用中可能出现胎体和胎面环之间磨损，胎面环橡胶与钢丝体脱层。

2.常见轮胎品牌和轮胎规格的表示方法

(1)常见轮胎品牌。

著名的轮胎品牌主要有固特异(Goodyear)、普利斯通(Bridgestone)和凡世通(Firestone)、邓禄普(Dunlop)、米其林(Michelin)、倍耐力(Pirelli)、韩泰(Hankook)、锦湖(Kumho)、马牌(Continental)、回力等。

(2)轮胎规格的表示方法。

轮胎规格的标记方法有米制和英制两种，目前大多数国家包括我国在内均采用英制表示法，轮胎的尺寸标注如图 12.40 所示。

汽车上常采用低压胎。其尺寸标记用 $B—d$ 表示，B 为轮胎的断面宽度，d 为轮辋的直径，单位均为英寸(in)，“—”表示低压胎。例如 9.00—12 表示轮胎宽度为 9 英寸、轮辋直径为 12 in 的低压胎。如果是子午线轮胎，则用 9.00R12 标记，中间的 R 表示子午线轮胎。

高压胎一般用 $D\times B$ 来表示。其中：D 为轮胎的名义直径，B 为轮胎的断面宽度，单位为 in，“×”表示高压胎。高压胎在汽车上很好采用。

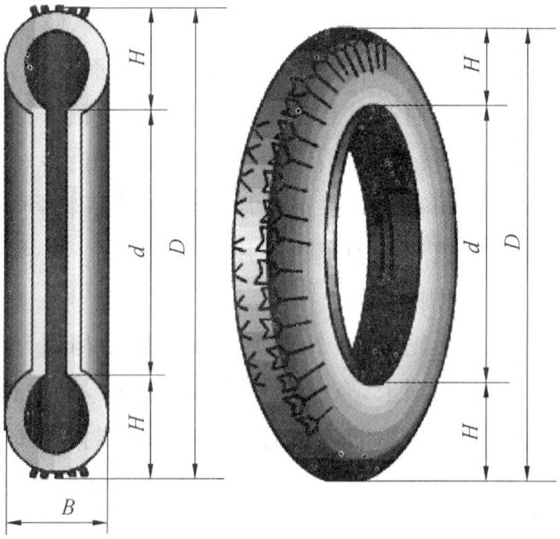

图 12.40　轮胎规格标记示意图

D—轮胎外径；d—轮胎外径；

H—轮胎断面高度；B—轮胎断面宽度

近年来，我国也采用与欧美、日本等一些国家和地区对轿车无内胎充气轮胎表示方法一样的标记，如：P125/60 R 14 85 H，其中“P”指的是轿车用轮胎，“125”表示轮胎的断面宽度为 125 mm，“70”表示轮胎的扁平率(轮胎断面高度 H 与宽度 B 之比以百分比表示称为轮胎的扁平率)。“R”表示子午线轮胎，“14”表示轮辋的直径为 14 in，“85” 表示荷重等级，即最大载荷质量(表 12.1)。荷重等级为 85 的轮胎的最大载荷质量为 515 kg。H 表示速度等级，表明轮胎能行驶的最高车速。常见的速度等级及对应的最高车速见表 12.2。

表 12.1　轮胎许用承载质量对应表

载荷指数	84	85	86	87	88	89	90
承载质量/kg	500	515	530	546	560	580	600

表 12.2　速度等级及对应的最高车速

速度等级代号	R	S	T	U	H	V	W
规定承载质量下允许的最高车速/(kg·h^{-1})	112	180	112	120	210	240	270

任务 12.4 悬 架

12.4.1 悬架概述

汽车悬架是车架(或车身)与车轴(或车轮)之间的一切传力连接装置的总称。它的功用是把路面作用于车轮上的垂直反力(支承力)、纵向反力(驱动力和制动力)和侧向反力以及这些反力所造成的力矩都要传递到车架(或承载式车身)上,以保证汽车的正常行驶。

汽车悬架结构不同,但一般都由弹性元件 1、减震器 2 和导向机构(上、下摆臂 4、8)三部分组成(图 12.41)。

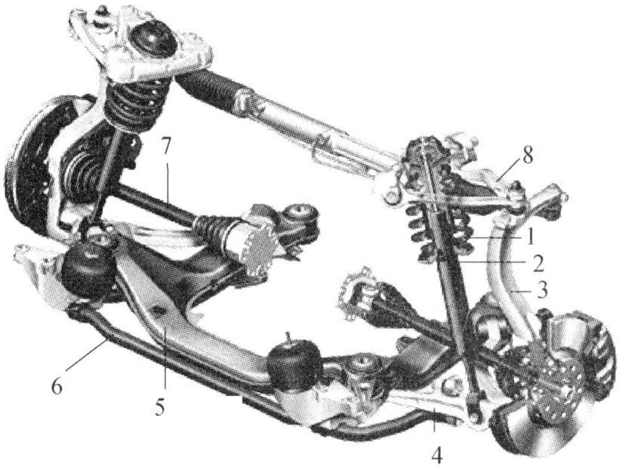

图 12.41 汽车的悬架组成示意图

1—弹性元件;2—减震器;3—转向节;4—下摆臂;5—车架前横梁;6—横向稳定器;7—万向传动装置;8—上摆臂

由于汽车行驶的路面不可能绝对平坦,因此,路面作用于车轮上的垂直反力往往是冲击性的,尤其在坏路面上高速行驶时,这种冲击力将很大,可能引起汽车机件的早期损坏,还将使驾驶员感到极不舒服,或是货物受到损伤。为了缓和冲击,在汽车行驶系中,除了采用弹性的充气轮胎之外,在悬架中还必须装有弹性元件,使车架(或车身)与车桥(或车轮)之间作弹性连接。但弹性系统在受到冲击后,将产生振动,持续的振动易使乘员感到不舒服或疲劳,故悬架还应当具有减震作用,使振动迅速衰减(振幅迅速减小)。为此,在许多结构形式的汽车悬架中都有专门的减震器。

车轮相对于车架和车身跳动时,车轮(特别是转向轮)的运动轨迹应符合一定的要求,否则对汽车的某些行驶性能(特别是操纵稳定性)有不利的影响。因此,悬架中某些传力构件同时还承担着使车轮按一定轨迹相对于车架和车身跳动的任务,因而这些传力构件还起导向作用,故称导向机构。

在多数轿车和客车上,为了防止车身在转弯行驶等情况下发生过大的倾斜,在悬架中还设有辅助弹性元件——横向稳定器。

由此可见,汽车悬架的功能是缓冲、导向和减震,然而总的功能是传力。应当指出,悬架要具备上述功能,在结构上并非一定要设置满足上述各功能的单独装置。例如常见的钢板弹簧,除了作为弹性元件起缓冲作用外,当它在汽车上纵向安置并且一端与车架作固定铰连接时,它本身还能起到传递各向力和力矩以及决定车轮运动轨迹的作用,因而可不再另设置导向机构。此外,一般钢板弹簧是多片叠成的,本身具有一定的减震能力,在对减震要求不高的车辆上,也可以不装减震器。

由悬架刚度和悬架弹簧支承的力量(簧载质量)所决定的车身固有频率(也称振动系统的自由振动频率),是影响汽车行驶平顺性的悬架重要性能指标之一。人体所习惯的垂直振动频率是步行时身体上、下振动的频率,为 1~1.6 Hz。车身固有频率应当尽可能地处于或接近这一频率范围。根据力学分析,如果将汽车看成一个弹性悬架上作单自由度振动的质量,则悬架系统的固有频率为

$$n=\frac{1}{2\pi}\sqrt{\frac{C}{M}}=\frac{1}{2\pi}\sqrt{\frac{g}{f}}$$

式中,g 为重力加速度;f 为悬架垂直变形(挠度);M 为悬架弹载质量;$C(C=Mg/f)$ 为悬架刚度

(不一定等于弹性元件的刚度),它指使车轮中心相对于车架和车身向上移动过的单位距离(即使悬架产生单位垂直压缩变形)所需要加于悬架上的垂直载荷。

由上式可见:

①在悬架所受垂直载荷一定时,悬架刚度越小,则汽车固有频率越低。但悬架刚度越小,在一定载荷下悬架垂直变形就越大,即车轮上、下跳动所需要的空间越大,这对于簧载质量大的货车,在结构上是难以保证的,故实际上货车的车身固有频率往往偏高,而大大超过了上述理想的频率范围。

②当悬架刚度一定时,簧载质量越大,则悬架垂直变形越大,而固有频率越低,故空车行驶时,车身的固有频率要比满载行驶时的高。簧载质量变化范围越大,则频率变化范围也越大。

为了使簧载质量从相当于汽车空载到满载的范围内变化时,车身固有频率保持不变或变化很小,就需要将悬架刚度做成可变的,即空车时悬架刚度小,而载荷增大时,悬架刚度随之增大。

有些弹性元素本身的刚度就是可变的,如气体弹簧;有些悬架所用的弹性元件的刚度虽然是不变的,但是安装在悬架之中后,可使整个悬架具有可变的刚度,例如扭杆弹簧悬架。

汽车悬架可分为非独立悬架和独立悬架两大类。

非独立悬架(图 12.42(a))的结构特点是两侧的车轮由一根整体式车桥相连。车轮连同车桥一起通过弹性悬架与车架(和车身)连接。当一侧车轮因道路不平而发生跳动时,必然引起另一侧车轮在汽车横向平面内发生摆动,故称为非独立悬架。

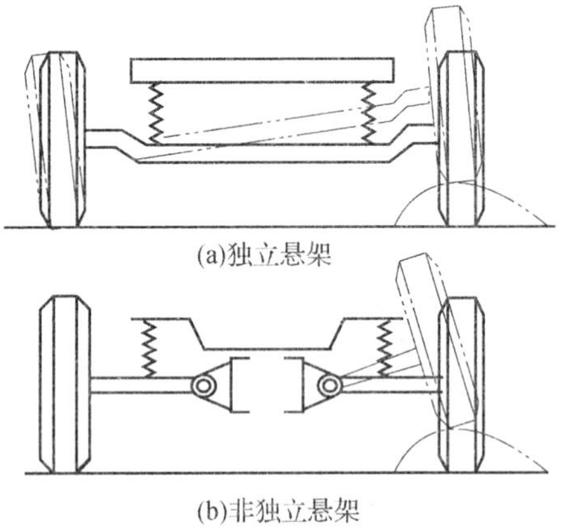

图 12.42　非独立悬架和独立悬架

独立悬架(图 12.42(b))的结构特点是车桥是断开的,每一侧的车轮可以单独地通过弹性悬架与车架(或车身)连接,两侧车轮可以单独跳动,互不影响,故称为独立悬架。

12.4.2 减　震　器

为加速车架与车身振动的衰减,以改善汽车的行驶平顺性,在大多数汽车的悬架系统内部装有减震器。减震器和弹性元件是并联安装的(图 12.43)。

汽车悬架系统中广泛采用液力减震器。液力减震器的作用原理是,当车架与车桥做往返相对运动而活塞在缸筒内往返移动时,减震器壳体内的油液便反复地从内腔通过一些窄小的孔隙流入另一内腔。此时孔壁与油液间的摩擦及液体分子内摩擦便形成对振动的阻尼力,使车身和车架的振动能量转化为热能被油液和减震器壳体所吸收,然后散到大气中。减震器阻尼力的大小随车架和车桥(或车轮)相对速度的增减而增减,并且与油液的黏度有关。要求油液的黏度受温度变化的影响尽可能小,且具有抗氧化、抗汽化及对各种金属和非金属零件不起腐蚀作用等性能。

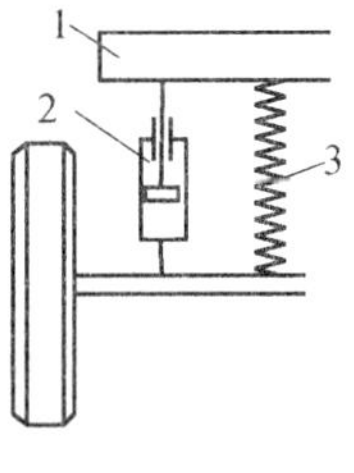

图 12.43　减震器和弹性元件的安装示意图

1—车架;2—减震器;3—弹性元件

减震器的阻尼力越大,振动消除得越快,但却使并联的弹性元件的作用不能充分发挥,同时,过大的阻尼力还可能导致减震器的连接零件及车架损坏。为解决弹性元件与减震器之间的矛盾,对减震器提出如下要求:

①在悬架压缩行程(车桥与车架相互移近的行程)内,减震器阻尼力应较小,以便充分利用弹性元件的弹性来缓和冲击。

②在悬架伸张行程(车桥与车架相互远离的行程)内,减震器的阻尼力应较大,以求迅速减震。

③当车桥(或车轮)与车架的相对速度较大时,减震器应当能自动加大液流通道截面积,使阻尼力始终保持在一定限度内,以避免承受过大的冲击载荷。

液力减震器按其结构形式不同,可分为筒式和摇臂式(12 世纪 70 年代末就已被淘汰)两种类型;按其作用方式不同,又可分为双向作用式减震器和单向作用式减震器两种。

在压缩和伸张两行程内均能起作用的减震器,称为双向作用式减震器。另有一种仅在伸张行程内起作用,称为单向作用式减震器。

1. 双向作用筒式减震器

双向作用筒式减震器一般都具有四个阀(图 12.44),即压缩阀 6、伸张阀 4、流通阀 8 和补偿阀 7。流通阀和补偿阀是一般的单向阀,其弹簧很弱,当阀上的油压作用力与弹簧力同向时,阀处于关闭状态,完全不通液流;而当油压作用力与弹簧力反向时,只要有很小的油压,阀便能开启,压缩阀与伸张阀是卸载阀,其弹簧较强,预紧力较大,只有当油压升高到一定程度时,阀才能开启,而当油压降低到一定程度时,阀即自行关闭。

双向作用筒式减震器的工作原理可按图 12.44 分为压缩和伸张两个行程加以说明。

(1)压缩行程。

当汽车车轮滚上凸起物和滚出凹坑时,车轮移近车架(或车身),减震器受压缩,减震器活塞 3 下移。活塞下面的腔室(下腔)容积减小,油压升高,油液经流通阀 8 流到活塞上面的腔室(上腔)。由于上腔被活塞杆占去一部分空间,上腔内增加的容积小于下腔减小的容积,故还有一部分油液推开压缩阀 6,流回储油缸 5。这些阀对油液的节流便造成对悬架压缩运动的阻尼力。

(2)伸张行程。

当车轮滚进凹坑或滚离凸起时,车轮相对车身移开,减震器受拉伸。此时减震器活塞向上移动。活塞上腔油压升高,流通阀 8 关闭。上腔内的油液便推开伸张阀 4 流入下腔。同样,由于活塞杆的存在,自上腔流来的油液还不足以充满下腔所增加的容积,下腔内产生一定的真空度,这时储油缸中的油液便推开补偿阀 7 流入下腔进行补充。此时,这些阀的节流作用即造成对悬架伸张运动的阻尼力。

压缩阀的节流阻力应设计成随活塞运动速度而变化。例如,当车架或车身振动缓慢(即活塞向下的运动速度低)时,油压不足以克服压缩阀弹簧的预紧力而推开阀门。此时,多余部分的油液便经一些常通的缝隙(图上未画出)流回储油腔。当车身振动剧烈,即活塞向下运动的速度高时,则活塞在很短的时间内通过较大的通道流回储油缸。这样,油压和阻尼力都不致超过一定限度,以保证压缩行程中弹性元件的缓冲作用得到充分发挥。

同样,伸张行程中减震器的阻尼力也应设计成随活塞运动速度而变化。当车轮向下运动速度不大(即活塞向上的运动速度不大)时,油液经伸张阀的常通孔隙(图 12.44 中未画出)流入下腔,由于通道截面积很小,便产生较大的阻尼力,从而消耗了振动能量,使振动迅速衰减。当车身振动剧烈时,活塞上移速度增大到使油压足以克服伸张阀弹簧的预紧力时,伸张阀开启,通道截面积增大,使油压和阻尼保持在一定限度以内。这样,可使减震器及悬架系统的某些零件不会因超载而损坏。

由于伸张阀弹簧的刚度和预紧力比压缩阀的大,在同样的油压力作用下,伸张阀及相应的常通缝隙的通道截面积总和小于压缩阀及相应的常通缝隙的通道截面积总和,这就保证了减震器在伸张行程内产生的阻尼力比压缩行程内产生的阻尼力大得多。

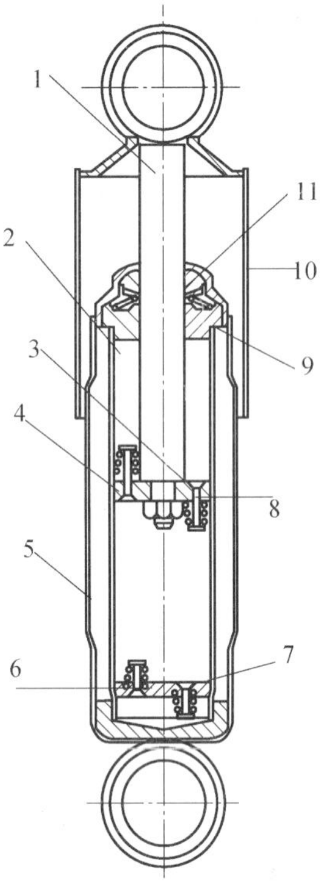

图 12.44 双向作用筒式减震器示意图

1—活塞杆;2—工作缸;3—活塞;4—伸张阀;5—储油缸;6—压缩阀;7—补偿阀;8—流通阀;9—导向座;10—防尘罩;11—油封

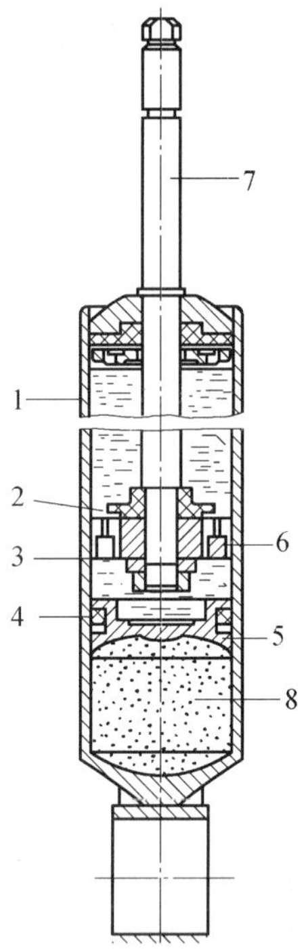

图 12.45 充气式减震器示意图

1—工作缸;2—压缩阀;3—伸张阀;4—O 形密封圈;5—浮动活塞;6—工作活塞;7—活塞杆;8—密闭气室

2.新型减震器

(1)充气式减震器。

充气式减震器是 19 世纪 60 年代以来发展起来的一种新型减震器。图 12.46 所示为一种轿车充气式减震器,其结构特点是在缸筒的下部装有一个浮动活塞 2,在浮动活塞与缸筒一端形成闭气室 1 中,充有高压(2~3 MPa)的氮气。在浮动活塞的上面是减震器油液。浮动活塞上装有的 O 形密封圈 3,把油和气完全分开。工作活塞 7 上装有随其运动速度大小而改变通道截面积的压缩阀 4 和伸张阀 8。此两阀均由一组厚度相同、直径不等、由大到小而排列的弹簧钢片组成。

当车轮上、下跳动时,减震器的工作活塞在油液中做往复运动,使工作活塞的上腔和下腔之间产生油压差,压力油便推开压缩阀或伸张阀而来回流动。由于阀对压力油产生较大的阻尼,使振动衰减。

由于活塞杆的进出而引起的缸筒容积的变化,则由浮动活塞的上、下运动来补偿。因此,这种减震器不需储液缸,所以也称单筒式减震器。前述双向作用筒式减震器又称双筒式减震器。

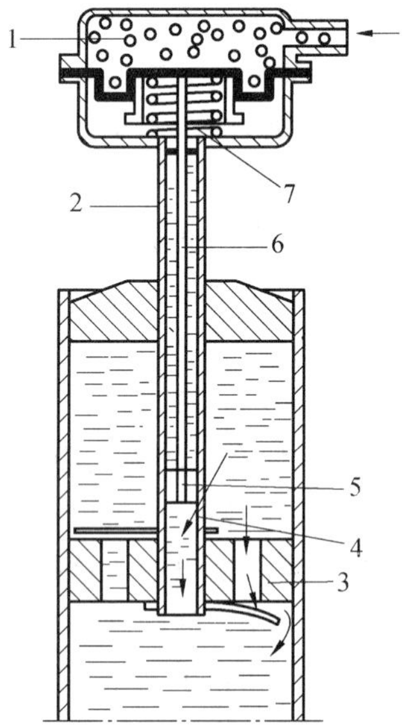

图 12.46 阻尼可调式减震器示意图

1—气塞;2—空心连杆;3—活塞;4—节流孔;5—柱塞;6—柱塞杆;7—弹簧

(2)阻力可调式减震器。

悬架系统中理想的阻力特性应该是随着使用因素(如道路条件、载荷)的变化而改变,即减震器的阻力应和悬架系统的参数有适当的匹配关系。当悬架系统的某一参数发生变化时,减震器的阻力也应随之而改变,从而保证悬架系统有良好的振动特性。

图 12.46 所示为某些高级轿车阻力可调式减震器示意图。

装有这种阻力可调式减震器的悬架系采用了刚度可变的空气弹簧。其工作原理是,当汽车的载荷增加时,空气囊的气压升高,则气室 2 内的气压也随之升高,膜片向下移动与弹簧 3 产生的压力相平衡。与此同时,膜片带动与它相连的柱塞杆 4 和柱塞 5 下移,因而使得柱塞相对空心连杆 1 上的节流孔 6 的位置发生变化,结果减小了节流孔的通道截面积,也就是减少了节流孔的流量,从而增加了油液流动阻力。反之,当汽车载荷减小时,柱塞上移,增大了节流孔的通道截面积,从而减小了油液的流动阻力。因此,达到了随着汽车载荷的变化而改变减震器阻力的目的。这种阻力可调式减震器有可能被逐步推广应用。

12.4.3 弹性元件

1.钢板弹簧

钢板弹簧是汽车悬架中应用最广泛的一种弹性元件。它是由若干片等宽但不等长(厚度相等或不相等)的合金弹簧片组合而成的一根近似等强度的弹性梁,其一般构造如图 12.47 所示。

钢板弹簧 3 的第一片(最长的一片)称为主片,其两端弯成卷耳 1,内装青铜或塑料、橡胶、粉末冶金等制成的衬套,用弹簧钢板销与固定在车架上的支架或吊耳作铰链连接。钢板弹簧的中部,一般用 U 形螺栓固定在车桥上。

主片卷耳受力严重,是薄弱处。为改善主片卷耳的受力情况,常将第二片末端也弯成卷耳,包在主片卷耳外面(也称包耳)。为了使得在弹簧变形时各片有相对滑动的可能,在主片卷耳和第二片包耳之间留有较大的空隙。

当钢板弹簧安装在汽车悬架中,所承受的垂直载荷为正向时,各个力的方向和作用点如图 12.47 (b)中的箭头所示。各弹簧片都受力变形,有向上拱弯的趋势,这时车桥和车架便互相靠近;当车桥和车架互相远离时,钢板弹簧所受的正向垂直载荷和变形便逐渐减小,有时甚至会反向。

中心螺栓 4 用来连接各弹簧片,并保证各片装配时的相对位置。中心螺栓到两端卷耳中心的距离可以相等(称为对称式钢板弹簧,图 12.47(a)),也可以不相等(称为非对称式钢板弹簧,图 12.47 (b))。连接各片的构件,除中心螺栓外,还有若干个弹簧夹(也称回弹夹)2,其主要作用是当钢板弹簧反向变形(即反跳)时,使各片不至于分开,以免主片单独承载,此外,还可防止各片横向错动。弹簧夹的两边用柳钉铆接在与之相连的最下面弹簧片的端部。弹簧夹的两边用螺栓 5 连接,在螺栓上有套管 6 顶住弹簧夹的两边,以免将弹簧片夹得过紧。在螺栓套管与弹簧片之间有一定的间隙(不小于 1.5 mm),以保证弹簧变形时,各片可以互相滑移。

钢板弹簧在载荷作用下变形时,各片之间因相对滑动而产生摩擦,可促使车架的振动衰减。但各片间的干摩擦,将使车轮所受冲击在很大程度上传给车架,即降低了悬架缓和冲击的能力,并使弹簧各片加速磨损。为减少弹簧片的磨损,在装合钢板弹簧时,各片间须涂上石墨润滑脂,并应定期保养。为了在使用期间长期储存润滑脂和防止污染,有时将钢板弹簧装在护套内。

前已述及,钢板弹簧本身还能兼起导向机构的作用,并且由于各片之间的摩擦而起到一定的减震作用。为了保证在弹簧片间产生定值摩擦力以及消除噪声,可在弹簧片之间夹入塑料片。如某些高级轿车(如红旗 CA7560 型轿车)的后悬架钢板弹簧,即采用这种结构。

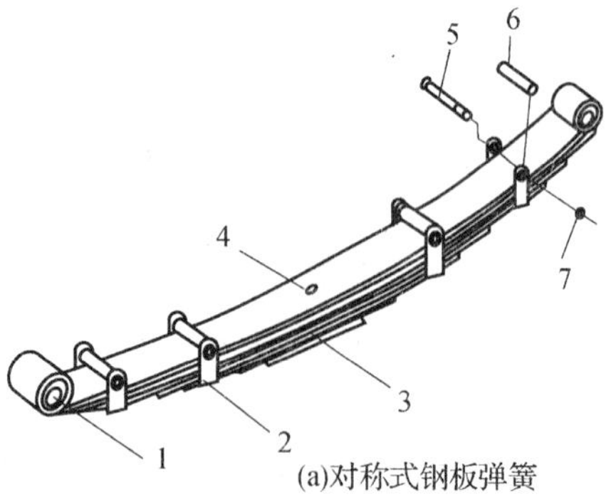

(a)对称式钢板弹簧

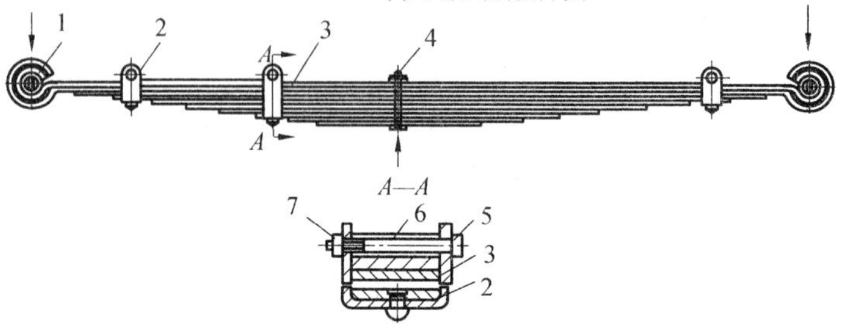

(b)非对称式钢板弹簧

图 12.47　钢板弹簧

1—卷耳;2—弹簧夹;3—钢板弹簧;4—中心螺栓;
5—螺栓;6—套管;7—螺母

目前,越来越多的汽车上采用变截面钢板弹簧。这种少片变截面钢板弹簧是由单片或 2～3 片变厚度断面的弹簧片构成的,如图 12.48 所示。其弹簧片的断面尺寸沿长度方向是变化的,片宽保持不变。这种少片变截面钢板弹簧克服了钢板弹簧质量大、性能差(由于片间摩擦的存在,影响了汽车的行驶平顺性)的缺点。据统计,在两种弹簧寿命相等的情况下,少片变截面钢板弹簧可减少质量的 40%～60%。因此,这种弹簧对车辆的轻量化、节约能源和节约合金弹簧钢材大为有利,故应用日渐广泛。例如,东风 EQ1141G 型 8 t 货车的前簧和后副簧以及解放 CA1040 系列轻型货车的前、后钢板弹簧,均采用了这种少片变截面钢板弹簧。

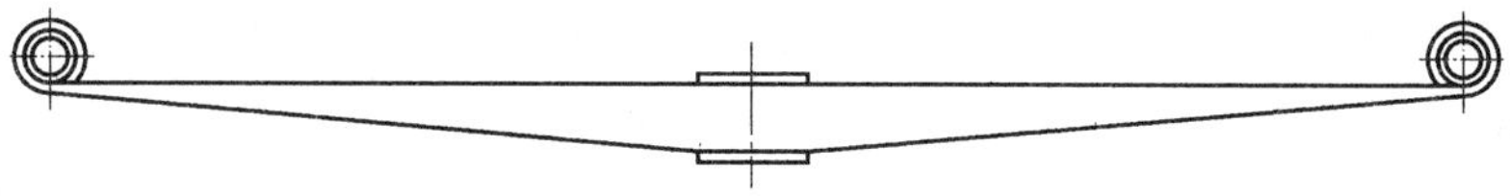

(a)单片弹簧

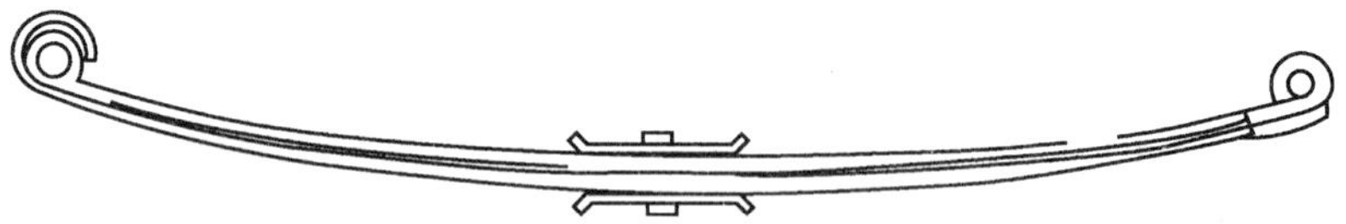

(b)少片弹簧

图 12.48　单片和少片变截面钢板弹簧

2.螺旋弹簧

螺旋弹簧广泛应用于独立悬架,特别是前轮独立悬架。然而,在有些轿车的后轮非独立悬架中,其弹性元件也采用螺旋弹簧(参见图 12.41)。螺旋弹簧和钢板弹簧相比较具有以下优点:无需润滑,不忌污泥;纵向安置空间紧凑;弹簧本身质量小。

螺旋弹簧本身没有减震作用,因此在螺旋弹簧悬架中必须另装减震器。此外,螺旋弹簧只能承受垂直载荷,故必须装设导向机构以传递垂直力以外的各种力和力矩。

螺旋弹簧用弹簧钢棒料卷制而成,可做成等螺距或变螺距。前者刚度不变,后者刚度是可变的。

3.扭杆弹簧

扭杆弹簧本身是一根由弹簧钢制的杆 1,如图 12.49 所示。扭杆断面常为圆形,少数是矩形或管形,其两端形状可以做成花键、方形、六角形或带平面的圆柱形等,以便一端固定在车架上,另一端上的摆臂 2 与车轮相连。当车轮跳动时,摆臂便绕着扭杆轴线摆动,使扭杆产生扭转弹性变形,以保证车轮与车架的弹性联系。有的扭杆由一些矩形断面的薄条(扭片)组合形成,这样,弹簧更为柔软。

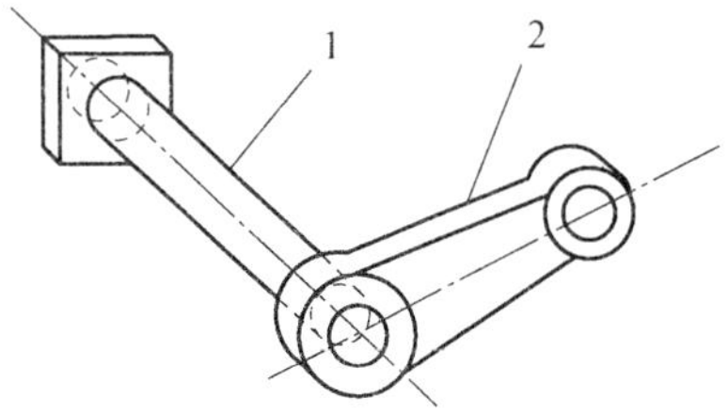

图 12.49 扭杆弹簧

1—扭杆;2—摆臂

扭杆弹簧是用铬钒合金弹簧钢制成的,其表面经过加工后很光滑。通常在扭杆弹簧表面涂有环氧树脂,包一层玻璃纤维布,再涂一层环氧树脂,最后涂以沥青和防锈油漆,以防碰撞刮伤和腐蚀,并可提高扭杆弹簧的使用寿命。

扭杆弹簧在制造时,经热处理后施加一定的扭转力矩载荷,使之产生一个永久的扭转变形,而具有一定的预应力,左、右扭杆的预加扭转的方向都与扭杆安装在车上后承受工作载荷时扭转的方向相同。其目的是减少工作时的实际应力,以延长扭杆弹簧的使用寿命。如果左、右扭杆换位安装,则将使扭杆弹簧的预先扭转方向与工作时的扭转方向相反,导致扭杆弹簧的实际工作应力加大,而使用寿命缩短。因此,左、右扭杆弹簧不能互换。为此,左、右扭杆刻有不同的标记。

扭杆弹簧本身的扭转刚度虽然是常数,但采用扭杆弹簧的悬架刚度却是可变的。

扭杆弹簧单位质量的储能量是钢板弹簧的三倍,比螺旋弹簧高。因此,采用扭杆弹簧的悬架质量较轻,结构比较简单,也不需要润滑,并且通过调整扭杆弹簧固定端的安装角度,易实现车身高度的自动调节。

此外,扭杆弹簧在汽车上的布置比较方便。它可以与汽车纵轴线平行布置,也可以横向布置。纵向布置时,可以方便地安装满足设计要求长度的扭杆,以保证悬架具有良好的性能。

4.气体弹簧

气体弹簧是在一个密封的容器中充入压缩气体(气压为 0.5～1 Mpa),利用气体的可压缩性实现其弹簧作用的。这种弹簧的刚度是可变的,因为作用在弹簧上的载荷增加时,容器内的定量气体受压缩,气压升高,则弹簧的刚度增大;反之,当载荷减小时,弹簧内的气压下降,刚度减小,故它具有比较理想的变刚度特性。

气体弹簧有空气弹簧和油气弹簧两种。空气弹簧又有囊式(12.50(a)、(b))和膜式(12.51(c)、(d))之别。

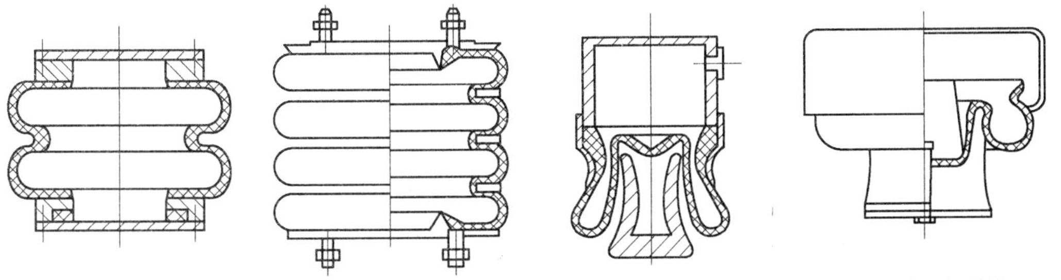

(a)囊式空气弹簧　(b)囊式空气弹簧　(c)膜式空气弹簧　(d)膜式空气弹簧

图 12.50 空气弹簧

(1)囊式空气弹簧。

囊式空气弹簧由夹有帘线的橡胶气囊和密闭在其中的压缩空气所组成。气囊的内层用气密性的橡胶制成,而外层则用耐油橡胶制成。气囊一般做成如图 12.50(a)所示的两节,但也有单节或多节的。节数越多,弹性越好。节与节之间围有钢制的腰环,使中间部分不会有径向扩张,并防止两节之间相互摩擦。气囊的上、下盖板气囊密闭。

(2)膜式空气弹簧。

膜式空气弹簧的密闭气囊由橡胶膜片和金属压制件组成。与囊式的相比,其弹性特性曲线比较理想,因其刚度较囊式小,车身固有频率较低,且尺度较小,在车上便于布置,故多用在轿车上;但是制造较困难,寿命也较短。

空气弹簧与金属弹簧相比,除具有弹簧刚度随载荷变化而变化,使其振动频率变化很小外,还可通过控制阀(高度阀)自动调节悬架弹簧内的气体压力来实现车身高度的自动调节,以使车身离地高度保持一定。空气弹簧还具有质量小、寿命较长等优点。但是气体弹簧高度尺寸较大,在布置上有一定的困难。此外,其密封环节多,容易漏气。空气弹簧和螺旋弹簧一样,只能承受轴向载荷,故空气弹簧悬架中必须设置纵向和横向推力杆等导向机构,还必须装有减震器。

(3)油气弹簧。

油气弹簧以气体(一般为惰性气体氮)作为弹性介质,而用油液作为传力介质。它一般是由气体弹簧和相当于液力减震器的液压缸所组成。

油气弹簧的形式有单气室,双气室以及两级压力式等。图 12.51 是单气室油气弹簧示意图。

单气室油气弹簧又分为油气分隔式(图 12.51(a))和油气不分隔式(12.51(b))两种。前者可防止油液乳化,且便于充气。

①单气室油气分隔式油气弹簧。

图 12.52 所示为一种轿车和轻型汽车上用的单气室油气分隔式油气弹簧。上、下半球室构成的球形气室固装在工作缸 10 上,球形气室的内腔用橡胶油气隔膜 5 隔开,上半球室充入高压氮气,下半球室通过减震器阻尼阀 9 与工作缸内腔相通,并充满了工作油液(减震器油)。油气隔膜的作用在于把作为弹性介质的高压氮气和工作油液分开,以避免工作油液乳化,同时也便于充气和维护。工作缸固定在车上(车架)上,其活塞 3 与导向缸 12 连接成一体,悬架活塞杆 1 的下端与悬架的摆臂(或车桥)相连接。当悬架摆臂(或车桥)与车身(或车桥)相对运动时,活塞和活塞导向缸便在工作缸内上、下滑动,而工作油液通过减震器阻尼阀 9 往返运动,起到减震器的作用。

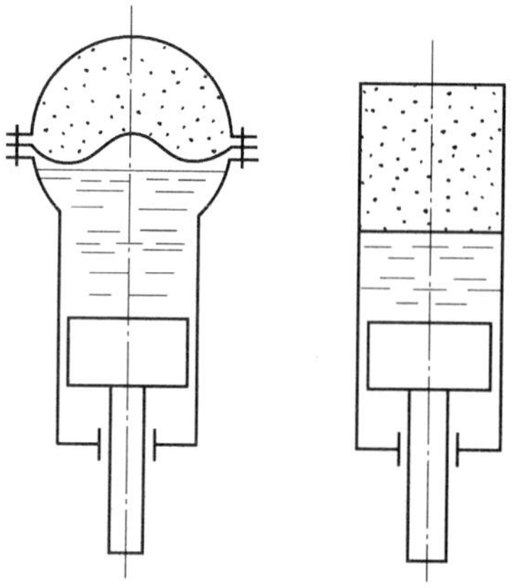

(a)油气分隔式　　(b)油气分不隔式

图 12.51　单气室油气弹簧示意图

当载荷增加,悬架摆臂(车桥)与车身(车架)之间的距离缩短时,活塞及导向缸上移,使充满工作液的内腔容积减小,迫使工作液经压缩阀 18 进入球形气室,从而推动油气隔膜向具有一定压力的氮气室移动,使气体容积减小,氮气压力升高。当活塞向上的推力(外界载荷)与氮气压力向下的反作用力相等时,活塞便停止移动。于是,车身(车架)与悬架摆臂(车桥)间的相对位置不再变化。当载荷减小,即推动活塞上移的作用力减小时,油气隔膜在高压氮气作用下向下移动,迫使工作液经伸张阀 14 流回工作缸内腔,推动活塞向下移动,车身(车架)与悬架摆臂(车桥)之间的距离变长,直到氮气室内的压力通过工作液的传递转化为作用在活塞上的力与外界减小的载荷相等时,活塞才停止移动。汽车在行驶过程中,油气弹簧所受的载荷是变化的,因此活塞便相应地在工作缸中处于不同的位置。由于氮气充满在密闭的球形气室内,作用在油气隔膜上的载荷小时,气体弹簧的刚度较小,随着载荷的增加,气体弹簧的刚度变大,故它具有变刚度的特性。可见,油气弹簧是空气弹簧的一种特例,它以氮气作为弹性介质,而在气体弹簧与活塞之间引入油液作为传力介质。

②单气室油气不分隔式油气弹簧。

图 12.53 所示为某重型自卸汽车前悬架的单气室油气不分隔式油气弹簧,其工作缸 2 固定在车架上,管形活塞 1 的下端与转向节相连。该油气弹簧不仅是前悬架的弹性元件,而且还兼作转向主销。

管形活塞内腔以及活塞与工作缸壁间形成的环形腔3内，都充满着工作油液。在管形活塞头的上面有一油层，既可以润滑活塞，又可以作为气室的密封。油层上方的空间即为高气压室，其中充满高压氮气。气体和油液之间没有任何隔离装置。

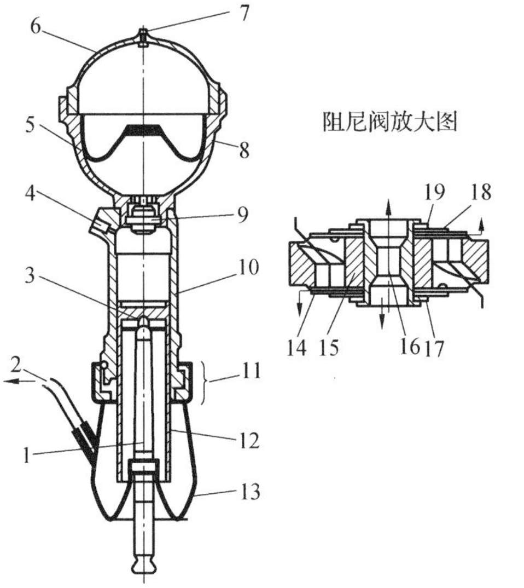

图 12.52　单气室油气分隔式油气弹簧

1—悬架活塞杆；2—油溢出口；3—活塞；4—加油口；5—橡胶油气隔膜；6—上半球室；7—充气活塞；8—下半球赛；9—减震器阻尼器；10—工作室；11—密封装置；12—活塞导向杆；13—防护罩；14—伸张阀；15—阀体；16—油液节流口；12—伸张阀限位挡片；18—压缩阀；12—压缩阀限位挡片

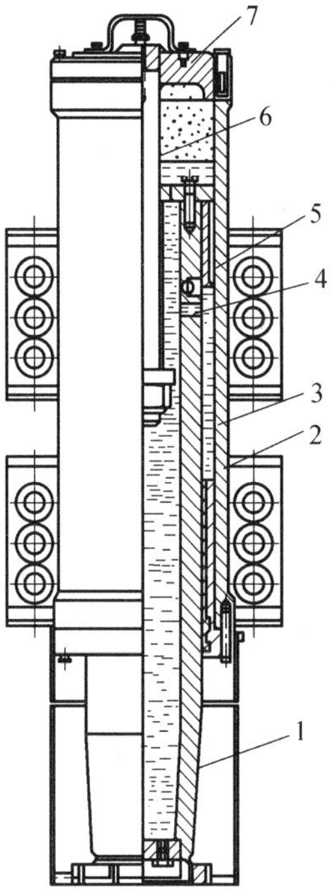

图 12.53　单气室油气不分隔式油气弹簧

1—管形活塞；2—工作缸；3—环形腔；4—常通孔；5—单向球阀；6—伸张行程限制器；7—工作缸盖

在悬臂压缩行程中，管形活塞在工作缸内向上移动，高压气室容积缩小，氮气被进一步压缩。此时油压升高，并迫使一部分油液经管形活塞上的常通孔4和推开单向球阀5流入容积增大的环形腔3内。当载荷减小时(伸张行程)，管形活塞向下移动，高压气室的容积增大，气体压力和油压都下降，环形腔容积缩小，而此时单向球阀关闭，其内部的油液只能经过常通孔返回管形活塞内腔。因此，增加了伸张行程的阻尼力。同时，在这种结构中，它的工作缸盖上还装设了一个拉伸行程限制器6(伸进管形活塞内腔)，用以防止活塞与缸体底部撞击或从缸体中脱出。

单气室油气弹簧结构简单，工作可靠，加工要求较低，维护也较方便。但是，单气室的油气弹簧在伸张行程中的刚度较低，因而悬架的伸张行程较大，将产生活塞撞击底部，甚至会发生活塞从缸体中拉脱的危险事故。因此，在该油气悬架中，采用增加伸张行程阻尼的方法予以解决，即令该油气悬架在伸张行程中安全可靠的工作。

③双气室油气弹簧。

如图12.54所示，它比单气室油气弹簧多一个与作用力方向相反的反压气室B和一个浮动活塞。

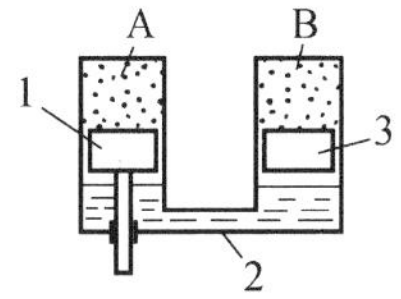

图 12.54　双气室油气弹簧示意图

1—主活塞；2—浮动活塞；3—通道；A—主气室；B—反压气室

当弹簧处于压缩行程时，主气室A中的主活塞1上移，使主气室内的气压升高，弹簧的刚度增大。此时，浮动活塞下面的油液在反压气室的气体压力作用下，经通道3流入主气室的活塞下面，补充活塞上移后空出的容积，而反压气室内的压力下降。当弹簧处于伸张行程时,主活塞下移,主气室内的气压降低,主活塞下面的油压受挤压,经通道流回浮动活塞的下面,推动活塞上移,而使反压气室内的气压增高,从而提高了伸张行程的弹簧刚度。这种油气弹簧消除了在伸张行程中活塞与缸体底部发生撞击的可能性。

图 12.55 所示为双气室的油气弹簧(带反压气室)的构造。主工作缸 2 和副工作缸 3 连成一体。主活塞 1 的上腔为主气室,浮动活塞 4 的上腔为反压气室,此二气室皆为油气不分隔式。主活塞在主工作缸中上、下移动,其下端与车桥(或车轮)相连,工作缸和车架相连。

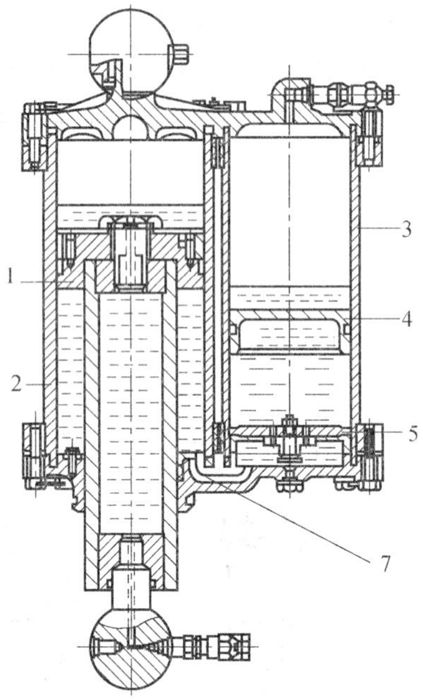

图 12.55　双气室(带反压气室)的油气弹簧
1—主活塞;2—主工作缸;3—副工作缸;
4—浮动活塞;5—阻尼阀体;6—通道

在副工作缸下部的阻尼阀座 6 上设有阻尼阀,以保证油气弹簧在压缩和伸张行程中具有不同的阻尼力。

上述单气室和双气室两种油气弹簧的刚度比较小,因而当弹簧载荷变化时,悬架系统的自然振动频率变化幅度较大。如果要保证在汽车空载和满载时悬架都具有较低的自然振动频率,则其结构就会过大而难于在车身下布置,为此需要刚度变化幅度较大的两级压力式油气弹簧。

④两级压力式油气弹簧。

如图 12.56 所示,在工作活塞 1 的上方设有两个并列气室,但两个并列气室的工作压力不同,主气室 A 的气压与单气室油气弹簧的气压压力相近,而补偿气室 B 内的气压则较高。因此,两个气室不同时刻参加工作。其作用相当于钢板弹簧的主簧和副簧的作用。当弹簧载荷较小时,主气室首先参加工作,其中的气压随着载荷继续增加而逐渐升高。当油气弹簧所承受的载荷增加到使主气室的气压稍超过补偿气室内的气压时,补偿气室方参加工作。此时,如果弹簧上的载荷继续增加时,补偿气室和主气室共同工作。这种结构使弹簧刚度的变化更加符合悬架性能的要求,从而保证汽车满载和空载时悬架系统有大致相当的固有频率。

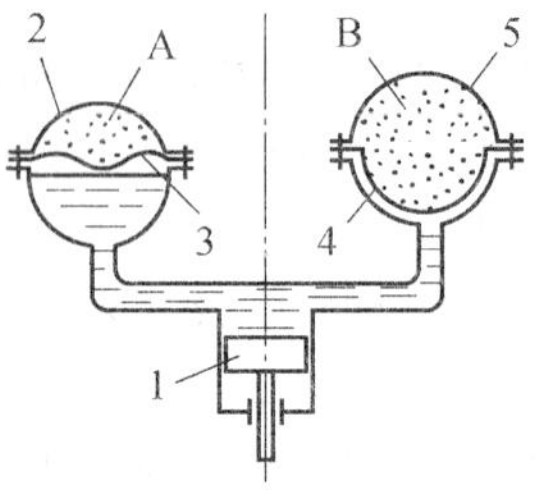

图 12.56　两级压力式油气弹簧示意图
1—工作活塞;2—第一级压缩缸;
3、4—橡胶油气隔膜;5—第二级压缩缸;
A—主气室;B—补偿气室

空气弹簧和油气弹簧都同螺旋弹簧一样,只能承受轴向载荷,故空气弹簧悬架中必须设置纵向和横向推力杆等导向机构。空气弹簧悬架中还必须装有减震器。

空气弹簧可以借专门的控制阀(高度阀)自动调节气囊或气室的原始充气压力,以使车身离地高度保持一定。

空气弹簧的质量比任何弹簧的都小,且寿命也较长,但高度尺寸较大,在布置上有一定困难。此外,其密封环节多,容易漏气。

油气弹簧应用于重型汽车上时,其体积和质量都较钢板弹簧小(质量可减小 50%以上)。但油气弹簧对气体和油液的密封要求很高,因而对加工和装配的精度要求和对相对滑动的工作表面的表面粗糙度和耐磨性要求都很高。此外,油气弹簧的维护也较麻烦。

5. 橡胶弹簧

橡胶弹簧是利用橡胶本身的弹性来起弹性元件的作用。它可以承受压缩载荷(图 12.57(a))与扭转载荷(图 21.57(b))。其优点是单位质量的储能量较金属弹簧的多,隔声性能好,工作无噪声,不需要润滑。由于橡胶弹簧的内摩擦较大,因此橡胶弹具有一定的减震能力。橡胶弹簧多用作悬架的副簧和缓冲块。

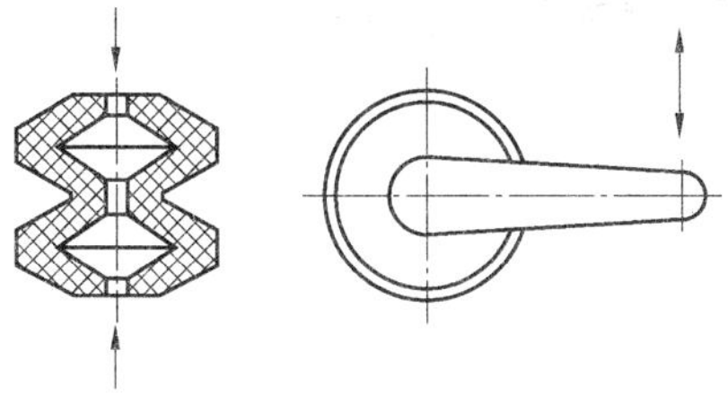

图 12.57 橡胶弹簧

12.4.4 非独立悬架

非独立悬架结构简单,工作可靠,被广泛应用于货车的前、后悬架。在少数轿车中,非独立悬架仅用作后悬架。

悬架的结构,特别是导向机构的结构,随所采用的弹性元件的不同而有差异,而且有时差别很大。采用螺旋弹簧、气体弹簧时,需要有效的复杂的导向机构。而采用钢板弹簧时,由于钢板弹簧本身可起导向作用,使得悬架结构大为简化,因而在非独立悬架中大多数采用钢板弹簧作为弹性元件。

1. 纵置板簧式非独立悬架

钢板弹簧通常是纵向安置的。图 12.58 所示为解放 CA1091 型汽车的前悬架。前钢板弹簧 2 中部用两个 U 形螺栓 3 固定在前轴的工字梁上。弹簧两端的卷耳孔中压入衬套。前端卷耳用钢板弹簧销 15 与前支架 1 相连,形成固定的铰接支点;而后端卷耳则通过前板簧吊耳销 14 与用铰链挂在吊耳支架 10 上可以自由摆动的吊耳 9 相连接,从而保证了弹簧变形的两卷耳中线间的距离有改变的可能。这种用铰链和吊耳将钢板弹簧两端固定在车架上的结构,是目前广泛采用的一种连接形式。

解放 CA1091 型汽车的钢板弹簧销钻有轴向油道。通过油嘴将锂基润滑油脂 2 号加至衬套处,以资润滑。使用时,应注意定期加滑脂,以免磨损加剧。

为加速振动的衰减,以改善驾驶员的乘坐舒适性,在货车的前悬架中一般都装有减震器,而货车后悬架不一定装减震器。

解放 CA1091 型汽车的前悬架装设双向作用式减震器 8,减震器的上、下吊环通过橡胶衬套和减震器连接销 13,分别与固定在车架和车桥上、下支架 7、12 相连接。

在前板簧盖板 4 上装有橡胶缓冲块 5,以限制弹簧的最大变形并防止弹簧直接撞击车架。

货车后悬架所承受的载荷因汽车行驶时实际装载量不同而在很大范围内变化,因而为保持车身前固有频率不变或变化很小,悬架刚度应该是可变的,而且变化幅度应较前悬架为大,一般措施是在后悬架中加副簧。

图 12.59 所示为东风 EQ1090E 型汽车后悬架。它由主钢板弹簧和副钢板弹簧叠合而成,是中型货车后悬架常用的结构形式。从受力情况而言,主、副钢板弹簧是并联的。

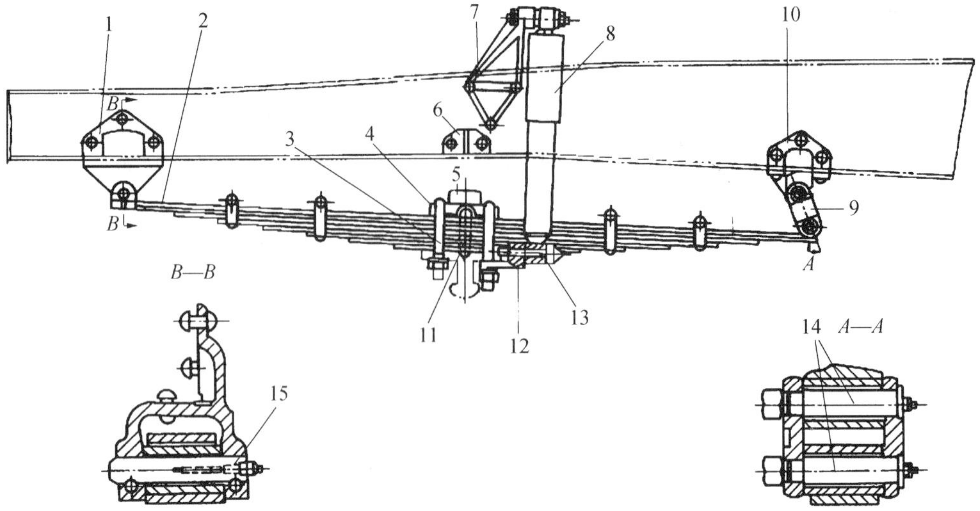

图 12.58 钢板弹簧

1—钢板弹簧前支架;2—前钢板弹簧;3—U 形螺栓;4—前板簧盖板;5—缓冲块;6—限位块;7—减震器上支架;8—减震器;9—吊耳;10—吊耳支架;11—中心螺栓;12—减震器下支架;13—减震器连接销;14—前板簧吊耳销;15—钢板弹簧销

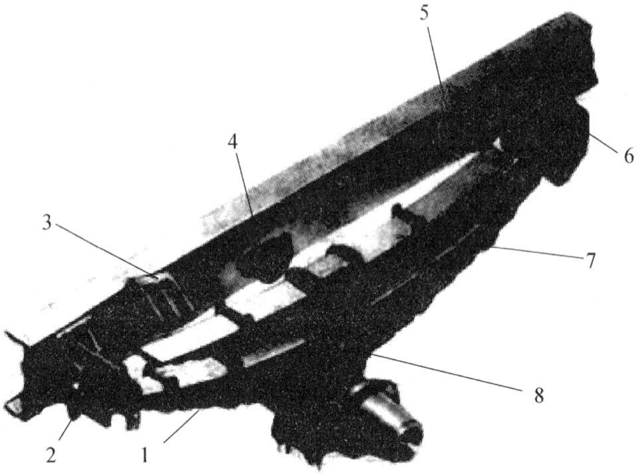

图 12.59 东风 EQ1090E 型汽车后悬架

1—主钢板弹簧;2—前支架总成;3—前滑板式支座;4—缓冲块总成;5—后滑板式支座;6—吊耳总成;7—副弹簧总成;8—U 形螺栓

当汽车空载或实际装载质量不大时,副簧不承受载荷而由主簧单独工作。在重载荷和满载情况下,车架相对车桥下移,使车架上的副簧滑板式支座与副簧接触,即主、副簧共同参加工作,一起承受载荷而使悬架刚度增大,以保证车身振动频率不致因载荷增大而变化过大。

这种结构形式悬架是主要缺点是刚度的增加很突然,对汽车行驶平顺性不利。

2.螺旋弹簧非独立悬架

螺旋弹簧非独立悬架一般只用作轿车的后悬架,如桑塔纳、捷达、奥迪 100 和红旗 CA7120 型等轿车的后悬架皆为这种形式。图 12.60 所示为红旗 CA7212 和奥迪 100 型轿车后悬架。

两端车轮用一根整体后轴 3 相连,纵向推力杆 1 的一端和车轴固定在一起,另一端头部有孔,里边装有橡胶衬套,连接螺栓穿过橡胶村套中间的孔和车身连接,并形成铰链点,汽车行驶过程中,整个后轴可以通过纵向推力杆和车身连接的铰链点进行纵向摆动。由于铰链点处的橡胶衬套有一定的厚度和长度,橡胶本身又有弹性,所以后轴在铰链点摆动时,根据受力方向不同,橡胶衬套可以在各个方向产生较小的变形防止运动干涉。

左、右两个螺旋弹簧的间距应尽可能大，以提高悬架的横向角刚度。

横向推力杆5是用来传递车轴和车身之间的横向作用力及其力矩的，加强杆4的作用是加强横向推力杆的安装强度，并可使车身受力均匀。

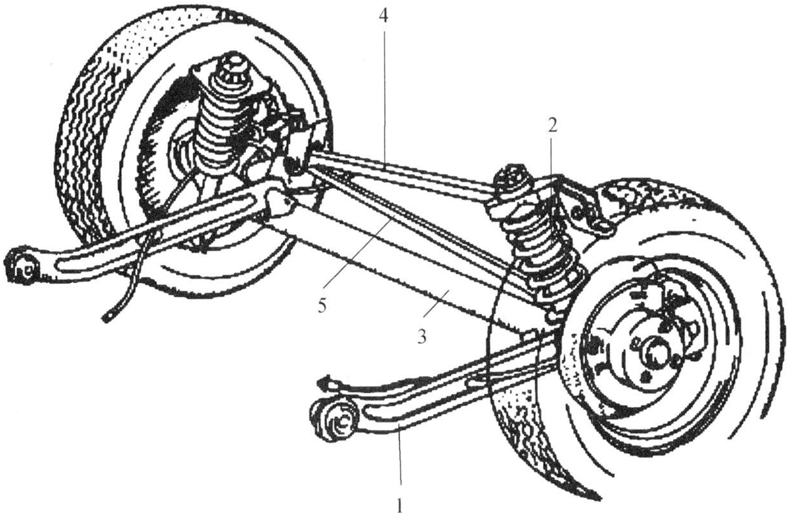

图 12.60　螺旋弹簧非独立悬架、

1—纵向推力杆；2—螺旋弹簧和减震器总成；3—后轴；4—加强杆；5—横向推力杆

3.空气弹簧非独立悬架

图12.61所示为空气弹簧非独立悬架示意图。囊式空气弹簧5的上、下端分别固定在车架和车桥（或与车桥相连的支架）上，从压气机1产生的压缩空气经油水分离器10和压力调节器9进入储气筒8。压力调节器可使储气筒中的压缩空气保持一定的压力。储气罐6通过管路与两个（或几个）空气弹簧相通。储气罐和空气弹簧中的空气压力由车身高度调节阀3控制，空气弹簧和螺旋弹簧一样只能传递垂直力，其纵向力、横向力及其力矩也是由纵向推力杆和横向推力杆（图中未画出）来传递，这种悬架中也装有减震器（图中未画出）。

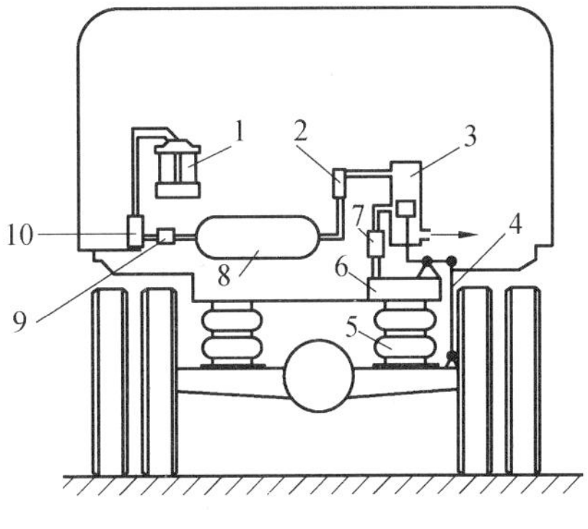

图 12.61　空气弹簧飞独立悬架示意图

1—压气机；2、7—空气滤清器；3—车身高度控制阀；4—控制杆；

5—空气弹簧；6—储气罐；8—贮气筒；9—压力调节器；10—油水分离器

为提高汽车行驶平顺性，希望将弹簧做的尽可能柔软，但如果弹簧太软，在汽车空载和满载时，弹簧的变形数值会相差很大，空车时车身将被抬高得很高，满载时车身则被压得很低，出现经常碰撞缓冲块的现象。不同类型的汽车在使用中提出不同的要求，对重型矿用车及大型客车而言，要求空车和满载时车身高度相等；对于轿车，要求在坏路上提高车身以便增大通过能力。这说明，在保证行驶平顺性的前提下,车身高度与汽车使用要求之间存在着较大的矛盾。为此,应该对车身高度进行调节。

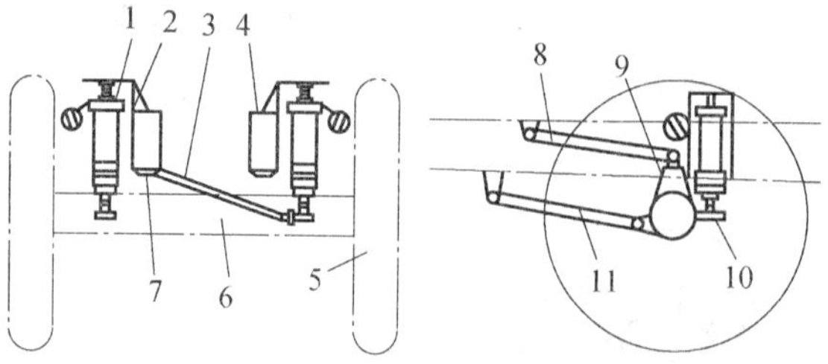

图 12.62 某工自卸汽车油气弹簧飞独立悬架示意图

1—油气弹簧;2、9、10—支架;3—横向推力杆;4—纵梁;5—车轮;
6—前轴;7—缓冲块;8—上纵向推力杆;11—下纵向推力杆

采用空气弹簧悬架时,容易实现车身高度的自动调节。在装有压气机的汽车上,一般用随载荷额不同而改变空气弹簧内的空气压力的方法来达到这个目的。图 12.62 所示的车身高度控制阀 3 即起这个作用。高度阀固定在车架上,通过控制杆 4 与车桥相连,高度阀体内有两个阀:通气源和通气阀和通大气的放气阀,这两个阀均有控制杆操纵。当汽车载荷增加。车桥移近车架时,控制杆上升,通过摇臂机构打开充气阀,压缩空气便进入空气弹簧,使车架和车身升高,直到恢复车身与车桥的原定距离为止;而当载荷减小。车桥远离车架时,控制杆下移,打开放气阀,则空气弹簧内的空气排入大气,车身和车架随即降低至原定数值。

4.油气弹簧非独立悬架

油气弹簧装于汽车上,和其他弹簧一样,可以构成独立悬架或非独立悬架。图 12.62 所示为某矿用自卸汽车的油气弹簧非独立悬架示意图。两个油气弹簧 1 的两端分别固定在前轴的支架 2 上。左,右两侧各有一根下纵向推力杆 11,装在前轴 6 和纵梁 4 之间。一根纵向推力杆 8 安装在前轴的支架 9 和纵梁 4 的内侧支架上。上、下两纵向推力杆构成平行四边形,即可传递纵向力,承受制动力引起的反作用力矩,又可保证车轮上下跳动时主销倾角不变,有利于汽车的操纵稳定性,一根横向推力杆 3 装在左侧纵梁和前轴右侧的支架上,传递侧向力。在两纵梁下面有缓冲块 7,以避免在很大的冲击载荷作用下前轴直接碰撞车架。

重型自卸汽车采用油气弹簧悬架(简称油气悬架)。与钢板弹簧悬架相比,油气悬架具有变刚度特性,可保证汽车具有良好地行驶平顺性,特别是工地和矿山用车,其道路条件和装卸条件都很恶劣(用大型电铲将矿石从空中往车厢力倾装时,会产生很大的冲击),采用油气悬架后,可显著地缓冲和冲击,减少颠簸,从而改善驾驶员的劳动条件和提高平均车速;油气弹簧纵向尺寸小,对整车总布置有利,有的自卸汽车采用了烛式独立悬架,能使轮向轮偏转角达 45°,大大减小了汽车的转弯半径;改变缸筒工作腔的油量和气室的充气压力,可得到不同的变形刚度特性,从而使油气弹簧的主要部件可以在不同吨位的汽车上通用。基于以上优点,油气悬架越来越广泛地被用在大型矿用自卸汽车。

12.4.5 独立悬架

非独立悬架已不能满足汽车高速行驶的平顺性和操纵稳定性等方面提出的要求。因此,独立悬架获得了很大的发展。

独立悬架的结构特点是两侧的车轮各自独立地与车架或车身弹性连接(图 12.42(b)),因而具有以下优点:

①在悬架弹性元件一定的变形范围内,两侧车轮可以单独运动而互不影响,这样在不平道路上可减少车架和车身的振动,而且有助于消除转向轮不断偏摆的不良现象。

②减少了汽车的非簧载质量(即不由弹簧支承的质量)。在非独立悬架的情况下,整个车桥和车

轮都属于非簧载质量部分。在采用独立悬架时，对驱动桥而言，由于主减速器、差速器及外壳固定在车架上，成了簧载质量；对转向轴而言，它仅具有转向主销和转向节，而中部的整体梁不再存在，所以在采用独立悬架时，非簧载质量只包括车轮质量和悬架系统中的一部分零件的全部或部分质量，显然比用非独立悬架时的非簧载质量要小得多。在道路条件和车速相同时，非簧载质量越小，则悬架所受到的冲击载荷也越小，故采用独立悬架可以提高汽车的平均行驶速度。

③采用断开式车桥，发动机总成的位置可以降低和前移，使汽车重心下降，提高了汽车行驶稳定性；同时给予车轮较大的上、下运动的空间，因而可以将悬架刚度设计得较小，使车身振动频率降低，以改善行驶平顺性。

以上优点使独立悬架广泛地被采用在现代汽车上，特别是轿车的转向轮普遍采用了独立悬架。但是，独立悬架结构复杂，制造成本高；维修不便；在一般情况下，车轮跳动时，由于车轮外倾角与轮距变化较大，轮胎磨损较严重。

具有特殊要求的某些越野车全部车轮采用独立悬架还是合理的，因为除上述优点外，可保证汽车在不平道路上行驶时，所有车轮和路面有良好的接触，从而增大牵引力；此外，可增大汽车的离地间隙，因而大大提高越野车的通过性能。

独立悬架中多采用螺旋弹簧和扭杆弹簧作为弹性元件，钢板弹簧和其他形式的弹簧用得较少。

独立悬架的结构类型很多，主要可按车轮运动形式分成三类：

①车轮在汽车横向平面内摆动的悬架(横臂式独立悬架，图 12.63(a))

②车轮在汽车纵向平面内摆动的悬架(纵摆臂式独立悬架，图 12.63(b))

③车轮沿主销移动的悬架，其中包括烛式悬架(图 12.63(c))和麦弗逊式悬架(滑柱连杆式悬架，图 12.63(d))。

在有的独立悬架中，车轮是在汽车的斜向平面内摆动的。

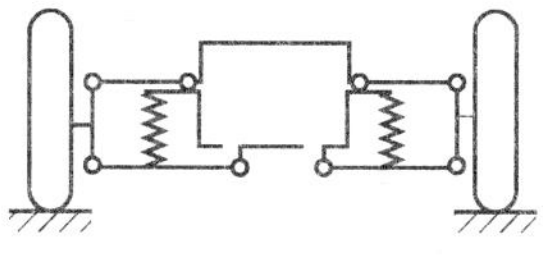

(a)横臂式独立悬架

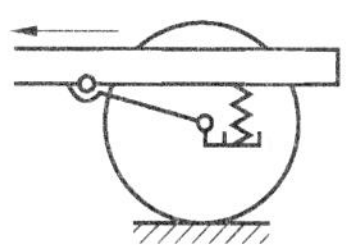

(b)纵摆臂式独立悬架

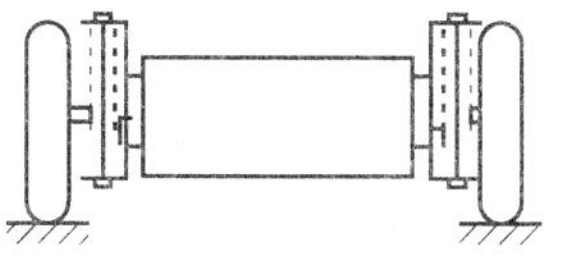

(c)烛式悬架

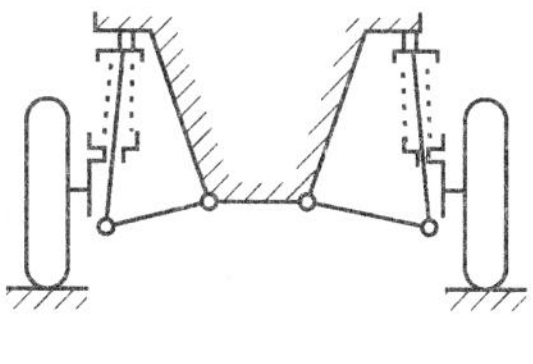

(d)麦弗逊式独立悬架

图 12.63　三种基本类型的独立悬架示意图

1. 横臂式独立悬架

横臂式独立悬架可分为单横臂式和双横臂式两种。

(1)单横臂式独立悬架。

这种独立悬架的特点是当悬架变形时，车轮平面将产生倾斜而改变两侧车轮与路面接触点间的距离(轮距)，致使轮胎相对地面侧向滑移，破坏轮胎和地面的附着力，且轮胎磨损较严重。此外，这种悬架用于转向轮时，会使主销内侧倾角和车轮外倾角发生较大的变化，对于转向操纵有一定的影响，故目前很少采用。但是，由于结构简单、紧凑、布置方便，在车速不高的重型越野车上也有采用的。例如，太脱拉 138 型和 148 型越野车的前悬架，就是这种单横臂独立悬架，其弹性元件是扭杆弹簧。

图 12.64 所示为戴姆勒奔驰轿车单横臂后独立悬架示意图。在该结构中，后桥半轴套管是断开

的,主减速器的右面有一个单铰链4,半轴可绕其摆动。在主减速器上面安置着可调节车身水平作用的油气弹性元件2,它和螺旋弹簧7一起承受并传递垂直力。作用在车轮上的纵向力主要由推力杆6承受。中间支承3不仅可以承受侧向力,而且还可以部分地承受纵向力。当车轮上、下跳动时,为避免运动干涉,其纵向推力杆的前端用球铰链与车身连接。

(2)双横臂式独立悬架。

双横臂式独立悬架的两个摆臂长度可以相等,也可以不相等(图12.65)。

在两臂等长的悬架(图12.65(a))中,当车轮上、下跳动时,车轮平面没有倾斜,但轮距却发生了较大的变化,这将增加车轮侧向滑移的可能性。在两摆臂不等长的悬架中(图12.65(b)),如两臂长度选择适当,可以使车轮和主销的角度以及轮距的变化都不太大。不大的轮距变化在轮胎较软时可以由轮胎变形来适应,目前轿车的轮胎可容许轮距上的改变在每个车轮上达到4～5 mm而不致沿路面滑移。因此,不等长的双横臂式独立悬架在轿车前轮上的应用较为广泛。

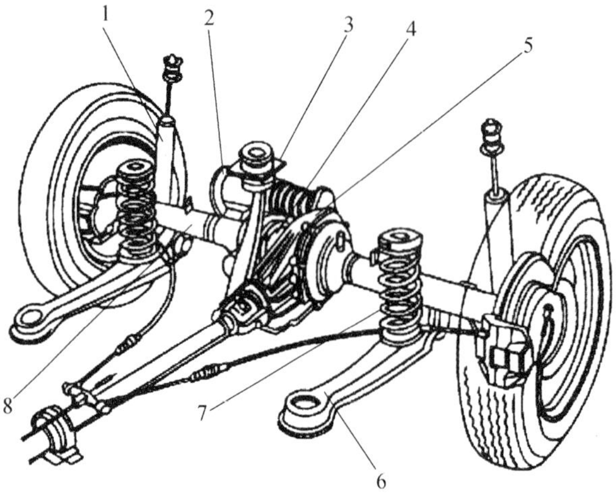

图12.64 单横臂式后独立悬架示意图

1—减震器;2—油气弹性元件;3—中间支承;4—单铰链;
5—主减器壳;6—纵向推力杆;7—螺旋弹簧;8—半轴套管

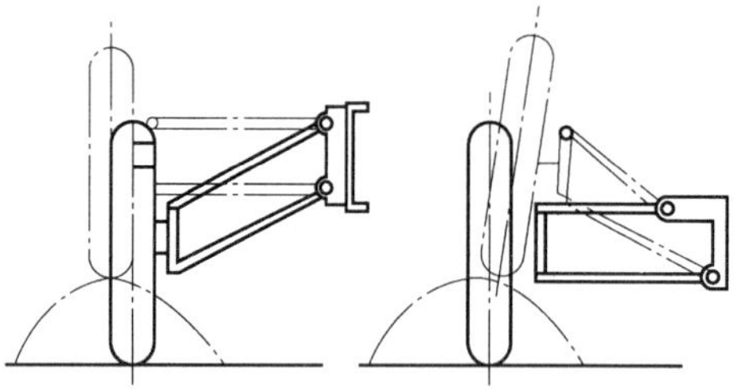

(a)两摆臂等长的悬架　(b)两摆臂等长的悬架

图12.65 双横臂式后独立悬架示意图

2.纵臂式独立悬架

纵臂式独立悬架有单纵摆臂式和双纵摆臂式两种,如图12.66所示。

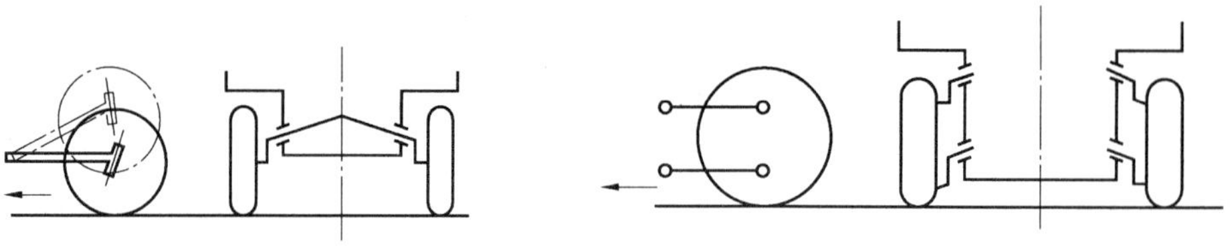

(a)单纵摆臂式　(b)双纵摆臂式

图12.66 纵摆臂式独立悬架示意图

(1)单纵摆臂式独立悬架。

转向轮采用单纵摆臂独立悬架时，车轮上、下跳动将使主销的后倾角产生很大变化。因此，单纵摆臂式独立悬架一般不用于转向轮。

(2)双纵摆臂式独立悬架。

这种悬架的两个纵摆臂长度一般做成相等，形成平行四连杆机构。这样，在车轮上、下跳动时，主销的后倾角保持不变，故这种形式的悬架适用于转向轮。

双纵摆臂式扭杆弹簧前独立悬架如图 12.67 所示。转向节和两个等长的纵摆臂 1 作铰链式连接。在车架的两根管式横梁 4 内部都装有若干层矩形断面的薄弹簧刚片叠成的扭杆弹簧 6。两根扭杆弹簧的内端用螺钉 5 固定在横梁 4 的中部，而外端则插入摆臂轴 2 的矩形孔内。摆臂轴用衬套 3 支承在管式横梁内。摆臂轴和纵摆臂为刚性连接。另一侧车轮的悬架与之完全相同而且对称。

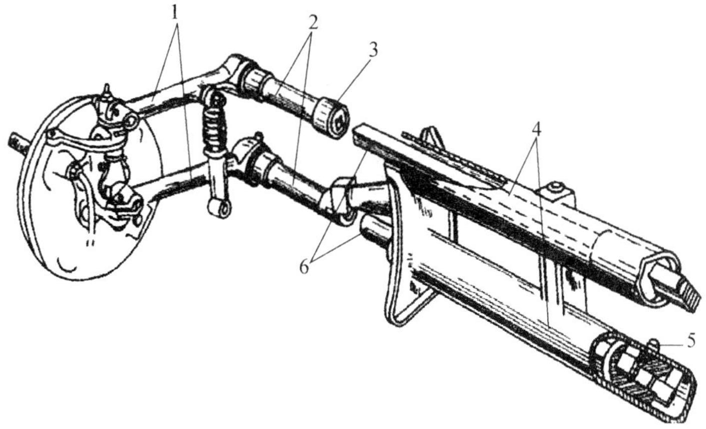

图 12.67　双纵摆臂式扭杆弹簧独立悬架

1—纵摆臂；2—摆臂轴；3—衬套；4—横梁；5—螺钉；6—扭杆弹簧

3. 车轮沿直销移动的悬架

车轮沿主销移动的悬架目前可大致分为两种类型：一类是车轮沿固定不动的主销轴线移动的烛式悬架；另一类是车轮沿摆动的主销轴线移动的麦弗逊式悬架。

(1)烛式悬架。

烛式悬架如图 12.68 所示，主销刚性地固定在悬架上，转向节与套筒 4 连接在一起。当车轮跳动时，主销的定位角不会发生变化，仅轮距、轴距稍有改变，因此有利于汽车的转向操纵和行驶稳定性。但是侧向力全部由套在主销 1 上的长套筒 4 和主销承受，则套筒与主销之间的摩擦阻力大，磨损严重。

(2)麦弗逊式悬架。

图 12.69 所示为某轿车的麦弗逊式悬架。筒式减震器 2 的上端用螺栓和橡胶垫圈与车身连接，减震器下端固定在转向节 3 上，而转向节通过球铰链与下摆臂 4 连接。车轮所受的侧向力通过转向节大部分由下摆臂承受，其余部分由减震器承受。因此，这种结构形式较烛式悬架在一定程度上减少了滑动磨损。

螺旋弹簧 1 套在筒式减震器的外面。主销的轴线为上、下铰链中心的连线。当车轮上、下跳动时，因减震器的下支点随下摆臂摆动，故主销轴线的角度是变化的。这说明车轮是沿着摆动的主销轴线而运动的。因此，这种悬架在变形时，使得主销的定位角和轮距都有些变化。然而，如果适当调整杆系的位置，可使车轮的这些定位参数变化极小。该悬架突出的优点是增大了两前轮内侧的空间，便于发动机和其他一些部件的布置，因此多用在前置、前驱动的轿车和微型汽车上。

捷达、桑塔纳和红旗 CA7212 型等轿车的前悬架，都是这种麦弗逊是独立悬架。

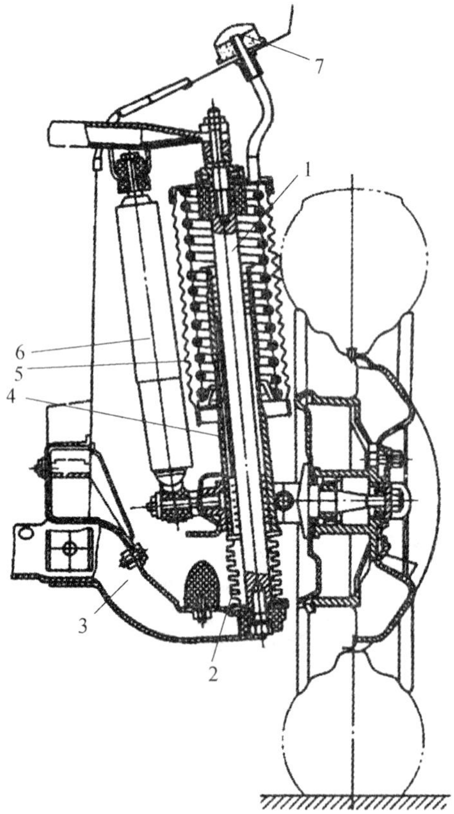

图 12.68 烛式悬架示意图

1—主销;2、5—防尘罩;3—车架;4—套筒;6—减震器;7—通气管

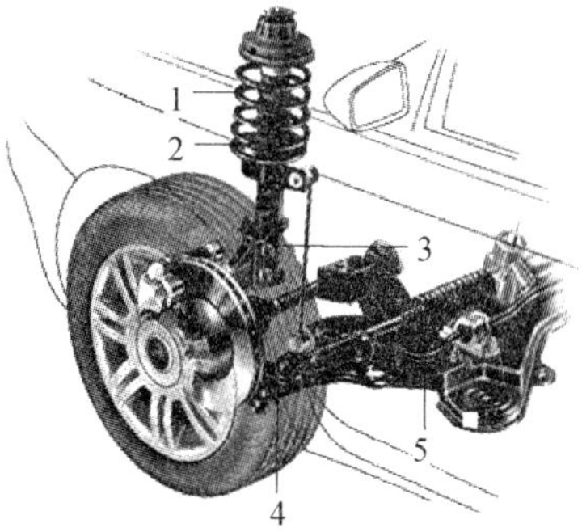

图 12.69 麦弗逊式悬架

1—螺旋弹簧;2—减震器;3—转向节;4—下摆臂;5—横向稳定器

4.横向稳定器

轿车悬架一般都很软,在高速行驶中转向时,车身会产生很大的横向倾斜和纵向角振动。为减少这种横向倾斜,在悬架中加设横向稳定器。用得最多的是杆式横向稳定器。

杆式横向稳定器在汽车上的安装如图 12.70 所示横向稳定杆 3 呈扁平的 U 形,横向地安装在汽车的前端或后端(也有的轿车前后都有)。稳定杆 3 中部的两端自由地支承在两个橡胶套筒 2 内,而套筒 2 则固定在车架上。横向稳定杆的两侧纵向部分的末端通过支杆 1 与悬架下摆臂上的弹簧支座 4 相连。

当车身只做垂直移动而两侧悬架变形相等时,横向稳定杆在套筒内自由转动,横向稳定杆不起作用。当两侧悬架变形不等而车身相对于路面横向倾斜时,车架的一侧移进弹簧支座,稳定杆的该侧末端就相对移车架向上移;而车架的另一侧远离弹簧支座,相应的稳定杆的末端则相对于车架向下移。

然而，在车身和车架倾斜时，横向稳定杆的中部对于车架并无相对运动。这样在车身倾斜时，稳定杆的纵向部分向不同方向偏转，于是稳定杆便被偏转。弹性的稳定杆所产生的扭转的内力矩妨碍了悬架弹簧的变形，起到了阻止车身倾斜的作用，因而减小了车身的横向倾斜和横向角振动。

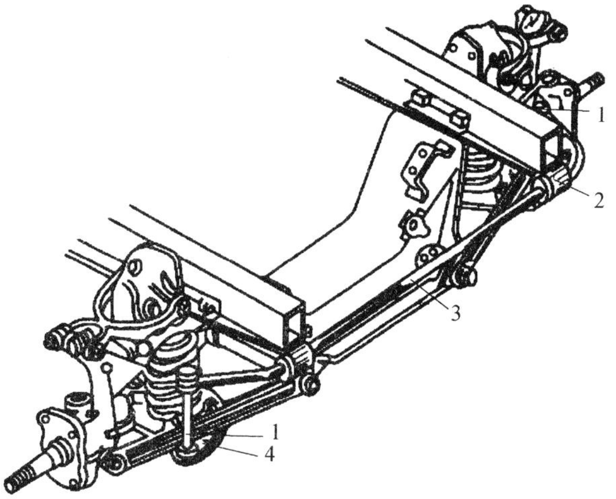

图 12.70　横向稳定器的安装

1—支架；2—套筒；3—横向稳定杆；4—弹簧支座

12.4.6 多轴汽车的平衡悬架

任何多轴汽车的全部车轮如果都是单独地刚性悬挂在车架上，则在不平道路上行使时将不能保证所有车轮同时接触地面。当有弹性悬架而道路不平度较小时，虽然不一定会出现车轮悬空的现象，但各个车轮间的垂直载荷分配比例会有很大的改变。在车轮垂直载荷变小甚至为零时，车轮对地面的附着力也随之变小甚至等于零，转向车轮遇此情况将使汽车操纵能力大大降低，以致失去操纵（即驾驶员无法控制汽车的行驶方向）稳定性；驱动车轮遇此情况将不能产生足够的（甚至没有）牵引力。此外，还会使其他车桥及车轮有超载的危险。

如上节所述，全部车轮采用独立悬架，可以保证所有车轮与地面的良好接触，但将使汽车结构变得复杂，对于全部驱动的多轴汽车尤其如此。

若将两个车桥（如三轴汽车的中桥和后桥）装在平衡杆的两端，而将平衡杆中部与车架作铰链式的连接（图 12.71(b)），则一个车桥抬高将使另一个车桥下降。而且，由于平衡杆两臂等长，两个车桥的垂直载荷在任何情况下都相等，不会产生如图 12.71(a)所示的情况。这种能保证中、后桥车轮垂直载荷相等的悬架，称为平衡悬架。

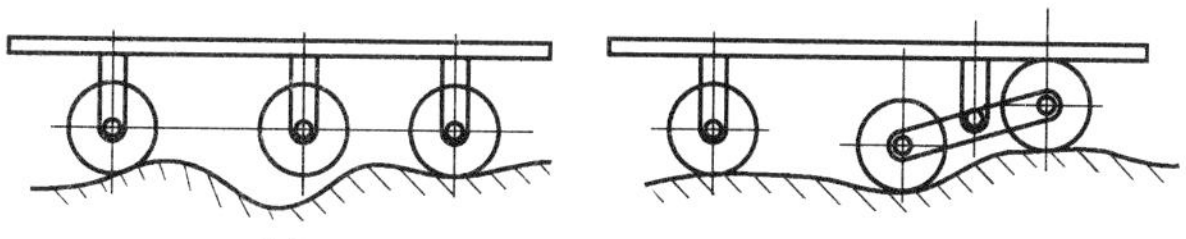

图 12.71　三轴汽车在不平路面上行驶情况示意图

图 12.72 所示为一种常见的三轴汽车中、后桥平衡悬架的外观图。这种钢板弹簧平衡悬架在多轴驱动的越野车中得到了较普遍的应用。

钢板弹簧 8 为等长臂的平衡杆，中部借助毂 7 与车架相连，钢板弹簧 8 的两端分别插入中、后桥左右的弹簧支座内，用这种连接传递侧向力。为传纵向力并平衡因纵向力产生的力矩，在中、后桥的上下还分别装有导向杆 1、3 和 6、9。EQ1280 型汽车的中、后桥即采用这种类型的平衡悬架。

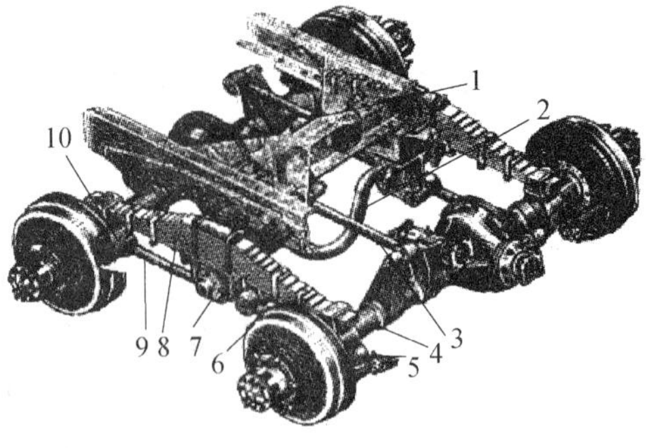

图 12.72　三轴汽车中、后桥平衡悬架的外观

1、3、6、9—导向杆；2—平衡悬架心轴；4—中桥；5—弹簧支座；7—毂；8—钢板弹簧；10—后桥

图 12.73 所示为摆臂式平衡悬架示意图。这种悬架主要用于 6×2 型载货汽车上。这种车型的结构特点是前桥为转向桥，中桥为驱动桥，后桥为支持桥(可设计成举升式)。

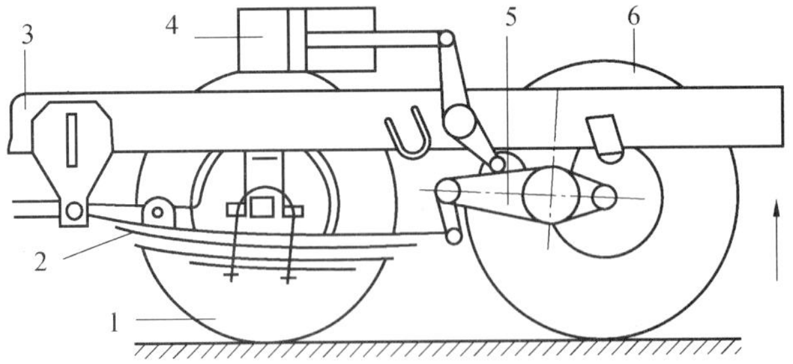

图 12.73　摆臂式平衡悬架示意图

1—驱动轮；2—钢板弹簧；3—车架；4—液压缸；5—摆臂；6—支持轮

当汽车在轻载或空载行驶时，可操纵举升液压缸 4，通过杠杆机构将后轮(支持桥)举起，使 6×2 汽车变成 4×2 汽车。这不仅减少轮胎的磨损和降低油耗，同时还可以增加空车行驶时驱动轮上的附着力，以免由于牵引力不足而使驱动轮发生滑转的现象。为适应这种汽车总布置的需要，中(驱动)桥和后(支持)桥就有必要采用图示的摆臂式平衡悬架。中桥的悬架采用普通纵置半椭圆钢板弹簧，后吊耳不与车架连接，而是与摆臂 5 的前端相连。摆臂轴支架固定在车架上。摆臂的后端与汽车的后桥(支持桥)相连。左、右后支持轮之间没有整轴关系。摆臂相当于一个杠杆，中、后桥上垂直载荷的分配比例，取决于摆臂的杠杆比及钢板弹簧前、后端长度之比。

这种平衡悬架结构简单，多数零部件还能与原 4×2 汽车通用。

12.4.7 主动悬架和半主动悬架

车辆主动悬架系统是在悬架系统(弹性元件、减震器、导向装置)中附加一个可控制作用力装置，通常由执行机构、测量系统、反馈控制系统和能源系统四部分组成。执行机构的作用是执行控制系统的指令，一般为力发生器或转矩发生器(液压缸、汽缸、伺服电动机及电磁铁等)。测量系统的作用是测量系统各状态，为控制系统提供依据，包括各种传感器。控制系统的作用是处理数据和发出各种控制指令，其核心部件是电子控制单元。能源系统的作用是为以上各部分提供能量。

主动悬架系统按其是否包含动力源可分为全主动悬架(有源主动悬架)和半主动悬架(无源主动悬架)系统两大类。

全主动悬架就是根据汽车的运动状态和路面状况，适时地调节悬架的刚度和阻尼，使其处于最佳减震状态。半主动悬架不考虑改变悬架的刚度，而只考虑改变悬架的阻尼。丰田皇冠(Crown)轿车和日产公爵牌轿车等，应用了一种具有多种作用的电子控制复合型空气悬架。这种悬架具有车身高度调节、阻尼力控制和悬架刚度控制的功能。它使用车速传感器、加速踏板开启速度传感器等多种传感器。其性能和结构介于半主动悬架和主动悬架之间，成本低于主动悬架，因而其应用价值较高。

沃尔沃在740轿车上开发了试验性的主动悬架系统，它采用了计算机控制的液压伺服系统。计算机接收并处理传感器测得的汽车操纵及车身和车轮的状态信息，不仅能控制液压缸的动作，而且还可以根据需要改变悬架的刚度，对各车轮进行单独控制，实现任意需要的运动。在不良路面上进行高速行驶实验时，车身非常平稳，轮胎噪声较小，转向和制动时车身能保持水平。

在英国城市客车上装用的一种以油气弹簧为弹性元件的主动式悬架。四个车轮上的油气弹簧通过油路相连形成全封闭式环路控制系统。它将车身或车轮的振动量经传感器变换成一种信息传给控制阀，使控制阀调整弹性元件的高度和刚度，以达到调节车身高度、保证良好行驶平顺性的目的。当车身发生倾斜时，布置在前、后轴上的四个控制阀控制油路系统，保持车身高度不变，使汽车具有抗侧倾、抗纵倾的作用。

主动悬架尽管性能优越，但结构复杂，造价昂贵；而介于主动悬架和从动悬架之间的半主动悬架，由于其性能接近于主动悬架，又能在工作时几乎不消耗车辆的动力，结构较简单，故有较大的应用前景。

图12.74所示为一种无级式半主动悬架示意图。微处理机3从速度、位移、加速度等传感器处接收信号，计算出系统相应的阻尼值，并发出控制指令到步进电动机2，经阀杆4调节阀门5，使其改变节流孔的通道截面积，从而改变系统的阻尼。该系统虽不必外加能量装置，但所需传感器较多，故成本仍较高。

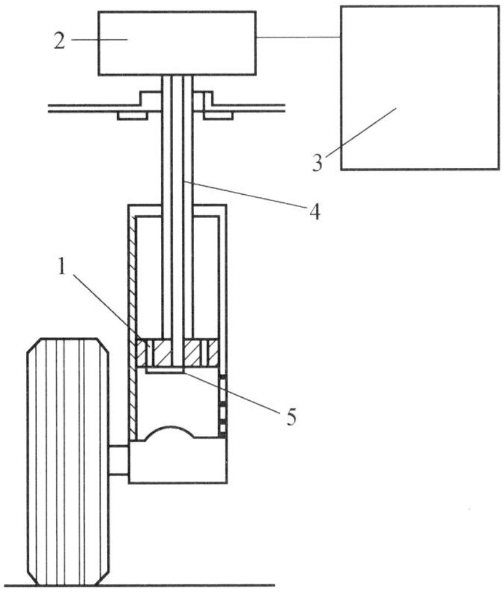

图12.74　半主动悬架系统示意图

1—节流孔；2—步进电动机；3—微处理器；4—阀杆；5—阀门

实训项目

任务名称	车轮的检查换位	学时	1	班级	
学生姓名		学生学号		任务成绩	
实训设备	捷达汽车五辆，剪式举升机五台	实训场地	理实一体化教室	日期	
任务内容	车轮的换位与检查方法				
任务目标	能够小组合作进行车轮的换位检查				

一、决策与计划

请根据任务要求，确定所需要的技术资料，并对小组成员进行合理分工。

1. 需要的技术资料

2. 小组成员分工

3. 小组合作制订车轮换位检查的操作步骤。

(1)______

(2)______

(3)______

(4)______

(5)______

(6)______

(7)______

(8)______

(9)______

(10)______

(11)______

(12)______

各小组上台讲解本小组的操作步骤，教师针对存在的问题进行指导，各小组成员再次修改。

二、实施

各小组在计划获得教师签字后进行分角色练习，教师在各工位巡视检查。

三、检查

任务完成后，小组成员互换项目单，检查填写的正确性。

四、评价反馈

1. 请根据自己任务完成的情况，对自己的工作进行自我评估，并提出改进意见。

(1)______

(2)______

2. 教师对学生工作情况进行评估，并进行点评。

______

五、作业

查阅资料：如果汽车轮胎异常磨损而需要更换，则需要使用什么设备和工具。

课后练习

模块 12　汽车行驶系	班级			
	姓名		学号	
	日期		评分	

一、资讯

说明:每位学生应在工作任务实施前独立完成准备工作。

1. 轮式汽车行驶系主要由__________、__________、__________和__________组成。

2. 按车架纵梁、横梁的结构特点,汽车车架的结构形式基本上有__________、__________和__________三种。

3. 根据车桥上车轮的作用,车桥可分为__________、__________、__________和__________四种类型。

4. 转向轮定位参数包括__________、__________、__________和__________。

5. 按照连接部分,即轮辐的结构的不同,车轮分为__________车轮和__________车轮两种。

6. 轮胎的固定基础是__________。

7. 汽车轮胎按胎内压力的大小,分为__________、__________及__________三种,目前轿车、货车几乎全部采用__________。

8. 充气轮胎按胎体中帘线排列的方式的不同,分为__________、__________和__________三种。

9. 普通斜交胎的外胎由__________、__________、__________、__________及__________组成,________是外胎的骨架,用以保持外胎的形状和尺寸。

10. 胎面是外胎最外的一层,可分为__________、__________和__________三部分。

二、内容小结

1. 为什么说车架是整个汽车的基础?其功用和结构特点是什么?
2. 何谓边梁式车架,为什么此种结构的车架应用更广泛?
3. 大客车的车架布置有什么特点?为什么?
4. 什么是承载式车身?
5. 轮胎的作用是什么?
6. 为什么汽车广泛采用低压胎?
7. 为什么轮胎的表面要有花纹?
8. 轮胎表面常见的花纹有哪几种?它们各有什么特点?各适用于哪类汽车?

模块 13

汽车转向系

【知识目标】

1. 了解电动助力转向装置及四轮转向。
2. 熟悉转向系的类型。
3. 掌握机械转向器和动力转向器的结构特点。

【技能目标】

能对转向器进行拆装。

【课时计划】

任务	任务内容	参考课时		
		理论课时	实训课时	合计
1	概述	1	0	1
2	机械转向系	1	1	2
3	液压转向系	2	0	2
2	电子控制动力转向系	1	0	1
共计:6 课时				

情境导入

通过前面的学习，我们了解了发动机的动力如何传递到驱动车轮，汽车已经可以行驶，但是在路面上，汽车要能按照驾驶员的意愿转向，这个功能就需要由转向系来实现。下面来探究汽车到底是如何实现转向的。

任务驱动

任务13.1 概　　述

13.1.1 转向系的功用

汽车在行驶过程中，需按照驾驶员的意志经常改变其行驶方向，即所谓汽车转向。用来改变或恢复汽车行驶方向的专设机构，即称为汽车转向系。汽车转向系的功用是保证汽车能按照驾驶员的意志而进行转向行使。

13.1.2 转向系的分类及组成

汽车转向系根据其转向能源的不同，可以分为机械转向系和动力转向系两大类型。

1.机械转向系

机械转向系以驾驶员的体力作为转向能源，其中所有传力件都是机械的。与非独立悬架配合工作的机械转向系的组成和布置示意图如图13.1所示。

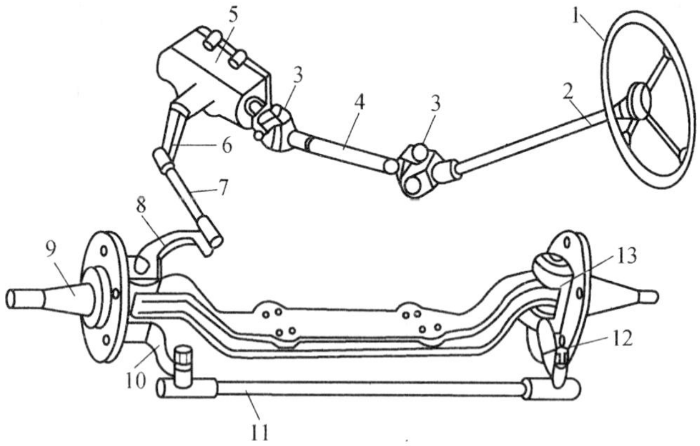

图13.1　机械转向系示意图

1—转向盘；2—转向轴；3—转向万向节；4—转向传动轴；5—转向器；6—转向摇臂；7—转向直拉杆；8—转向节臂；9—左转向节；10、12—梯形臂；13—转向横拉杆；13—右转向节

当汽车转向时，驾驶员对转向盘1施加一个转向力矩。该力矩通过转向轴2、转向万向节3和转向传动轴4输入转向器5。经转向器放大后的力矩和减速后的运动传到转向摇臂6，再经过转向直拉杆7传给固定于左转向节上的转向节臂8，使左转向节9和它所支承的左转向轮偏转。为使右转向节13及其支承的右转向轮随之偏转相应角度，还设置转向梯形。转向梯形由固定在左、右转向节上的梯

形臂 10、12 和两端与梯形臂作球铰链连接的转向横拉杆 11 组成。

其中，转向盘到转向传动轴间的零部件属转向操纵机构；转向摇臂到转向梯形间的零部件属转向传动机构。所以，机械转向系由转向操纵机构、转向器和转向传动机构三大部分组成。

转向盘在驾驶室内安放的位置与各国的交通法规有关。在一些规定车辆左侧通行的国家使用的汽车上，转向盘应安置在驾驶室右侧，这样，驾驶员左方的视野较宽阔，有利于两车安全交会。相反，包括我国在内的大多数国家规定车辆右侧通行，相应地将转向盘安置在左侧。

2.动力转向系

动力转向系是兼用驾驶员体力和发动机动力为转向能源，是在机械转向系基础上加设一套转向加力装置而形成，动力失效后，仍能用机械转向系转向。

一种液压式动力转向系组成如图 13.2 所示，其中属于动力转向装置的部件为：转向油泵 9、转向控制阀 5、转向动力缸 12、转向油罐 9。当驾驶员向左转动转向盘 1 时，转向摇臂 7 带动转向直拉杆 6 前移。直拉杆的拉力作用于转向节臂 4，并依次传到梯形臂 3 和转向横拉杆 11，使之右移。与此同时，转向直拉杆还带动转向控制阀 5 中的滑阀移动，转向动力缸 12 的右腔通过控制阀与液面压力为零的转向油罐相通，转向动力缸 12 的左腔与转向液压泵 10 的高压油相通，于是转向动力缸的活塞上受到向右的液压作用力便经推杆施加在转向横拉杆 11 上，也使之右移。由于液压作用力较大，便在很大程度上减轻了驾驶员的操纵力。

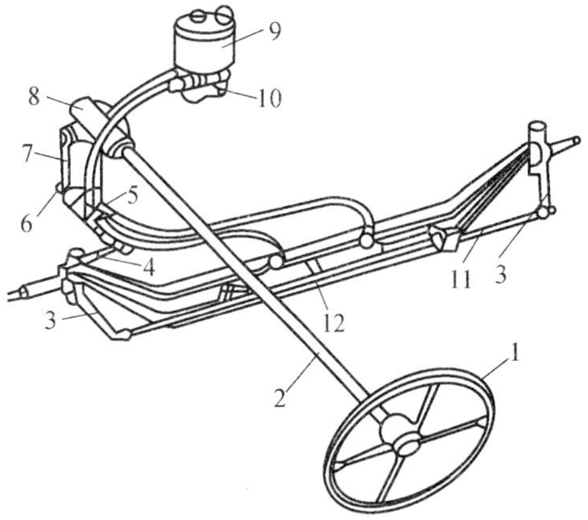

图 13.2 液压动力转向示意图

1—转向盘；2—转向轴；3—梯形臂；4—转向节臂；5—转向控制阀；6—转向直拉杆；7—转向摇臂；8—机械转向器；9—转向油罐；10—转向油泵；11—转向横拉杆；12—转向动力缸

3.对转向系的要求

(1)工作可靠，其零件应有足够的强度和刚度(以防止因零件损坏和变形而导致汽车失去控制)，保证汽车行驶的安全。

(2)操纵灵活，以减轻驾驶员的劳动强度和保证安全行驶。

汽车直线行驶时，转向盘应稳定，无抖动和摆动现象，转向轮在偶然的因素下发生偏转时，能立即自动回到相应于汽车直线行驶的中间位置(自动回正作用)。在总体布置上应与行驶系的运动规律相协调，使驾驶员易于掌握。

(3)车轮转向时，车轮应有正确的运动规律，保证车轮在转向时是纯滚动而没有滑动。为此，应有合理的梯形机构。

(4)既要尽量减少转向轮受到的道路冲击反传到转向盘上，又要保证驾驶员有一定的路感。因此要求适当地控制转向器的可逆程度。

(5)转向系的调整应尽量少而简单。

4.内外轮的关系及最小转弯半径

(1)内、外轮转角关系。

如图 13.3，为了避免在汽车转向时产生路面对汽车行驶的附加阻力和轮胎过快磨损，要求转向系能保证在汽车转向时，所有车轮均做纯滚动。显然，这只有在所有车轮的轴线都相交于一点时方能实现。此交点称为理想的汽车转向中心。在确定传动机构的转向梯形参数后，只能在一定的转角范围内近似满足转向理想关系式：

$$\cot\alpha=\cot\beta+\frac{B}{L}\ (\beta>\alpha)$$

式中,α 为外转向轮偏转角;β 为内转向轮偏转角;B 为两侧转向轮主销轴线与地面交点间距离;L 为轴距。

(2)转弯半径。

转向中心到外转向轮与地面接触点的距离称为转弯半径。当外转向轮偏转角 α 达到最大值 α_{max} 时,转向半径最小 R_{min},在图 13.3 的理想情况下,R_{min} 和外转向轮最大转角的关系式为

$$R_{min}=\frac{L}{\sin\alpha_{max}}$$

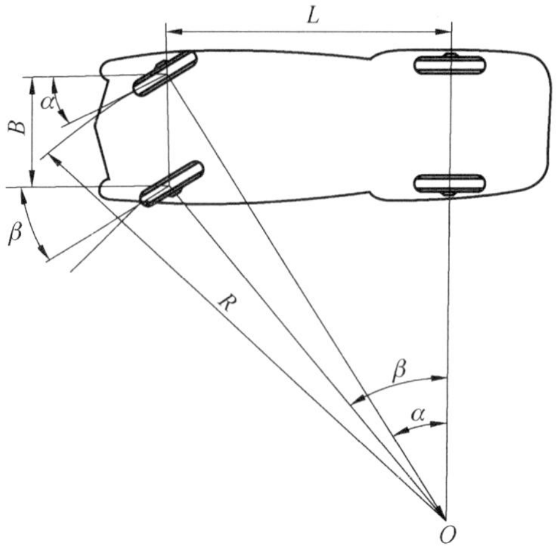

图 13.3　双轴汽车转向示意图

汽车最小转向半径越小,汽车活动的面积也可以越小,汽车的机动性能也越好。

上面是两轴汽车转向的情况,但有些汽车是三轴或四轴的,其转向时,情况于此类似。

对于只用前桥转向的三轴汽车,中轴和后轴的轴线总是平行的,所以不存在理想的转向中心。计算转弯半径时,可以用一根与中后轴线等距的平行线作为假象的与原三轴汽车相当的双轴汽车的后轮轴线。

对于全轮转向的两轴汽车,可保证转向时所有车轮纯滚动而无滑动,其转角关系式为

$$\cot\alpha=\cot\beta+\frac{2B}{L}$$

最小转弯半径为

$$R_{min}=\frac{L}{2\sin\alpha_{max}}$$

从式中可以看出,当轴距不变,采用全轮转向的方案时,可减小转向半径 R_{min},提高了汽车的机动性。

现代汽车向大型化和重型化发展,前桥轴荷相应增加,如采用并列双轮胎,势必增加转向阻力和轮胎磨损;若加大轮胎尺寸,又会使车架提高,影响汽车的稳定性。所以部分重型汽车采用双转向桥,而且一般利用第一、第二(双前桥)转向如图 13.4 所示。

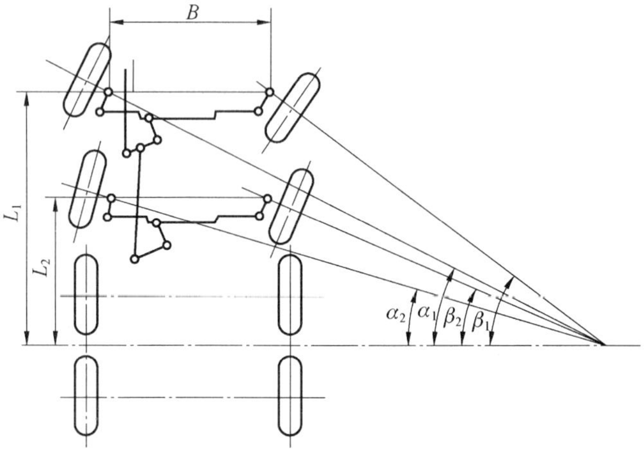

图 13.4　四轴汽车转向

同理,对于利用第一第二两桥转向的四轴汽车,可以第三、第四两桥轴线之间的中间平行线为基线,分别出第一、第二转向桥两侧车轮偏转角的近似理想关系。

$$\cot\alpha_1=\cot\beta_1+\frac{B}{L_1}$$

$$\cot\alpha_2=\cot\beta_2+\frac{B}{L_2}$$

5.转向系角传动比

(1)转向器角传动比 i_{w1}。

转向盘的转角增量与转向摇臂转角的相应增量之比称为转向器角传动比。货车一般 16～32,轿

车一般为 12～20。

(2)转向传动机构角传动比 i_{w2}。

转向摇臂转角增量与转向盘所在一侧的转向节的转角相应增量之比称为转向传动机构角传动比。对于一般汽车而言，转向传动机构角传动比 i_{w2} 大约为 1。

(3)转向系角传动比 i_w

转向盘转角增量与同侧转向节相应转角增量之比则为转向系角传动比，以 i_w 表示。显然 $i_w = i_{w1} \times i_{w2}$。从式中可以看出，转向系角传动比 i_w 越大，则为了克服一定的地面转向阻力矩所需的转向盘上的转向力矩便越小。从而在转向盘直径一定时，驾驶员应加于转向盘的手力也越小。但 i_w 过大，将导致转向操纵不够灵敏，即为了得到一定的转向节偏转角，所需的转向盘转角过大。所以，选取 i_w 时应兼顾转向省力和转向灵敏的要求是有限的。可采用动力转向。

任务 13.2 机械转向系

13.2.1 转向操纵机构

汽车转向操纵机构包括转向盘、转向轴、转向管柱等。它的作用是将驾驶员的操纵力传给转向器。为了方便不同体形驾驶员的操纵及保护驾驶员的安全，现代汽车转向操纵机构还带有各种调整机构及安全保护装置。

1.转向盘的自由行程

单从转向操纵灵敏而言，最好是转向盘和转向节的运动能同步开始并同步终止。然而，这在实际上是不可能的。因为在整个转向系中，各传动件之间都必然存在着装配间隙，而且这些间隙将随着零件的磨损而增大。在转向盘转动过程的开始阶段，驾驶员对转向盘所施加的力矩很小，因为只是用来克服转向系内部的摩擦，使各传动件运动到其间的间隙完全消除，故可以认为这一阶段是转向盘空转阶段。此后，才需要对转向盘施加更大的转向力矩以克服经车轮传到转向节上的转向阻力矩，从而实现使各转向轮偏转的目的。转向盘在空转阶段中的角行程，称为转向盘自由行程。转向盘自由行程对于缓和路面冲击及避免使驾驶员过度紧张是有利的，但不宜过大，以免过分影响灵敏性。一般说来，转向盘从相应于汽车直线行驶的中间位置向任一方向的自由行程最好不超过 10°～15°。当零件磨损严重到使转向盘自由行程超过 25°～30°时，必须进行调整。

2.转向操纵机构的组成和布置

如图 13 .5 所示，转向操纵机构主要包括转向盘 1、安全转向柱 2、转向柱转换器、转向角限制器等。转向操纵机构的作用与前述的相同。在大多数与独立悬架配用的机械转向系中都设有安全转向柱，如图 13.6 所示。它分为上、下转向柱两段，中间用过渡法兰连接。这样如果发生撞车，上下法兰上的销和孔脱开，使得转向盘和上转向柱的后移，从而有效地保护驾驶员的安全员的安全。也有采用可伸缩式转向柱，上、下两段转向柱套装在一起，在发生碰撞时，上段或下段可缩进，避免对驾驶员造成伤害。

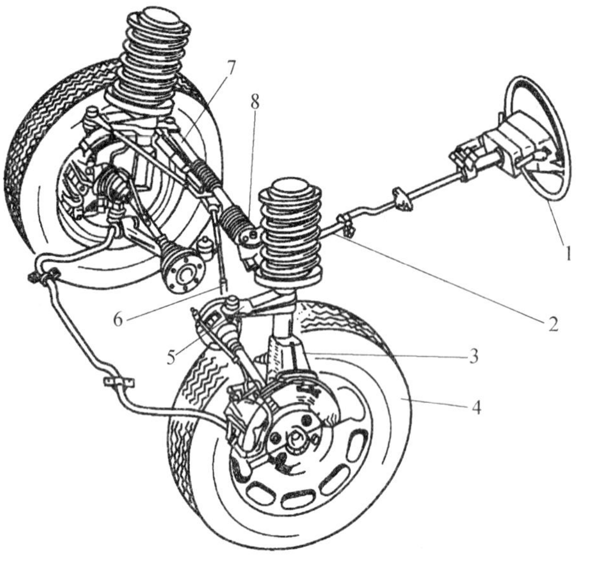

图 13.5　轿车转向系

1—转向盘；2—安全转向柱；3—转向节；4—车轮；5—转向节臂；6—左、右横拉杆；7—转向减震器；8—转向器

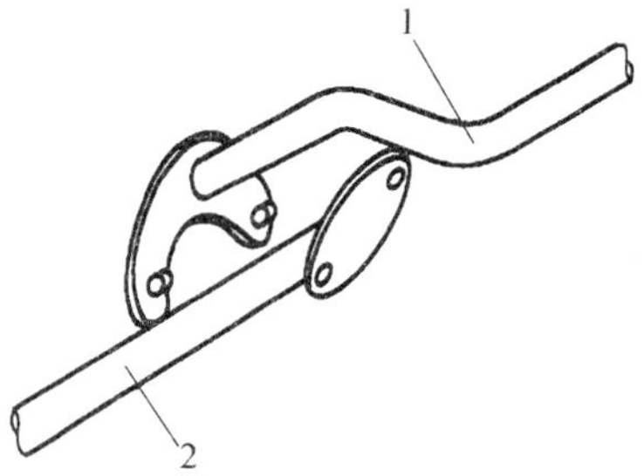

图 13.6　安全转向柱

1—上转向柱；2—下转向柱

3.转向盘

转向盘由轮缘、轮辐、轮毂三部分组成，如图 13.7 所示。轮辐一般为三根辐条（图 13.7(a)）或四根辐条（图 13.7(b)），也有两根辐条的。转向盘轮毂孔具有细牙内花键，与转向轴的外花键相连接。转向盘内部由成形的金属骨架构成。骨架外面一般包有柔软的合成橡胶或树脂，也有包皮革的（图 13.7(b)），这样手感良好，还可防止手心出汗时握转向盘的手打滑。

转向盘上还安装有汽车喇叭开关按钮及控制转向灯等开关以方便驾驶员操作。

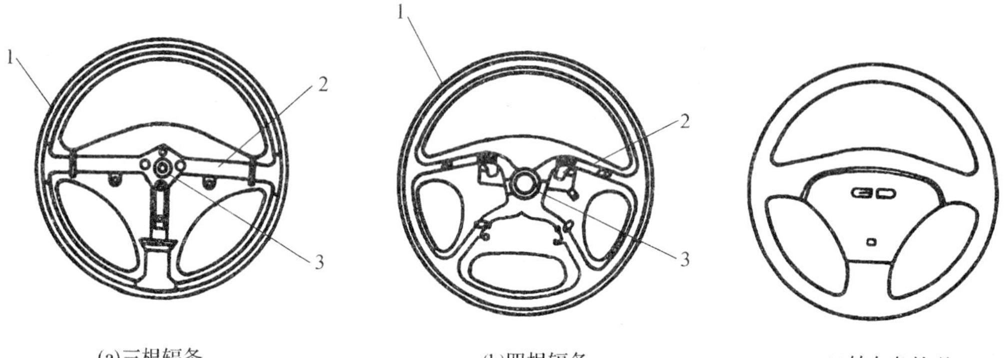

(a)三根辐条　(b)四根辐条　(c)转向盘外观

图 13.7　转向盘的构造

1—轮缘；2—轮辐；3—轮毂

4.转向轴和转向柱管的吸能装置

现代汽车的转向轴除装有柔性万向节外，有的还装有能改变转向盘工作角度和转向盘高度的机构，以方便不同体形驾驶员的操纵。一种转向倾斜角度调整机构如图 13.8 所示。转向管柱 2 上、下端分别通过倾斜调整支架 7 和下托架 6 与车身相连。锁紧螺栓 5 穿过调整支架 7 上的长孔 3 和转向管柱 2 上的圆孔将后两者相连。调整时，向下扳手柄 4，缓松锁紧螺栓 5，转向管柱 2 可在调整支架上的长孔中移动，转向柱管以下托架上的枢轴 1 为中心上、下移动。确定了合适位置后，向上扳起调整手柄，将转向盘定位。

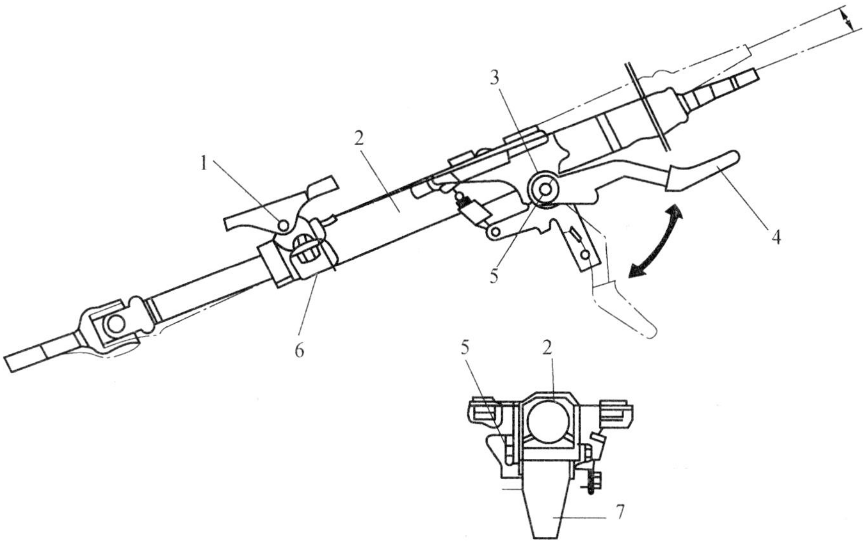

图 13.8 转向轴倾斜调整机构

1—枢轴；2—转向管柱；3—长孔；4—调整手柄；5—锁紧螺栓；6—下托架；7—调整支架

一种转向轴伸缩机构如图 13.9 所示。转向轴分为上、下两段，二者通过花键连接，可沿轴向一定范围内移动而仍保持连接关系。上转向轴 2 由调节螺栓 4 通过楔状限位块 5 夹紧。调整时，推下调节手柄 3，调节螺栓转动，使限位块松开，再轴向移动转向盘，调到合适位置后，向上拉起调节手柄固定。

对于轿车除要求装有吸能式转向盘外，还要求转向柱管也必须备有缓和冲击的吸能装置。转向轴和转向柱管的吸能装置有多种形式。其基本结构原理是：当转向轴受到巨大冲击时，转向轴产生轴向位移，使支架或某些支承件产生塑性变形，而吸收冲击能量。如图 13.10 所示为网格状波纹管式转向柱吸能装置示意图。

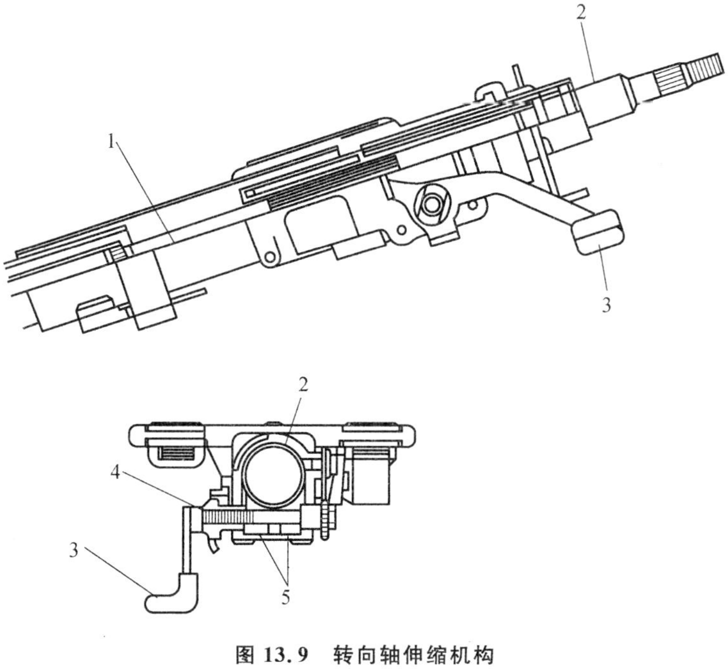

图 13.9 转向轴伸缩机构

1—下转向轴；2—上转向轴；3—调节手柄；4—调节螺栓；5—楔状限位块

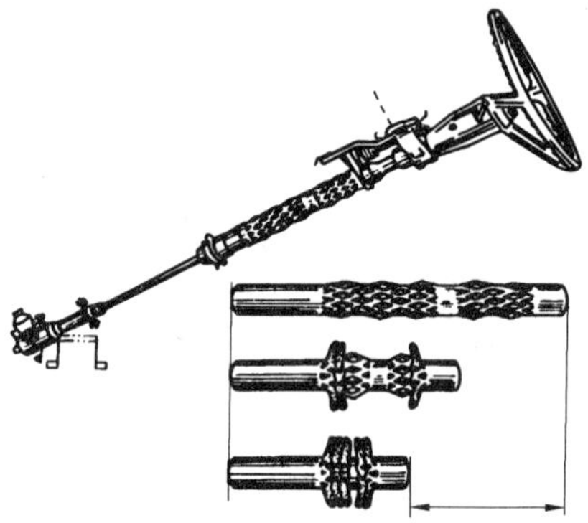

图 13.10　网格状波纹管式转向柱吸能装置示意图

13.2.2 转　向　器

转向器是转向系中的减速增矩装置，并改变转向力矩的传动方向。目前应用广泛、技术成熟的机械转向器有齿轮齿条式转向器、循环球式转向器和蜗杆曲柄指销式转向器等。

1.循环球式转向器

图 13.11 为循环球式转向器的结构图。有两级传动副：第一级是螺杆螺母传动副；第二级是齿条齿扇传动副。通过转向盘和转向轴 12 带动转向螺杆 3 转动时，转向螺母 4 不能转动只能轴向移动，转向螺母 4 外侧的下平面上加工成齿条，与齿扇轴上的齿扇啮合，并驱动齿扇轴 15 转动。

为了减少转向螺杆与转向螺母之间的摩擦，两者之间的螺纹以沿螺旋槽滚动的许多钢球代之，以实现滑动摩擦变为滚动摩擦。转向螺杆转动时，通道钢球将力传给转向螺母。螺母即沿轴向移动。同时，在螺杆与螺母两者和钢球间的摩擦力偶作用下，所有钢球便在螺旋管状通道内滚动，形成“球流”。钢球在管状通道内绕行 1.5 周后，流出螺母而进入导管的一端，再由导管另一端流回螺旋管状通道。因此，在转向器工作时，钢球只在封闭通道内循环，而不致脱落。

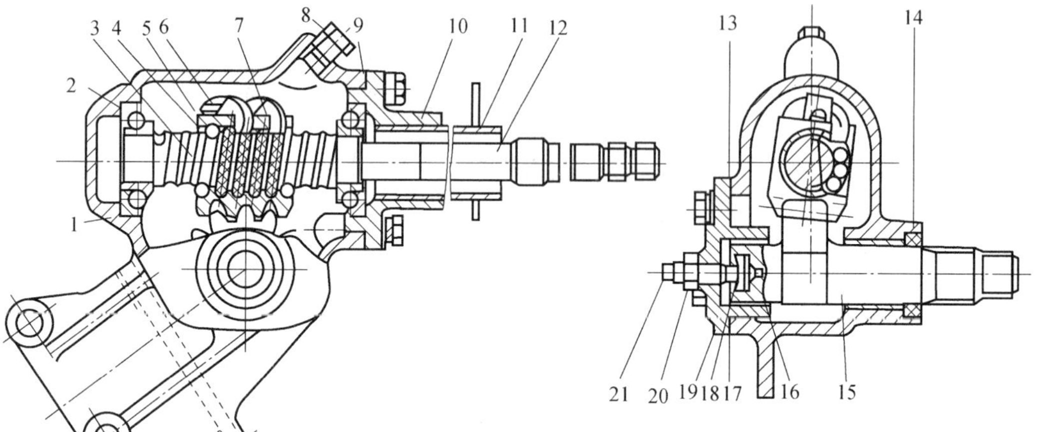

图 13.11　循环球式转向器

1—转向器壳体；2—推力角接触球轴承；3—转向螺杆；4—转向螺母；5—钢球；6—钢球导向卡；7—钢球导管；8—六角头锥形螺塞；9—调整垫片；10—上盖；11—转向柱管；12—转向轴；13—转向器侧盖衬垫；14—油封；15—齿扇轴；16—摇臂轴衬套；17—垫片；18—孔用弹性挡圈；19—侧盖；20—螺母；21—调整螺钉

循环球式转向器中有两处配合需要调整：

(1)支承转向螺杆的轴承 2 为一对推力角接触球轴承，其预紧度通过调整垫片 9 调整。

(2)齿条齿扇啮合间隙。齿扇的齿是变厚度的，沿轴向移动齿扇轴 15，即可调整齿条齿扇的啮合间隙。调整螺钉21旋装在侧盖19上。齿扇轴内侧端部有切槽，调整螺钉的圆柱形端头嵌入此切槽中。将调整螺钉旋入，啮合间隙减小；反之，啮合间隙增大。

循环球式转向器正传动效率很高，可达90%～95%，故操纵轻便，使用寿命长，工作平稳可靠，但其逆效率也很高，容易将路面冲击力传到转向盘。不过，对于前轴轴载质量不大而又经常在平坦路面上行驶的轻、中型汽车而言，影响不大。因此，循环球式转向器广泛应用于各类各级汽车中。

2.齿轮齿条式转向器

与独立悬架配用的机械转向系多采用齿轮齿条式转向器。其原理如图13.12所示。当转向柱带动齿轮2旋转时，则齿轮又带动齿条1运动。转向盘转动一圈，齿条移动一定距离。齿轮齿条式转向器的使用，使转向系质量轻、制造容易，且成本低、刚度大，使汽车具有良好的操纵稳定性。转向器磨损后出现间隙，可通过调整螺钉4进行调整。

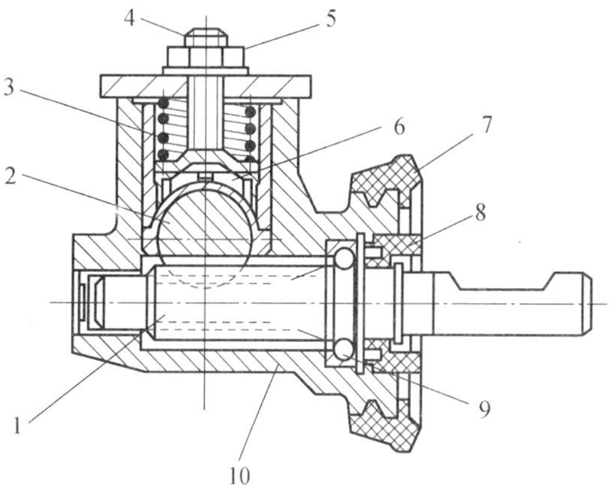

图13.12 齿轮齿条式转向器

1—齿条；2—齿轮；3—弹簧；4—调整螺钉；5—螺母；6—压板；7—防尘罩；8—油封；9—轴承

图13.13为红旗CA7220型轿车齿轮齿条式转向器的布置。在转向齿条的中部用螺栓(图中未示出)与转向拉杆的托架10连接，转向左、右横拉杆11、9的外端与转向节臂相连(右转向节臂图中未示出)。当转动转向盘时，转向齿轮转动，使与之啮合的转向齿条沿轴向移动，从而使左、右横拉杆带动左、右转向节转动，使转向轮偏转，实现汽车转向。为了避免转向轮摆振，在该结构中装有转向减震器8。

由上述可见，用齿轮齿条式转向器省略了转向摇臂和转向直拉杆，使转向传动机构简化。同时由于齿轮齿条式转向器具有结构简单、紧凑，质量轻，刚性大，转向灵敏，制造容易，成本低，正、逆效率都高以及便于布置等优点，而且特别适合与烛式和麦弗逊式悬架配用，因此，目前它在轿车和微型、轻型货车上得到了广泛的应用。这也是目前在轿车和微、轻型载货汽车上应用日趋广泛的原因之一。

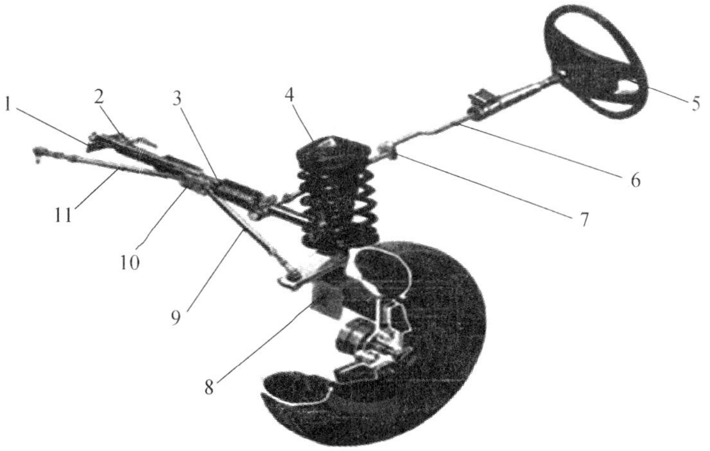

图13.13 红旗CA7220型轿车转向器的布置

1—转向减震器；2—支架转向柱管；3—转向器；4—悬架总成；5—转向盘；6—转向轴；7—柔性联轴器；8—转向节；9—左横拉杆；10—托架；11—右横拉杆

3.蜗杆曲柄指销式

图 13.14 所示为东风 EQ1090E 型汽车的螺杆曲柄指销式转向器。

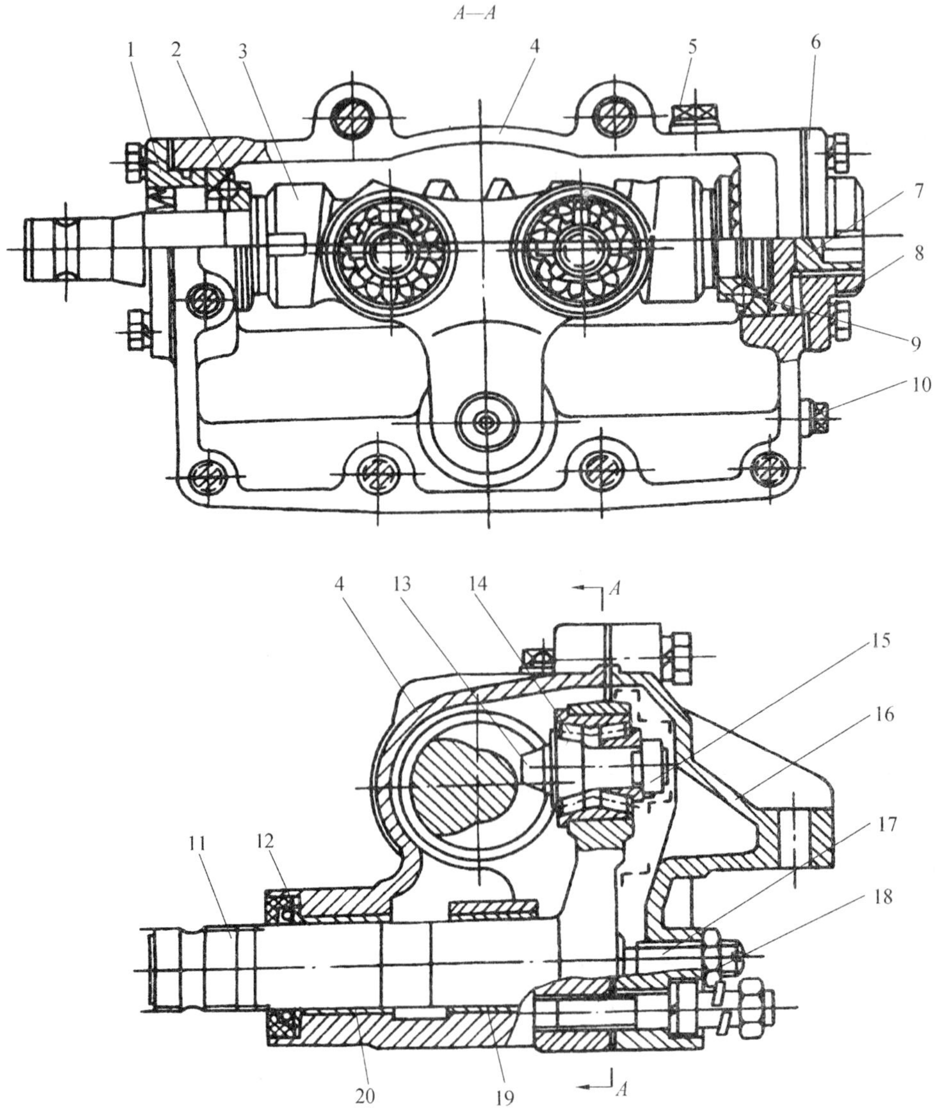

图 13.14 东风 EQ1090E 型汽车转向器

1—上盖;2、9—角接触球轴承;3—转向蜗杆;4—转向器壳体;5—加油螺塞;6—下盖;7—调整螺塞;15、18—螺母;10—放油螺塞;11 摇臂轴;12—油封;13—指销;14—双列圆锥滚子轴承;16—侧盖;17—调整螺钉;19、20—衬套

转向蜗杆 3 通过角接触球轴承 2、9 支承在壳体上,轴承预紧力由调整螺塞 7 在外部调整,调整后用锁紧螺母 8 锁紧。蜗杆上梯形截面螺纹与两个锥形指销啮合,其啮合间隙通过侧盖 16 上的调整螺钉 17 在外部调整,调整后用螺母 18 锁紧。两个指销 13 通过双列圆锥滚子轴承 14 支于摇臂轴 11 内端的曲柄上。其预紧度在装配时由螺母 15 调整。

双指销式转向器在中间及附近位置时,其两指销均与蜗杆啮合,故每个指销较单指销式转向器的指销所受载荷的力较小,因而其工作寿命较长。当摇臂轴转角相当大时,一个指销与蜗杆脱离啮合,另一指销仍保持啮合,因此,双指销式转向器摇臂转角较单指销式大。但双指销式结构较复杂,对蜗杆的加工精度要求也较高。

13.2.3 转向传动机构

1.功用

转向传动机构的功用是将转向器输出的力和运动传到转向桥两侧的转向节，使两侧转向轮偏转，并使两转向轮偏转角按一定关系变化，以保证汽车转向时车轮与地面的相对滑动尽可能小。转向传动机构的组成和布置因转向器位置和转向轮悬架类型不同而异。

2.与非独立悬架配用的转向传动机构

(1)组成与布置。

以图13.15(a)为例，转向传动机构主要由转向摇臂2、转向直拉杆3、转向节臂4、转向梯形臂5和转向横拉杆6等组成。由转向器输出的力矩经上述各组件传到两轮的转向节，并由转向梯形臂和转向横拉杆组成的转向梯形机构保证左、右两转向轮的偏转角接近满足转向运动关系。

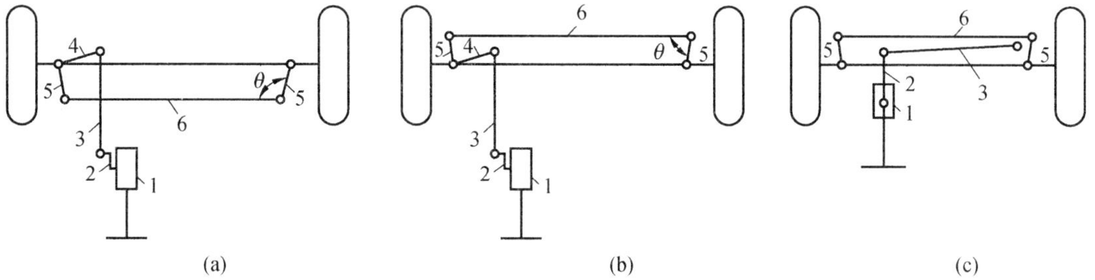

图13.15 与非独立悬架配用的转向传动机构示意图

1—转向器；2—转向摇臂；3—转向直拉杆；4—转向节臂；5—梯形臂；6—转向横拉杆

在前桥仅为转向桥的情况下，由转向梯形一般布置在前桥之后(图13.15(a))。当转向轮处于与汽车直线行驶相应的中立位置时，梯形臂和横拉杆在与道路平行的平面(水平平面)内的交角$\theta>90°$。在发动机位置较低或转向桥兼驱动桥的情况下，为避免运动干涉，往往将转向梯形布置在前桥之前。此时，上述交角$\theta<90°$(图13.15(b))。若转向摇臂不是在汽车纵向平面内前、后摆动，而是在与道路平行的平面内左、右摆动(如北京BJ2020N型汽车)，则可将转向直拉杆3横置，并借球头销直接带动转向横拉杆6，使两侧梯形臂转动(图13.15(c))。

(2)转向传动机构零部件结构。

①转向摇臂。

其功用是把转向器输出的力和运动传给直拉杆。转向摇臂的典型结构如图13.16所示。转向摇臂2上端有带细齿花键的锥孔，与转向器的输出端转向摇臂轴4利用花键1连接。摇臂轴外端面和转向摇臂上端孔的外端面刻有短线等装配标志，以保证正确装配，当转向摇臂轴在中间位置时，汽车处于直线行驶状态。转向摇臂下端通过球头销3与直拉杆连接。球头销球面经过强化和硬化处理。

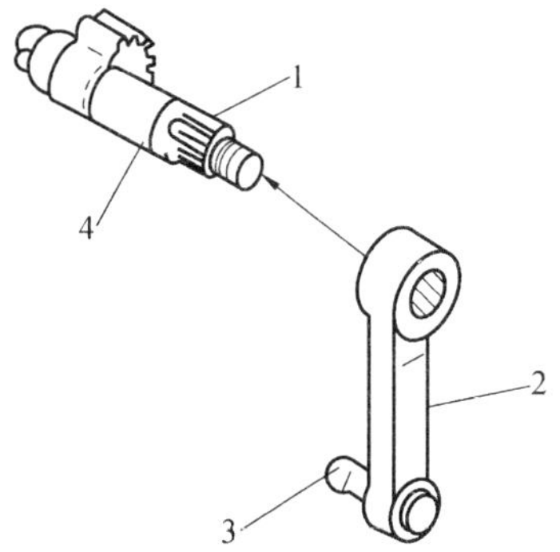

图13.16 转向摇臂和摇臂轴

1—带锥度的细齿花键；2—转向摇臂；3—球头销；4—摇臂轴

②转向直拉杆。

其功用是将转向摇臂传来的力和运动传给转向梯形臂或转向节臂。其结构如图13.17所示。

直拉杆体9是一段两端扩大的钢管。直拉杆前端是球头销，后端是球头销座，分别与转向节臂(或梯形臂)、转向摇臂球形铰相连，以保证三者在相对的空间运动中不发生干涉。前、后球形铰链结构中都有压缩弹簧，以补偿机械磨损，并能缓和经车轮和转向节传来的路面冲击。弹簧预紧力可用端部螺塞4调节。

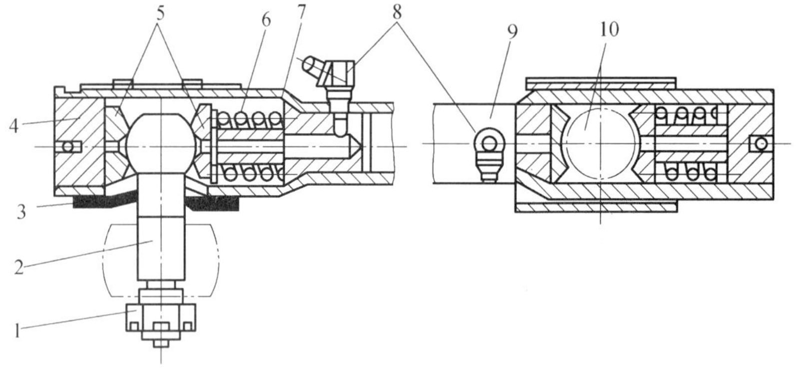

图 13.17　解放 CA1091 型汽车转向直拉杆构造图

1—螺母;2—球头销;3—橡胶防尘垫;4—端部螺塞;5—球头座;

6—压缩弹簧;7—弹簧座;8—油嘴;9—直拉杆体;10—转向摇臂球头销

③转向横拉杆。

如图 13.18 所示,转向横拉杆总成由横拉杆体 2 与旋装在两端的横拉杆接头 1 组成。横拉杆体用钢管或钢钎制成,它的两端切制有正、反螺纹与横拉杆接头连接。由于横拉杆体两端是正反螺纹,所以当放松夹紧螺栓 3 时,旋转横拉杆体即可改变转向横拉杆的有效长度,以调整前轮的前束值。调妥后应将夹紧螺栓拧紧。在横拉杆接头上装有球头销等零件组成球形铰接,分别与两侧的转向梯形臂相连接。球头销的球头部分夹紧在球头销座 9 内。上、下球头销座常用尼龙或聚甲醛制成,具有较好的耐磨性。弹簧 12 将球头座压在球头上,这样在球头和球头座磨损时能自动消除间隙,既可减小转向盘自由行程,也可防止左、右两球头中心距发生改变。球头节上部设有防尘套 8,以防尘土侵入。

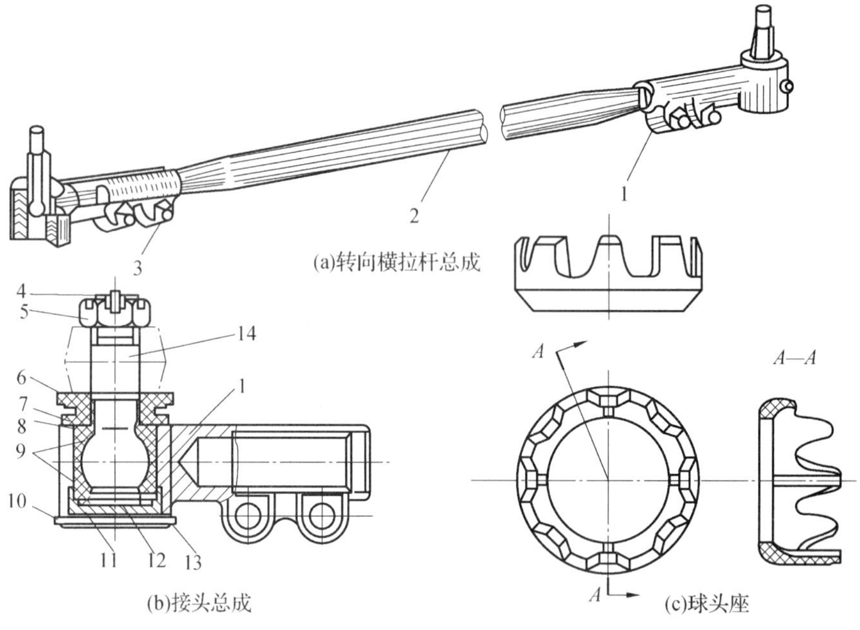

图 13.18　解放 CA1091 型汽车转向横拉杆

1—横拉杆接头;2—横拉杆体;3—夹紧螺栓;4—开口销;5—槽形螺母;6—防尘垫座;

7—防尘垫;8—防尘罩;9—球头座;10—限位销;11—螺塞;12—弹簧;13—弹簧座;14—球头销

有些越野车转向传动机构的横拉杆,由于转向驱动桥主减速器尺寸的限制,前置式横拉杆的中部必须弯曲,因而就不能通过它本身的转动来调整前轮前束。通常在横拉杆的一端附加一个可调的短接杆,或将横拉杆的两端用螺纹连接的接头制成叉形,用直销和梯形臂连接,如图 13.19 所示。若需改变横拉杆的长度时,需将接头销拔下,转动叉形接头来进行调整。因每次转动接头只能是旋转 180°或 360°才能将接头销装复,所以两端接头的螺纹有粗细牙之分,用来互相补偿,以保证获得所需的长度。

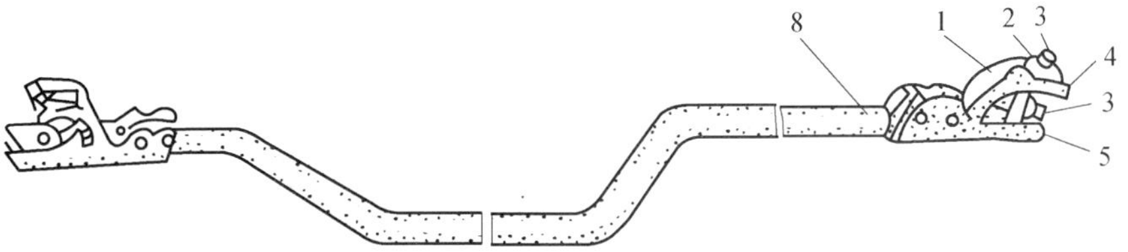

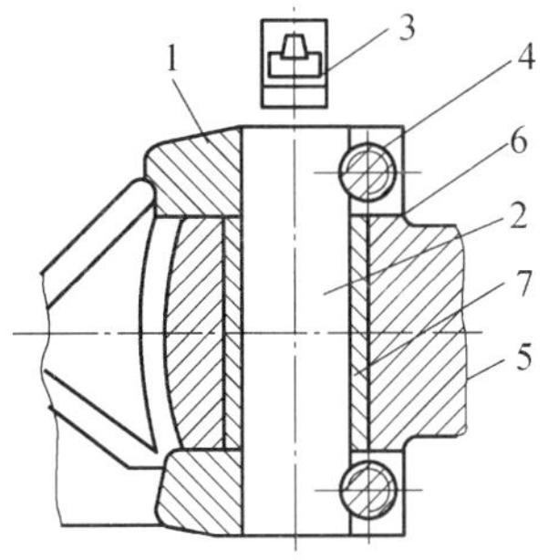

图 13.19　转向横拉杆

1—横拉杆接头；2—横拉杆体；；3—夹紧螺栓；4—开口销；5—槽形螺母；6—防尘垫座；7—防尘垫；8—防尘套

3.与独立悬架配用的转向传动机构

当转向轮独立悬挂时，每个转向轮分别于车架做独立运动，因而转向桥是断开的。与此相应，转向传动机构中的转向梯形也必须是断开式的，分成几段。

图 13.20 为几种与独立悬架配用的转向传动机构示意图。其中图 13.20(a)、(b)所示为与循环球式转向器配用的转向机构布置方案，图 13.20(c)、(d)所示为与齿轮齿条式转向器配用的转向机构布置方案。

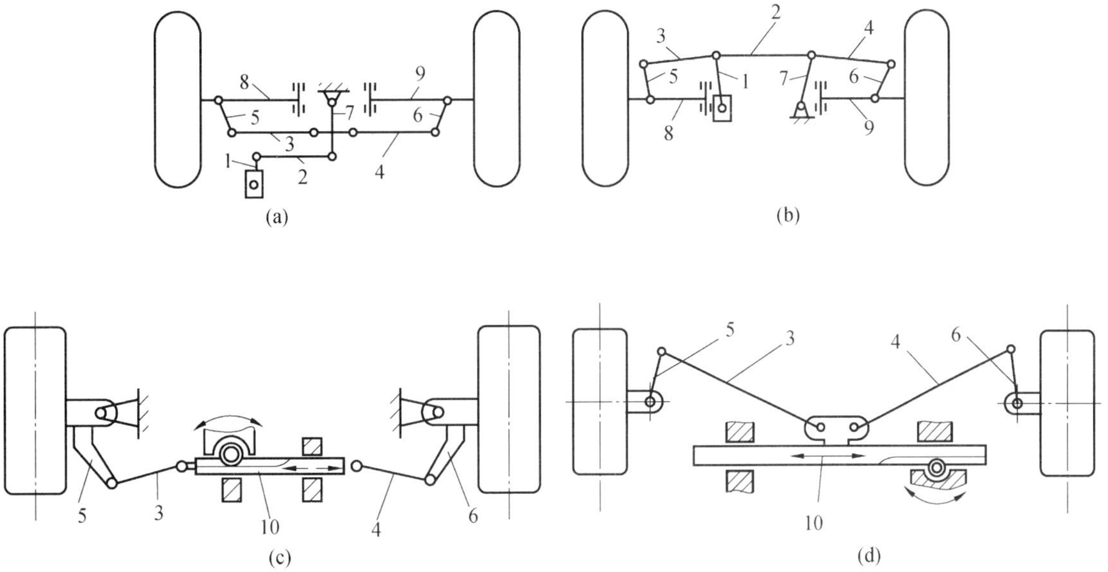

图 13.20　与独立悬架配用的转向传动机构示意图

1—转向摇臂；2—转向直拉杆；3—左转向横拉杆；4—右转向横拉杆；5—左梯形臂；

6—右梯形臂；7—摇杆；8—悬架左摆臂；9—悬架右摆臂；10—齿轮—齿条式转向器

红旗 CA7560 转向传动机构即采用了图 13.21 所示的结构方案。摇杆 3 前端固定于车架横梁中部，后端借球头销与转向直拉杆 1 和左、右横拉杆 6、5 连接。左、右横拉杆外端用球头销分别与梯形臂 7、4 铰接，故能随同侧车轮相对车架和摇杆在横向平面内上、下摆动。转向直拉杆 1 与转向摇臂球头销 2 相连。球头座两背面各设一个压缩弹簧，用于分别吸收由横拉杆 5 和 6 传来的两个方向上的路面冲击，并自动消除球头与座之间的间隙。

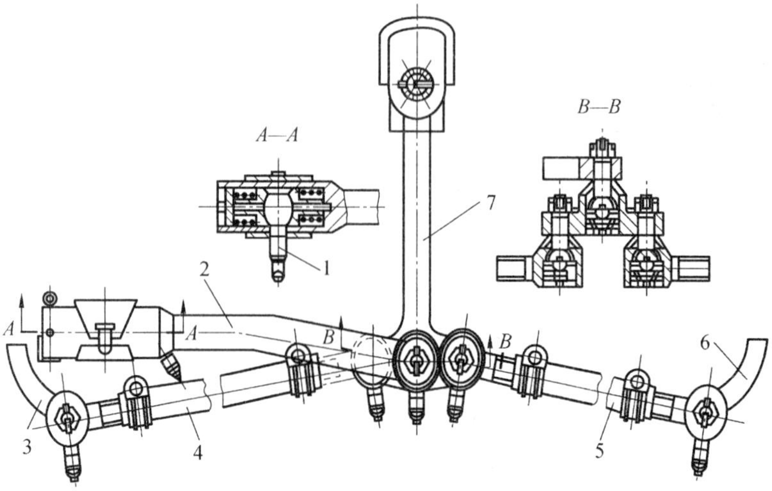

图 13.21 红旗 CA7560 型轿车转向传动机构

1—转向直拉杆;2—转向摇臂球头销;3—摇杆;4—右梯形臂;5—右转向横拉杆;
6—左转向横拉杆;7—左梯形任务 13.3 液压转向系统

任务 13.3 液压转向系

用以将发动机输出的部分机械能转化为压力能(液压能或气压能),并在驾驶员控制下,对转向传动装置或转向器中某一传动件施加不同方向的液压或气压作用力,以助驾驶员施力不足的一系列零部件,总称为动力转向装置。动力转向装置是由机械转向器、转向动力缸和转向控制阀三大部分组成。

13.3.1 动力转向装置类型

1.按传能介质不同来分

按传能介质不同,转向加力装置有气压式和液压式两种。气压转向加力装置主要应用于一部分其前轴最大轴载质量为 3～7 t 并采用气压制动系的货车和客车。装载质量特大的货车也不宜采用气压转向加力装置,因为气压系的工作压力较低(一般不高于 0.7 MPa),用于这种重型汽车上时,其部件尺寸将过于庞大。液压转向加力装置的工作压力可高达 10 MPa 以上,故其部件尺寸很小。液压系工作时无噪声,工作滞后时间短,而且能吸收来自不平路面的冲击。因此,液压转向加力装置已在各类各级汽车上获得广泛应用。本节所讨论的转向加力装置也只限于液压式的。

2.按所用转向控制阀来分

按所用转向控制阀来分,有滑阀式(图 13.22)和转阀式(图 13.23)两种。

阀体沿轴向移动来控制油液流量的转向控制阀,称为滑阀式转向控制阀,如图 13.22 所示。其中图 13.22(a)为常流式滑阀,图 13.22(b)为常压式滑阀。常流式与常压式转向阀的不同之处在于:当汽车转向盘处于中立位置时,常压式液压系中的工作管路保持高压;而常流式则只在转向时管路提供高压。常流式的优点是结构简单、液压泵寿命长,消耗功率少,广泛应用于各种汽车。常压式的优点在于有储能器积蓄液压能,可以使用较小的液压泵,并可以在液压泵不运转的情况下保持一定的转向助力能力,一些重型汽车上采用这种结构。

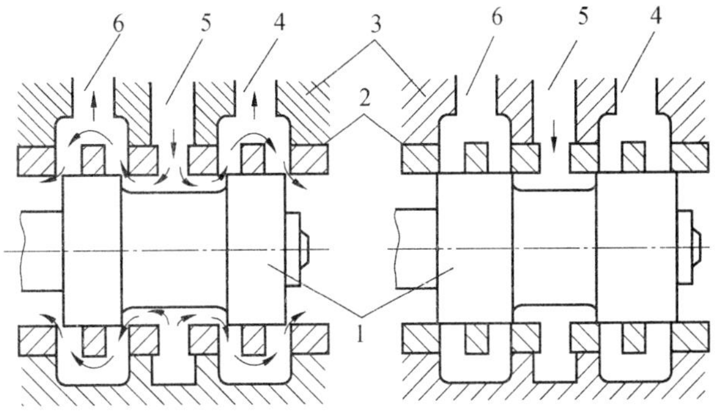

(a)常流式滑阀 (b)常压式滑阀

图 13.22 滑阀式转向控制阀的结构和工作原理

1—阀体;2—阀套;3—壳体;4、6—通动力缸左、右腔的通道;5—通液压泵输出管路的通道

对于常流式滑阀,当阀体1处于中间位置时,其两个凸棱边与阀套环槽形成四条缝隙。中间的两个缝隙分别与动力缸两腔的油道相通,而两边的两个缝隙与回油道相通。当阀体向右移动很小的一个距离时,右凸棱将右外侧的缝隙堵住,左凸棱将中间的左缝隙堵住,则来自液压泵的高压油经通道5和中间的右缝隙流入通道4,继而进入动力缸的一个腔;而动力缸另一腔的低压油被活塞推出,经由通道6和左凸棱外侧的缝隙流回储油罐。

阀体绕其轴线转动来控制油液流量的转向控制阀,称为转阀式转向控制阀,如图13.23所示。阀套2上有四个互相连通的进油口P,与油泵6动力油路来接通;四个互相连通的出油孔A,与动力缸1左腔L相通;四个互相连通的出油口B,与动力缸1的右腔R相通。阀芯3的内腔与低压回油路O相通。阀芯与阀套的相对位置不同,油路的流通情况不同。

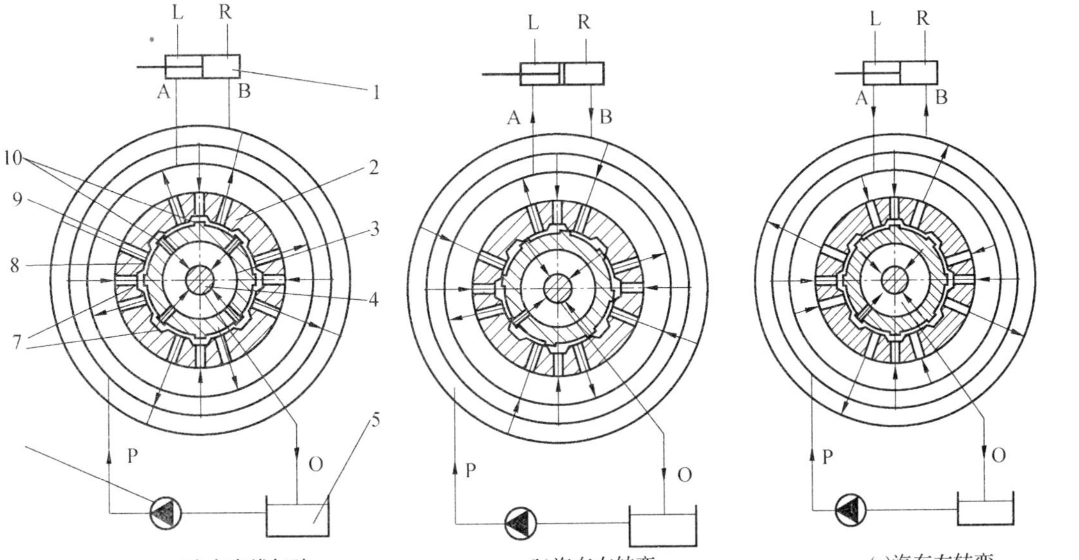

(a)汽车直线行驶 (b)汽车右转弯 (c)汽车左转弯

图 13.23 转阀式转向控制阀工作原理图

1—动力缸;2—阀套;3—阀芯;4—扭杆;5—储油罐;6—油泵;7、9—纵槽;8、10—槽肩

当汽车直线行驶转向盘处于中立位置,阀芯和筒套的相对位置如图13.23(a)所示。P、O、A、B四油路相通,此时转向泵卸荷,动力缸R、L两腔无压力、无助力作用。

当汽车右转弯,阀芯向右转动很小位置时,如图13.23(b)所示,P→A→动力缸左腔L,动力缸右腔R→B→O,产生助力;当汽车左转弯时,阀芯向左移动很小位置,如图13.23(c)所示,P→B→动力缸右腔R,动力缸左腔L→A→0,产生相反方向助力。

3.按动力缸、控制阀及转向器的相对位置来分

按动力缸、控制阀及转向器的相对位置来分,有整体式、半整体式和转向加力器三种。在图1.24(a)中,机械转向器9和转向动力缸10设计成一体,并与转向控制阀8组装在一起。这种三合一的部件,称为整体式动力转向器。另一种方案是,只将转向控制阀同机械转向器组合成一个部件,该部件

称为半整体式动力转向器,转向动力缸则作为独立的部件(图 13.24(b))。第三种方案是(图 13.24(c)),将机械转向器作为独立部件,而将转向控制阀和转向动力缸组合成一个部件,称为转向加力器。

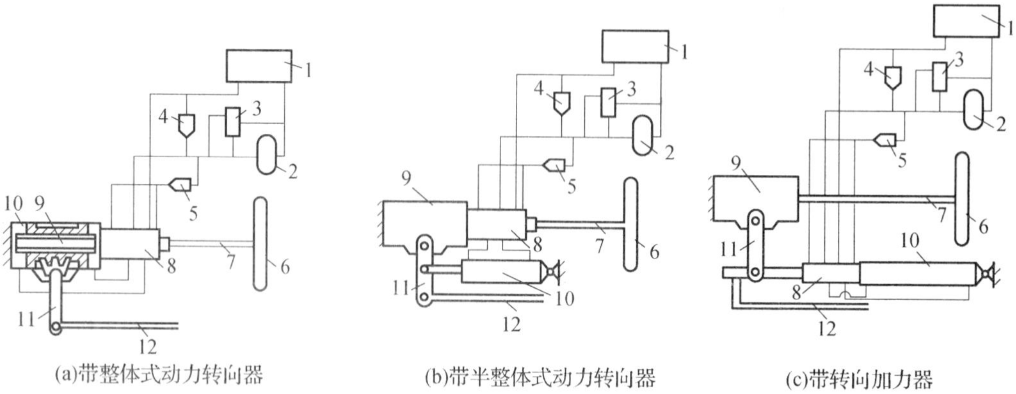

图 13.24 常流式液压转向加力装置结构布置方案示意图

1—转向油罐;2—转向液压泵;3—流量控制阀;4—溢流阀;5—单向阀;6—转向盘;7—转向轴;8—转向控制阀;9—机械转向器;10—转向动力缸;11—转向摇臂;12—转向直拉杆

13.3.2 整体式动力转向装置

1. 齿轮齿条式整体动力转向器

目前,国产轿车上几乎毫无例外地采用了转阀式的整体式动力转向器。图 13.25 所示为捷达轿车上采用的带整体式动力转向器的转向加力装置示意图。

控制阀为转阀如图 13.25(a)所示,与齿轮齿条式机械转向器和转向动力缸设计成一体,组成整体式动力转向器。其转向动力缸活塞 12 与转向齿条 10 制成一体。活塞 12 将转向动力缸 13 分成左、右两腔。扭杆 4 的前端用销 18 与阀芯 2 相连,后端用销 15 与转向齿轮连接,转向阀套 1 与转向齿轮 11 制成一体,因而转向轴可通过扭杆带动转向齿轮转动。

转向控制阀(转阀)处于中立位置时(图 13.25(a)),由转向油罐 7、转向液压泵(叶片泵)8、流量控制阀(带溢流阀)9 组成的供能装置输出的油液,流入转阀进油口 P(图 13.25(c))进入阀腔。由于转阀处于中立位置,它使动力缸的两腔相通,则油液经回油管路 6 流回转向油罐 7 。故转向动力缸完全不起作用,该转向加力装置为常流式转阀整体式动力转向器。

工作过程及原理分析以右转向盘为例,如图 13.25(b)所示。当刚开始向右转动转向盘时,转向轴连同阀芯被顺时针转动,因为受到转向节臂传来的路面转向阻力,动力缸活塞和转向齿条暂时都不能运动,所以转向齿轮暂时也不能随转向轴转动。这样,由转向轴传到转向齿轮的转矩只能使扭杆 4 产生少许扭转变形,使转向轴(即阀芯)得以相对转向齿轮(即阀套)转过不大的角度,从而转阀使动力缸左腔成为高压的进油腔,右腔则成为低压的回油腔。作用在动力缸活塞上向右的液压作用力,帮助转向齿轮迫使转向齿条开始右移,转向轮开始向右偏转。同时,转向齿轮本身也开始与转向轴同向转动。只要转向盘继续转动,扭杆的扭转变形便一直保持不变,转向控制阀所处的右转向位置也不变。

一旦转向盘停止转动,动力缸暂时还继续工作,导致转向齿轮继续转动,使扭杆的扭转变形减小,直到扭杆恢复自由状态,控制阀(转阀)回到中立位置,动力缸停止工作为止。此时,转向盘即停驻在某一位置上而不动,则车轮转角也就保持一定。

在转向过程中,若转向盘转动的速度快,阀体与阀芯的相对角位移量也大,动力缸两腔压力差增大,转向助力也随之增大,车轮偏转的速度也快;若转向盘转动为速度慢,助力小,车轮偏转的速度慢;转向盘不动,转向轮也转到某一相应的位置不动,这称为转向控制阀的渐进随动原理。转向后回正时,若驾驶员放松转向盘,阀芯回到中间位置,失去助力作用,此时,车轮在回正力矩的作用下复位。若驾驶员同时逆时针回转转向盘,动力转向器反向助力,帮助车轮回正。

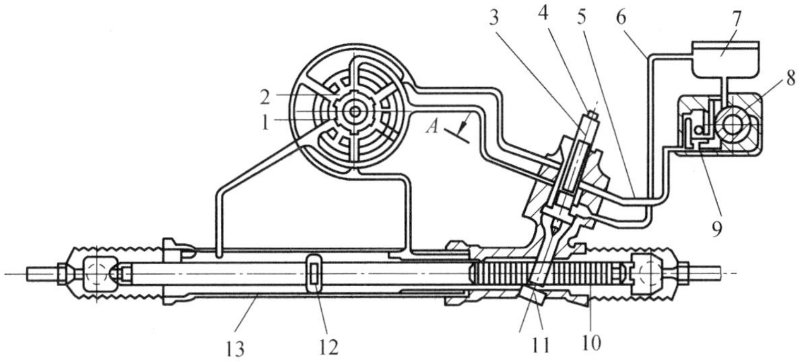

(a)汽车直线行驶时

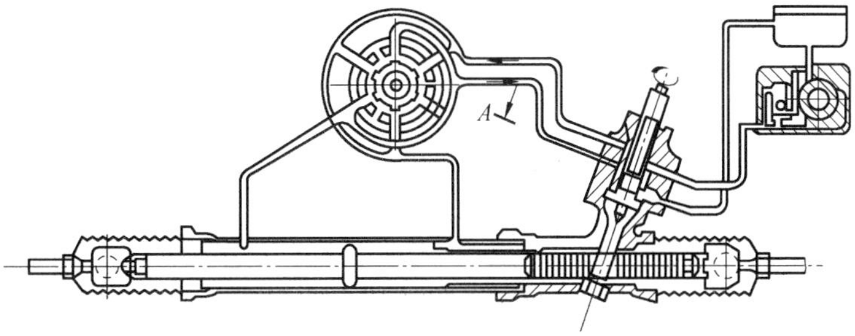

(b)汽车向右转弯行驶时

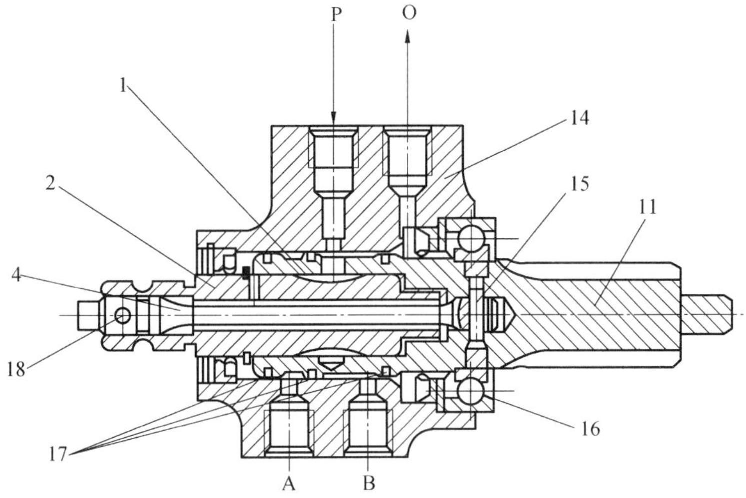

(c)转阀的构造

图 13.25　捷达轿车整体式动力转向器的转向加力装置示意图

1—阀套;2—阀芯;3—转向轴;4—扭杆;5—进油管路;6—回油管路;7—转向油罐;8—转向液压泵(叶片泵);9—流量控制阀(带安全阀);10—转向齿条;11—转向齿轮;12—动力缸活塞;13—转向动力缸;14—阀体;15、18—销;16—轴承;17—密封圈 A—通动力缸左腔油道;B—通动力缸右腔油道;P—通液压泵输出管路的油道;O—通低压回油油道

若汽车行驶偶遇外界阻力使车轮发生偏转,则阻力矩通过转向传动机构、转向齿条齿轮作用在阀套上,使阀套阀芯产生相对角位移,动力缸产生与车轮偏转方向相反的助力作用。在此力的作用下,车轮迅速回正,保证了汽车直线行驶的稳定性。

一旦液压助力装置失效,助力缸不起作用,驾驶员需转动转向盘以较大的角度,使扭杆产生更大变形,传递更大的转矩,以驱动转向齿轮旋转。此时,该动力转向器变成机械转向器。驾驶员需施加更大的力,转向盘的自由行程更大。

2.循环球式整体液压动力转向器

图 13.26 所示为中型货车所采用的循环球式整体式动力转向器,控制阀也为转阀式,机械转向器为循环球一齿条齿扇式。转向螺杆 8 的前端用销 10 与扭杆 1 连接,后端制成圆筒形,其内圆面上加工有油道,并用轴承 14 支承在转向器前端盖 4 上。扭杆的前端用销 3 与转阀阀芯 2 连接。阀芯 2 与转阀阀体 5 用销 7 连成一体。阀芯 2 用花键与转向轴连接。转向器壳体 11,同时也是转向动力缸的缸体。转向螺母 9 也是动力缸的活塞,其上加工有齿条与摇臂轴 13 上的齿扇相啮合。转向螺母的后端用密封圈 12 将动力缸分成前、后两腔。其工作原理与前述的轿车的整体式动力转向相同。

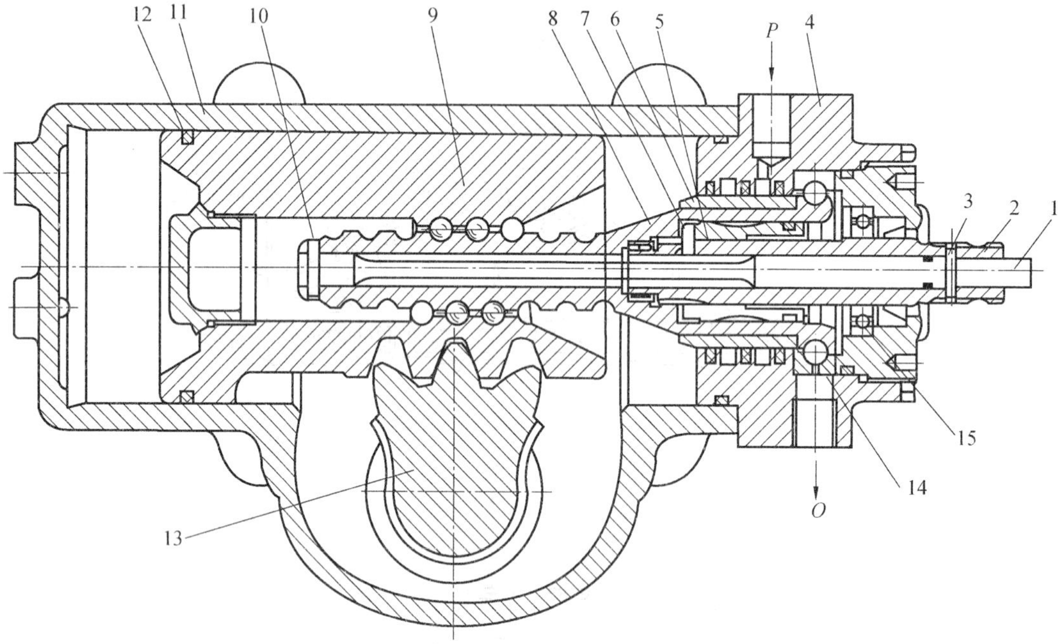

图 13.26 解放 CA1120PK2L2 型汽车的整体式动力转向器

1—扭杆;2—阀芯;3、7、10—销;4—转向器前端盖;5—转阀阀体;6—转阀隔套;8—转向螺杆;9—转向螺母;11—转向器壳体;12—密封圈;13—齿扇轴(摇臂轴);14、15—轴承 P—转阀进油道;O—转阀回油道

13.3.3 转向油泵与油罐

1.转向油泵

转向油泵是动力转向中的主要能源,其作用是将发动机输入的机械能转化为液压能向外输出。转向油泵有齿轮式、转子式和叶片式等。图 13.27 为一叶片式转向油泵示意图。它主要由定子 1、转子 2 及叶片 3 组成。定子具有圆柱形内表面,转子上均布径向切槽。矩形叶片安装在转子槽内,并可在槽内滑动。矩形叶片两端与配油盘端面滑动配合,形成由转子外表面、定子内表面、叶片和配油盘组成的密封工作容积。转子和定子不同心,有一个偏心距。当转子旋转时,叶片靠自身的离心力贴紧定子的内表面,并在转子槽内做往复运动,使上述的工作容积由小到大、由大到小不断变化。容积增大,产生真空吸力将工作液从油罐中吸入工作腔,容积变小时,产生油压,将油压出。

叶片式油泵是容积式油泵,其输出油量随转子转速升高而增大,输出的油压取决于动力转向系的负荷(即流通阻力)。为了限制发动机转速较高时输出油量过大、油温升高以及限制输出油压,防止由于油压过高损坏机件、破坏油封,通常在泵的进出油道之间还设有流量控制阀 6 和限压阀 7。

2.转向油罐

转向油罐的作用是储存、滤清并冷却液压转向加力装置的工作油液(一般是锭子油或透平油)。转向油罐一般单独安装,但也有直接装在转向液压泵上的。

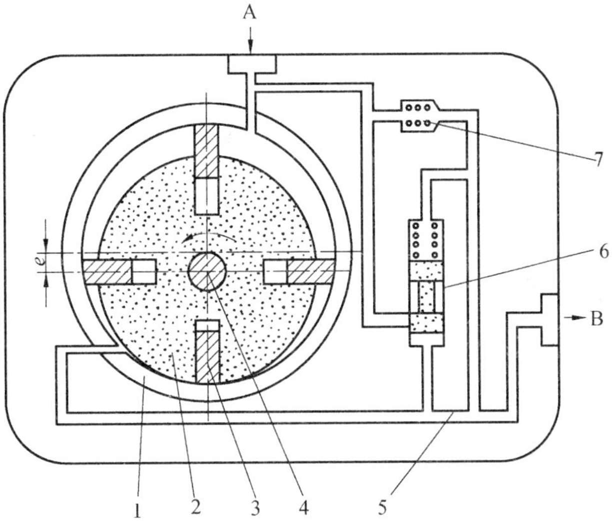

图 13.27　叶片式转向油泵示意图

1—定子；2—转子；3—叶片；4—转子轴；5—节流孔；6—流量控制阀；7—限压阀；

A—进油口；B—出油口

图 13.28 所示为一种重型汽车转向油罐的构造。中心油管接头座 13 专门用以装接转向控制阀的回油管路。另外两个油管接头座 12 则分别装接转向液压泵的进油管和半整体式动力转向器的漏泄回油管路。中心油管接头座下部有滤芯密封圈 11，上部旋装着中心螺栓 16。滤芯 10 套装在中心螺栓上，而且由锁销 5 限位的弹簧 7 压住。罐盖 3 靠翼形螺母压紧。

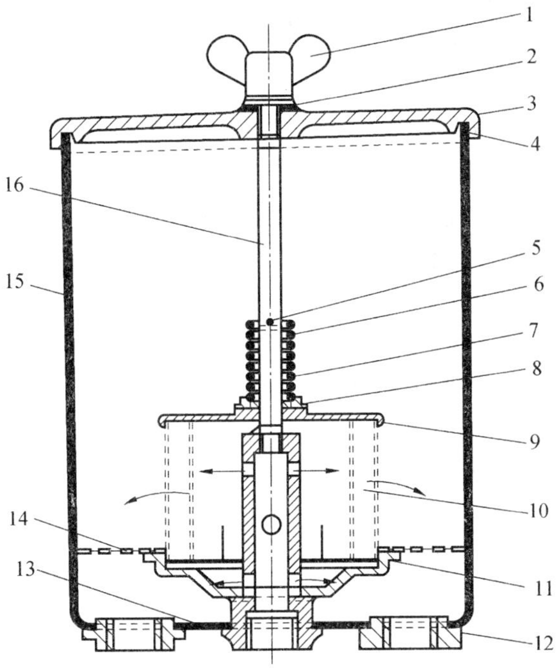

图 13.28　转向油罐

1—翼形螺母；2—垫圈；3—罐盖；4—罐盖密封环；5—锁销；6、8—弹簧座；7—弹簧；9—橡胶密封垫圈；

10—滤芯；11—滤芯密封圈；12—油管接头座；13—中心油管接头座；14—滤网片；15—罐体；16—中心螺栓

由转向控制阀和转向动力缸流回来的油液，通过中心油管接头座的径向油孔流入滤芯内部的空腔，经滤清后进入储液腔，准备供入转向液压泵。滤芯弹簧 7 的预紧力不大，故当滤芯堵塞而回油压力略有增高时，便在液压作用下升起，让油液不经过滤清便进入储液腔，以免液压泵进油不足。滤网片 14 用以防止油液乳化。

任务 13.4 电子控制动力系

13.4.1 电子控制动力转向装置概述

电动助力转向(Electric Power Aided Steering,EPAS)系是一种直接依靠电动机提供辅助转矩的动力转向系，是为了满足人们对驾驶轻便性的要求而产生的。它可以根据不同的使用工况控制电动机提供不同的辅助动力，这也符合当前电控技术与汽车技术相结合的趋势。

电动助力转向系主要包括机械式转向器、转矩传感器、减速机构、离合器、电动机、电子控制单元(ECU)和车速传感器等。图 13.29 为电动助力转向系示意图。转矩传感器 1 通过扭杆连接在转向轴 2 中间。当转向轴转动时，转矩传感器开始工作，把两段转向轴在扭杆作用下产生的相对转角转变成电信号传给电子控制单元(ECU)7，ECU 根据车速传感器和转矩传感器的信号决定电动机 6 的旋转方向和助力电流的大小，并将指令传递给电动机，通过离合器 5 和减速机构 3 将辅助动力施加到转向系(转向轴)中，从而完成实时控制的助力转向。它可以方便地实现在不同车速下提供不同的助力效果，保证汽车在低速转向行驶时轻便灵活，高速转向行驶时稳定可靠。因此，EPAS 系助力特性的设置具有较高的自由度。

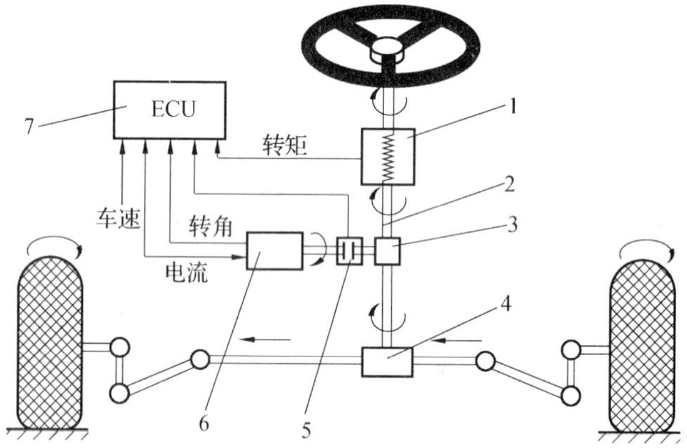

图 13.29 电动助力转向系示意图

1—转矩传感器；2—转向轴；3—减速机构；4—齿轮齿条式转向器；5—离合器；6—电动机；7—电子控制单元(ECU)

EPAS 系与传统的液压助力转向系相比较，具有以下优点：

(1)节省动力。因为设计的控制电路使电动机只在需要时才工作，从而省去了不断工作的液压泵。

(2)节省空间。因为电动机和减速机构集成在转向柱或者转向器壳体中，此外也省略了液压泵和辅助管路。

(3)质量小。因为仅仅是在机械转向系的基础上增加了一套电动机和减速机构。

(4)因为部件更少且不需要充入液体或滤清空气，所以更加容易集成。

但是，由于使用了电动机和减速机构等部件，增加了成本；另外，减速机构、电动机等部件产生的摩擦力和惯性力可能会影响转向特性(如产生过多转向)，或者改变了转向盘的自动回正作用以及它的阻尼特性等。因此，正确匹配整车性能至关重要。

由此可见，EPAS 系尤其适合使用在对空间、质量要求更高的使用小排量发动机的微型汽车上。

13.4.2 EPAS 系的关键部件

1. 转矩传感器

它是通过测定转向盘施加于转向器上的转矩作为电动助力依据之一。

图 13.30 为电磁式转矩传感器原理图。转子 1 与转向轴一起转动，只要测出定子 2 和转子之间的相对角位移即转向轴的扭转角，就可间接地计算出转向转矩的大小。

定子和转子都是用磁性材料做成，线圈 A、B、C、D 分别绕在定子的极靴上，在四个中点 U、V、W、T 引出接线，接成一个桥式电路。在线圈 U、T 两端施加连续的脉冲电压信号，当转向轴上的转矩为零时，定子与转子的相对转角为零，这时转子处于定子 AC、BD 的对称面上，每个极靴上的磁通量是相同的，因此电桥是平衡的，V、W 两端的电位差为 0，即输出信号。

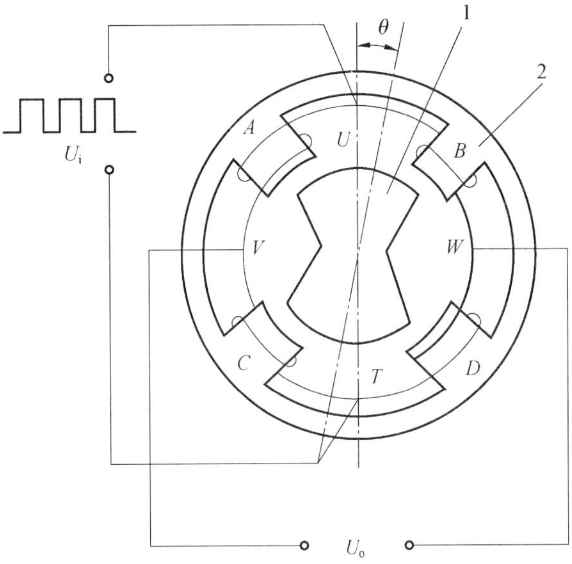

图 13.30　转向转矩传感器原理图

1—转子；2—定子

驾驶员转动转向盘，转向轴发生扭转变形，定子与转子的相对转角不为零，产生相对转角，极靴 A、D 间磁阻增加，B、C 间磁阻减少，电桥失去平衡，V、W 之间出现电位差。这个电位差与转向轴的扭转角和输入电压成正比，即

$$U_o = kU_i\theta$$

式中，k 为比例常数。

由此可以计算出转向轴的转角和转矩。图 13.31 为实际应用的转向转矩传感器，其工作原理与图 13.30 基本相同。

图 13.32 所示为装在转向器内转向扭杆上的电位计式转向传感器。当扭杆 2 扭转变形时，引起电位计 5 内的触点位置发生变化，进而引起电阻值发生改变，由输出端 3 输出的电位发生变化。根据输出端的电位值可计算出转向角和转向转矩。

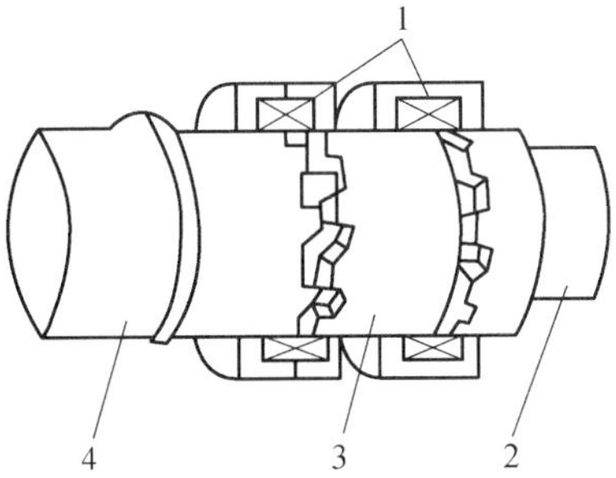

图 13.31　电磁转向转矩传感器

1—检测线圈；2—输入轴；3—检测环；4—输出轴

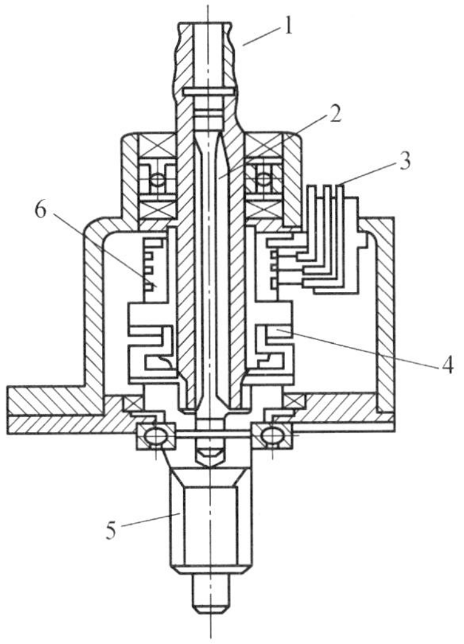

图 13.32　电位计式扭矩传感器

1—轴；2—扭杆；3—输出端；4—电位计；5—转向器主动齿轮电位计；6—滑环

2. 电动机

电动机是 EPAS 系的动力源，其功能是根据电子控制单元的指令输出适当的辅助转矩。目前采用较多的是永磁式直流电动机，分为有刷式和无刷式两种。电动机对 EPAS 系的性能有很大影响，所以 EPAS 系对电动机有很高的要求。不仅要求其转矩大、转矩波动小、转动惯量小、尺寸小、质量轻，

而且要求其可靠性高、易控制。为此，设计时常针对 EPAS 系的特点，对电动机的结构做一些特殊的处理，如沿转子的表面开出斜槽或螺旋槽，定子磁铁设计成不等厚等。

3.电磁离合器

电动助力转向系一般采用单片电位计式扭矩传感器式电磁离合器，其工作原理如图 13.33 所示。当电流通过滑环 1 进入离合器线圈 2 时，在主动轮 6 上产生电磁吸引力，带花键的压板 3 被吸引与主动轮压紧，电动机的动力经过电动机输出轴、主动轮、压板、花键、从动轴传给减速机构。离合器在微机控制下结合或者分离。

4.电动机减速机构

助力电动机转速高、转矩小，必须经由减速机构减速增转矩后驱动转向器。常用的减速机构有蜗杆蜗轮传动、螺杆螺母传动、行星齿轮减速机构等形式。

图 13.34 所示蜗轮蜗杆减速机构中，蜗杆 5 与电动机 3 的输出轴相连，通过蜗轮 6 和蜗杆的啮合传动将电动机的转矩作用到转向轴 1 上，以实现转向助力。

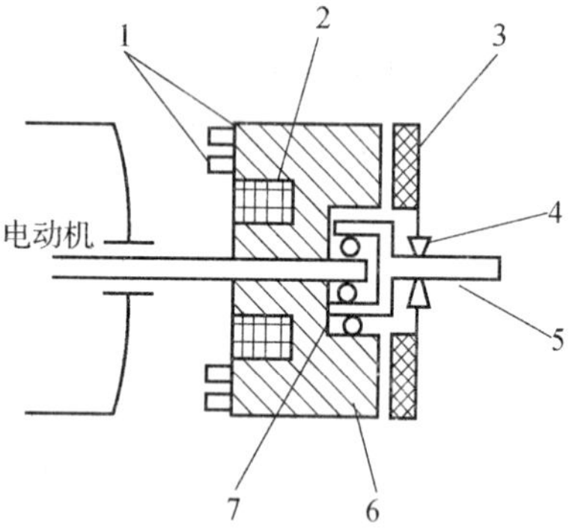

图 13.33　电磁离合器工作原理示意图

1—滑环；2—离合器线圈；3—压板；4—花键；5—从动轴；6—主动轮；7—球轴承

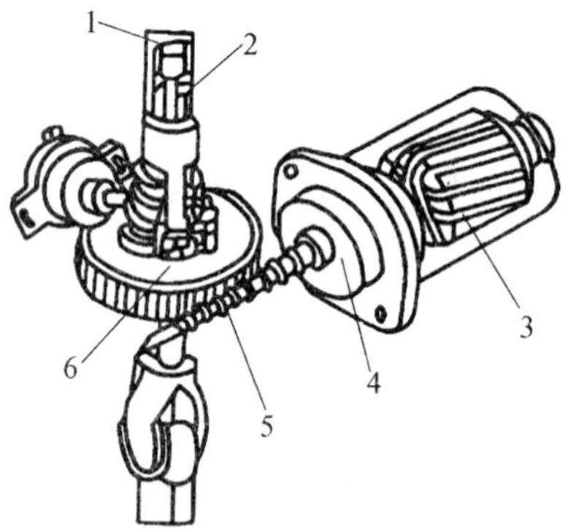

图 13.34　蜗轮蜗杆减速机构

1—转向轴；2—扭杆；3—电动机；4—离合器；5—蜗杆；6—蜗轮

5.电子控制装置

电子控制装置是包括车速传感器、转向转矩传感器、转角传感器和驱动电路的电子控制系。电动转向控制框图如图 13.35 所示。

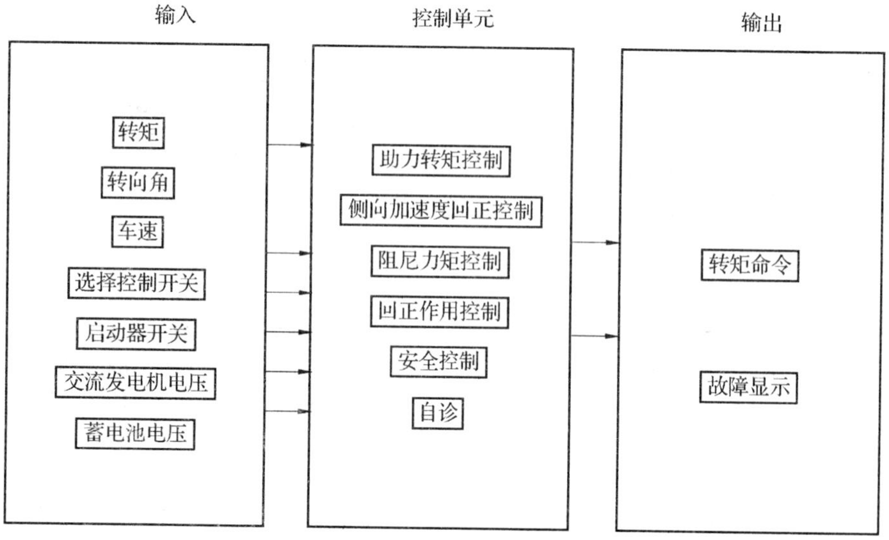

图 13.35　电动转向控制框图

实训项目

任务名称	循环球式转向器的拆装	学时	1	班级	
学生姓名		学生学号		任务成绩	
实训设备	捷达轿车五台	实训场地	理实一体化教室	日期	
任务内容	认识循环球转向器组成及功用				
任务目标	能够熟练拆装循环球式转向器				

一、决策与计划

请根据任务要求，确定所需要的技术资料，并对小组成员进行合理分工。

1.需要的技术资料

2.小组成员分工

3.小组合作制订拆装循环球式转向器的操作步骤。

(1)______

(2)______

(3)______

(4)______

(5)______

(6)______

(7)______

(8)______

(9)______

(10)______

(11)______

(12)______

(13)______

(14)______

(15)______

各小组讲解本小组的操作步骤，教师针对存在的问题进行指导，各小组再次修改。

二、实施

1. 请写出图中齿轮条式转向器各部分的名称。

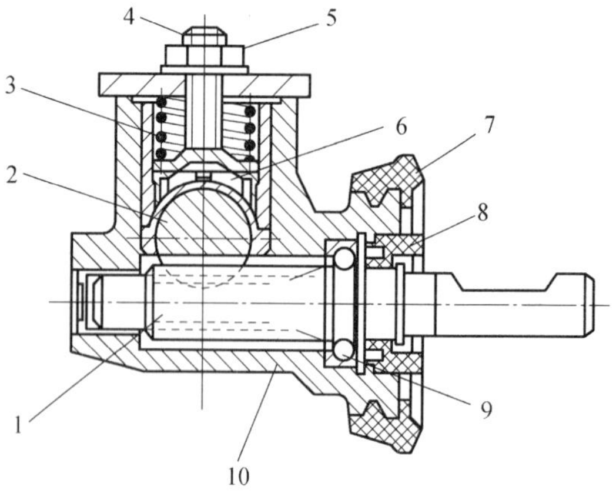

各小组在计划获得教师签字后进行分角色练习,教师各工位巡视检查。

三、检查

完成后小组人员互换项目单,检查填写的正确性。

四、评价反馈

1. 请根据自己任务完成的情况,对自己的工作进行自我评估,并提出改进意见。

(1)____

____

(2)____

2. 教师对学生工作情况进行评估,并进行点评。

____

五、作业

查阅资料:查询使用循环球式转向器和齿轮齿条式转向器的汽车都有哪些。

课后练习

模块 13　汽车转向系	班级			
	姓名		学号	
	日期		评分	

一、资讯

说明：每位学生应在工作任务实施前独立完成准备工作。

1. 转向系可按转向能源的不同分为________和________两大类。

2. 机械式转向系由________、________和________三大部分组成。

3. 在液压式动力转向系中，转向加力装置由________、________、________和________组成。

4. 循环球式转向器中一般有两级传动副：第一级是螺杆螺母传动副；第二级是________或________传动副。

5. 齿轮齿条式转向器传动副的主动件是________，从动件是________。

6. 蜗杆曲柄指销式转向器传动副的主动件是________，从动件是装在摇臂轴曲柄端部的________。

7. 与非独立悬架配用的转向传动机构主要包括________、________、________和________。

8. 按传能介质的不同，转向传力装置分为________和________两种。

9. 动力转向器由________、________和________三部分组成。

10. 在转向传动机构中，为了防止运动干涉，各个横纵拉杆均采用________进行连接。

二、内容小结

1. 什么是转向梯形？它的作用是什么？

2. 在汽车转向系中，如何同时满足转向灵敏和转向轻便的要求？

3. 什么是可逆式转向器、不可逆式转向器和极限可逆式转向器？它们各有何优缺点？各用于哪类汽车？

4. 什么是转向盘的自由行程？为什么转向盘会留有自由行程？自由行程过大或过小对汽车转向操纵性能会有何影响？一般范围应是多少？

5. 为什么在装配曲柄指销式转向器时，摇臂轴外端面和转向摇臂上孔外端面的刻印应对齐？

6. 为什么循环球式转向器广泛应用于各类汽车上？

7. 为什么转向直拉杆与转向摇臂及转向节臂三者之间的连接件都是球形铰链？

模块 14

汽车制动系

【知识目标】

1. 了解制动系的组成。
2. 掌握制动器的类型。
3. 掌握制动器的工作原理及结构特点。
4. 掌握制动器的调整过程。

【技能目标】

能对盘式制动器进行拆装

【课时计划】

任务	任务内容	参考课时		
		理论课时	实训课时	合计
1	概述	1	0	1
2	车轮制动器	2	2	4
3	液压制动系	1	0	1
5	ABS、ASR 及 ESP	2	0	2
共计:8 课时				

情境导入

汽车在路面上行驶,经常需要根据路况的不同适时地减速甚至停车。当我们将车停驶在倾斜的路面上时,也需要将车可靠地驻停,那么制动系是如何来实现这些功能的呢?下面来学习制动系。

任务驱动

任务 14.1 概　　述

14.1.1 制动系的功用

制动系的功用是使行驶中的汽车按照驾驶员的要求进行强制减速甚至停车,使已停驶的汽车在各种道路条件下(包括在坡道上)稳定驻车,使下坡行驶的汽车速度保持稳定。对汽车起制动作用的是作用在汽车上,其方向与汽车行驶方向相反的外力。运行中的汽车所受到的滚动阻力、坡道阻力、空气阻力、加速阻力等,都与汽车的行驶方向相反,但是这些力的大小都是随机的且很难控制。因此,汽车上必须装设一系列专门装置,以便驾驶员能根据道路和交通等情况,使外界(主要是路面)对汽车某些部分(主要是车轮)施加一定的力,对汽车进行一定程度的强制制动。这种可控制的对汽车进行制动的外力称为制动力。由相应的一系列专门装置组成制动系。汽车行驶的安全性,在很大程度上取决于汽车制动装置工作的可靠性。

14.1.2 制动系的分类

1.按功用分类

(1)行车制动装置。

行车制动装置是行车时,驾驶员常使用的制动装置,它一般用脚操纵,能产生较大的制动力。

(2)驻车制动装置。

驻车制动装置是驾驶员在停车时使用的制动装置,它一般用手操纵。主要用于停车后防止汽车滑溜。它的制动器可装在变速器或分动器之后的传动轴上,称中央制动装置。也可利用后桥车轮制动器兼充驻车制动器,此种形式称为复合式制动器。

上述两套制动装置是各种汽车应具备的基本制动装置。

(3)第二制动系。

第二制动系是当行车制动系失效时仍然能够保证汽车实现减速或停车的装置。

(4)辅助制动系。

辅助制动系在汽车下长坡时用以稳定车速的装置。经常行驶在山区的汽车,仅靠行车制动系来达到连续下长坡时稳定车速的目的,可能会致使车轮制动器过热而降低制动效能,甚至会完全失效。

2.按制动系的制动能源分类

(1)人力制动系。

人力制动系指靠驾驶员施加于制动踏板或手柄上的力作为制动的动力源,其中又分液压式和机械式两种。机械式仅用于驻车制动。

(2)伺服制动系。

伺服制动系指兼用人力和发动机动力进行制动的制动系。

(3)动力制动系。

动力制动系指利用发动机的动力作为制动的动力源,由驾驶员通过制动踏板或手柄控制制动时刻与制动强度。其中按传力介质不同又分气压式、液压式、真空助力－液压式、空气助力－液压式。

3.按制动系使用能源分类

按制动系使用的能源可分为:以驾驶员的肌体作为唯一制动能源的人力制动系;依靠发动机动力形成的气压或液压形式的势能进行制动的动力制动系;兼用人力和发动机动力进行制动的伺服制动系等。按照制动能量的传输方式制动系又可分为机械式、液压式、气压式和电磁式等。

4.按回路分类

按制动系使用的回路可分为:其传动装置采用单一的气压或液压回路的单回路制动系;行车制动系的气压或液压管路分属于两个彼此隔绝的双回路制动系。在单回路制动系中,只要有一处损坏而漏气(油),整个系即行失效。我国规定所有汽车必须采用双回路制动系。在双回路制动系中,即使其中一个回路失效,还能利用另一回路获得一定的制动力。

14.1.3 制动系的基本工作原理及组成

1.制动系的基本工作原理

各种类型的制动系的工作原理类似,故可用一种简单的液压制动系来说明(图 14.1)。制动踏板 13 通常安装在驾驶室里,踩下踏板可使推杆 12 的一端移动,推杆的另一端支承在制动主缸活塞 1 上,制动主缸活塞安装在制动主缸 2 里。制动主缸 2、油管 3 以及制动轮缸 4 里充满了制动液。制动轮缸固定在制动底板 9 上,制动底板用螺钉与转向节凸缘(前轮)或桥壳凸缘(后轮)固定在一起。制动毂 6 固定在轮毂上,和车轮一起旋转。因此制动时制动毂减速甚至停止旋转,即为制动车轮,使车轮停止旋转而使汽车制动。制动蹄 8 上铆有摩擦片 7,蹄的下端松套在支承销 10 上,制动蹄上端用复位弹簧 11 拉紧压靠在轮缸活塞 5 上,支承销固定在制动底板 9 上。制动蹄可在轮缸活塞的推力作用下,绕支承销转动压靠到制动毂上,蹄、鼓接触产生摩擦力,使车轮停止旋转产生制动,使汽车减速或停车。

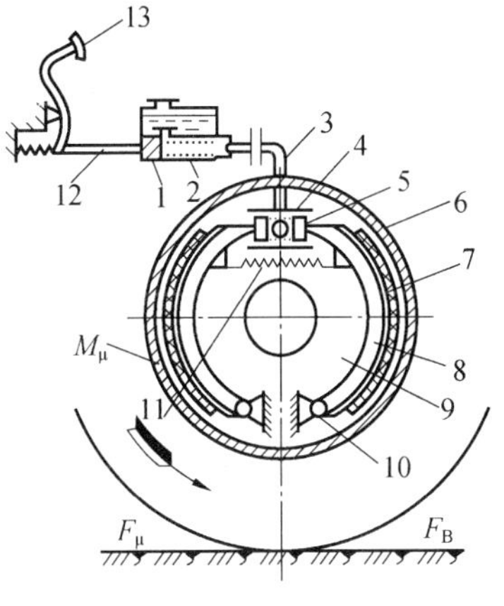

图 14.1 制动系工作原理示意图

1—制动主缸活塞;2—制动主缸;3—油管;4—制动轮缸 5—制动轮缸活塞;6—制动毂;7—摩擦衬片;8—制动蹄;9—制动底板;10—支承销;11—制动蹄复位弹簧;12—推杆;13—制动踏板

制动系不工作时,制动毂的内圆柱面与制动蹄摩擦片的外圆柱面之间保持一定的间隙,使车轮和制动毂可以自由旋转。

制动时,驾驶员踩下制动踏板 13,推杆 12 将推动主缸活塞移动,迫使制动液经管路进入制动轮缸 4,推动轮缸活塞 5 移动,驱动两制动蹄 8 张开,与制动毂 6 贴合压紧。此时,不旋转的制动蹄对旋转的制动毂将产生一个摩擦力矩 M_μ,其方向与车轮的旋转方向相反,大小决定于轮缸的张力、摩擦系数和制动毂及制动蹄的尺寸。制动毂将该力矩 M_μ 传到车轮后,由于车轮与路面间有附着作用,车轮即对路面作用一个向前的周缘力 F_B。与此相反,路面会给车轮一个向后的反作用力 F_B。它的大小等于 M_μ 与车轮半径之比值,方向与汽车行驶方向相反,这个力就是车轮受到的制动力 F_B。各轮上制动力之和就是汽车受到的总制动力。制动力由车轮经车桥和悬架传给车架及车身，迫使整个汽车产生一定的减速度，甚至停车。制动力越大，则汽车减速度也越大。放松制动踏板，制动蹄在复位弹簧 11 的作用下向中央收拢，制动蹄与制动毂的间隙又恢复，因而制动解除。由制动毂 6、摩擦衬片 7 的制动蹄部件称为制动器。阻碍汽车运动的制动力 F_B 不仅取决于制动力矩 M_μ，还取决于轮胎与路面间的附着条件（$F_B \leqslant \mu G_\mu$，G_μ 为轴载荷，μ 为附着系数）。如果无附着作用，则制动系不可能产生制动汽车的作用。一般在讨论制动系的结构问题时，都假定具备良好的附着条件。

2. 制动系的组成

制动系是由制动器和制动驱动机构组成的。制动器是指产生阻碍车辆运动或运动趋势的力（制动力）的部件，其中也包括辅助制动系中的缓速装置。制动驱动机构包括供能装置、控制装置、传动装置、制动力调节装置、报警装置以及压力保护装置等附加装置。供能装置供给、调节制动所需能量并改善传能介质状态。其中，能产生制动能量的部分称为制动能源。人的肌也亦可作为制动能源。控制装置产生制动动作并控制制动效果，图 14.1 中的制动踏板机构即是最简单的一种控制装置。传动装置将制动能量传输到制动器，如图 14.1 中的制动主缸 2 和制动轮缸 4。

14.1.4 制动系的要求

为了保证汽车能在行驶安全的条件下发挥出高速行驶的能力，制动系必须满足以下要求。

1. 具有良好的制动效能

制动效能的评价指标有制动距离、制动减速度、制动力及制动时间。良好的制动效能可以有效地保证行车安全，充分发挥汽车的动力性。制动效能可以用制动试验仪来检验。在实际使用过程中，路上试验常以制动距离来间接衡量整车的制动效能。制动距离是以某一速度开始紧急制动（例如 30 km/h 或 50 km/h ），从驾驶员踩上制动踏板起，直到停车为止汽车所走过的距离。室内试验通常是使用反力式制动试验台试验，测制动力。

2. 具有良好的制动效能恒定性

制动效能的指标，是指在冷制动情况下，即制动器工作温度 100 ℃以下讨论的。汽车下长坡制动及汽车高速制动时，制动器工作温度常在 300 ℃以上，有时高达 600～700 ℃。这时制动器的摩擦力矩显著下降，汽车的制动效能显著降低，这种现象称为制动效能的热衰退。例如，要求以一定的车速连续制动 15 次，每次制动减速度为 $3m/s^2$，最后的制动效能不得低于规定的冷制动情况下制动效能的 60%。

汽车涉水后，由于制动器被水浸湿，制动效能也会降低，这种现象称为制动效能的水衰退。为了保证行车安全，汽车涉水后应踩几次制动踏板，使制动蹄和制动毂发生摩擦，用摩擦产生的热使制动器迅速干燥，恢复原有的制动效能。

3. 具有良好的制动方向稳定性

在制动过程中，汽车维持原来的直线行驶的能力及按预定弯道行驶的能力，称为汽车制动时的方向稳定性。汽车制动方向稳定性差，如制动时跑偏或侧滑，汽车将失去控制，常常引起严重的车祸。其中后轴侧滑最危险，严重时能使汽车掉头 180°。

4. 操纵轻便

操纵制动系所需的力不应过大，以减少驾驶疲劳。对于人力液压制动系最大踏板力：轿车不大于 500 N，货车不大于 700 N。对于踏板行程，商用车不大于 150 mm，乘用车不大于 120 mm。

5. 具有良好的制动平顺性

要求制动力矩既能迅速而平稳地增加，也能迅速而彻底的解除。另外，对挂车的制动系除了要求具有上述的良好性能外，还要求挂车的制动作用时间应略早于主车，避免在制动时挂车撞击主车，影响制动时的方向稳定性。

任务 14.2 车轮制动器

目前，各类汽车上均采用摩擦式制动器。它是通过固定元件对旋转元件施加制动力矩，使其旋转角速度降低，依靠车轮与路面的附着作用产生制动力，达到减速的目的。这种制动器称为摩擦制动器。

按旋转元件形状的不同，汽车制动器可分为鼓式和盘式两大类。鼓式制动器的摩擦副中的旋转元件为制动毂，其工作表面为圆柱面；盘式制动器的旋转元件为盘状的制动盘，以两端面为工作表面。

按旋转元件安装位置，汽车制动器有中央制动器车和车轮制动器两类。旋转元件固装在传动系的传动轴上的制动器则称为中央制动器。中央制动器一般只用于驻车制动和缓速制动。车轮制动器一般用于行车制动，也可兼用于第二制动（或应急制动）和驻车制动。

14.2.1 鼓式制动器

鼓式制动器按工作的表面分有内张型和外束型两种。前者的制动毂以内圆柱面为工作表面，现代汽车上使用广泛；后者制动毂的工作表面则是外圆柱面，目前只有极少数汽车用做驻车制动器。内张型鼓制动器都采用带摩擦衬片的制动蹄作为固定元件（图 14.1）。位于制动毂内部的制动蹄在一端承受促动力时，可绕其另一端的支点向外旋转，压靠到制动毂内圆面（旋转元件）上，产生摩擦力矩（制动力矩）。对蹄端加力使蹄转动的装置称为制动蹄促动装置。图 14.1 所示的制动器以液压制动轮缸作为制动蹄促动装置，故称为轮缸式制动器。此外，还有用凸轮促动装置的凸轮制动器和用楔促动装置的楔式制动器等。

1. 轮缸式制动器

由制动器的前、后制动蹄在制动时受力的不同，轮缸式制动器可分为简单非平衡式（领从蹄式）、平衡式（双领蹄式和双向双领蹄式）和自增力式三种类型。

（1）领从蹄式制动器。

图 14.2 所示为北京 BJ2020N 的后轮制动器，为领从蹄式制动器。它由旋转部分、固定部分、促动装置和定位调整装置组成。作为旋转部分的制动毂 18 多用灰铸铁制成，通过螺栓固装在车轮毂的凸缘上，随车轮一同旋转。制动毂的边缘有一个用于检查蹄与鼓间隙的检查孔。作为固定部分零件装配基体的制动底板 3，用螺栓与后驱动桥壳半轴套管上的凸缘连接（若是前轮制动器，制动底板则应与前桥转向节的凸缘连接）。两制动蹄 1 和 9 下端的孔分别同两支承销 11 上的偏心轴颈作动配合。制动蹄的外圆面上，用埋头铆钉铆接着摩擦片 2。铆钉头顶端埋入深度约为新摩擦片厚度的一半。为了提高摩擦片的利用率，有些轻型车采用了树脂胶黏结剂将其与蹄黏结。作为制动蹄促动装置的轮缸 19，也用螺钉固定在制动底板上。因而在结构上它又成为制动器不可分割的组成部分。两制动蹄上端松嵌入压合在制动轮缸活塞 5 上顶块 6 的直槽中。并由复位弹簧 4 和 10 拉拢，定位调整装置用来保持和调整制动蹄和鼓正确的相对位置。调整凸轮 7 装在制动底板上，与焊在腹板上的调整凸轮锁销 8 紧靠，在复位弹簧 4 和 10 作用下，保持凸轮的正确位置和蹄鼓间隙。制动蹄限位杆 15 借螺纹旋装在制动底板上。制动蹄限位弹簧 14 使制动蹄腹板紧靠着制动蹄限位杆 15 中部的台肩，借以防止制动蹄的轴向窜动。

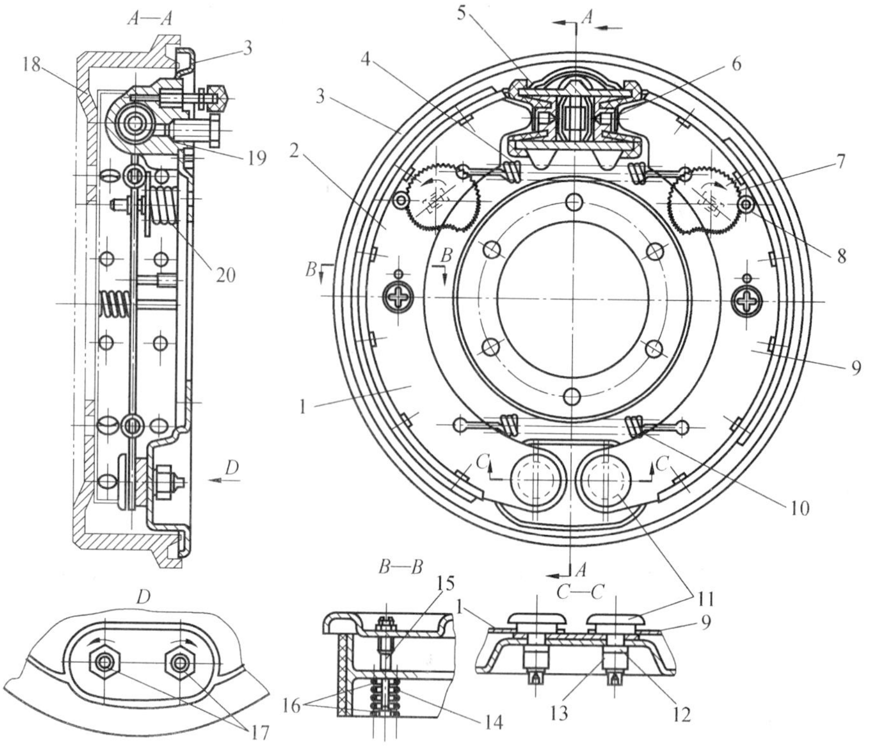

图 14.2　领从蹄式制动器

1—前制动蹄;2—摩擦片;3—制动底板;4、10—制动蹄复位弹簧;5—制动轮缸活塞;6—活塞顶块;7—调整凸轮;8—调整凸轮锁销;9—后制动蹄;11—支承销;12—弹簧垫圈;13—螺母;14—制动蹄限位弹簧;15—制动蹄限位杆;16—弹簧盘;17—支承销内端面上的标记;18—制动毂;19—制动轮缸;20—调整凸轮压紧弹簧

制动时,两蹄在轮缸中液压的作用下,各自绕其支承销偏心轴颈的轴线向外旋转,紧压到制动毂上。解除制动时,撤除液压,两蹄便在复位弹簧 4 和 10 的作用下复位。

设汽车前进时制动毂旋转方向如图 14.3 中箭头所示(制动毂逆时针旋转)。沿箭头方看去,前制动蹄 1 的支承点在其前端,轮缸所施加的促动力作用于其后端,故制动蹄张开时的旋转方向与制动毂的旋转方向相同。具有这种属性的制动蹄称为领蹄。反之,后制动蹄 9 张开时的旋转方向与制动毂的旋转方向相反,称为从蹄。当汽车后退时,制动毂旋转方向相反,蹄 1 变为从蹄,蹄 9 则为领蹄。这种制动毂正向和反向旋转时都有一个领蹄和一个从蹄的制动器称为领从蹄制动器。

同时,由于轮缸中的两活塞直径相同,都可在轮缸内轴向浮动。因此,制动时轮缸对两制动蹄所施加的促动力相等,也称为等促动力制动器。受力情况如图 14.3 所示。

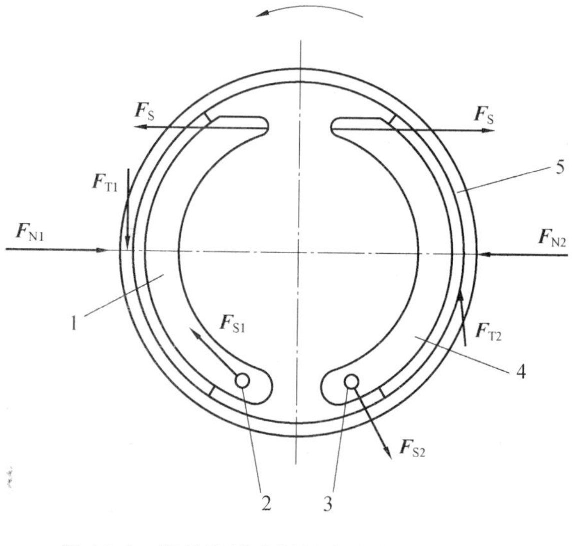

图 14.3　领从蹄制动器制动蹄的受力示意图

1—领蹄;2,3—支承销;4—从蹄;5—制动毂

制动时,领蹄 1 和从蹄 2 在相等的促动力 F_S 的作用下,分别绕各自的支承点(支承销 2 和 3)旋转紧压在制动毂 5 上。制动毂即对两制动蹄分别作用着微元法向反力的等效合力(以下简称法向反力)F_{N1} 和 F_{N2} 以及相应的微元切向反力(即微元摩擦力)的等效合力(以下简称切向反力)F_{T1} 和 F_{T2}。这

些力的作用点和方向如图 14.3 所示。两蹄上的这些力分别为各自的支点的支反力 F_{S1} 和 F_{S2} 所平衡。由图可见，领蹄上的切向合力 F_{T1} 所造成的绕支点的力矩与促动力 F_S 所造成的绕同一支点的力矩是同向的，所以力 F_{T1} 的作用结果是使领蹄 1 在制动毂上压得更紧，即力 F_{N1} 变得更大，从而力 F_{T1} 也更大，这表明领蹄具有“增势”作用。与此相反，切向合力 F_{T2} 则使从蹄 2 有放松制动毂，即有使 F_{N2} 和 F_{T2} 本身减小的趋势，故从蹄具有“减势”作用。

虽然领蹄和从蹄所受促动力相等，但前、后两制动毂所受法向反力 F_{N1} 和 F_{N2} 却不相等，且 $F_{N1}>F_{N2}$。相应的，$F_{T1}>F_{T2}$。故两制动蹄对制动毂所施加的制动力矩不相等。一般说来，领蹄制动力矩为从蹄制动力矩的 2～2.5 倍。倒车制动时，虽然蹄 2 变成领蹄，蹄 1 变成从蹄，但整个制动器的制动效能还是同前进制动时一样。制动毂所受来自两蹄的法向力不互相平衡的制动器，属于非平衡式制动器。

显然，由于领蹄和从蹄所受法向反力不等，在两蹄摩擦片工作面积相等的情况下，领蹄摩擦片上的单位压力较大，因而磨损较严重。为了使领蹄和从蹄的摩擦片寿命相近，有些领从蹄式制动器的领蹄摩擦片设计得较大，但是这样将使得两蹄摩擦片不能互换，从而增加了零件种数和制造成本。

此外，领从蹄式制动器的制动毂所受到的来自两蹄的法向力（数值上分别等于力 F_{N1} 和 F_{N2}）不相平衡，则此二法向力之和只能由车轮的轮毂轴承的反力来平衡，这就对轮毂轴承造成了附加径向载荷，使其寿命缩短。

桑塔纳 2000 型轿车的后轮制动器也是领从蹄式制动器，如图 14.4 所示。其结构特点在于制动蹄采用了浮式支承。制动蹄 7 与 18 的上、下支承面均加工成弧面，下方支承在固定于制动底板上的止挡板 20 上。轮缸活塞通过支承块对制动蹄的上端施加促动力。这种支承结构可使整个制动蹄沿支承平面有一定的浮动量，制动蹄可以自动定心，保证能够与制动毂全面接触。这种结构的另一特点是，该行车制动器可兼驻车制动器，因此在制动器中还装设了驻车制动机械传动装置。

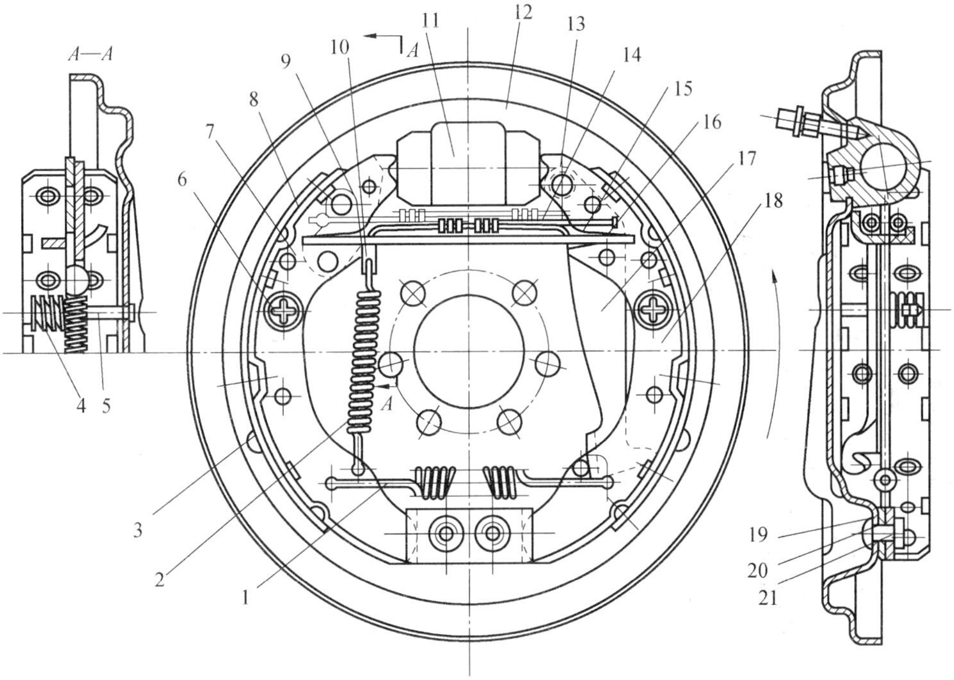

图 14.4　上海桑塔纳 2000 型轿车后轮鼓一蹄式制动器总成（左）

1、2、14、15—复位拉簧；3—检测孔；4—压簧；5—夹紧销；6—弹簧座；7—带楔形支承的制动蹄 8—摩擦衬片；9—楔形支承；10—楔形块；11—制动分泵（轮缸）；12—制动底板；13—销轴；16—压杆 17—驻车制动拉杆；18—带有杠杆的制动蹄；19—支架；20—止挡板；22—铆钉

(2)双领蹄式和双向双领蹄式制动器。

北京 BJ2020N 型汽车前轮制动器即采用单向双领蹄制动器如图 14.5 所示。两制动蹄各用一个单活塞式制动轮缸 2,且两套制动蹄、轮缸、支承销和调整凸轮等,在制动底板上的布置是中心对称的,以代替领从蹄式制动器中的轴对称布置。两个轮缸可借轮缸连接油管 13 连通,使其中油压相等。这样,在前进制动时,两蹄都是领蹄,制动器的效能因而得到提高。但也必须看到,在倒车制动时,两蹄都将变成从蹄。单向作用的双领蹄式前进时制动效能好,倒车时制动效能低,但两蹄片的受力相同,磨损均等,且蹄片作用于鼓的力量是平衡的。

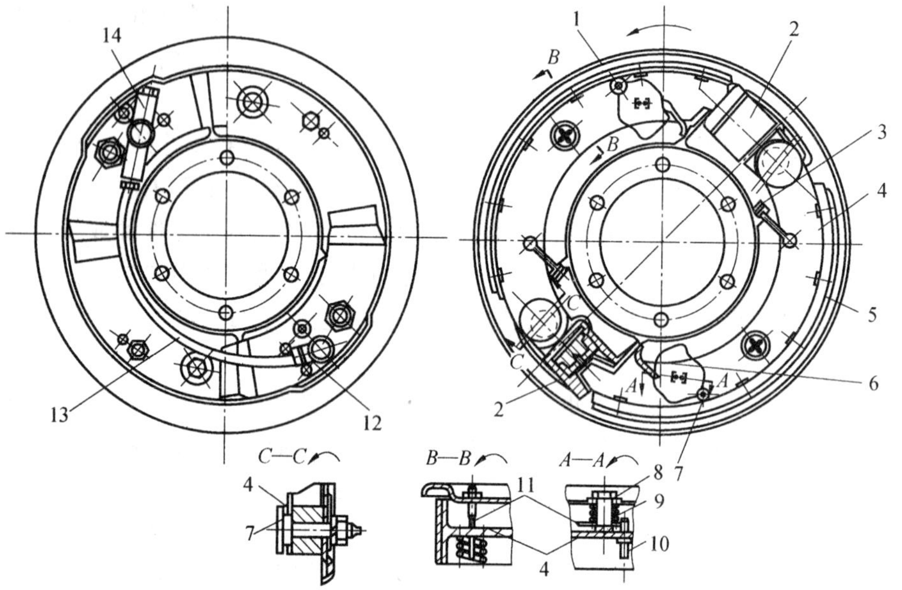

图 14.5　单向双领蹄式前轮制动器

1—制动底板;2—制动轮缸;3—制动蹄复位弹簧;4—制动蹄;5—摩擦片;6—调整凸轮;7—支承销;8—调整凸轮轴;9—弹簧;10—调整凸轮锁销;11—制动蹄限位杆;12、14—油管接头;13—轮缸连接油管

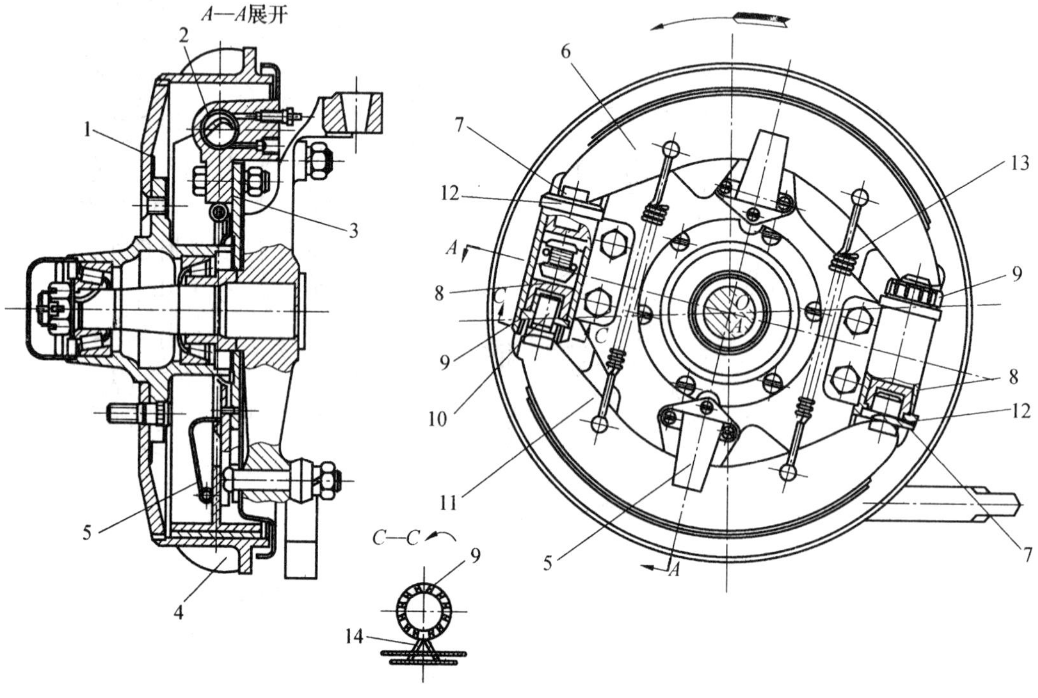

图 14.6　红旗 CA7560 型高级轿车前轮制动器

1—制动毂;2—制动轮缸;3—制动底板;4—制动毂散热肋片;5—制动蹄限位片;6—上制动蹄;7—支座;8—轮缸活塞;9—调整螺母;10　可调支座;11　下制动蹄;12—防护套;13—复位弹簧;14—锁片

当轿车的后轮制动器为领从蹄式、前轮制动器采用双领蹄式时，易于达到合理的前、后轮制动力的匹配，而且前、后制动器中多数零件具有同样的尺寸。由于双领蹄式制动式在汽车倒车时制动效能大大下降，且不便安装驻车制动器，故不用作后轮制动器。

若将左、右两侧车轮的双领蹄式制动器对调安装，便都成为在制动毂正向旋转时两蹄均为从蹄的“双从蹄式”制动器。显然，双从蹄式制动器的前进制动效能低于双领蹄式和领从蹄式制动器。但其效能对摩擦因数变化的敏感程度较小，即具有良好的制动效能稳定性。

红旗 CA7560 型轿车的前、后轮制动器采用了双向双领蹄式制动器，结构如图 14.6 所示。制动底板 3 上所有的固定元件，如制动蹄、双向制动轮缸、复位弹簧等都是对称布置。两制动蹄的两端都是采用浮式支承，且支点的轴向位置也是浮动的。这样，制动蹄的两端既是支承点，也是张开力的作用点。支点、力点随制动毂旋转方向的不同能相互转换，可使汽车前进或倒车均可得到相同且较高的制动效能。

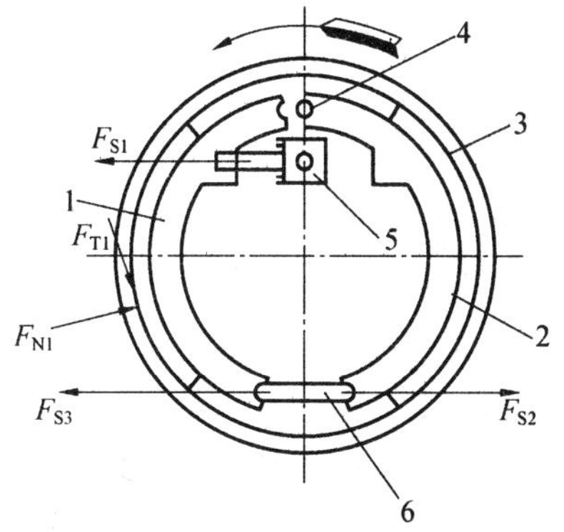

图 14.7 单向自增力式制动器示意图

1—第一制动蹄；2—第二制动蹄；3—制动毂；4—支承销；5—制动轮缸；6—可调顶杆

领蹄、双向双领蹄、双从蹄式制动器的固定元件布置都是中心对称的。如果间隙调整正确，则其制动毂所受两蹄施加的两个法向合力能互相平衡，不会对轮毂轴承造成附加径向载荷。因此，这三种制动器都属于平衡式制动器。

(3)单向和双向自增力式制动器。

①单向自增力式制动器。

单向自增力式制动器的结构原理及制动蹄的受力情况如图 14.7 所示。前、后两制动蹄的下端分别浮支在浮动的顶杆 6 的两端。在制动器上方装有支承销 4。不制动时，两蹄上端均借各自的复位弹簧拉靠在支承销 4 上。制动毂正向旋转方向如箭头所示。

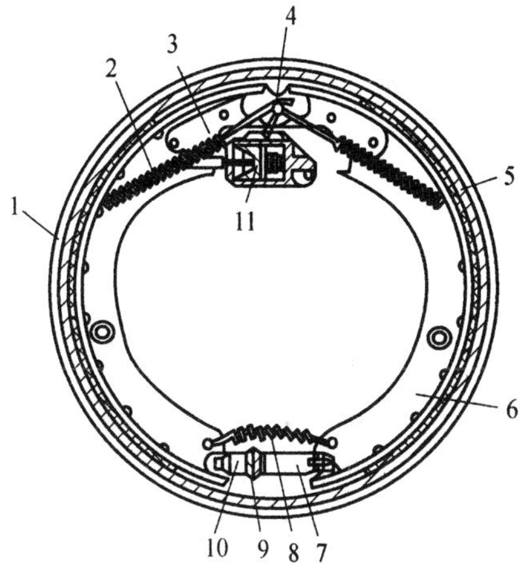

图 14.8 布切奇 SR113N 型汽车前轮制动器

1—第一制动蹄；2—制动蹄复位弹簧；3—夹板；4—支承销；5—制动毂；6—第二制动蹄；7—可调顶杆体；8—拉紧弹簧；9—调整螺钉；10—顶杆套；11—制动轮缸

当汽车前进制动时，制动轮缸 5 将促动力 F_{S1}，加于第一制动蹄 1，迫使其上端离开支承销，制动蹄绕顶杆左端支承点旋转，并压靠在制动毂 3 上。

显然，此时第一制动蹄是领蹄，并且在促动力 F_{S1}、法向合力 F_{N1}、切向(摩擦)合力 F_{T1} 和沿顶杆轴线方向的支反力 F_{S3}，的作用下处于平衡状态。由于可调顶杆 6 是浮动的，第一制动蹄将通过浮动可调顶杆 6 以与力 F_{S3} 二大小相等、方向相反的促动力 F_{S2} 施加于第二制动蹄 2 的下端，而第二制动蹄的上端被推靠在支承销 4 上，顶杆自然成为第二制动蹄的促动装置，故第二蹄也是领蹄。由于顶杆是完全浮动的，不受制动底板约束，作用在第一制动蹄上的促动力和摩擦力的作用和一般制动器的领蹄不同，不能完全被制动毂的法向反力和固定于制动底板上的支承件反力的作用所抵消，而是通过顶杆传到第二制动蹄上，合成形成第二制动蹄促动力 F_{S2}，所以 F_{S2} 大于 F_{S1}。此外，力 F_{S2} 对第二蹄支承点的力臂也大于力 F_{S1} 对第一制动蹄支承点的力臂。因此，第二制动蹄的制动力矩必然大于第一制动蹄的制动力矩。在制动毂尺寸和摩擦因数相同的条件下，这种制动器的前进制动效能不仅高于领从蹄式制动器，而且也高于双领蹄式制动器。

倒车制动时，第一蹄上端压靠支承销不动。此时，第一蹄虽然仍是领蹄，且促动力 F_{S1} 仍与前进制动时的相等,但其力臂却大为减小,因而第一蹄此时的制动效能比一般领蹄的要低得多;第二蹄则因未受到促动力而不起制动作用。因此,整个制动器这时的制动效能甚至比双从蹄式制动器的效能还低。第一制动蹄和第二制动蹄6的上端被各自的复位弹簧2拉拢,并以铆于腹板上端两侧的夹板3的内凹弧面支靠着支承销4。两蹄下端以凹入的平面分别浮支在可调顶杆两端的直槽底面上,并用弹簧8拉紧。受法向力较大的第二制动蹄摩擦衬片的面积做得比第一制动蹄的大,使两蹄的单位压力相近。该制动器的间隙调整可借改变可调顶杆7的长度来调节。

图14.8所示为布切奇SR113N型汽车前轮用的单向自增力式制动器。

②双向自增力式制动器。

如果将单向自增力式制动器的单活塞轮缸改为双活塞式制动轮缸,如图14.9所示,可向两蹄同时施加相等的促动力 F_S,即可实现在制动毂正向和反向旋转时均能借蹄—鼓摩擦起双向自增力作用。

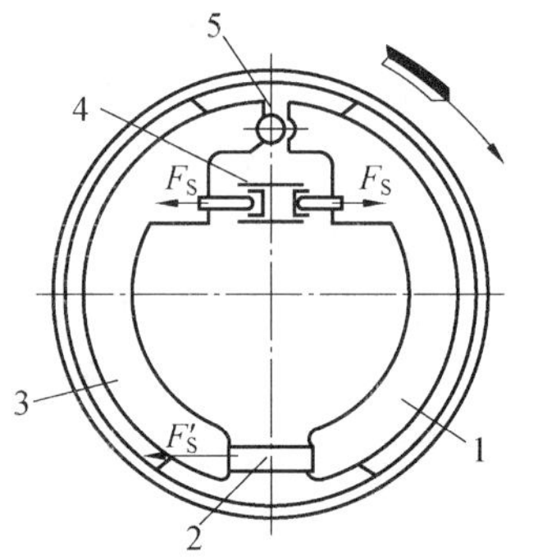

图14.9 双向自增力式制动器示意图

1—前制动蹄;2—顶杆;3—后制动蹄;4—轮缸;5—支承销

双向自增力式制动器其结构采用双活塞式制动轮缸4,可向两蹄同时施加相等的促动力 F_S。制动毂正向(如箭头所示)旋转时,前制动蹄1为第一制动蹄,后制动蹄3为第二制动蹄。制动毂反向旋转时则情况相反。由图可见,在制动时,第一制动蹄只受一个促动力 F_S,而第二制动蹄则有两个促动力 F_S 和 F_S',且 $F_S<F_S'$。汽车前进制动的机会远多于倒车制动,且前进制动时制动器工作负荷也远大于倒车制动,故后制动蹄3的摩擦衬片面积做得较大。图14.10所示为北京BJ1040型汽车前轮制动器,属于双向自增力式制动器。

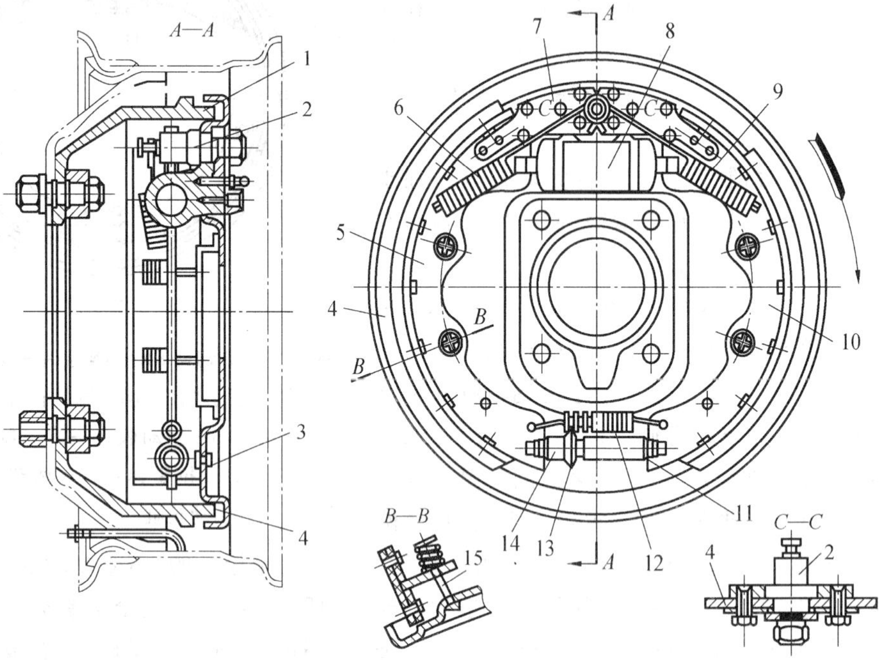

图14.10 北京BJ1040型汽车前轮制动器

1—制动毂;2—支承销;3—调整孔橡胶堵塞;4—制动底板;5—前制动蹄;6—前制动蹄复位弹簧;7—夹板;8—制动轮缸;9—后制动蹄复位弹簧;10—后制动蹄;11—可调顶杆体;12—拉紧弹簧;13—调整螺钉;14—可调顶杆套;15—制动蹄限位杆

综上所述,各种结构形式的制动器,都是围绕着提高制动效能、制动的平顺性和稳定性、简单和调修方便等来考虑的。单就制动效能而言,自动增力式车轮制动器的制动力矩最大,依次为双领蹄式、领从蹄式。但自增力式制动器的效能对摩擦因数的依赖性最大，因而其效能的稳定性最差。此外，在制动过程中，自增力式制动器制动力矩的增长在某些情况下显得过于急速。

双向自增力式制动器多用于轿车后轮，单向自增力式制动器只用于中、轻型汽车的前轮，因倒车制动时对前轮制动器效能的要求不高。

双领蹄式、双向双领蹄式和双从蹄式等具有两个轮缸的制动器，最宜布置双回路制动系。

领从蹄式制动器发展较早，其效能及效能稳定性均居中游，且有结构较简单等优点，故目前仍相当广泛地用于各种汽车。

(4)轮缸式制动器间隙的调整。

制动器在不工作时，其摩擦片与制动毂之间应保持合适的间隙，称制动间隙，其值由汽车制造厂规定，如鼓式制动器的制动间隙一般为 0.25～0.5 mm。制动间隙如果过小，就不易保证彻底解除制动，造成摩擦副的拖磨；过大又将使制动踏板行程太长，以致驾驶员操作不便，同时也会推迟制动器开始起作用的时刻。但是在制动器工作过程中，摩擦片的不断磨损必将导致制动器间隙逐渐增大。此情况严重时，即使将制动踏板踩到极限位置，也产生不了足够的制动力矩。因此，制动器都有检查、调整制动间隙的装置。制动间隙的调整有手动调整和自动调整两种。

①手动调整装置。

a. 凸轮调整式。在北京 BJ2020N 型汽车制动器中，当制动器间隙需要调整时，可按箭头所示方向转动调整凸轮 7(图 14.2)进行调整，这样沿摩擦衬片周向各处的间隙即减小。制动毂磨损到一定程度时，需重新加工修整工作内圆面。在进行修理作业后重新装配制动器时，为保证蹄鼓的正确接触状态和间隙值，应当全面调整制动器间隙。全面调整除靠转动调整凸轮以外，还要转动制动蹄下端的支承销 11(图 14.2)。从图 14.2 的 $C-C$ 剖面可以看出，支承制动蹄的支承销 11 的轴颈是偏心的。支承销的尾端伸出制动底板外，并铣切出矩形截面，以便用扳手夹持使之转动。将支承销按 D 向视图箭头方向转动，各处(特别是制动蹄下端处)的间隙即减小。

b. 调整螺母式。如图 14.11 所示为红旗 CA7560 型轿车的制动器间隙的调整。用一字旋具 5 拨动调整螺母 1 的齿槽 4，使螺母转动，带动螺杆的可调支座 3 向内或向外做轴向移动。

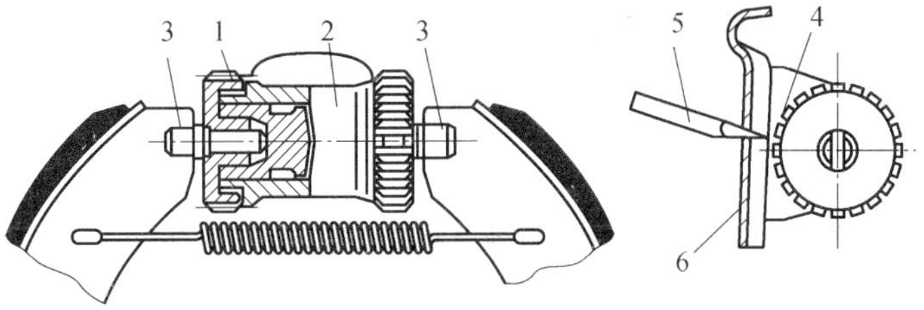

图 14.11　用调整螺母调整制动器间隙的示意图

1—调整螺母；2—制动轮缸；3—可调支座；4—齿槽；5—一字旋具(螺丝刀)；6—制动底板

因此可使制动蹄上端靠近或远离制动毂，则制动间隙便减小或增大。间隙调整好以后，用锁片插入调整螺母的齿槽使螺母的角位置固定。

c. 调整可调顶杆长度。在自增力式制动器中，两制动蹄下端支承在可调顶杆上，其间隙调整的示意图如图 14.12 所示。可调顶杆由顶杆体 3、调整螺钉 1 和顶杆套 2 组成。顶杆套一端具有带齿的凸缘套内制有螺纹，调整螺钉借螺纹旋入顶杆套内；顶杆套与顶杆体作动配合。当拨动顶杆套带齿的凸缘，可使调整螺钉沿轴向移动，改变可调顶杆的总长度，从而调整了制动器间隙。图 22－8 所示的布切奇 113N 型汽车前轮制动器的制动器间隙手动调整装置，即属于这种结构形式。

②自动调整。

自动调整按工作过程的不同可分为一次调准式和阶跃式两种。一次调准式自动调整装置不需要人们去精细调整，只需一次完全制动即可自动地调整到设定值，且在行车过程中可随时补偿过量间隙。正是由于可随时进行补偿，往往也会导致“调整过量”而使冷却状态下的间隙过小。因鼓式制动器的热变形导致的过量间隙远比盘式制动器大许多,故在采用一次调准式的自调装置时只得加大设定间隙量以留出足够的热膨胀量,这就加大了踏板行程损失。为了避免"调整过头",许多制动器采用了阶跃式间隙自调装置。

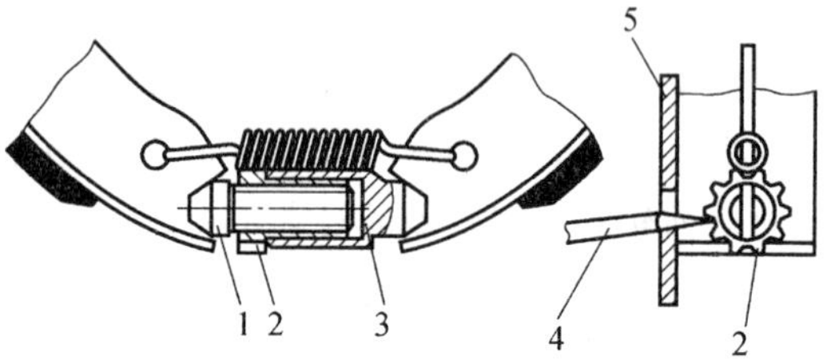

图 14.12 用改变顶杆长度来调整制动器间隙示意图

1—调整螺钉;2—顶杆套;3—顶杆体;4—字旋具(螺丝刀);5—制动底板

图 14.13 所示为双向增力式制动器阶跃式制动间隙的自动调整。该装置钢索组件上端经钢索连接环 1 固定于制动蹄支承销上,由钢索操纵的调整杠杆 5 和用其中部的弯舌支承于制动蹄的腹板上,另一弯舌嵌入调整螺钉 7 的星形轮的齿间。倒车制动时,调整杠杆 5 的支点随制动蹄下移,而其下臂的弯舌则沿星形轮齿的齿廓上升。当过量间隙值累积到一定时,弯舌即嵌入星形轮的下一个齿间,并在解除制动过程中转动调整螺钉 7,从而恢复设定间隙。这类结构多设计成只在倒车制动时才起调整作用,以尽量避免制动时热膨胀的影响。

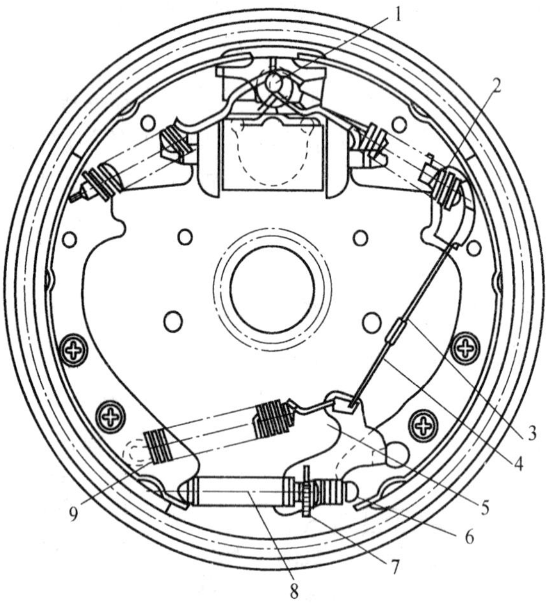

图 14.13 双向增力式制动器阶跃式制动间隙的自动调整

1—钢索连接环;2—钢索导向板;3—钢索;4—钢索钩;5—调整杠杆

6—调整顶杆帽;7—调整螺钉;8—调整顶杆体;9—调整杠杆复位弹簧

阶跃式自动调整装置必须在制动蹄与制动毂间隙达到一定值后才起调整作用,而不允许随时微调以补偿随时产生的微小的过量间隙。这样的制动器在装车后要进行多次(可能达 20 次以上)制动动作,才能消除所积累的过量间隙。为此,上述调整螺钉 7 头部的星形轮可用于事先进行粗略的人工调整。

2.凸轮式鼓式制动器

在目前国产汽车和部分进口汽车的气压制动系中,一般均采用凸轮促动的车轮制动器,而且大部分设计成领从蹄式。凸轮促动的双向自增力式制动器只宜用作中央制动器。

凸轮式制动器制动凸轮工作表面轮廓有偏心圆弧和 S 形渐开线两种。东风 EQ1090E 型汽车采用了偏心圆弧式凸轮制动器(前轮),如图 14.14 所示。这种制动器除了用制动凸轮作张开装置外,其余部分结构与轮缸式制动器的领从蹄式制动器大体相同。可锻铸铁铸成的两制动蹄 2、2′的一端套在偏心支承销 9 上,支承销固定在制动底板 7 上。制动蹄的另一端靠复位弹簧 3 拉拢并使之紧靠在制动凸轮 4 上。凸轮与凸轮轴 4 制成一体,凸轮轴安装在制动底板 7 的制动凸轮轴支座 10 内,轴端有花键与制动调整臂 5 内的蜗轮相连。调整臂的另一端则和制动气室 6 的推杆连接叉相连，调整臂用来调整制动蹄、鼓间隙，同时它也用来传递制动气室产生的气压推力。在制动蹄的外圆弧面上铆有两块石棉摩擦衬片。不制动时，摩擦衬片和制动毂 8 之间留有适当的间隙，使制动毂能随车轮自由转动。

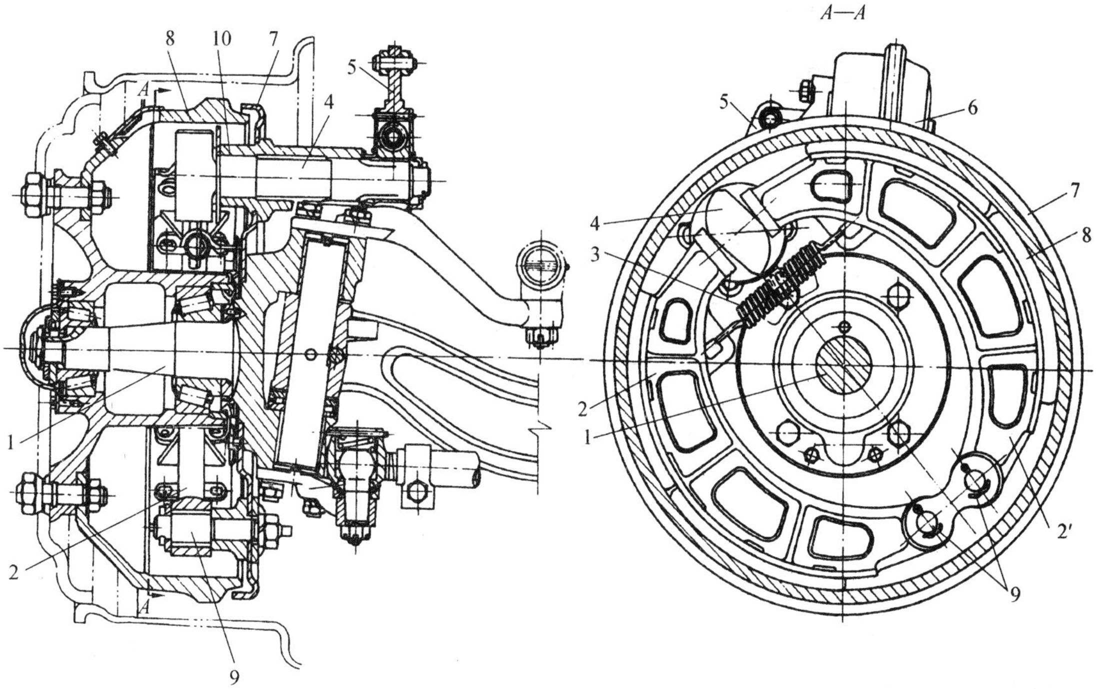

图 14.14　凸轮张开式车轮制动器

1—转向节；2、2′—制动蹄；3—复位弹簧；4—制动凸轮轴；5—制动调整臂；
6—制动气室；7—制动底板；8—制动毂；9—支承销；10—制动凸轮轴支座

制动时，压缩空气进入制动气室 6，推动橡胶膜片及推杆叉，使制动调整臂绕制动凸轮轴转动，调整臂带动凸轮轴转动，凸轮便迫使两制动蹄张开并压紧在制动毂上，产生制动作用。

放松制动时，制动气室中的压缩空气排出，膜片和凸轮轴在弹簧的作用下复位。同时，两制动蹄也在其复位弹簧的作用下复位，以其上端支承面靠紧凸轮的两侧，保持一定的蹄、鼓间隙。

这种由轴线固定的凸轮促动的领从蹄式制动器是一种等位移式制动器。如果制动器两蹄摩擦片的相应点与制动毂间的间隙已调整到完全一致，则制动时两蹄对鼓的压紧程度以及所产生的制动力矩必然相等。但是，制动毂对蹄的摩擦使得领蹄端部力图离开制动凸轮，同时又使从蹄端部更加靠紧制动凸轮。凸轮对从蹄的促动力大于对领蹄的促动力。因此，虽然领蹄有增势作用，从蹄有减势作用，但就等位移制动器而言。由于这一差别造成了制动效能高的领蹄的促动力小于制动效能低的从蹄的促动力，从而使得两蹄制动力矩相等。然而应当指出，等位移式制动器由于结构上不是中心对称，两蹄作用于制动毂的微元法向力的等效合力虽然大小相等，但却不在一条直线上，不可能相互平衡，故这种制动器仍然是非平衡式的。

制动器间隙的调整，可以根据需要进行局部或全面的调整。局部调整只是利用制动调整臂来改变制动凸轮轴的原始角位置。制动调整臂的结构如图 14.15 所示。在调整臂体 6 和两侧的盖 9 所包围的空腔内装有调整蜗轮 2 和调整蜗杆 7。单线的调整蜗杆，借细花键套装在蜗杆轴 3 上，调整蜗轮以内花键与制动凸轮轴的外花键相接合。转动蜗杆，即可在制动调整臂与制动气室推杆相对位置不变的情况下，通过蜗轮使制动凸轮轴转过一定角度，从而改变制动凸轮的原始角位置。蜗杆轴与制动调整臂的相对位置是靠锁止套 4 和锁止螺钉 6 来固定的。将具有六角孔的锁止套按入制动调整臂体的孔中，即可转动调整蜗杆。蜗杆每转 1/6 周，放开锁止套，弹簧 5 即将锁止套推回与蜗杆六角头接合的左极限位置。这种锁止装置更为可靠。全面调整时，还应同时转动带偏心轴颈的支承销（如图

14.15 中的 9)。东风 EQ1090E 型汽车制动器间隙标准值,靠近支承销的一端为 0.25~0.40 mm,靠近制动凸轮的一端为 0.40~0.55 mm。

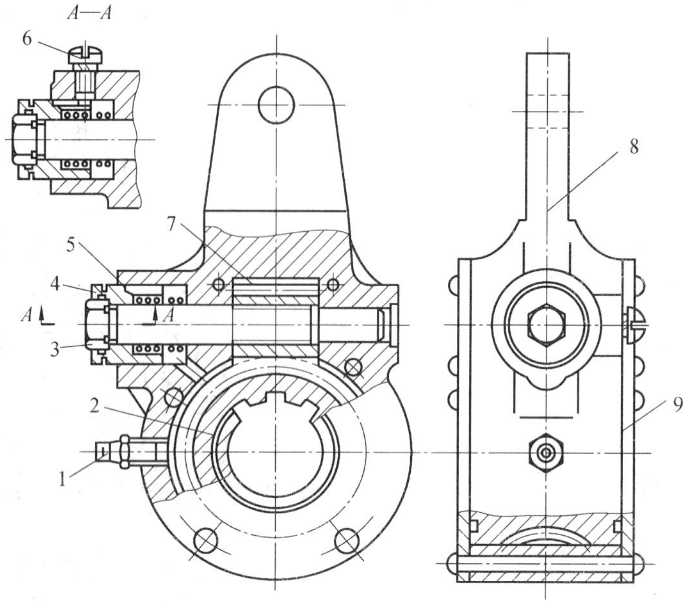

图 14.15 制动调整臂

1—油嘴;2—蜗轮;3—蜗杆轴;4—锁止套;5—弹簧;6—锁紧螺钉;7—蜗杆;8—调整臂体;9—盖

14.4.2 盘式制动器

盘式制动器由旋转元件(制动盘)和固定元件(制动钳)组成。制动盘是摩擦副中的旋转件,以金属圆盘的端面为工作面。制动钳是由装在横跨制动盘两侧的钳形支架中的制动块和促动装置组成。制动块是由工作面积不大的摩擦块和金属背板组成。按摩擦副中固定元件的结构分类,盘式制动器有钳盘式和全盘式两大类。全盘式制动器制动盘的全部工作面可同时与摩擦片接触。全盘式制动器主要用于重型汽车。钳盘式制动器又可分为定钳盘式和浮钳盘式两种。钳盘式制动器由工作面积不大的摩擦块与其金属背板组成制动块;每个制动器中有 2~4 块,这些制动块及其促动装置都装在横跨制动盘两侧的夹钳形支架中,称为制动钳。钳盘式制动器散热能力强,热稳定性好,轿车和轻型货车广泛采用这种制动器。

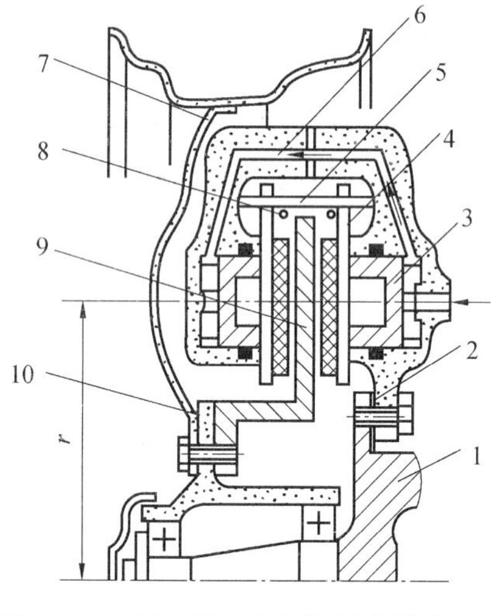

图 14.16 固定钳盘式车轮制动器原理图

1—转向节凸缘;2—调整垫片;3—活塞;4—制动块;5—导向支承销;6—制动钳;7—车轮;8—复位弹簧;9—制动盘;10—轮毂;r—制动盘摩擦半径

1.定钳盘式制动器

定钳盘式制动器的基本结构如图 14.16 所示。制动盘 9 固定在轮毂 10 上。制动钳 9 固定在车桥的转向节凸缘 1 上,既不能旋转也不能沿制动盘轴线方向移动。制动钳内装有两个制动轮缸活塞 3,分别压住制动盘两侧的制动块 4。当驾驶员踩下制动踏板使汽车制动时,制动轮缸的液压上升,活塞被微量顶出,使两侧的制动块同时夹紧制动盘产生制动。此时活塞上矩形橡胶密封圈的刃边在活塞摩擦力的作用下,产生弹性变形参,如图 14.17(a)所示。其极限变形量应等于(制动器间隙为设定值时的)完全制动时所需的活塞行程。解除制动时,活塞在密封圈的弹力作用下复位,直至密封圈变形完全消失为止,此时摩擦片与制动盘之间的间隙即为设定间隙。当制动器存在过量间隙，制动时活塞密封圈变形达到极限值后，轮缸活塞在液压作用下克服密封圈的摩擦力而继续移动，直到完全制动为止。但解除制动后，活塞密封圈将活塞拉回的距离为制动器间隙恢复到设定值。由此可见，密封圈能兼起活塞复位弹簧和一次调准式间隙自调装置的作用，使得制动钳结构简单，造价低廉，故在轻、中型轿车上得到广泛应用，但这种结构对橡胶密封圈的弹性、耐热性、耐磨性及加工精度要求较高，而且所能保持制动器间隙较小，在保证彻底解除制动方面还不十分可靠。

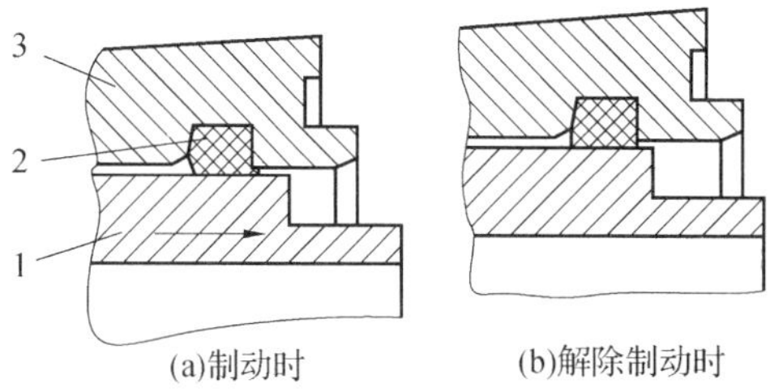

图 14.17　活塞密封圈的工作情况

1—活塞；2—矩形橡胶密封圈；3—轮缸活塞

固定钳盘式车轮制动器存在以下缺点：

(1)液压缸较多，使制动钳结构复杂。

(2)液压缸分置于制动盘两侧，必须用跨越制动盘的钳内油道或外部油管来连通，这必然使得制动钳的尺寸过大，难以安装在现代化轿车的轮辋内。

(3)热负荷大时，液压缸(特别是外侧液压缸)和跨越制动盘的油管或油道中的制动液容易受热汽化。

(4)若要兼用于驻车制动，则必须加装一个机械促动的驻车制动钳。

这些缺点使得固定钳盘式制动器难以适应现代汽车的使用要求，故自 20 世纪 70 年代以来，大部分使用下述的浮动钳盘式车轮制动器。

2. 浮钳盘式制动器

图 14.18 所示是浮钳盘式制动器的工作原理示意图。它只在制动盘 3 的内侧设置液压缸，外侧的制动块附装在钳体 1 上。制动钳支架 3 固定在转向节上，制动钳体 1 与支架 3 可沿装在制动钳支架上的导向销 2 轴向滑动。制动时，活塞 8 在液压力 p_1 作用下，将活动制动块 6(带摩擦块磨损报警装置)推向制动盘 4。与此同时，作用在制动钳体 1 上的反作用力 p_2 推动制动钳体沿导向销 2 向右移动，使固定在制动钳体上的制动块 5 压靠到制动盘上。于是制动盘两侧的摩擦块在 p_1 和 p_2 力的作用下夹紧制动盘，使之在制动盘上产生与运动方向相反的制动力矩，促使汽车制动。

如图 14.19 所示为红旗 CA7220 型轿车的前轮浮钳盘式制动器。制动钳由制动钳壳体 1 用紧固螺栓 2 与制动钳导向销 3 连接，导向销插入制动钳支架的孔中作动配合，制动钳壳体 1 可沿导向销 3 做轴向相对移动(浮动)，因而称为浮动式盘式制动器。制动钳壳体的活塞腔与活塞 12 组成制动轮缸，制动块 10 与 7 布置在活塞底部的制动盘 6 的两侧。制动盘 6 内侧的制动块 10 和外侧的制动块 7 用止动弹簧(图中未示出)卡在制动钳支架 5 上，可以轴向移动但不能上、下窜动。制动盘有四个安装孔，以四个螺栓与前轮鼓连接，制动盘随车轮做旋转运动。当汽车进行制动时，制动液从制动钳壳体 1 进油孔进入分泵活塞 12 的顶部，活塞在制动液的压力作用下推向制动块 10，使制动块压向制动盘，由于壳体的浮动运动，同时也消除了制动块 7 与制动盘的间隙，两制动块即紧紧地将制动盘夹住而实现了制动。

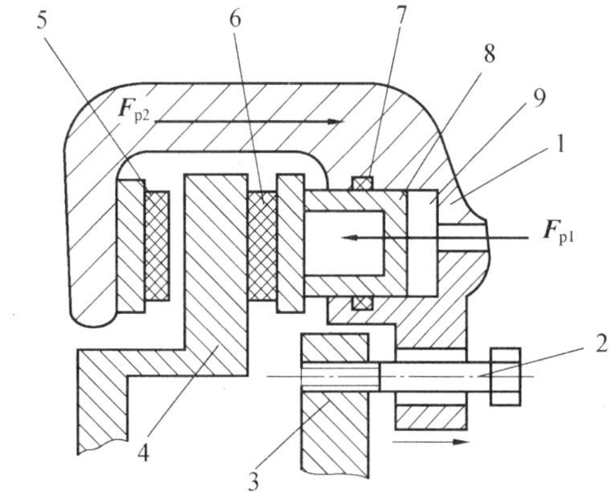

图 14.18　浮钳盘式制动器工作原理示意图

1—制动钳；2—导向销；3—制动钳支架；4—制动盘；5—固定制动块；6—活动制动块；7—活塞密封圈；8—活塞；9—液压缸

制动器在工作过程中随着摩擦副的逐渐磨损，制动间隙会逐渐增大，则活塞将相对于密封圈滑

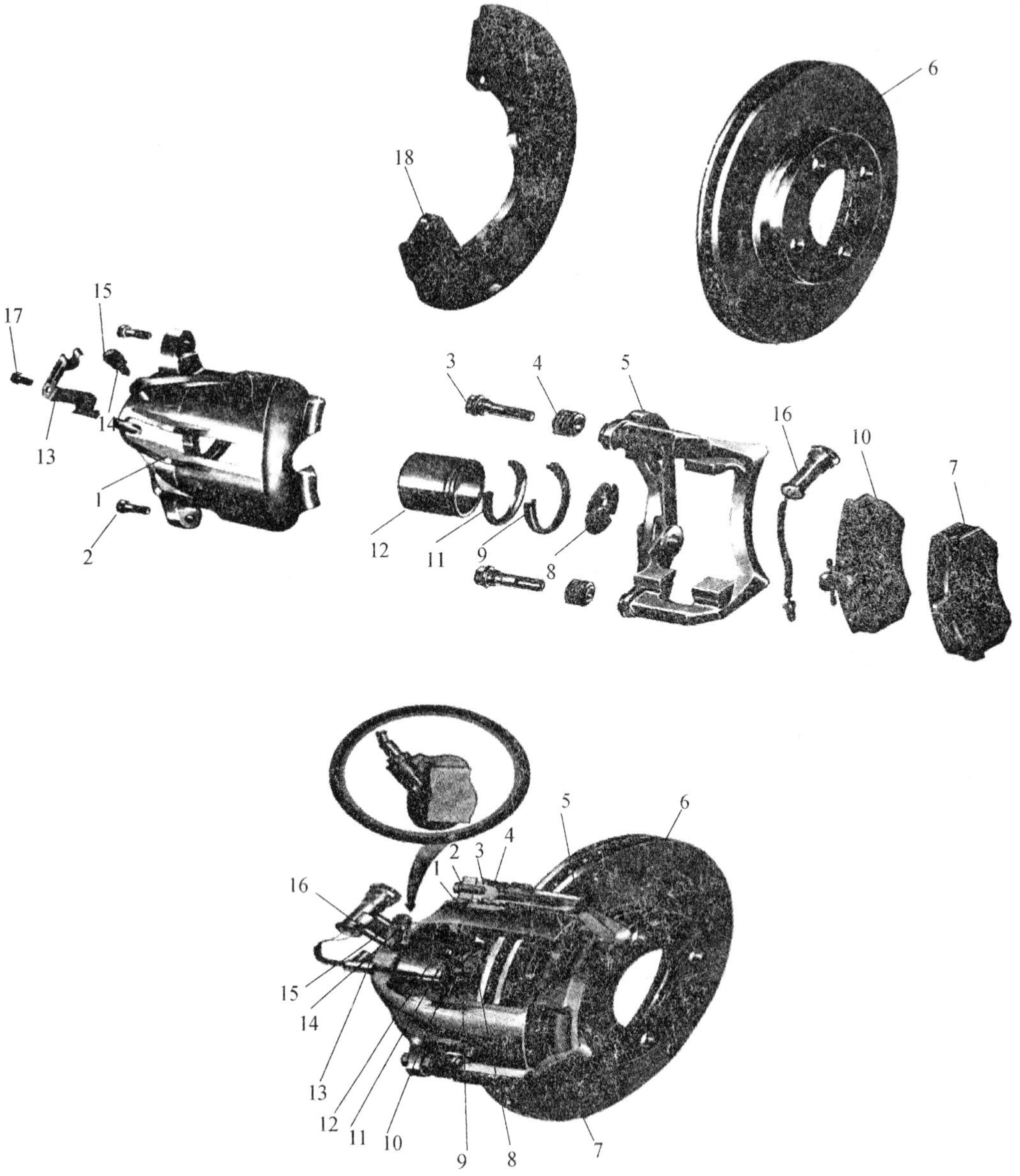

图 14.19　红旗 CA7220 型轿车的前轮浮钳盘式制动器

1—制动钳体；2—紧固螺栓；3—制动钳导向销；4—折叠防护套；5—制动钳支架；6—制动盘；7—外制动块；8—消声片；9—防尘罩；10—内制动块(连接摩擦块磨损报警装置)；11—橡胶密封圈；12—活塞；13—电线导向夹；14—放气螺钉帽；15—放气螺钉；16—摩擦块磨损报警开关；17—紧固螺栓；18—挡尘盘

移，从而实现间隙的自动调整。当内摩擦块磨损到许用的最小厚度时，报警开关 16 便接通电路对驾驶员发出报警信号。

与定钳盘式制动器相比，浮钳盘式制动器的单侧液压缸结构不需要跨越制动盘的油道，因此不仅轴向和径向尺寸较小，有可能布置得更接近车轮轮毂，而且制动液受热汽化的机会较少。

3. 盘式制动器与鼓式制动器的比较

盘式制动器与鼓式制动器相比，有如下优点：

(1)一般无摩擦助势作用，因而制动器效能受摩擦因数的影响较小，即效能较稳定。

(2)在输出制动力矩相同的情况下，尺寸和质量一般较小。

(3)浸水后效能降低不大，而且只需经一两次制动即可恢复正常。

(4)制动盘厚度方向的热膨胀量小，不会像制动毂热膨胀那样使制动器间隙明显增加而导致制动踏板行程过大。

(5) 较容易实现间隙自动调整，其他维修作业也较简便。

盘式制动器的不足之处有：

(1) 制动效能较低，故用于液压制动系时所需制动促动管路压力较高，一般要用伺服装置。

(2) 兼用于驻车制动时，需要加装的驻车制动传动装置较鼓式制动器复杂，因而在后轮上的应用受到限制。目前，盘式制动器已广泛应用于轿车，但除了在一些高级轿车上用于全部车轮外，一般只用作前轮制动器，而后轮采用鼓式制动器，以获得汽车在较高车速下制动的方向稳定性。

任务 14.3　液压制动系

14.3.1　液压式人力制动系

液压人力制动系是利用液压油，将制动踏板力转换为液压力，通过管路传至车轮制动器，再将液压力转变为机械推力。目前，采用双回路液压制动系的几乎都是伺服制动系或动力制动系。但是，在某些微型或轻型汽车上，为使结构简单，在制动踏板力不超出驾驶员体力范围的情况下，也有一些车型采用双回路人力液压制动系。

1. 液压式人力制动系的组成

人力液压制动系的基本组成和回路如图 14.20 所示，主要由制动踏板 4、串联式双腔制动主缸 2、轮缸(未标出)和油管等组成。制动踏板 4 通常吊挂在驾驶室里，这种布置有利于驾驶室的密封，驾驶员通过制动踏板操纵制动系工作。制动主缸固定在车架上，轮缸装在制动底板上，主缸与轮缸内均装有活塞，并用油管连通，连接油管多用钢管。因车轮是通过弹性悬架与车架联系的，而且有的还是转向轮，主缸与轮缸的相对位置经常变化，所以有相对运动的区段则用高强度的橡胶软管连接。制动前，整个系充满了制动油液。

串联式双腔制动主缸 2 利用一个缸体，装入两个活塞，形成两个彼此独立的工作腔，分别与各自的管路连接：左前轮和右后轮，右前轮和左后轮。

制动时，驾驶员踩下制动踏板 5，先使串联式双腔制动主缸 2 的后腔活塞工作，再使前腔活塞工作，将油液从主缸中压出并经油管同时分别注入前、后各车轮轮缸内，使轮缸活塞向外移动，从而将前轮制动器的制动块压向制动盘，后轮制动器的制动蹄压靠到制动毂上，从而使汽车产生制动。

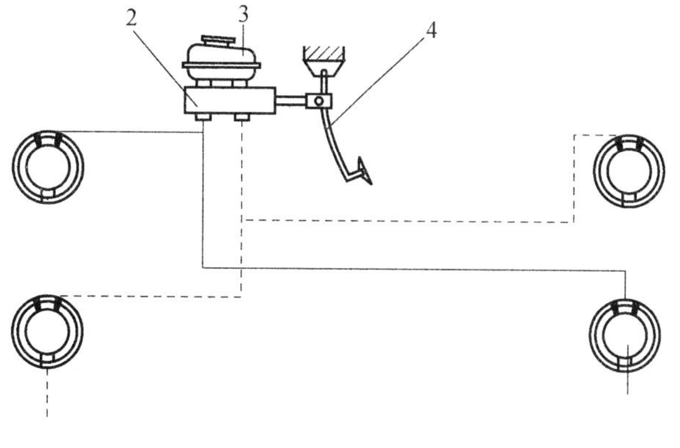

图 14.20　液压式人力制动系示意图

1—盘式制动器(前轮)；2—串联式双腔制动主缸；3—储液室；4—制动踏板；5—鼓式制动器(后轮，兼作驻车制动器)

放开制动踏板，轮缸活塞在复位弹簧的作用下复位，将制动油液压回制动主缸，制动作用即行解除。

液压系中若有空气侵入，将严重影响液压的升高，甚至使液压系完全失效。因此，在结构上必须采取措施以防止空气侵入，并便于将已侵入的空气排出。

管路液压和制动器产生的制动力矩与踏板力呈线性关系。若轮胎与路面间的附着力足够，汽车所受到的制动力也与踏板力呈线性关系。这种特性称为制动踏板感,俗称“路感”。由此驾驶员可直接感觉到汽车的制动强度,以便及时进行必要的调节和控制。

自制动踏板到轮缸活塞的制动系传动比,等于踏板机构杠杆比乘以轮缸直径同主缸直径之比。传动比越大,则为获得同样大的制动力矩所需的踏板力越小,但踏板行程却因此而变大,使得制动操作不便。因此,液压制动系的传动比要合适,既要保证制动踏板力较小,同时踏板行程又不要太大。

2.制动主缸

图 14.21 所示即是人力液压制动系中所采用的串联双腔制动主缸。该主缸相当于两个单腔制动主缸串联在一起而构成。储液罐(图中未示出)中的油液经每一腔的空心螺栓 9(其内腔形成储液室)和各自的旁通孔 7、补偿孔 8 流入主缸前、后腔。在主缸前、后工作腔内产生的液压分别经各自的出油阀 5 和各自的管路传到前、后轮制动器的轮缸。

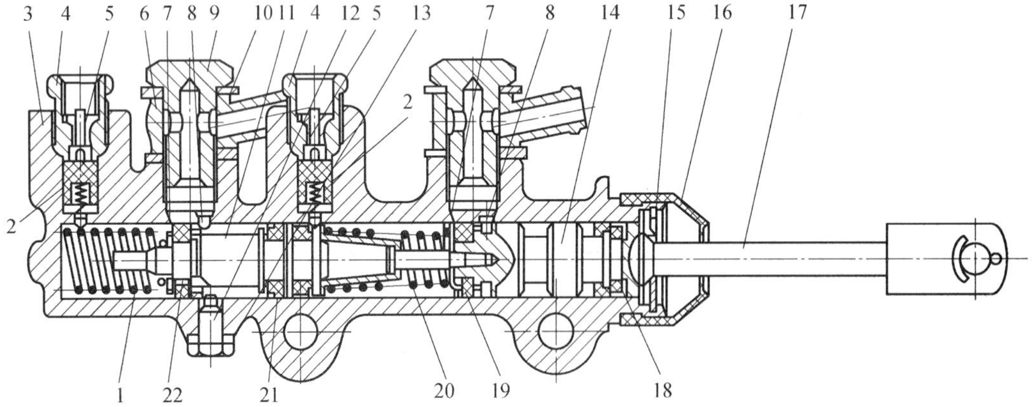

图 14.21 串联双腔制动主缸

1—前缸弹簧;2—回油阀;3—主缸缸体;4—出油阀座;5—出油阀;6—进油管接头;7—旁通孔;8—补偿孔;9—空心螺栓;10—密封垫;11—前缸(第二活塞);12 一定位螺钉;13—密封垫;14—后缸(第一活塞);15—挡圈;16—护罩;17—推杆;18—后缸密封圈;19—后活塞皮碗;20—后缸弹簧;22—前缸密封圈;22—前活塞皮碗

主缸不工作时,前、后两工作腔内的活塞头部与皮碗正好位于前、后腔内各自的旁通孔 7 和补偿口 8 之间。

当踩下制动踏板时,踏板传动机构通过推杆 17 推动后缸(第一)活塞 14 前移,到及碗掩盖住旁通孔后,此腔液压升高。与此同时,在后腔液压和后缸弹簧 20 的作用下,推动前缸活塞 11 向前移动,前腔压力也随之升高。当继续踩下制动踏板时,前、后腔的液压继续升高,使前、后轮制动器制动。

当迅速放开制动踏板时,由于油液的黏度和管路阻力的影响,油液不能及时流回主缸并填充因活塞右移而让出的空间,因而在旁通孔 7 开启之前,压油腔中产生一定的真空度。此时进油腔液压高于压油腔,因而进油腔的油液便从前、后活塞皮碗 22 和 19 的边缘与缸壁间的间隙流入各自的压油腔以填补真空。与此同时,储液室中的油液经补偿孔 8 流入各自的进油腔。活塞完全复位后,旁通孔 7 已开放,由制动管路继续流回主缸,而多余的油液便可经前、后缸的旁通孔流回储液室。液压系中因密封不良而产生的制动液泄漏和因温度变化而引起的制动液膨胀或收缩,都可以通过补偿孔和旁通孔得到补偿。

若与前腔连接的制动管路损坏漏油时,则在踩下制动踏板时,只有后腔中能建立液压,前腔中无压力。此时在液压差作用下,前缸活塞 7 迅速前移直到活塞前端顶到主缸缸体上。此后,后缸工作腔中的液压方能升高到制动所需的值。

若与后腔连接的制动管路损坏漏油时,则在踩下制动踏板时,开始只是后缸(第一活塞)14 前移,而不能推动前缸(第二活塞)11,因为后缸工作腔中不能建立液压。但在后缸活塞直接顶触前缸活塞时,前缸活塞开始前移,使前缸工作腔建立必要的液压而制动。

由上述可知，双回路液压制动系中任一回路失效时，主缸仍能工作，只是所需踏板行程加大，同时将导致汽车的制动距离增长，制动效能降低。

3. 制动轮缸

制动轮缸的作用是将主缸传来的液压力转变为机械推力。对不同结构车轮制动器，轮缸的数目和结构形式也不同，通常分为双活塞式和单活塞式两类。

(1)单活塞式制动轮缸。

图 14.22 所示为北京 BJ2020N 型汽车双领蹄式前制动器配用的单活塞制动轮缸，它借活塞端面凸台来保持进油间隙。为缩小轴向尺寸，液腔密封采用装在活塞导向面上的皮圈 4。放气阀 1 的中部有螺纹，右端有密封锥面，平时应旋紧压靠在阀座上。与密封锥面相连的圆柱面两侧有径向孔，与阀中心的轴向孔道相通。需要放气时，先取下橡胶护罩 2，再连踩几下制动踏板，对缸内空气加压；然后踩住踏板不放，将放气阀旋出少许，空气即行排出。空气排尽后再将放气阀旋紧。

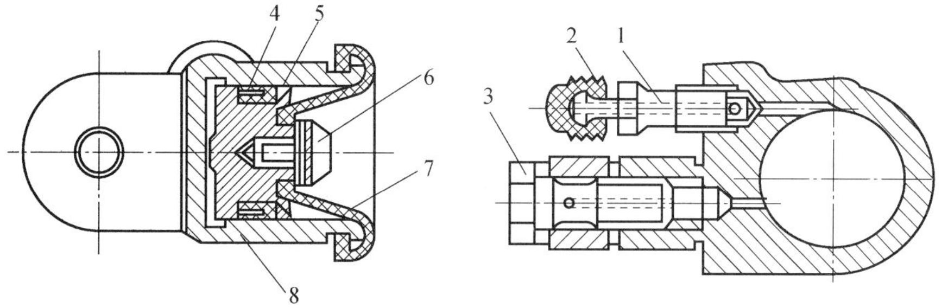

图 14.22　单活塞制动轮缸

1—放气阀；2—橡胶护罩；3—进油管接头；4—皮圈；
5—缸体；6—调整螺钉(顶块)；7—防护罩；8—活塞

(2)双活塞式制动轮缸。

上海桑塔纳轿车采用的双活塞式制动轮缸结构如图 14.23 所示。缸体 1 用螺栓固定在制动底板上，缸内有两个活塞 2 及两个皮碗 3。两个皮碗分别压靠在两活塞上，以保持两皮碗之间的进油孔畅通。活塞外端的凸台孔内压有顶块 5，与制动蹄的上端抵紧。防尘罩 6 用以防止尘土和水分进入，以免活塞与缸体锈蚀而卡死。缸体上方装有放气阀用以排放轮缸中的空气。

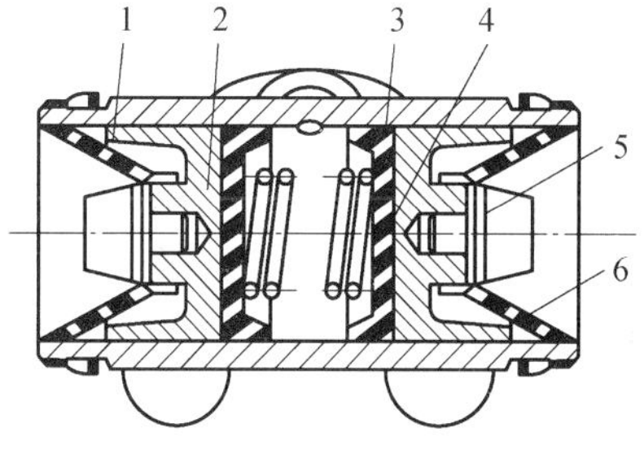

图 14.23　双活塞式制动轮缸

1—缸体；2—活塞；3—皮碗；
4—弹簧；5—顶块；6—防护罩

4. 制动液

制动液的质量好坏对制动系的工作可靠性有很大影响。为此，对制动液提出如下要求：

(1)低温下有良好的流动性。

(2)高温下不易汽化，否则将在管路中产生气阻现象，使制动失效。

(3)不会使与之经常接触的金属(铸铁、钢、铝或铜)件腐蚀，不会使橡胶件发生膨胀、变硬和损坏。

(4)吸水性差而溶水性良好，即能使渗入其中的水汽形成微粒而与之均匀混合，否则将在制动液中形成水泡而大大降低汽化温度。

(5)能对液压系的运动件起到良好的润滑作用。

国内过去普遍使用的制动液是植物制动液。但近年来矿物制动液和合成制动液取代了植物制动液。矿物制动液在高温和低温下性能都很好，对金属也无腐蚀作用，但溶水性较差，且易使普通橡胶膨胀，因此活塞皮碗及制动软管等都必须用耐油橡胶制成。合成制动液的汽化温度已超过 190 ℃，在 −35 ℃的低温下流动性良好，适用于高速汽车制动器，特别是盘式制动器。此外，合成制动液对金属件(铝件除外)和橡胶件都无害，溶水性也很好。

任务 14.4　ABS、ASR 及 ESP

14.4.1　防抱死制动系（ABS）

当车轮抱死滑移时，车轮与路面间的侧向附着力将完全消失。如果是前轮（转向轮）制动到抱死滑移而后轮还在滚动，汽车将失去转向能力。如果是后轮制动到抱死滑移而前轮还在滚动，即使受到不大的侧向干扰力，汽车也将产生侧滑（或甩尾）现象。这些都极易造成严重交通事故。因此，汽车在制动时不希望车轮制动到抱死滑移，而是希望车轮制动到边滚边滑的滑转状态。汽车车轮的滑移率在15%～20%时，轮胎与路面间有最大的纵向附着系数 φ_Z，而侧向附着系数也较大，如图 14.24 所示。所以为了充分发挥轮胎与路面间的这种潜在附着能力，目前多数中高级轿车、大客车和重型货车上装备了防抱死制动系（Antilock Braking System，ABS ）。

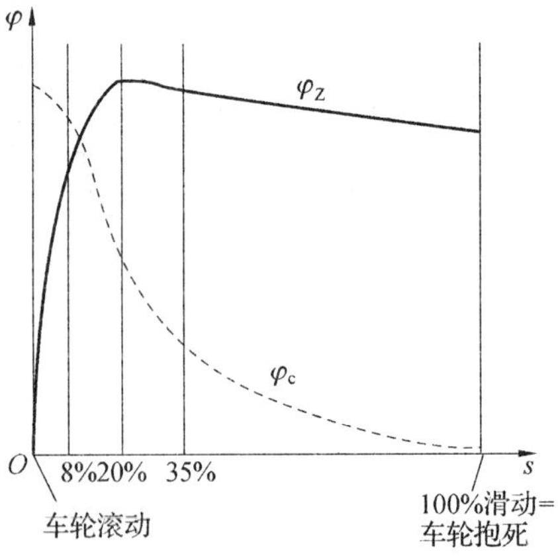

图 14.24　φ—s 曲线

φ_Z—路面纵向附着系数；φ_c—路面侧向附着系数

1. ABS 的基本组成

汽车 ABS 的主要功能是汽车在进行紧急制动和在易滑的路面上进行常规制动时，迅速而又精确地检测出各车轮的滑移量，通过电子控制器的分析、运算和控制，适时并恰当地调节制动器的液压或气压，减小车轮的滑移率，确保制动时汽车方向稳定性、制动可靠性和行驶安全性。

汽车制动系随车型的不同而不同，ABS 也一样，因此 ABS 的类型较多，但通常主要是由车轮转速传感器、电子控制单元（ECU）和制动压力调节装置等组成。在不同的 ABS 中，ECU 的内部结构和控制逻辑可能不尽相同，制动压力调节装置的结构形式和工作原理也往往不同。图 14.25 为一种较为典型的汽车 ABS 组成原理图，图 14.26 为汽车 ABS 系组成的实物图。

在图 14.25 所示的 ABS 中，在汽车的每个车轮上各安装了一个车轮转速传感器，将各个车轮的转速信号输入给 ECU，EUC 根据各车轮转速传感器输入的信号对各个车轮的运动状况进行分析判断，并形成相应的控制指令，发送给制动压力调节装置。制动压力调节装置主要由调压电磁阀总成、电动泵总成和储液器等组成，通过制动管路与制动主缸和各制动轮缸相连。制动压力调节装置受 ECU 的控制，对各制动轮缸的制动压力进行调节。

在正常工作时，所有 ABS 系和传统的助力制动系相似。在强力制动时，ABS 根据车轮的转速调节通向每个车轮液压力。

2. ABS 的分类

ABS 根据其对制动压力的控制方式可分为机械式和电子式。目前大多数的 ABS 都是电子控制式。目前流行的 ABS 有以下几种分类方法。

（1）根据制动压力调节装置的布置分类。

将制动压力调节装置和制动主缸组成总成的 ABS 称为整体式 ABS，如图 14.27 所示。它主要由制动主缸、制动助力器（液压助力）、制动压力调节装置、电动泵总成及压力调节回路等组成。电动泵总成为回路提供高压，同时也用于主动助力。

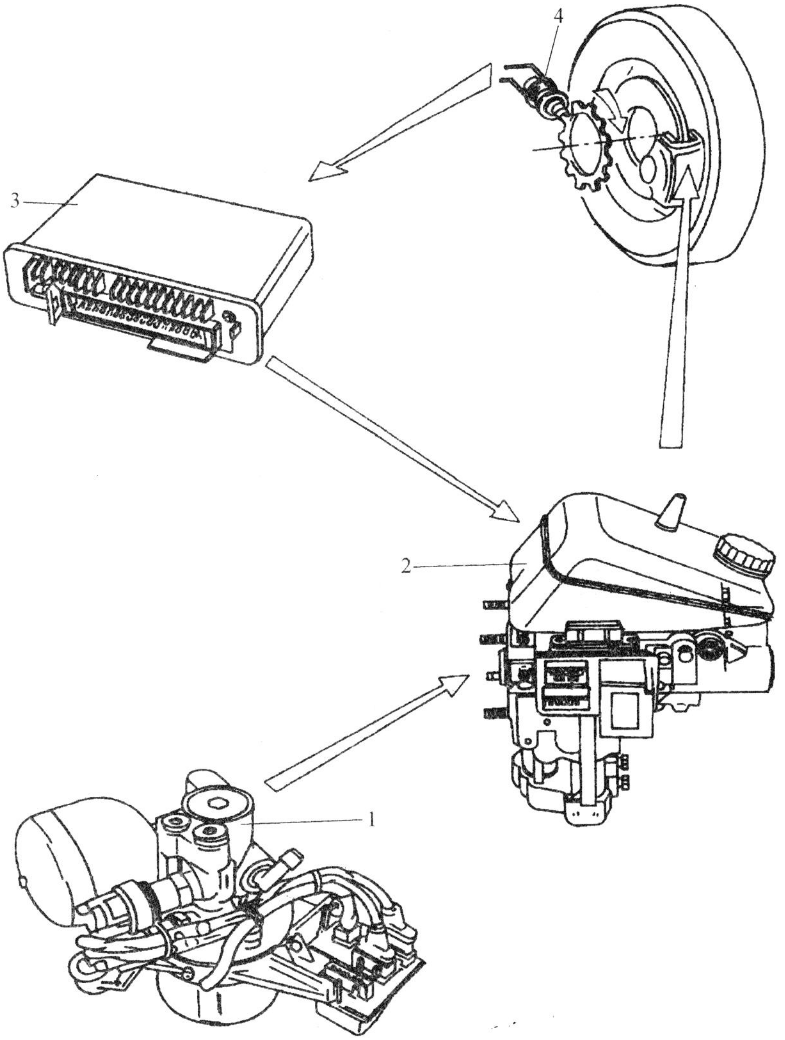

图 14.25　汽车 ABS 系的基本组成原理图

1—制动压力调节装置；2—制动器总成；3—ECU；4—车轮转速传感器

具有独立的制动压力调节装置和独立的制动主缸的 ABS 类型称为分置式，如图 14.28 所示。它主要由带助力器(真空或液压助力)的制动总泵及分置的压力调节单元等组成。制动主缸产生的制动压力通过制动管路分配给各个车轮的制动器，压力调节装置独立地调节各个车轮制动器的制动压力，而不受制动踏板上作用力大小的影响。

(2)根据管路的布置方式分类。

根据 ABS 制动管路布置方式的不同进行分类，可分成单通道、双通道、三通道或四通道的两轮系和四轮系。

①两轮 ABS。

该系仅对后轮提供防抱死制动性能，对前轮不提供防抱死制动性能。两轮 ABS 系统常见于轻型货车，如图 14.29 所示。

两轮 ABS 可以是单通道或双通道系。在单通道系中，同时调节左、右两侧的后车轮的制动器，控制滑移。单通道系依靠放在中央的 ABS 转速传感器的输入信号。该转速传感器通常位于差速器齿圈上、变速箱上或分动箱上。双通道两轮 ABS 系相互独立地调节每个后轮的液压力。在每个车轮上都装有转速传感器，根据转速传感器传来的速度信号来控制压力调节。

②对角分路式系。

该系用两个转速传感器调整所有四个车轮提供的转速。一个传感器输入控制右前轮，另一个传

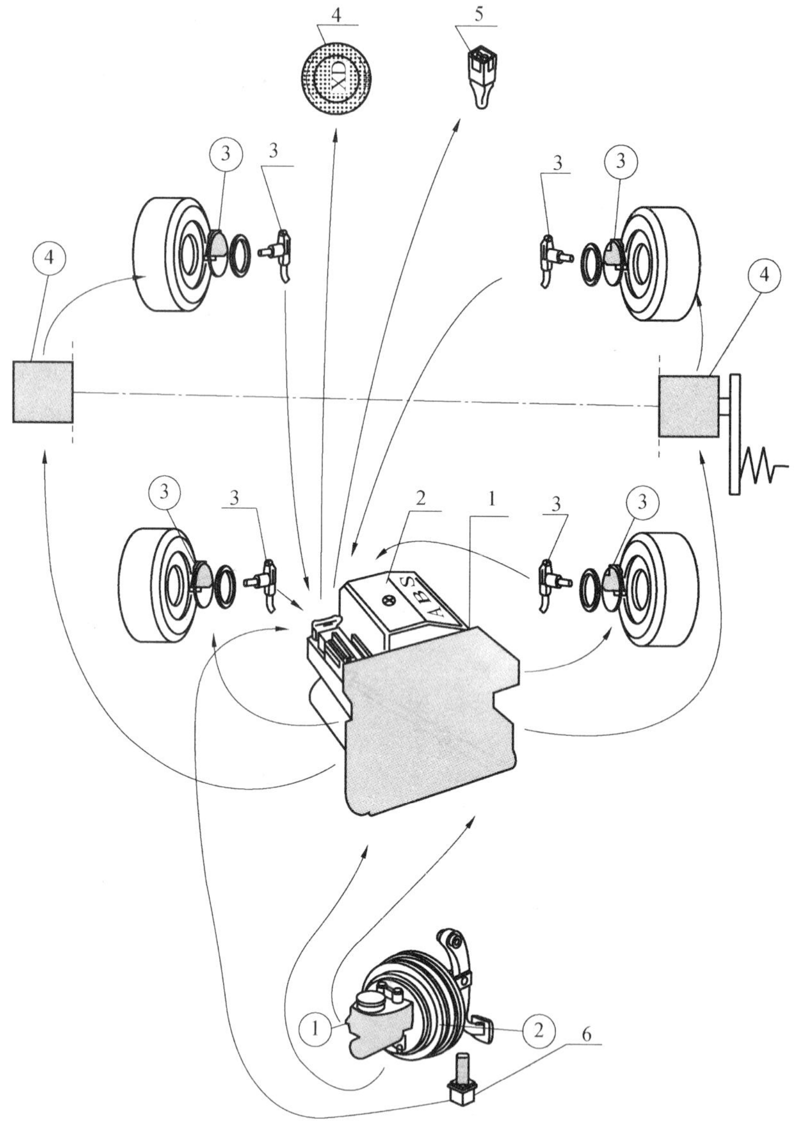

图 14.26 汽车 ABS 系组成的实物图

1—附加式制动压力调节器;2—ECU;3—车轮转速传感器;

4—ABS 故障指示灯;5—ABS 故障测试接头;6—制动灯开关

①—制动主缸;②—真空助力器;③—制动器;④—后制动补偿器(载荷感应器)

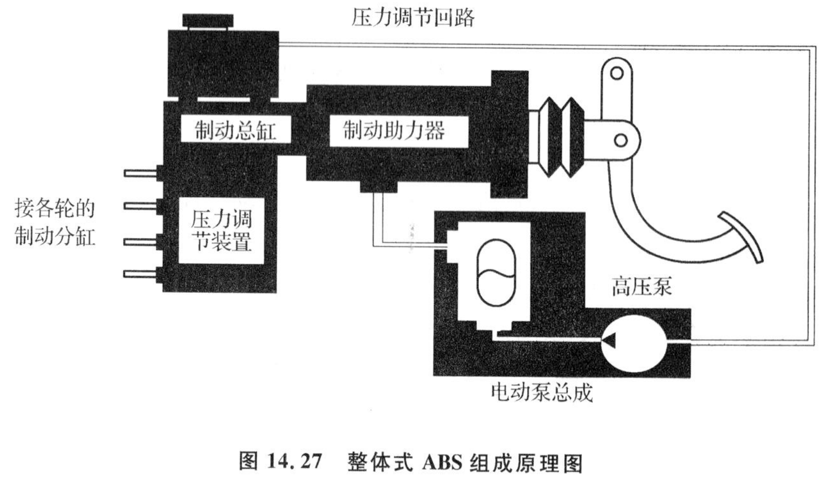

图 14.27 整体式 ABS 组成原理图

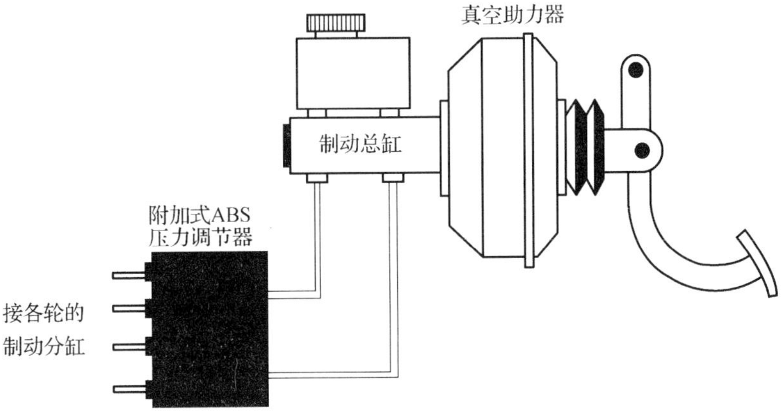

图 14.28 分置式 ABS 组成原理图

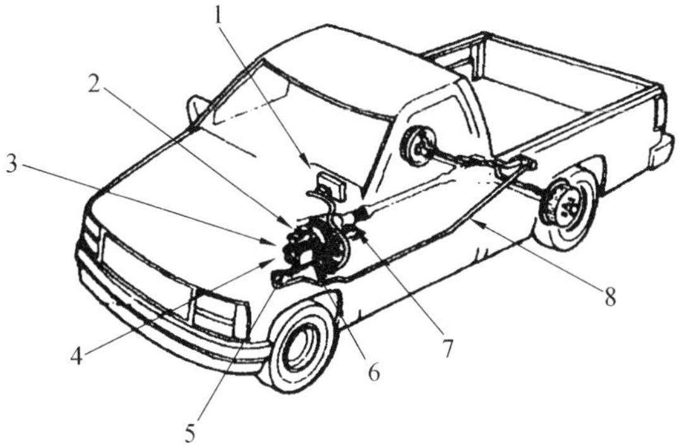

图 14.29 两轮 ABS 系

1—制动警告灯；2—储液器；3—制动主缸；4—控制阀；5—组合阀；

6—ECU；7—车轮转速传感器(变速箱上)；8—后制动通道

感器输入控制左前轮。对应后轮的制动压力同时由其位于对角线上的前轮控制着。例如，右后轮与左前轮接受同一传输指令，左后轮与右前轮接受同一指令。这种系比两轮系要好，因为它可提供制动时的转向控制。

③前/后轮分路式系。

这种系如图 14.30 所示，这种系具有三通道回路。对每个前轮有单独的液压回路，对后轮有一条液压回路。

④全轮(四轮)系。

全轮系是最有效的 ABS，如图 14.31 所示，它是四路系，每个车轮都有转速传感器监控。ABS 电子控制单元以连续的信息保证每个车轮接受正确的制动力来保持防抱死控制和转向控制。

3.车轮转速传感器和加速度传感器

车轮转速传感器也称车轮速度传感器或轮速传感器。它可以产生与车轮转速成正比的交流信号。车轮转速传感器将车轮的转速信号传给 ABS 中的 ECU，ECU 经过计算决定是否开始或精确地进行防抱死控制。因此，车轮转速传感器是非常重要的。

(1)电磁式车轮转速传感器。

目前大多数车轮转速传感器基本上都是电磁式转速传感器。它是一种由磁通量变化而产生感应电压的装置。

车轮转速传感器由电磁感应传感头和齿圈两部分组成。传感头是一个静止部件，通常由永久性磁芯、电磁线圈和磁极等构成，用于感测非驱动车轮转速的传感头都安装在车轮附近不随车轮转动的部件上，如制动底板、转向节、半轴套管等。用于感测驱动车轮转速的传感头通常也安装在车轮处，但

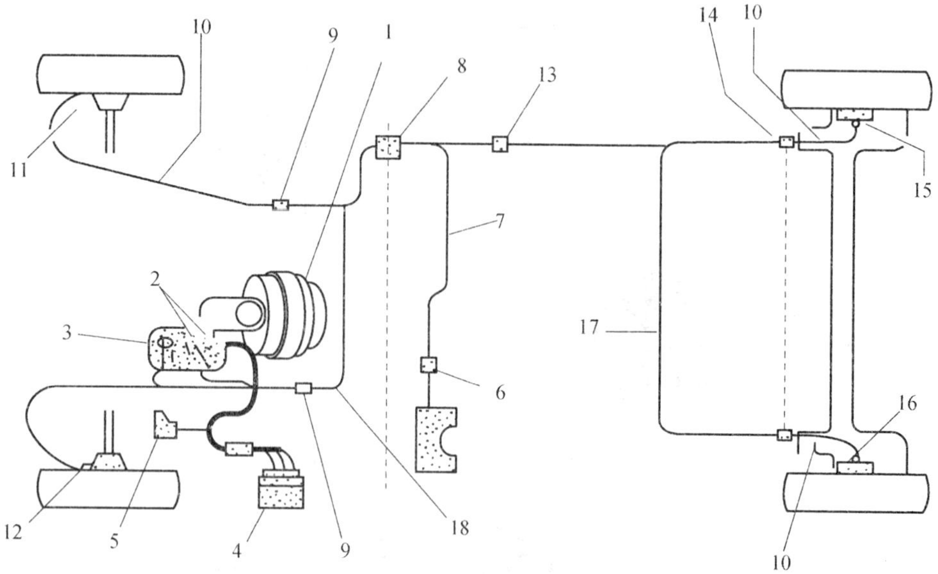

图 14.30 前/后轮分路式 ABS 系

1—制动主缸;2—调压电磁阀;3—ABS 液压调节器总成;4—电子制动控制模块;5—ABS 继电器(左侧继电器盒内);6—灯驱动模块;7—仪表板接头;8—前照灯至仪表板接头;9—前照灯至前轮转速传感器;10—ABS 跨接线束;11—右前轮转速传感器;12—左前轮转速传感器;13—仪表板接头插座;14—后插座穿通接头;15—右后轮转速传感器;16—左后轮转速传感器;17—配线壳体;18—前照灯导线

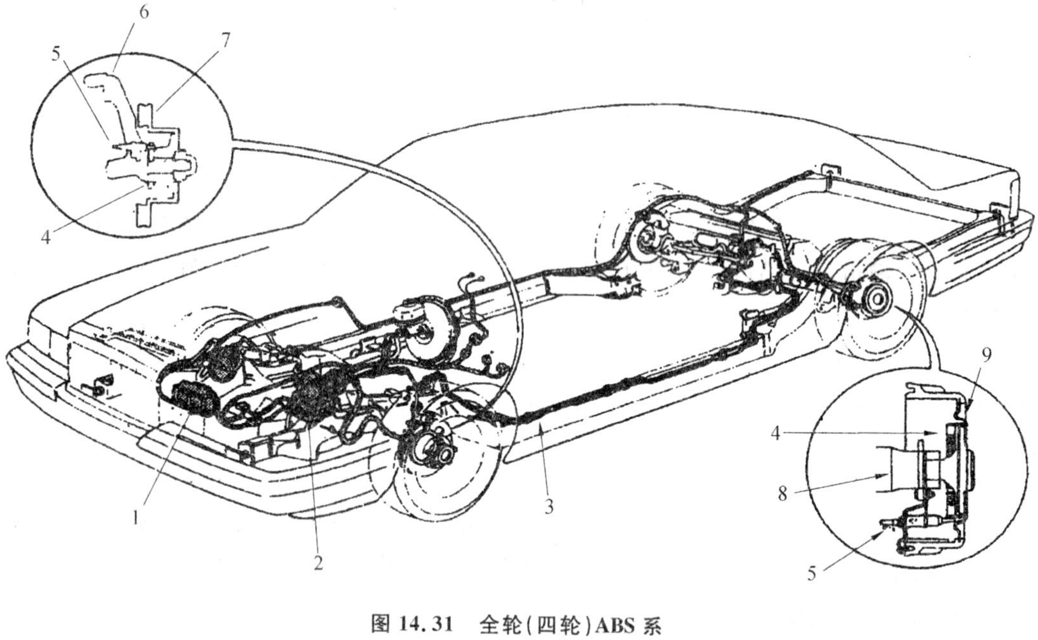

图 14.31 全轮(四轮)ABS 系

1—用于 ABS/ETC 的扩展模块;2—液压控制装置;3—制动管;4—防抱死传感器感应环;5—防抱死传感器;6—前转向节;7—制动盘;8—后轴;9—后制动毂

有些车型则安装在主减速器上或变速器中。齿圈是一个运动部件,一般安装在随车轮一起转动的部件上,如半轴、轮毂、制动盘等。图 14.32 为车轮速度传感头在驱动车轮和非驱动车轮上的一种安装形式。

传感头与齿圈之间的间隙很小,通常只有 0.5～1 mm,多数车轮转速传感器的间隙是不可调的。设置在车轮处的转速传感器感应的是相应车轮的转速。

一些后轮驱动的汽车只在主减速器中或变速器中安装一个电磁感应式传感器,如图 14.33 所示。传感器安装在主减速器壳体上或变速器壳体上,齿圈安装在主减速器输入轴上(或直接利用主减速器齿轮)或变速器输出轴上。转速传感器安装在传动系中,感测的是两后轮的平均转速,因此只适用于对两后轮进行一同控制的 ABS。由于转速传感器被封闭在主减速器或变速器的壳体中,所以有利于保护转速传感器,也可以减少转速传感器的数量。

传感器齿圈是由磁阻较小的材料制成的,齿圈上齿数的多少与汽车的车型、ABS 的 ECU 有关,如福特系列车型有 104 个齿(用 35 端子的计算机芯片)、90 个齿(天蝎座车型)和 50 个齿(用 32 端子的计算机芯片),而博世公司的则有 100 个齿。

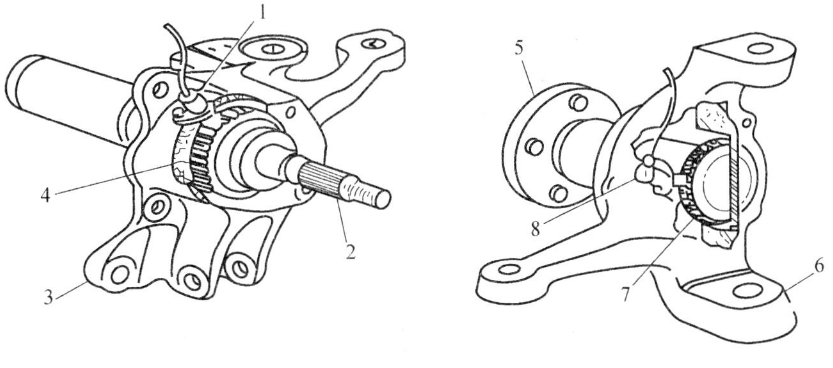

(a)驱动车轮　　(b)非驱动车轮

图 14.32　车轮转速传感器在车轮上的安装

1、8—电磁感应式传感器;2—半轴;3—悬架支承;4、7—齿圈;5—轮毂;6—转向节

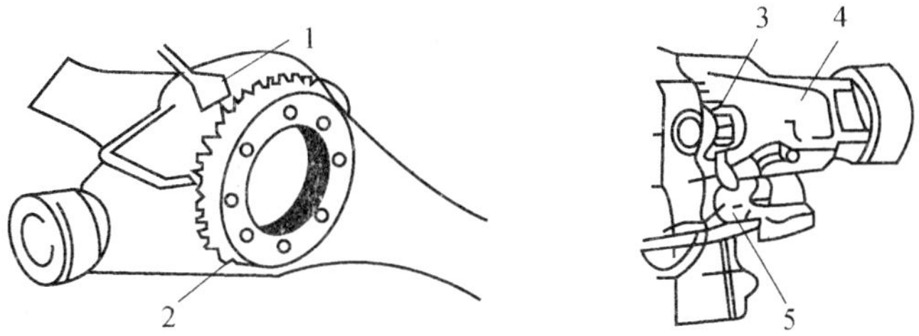

(a)主减速器　　(b)变速器

图 14.33　车轮转速传感器在传动系中的安装位置

1、5—传感器;2、3—齿圈;4—变速器

电磁感应式车轮转速传感器的工作原理如图 14.34 所示。当齿圈的齿隙与传感头的永久性磁芯端部相对时,磁芯端部与齿圈之间的空隙最大,传感头的永久性磁芯所产生的磁力线就不容易通过齿圈,感应线圈周围的磁场较弱(图 14.34(a));而当齿圈的齿顶与传感头的磁芯端部相对应时,磁芯端部与齿圈之间的空隙最小,传感头永久性磁芯所产生的磁力线就容易通过齿圈,感应线圈周围的磁场就较强(图 14.34(b));当齿圈随车轮旋转时,齿圈的齿顶和齿隙就交替地与传感器磁芯端部相对,传感器感应线圈周围的磁场随之发生强弱交替变化,使在永久磁铁上的线圈中产生一交变电压。交变电压的频率与齿圈的齿数和转速成正比,因此转速传感器输出的交变电压频率将与相应车轮的转速成正比。另一方面,车轮转速也会影响转速传感器输出交变电压的幅值(图 14.34(c))。

电磁式车轮转速传感器,根据磁芯端部的结构形状,可分为凿式和柱式等,如图 14.35 所示,但它们的基本工作原理都是相同的。只是由于结构形式的不同,传感头与齿圈的相对安装方式也有区别,如图 14.36 所示。

电磁式车轮转速传感器具有结构简单、成本低的优点,但也存在以下缺点:

① 电磁感应式车轮转速传感器向 ABS 的 ECU 输送的电压信号的强弱是随转速的变化而变化的,信号幅值一般在 1～15V 的范围内变化。当车速很低时,传感器输出的电压信号若低于 1 V,则 ECU 无法检测到如此弱的信号,ABS 也就无法正常工作。

② 电磁感应式车轮转速传感器频率响应较低。当车轮转速过高时,传感器的频率响应跟不上,容

易产生错误信号。

③ 电磁感应式轮速传感器的抗电磁波干扰能力较差，尤其在输出信号幅值较小时。

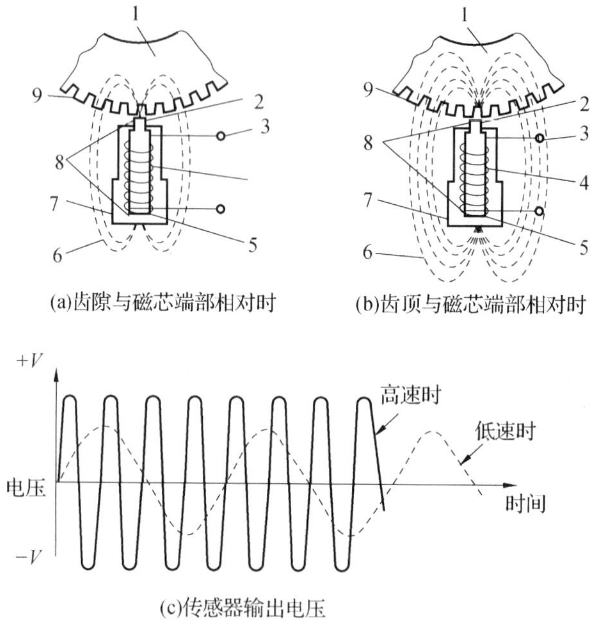

图 14.34　电磁感应式车轮转速传感器的工作原理

1—齿圈；2—磁芯端部；3—感应线圈引线；4—感应线圈；5—永久性磁芯；6—磁力线；7—电磁感应式传感器；8—磁极；9—齿圈齿顶

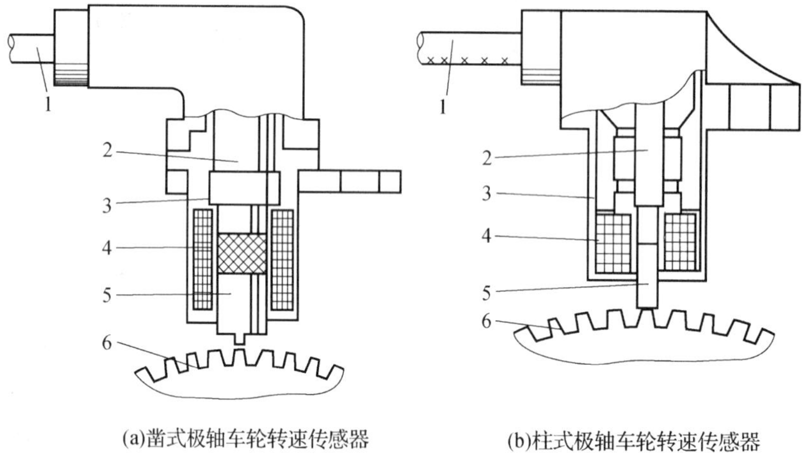

图 14.35　电磁式车轮转速传感器的结构

1—电缆；2—永久磁体；3—外壳；4—感应线圈；5—极轴；6—齿圈

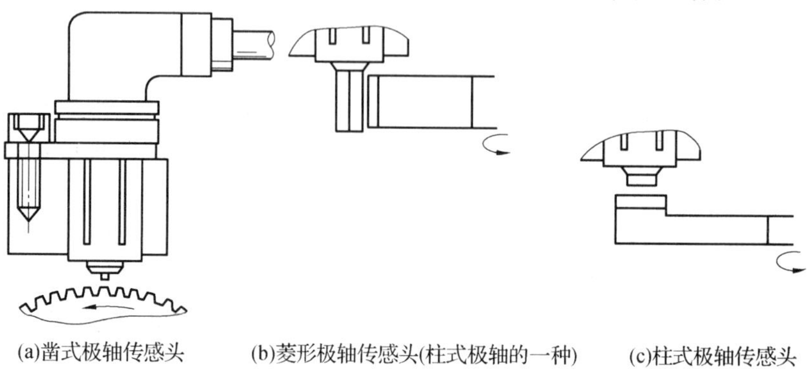

图 14.36　电磁式车轮转速传感器的传感头与齿圈的相对安装方式

(2)霍尔式车轮转速传感器。

各类 ABS 的速度控制范围一般为 15～160 km/h,今后对速度控制范围的要求会更大,将达到 8～260 km/h,甚至更大。电磁式车轮转速传感器很难适应这种发展要求,取而代之的将是霍尔式车轮转速传感器。霍尔式车轮转速传感器主要具有以下优点:

①输出的电压信号强弱不随转速的变化而变化。在汽车电源电压为 12 V 的条件下,信号的幅值保持在 11.5～12 V,即使车速很低时也不变。

②传感器频率响应高达 20 kHz,用于 ABS 中,相当于车速为 1 000 km/h 时所检测的信号频率,因此不会出现高速时频率响应跟不上的问题。

③霍尔式车轮转速传感器输出的电压信号强弱不随转速的变化而变化,且幅值较高。因此抗电磁波干扰能力较强。

霍尔式车轮转速传感器也是由传感头和齿圈组成。传感头由永久磁体、霍尔元件和电子电路等组成,如图 14.37 所示。永久磁体的磁力线穿过霍尔元件通向齿圈,齿圈相当于一个集磁器。当齿圈位于图 14.37(a)所示位置时,穿过霍尔元件的磁力线分散,磁场相对较弱;当齿圈位于图 14.37(b)所示位置时,穿过霍尔元件的磁力线集中,磁场相对较强。随着齿圈的转动,穿过霍尔元件的磁场线密度发生变化,从而产生霍尔电压的变化,霍尔元件输出一个毫伏级的准正弦电压,此电压信号由电子电路转换成标准的脉冲电压信号后输入 ECU 中。霍尔式车轮转速传感器电子线路框图如图 14.38 所示。

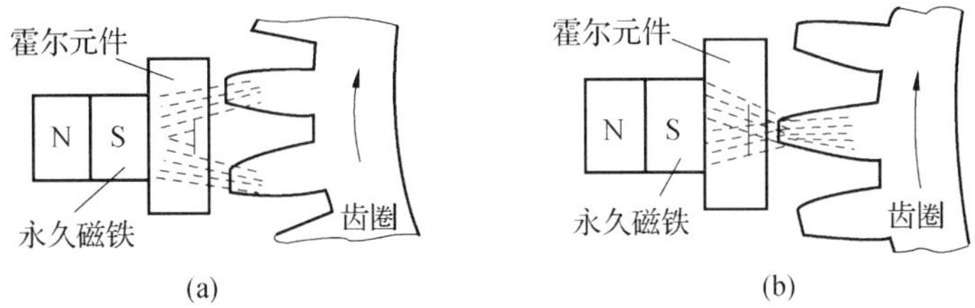

图 14.37　霍尔式车轮转速传感器磁路

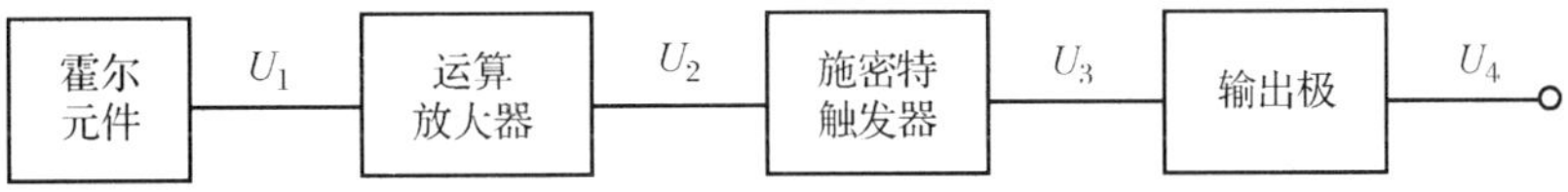

图 14.38　霍尔式车轮转速传感器电子线路框图

霍尔元件输出的毫伏级的准正弦波电压首先经放大器放大为伏级电压信号,然后送往施密特触发器转换成标准的脉冲信号,再送到输出级放大后输出给 ECU。电子线路中的各级波形如图 14.39 所示,电子线路原理如图 14.40 所示,其工作电压为 8～15 V,负载电流为 100 kA,工作频率为 20 kHz,输出信号电压幅值为 7～14 V。

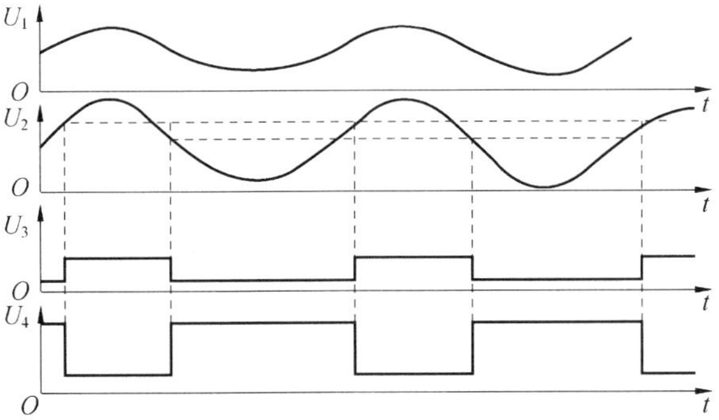

图 14.39　霍尔式车轮转速传感器电子线路中的各级波形

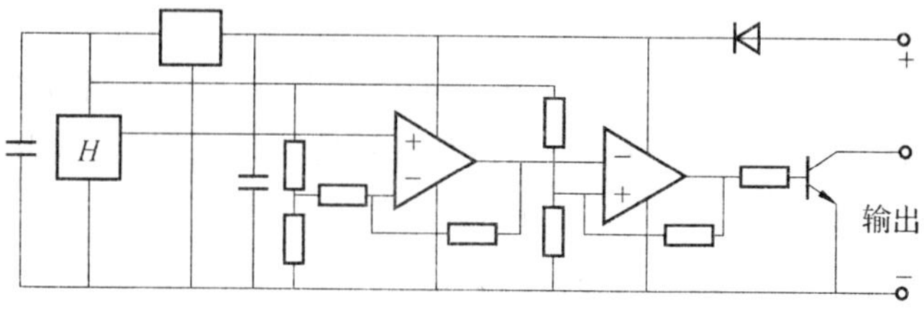

图 14.40　霍尔式车轮转速传感器电子线路原理图

(3)加速度传感器。

在某些 ABS 中，为了获得汽车的纵向或侧向加速度，在汽车的车身上安装有加速度传感器(G 传感器)。加速度传感器通常是利用耦合变压原理获得加速度信号，其工作原理如图 14.41 所示。当汽车在正常行驶时，线性可调差接变压器的铁芯处于中间位置，变压器二次侧绕组两端产生了两个相位相反、大小相等的电压，此时变压器的输出电压为零。当汽车制动时，在惯性力的作用下，线性可调差接变压器的铁芯移动，使变压器的二次侧绕组两端产生的电压，一端电压增大，另一端电压减小，就使变压器有输出电压，此电压经解调电路处理后，向 ABS 中的 ECU 输出。

加速度传感器安装在汽车上，其中的加速度感受元件产生的惯性力与汽车的加速度(或减速度)的大小成正比，而方向相反。加速度感受元件产生的惯性力不同，其在线圈中所处的位置随之不同，加速度传感器输出的电压信号也就不同。

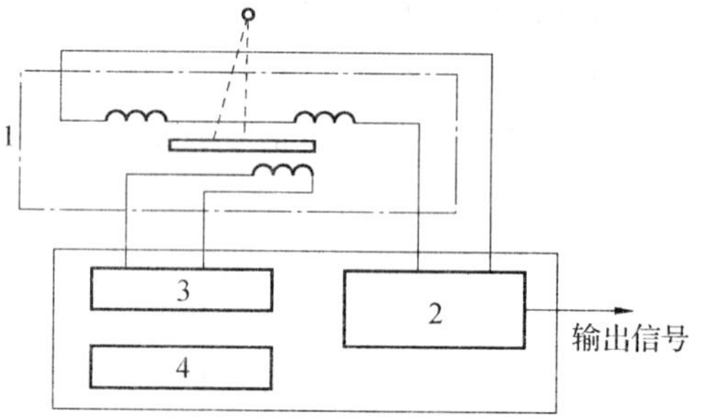

图 14.41　加速度传感器的工作原理图

1—线性可调差接变压器；2—解调电路；3—振荡电路；4—基础电路

4. 电子控制单元

电子控制单元，简称 ECU，是汽车 ABS 防抱死制动系中的控制中心。它一般由两个微处理器和电路组成，封装在金属壳体中，形成一个独立的整体单元。ECU 通常安装在汽车上尘土和潮气不易侵入、电磁干扰较小的部位。ECU 通过线束与传感器和执行机构相连，在某些车型上，为了使 ABS 结构紧凑，减少插头和线束，将 ECU 安装在制动压力调节装置上。

(1)电子控制单元的功用。

当 ABS 起作用时，ECU 监测并控制制动系的工作情况，即 ECU 具有对制动系进行“监测”和“控制”两方面的功能，如图 14.82 所示。

①防抱死制动控制的功能。

对制动系进行防抱死制动控制是 ECU 的主要功能。ECU 接收各个车轮转速传感器及其他传感器的输入信号，然后按照预先设置的控制逻辑进行处理和运算，从而形成相应的控制指令，对执行机构进行控制，通过制动压力调节装置调节制动压力，防止各车轮抱死。

②系统监测的功能。

对制动系进行监测是 ECU 的另一个功能，ECU 接收制动灯开关、压力开关以及其他各种信号来监测 ABS 工作是否正常。当 ECU 监测到 ABS 工作不正常时，会自动停止 ABS 工作并点亮 ABS 警报灯，以免因 ABS 故障造成错误的控制结果。在部分液压制动系的 ABS 中，ECU 还控制电动液压泵的工作。

在正常情况下，发动机启动后，ABS 警报灯数秒后就应自动熄灭，否则说明 ABS 有故障。

(2)ECU 的基本电路。

ECU 内部电路结构主要由输入放大电路、运算电路、电磁阀控制电路以及安全保护电路等组成，各种 ABS 系的 ECU 电路框图如图 14.43、图 14.44 和图 14.45 所示。

①输入回路。

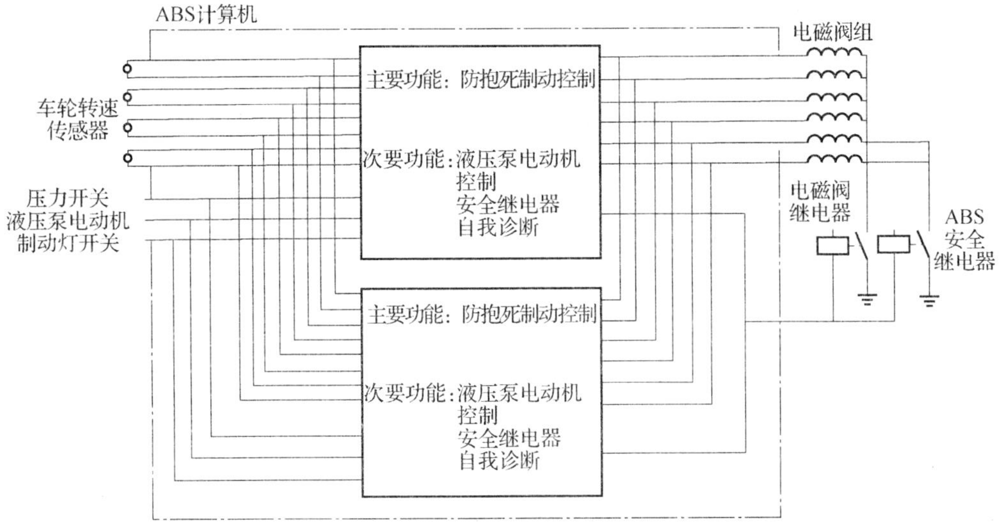

图 14.42　电子控制单元功能示意图

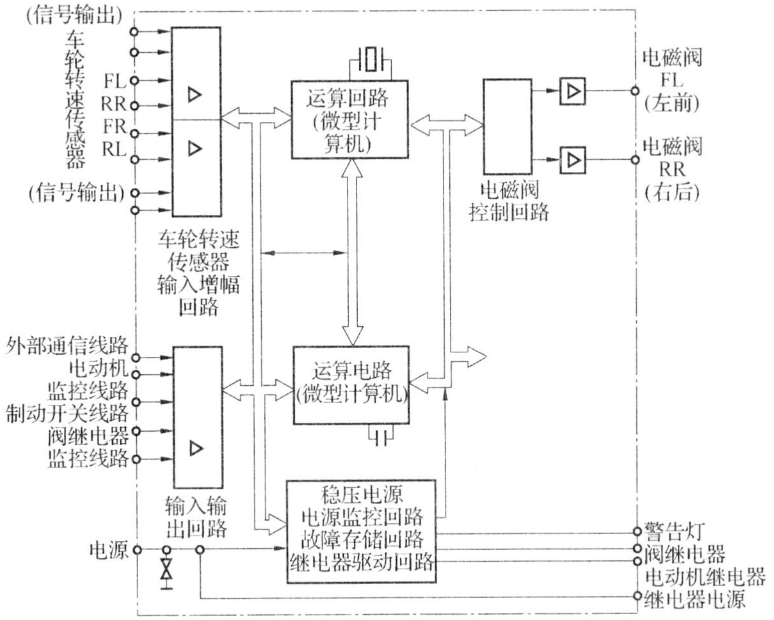

图 14.43　四传感器、两通道控制 ECU 内部电路框图

输入回路主要由一个低通滤波器和用于抑制干扰信号并放大车轮速度信号的输入放大器组成。其功用是对输入 ECU 的信号进行预处理，滤除输入信号中的各种干扰，对输入的信号进行整形，然后将输入的各种模拟信号转换为数字信号后输入运算电路中。在对 ABS 的监测过程中，由运算回路发出的测试脉冲信号又经输入回路传给各车轮转速传感器，再由输入回路将各传感器的反馈信号处理后输入运算回路。输入回路的数量与车轮转速传感器的数量一致，即采用四传感器的 ECU 中相应有四个输入回路，采用三个传感器的 ECU 中相应有三个输入回路。

②运算回路(微处理器)。

运算回路主要进行车轮线速度、初始速度、滑移率、加速度和减速度的运算，并进行电磁阀控制参数的运算和监控运算。运算回路可分为瞬时线速度运算回路、初始速度运算回路、比较运算回路、电磁阀控制参数运算回路和监控运算回路。

车轮转速传感器信号经过输入回路预处理后输入运算回路，首先由瞬时线速度运算回路计算出车轮的瞬时线速度，并将运算结果输送给初始速度运算回路；再由初始运算回路对瞬时线速度进行积分运算，计算出车轮的初始速度，并将计算结果输送给比较回路；比较回路再对初始速度和瞬时线速

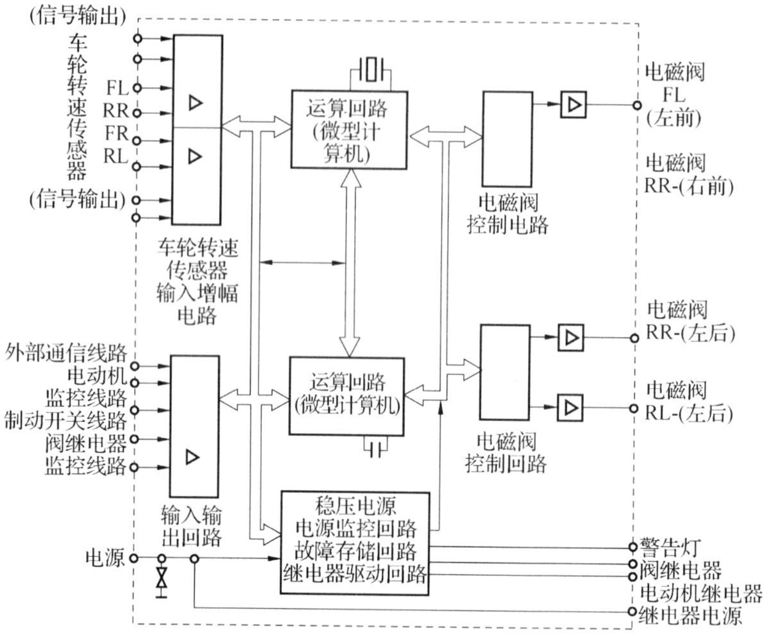

图 14.44　四传感器、三通道控制 ECU 内部电路框图

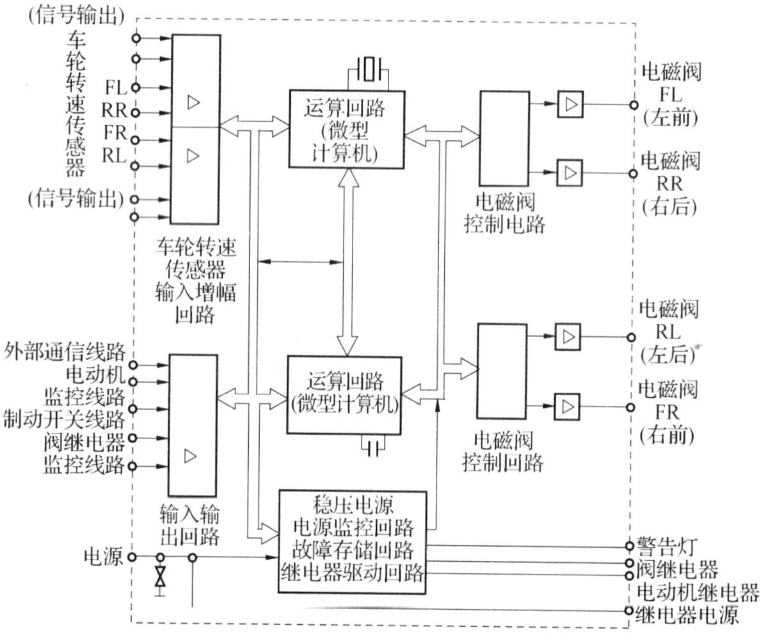

图 14.45　四传感器、四通道控制 ECU 内部电路框图

度进行比较运算,计算出车轮的滑移率、加速度和减速度,输送给电磁阀控制参数运算回路;然后由电磁阀控制参数运算回路根据计算出的车轮滑移率、加速度和减速度,计算出电磁阀的控制参数并输送给电磁阀控制回路。

在 ECU 中一般设有两套运算回路(两个微处理器)。这两套运算回路可以是完全相同的,也可以是不同的。在运算回路相同的 ECU 中,两套运算回路同时进行运算并利用交互式通信方式进行数据传递,利用各自的运算结果进行相互比较、相互监测,确保可靠性。在运算回路不同的 ECU 中,一套为控制运算回路(控制微处理器),另一套为安全运算回路(安全微处理器),如图 2.46 所示。经过输入回路预处理的信号输入到控制运算回路,进行运算和处理,形成相应的控制指令;为了防止因 ABS 发生故障导致错误的控制,由安全运算回路与控制运算回路通过双向通信对整个 ABS 进行监测,当发现 ABS 存在故障时,控制运算回路和安全运算回路都可以通过控制主继电器和电磁阀继电器使

ABS 退出工作状态，并将故障信息存储记忆。

③电磁阀控制回路。

电磁阀控制回路接收由运算回路输送来的电磁阀控制参数信号，由数字式控制指令转换为模拟式控制信号，并将控制信号放大后向电磁阀的电磁线圈提供不同的控制电流，以控制电磁阀的工作位置。

④安全保护回路。

安全保护回路主要包括四部分：稳压电源回路、电源监控回路、故障存储回路和继电器驱动回路。稳压电源回路将汽车蓄电池或发电机提供的电源电压转变为 ECU 内部所需的稳定电压，并由电源监控回路对电源电压是否稳定在规定的范围进行监控。

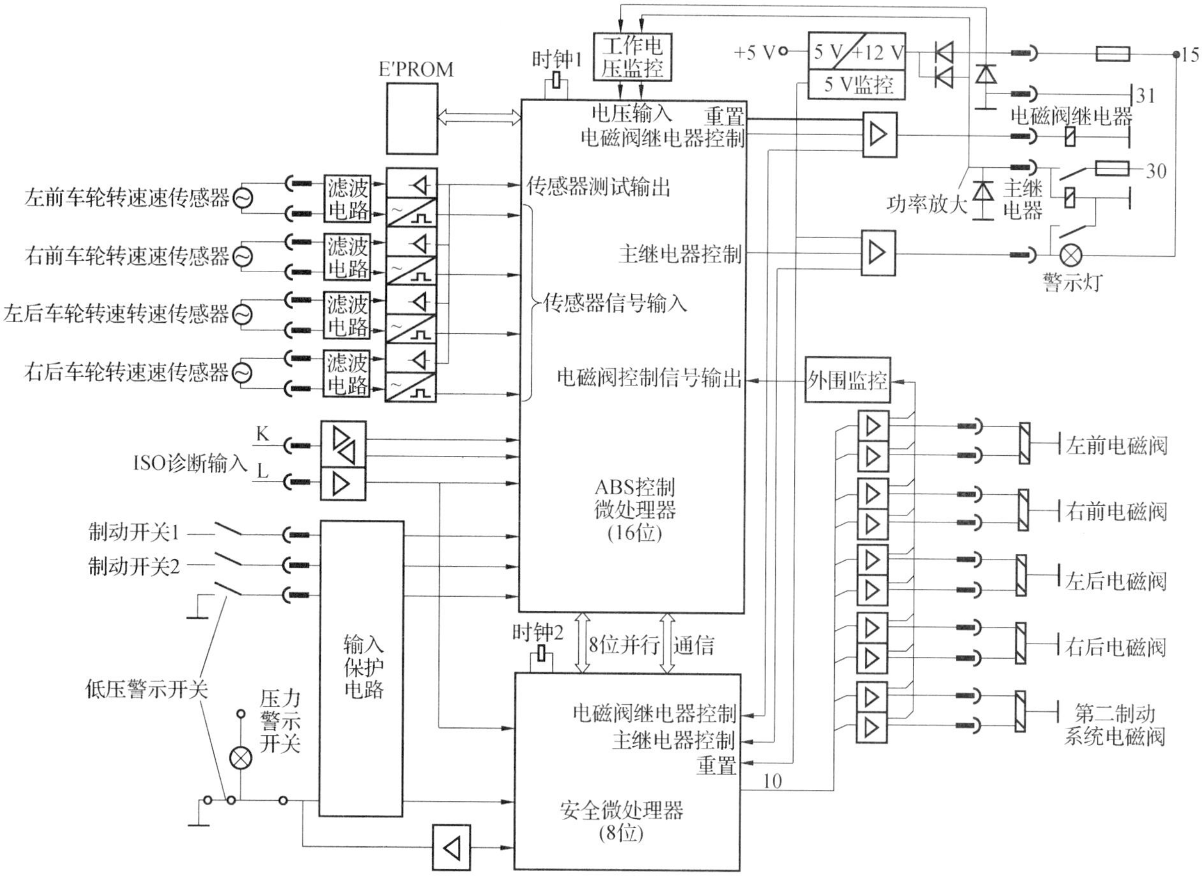

图 14.46　两套运算回路不同的 ECU 内部电路框图

故障存储回路对向 ECU 各回路(输入回路、运算回路和电磁阀控制回路)输入的信号进行监控，并以故障码的形式将其检测到的故障存储在存储器中，以便诊断故障时调取。

继电器驱动回路实际上是一个报警回路，当故障存储回路检测到故障时，报警回路驱动相应的继电器，切断 ABS 电源回路使 ABS 停止工作，制动系转入普通制动模式，同时点亮 ABS 警报灯提示驾驶员 ABS 出现故障。

5. ABS 执行机构

ABS 的执行机构主要由制动压力调节单元和 ABS 报警灯组成。

ABS 报警灯的功用是在 ABS 出现故障时，由 ECU 控制使其点亮，向驾驶员发出报警信号，并可根据 ECU 控制闪烁显示故障码。

制动压力调节装置的功用是根据 ECU 的指令来调节各个车轮制动器的制动压力。制动系不一样，所采用的制动压力调节装置的结构和工作原理也不一样。比较常用的制动系主要有液压式、机械式、气压式和空气液压复合式等，而在ABS中应用最广泛的是液压式制动系。因此，在这里主要对液压式制动压力控制装置进行介绍。

液压式制动压力调节装置（或称为调节器）的主要元件是液压电动泵和液压控制电磁阀，用液压电动泵和液压电磁阀产生的压力控制汽车的制动力。在汽车每个车轮或每个ABS内部都有电磁阀，通过电磁阀直接或间接地控制制动压力，通常把直接控制制动压力的形式称为循环式，把间接控制制动压力的形式称为可变容积式。

(1)ABS液压式制动压力控制装置的组成。

ABS液压制动压力控制总成是在普通制动系的液压装置上经设计后加装ABS制动压力调节单元而形成的。普通制动系的液压装置一般包括真空助力器、制动主缸、储油箱、制动轮缸（分缸）和液压管路等。ABS液压调节单元装在制动主缸与轮缸之间，如果与主缸装在一起，称为整体式，否则称为非整体式。

ABS液压式制动压力控制装置，除了普通制动系的液压部件外，在ABS液压调节单元中，主要由电动泵、蓄压器、电磁阀和一些控制开关等组成。实质上，ABS防抱死制动控制系就是依靠电磁阀控制轮缸上的油压，使其迅速变大或变小，从而实现了防抱死的制动功能。

①电动泵和蓄压器。

电动泵和蓄压器可使制动液产生很大的压力，而较大的制动液压力是ABS工作的基础。

电动泵实质上是一个高压泵，它可以在很短的时间内将制动液的压力加到14 000～18 000 kPa（在蓄压器中），给整个液压系提供高压制动液体。电动泵能在汽车启动1 min内完成上述工作。电动泵的工作是独立于ECU的，如果ECU出现故障或接线有问题，电动泵仍能正常工作。

ABS所用的电动泵一般都是柱塞式液压泵，如图14.47所示。由电动机驱动液压泵的偏心轴承（或偏心轮）转动，偏心轴承驱动柱塞做上、下往复运动。当柱塞向下运动时，出油阀关闭，进油阀打开，储液器内的低压制动液进入柱塞上方的柱塞室；当柱塞向上运动时，进、出油阀都关闭，使柱塞室形成了一个密闭的空间，随着柱塞的上移，柱塞室的油压升高，进而推开出油阀，经高压油管将高压的制动液泵出。

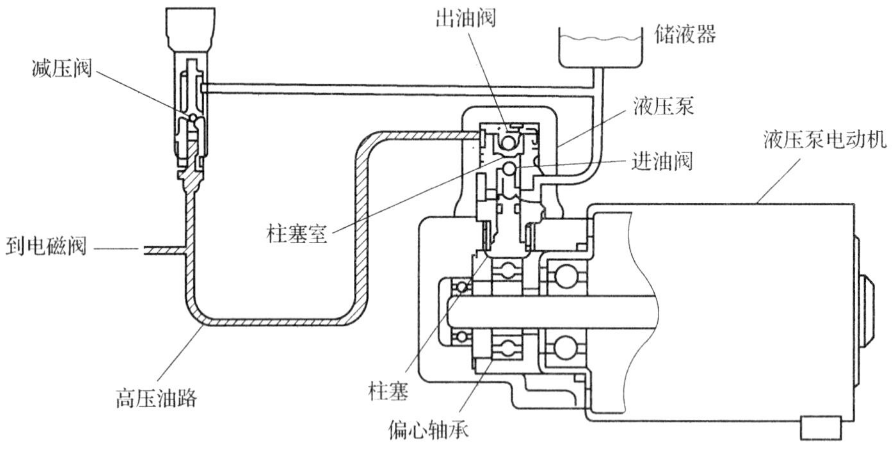

图14.47　电动泵结构示意图

蓄压器串联装在电动泵和电磁阀之间，用于储存来自电动泵的高压制动液，以备在制动过程中增加制动压力。

蓄压器的结构如图14.48所示，在蓄压器内装有膜片将其分为上、下两个腔，在蓄压器的上腔内充满了高压氮气（压力约为8 000 kPa），来自电动泵的高压制动液进入蓄压器的下腔内，随着高压制动液的不断进入，使膜片上移，进一步压缩在上腔内的高压氮气，使高压氮气的压力进一步提高，反过来又推动膜片下移，使下腔的制动液的压力又进一步提高，保持在14 000～18 000 kPa，当压力高于此值时，在蓄压器与储液器之间的压力控制阀打开，使部分高压制动液流回储液器（制动液油箱），从而使在下腔的制动液压力降下来，以防止整个系压力过高。在蓄压器中制动液的压力是与氮气的压力相等的。

在普通制动系工作时(ABS没有工作)，蓄压器可以提供较大制动液压力到后轮制动轮缸；当ABS开始工作时，蓄压器中高压的制动液可进入前、后轮的制动轮缸。

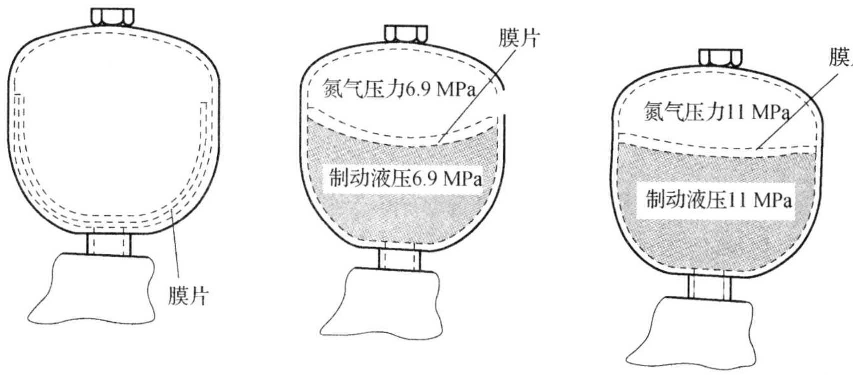

图 14.48　蓄压器结构示意图

②电磁阀。

电磁阀是制动压力调节单元的主要元件，由它来完成防抱死制动的控制。当给电磁阀线圈通电时，就会在线圈中产生磁场，磁场的强度与线圈的匝数和通电电流之积成正比。若线圈带有铁芯，铁芯就会变成磁力很强的磁铁，产生吸引力。电磁阀就是根据这个原理制成的，它由线圈、固定铁芯和可动铁芯等组成，当改变通过线圈的电流大小时，就会使线圈产生的磁场发生变化，从而使铁芯的磁力发生变化，这样就可以控制固定铁芯和可动铁芯之间的吸引力，由于这个力与弹簧力相反从而改变了可动铁芯的位置。

图 14.49 所示是在 ABS 中常采用的三位三通道电磁阀的基本结构和工作原理示意图，使用柱塞来替代可动铁芯，在柱塞上设有液体通道，柱塞的位置决定了液体通道的开闭。在电磁阀体上有三个通道，分别与制动主缸、制动轮缸和储液器相连接，由 ECU 控制流过电磁线圈的电流能使柱塞有以下三种位置(即三位)：

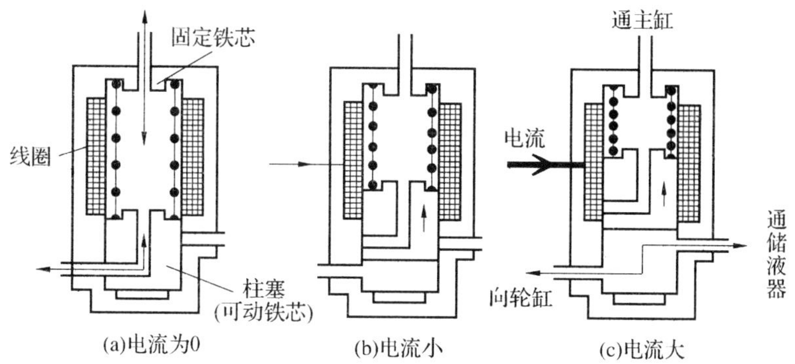

图 14.49　三位三通道电磁阀的基本结构和工作原理图

在普通制动模式(ABS不起作用)或在防抱死制动模式(ABS起作用)的“增压”阶段，流过电磁线圈的电流为零，柱塞将制动主缸与制动轮缸相连通，并将通向储液器的通道关闭，此时电磁阀处于“增压”位置。

在 ABS 防抱死制动模式的“保持压力”阶段，根据 ECU 的指令，向电磁线圈提供一个较小的电流，使柱塞将通向制动主缸、制动轮缸和储液器的三个通道全部关闭，此时电磁阀处于“保持”位置。

在 ABS 防抱死制动模式的“减压”阶段，根据 ECU 的指令，向电磁线圈通入最大电流，使柱塞将制动轮缸和储液器连通，并将通向制动主缸的通道关闭，此时电磁阀处于“减压”位置。

另外，还有一种应用比较广的电磁阀，这种电磁阀只分为打开(ON)和关闭(OFF)两个位置，根据

ECU的指令,把柱塞控制在这两个位置,改变制动液的通路。在阀体中还有三对电磁阀,其中两对分别控制两个前轮的制动,一对控制两个后轮的制动。每对电磁阀中,一个是常开输入阀,一个是常闭输出阀。在普通制动模式下,制动液通过常开的输入电磁阀到制动轮缸。如果进入ABS防抱死制动状态,ECU发出指令,使输入、输出电磁阀适时打开和关闭,让制动轮缸的压力快速变化(增压或减压),防止车轮在制动时被完全抱死。ECU的控制速度很高,它可在防抱死制动过程中以每秒12次的频率打开和关闭相应的输入、输出电磁阀。如果ABS防抱死制动系出现故障,输入电磁阀始终常开,输出电磁阀始终常闭,从而使普通制动系能正常工作,而ABS不能正常工作,直到故障被排除为止。

③压力控制阀、压力警告开关和液位指示开关。

压力控制阀独立于ECU工作,一般安装在蓄压器下面,始终监视着蓄压器下腔的制动液压力,当蓄压器制动液压力增高到一定数值(大于18 000 kPa)时,压力控制阀自动打开,使部分制动液流回储液器,从而防止ABS压力过高而导致损坏。另一方面,当蓄压器制动液压力下降到一定数值(小于14 000 kPa)时,压力控制阀闭合,同时使电动泵继电器下面的电路构成回路,使电流通过此电路让电动泵运转,向蓄压器提供制动液。如果压力控制阀发生故障,尽管蓄压器仍能提供较高压力的制动液,但最终会导致ABS中的压力下降,因此必须对压力控制阀进行检查,待故障排除后再让汽车运行。

压力警告开关有两个作用,当蓄压器制动液压力下降到14 000 kPa以下时,先点亮红色制动系故障报警灯,然后紧接着点亮黄色ABS故障报警灯,同时使ECU停止防抱死制动工作。

液位指示开关安装在储液器中,它有两个触点,当制动液面下降到一定程度时,上面的触点闭合,下面的触点打开,上面触点的闭合点亮红色的制动系故障报警灯,提醒驾驶员要对汽车的制动液进行检查。下面的触点打开切断了通向ECU的电路,发出使ECU停止防抱死制动控制的信号。ECU停止工作的同时点亮黄色ABS故障报警灯。

④继电器和ECU保护二极管。

在ABS中,一般有两个继电器:一个是电源继电器,一个是电动泵继电器。

电源继电器主要是通过点火开关给ECU供电。只要发动机启动,ECU就会启动ABS的自检程序,检查ABS是否良好。如果电源继电器损坏,ECU就会知道,并发出指令,让ABS停止工作,而普通制动系仍继续工作,直到电源继电器修复为止。

电动泵继电器主要是给电动泵接通电源。当点火开关接通后,电流通过压力控制阀使电动泵继电器导通,控制电动泵触点闭合,蓄电池直接给电动泵供电使其运转。如果电动泵继电器损坏或发生故障,电动泵就不能运转,将导致整个系压力下降而无法工作,此时汽车要停止运行,直到将电动泵修复为止。

ECU保护二极管主要是保护ECU不被损坏,防止电流由蓄电池的正极通过电源继电器直接流向ECU,而使ECU损坏。

⑤故障报警灯。

ABS有两个故障报警灯:一个是红色的制动系故障报警灯;一个是黄色的ABS故障报警灯。

在以下情况中,两个报警灯会点亮,但不是故障。当点火开关打开时,红色制动系报警灯与黄色ABS故障报警灯几乎同时点亮,制动系灯亮的时间较短,ABS灯亮的时间稍长;汽车发动机启动后,蓄压器要建立ABS压力,此时两报警灯会再亮一次,时间可达几十秒。红色制动系故障报警灯在汽车停车驻车制动时也应点亮。如果在上述情况下灯不亮,说明报警灯本身及报警灯线路有故障,需进行检修排除。

红色制动系故障报警灯常亮,说明制动液不足或蓄压器中的制动液压力较低,此时,普通制动系与ABS均不能正常工作,要检修故障原因并及时排除。黄色ABS故障报警灯常亮,说明ECU发现

ABS有问题，要及时检修。

(2)液压式制动压力调节装置的结构形式。

根据制动压力调节装置与制动主缸和制动助力器的结构关系，可以分为分离式、组合式和整体式三种结构形式。

①分离式结构的制动压力调节装置自成一体，通过制动管路与制动主缸和制动助力器相连。其中有些制动压力调节装置具有独立的供能装置，而有些制动压力调节装置则与制动助力器共用供能装置。分离式结构的制动压力调节装置在汽车上的布置比较灵活，无需对汽车的布置做较大改动，尤其适合将ABS作为选择装备时采用，而且采用分离式制动压力调节装置的ABS的成本也较低。但采用分离式制动压力调节装置会使制动管路比较复杂，管路接头也相应增加。

②组合式结构的制动压力调节装置也是自成一体的，但通过螺栓等与制动主缸或制动助力器连接在一起，并且仍需要通过制动管路将制动压力调节装置与制动主缸相连。

③整体式结构是将制动压力调节装置与制动主缸或制动助力器构成一个整体。采用整体式结构可以使制动系非常紧凑，管路接头较少，但成本较高。所以这种结构常用于将ABS作为标准装备的高级轿车。

(3)液压式制动压力调节装置的工作原理。

在液压制动的汽车上，制动压力调节装置常串联装在制动主缸与制动轮缸之间，通过电磁阀直接或间接地控制轮缸的制动压力。根据工作原理的不同，液压制动系采用的制动压力调节装置又可分为可变容积式和循环式。下面主要介绍可变容积式压力调节装置的工作原理。

可变容积式压力调节装置是在汽车原有的制动管路上增加一套液压装置，用它来控制制动管路容积的增减，从而达到控制制动的压力变化。

可变容积式压力调节装置主要由电磁阀、液压控制活塞、电动泵和蓄压器等组成。其主要特征是有一个液压控制活塞。这种方式随结构的不同，既有踏板反应的，也有无踏板反应的。下面将介绍这种压力调节装置的工作原理。

①普通制动模式(ABS不工作)。普通制动模式的调压过程如图14.50所示。在制动压力调节装置未进行防抱死制动压力调节时，电磁线圈中没有电流通过，电磁阀中的柱塞位于最左端，将液压控制活塞大端的工作腔与储液器接通，由于液压控制活塞的大端没有受到液压的作用，液压控制活塞在其复位弹簧的预紧力作用下，处于左端极限位置，控制活塞的顶端有一推杆，将单向阀顶开，使制动主缸与制动轮缸的管路相互沟通，制动主缸的制动液直接进入制动轮缸，制动轮缸的制动压力随制动主缸的输出压力而变化。

②减压制动模式。

防抱死制动“减压”制动模式的调压过程如图14.51所示。在防抱死制动压力调节过程中，当需要减小制动轮缸的制动压力时，ECU发出指令，给电磁线圈通入最大电流，使电磁线圈中产生的磁力也最大，电磁阀中的柱塞在最大磁力作用下，克服弹簧的弹力移至最右端，将蓄压器与控制活塞的工作腔接通，同时将通向储液器的管路关闭。电动泵开始工作，来自蓄压器或电动泵的高压制动液流入控制活塞大端的工作腔，克服弹簧的弹力，推动控制活塞右移，单向阀在复位弹簧的作用下落座，将制动主缸与制动轮缸隔离，制动轮缸中的制动液就会流入控制活塞小端的工作腔，制动轮缸的制动压力随之减小。轮缸制动压力减小的程度取决于控制活塞向右移动的距离，控制活塞向右移动的距离越大，在制动轮缸侧的容积就越大，制动轮缸制动压力就减小得越多。

③保压制动模式。

防抱死制动“保压”制动模式的调压过程如图14.52所示。在防抱死制动压力调节过程中，当需要保持制动轮缸的压力时，ECU发出指令，给电磁线圈通入一个较小的电流。由于电流较小，在电磁线圈中产生的磁力也较小，使电磁阀中的柱塞不能完全克服弹簧的弹力，而处于中间位置。从而将通

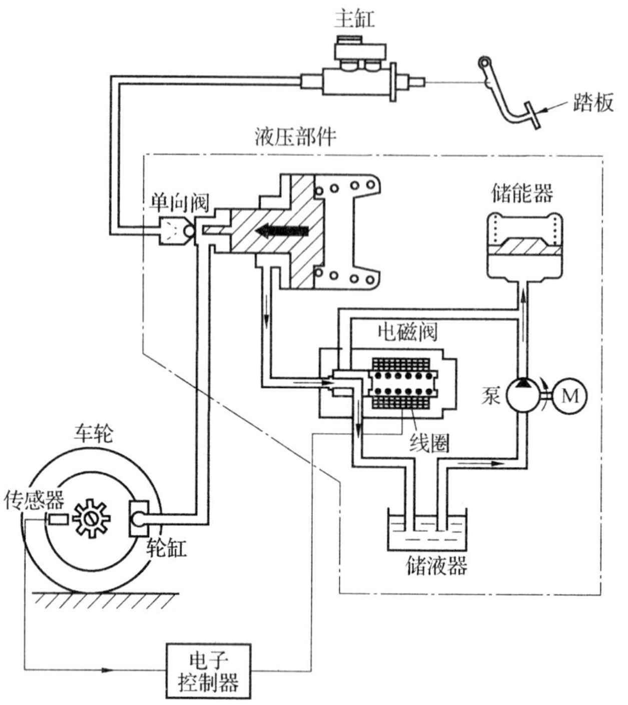

图 14.50 普通模式时的制动压力调节

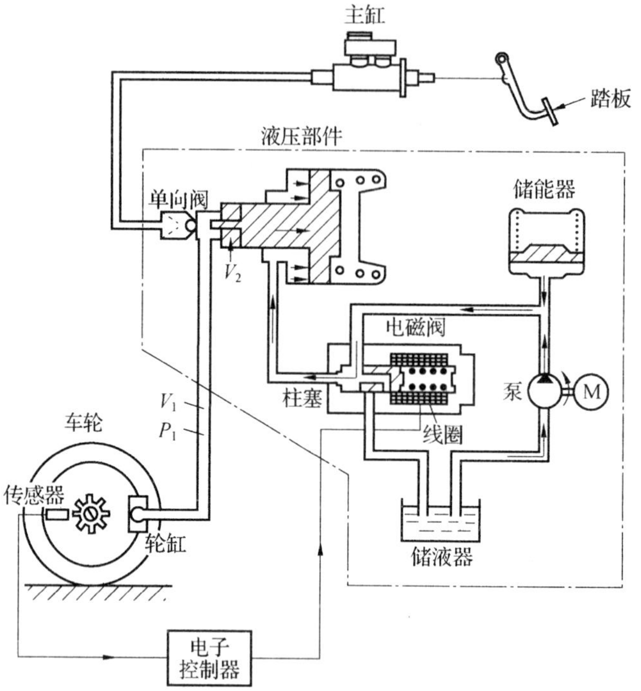

图 14.51 减压模式下的制动压力调节

向蓄压器、控制活塞工作腔和储液器的管路全部关闭，来自蓄压器或电动泵的制动液不能再进入控制活塞大端的工作腔，控制活塞大端工作腔的压力不再发生变化，控制活塞在大端工作腔的油压和弹簧力作用下，保持在一定的位置，此时由于单向阀仍处于落座状态，制动轮缸的制动压力保持不变。

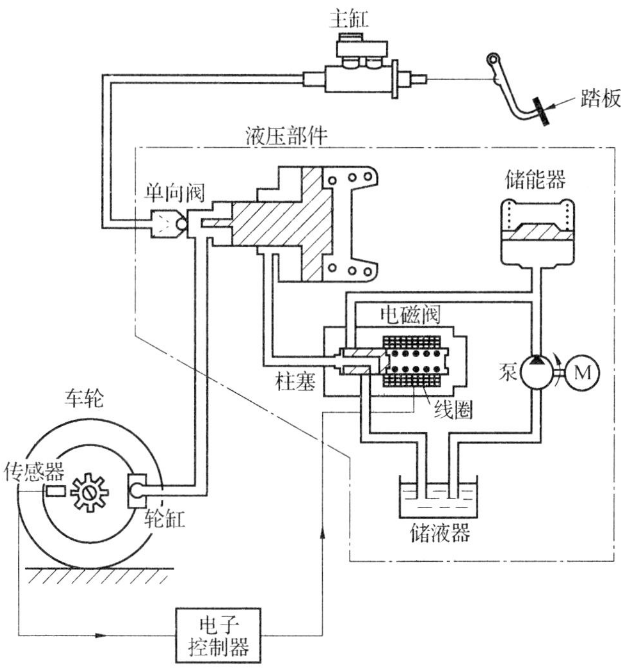

图 14.52 保持模式下的制动压力调节

④增压制动模式。

防抱死制动“增压”制动模式的调压过程如图 14.53 所示。在防抱死制动压力调节过程中，当需要增加制动轮缸的压力时，ECU 发出指令，切断通向电磁线圈的电流，电磁阀中的柱塞在弹簧力的作用下回到左端初始位置，将液压控制活塞大端的工作腔与储液器管路接通，控制活塞大端工作腔内的制动液流回储液器，作用在活塞大端工作腔的高压被解除，控制活塞在弹簧力的作用下，也回到左端的初始位置，顶开单向阀，使来自制动主缸的制动液直接进入制动轮缸，以增大制动轮缸的制动压力。

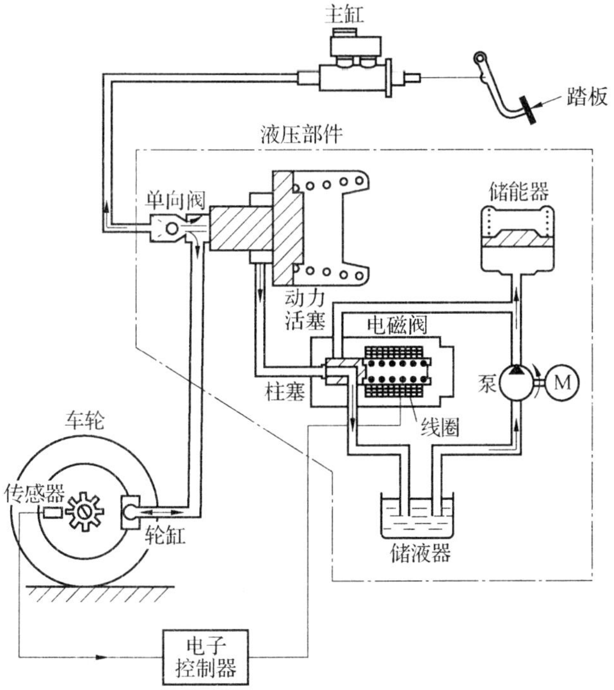

图 14.53 增压模式下的制动压力调节

可变容积式压力调节装置的特点是通过改变电磁阀中柱塞的位置，对液压控制活塞的移动进行控制，从而改变制动轮缸侧的管路容积，利用这种变化间接地控制轮缸制动压力的增减。其制动压力的增减速度取决于控制活塞的移动速度。

当制动轮缸需要“保持”制动压力时，根据ECU的指令，给电磁线圈通入较小的电流，电磁阀中的柱塞移至图14.53所示的中间位置，所有的通道都被关闭，同时切断液压泵电动机的电源使液压泵停止工作，使制动轮缸内的制动压力保持原有状态。

14.4.2 驱动防滑控制系(ASR)

随着对汽车性能要求的提高，不仅要求在制动过程中防止车轮抱死，而且还要求防止在驱动过程中(起步、加速)，特别是在非对称路面域转弯时驱动轮滑转，以提高汽车在驱动过程中的方向稳定性、转向控制能力和加速性能。

汽车行驶时的车轮滑动，实际指两种情况，一种是汽车在制动时车轮抱死而产生的车轮滑移情况；另一种是车身不动车轮转动或者是汽车的速度低于转动车轮的轮缘速度，称为滑转。ABS控制前一种情况，对于后一种情况，则是通过汽车驱动防滑控制系(Acceleration Slip Regulation，ASR)实现对汽车的制动控制。

驱动车轮的滑转，也会造成车轮与地面附着力的下降，纵向附着力的下降使驱动车轮产生的牵引力减少，由此导致汽车起步、加速以及在平滑路面的行驶性能下降。ASR就是当车轮出现滑转时，通过对滑转侧的车轮施加制动力或者控制发动机的输出转矩以抑制车轮的滑转，从而避免汽车牵引力与行驶稳定性的下降。因此，这种汽车驱动防滑控制系又被称为汽车牵引力控制系，记为TCS(Traction Control System)或TRAC(Traction Control)。

ASR是在汽车ABS系统的基础上发展起来的。实质上，它是ABS基本思想在驱动领域的延伸和扩展。ASR技术能够根据汽车行驶状态，运用数学算法和控制逻辑使汽车驱动轮在恶劣路面或复杂输入条件下充分利用地面的附着性能，以获得最大的驱动力。由于ASR能够提高汽车的牵引性、操纵性、稳定性和舒适性，减少轮胎磨损和事故风险，增加行驶安全性和驾驶轻便性，使得汽车在附着状况不好的路面上能顺利起步和行驶并安全制动。ASR可独立设立，但大多数与ABS组合在一起，用ABS/ASR表示，统称为防滑控制系。目前一，些高档轿车一般都装有防滑控制系统。

1.ASR的基本组成及工作过程

(1)ASR的基本组成。

ASR的基本组成如图14.54所示，由传感器、电子控制模块(ECU)、执行器和驱动车轮制动器组成。

电子控制模块(ECU)是ASR的控制单元，具有运算功能，根据前、后轮速传感器传递的信号以及发动机和自动变速器的ECU中节气门开度信号来判断汽车的行驶条件，分析判断后，对副节气门执行器、ASR制动执行器发出指令，执行器完成对发动机供油系或点火时刻的控制，或对制动压力进行调整。

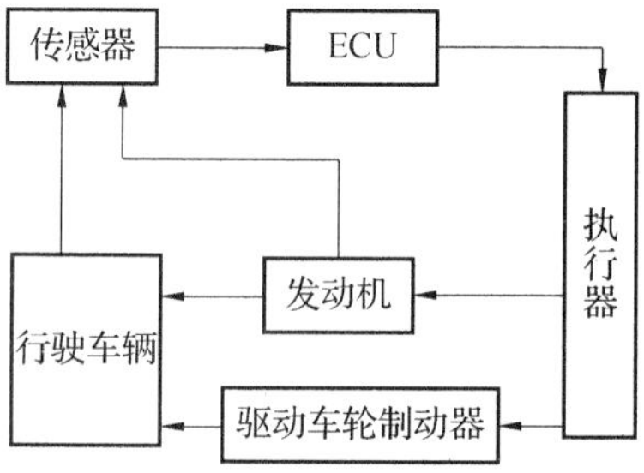

图14.54　ASR的基本组成

ASR的传感器主要是轮速传感器和节气门位置传感器。一般轮速传感器与ABS共用，主要完成对车轮速度的检测，并将轮速信号传送给ABS和ASR的ECU。主、副节气门开度传感器用于检测节气门的开启角度，并将这些信号传送给发动机与自动变速器的ECU。

ASR的执行器主要是ASR执行器和副节气门执行器。前者根据从ABS和ASR电子控制单元传来的信号，为ABS执行器提供液压。后者则根据ASR的ECU传送来的信号，控制副节气门的开启角。

(2)ASR 的工作过程。

汽车驱动时，必须满足下式的驱动条件和附着条件，方能正常行驶，即

$$F_{阻力} \leqslant F \leqslant F_{\varphi}$$

式中，$F_{阻力}$ 为汽车行驶阻力，N；F 为汽车驱动力，N；F_{φ} 为汽车路面附着力，N。

汽车驱动力可通过下式计算，即

$$F = Mi_1 i_2 \eta / r$$

式中，M 为发动机输出转矩，N·m；i_1 为变速箱传动比；i_2 为主减速器传动比；η 为传动系统效率；R 为车轮半径，m。

驱动条件 $F_w \leqslant F$ 是由发动机的输出转矩来保证的。附着条件 $F \leqslant F_{\varphi}$，在汽车未装用 ASR 前是由驾驶员控制加速踏板或制动踏板来保证的，对驾驶员的驾驶技术要求较高。装用 ASR 后，可以通过电子控制来保证附着条件的实现，使汽车在驱动加速行驶时车轮不滑转，提高了附着力系数利用率，这就是 ASR 的基本功能。

在汽车制动时，应避免滑移率为 100%，这一点可以通过 ABS 保证，而汽车在启动、加速时，应当防止滑转率为 100%情况的出现，这要通过 ASR 系实现。

图 14.55 表示的是在驱动情况下驱动轮驱动力与其滑转率的关系图。当驱动轮滑转率从 0 开始增加时，纵向驱动力 F_x 也随之增大，当滑转率达到 S_T 时，纵向驱动力达到最大值 $F_{x\max}$。如果滑转率再继续增加，纵向驱动力反而随之下降，当滑转率达到 100%时，即车轮发生纯滑转时，其驱动力要远远小于 $F_{x\max}$。所以从牵引性上考虑，驱动轮的滑转率最好控制在 S_T 的领域内；图中 F_y 为汽车侧向力，从图中看出，汽车侧向力 F_y 随纵向滑转率的增大而急剧减小。当滑转率为 100%时，不仅纵向驱动力减小，侧向驱动力更是大幅度减小，此时一旦车轮遇到小的扰动，就会向行驶的侧向滑动。因此考虑到保证侧向驱动力，维持汽车的方向稳定性，一般认为驱动轮的最佳滑转率应取略小于 S_T 的范围，可取 8%～15%。

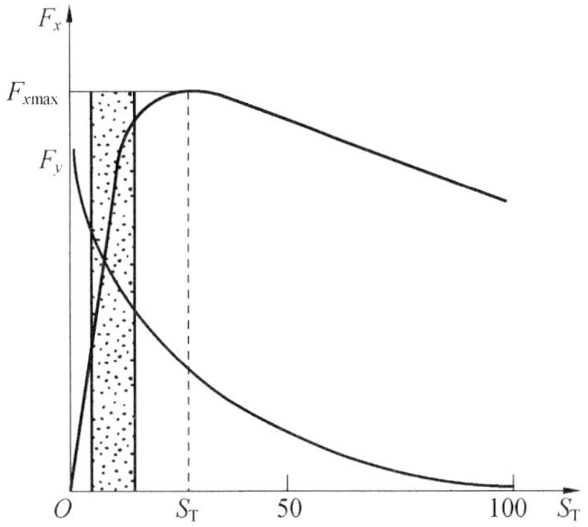

图 14.55　纵向和侧向驱动力与滑转率的关系

综上所述，ASR 的基本功能可以总结为：

①改善附着性能，提高牵引力的最佳控制效率，提高运输效率。

②改善汽车的操纵稳定性，保证行驶安全。

为了保证实现附着条件 $F \leqslant F_{\varphi}$，ASR 采用以汽车运动状态对 F 进行修正错误的方法工作，即在行驶中，若 $F \leqslant F_{\varphi}$ 时，ASR 处于等待工作的状态，一旦 $F \leqslant F_{\varphi}$ 遭到破坏，出现 $F > F_{\varphi}$ 时，ASR 立即工作，对 F 进行修正。

附着力 F_{φ} 是由运行条件（如道路条件、载荷及车速和轮胎型号等）所决定的变量，不能由驾驶员控制，ASR 也不能改变其大小。ASR 只能在 $F > F_{\varphi}$ 时，减小 F。减小 F 的途径有两条：一是减小发动机的驱动力矩；二是利用制动系统损耗掉一部分驱动力矩，这与 ABS 通过减少制动压力从而减小制动器制动力矩相类似。

图 22.69 所示为一个典型的 ASR 的示意图。这是一种发动机节气门开度调节与驱动轮制动力矩控制综合应用的 ASR。该系统是在 ABS 的基础上发展起来的，与 ABS 共用轮速传感器、液压驱动元件等，并扩展了 ECU 功能，增设了 ASR 制动执行器、节气门执行器、ASR 工作指示灯以及 ASR 诊断系等。

对于单轴驱动汽车，启动后，当车轮速度高于 10 km/h 时，ASR 便开始监测驱动轮的驱动特性，

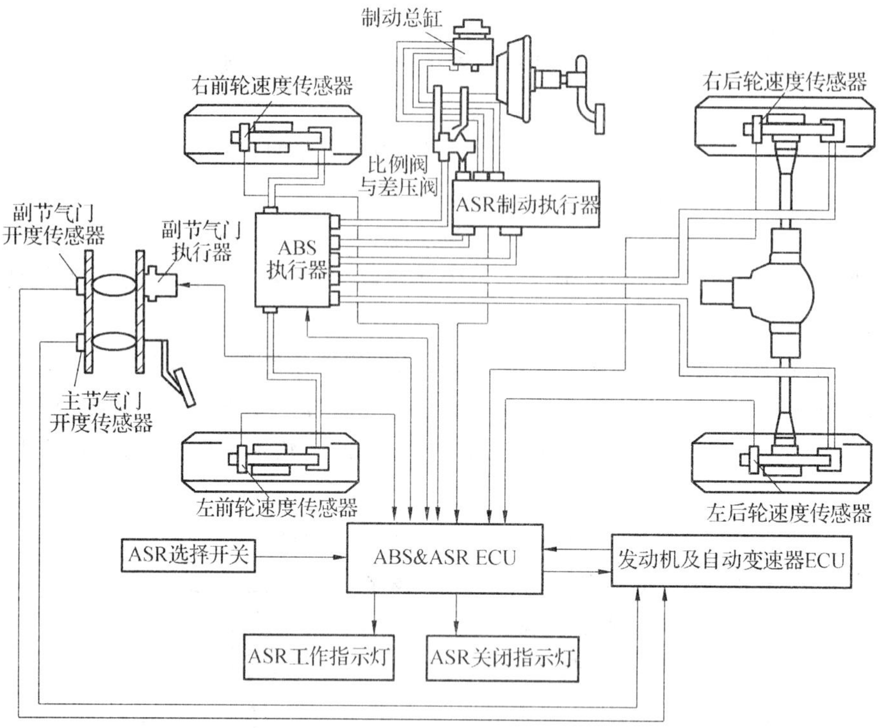

图 14.56 典型 ASR 示意图

各轮速传感器将采集到的信号传给 ECU,经 ECU 处理后,得到各驱动轮的速度和加速度值。当车速小于门限速度(一般取为 40～50 km/h)时,再进一步识别驱动轮的滑转率。如果发现某一驱动轮发生过度滑转,ECU 就指令 ASR 制动滑转轮,并根据滑转轮的滑转情况改变制动力,直至滑转率达到要求的范围。如果另一驱动轮也发生滑转,当其滑转率刚好超过门限值后,ECU 便指令节气门执行器减小节气门开度,降低发动机输出转矩。若车速大于门限值,如果驱动轮发生滑转,ECU 便指令节气门执行器减小节气门开度,从而使汽车驱动轮始终处于最佳的滑转范围内。

如果 ASR 的某个部件发生故障。ASR 诊断系统将通过仪表盘上的指示灯指示,提醒驾驶员注意。

ASR 除具备以上基本功能以外,还有另外两种功能:一是 ASR 只有在车轮发生滑转时才工作,在其余的所有时间内,ASR 只是处于准备工作状态,不干预常规驾驶。另一种功能是,如果 ASR 出现故障,则自动切断所有相关信号,发动机和制动系统恢复到没有装备 ASR 的模式下工作,并在仪表盘上通过 ASR 指示灯提醒驾驶员 ASR 出现了故障。

(3)ABS 与 ASR 的比较。

ABS 和 ASR 这两项汽车防滑控制技术作为汽车主动安全性控制系统的核心内容对保障汽车在极限驾驶工况下的安全性能起到了显著的作用。

ABS 在汽车制动时调节控制制动压力,以获得尽可能高的减速度,使制动器制动力接近但不超过轮胎与路面间的最大附着力,使车轮滑移率保持在 15%～25%的范围内,从而提高制动减速度并缩短制动距离。它能有效地提高制动时汽车的方向操纵性和行驶稳定性。

ASR 在汽车驱动加速时发挥效用,以获得尽可能高的加速度,使驱动轮的驱动力不超过轮胎与路面间的附着力,以防止车轮滑转,从而改善汽车的操纵稳定性及加速性能,提高汽车的行驶平顺性。与 ABS 不同的是,ASR 在整个汽车行驶过程中均起作用。

ABS 及 ASR 均以改善汽车行驶稳定性为前提,以控制车轮运动状态为目标。ABS 是不使车轮转动角速度为零,防止车轮抱死滑移,一般在车速很低(小于 8 km/h)时不起作用。ASR 不使车轮中心平移速度即车速为零,防止车轮滑转,一般在车速很高时(大于 80km/h)时不起作用。ABS 与 ASR

均是以车轮的运动学参数或动力学参数为控制参数的，因此两者可以密切配合。ABS 的发展已历经了漫长的时期，而 ASR 继 ABS 之后迅速发展的原因就在于此。当代先进的 ABS 均配有 ASR 功能，这就是常见的 ABS/ASR。

2. ASR 控制原理

(1)ASR 控制方式与基本原理。

保持驱动轮始终处于最佳滑转率范围的驱动防滑控制方式有发动机输出转矩控制、驱动轮制动力矩控制、差速器锁止控制、离合器或变速器控制。这些控制方式均可以使驱动轮上的驱动力矩得到调整。

①发动机输出转矩控制。

通过控制发动机输出转矩，就可以达到控制传递到驱动轮上力矩的目的，从而实现对驱动轮滑转率的调节。发动机输出转矩控制手段主要有供油量调节、点火参数调整和节气门开度调节。

汽油发动机输出转矩的微量调节可以通过改变点火参数调节来实现。所谓点火参数的改变主要是指减小点火提前角。如果驱动轮滑转仍然持续增长，则也可以采用阻断点火脉冲电流，以暂时中断点火，当然此时要同步停止供油，以避免排放超标。点火参数调节是一种比较迅速的驱动防滑控制方式，反应时间仅为 30～100 ms。供油量调节则是指减少供油或暂停供油。即当发现驱动轮发生过度滑转时，电子调节装置将自动减少供油量，甚至中断供油，来减小发动机的输出转矩，供油量调节是电控汽油发动机中比较容易实现的驱动防滑控制方式。但是点火参数调节和供油量的调节都会导致汽油发动机的不正常工作，影响发动机和传动系的使用寿命，而且容易造成汽油发动机的排放恶化。

节气门开度调节是指在原节气门通道的基础上，串联一个副节气门，通过传动机构控制其开度，从而使其有效节气门开度获得调节，实际就是控制进入汽油发动机汽缸的空气量。一般在汽车的节气门踏板上安装 ASR 传感器，将驾驶员操纵节气门踏板的情况变为电信号，ASR 控制器再将其转换成伺服电动机的控制电压，同时把一系列预编程序与来自转速、温度等的传感器信号一并输入控制器，监测执行器对节气门的控制。来自 ASR 电子控制单元的指令具有优先权。这种控制方式工作比较平稳，易于与其他控制方式配合使用，但响应时间略长，实际应用中大多和其他控制方式配合使用。

对柴油发动机而言，发动机输出转矩的调节一般只采用控制燃油喷射量的方法。这一方法在柴油发动机上也比较容易实现，其实现形式与汽油发动机的节气门开度调节控制方式一致。

发动机输出转矩控制是最早应用的驱动防滑控制方式。它在附着系数较小的冰雪路面上或在高速下，驱动轮发生过度滑转时。该控制方式十分有效。图 14.57 是通过发动机输出转矩调节的带有 ABS 的 ASR 结构图。

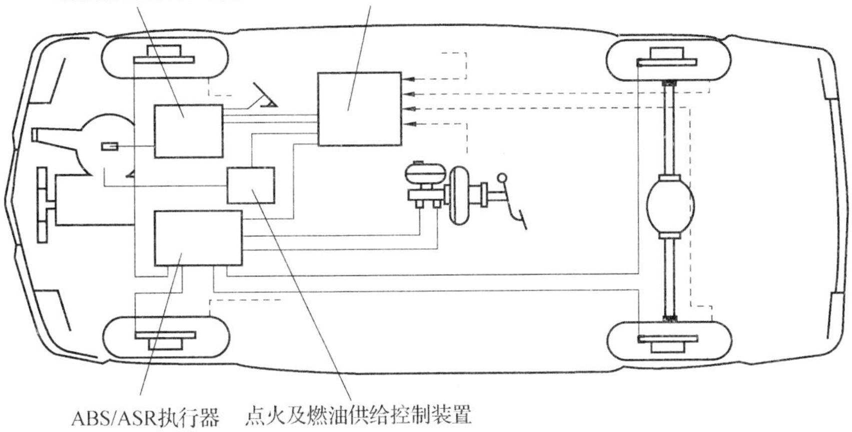

图 14.57 发动机输出转矩调节 ASR 系结构图

②发动机输出转矩和制动力矩调节控制。

驱动轮制动力矩调节就是利用制动器对发生滑转驱动轮施加制动力矩，直接对滑转的车轮起制动作用，使车轮转速降至最佳的滑转率范围内，反应时间短，是防止滑转最迅速的一种控制方式。但是考虑到舒适性，制动力不能太大，因此这种控制方式可作为只用发动机调节输出转矩控制方式的补充，应用中一般与发动机输出转矩调节配合使用，即在干预制动后，紧接着调节发动机输出转矩，以避免可能会出现的制动力矩和发动机输出转矩之间无意义平衡引起的功率消耗，并获得最好的操纵性、稳定性以及最短的反应时间。图 14.58 为带有发动机输出转矩调节的驱动轮制动力控制的 ASR 结构图。

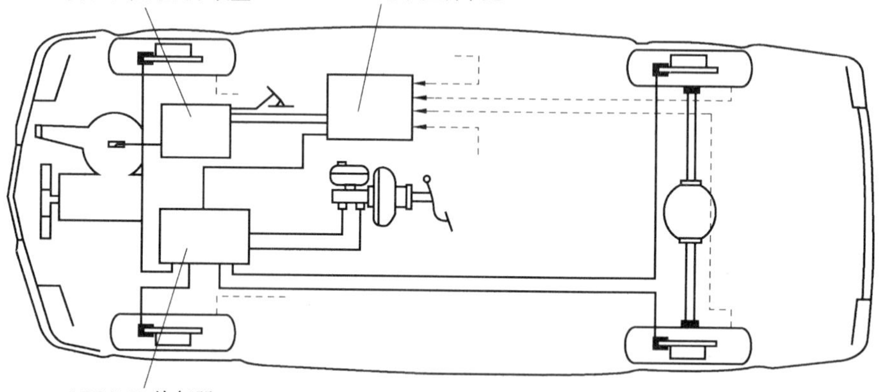

图 14.58　驱动轮制动力调节 ASR 结构图

制动力矩调节的实质是控制差速作用，所以该控制方式对路面两侧附着系数差别较大，只有一个车轮滑转时效果较好。图 14.59 中左、右两驱动轮行驶在分离附着系数的路面上，右驱动轮处于高附着系数路面，F_H 表示对应的驱动力；左驱动轮处于低附着系数路面，F_L 表示对应的驱动力。此时汽车的驱动力只取决于低附着系数路面上的驱动力，为了阻止在低附着系数路面行驶的驱动轮滑转，可对其加上一制动力 F_B，这样可获得最大驱动力。正是这种驱动轮转速不同，由制动控制在两个半轴所产生的差速作用，改善了汽车行驶的操纵性和稳定性。

发动机转矩按最大驱动力 $F_{max} = F_H + F_L = 2F_L + F_B^*$ 进行调节。式中 $F_B^* = F_B \times$ 制动盘有效半径/驱动轮有效半径。

这种方法只适用于汽车低速行驶（小于 48 km/h）下使用，以避免制动摩擦片过热。

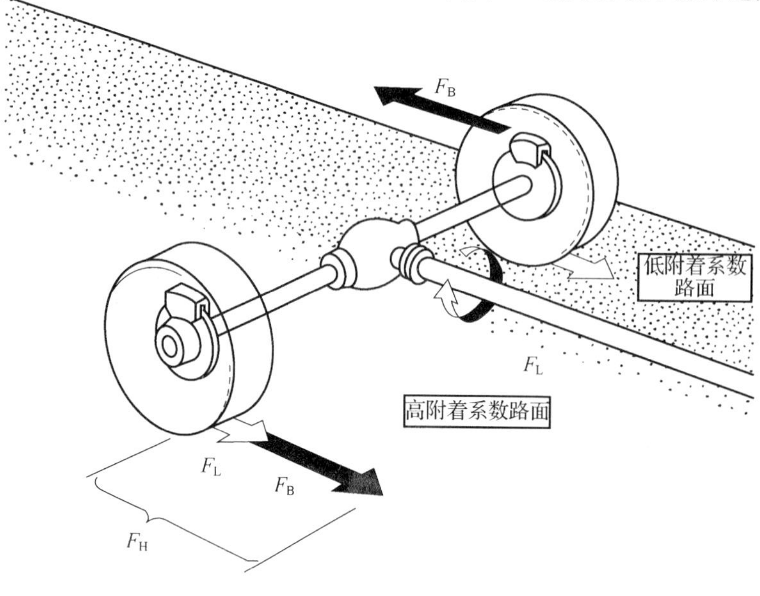

图 14.59　施加制动力产生的差速锁止作用

③差速器锁止和发动机输出转矩控制。

这是一种由电子控制的可锁止差速器。在差速器向车轮输出的离合片上加压可以实现锁止功能。这种锁止方式可以使锁止程度由0～100%(锁止比)逐渐变化,即从无锁止状态变化到完全锁止状态。

与普通的开式差速器在任何时刻都向左、右轮输出相同力矩所不同的是,差速器锁止控制则是根据控制指令(锁止比)和路面情况,对左、右驱动轮的输入力矩不同。这一控制方式如图14.60所示。当路面两侧附着系数差别较大时,低附着系数一侧驱动轮发生滑转时,ECU驱动锁止阀一定程度地锁止差速器,使高附着系数一侧驱动轮的驱动力得以充分发挥。控制压力来自于蓄压器的高压油液,压力值的大小由ECU控制电磁阀来调节,并由压力传感器和驱动轮轮速传感器反馈给电子控制单元实行反馈式控制。

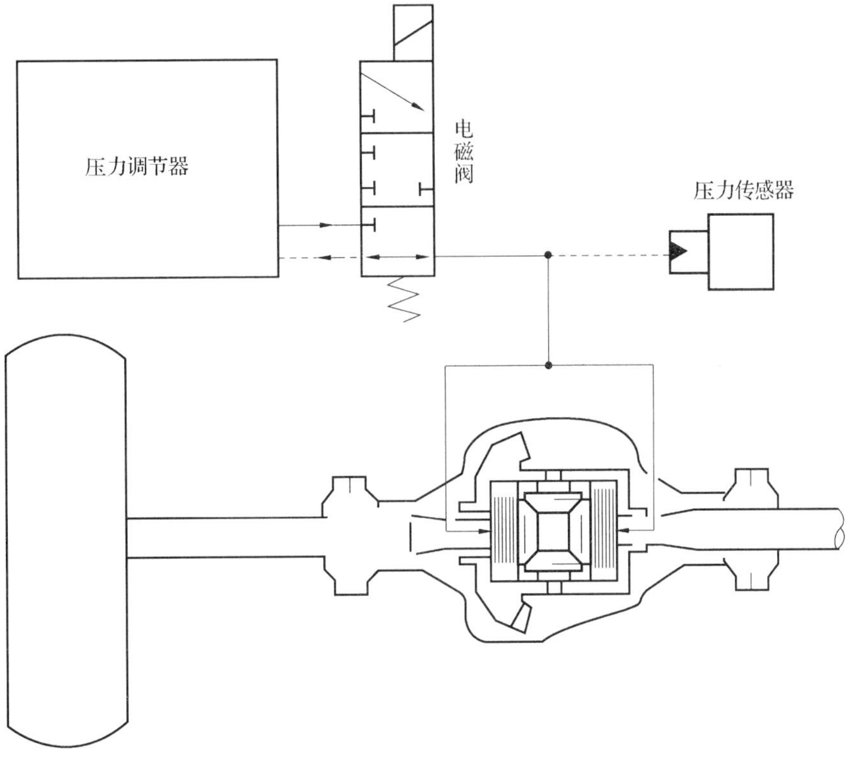

图14.60 差速器锁止控制

电子控制的差速锁可以把驱动轮的差速滑转控制在某一范围内,使非滑转轮具有更大的驱动力,从而获得更好的加速性能。当汽车起步、转弯时,调节差速器的锁止程度,使驱动力充分发挥,对提高车速及行驶稳定性有良好的作用。但是,仅有差速锁时,虽然可以获得良好的驱动性能,但操纵稳定性变差。为此一般将发动机输出转矩控制与差速锁相结合,使得行驶稳定性与操纵稳定性均获得提高。但该方法成本较高,目前主要用在高档轿车上。图14.61是控制发动机转矩和差速器的ASR结构图。

④离合器或变速器控制。

离合器控制是指当驱动轮发生过渡滑转时,减弱离合器的接合程度,使离合器主、从动盘出现部分滑转,从而达到减小输出到半轴的发动机输出转矩的目的。变速器控制是指通过改变传动比来改变传递到驱动轮的驱动力矩,以减小驱动轮的滑转程度。由于离合器和变速器控制反应比较慢,而且,离合器控制的反应慢,变速器控制的变化又过于突然,所以一般不作为单独的控制方式,而且由于压力和磨损等问题,使其应用也受到一定的限制。

通过对装备ASR几种控制系的汽车进行测试发现,在低附着系数路面,由于发动机功率较大,未装备ASR系的汽车在很短的时间内就开始滑转,并处于不稳定状态,驱动力也很小;而装备ASR的

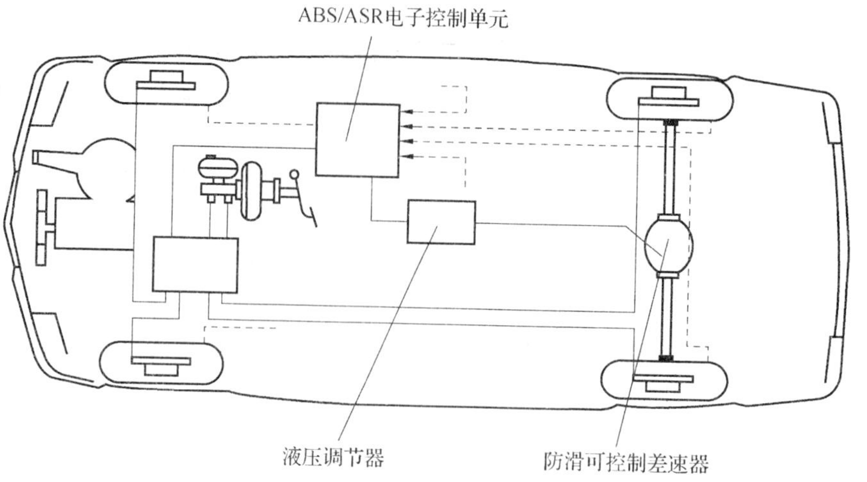

图 14.61　控制发动机转矩和差速器的 ASR 结构图

汽车，发动机转矩通过节气门开度的控制很快减小，使车轮工作在稳定的峰值附着系数附近范围内，既得到操纵的稳定性，又有较大的驱动力，因此起步较快。但是，在有些情况下，仅依靠发动机输出转矩控制也是不适当的。例如在前面所述，如果汽车左、右驱动轮所处的路面附着系数不同，即所谓的分离附着系数路面，一个驱动轮滑动，另一个并不一定滑转，减小发动机输出转矩也不一定能很好地解决问题，反而因为驱动力的减少，使汽车的加速性能下降。对此的解决方案可以采用差速锁或采用制动力矩调节方式。

采用差速锁控制方式时，它可以充分利用地面附着系数。不带差速锁时，车轮的驱动力由两驱动轮最小的驱动力决定；而带差速锁时，两驱动轮则由各自的地面附着系数所决定。一些试验对比已经表明，带差速锁比不带差速锁具有稍好的加速性能，这是由于路面的不均匀性，带差速锁可以得到更大的驱动力。对 ASR 来说，在均匀低附着系数路面上，带与不带差速锁无很大的区别，差速锁起作用时，会使操纵性能变得略差，而转弯时，又会对操纵稳定性造成损坏。所以单独采用差速锁控制方式只能在一定条件下改善车轮的操纵稳定性，还不能算是真正的 ASR。

采用制动力矩调节控制方式也可以解决分离附着系数路面的情况，此时的控制方式类似于差速锁。当驱动车轮单边滑转时，通过差速制动阀与制动压力调节器的动作，对滑转的车轮施加制动力，将车轮的滑转率控制在目标范围内。而在均匀的低附着系数路面，仅依靠发动机输出转矩调节就可以解决驱动轮的滑转问题，仅有制动力矩调节同样也可以解决这一问题，而且也比较经济，同时制动控制的反应也快。但是，制动力矩调节不能长期使用，否则会使制动器的寿命降低，而将发动机输出转矩与制动力矩调节结合起来，既可以得到快速的控制，同时还可以得到最佳的加速，所以这种控制方式是一种综合控制。由于具有这些优点，许多汽车均是采用发动机输出转矩与制动力矩调节混合控制系。

（2）ASR 主要控制部件。

①ASR 的传感器。

ASR 的传感器主要是轮速传感器和节气门位置传感器。轮速传感器通常与 ABS 共用，可以测出与车轮共同旋转的齿圈转速，然后产生与车轮轮速成正比的交流信号，其频率与齿圈转速成正比，因而与相应车轮的转速成正比。常用的轮速传感器仍是电磁感应式转速传感器，由其完成对车轮速度的检测，将轮速信号传送给 ABS 和 ASR 的 ECU。

主、副节气门开度传感器又称节气门开关，用于检测主、副节气门开启角度并将信号发送给发动机与自动变速器控制单元，主、副节气门开度传感器一般均装在节气门的本体上，主节气门传感器与节气门联动，随着驾驶员对加速踏板的控制，靠自身触点检测出发动机处于怠速状态还是处于负荷状态、或者是加减速状态。副节气门开度传感器则由 ASR 控制单元控制。节气门传感器主要有位置传感器和角度传感器两类，且均可以分为模拟式和数字式两种。

图 14.62 为一款丰田车采用节气门位置传感器的结构图。当打开节气门时，节气门开度信号动触点(V_{TA})与怠速信号动触点(IDL)在电阻膜上滑移。V_C 端子上一直加有稳定的 5 V 电压，动触点依照节气门的开度在电阻膜上滑移，由此在 V_{TA} 端子上就会有与节气门开度成比例的电压输出。当节气门全闭时，检测怠速状态的动触点使 IDL～E_2 两个端子导通，从而输出怠速状态信号。

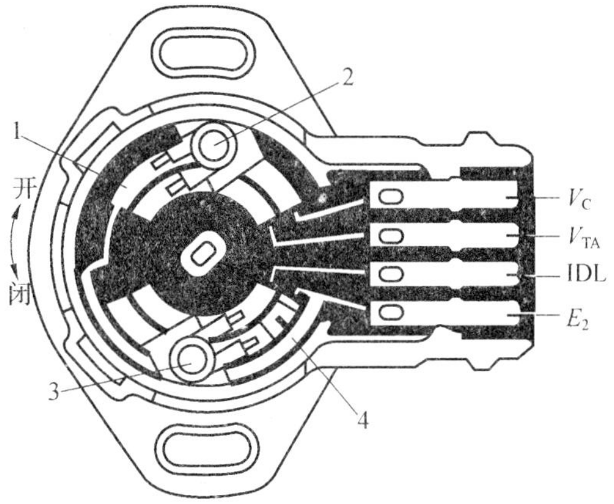

图 14.62　丰田车用节气门开度传感器结构

1—电阻膜；2—节气门开度信号用动触点；3—怠速信号用动触点；4—绝缘件

传感器与 ECU 的连接方法如图 14.63 所示。从 ECU 输送来的 5 V 电压加在传感器电阻 r 的两端，动触点 a 根据节气门开度的状况在电阻 r 上滑移，从而改变 ECU 的 V_{TA} 端子的电位。这一电压信号经 A/D 转换器变换成数字信号，再输入到计算机中去。从图 14.63 中可以看出，传感器通过 V_{TA} 端 ECU 内部的电阻 R_1 与稳压电源电路相连，通过 V_{TA} 电阻 R_2 端与 E_2 端子相连，但是因为 R_1、R_2 都大于 r，所以电流的流经途径是 V_C 端子→电阻 r—E_2 端子，V_{TA} 端子的电位不受电阻 R_1、R_2 的影响。

当节气门全闭时，IDL 触点闭合，IDL 端的电位为 0，这样就把节气门全闭的这一情况通知了计算机。收到 V_{TA} 端子、IDL 端子传来的信号之后，计算机根据这些信号判断出汽车的行驶状态，再决定进行过渡时期的空燃比修正或是输出增量修正、或是切断油路、或是进行怠速稳定修正。

发动机(汽油发动机)输出转矩的调节是通过副节气门来实现的。副节气门的执行器安装在节气门壳体上，根据 ABS 和 ASR 的电子控制单元传送信号来控制副节气门的开启角度，从而控制进入发动机的空气量，达到控制发动机输出转矩的目的。

副节气门的执行器一般由步进电机和传动机构组成。步进电机根据 ASR 控制单元输出的控制脉冲信号转动规定的转角，通过传动机构带动辅助节气门转动。传动机构主要通过装在壳体上的旋转轴、主动齿轮、凸轮轴齿轮等实现对副节气门开度的控制，主动齿轮安装在旋转轴的末端，它能带动安装在副节气门轴末端的凸轮轴齿轮旋转，以此来控制副节气门的开启角度。其结构形式如图 14.64 所示。

当 ASR 不工作时，副节气门处于完全打开状态，在图中的节气门呈水平状态，此时，副节气门完全不起作用，发动机的工作完全由主节气门控制，即由驾驶员踩动加速踏板控制汽车的车速。当需要减小发动机输出转矩来控制车轮滑转时，ASR 微机就输出控制信号，使辅助节气门驱动装置工作，改变副节气门开度，使之处于部分关闭(如图 14.64 中的位置)或完全关闭状态，减少进入发动机汽缸的空气量，以达到控制发动机输出转矩，进而抑制驱动车轮的滑转。

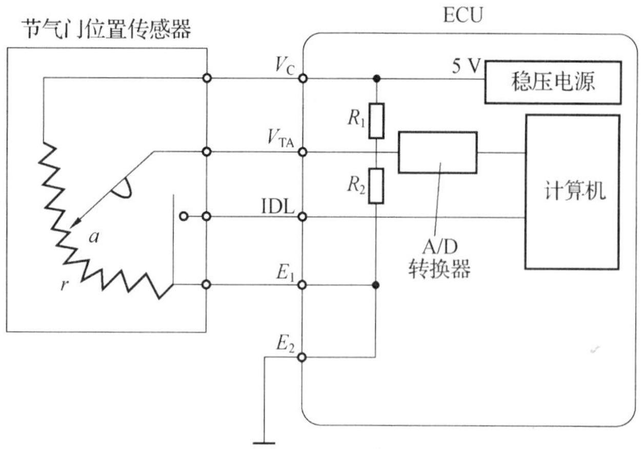

图 14.63　ECU 与传感器连接电路

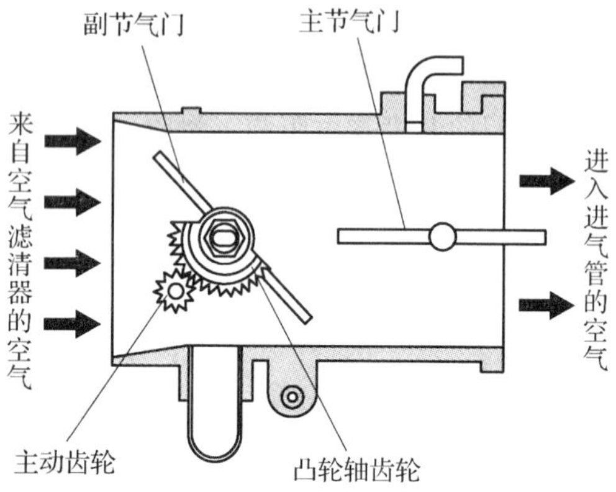

图 14.64　副节气门工作示意图

②ASR 执行器。

ASR 执行器由液压泵和制动执行器组成。液压泵用于产生液压，液压制动执行器用于将液压泵传输来的液压传送给车轮制动轮缸，并且从车轮制动轮缸中释放液压。左、右后轮制动轮缸中的液压由 ABS 执行器根据从 ABS 和 ASR 的 ECU 传送的信号来分别进行控制。

液压泵由泵本体和蓄压器组成，其结构形式如图 14.65 所示。其中泵本体结构为柱塞式，由电动机驱动，其作用是从制动主缸储液器中提取制动液，经泵压缩升压后，再送回蓄压器。蓄压器则用于储存加压后的制动液，同时也为 ASR 工作时向车轮制动轮缸提供制动液。另外，蓄压器中还填充着高压氮气，当制动液体积发生变化时，它能起到缓冲作用。

制动执行器由压力开关或压力传感器、蓄压器切断电磁阀、制动主缸切断电磁阀和压力开关或压力传感器组成，其结构形式如图 14.66 所示。

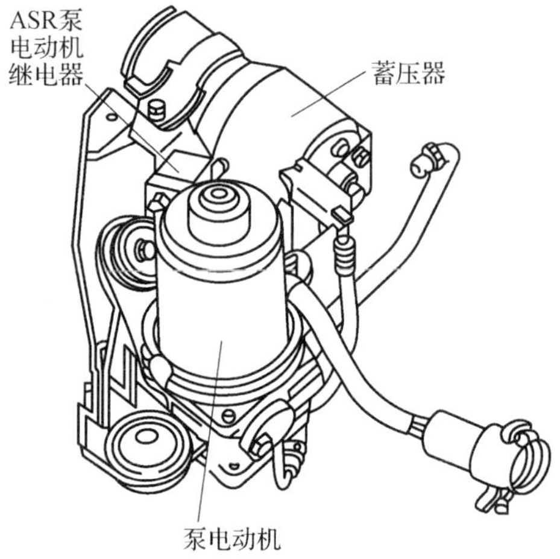

图 14.65　液压泵

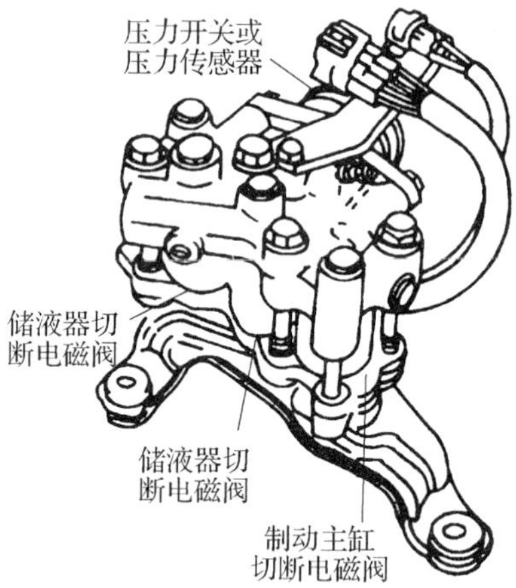

图 14.66　制动执行器

储液器切断电磁阀处于常闭状态，即电磁阀不通电时，阀门处于关闭状态，当 ASR 工作时，阀门打开，将车轮制动轮缸的制动液传送回制动主缸中。蓄压器切断电磁阀不工作时，也处于常闭状态。当 ASR 工作时，阀门打开，将制动液从蓄压器中传送至车轮制动轮缸中。制动主缸切断电磁阀则处于常开状态，即当电磁阀不工作时，阀门为打开状态。当电磁阀通电后，阀门关闭，在蓄压器中的制动液压传递到车轮制动轮缸后，防止制动液流回制动主缸。压力开关或压力传感器用于调节蓄压器中的压力，并将相关信息传送给 ABS 和 ASR 的 ECU，ECU 再依据这些数据控制泵的运转。其中压力开关用于左座驾驶车型，压力传感器用于右座驾驶车型。

压力开关或压力传感器的安装位置如图 14.67 所示。用于控制 ASR 泵开与关的压力开关(或压力传感器)有两种,左座驾驶汽车采用的是接触型压力开关,当液压高于 13.4 N/mm^2 时,开关断开。当液压低于9.32 N/mm^2时,开关接通。对于右座驾驶的汽车则采用非接触型压力开关,采用一晶体管充当开关,当液压高于 12.75N/mm^2 时,晶体管导通,当液压低于8.63 N/mm^2时,晶体管截止。对于正常制动,ASR 制动执行器的所有电磁阀均断开,此时踩下制动踏板,制动主缸中产生的制动液压通过制动主缸切断电磁阀,并通过 ABS 执行器中的三位电磁阀对车轮制动轮缸起作用。放松制动踏板时,制动液从车轮制动轮缸中流回制动主缸。其工作示意图如图 14.68 所示。

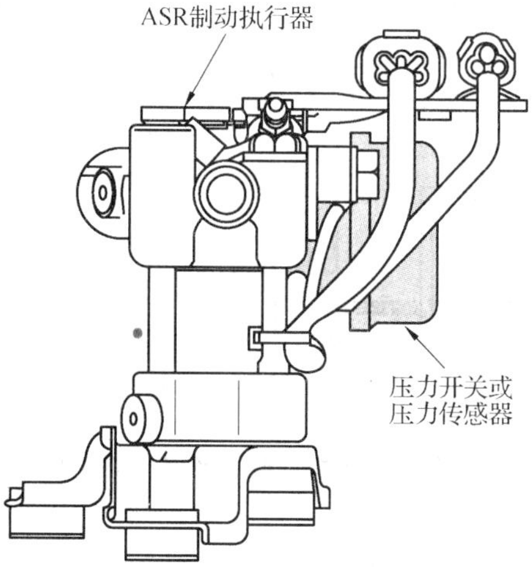

图 14.67 压力开关(或压力传感器)安装位置

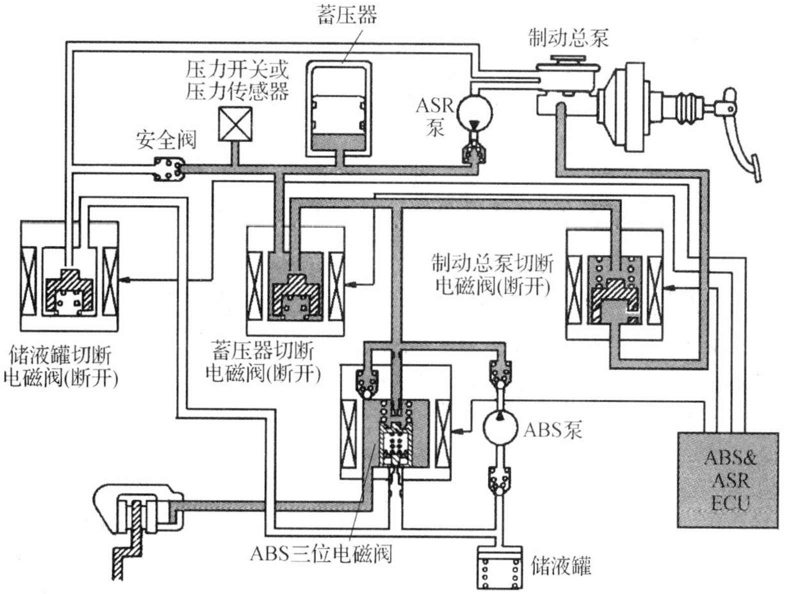

图 14.68 正常制动时的 ASR 工作示意图

当汽车后轮在加速过程中发生滑转时,ABS 和 ASR 开始起作用,左、右后轮制动器中的制动液被分别控制为三种状态,即压力升高、压力保持和压力降低。

a. 压力升高状态。

工作示意图如图 14.69 所示。当踩下制动踏板而发生后轮滑转时,电子控制单元控制 ASR 执行器中所有电磁阀接通,ABS 执行器中的三位电磁阀开关也被置于“压力升高”状态。此时,制动主缸的切断电磁阀被接通,开关处于“关”位置,而蓄压器电磁阀处于“开”状态。这样,蓄压器中被加压的制动液通过蓄压器切断电磁阀和 ABS 执行器的三位电磁阀,使车轮的制动轮缸起作用。无论 ASR 是否起作用,当压力开关检测到蓄压器的压力下降时,电子控制单元就会打开 ASR 液压泵提高压力。

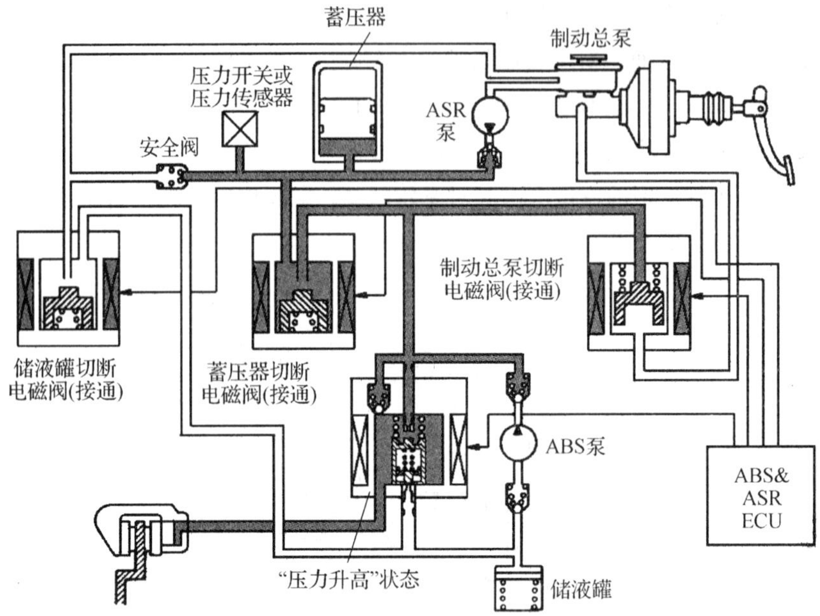

图 14.69　压力升高时的 ASR 工作示意图

b. 压力保持状态。

工作示意图如图 14.70 所示。当后轮的制动轮缸中液压高于或低于规定值时,ABS 即进入"压力保持"状态,这一状态的转换通过 ABS 执行器中三位电磁阀开关来实现,防止蓄压器中压力的释出,达到保持车轮制动轮缸中液压的目的。

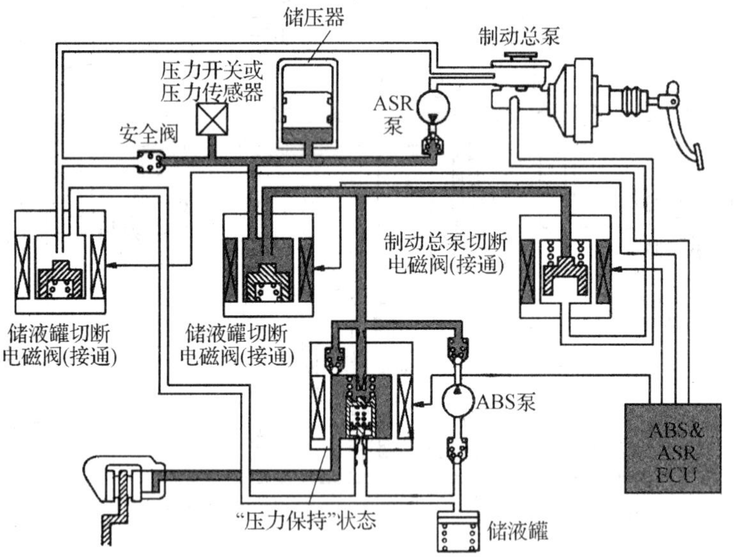

图 14.70　压力保持时的 ASR 工作示意图

c. 压力降低状态。

工作示意图如图 14.71 所示。如果需要降低后轮制动轮缸中的液压,ABS 与 ASR 中的电子控制单元将 ABS 执行器中的三位电磁阀开关置于"压力降低"状态,使车轮制动轮缸中的液压通过 ABS 执行器的三位电磁阀和储液器、切断电磁阀流回到制动主缸储液器中,结果使制动液压降低,而且此时 ABS 执行器的泵电机处在不运转状态。

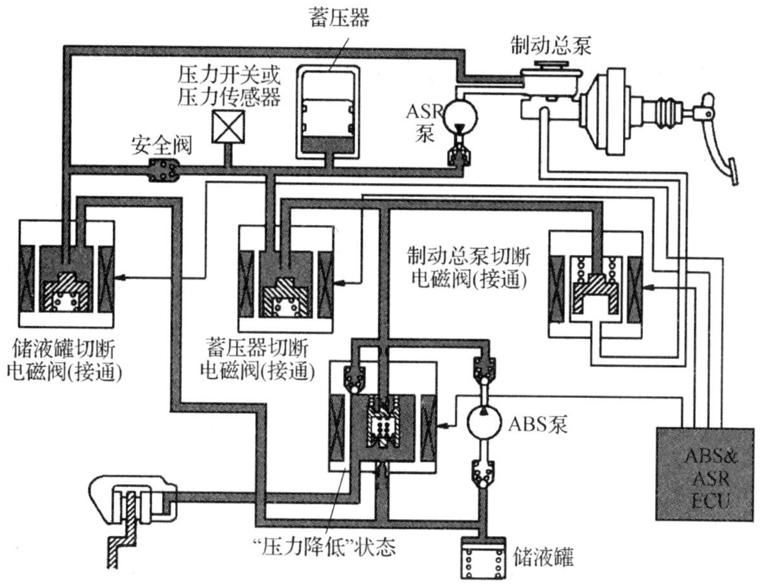

图 14.71　压力降低时的 ASR 工作示意图

图 14.72 给出了 ASR 液路系的示意图，由 ABS 制动执行器和 ASR 制动执行器两部分组成。当 ASR 不起作用时，所有 ASR 制动执行器的电磁阀处于断开状态，但不影响 ABS 的正常工作。如果在汽车制动时，出现车轮抱死现象，则 ABS 起作用，通过制动主缸切断电磁阀和 ABS 执行器的三位电磁阀对车轮制动压力进行调节。

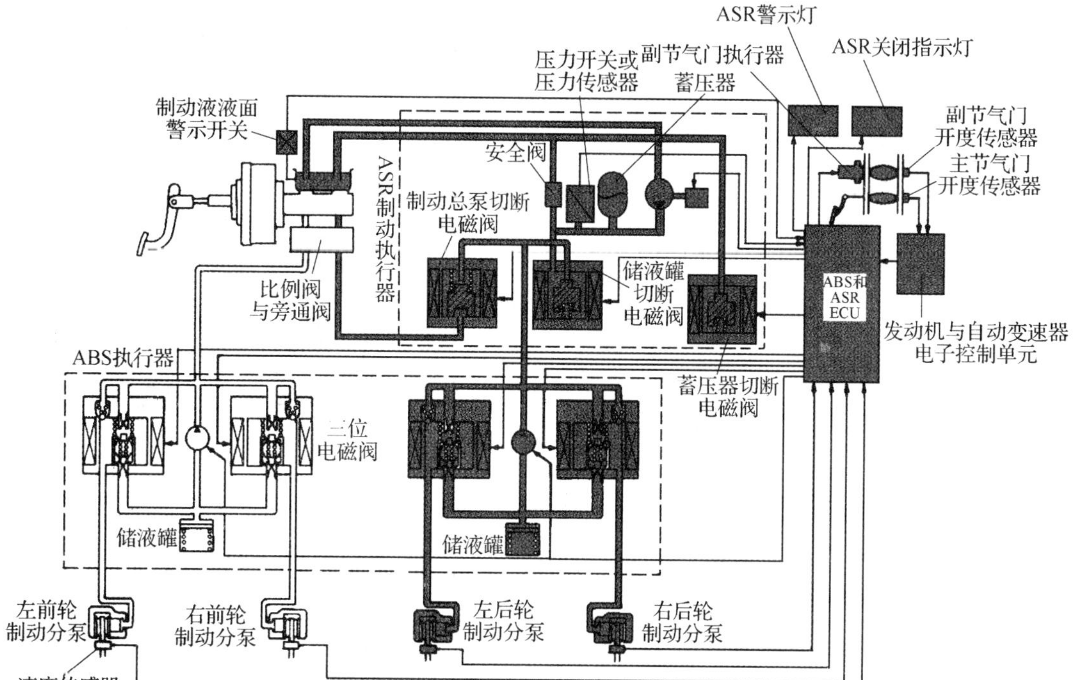

图 14.72　ASR 液路系示意图

当车轮出现滑转时，ABS 与 ASR 执行器同时起作用，ABS 执行器的三位电磁阀处于加压状态，ASR 执行器中的所有电磁阀全部接通，即制动主缸切断电磁阀接通，阀门关闭，蓄压器切断电磁阀接通阀门处于打开状态，这样在蓄压器中被加压的制动液通过蓄压器切断电磁阀和 ABS 执行器的三位电磁阀将压力油送入制动轮缸，增大制动压力。

当需要保持车轮的制动压力时,ASR 执行器正常工作,ABS 与 ASR 电子控制单元将 ABS 执行器的三位电磁阀开关处于压力保持状态,控制蓄压器中压力油的释出,实现驱动车轮制动压力保持不变。

当需要减小驱动车轮的制动压力时,ASR 执行器正常工作,ABS 与 ASR 电子控制单元将 ABS 执行器的三位电磁阀开关处于减压状态,车轮制动轮缸中的液压通过 ABS 执行器中的三位电磁阀和储液器切断电磁阀流回制动主缸的储液器中,使制动液压降低。

如果需要对左、右驱动车轮的制动压力实施不同的控制时,ABS 与 ASR 电子控制单元可以分别对各轮对应的 ABS 电磁阀实施不同的控制。

③ASR 的电子控制单元。

如图 14.73 所示。ASR 的 ECU 与 ABS 的 ECU 是相似的,同样以微处理器为核心,再配以输出电路及电源等组成。由于 ABS 与 ASR 的一些信号输入与处理是相同的,为了减少电子器件的数量,提高结构的紧凑性,通常将两者结合起来,组成一个整体。

ABS 与 ASR 的 ECU 工作时,根据四个车轮轮速传感器传送的转速信号,不断地计算每个车轮的速度,并根据两个前轮的速度估算出汽车的行驶速度,车轮与路面之间的滑转状态,并相应降低发动机输出转矩和车轮轮速,完成对车轮轮速的控制。同时,ABS 与 ASR 的 ECU 还有初始检测功能、故障诊断功能和失效保障功能。

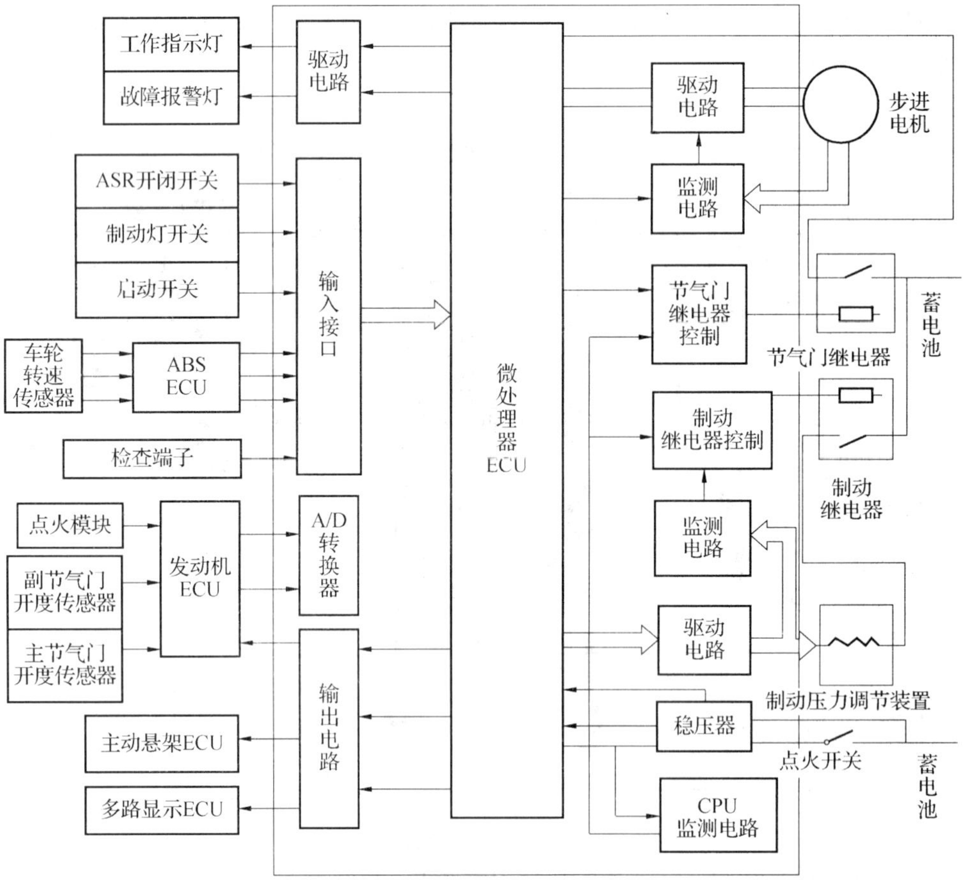

图 14.73 ASR 系统 ECU 组成

14.4.3 车身电子稳定程序(ESP)

1.作用

当驾驶员操纵汽车超过极限值后，如高速过弯等情况，ESP自动干预，使车辆恢复控制，确保安全。让车辆在紧急换道或转弯时不甩尾，在对开路面加速时不跑偏，调整车辆的转向不足和转向过度。ESP能够实时监控驾驶者的操控动作、路面反应、汽车运动状态，并不断向发动机和制动系统发出指令。当驾驶者操作不当或路面异常时，ESP会用警告灯警示驾驶者并修正误操作及车身姿态。

2.ESP的组成部分

(1)传感器。转向传感器、车轮传感器、侧滑传感器、横向加速度传感器、方向盘油门刹车踏板传感器等。这些传感器负责采集车身状态的数据。

(2)ESP计算机。将传感器采集到的数据进行计算，算出车身状态，然后与存储器里面预先设定的数据进行比对。当计算机计算数据超出存储器预存的数值，即车身临近失控或者已经失控时，命令执行器工作，以保证车身行驶状态能够尽量满足驾驶员的意图。

(3)执行器。ESP的执行器就是四个车轮的刹车系统，ESP帮助驾驶员踩刹车。和没有ESP的车不同的是，装备有ESP的车其刹车系统具有蓄压功能。蓄压就是计算机可以根据需要，在驾驶员没踩刹车的时候替驾驶员向某个车轮的制动油管加压好让这个车轮产生制动力。另外，ESP还能控制发动机的动力输出。

(4)与驾驶员的沟通。仪表盘上的ESP灯。

3.ESP的工作原理

ESP是英文Electronic Stability Program的缩写，中文译成“电子稳定程序”。这一系统通常具有支援ABS及ASR(驱动防滑系，又称牵引力控制系)的功能。它通过对从各传感器传来的车辆行驶状态信息进行分析，然后向ABS、ASR发出纠偏指令，来帮助车辆维持动态平衡。ESP可以使车辆在各种状况下保持最佳的稳定性，在转向过度或转向不足的情形下效果更加明显。ESP最重要的特点就是它的主动性，如果说ABS是被动地作出反应，那么ESP却可以做到防患于未然。

ESP在汽车出现不稳定行驶趋势时，采用了两种不同的控制方法，使汽车消除不稳定行驶因素，恢复并保持汽车预定的行驶状态。这两种控制方法是，首先ESP系统通过精确地控制一个或者多个车轮的制动过程(脉冲制动)，根据需要分配施加在每个车轮上的制动力，迫使汽车产生一个绕其质心转动的旋转力矩，同时代替驾驶员调整汽车的行驶方向。其次在必要时(比如车速太快，发动机驱动转矩过大)，ESP系统自动调整发动机的输出转矩，控制汽车的行驶速度。

通过采取上述两种技术措施，当汽车进行蛇形线路测试时，就可以有效地避免汽车的翻转。ESP不仅仅是在干燥路面上提高了汽车的稳定性，还可以在路面附着性比较差时，诸如结冰、湿滑以及碎石等情况下起作用。在上述不利状况下，车轮与路面之间的附着力降低，即使是最好的驾驶员也很难将高速行驶的汽车保持在预定的路线上，汽车容易发生侧滑和跑偏，失去方向稳定性，甚至在急转弯的时候发生翻车事故，这时就需要ESP。

要实现以上功能，就必须要加装感应驾驶员意图的传感器，增加感应驾驶员意图的传感器(转向盘传感器)，感应车辆自身打转的传感器(横摆角速度传感器)和感应车辆侧滑的传感器(侧向加速度传感器)。后两个传感器一般安装在车辆的中心位置。

下面以一个实际例子去说明ESP的原理。一车辆因为要避开障碍物而切换到逆行车道。假设前方有车疾驰过来,司机急打方向盘,试图回到正常车道。这时候,在急转弯所造成的强大离心力的作用下,车身很容易甩尾,失去控制,造成车祸。这也是我们常说的转向过度的极端表现。这时候,系统的传感器感应到了汽车要失控,于是对左前轮实行制动,汽车就获得了一个额外的、尾部向逆时针方向转的力矩,把汽车“扭”回来,以确保行驶安全。

多项科学研究表明ESP在行车安全方面具有卓越功效。日本在对大约100万起导致人员伤亡的交通事故分析后,得出结论,把ESP作为标准配置,能把单车事故降低一半。ESP能使车辆将要出现侧滑的倾向时,通过降低发动机的扭矩和分别制动各个车轮,以保持车辆稳定地行驶。上述结论也得到了德国工业保险协会(GDV)的认可,根据他们的调查,25%的导致人员伤亡的交通事故和60%致命的交通事故都主要归咎于侧滑。

但是,由于ESP首先是依赖ABS和TCS部件的,带有ESP功能的车辆必然会有TCS,并且要在此基础上增加上文提到的传感器、额外的电子控制单元等,还要做大量的车身匹配试验,所以造价昂贵。而目前很多令人眼花缭乱的底盘配置,例如ABS+MSR+M(TCS),其实也没有一个ESP含金量高。但实际上,最应该认真考虑的,不是发动机有多大的功率,CD是单碟的还是六碟的,配置有多少令人不解的英文字母,我们最需要记住的,就是那个在紧急时刻能挽回性命的安全配置:ESP!

4.ESP认识误区

(1)有ESP的车辆不是百分之百地可以帮助驾驶员从极限状态下摆脱失控,所以日常驾驶还需谨慎。

(2)沙石路面最好关闭ESP;而冰雪湿滑路面正是ESP发挥作用的时候,不应该关闭。

(3)关闭ESP能使车辆反应更快、更敏捷,但在安全的前提下还是建议驾驶员开启ESP。

(4)在开启ESP的情况下,ESP指示灯闪烁不为故障报警,而是正在工作状态。

(5)一般车辆如果关闭ESP,ESP也起作用,只是敏感度别设置到最低值。

(6)有ESP与只有ABS及ASR的汽车,它们之间的差别在于ABS及ASR只能被动地做出反应,而ESP则能够探测和分析车况并纠正驾驶的错误,防患于未然。

(7)ABS等安全技术主要是对驾驶者的动作起干预作用,但不能调控发动机。ESP则可以通过主动调控发动机的转速,并调整每个轮子的驱动力和制动力,来修正汽车的过度转向和转向不足。

(8)ESP系统实际是一种牵引力控制系统,与其他牵引力控制系统比较,ESP不但控制驱动轮,而且可控制从动轮。如后轮驱动汽车常出现的转向过多情况,此时后轮失控而甩尾,ESP便会刹慢外侧的前轮来稳定车子;在转向过少时,为了校正循迹方向,ESP则会刹慢内后轮,从而校正行驶方向。

(9)ESP系统包含ABS(防抱死刹车系统)及ASR(防侧滑系统),是这两种系统功能上的延伸。因此,ESP称得上是当前汽车防滑装置的最高级形式。

实训项目

任务名称	盘式制动器的拆装	学时	1	班级	
学生姓名		学生学号		任务成绩	
实训设备	盘式制动器五套， 拆装工具五套	实训场地	理实一体 化教室	日期	
任务内容	认知盘式制动器结构,会进行拆装				
任务目标	能够独立进行盘式制动器的拆装				

一、决策与计划

请根据任务要求,确定所需要的技术资料,并对小组成员进行合理分工。

1.需要的技术资料

2.小组成员分工

3.小组合作制订拆装盘式制动器的操作步骤。

(1)______

(2)______

(3)______

(4)______

(5)______

(6)______

(7)______

(8)______

(9)______

(10)______

(11)______

(12)______

(13)______

(14)______

(15)______

各小组成员讲解本小组的操作步骤,教师针对存在的问题进行指导,各小组再次修改。

二、实施

各小组在计划获得教师签字后进行分角色练习,教师各工位巡视检查。

三、检查

任务完成后,小组成员互换项目单,检查填写的正确性。

1. 在图 14.74 中写出浮钳式制动器零部件名称。

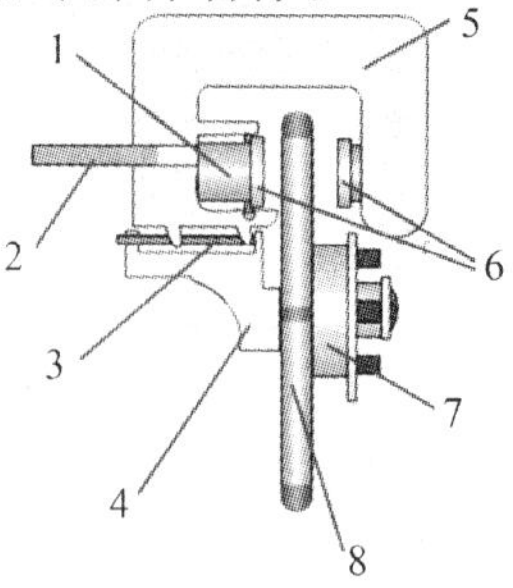

图 14.74

1. ________;2. ________;3. ________;4. ________;5. ________;6. ________;

7. ________;8. ________

2. 写出图 14.75 中各部分的名称。

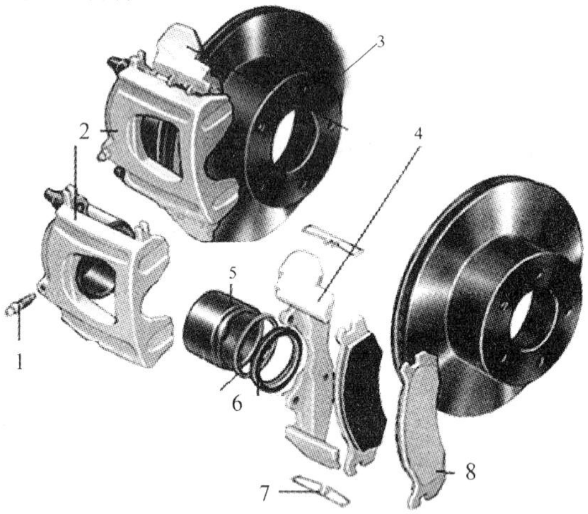

图 14.75

1. __________ 2. __________ 3. __________ 4. __________ 5. __________ 6. __________

7. __________ 8. __________

四、评价反馈

1. 请根据自己任务完成的情况,对自己的工作进行自我评估,并提出改进意见。

(1)____

____

(2)____

____

2. 教师对学生工作情况进行评估,并进行点评。

____

____

____

五、作业

查阅资料:查询前、后制动器全部使用盘式制动器和鼓式制动器的车型(每个至少三款汽车)。

课后练习

模块 14　汽车制动系	班级			
	姓名		学号	
	日期		评分	

一、资讯

说明：每位学生应在工作任务实施前独立完成准备工作。

1. 制动器的领蹄具有__________作用，从蹄具有__________作用。

2. 所有国产汽车和部分国外汽车的气压制动系中，都采用__________。

3. 凸轮式制动器的间隙是通过__________来进行局部调整的。

4. 人力制动系按其中传动装置的结构形式的不同分为__________和__________两种。

5. 目前国内所用的制动液大部分是__________，也有少量的__________和__________。

6. 动力制动系包括__________、__________和__________三种。

7. 伺服制动系是在__________的基础上加设一套__________而形成的，即兼用__________和__________作为制动能源的制动系。

8. 汽车制动时，前、后轮同步滑移的条件是__________。

9. ABS 由__________、__________及__________三部分构成。

10. 车轮制动器由__________、__________、__________和__________四部分构成。

11. 真空增压器由__________、__________和__________三部分组成。

二、内容小结

1. 什么是制动力？并分析制动力是如何产生。

2. 什么是汽车制动系？制动系又是如何分类的？

3. 什么是摩擦制动器？它是如何分类的？各自的结构特点是什么？

4. 轮缸式制动器有哪几种形式？

5. 什么是领从蹄式制动器？简述其结构及工作原理，并指出哪一蹄是领蹄？哪一蹄是从蹄？

6. 什么是非平衡式制动器？试分析领从蹄式制动器是否为非平衡式制动器。

7. 什么是制动助势蹄和减势蹄？装有此两种蹄的制动器是何种制动器？

8. 什么是制动器间隙？其大小对制动性能有何影响？怎样检查和调整？

9. 什么是双领蹄式制动器？其结构特点如何？

10. 为什么中央制动器不宜用于应急制动？

11. 在制动力调节装置中限压阀和比例阀的作用是什么？它们各用于何种车型？为什么？

12. 汽车为什么要安装防抱死制动装置？

模块 15

汽车车身及电气设备

【知识目标】

1. 了解各类汽车仪表的布置形式。
2. 熟悉汽车空调系、风窗附属装置的工作过程。
3. 掌握车声壳体、车门及其附件以及中控门锁的工作原理。
4. 学会座椅及安全防护装置、汽车防盗装置的控制方法。

【技能目标】

学会汽车空调不制冷的检查方法。

【课时计划】

任务	任务内容	参考课时		
		理论课时	实训课时	合计
1	汽车仪表及照明装置	1	0	1
2	汽车空调系	2	1	3
3	风窗附属装置	1	1	2
4	车身壳体、车门及其附件	2	1	3
5	汽车防盗装置及中控门锁	2	1	3
6	座椅及安全防护装置	1	1	2
共计:14 课时				

情境导入

一辆捷达轿车，在夏季发动机启动后，打开空调冷风不制冷，要排除该故障，我们需要对汽车空调系进行进一步的学习，掌握空调系的组成和工作原理。下面就分步来进行该模块的学习。

任务驱动

任务15.1 汽车仪表及照明装置

为了使驾驶员能够掌握汽车及各系统的工作情况，在汽车驾驶室内的仪表板上装有各种指示仪表、指示灯及各种报警信号装置。

汽车上常用的仪表有车速里程表、发动机转速表、机油压力表、燃油表、冷却液温度(水温)表等，它们通常与各种信号灯一起安装在仪表板上，称为组合仪表，如图15.1所示。

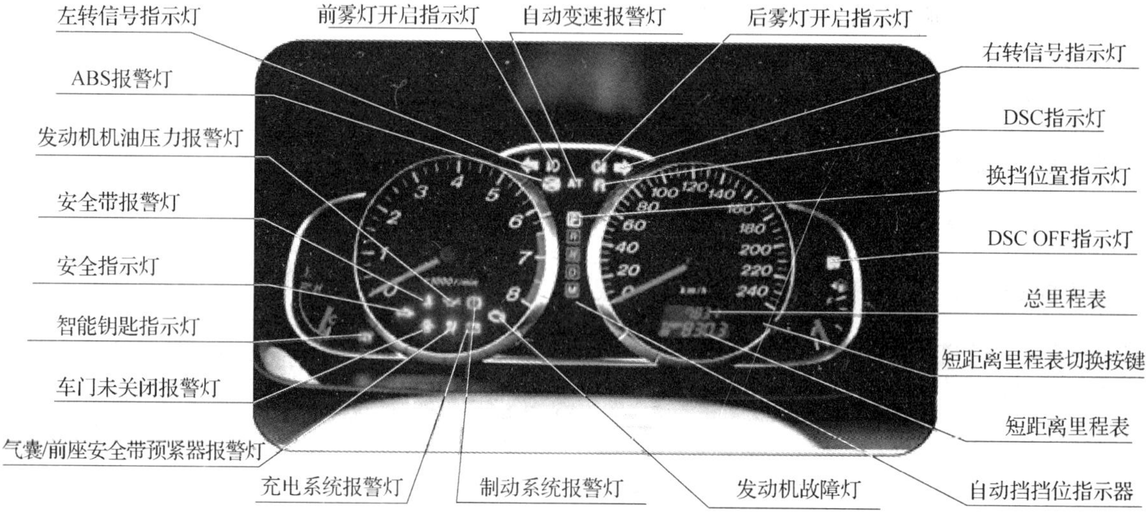

图15.1 马自达6轿车的组合仪表

15.1.1 车速里程表及车速报警装置

1.磁感应式车速里程表

车速里程表由车速表和里程表两部分组成。车速表用来指示汽车瞬时行驶速度，里程表可记录汽车行驶总里程和短程里程。磁感应式车速里程表如图15.2所示，车速表和里程表通常安装在同一个壳体中，并由同一根轴驱动，或使用同一个传感器。

2.电子式车速里程表

电子式车速里程表由车速里程表传感器、信号处理电路、车速表和里程表组成，如图15.3所示。

车速里程表传感器安装在组合仪表内，由变速器经软轴驱动，汽车行驶时它产生正比于汽车行驶速度的信号。它由具有一对或几对触点的舌簧开关和转子组成。

信号处理电路由单稳态触发电路、恒流电路、64分频电路、功率放大电路以及电源稳压等电子电

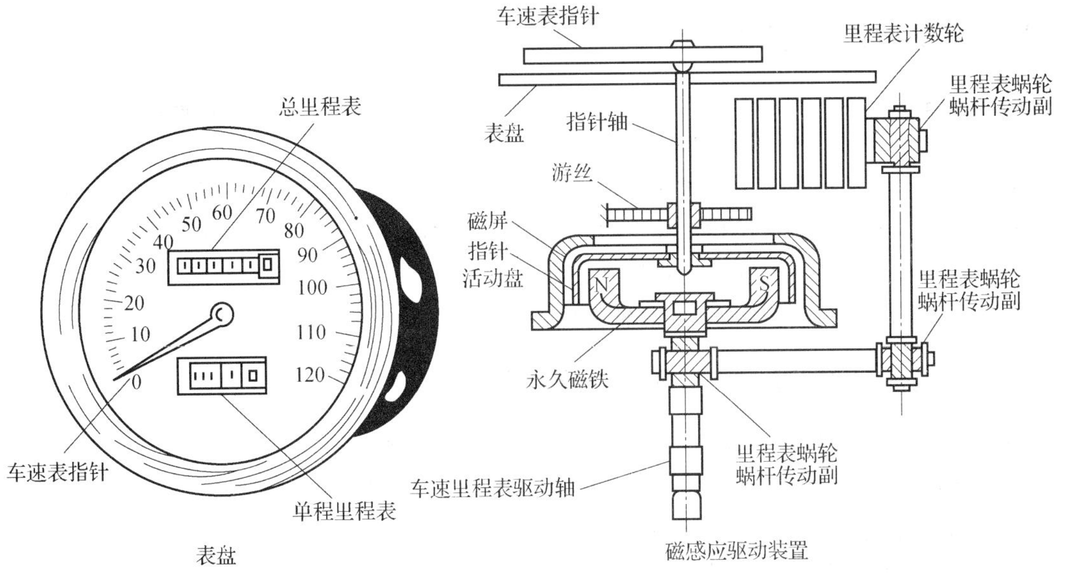

图 15.2 磁感应式车速里程表

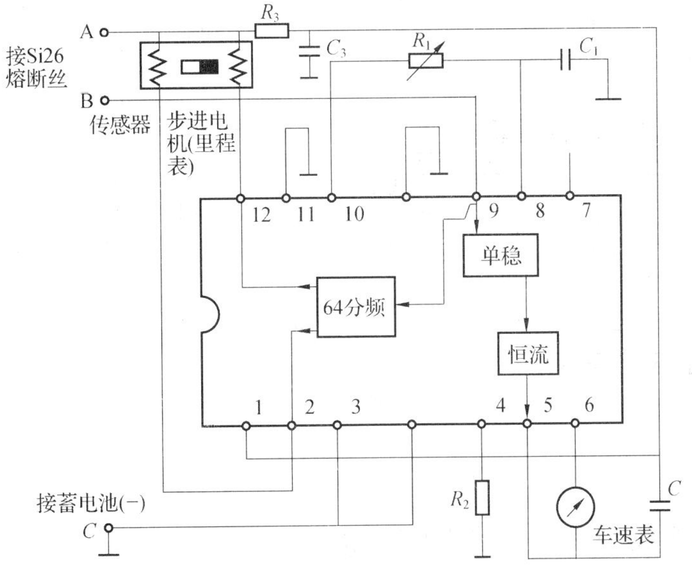

图 15.3 电子式车速里程表电路示意图

A—接 12V 直流电源正极；B—接车速里程表传感器；C—搭铁

路组成。汽车运行时，它将车速传感器输入的脉冲信号，整形和处理转变为电流信号，并加以放大，以驱动车速表指示车速；同时它还将脉冲信号经分频和功率放大，转变为一定频率的脉冲信号，以驱动里程表步进电机的轴转动，记录汽车的行驶里程。

车速表以一个磁电式电流表作为指示表。汽车以不同的车速运行时，信号处理电路将车速传感器输入的脉冲信号转变为与车速成比例的电流信号，使电流表的指针偏转，指示出相应的车速。

里程表由步进式电动机、六位十进制计数器及内传动齿轮等组成。汽车运行时车速传感器输出的脉冲信号，经信号处理电路分频和功率放大，转变为一定频率的脉冲信号，作用于步进电动机的电磁线圈。步进电机将这一脉冲信号转变为角位移信号，使电动机轴转动，驱动里程表十进制计数器的六个计数轮依次转动，记录汽车行驶的总里程和单程行驶里程。当需要消除短程里程时，只需按一次复位杆，短里程表就会归零。

15.1.2 发动机转速表

发动机转速表可以直观地指示发动机的转速,是发动机工况信息的指示装置,便于驾驶员选择发动机的最佳速度范围,把握好换挡时机以及充分利用经济车速等。

发动机转速表有机械式和电子式两种。机械式转速表的结构和工作原理与上述磁感应式车速表基本相同。电子式转速表由于结构简单、指示准确、安装方便等优点在现代车辆中应用广泛。

电子式发动机转速表有汽油发动机用和柴油发动机用两种类型。前者的转速信号来自于点火系统的脉冲电压,后者的转速信号来自于曲轴传感器。

15.1.3 机油压力表、机油压力报警装置和油压指示系统

在发动机工作时,机油压力表指示发动机润滑系统主油道中机油压力的大小。它由油压指示表和油压传感器组成。机油压力指示表安装在仪表板上,机油压力传感器安装在发动机主油道或机油粗滤器上,两者通过导线相连。常用机油压力表有双金属式油压表和双金属式油压传感器、电磁式油压表和电阻式油压传感器等不同形式,双金属式油压表应用较为广泛,如图 15.4 所示。

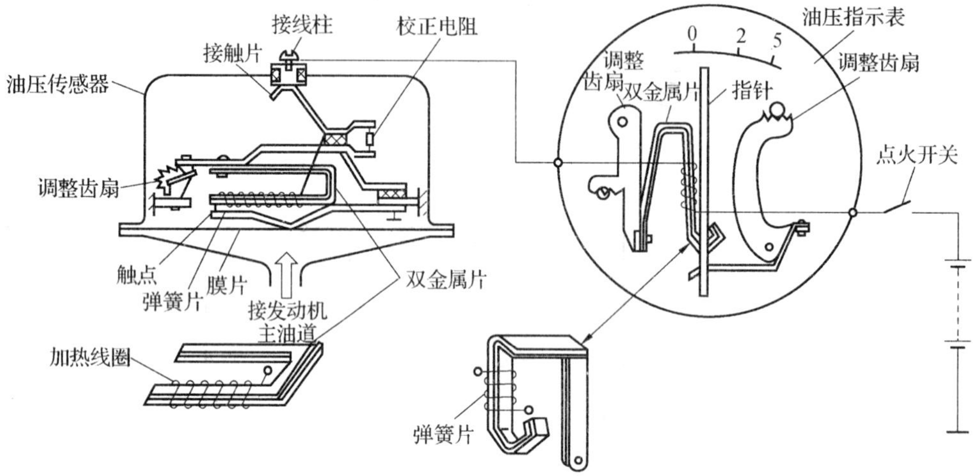

图 15.4　双金属片式机油压力表

15.1.4 燃油表及燃油低油面报警装置

燃油表用来指示汽车燃油箱内的存油量。它由燃油指示表、油面高度传感器以及电源稳压器等组成。常用的燃油指示表有电热式、电磁式、电子集成式等不同形式。

1.电热式燃油表

如图 15.5 所示,电热式燃油表的油面高度传感器为可变电阻式,由可变电阻器和与可变电阻器滑动臂相连的浮子组成,安装在燃油箱内。浮在油面上的浮子,在随油面高度的变化而改变自身位置的同时,带着可变电阻的滑动臂连同触点在电阻器上滑动,改变串联在燃油表电路中的电阻值。

2.电磁式燃油表

电磁式燃油表如图 15.6 所示,其内装有左、右两个线圈,转子与指针相连,并位于两个线圈之间,油面传感器也采用可变电阻式传感器。接通点火开关,电源的电流经左线圈后分为两条支路,一路经右线圈后搭铁,另一路经油面传感器的可变电阻搭铁。两个线圈中均有电流通过,并在两个线圈的周围产生磁场,转子连同指针在两个线圈磁场的作用下偏转,处于合成磁场的方向,指针指向燃油表的某一刻度。当油箱中油面高时,油面传感器的电阻大,流过左线圈的电流小,产生的磁场弱,在合成磁场的作用下指针指向油面高的刻度。

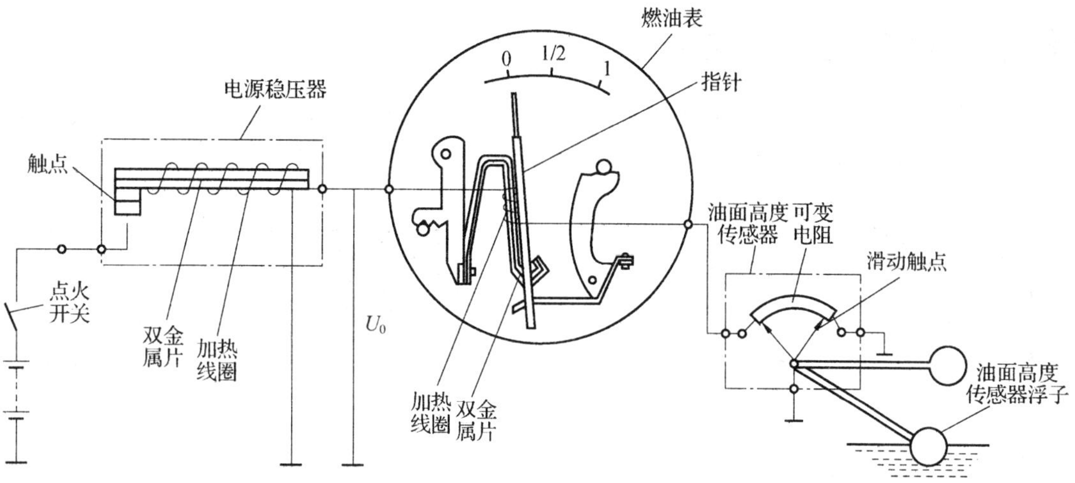

图 15.5 电热式燃油表示意图

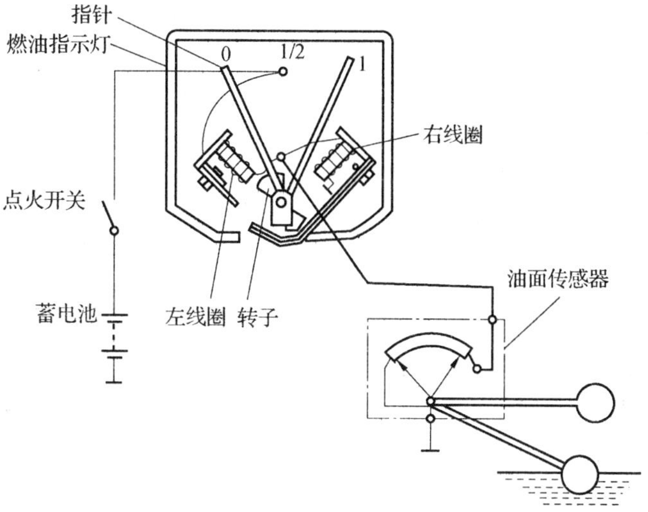

图 15.6 电磁式燃油表示意图

15.1.5 水温表

水温表用来指示发动机冷却水套中冷却液的温度。它由安装在仪表板上的水温指示表、安装在发动机汽缸盖上的水温传感器以及与燃油表共用的电源稳压器等组成。常用的水温表有电热式、电磁式和电子式三种形式，其中电热式水温表应用较多，其原理示意图如图 15.7 所示。

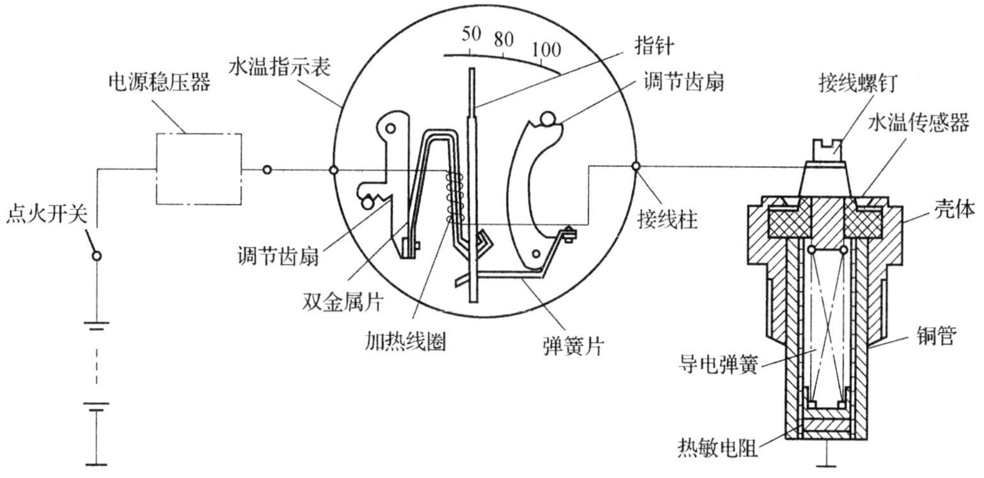

图 15.7 电热式水温表原理示意图

15.1.6 仪表板上的常用标识

汽车驾驶室的仪表板上装有指示汽车、发动机运行工况的各种仪表、报警灯、指示灯、各种控制开关和按钮。为了便于驾驶员识别和控制，在各指示灯、开关的相应位置标有醒目的形象符号。各种符号的含义如图 15.8 对应文字所示。

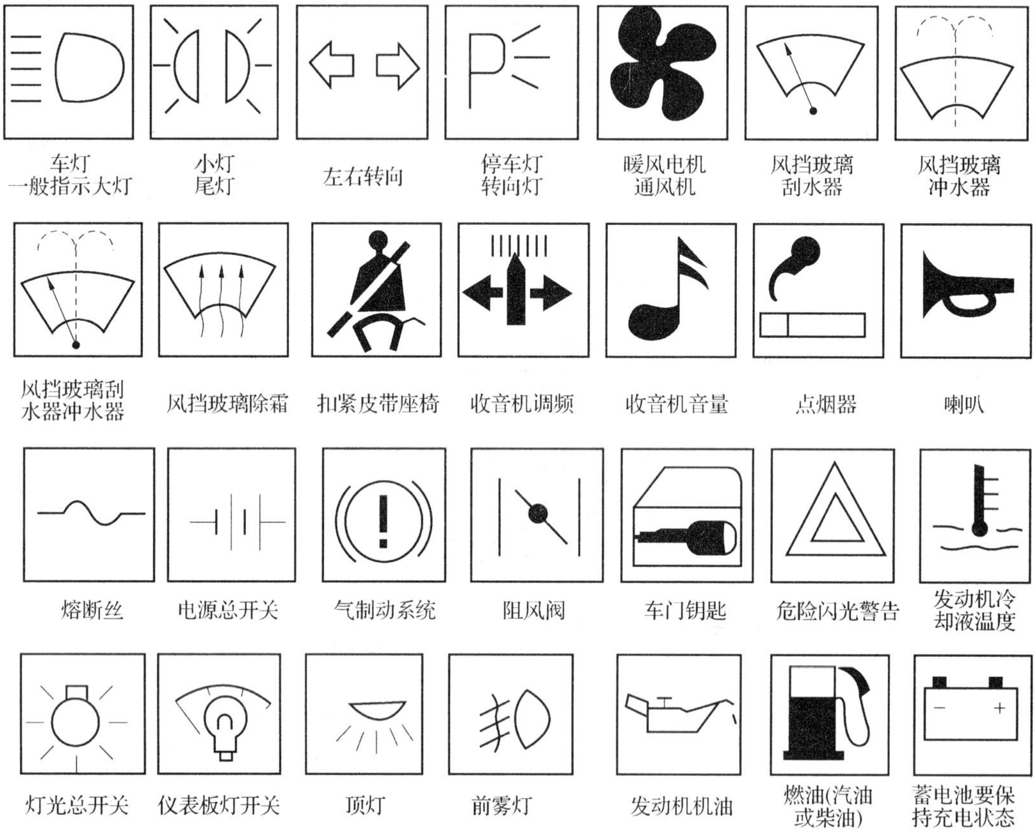

图 15.8　汽车仪表板上常用标识及其含义

任务 15.2　汽车空调系

汽车空调系如图 15.9 所示，是实现对车厢内空气进行制冷、加热、换气和空气净化的装置。它可以为乘车人员提供舒适的乘车环境，降低驾驶员的疲劳强度，提高行车安全。空调装置已成为衡量汽车功能是否齐全的标志之一。

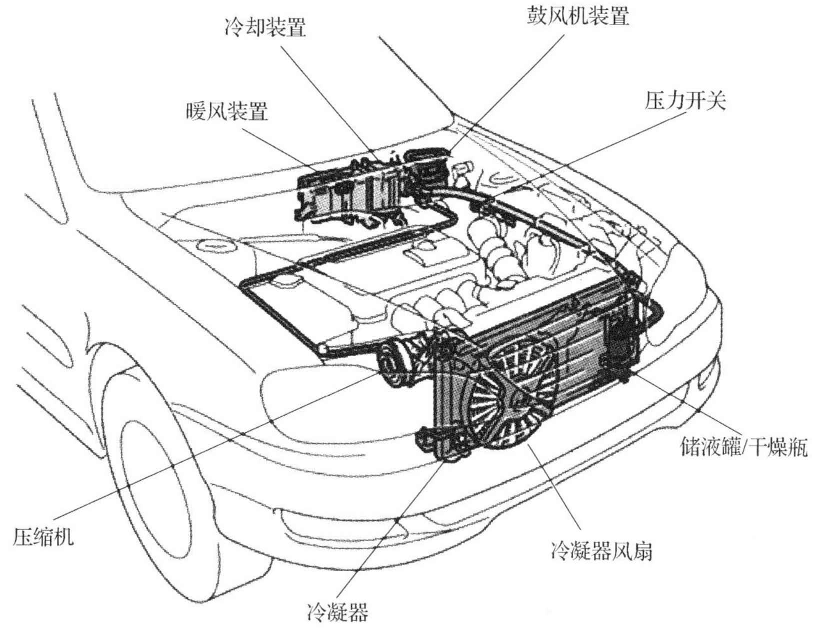

图 15.9 汽车空调系

15.2.1 空调系的功能

现代汽车空调有四种功能，其中任何一种功能都是为了使乘客感到舒适。

(1)空调器能控制车厢内的气温，既能加热空气，也能冷却空气，以便把车厢内温度控制到舒适的水平。

(2)空调器能够排出空气中的湿气，干燥空气，吸收人体汗液，制造更舒适的环境。

(3)空调器可吸入新风，具有通风功能。

(4)空调器可过滤空气，排除空气中的灰尘和花粉。

15.2.2 空调系的类型

(1)按驱动方式分为：独立式(专用一台发动机驱动压缩机，制冷量大，工作稳定，但成本高，体积及质量大，多用于大、中型客车)和非独立式(空调压缩机由汽车发动机驱动，制冷性能受发动机工作影响较大，稳定性差，多用于小型客车和轿车)。

(2)按空调性能分为：单一功能型(将制冷、供暖、通风系统各自安装、单独操作，互不干涉，多用于大型客车和载货汽车上)和冷暖一体式(制冷、供暖、通风共用鼓风机和风道，在同一控制板上进行控制，工作时可分为冷暖风分别工作的组合式和冷暖风可同时工作的混合调温式。轿车多用混合调温式)。

(3)按控制方式分为：手动调节(拨动控制板上的功能键对温度、风速、风向进行控制)和电控气动调节(利用真空控制机构，当选好空调功能键时，就能在预定温度内自动控制温度和风量)、全自动调节(利用计算比较电路，通过传感器信号及预调信号控制调节机构工作，自动调节温度和风量)及微机控制的全自动调节(以微机为控制中心，实现对车内空气环境进行全方位、多功能的最佳控制和调节)。

15.2.3 空调系常见问题

汽车空调在使用一段时间后，经常会闻到一股类似霉变、烟尘的气味；制冷或制热时，从风口吹出来的空气不清新，人在车里待时间长了，就会感觉鼻腔、气管不适；这些都是汽车空调的异味产生后造成的。

(1)空调系运转时,空气中的水汽在空调的冷凝蒸发器表面形成冷凝水,其中一部分水在空调关闭后会留在蒸发器和空调管路中。这些水分和空气中的微生物及污染物相结合,在潮湿、温暖和黑暗的空调系中成为阴霉菌、曲霉菌、青霉菌、LP 杆菌和螨虫滋生的温床。

(2)驾乘者在车内吸烟产生的烟碱

(3)车内橡胶、塑料及皮革发出的气味

(4)外界空气中的烟雾、灰尘及废气进入车内。

这些异味不但会造成呼吸困难,免疫力下降,而且会使人产生烦躁感,降低人的判断力和记忆力,严重时会导致交通事故。从空调管路里吹出来的细菌、霉菌和病毒时刻威胁着驾乘者的身体健康,所以,汽车空调系的清洗和维护是非常重要的。

15.2.4 空调系的维护

判断空调系运作是否良好其实很简单,如果发现空调制冷不良,风量小,或者干脆不制冷等等问题,就需要检查各个部件是否正常运作,是否缺冷凝剂。冷凝剂一定要按照用车手册上的型号添加。定期要更换空调滤芯,一般在城市路况行驶,3 000 km 左右就需要更换空调滤芯。这样不仅可以让进气系统更加清洁,还可以避免因为空调滤芯堵塞造成制冷能力下降。

夏季车内外温差较大,在进入车内时,不宜马上将空调开温度调得过低,可以先用大风量自然风吹散轿内的热气,然后不要将车窗全部关闭,开启空调,等身体逐渐适应后,将空调调制需要温度,关闭车窗。这样乘员的身体就不会由于外部突然降低的温度引发不适。

空调的温度也并不是越低越好,人体最舒适的温度是 23 ℃左右。在夏季阳光充足的午后,空调也不宜过低,既能抵抗炎夏的阳光,又能保证人体所处的环境温度不致于过低,从而导致“空调病”,同时也节能减排。

在开启空调的时候,乘客最好不要在车内吸烟,由于空调开启时,车内空气在一个相对密闭的环境内循环,首先烟气不易散出,其次烟雾中的微小颗粒会附着在空调进气滤芯上,造成车内长久的异味。因此,需定期进行专业的空调系清洗和杀菌除异味作业。

任务 15.3 风窗附属装置

15.3.1 电动车窗

电动车窗主要由车窗玻璃升降器(又称换向器)、电动机、控制电路等组成。车窗玻璃升降器主要有蜗轮蜗杆式、齿轮齿扇式和齿轮齿条式等类型。

桑塔纳 2000 型轿车所用的电动车窗玻璃升降器,机械部分主要由蜗轮、蜗杆、绕线轮、钢索、导轨、滑动支架等组成。当电动车窗玻璃升降器中直流永磁电动机电路接通后,转轴输出转矩,经蜗轮、蜗杆减速后,再由缓冲联轴器传递到转丝筒,带动转丝筒旋转,使钢丝绳拉动安装在玻璃支架上的滑动支架在导轨中上、下运动,达到车窗玻璃升降的目的。

15.3.2 风窗玻璃清洁装置

为了保证在各种使用条件下，驾驶室的风窗玻璃表面干净、清洁，汽车上都装有风窗玻璃洗涤器和风窗玻璃刮水器，有些汽车还装有风窗玻璃除霜装置。

1. 风窗玻璃洗涤器

风窗玻璃洗涤器的功用是将清洁的水或洗涤液喷射到风窗玻璃上，在刮水器的作用下，清除风窗玻璃上的尘土和污物，使驾驶员有良好的视野。它主要由洗涤器电动机、洗涤器水泵、储液罐、喷嘴、水管等组成。

2. 风窗玻璃清洁装置

轿车风窗刮水器和洗涤器的工作都由刮水器洗涤器组合开关控制，组合开关有五个挡位，分别是刮水器高速工作、刮水器低速工作、点动工作、间歇刮水及清洗玻璃。

刮水器电动机上装有一个由凸轮驱动的一掷两位停机自动复位开关，用来保证在刮水器停止工作后，刮水器的刮片停在风窗玻璃下沿的合适位置。

3. 风窗玻璃除霜装置

在较冷的季节，有雨、雪、雾的天气，挡风玻璃上易结霜。另外，由于车厢内外温差较大，车厢内的水蒸气也易凝结在挡风玻璃上而结霜，从而严重影响驾驶员的视线。因此，汽车上应安装风窗玻璃除霜装置。前、侧挡风玻璃上的霜层通常是在汽车空调系的风道中，加设除霜器风门，利用空调系中产生的暖气（或流动的空气），达到清除结霜的目的。对后挡风玻璃的除霜，常采用除霜热线。除霜热线是把数条电热线（镍铬丝）均匀地粘在后窗玻璃内部，各线两端相接形成并联电路，当两端加上电压后，各电热线即会升温而加热玻璃，从而达到防止或清除结霜的目的。

任务 15.4 车身壳体、车门及其附件

15.4.1 车身壳体

1. 车身壳体的分类

车身壳体是一切车身部件的安装基础，通常指纵、横梁和立柱等主要承力元件以及与它们连接的板件共同组成的刚性空间结构。客车车身多数具有明显的骨架，而轿车车身和货车驾驶室则没有明显的骨架。车身壳体如图 15.10 所示，通常还包括在其上敷设的隔声、隔热、防振、防腐、密封等材料及涂层。

车身壳体按照受力情况可分为非承载式、半承载式和承载式（或称全承载式）三种。

承载式车身如图 15.11 所示，汽车没有车架，车身就作为安装汽车各个总成和承受各种载荷的基体。它承受轿车的各种载荷，使车身材料得以合理利用，大大减轻了汽车自身质量。由于没有车架，故可降低底板和整车高度。抗扭曲强度大，制造成本低。缺点是传动系与悬架的振动产生的噪声传递到车厢内，使乘坐舒适性较差，且车身损坏后不易修复。这种车身适用于大多数中级、普通级、微型轿车的车身，如桑塔纳 2000、奥迪、捷达等。

非承载式车身如图 15.12 所示，通过弹簧或橡胶垫与车架作柔体连接。车架是安装汽车各个总成和承受各种载荷的基体，而安装在车架上的车身不足以加固车架及分担其载荷。车身只承受本身的重力及轿车行驶时所引起的惯性力和空气阻力。

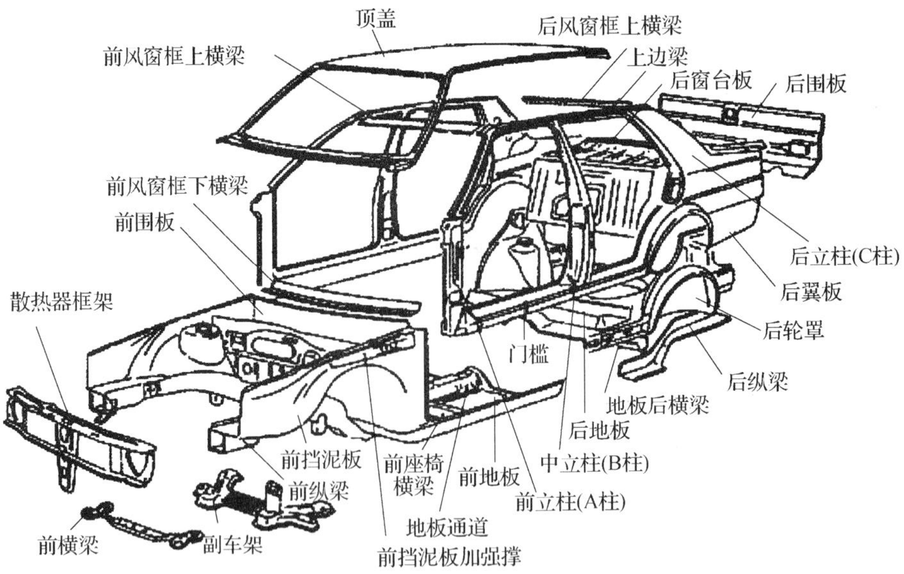

图 15.10　捷达轿车的车身壳体

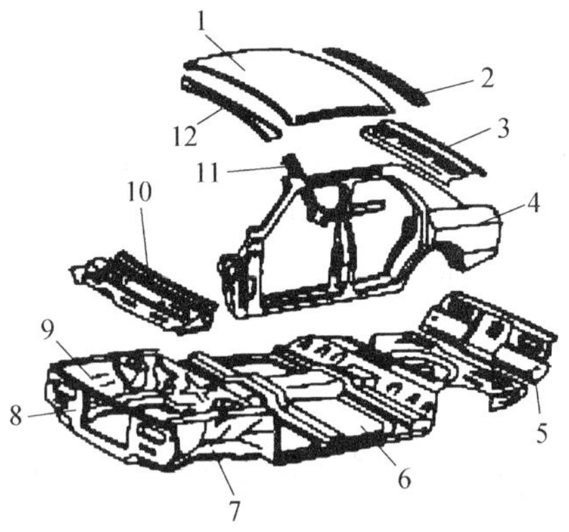

图 15.11　承载式轿车车身

1—顶盖；2—后窗框上横梁；3—后围上盖板；
4—侧门框总成；5—后围板；6—底板总成；
7—前纵梁；8—散热器固定板；9—前挡泥板；
10—前围上盖板；11—加强撑；12—前风窗上横梁

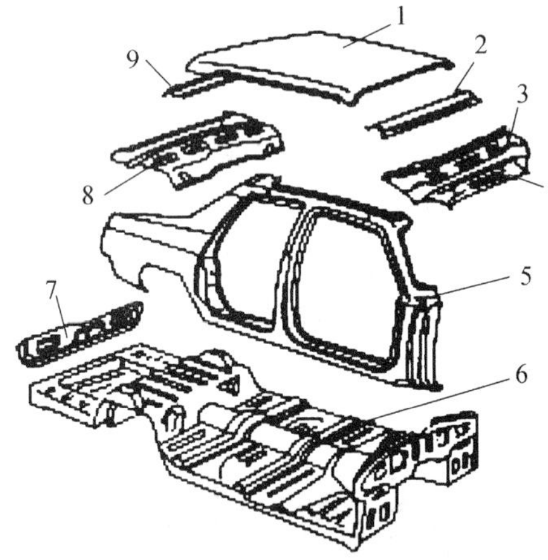

图 15.12　非承载式轿车车身

1—顶盖；2—前风窗框上横梁；3—前围上盖板；
4—前围内盖板；5—侧门框总成；6—底板总成；
7—后围板；8—后围上盖板；9—后窗框上横梁

车架的基本形式为梯形，能获得良好的刚性和驾驶室的有效空间。车身与车架能分开制造，工艺简单。其间装有防振元件，乘坐舒适，多用于高级轿车，中级轿车也有采用。其缺点是整车高度高，车身质量重。

半承载式车身用螺栓连接、铆接或焊接等方式与车架作刚性连接。在这种情况下，车架仍是安装汽车各个总成和承受各种载荷的基体，而车身在一定程度上有助于加固车架并分担车架的载荷。

大多数中级、普通级、微型轿车和部分客车车身常采用承载式车身结构，以充分利用车身壳体构件的承载作用，减小整车质量。

货车驾驶室只占汽车长度的小部分，不可能采用承载式结构。没有完整的封闭构架的开式车身(敞篷车)，也很难采用承载式结构。

少数高级轿车如果为了提高汽车的舒适性，减轻发动机及底盘各总成工作时传来的振动及汽车行驶时由路面通过车轮和悬架传来的冲击，则可采用非承载式车身结构。

2. 车身壳体的结构

(1)轿车车身壳体结构。

轿车车身壳体是由外部覆盖件和内部板件等焊合而成的空间结构。

承载式车身壳体前部都有副车架。在副车架上安装发动机、传动系、前悬架和前轮，组合成便于装配和维修的整体。副车架与承载式车身壳体前部底面用弹性橡胶垫连接，以隔离振动和冲击，提高车身的舒适性。

非承载式轿车车身与承载式轿车车身在结构上有较多相同之处，主要区别是：后者较坚固而前者较薄弱——板厚较小而且承力构件的断面尺寸也较小。此外，后者前部有较粗大的前纵梁、挡泥板等焊接成的刚性构架，而前者没有。

(2)货车驾驶室壳体结构。

绝大多数货车驾驶室如图 15.13 所示，都是非承载式结构，通过 3 点或 4 点弹性悬置与车架连接。

驾驶室壳体各个零件按顺序分组点焊连接，最后由底板总成、后围总成、前围总成、顶盖等拼装焊合。

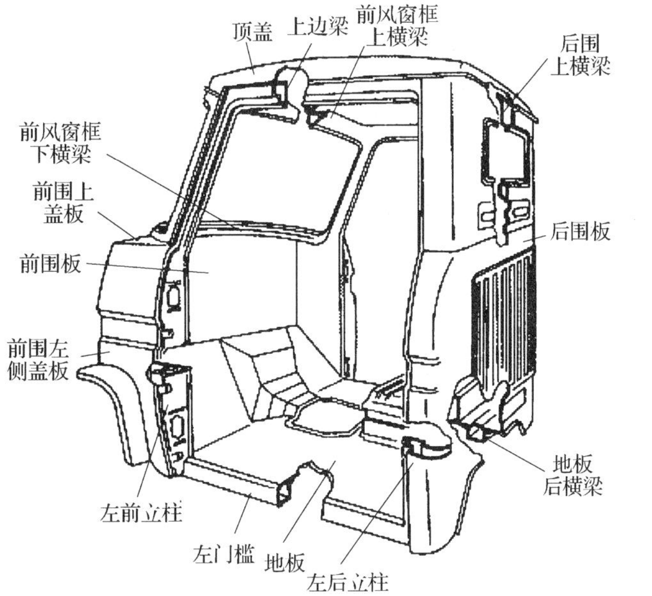

图 15.13　解放 CA1092 型货车驾驶室壳体

15.4.2 车门及其附件

1. 车门

车门是车身上重要的部件之一，通常按开启方法分为顺开式、逆开式、水平滑移式、折叠式、上掀式、外摆式、旋翼式等类型，如图 15.14 及图 15.15 所示。

图 15.14　车门的构造(一)

图 15.15　车门的构造(二)

2.车窗

(1)风窗。

汽车的前、后风窗如图 15.16 所示,通常采用有利于视野而又美观的曲面玻璃,轿车的前后风窗又称前后风挡玻璃。

(2)三角通风窗。

为便于自然通风,某些汽车在车门上设有三角通风窗如图 15.16 所示,三角通风窗可绕垂直轴旋转,窗的前部向车内转动而后部向车外转动,使空气在其附近形成涡流并绕车窗循环流动。

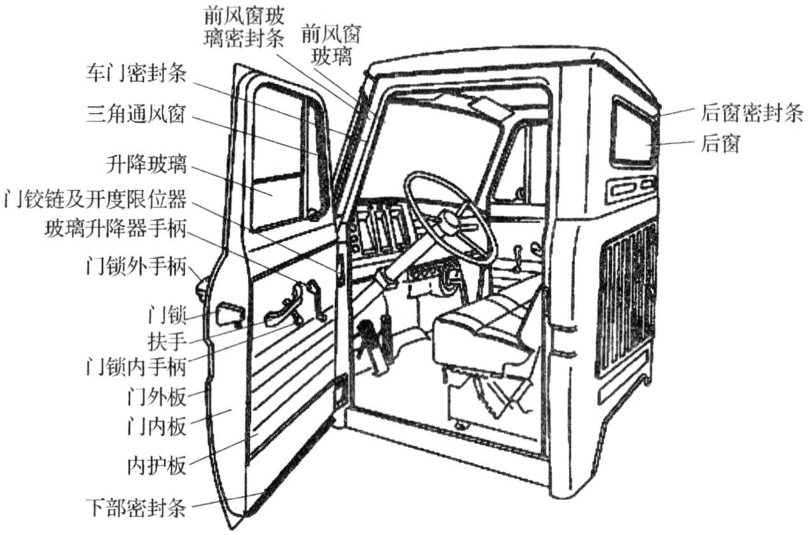

图 15.16　解放 CA1092 型货车驾驶室的车门及车窗

3.车门玻璃升降器

现代轿车广泛采用圆柱面的车门升降玻璃,通常采用齿轮齿扇交叉臂式和钢丝绳式两种玻璃升降器,如图 15.17 所示。

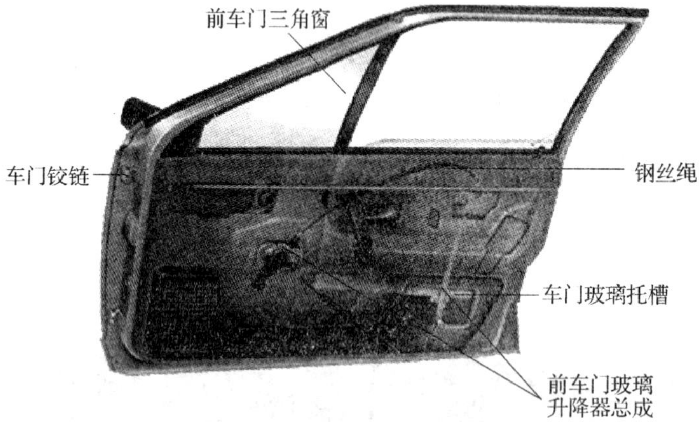

图 15.17　桑塔纳轿车前车门(钢丝绳式玻璃升降器)

4.客车的侧窗

客车的侧窗可设计成上、下开启式或水平移动式。侧窗玻璃采用茶色或带有隔热层,可使室内保温并有安闲宁静的舒适感。具有完善的冷气、暖气、通风及空调设备的高级客车常常将侧窗设计成不可开启式,以提高车身的密封性。

5. 轿车的遮阳顶窗

遮阳顶窗(也称天窗)及其他车窗开启时可使汽车室内与外界连通,如图 15.18 所示,接近敞篷车的性能,以便乘员在风和日丽的季节里充分享受明媚的阳光和新鲜的空气。遮阳顶窗不但可以增加室内的光照度,而且也是一种较有效的自然通风装置。根据不同的需要,可把遮阳顶窗部分或全部关闭,这样就形成了功能优异的全天候式车身结构。

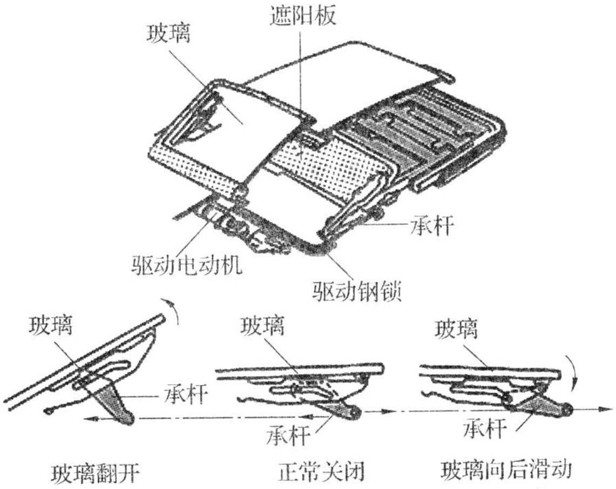

图 15.18 遮阳顶窗的结构

任务 15.5 汽车防盗装置及中控门锁

15.5.1 中央控制电动门锁

中央控制电动门锁的功能:

(1)中央控制。驾驶员可通过门锁开关同时打开各个车门,也可单独打开某个车门,当驾驶员车门锁住时,其他三个车门也同时锁住。

(2)速度控制。当行车速度达到一定时,各个车门能自行锁定,防止乘员误操作车内门把手而导致车门打开。

(3)单独控制。驾驶员车门以外的三个车门设置有单独的弹簧锁开关,可以独立地控制一个车门的打开和锁住。

中央控制电动门锁主要由门锁开关、门锁控制电路和门锁执行机构三部分组成。

1. 门锁开关

门锁开关是指中央门锁开关,对中央控制电动门锁系统集中控制,开、关全部或单个车门。常用的电子遥控式门锁开关的联络信号可以是声、光、电或磁中任何一种,这种门锁开关由电子指令发射器和指令接收器组成。

2. 门锁执行机构

门锁执行机构是在门锁控制电路的控制及驱动下,执行门锁锁定和开启任务。

(1)电磁式门锁执行机构。

电磁式门锁执行机构的优点是结构简单、内部摩擦力小、动作敏捷、操作方便;缺点是耗电量大、铁芯质量大且衔铁移动时有冲击声。

(2)电动机式门锁执行机构。

由微型可逆直流电动机、齿轮齿条传动机构等组成。当电动机通电正转时,带动齿条连杆左移锁门;当电动机通电反转时,带动齿条连杆右移开锁。电动机式门锁执行机构的优点是体积小、耗电少、动作迅速;不足之处是当门锁已经锁定或开启时,应即时切断电源,避免电动机长时间带电而烧坏。

3. 门锁控制器

无论是电磁式门锁执行机构,还是电动机式门锁执行机构,都是通过改变执行机构通电电流方向来控制锁扣连杆左、右移动,实现门锁的锁定或开启,因而门锁控制器应具有控制执行机构通电电流方向的功能。同时,由于门锁执行机构长期带电要消耗较大的电能,为了缩短工作时间,门锁控制器应具有定时功能,即当锁扣连杆移动到位、门锁已锁定或开启时,应控制执行机构的通电电流自动中断。

15.5.2 汽车防盗装置

为了防止驾驶员离开汽车后汽车被盗,汽车上都装有安全防盗装置。常用的防盗装置由以下几部分组成:转向锁、燃油切断装置、蓄电池接线柱断路装置、点火系统关断装置、各种电子报警器、各种外用机械防盗锁以及电子控制防盗系统等。

1. 转向锁

转向锁安装在转向柱上,由点火开关控制。当驾驶员从点火开关上拔下钥匙时转向柱即被锁死,盗车者在不用钥匙启动发动机以后,汽车也不能驾驶。

2. 电子报警器

电子报警器通过电路控制喇叭鸣叫报警,可以更有效地防止他人私自进入车内,拆卸零件,启动发动机甚至盗走车辆。

3. 电子控制防盗系统

凌志 LS400 轿车防盗系统与门锁采用一个微机控制单元(ECU),其传感器包括:门控开关、门锁开关、行李舱门钥匙启动开关、钥匙未锁警告开关、钥匙操纵开关和门锁电机位置开关等;其执行器包括:防盗喇叭、汽车喇叭继电器、前灯控制继电器、启动电机继电器、尾灯控制继电器、门锁电机和防盗指示灯等。

任务 15.6 座椅及安全防护装置

15.6.1 座椅

如图 15.19 所示,座椅是车身内部的重要装置。座椅的作用是支承人体,使驾驶操作方便和乘坐舒适。座椅由骨架、座垫、靠背和调节机构等部分组成。

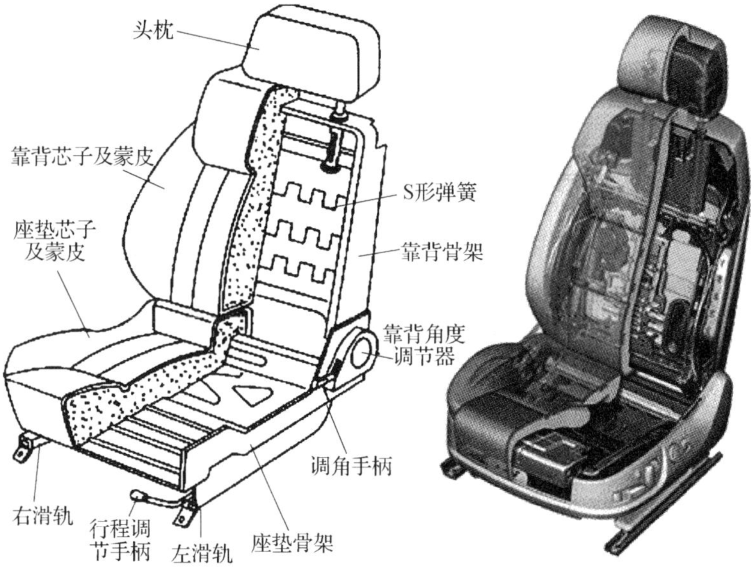

图 15.19　座椅

15.6.2 安全防护装置

1.车外防护装置

(1)车身壳体结构防护措施。

车身壳体的正确结构应该是:使乘客舱具有较大刚度,以便在碰撞时尽量减小变形;同时使车身的头部、尾部等其他离乘员较远的部位的刚度相对较小,在碰撞时得以产生较大变形而吸收撞击能量。

(2)保险杠及护条。

汽车的最前端和最后端都有保险杠,许多轿车车身左、右两侧还设有纵贯前、后的护条。保险杠和护条的安装高度应符合法规,以便汽车相撞时两车的保险杠或护条能首先接触。保险杠的防护结构应包括,减轻行人受伤的软表层,主要由弹性较大的泡沫塑料制成;能吸收汽车一部分撞击能量的装置(如金属构架、塑料或半硬质橡胶的缓冲结构、液压或气压装置等)。

车身侧面的护条与行人接触的可能性较小,一般由半硬质塑料或橡胶制成。

(3)汽车其他外部构件。

除了保险杠外,经常撞伤行人的构件主要有前翼板、前大灯、发动机罩、车轮、风窗玻璃等。这些构件不应尖锐、坚硬,最好是平整、光滑而富有弹性。

某些轿车包括保险杠在内的整个正面均用大块聚胺酯泡沫塑料制成,并将发动机罩顶面用软材料包垫,以提高安全性。

2.车内防护装置

安全带和气囊(SRS)是避免乘员身体与其前面的构件相撞的两种常用的防护装置。

(1)安全带。

安全带是最有效的防护装置,可以大幅度地降低碰撞事故的伤亡。最常用的三点式安全带如图 15.20 所示,带子由结实的合成纤维织成,包括斜跨前胸的肩带和绕过人体胯部的腰带两部分。在座椅外侧和内侧的底板上各有一个固定点,第三个固定点位于座椅外侧支柱上方。

(2)气囊系统。

气囊系统通常称为辅助约束系统(简称 SRS),如图 15.21 所示,可与安全带一起对前排乘员提供有效的保护。对于未佩戴安全带的乘员，气囊系统的防护作用是有限的；而对于佩戴安全带的乘员，气囊系统可以有效地减轻头部的受伤。近年来，有些汽车为了提高其安全性，还设置了侧面气囊系统。

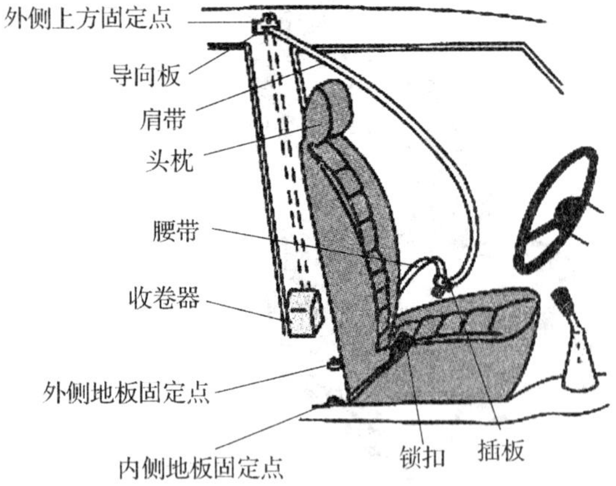

图 15.20 三点式安全带及头枕

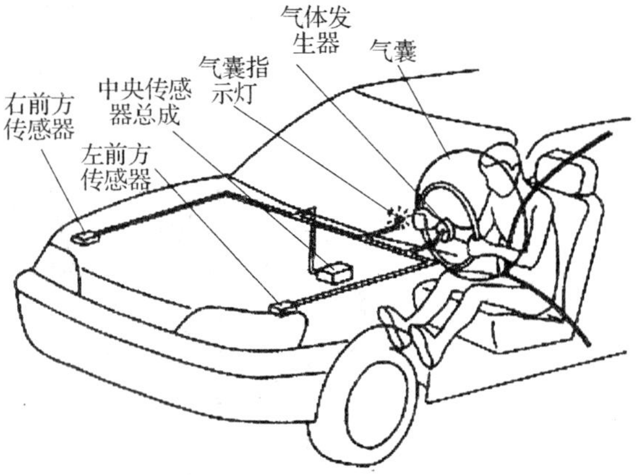

图 15.21 气囊系统

(3)头枕。

头枕是在汽车后部受撞时，限制人的头部向后运动的安全装置，它可避免颈椎受伤。

(4)安全玻璃。

目前在汽车上广泛应用的安全玻璃有钢化玻璃和夹层玻璃两种。钢化玻璃受冲击损坏时，整块玻璃出现网状裂纹，脱落后分成许多无锐边的碎片。夹层玻璃受冲击损坏时，内、外层玻璃碎片仍粘附在中间层上。中间层韧性较好，在承受撞击时拱起从而吸收一部分冲击能量，起缓冲作用。大量事故调查表明，夹层玻璃的安全性优于钢化玻璃。

(5)门锁与门铰链。

在现代汽车上，门锁和门铰链应有足够的强度，能同时承受纵、横两个方向的撞击载荷而不致使车门开启，避免了乘员被甩出车外而受重伤或死亡的危险。此外，在事故结束后，门锁应不失效而使车门仍能被打开。目前，在汽车上已广泛应用可同时承受纵、横向载荷的转子卡板式门锁，不能承受纵向载荷的舌簧式、钩簧式、齿轮转子式等门锁均应淘汰。

(6)室内其他构件。

汽车车身内部一切可能受人体撞击的构件都应避免采用尖角、凸棱或小圆弧过渡的形状，而且室内广泛采用软材料包垫。车身室内软化不仅为了满足舒适性的要求，更重要的还是为了满足安全防护性能的要求。

实训项目

任务名称	空调系的检查	学时	1	班级	
学生姓名		学生学号		任务成绩	
实训设备	捷达汽车五辆	实训场地	理实一体化教室	日期	
任务内容	空调系不制冷的故障诊断流程				
任务目标	分析空调系不制冷的原因				

一、决策与计划

请根据任务要求，确定所需要的技术资料，并对小组成员进行合理分工。

1. 需要的技术资料和工具

2. 小组成员分工

3. 小组合作制订空调系检查的操作步骤。

(1)______

(2)______

(3)______

(4)______

(5)______

(6)______

(7)______

(8)______

(9)______

(10)______

(11)______

(12)______

(13)______

(14)______

(15)______

各小组上台讲解本小组的操作步骤，教师针对存在的问题进行指导，各小组再次修改。

二、实施

各小组在计划获得教师签字后进行分角色练习，教师在各工位巡视检查。

三、检查

每个小组抽取一名同学，进行班级技能比赛，小组长担任裁判，教师担任裁判长。检查学生课堂学习情况。

四、评价反馈

1. 请根据自己任务完成的情况,对自己的工作进行自我评估,并提出改进意见。

(1)____

____

(2)____

____

2. 教师对学生工作情况进行评估,并进行点评。

____

____

五、作业

查阅资料:针对一款车型,写出车身类型及车身附属装置。

课后练习

模块 15　汽车车身及电气设备	班级			
	姓名		学号	
	日期		评分	

一、资讯

说明:每位学生应在工作任务实施前独立完成准备工作。

1. 汽油车发动机转速表的转速信号一般取自________的脉冲信号。

2. 当实际车速为 40 km/h 时,汽车车速表应指示在________km/h 之间。

二、内容小结

1. 承载式车声和非承载式车身有什么区别?请举例说明你熟悉的车型是哪一类?

2. 汽车空调系应该如何维护?

3. 车身防护装置包括哪些?

4. 简述风窗刮水器的工作原理。

5. 转向灯闪烁过快的原因有哪些?

参考文献

[1]赵俊山,孙永江.汽车构造[M].北京:人民交通出版社,2011.

[2]陈家瑞.汽车构造[M].北京:机械工业出版社,2009.

[3]孔宪锋.汽车发动机构造与维修[M].北京:高等教育出版社,2002.

[4]杜瑞丰,李忠凯.汽车底盘构造与维修[M].北京:高等教育出版社,2007.

[5]于明进.汽车电气设备构造与维修[M].北京:高等教育出版社,2002.

[6]刘建华,江帆.轿车车身构造与维修[M].北京:机械工业出版社,2008.

[7]吕丕华.汽车认识实训[M].北京:团结出版社,2012.

[8]蔡兴旺.汽车构造与原理[M].北京:机械工业出版社,2013.

[9] 陈新亚.汽车为什么会“跑”:图解汽车构造与原理 [M].北京:机械工业出版社,2012.

[10]张则曹.汽车构造图册[M].北京:人民交通出版社,2010.